本书由国家古籍整理出版专项经费资助出版

郑 毅 主 编

东北农业经济史料集成
（二）

吉林文史出版社

编　委　会

本册主编：郑　毅
副　主　编：马玉良
选　编　者：马玉良　张丽梅
　　　　　　王立新　赵文铎
标点审校：衣兴国

前 言

　　我国东北犹如"东方雄鸡"的鸡首,囊括辽宁、吉林、黑龙江三省和内蒙古东部地区,地处东北边陲重地,地域辽阔,物产丰饶,沃野良田,绵延千里。自古以来,就有诸多民族栖息、繁衍、生活在这里,耕耘着这块广袤的土地,东北先民为东北疆域的形成,奠定了万古根基,也为开发东北大地立下了筚路蓝缕之功。由于东北属于中央王朝的边疆地区,长期处于封闭、落后状态,其发展较中原地区历来相差甚远。一般说来,东北地区在中国历史上由统一国家管理时,都能得到与中原社会的共同发展与提高;在统一国家衰落和瓦解时,由于地方势力的兴起、战乱破坏以及分裂割据的阻碍,经济文化就偏离了统一国家的生产和生活范围,其发展亦受到极大的阻滞。由于历史上各地区、各民族社会发展的不平衡,东北的土地开发远远未能形成规模,农业经济也始终未能得到充分发展。明末清初之际,东北所开垦的农田还主要集中在辽河流域,而吉林、黑龙江和周边地区,尚有大量未开垦的无垠荒地。然而,自努尔哈赤崛起于白山黑水之间,统一女真各部,建立后金政权,经过清代近三百年的移民垦耕,历经招垦——封禁——弛禁——放荒,东北社会逐渐从封闭走向开放,至清末民初,东北平原已经是田连阡陌、城镇林立、交通畅通、商业兴盛的地区了,东北作为一个世界性的商品粮基地已经初步形成。这样巨大的变化是如何发生的,清朝政府采取了哪些政策,这些政策对于东北土地的开发和农业经济的发展起了什么样的作用,广大人民在东北的土地开垦和农业生产中付出了多少辛勤的劳动,对整个有清一代东北农业经济的发展全貌应如何评价,这些问题正在引起历史学家的浓厚兴趣并亟待广大史学工作者去探索与研究。

　　"农业是整个古代世界的决定性的生产部门。"自古以来,中国素以农业立国,农业经济占据头等重要位置。没有农业经济的发展史,就构不成完整的社会发展史。若研究东北地区的历史,则亦非研究其农业经济不可。然而,有史以来,有关东北农业经济的论著寥寥,究其根源,在于原始资料的开发尚未引起人们的高度重视,散见于浩如烟海的各种历史书籍中的有关记载鲜有人问津,尤其是作为历史真实见证而又最具有权威性的档案文献迄今未见系统发掘,尚无一本系统而又全面的资料书问世,致使史学工作者在研究东北地区历史、尤其是东北地区农业发展史时，"巧妇难为无米之炊"。我国著名的史学家范文澜先生曾说："理论联系实际是马克思主义的定理，理论和材料二者缺一不可，做史学工作必须掌握大量的历史资料，没有大量资料，理论怎样来联系实际呢？现在对历史资料确有望洋兴叹之感，资料太多、太散、太乱，收集、整理和考证资料，实在是一件十分重大迫切的事情。我们必须特别重视资料工作，才能动员大批力量投入到这个工作里去。……希望今后有许多资料书、工具书陆续出版，这是一件功德无量的工作！"由此可见，系统地整理编纂东北农业经济史料，对于研究东北地区的社会发展历史其影响颇深，对振兴东北经济，加快东北农业的发展，亦将起到积极的借鉴和推动作用。

《东北农业经济史料集成》为大型文献资料之系列丛书。本套丛书最大限度地搜集了以有清一代为主线的历代各类主要的史学典籍、方志、清廷朱批奏折等历史档案，历经查找、挑选、考订、校勘、加工、编排等诸环节，精心钩稽有关东北农业经济之原始记载，从而编纂成书。丛书所选内容极为广泛，诸如：土地占有制度的演变、土地占有形式的发展、土地政策的变化、封禁与弛禁和开禁的过程、土地管理诸项的延续、赋税与徭役的征派、流民及流人的涌入及对开发的贡献、各种农业组织的建立及农业技术的采用与推广、农业调查、灾荒、放赈及建仓积谷、参务、与农业相关的林业及手工业、与农产品相关的贸易活动等等，客观而又权威地反映了整个有清一代东北农业发展的全貌，堪称博大，弥足珍贵。丛书共分7册，计约360万字。

"观今宜鉴古，无古不成今。"只有把握积淀成现实的历史演变过程，才可能加深对现实的认识。此书若能为从事清史、东北地方史、农业史、经济史、民族史研究的专家学者提供方便，我们则深感莫大欣慰。

丛书由郑毅审定主编，马玉良主持策划，赵文铎等校点选编。

丛书出版得到国家古籍整理出版专项经费资助，并得到吉林文史出版社徐潜社长的鼎力支持，在此表示衷心的感谢。

郑　毅　马玉良

2004 年冬

编辑说明

一、本书使用现行通用简体汉字进行整理选编。

二、本书选取内容为各典籍中有关东北农业经济史料之全辑,相关史料一概收录,对所选史料,在选取段落中与本主题不相关的内容,进行必要的删减,删减之处,用(上略)、(中略)、(下略)字样标出。

三、对于原未标点的史料,在标点过程中,按照现行语言习惯进行标点,同时兼顾清代公文程式的特点,在标点过程中只使用逗号、句号、顿号、冒号四种标点符号。对于已经标点的史料,为了尊重原文,标点一如原书,除明显讹误之处加以纠正外,其余未作任何修改。

四、选编过程中,比照其他版本,对所选内容进行校勘。夺文在[ ]补足,衍文以( )圈出。明显的错误直接改正。易生歧义者,以( )[ ]连用的形式标出,( )为讹误,[ ]为勘正。原文无法辨认的用□标出。

五、内容出处注明办法,在所选每条内容下空两字处(文字满时另起一行)注明内容所选版本的卷页,以便于读者进行检索查找。

六、关于日期注式格式,主要标注农历月份日期,以便于读者阅读使用,年份月份日期仅在首见处加以标明。

目　录

满　文　老　档

　　《满文老档》为中国清代皇太极时期以满文撰写的官修编年体档册。记载万历三十五年（天命前九年·公元 1607 年），止于明崇祯九年（崇德元年·公元 1636 年）共 27 年的史事。原本为巴克希库尔缠等奉命用老满文纂修，天聪六年（1632 年）改用有圈点满文（新满文）修撰，共 37 册。乾隆六年（1741 年）内阁大学士鄂尔泰、徐元梦奉命将无圈点字档册中难以辨识的无圈点老满文捡出，附注新满文，编成《无圈点字书》一部。乾隆四十年（1775 年），内阁大学士舒赫德等奉命按档册原档整理重抄，整理出照写本、音写本各一套，每套 26 函，180 册，称草本。后以草本为蓝本，用正楷字重新缮写，是为正本。因用黄绫装函册衣，故称大黄绫本。乾隆四十三年（1778 年）又据正本重新缮写，是为副本，称小黄绫本。原本存于台湾，草本、正本及《无圈点字书》存于中国第一历史档案馆，副本存于辽宁省档案馆。《满文老档》史料原始，记事广泛，内容丰富，所录内容多为清入关以后官撰史书所不载或略而不详，对《清实录》等书的校订补遗，具有十分重要的意义。为研究清史、满族史、东北地方史和满族语言文字演进史，提供了较系统而翔实的资料。本史料是依照中国第一历史档案馆、中国社会科学院历史研究所译注，中华书局 1990 年 3 月版进行的选编。

太　祖　皇　帝

第一函　太祖皇帝丁未年至乙卯年

第一册　丁未年至庚戌年

　　（丁未年）（上略）破乌拉兵后，瓦尔喀部之赫席赫、佛讷赫路之人，仍附乌拉布占泰。聪睿恭敬汗曰："我等乃一国也！只因地方窎远，且为乌拉国所阻，故尔等附于乌拉国为生。今我一国之汗，已兴师击败乌拉兵，尔等应降我一国之汗矣。"彼等未从命，故于是年五月，遣其末弟卓礼克图贝勒、额亦都巴图鲁、费英东扎尔固齐、扈尔汉侍卫等率兵一千，往征赫席赫、鄂谟和苏鲁、佛讷赫托克索等路，尽取之，俘获二千带来。　3-4

　　（上略）如此负约，聪睿恭敬汗怒，兴师征讨之。兵至色和里岭，天降雨一昼夜方晴。继而启行，于此未年九月十四日，围攻辉发城，克之，即俘其城主拜音达里贝勒父子诛之。至此

呼尔奇山世代相传之辉发国乃灭,携其人而还。　　5

（己酉年）聪睿恭敬汗欲将昔日金汗时进入朝鲜,沿朝鲜边境而居之流散瓦尔喀部众,悉行查还。遂上书大明国万历帝奏陈。万历帝即传谕朝鲜国王查之。朝鲜国王查出失散数代之瓦尔喀部众一千户,于聪睿恭敬汗五十一岁,己酉年二月遣返之。　　7

（庚戌年）前己酉年九月,获悉呼尔哈路之一千兵,来侵聪睿恭敬汗所属之宁古塔城,驻萨齐库之聪睿恭敬汗兵百人,即前往迎战。击败呼尔哈之一千兵,生擒其大臣十二人,斩人一百,获马四百匹,甲百副。其后,呼叶路人收留由已降聪睿恭敬汗之国中出逃之人。聪睿恭敬汗乃曰:"尔呼叶路人不降则已,何为收纳业已降我之国中出逃之人?"遂于酉年十二月,命大臣扈尔汉侍卫率兵千人,往征呼叶路,尽克之,俘获二千。在彼过年后,于二月还。聪睿恭敬汗以征服呼叶路功,赏扈尔汉侍卫甲胄、马匹并赐号达尔汉侍卫。时有来投顺聪睿恭敬汗之绥芬路大臣图楞,为雅兰路人掳去。庚戌年十一月,聪睿恭敬汗五十二岁,命大臣额亦都巴图鲁为主将,率兵千人,往纳木都鲁、绥芬、宁古塔、尼玛察四路,将其民俱编户携来,令户口先行。然后回兵往征雅兰路。于十二月尽取之,俘获一万带回。　　8－9

第二册　辛亥年至癸丑年

辛亥年,聪睿恭敬汗五十三岁。二月,聪睿恭敬汗命查本国各路各村无妻者,计有数千人。若悉配以妻室,则女子不足。遂拨库财,各赐毛青布二三十匹,以买娶妻室。　　11

呼尔哈国之扎库塔人降聪睿恭敬汗后,赐甲三十副。彼以所赐甲转送萨哈连部人,披于树射之。又收受乌拉布占泰送以招降之布匹。本亥年十二月,遣汗之婿何和里额驸、额亦都巴图鲁、达尔汉侍卫三大臣,率兵二千,往征呼尔哈路。围扎库塔城三日,谕降不从,遂攻取扎库塔城,斩人一千,俘获二千,其周围之呼尔哈路皆使降之。携图勒申、额勒申二大臣及五百户人而还。　　11－12

（癸丑年）（上略）自此或以为布占泰有从善之意,遂观察一年。观之并无从善之意,反闻布占泰扬言娶叶赫之女后,将聪睿恭敬汗二女自家中逐出,幽于高墙屋内。布占泰以其女萨哈廉,子绰齐鼐及其村中十七大臣之诸子送叶赫为质等语。又闻,其乌拉所送之人质拟于癸丑年正月十八日启程。遂于十七日,聪睿汗年五十五岁时,发兵三万,包围乌拉孙扎塔城,攻克之。由此前进,又取郭多城,又自此前进,取鄂谟城,并驻营于该城。翌日,乌拉布占泰汗率兵三万,越富勒哈城前来迎战。（中略）是役,破敌三万,斩杀万人,获甲七千副。其乌拉国数世相传之汗业则至是乃灭。得其大城,获其全国。于大城宿营十日,分俘虏,编一万户,携之以归。昔两次所现之天光,即攻取乌拉国之兆也。　　15－18

第三册　癸丑年至甲寅年

（癸丑年）同年,以若征国人粮赋,则国人受苦。遂令各牛录出男丁十人、牛四头,始于荒地耕种之。自是免征国人粮赋,国人遂无忧苦。粮储转为丰足,于是建造粮库。此前从无粮库。、19

（甲寅年）十一月,遣兵五百,十二月征西林,进而征雅兰部,俘千人,编为二百户携归。　　27

第四册　乙卯年

乙卯年,聪睿恭敬汗五十七岁。正月,蒙古国科尔沁贝勒孔果尔送女与聪睿恭敬汗为妻。于三月,汗曰:"诸贝勒之子娶妻设宴,可宰牲九只。诸大臣之子娶妻设宴,可宰牲六只。其次之诸大臣之子娶妻设宴,可宰牲三只。女之父家养女受苦累,毋以杀牲还礼,嫁女时可白食之。男子既得妻室,应由男家之父杀牲。"此时有大臣巴班对汗答曰:"婚嫁筵宴,两亲家宜多杀牲畜,杀牲少则筵席冷落无趣矣!"聪睿恭敬汗曰:"巴班,尔如此谓之使众人食者,善哉!如使众人食,则使耕田之贫困饥渴者食耶?或使筑城搬运土木石之贫困者食耶?或使为采参、捕貂、猎鼠而在野外奔走二三月者食耶?尔等若使似此贫困者食之,则乃尔言之良是也。然巴班,尔所谓之食客,乃穆哈连;而穆哈连所谓之食客,乃巴班耳。尔等所谓之食客,皆为尔等殷富饱食之人。以我思之,与其令饱食者奢靡,不如均给耕猎饥渴者食之;与其富足者奢费,不如给下属役夫劳苦者食也!我如此思之,故而杀牛羊做面食,与掘濠筑城者食之。尔等不与似此饥渴贫困人食,反捏词与众人食者,何为也!"　28-29

六月,明万历帝曾遣广宁张总兵官巡边。该总兵官返回后,复遣抚顺城董通事来曰:"于我先帝所立旧界以外之地,将划为我地,今立新碑。尔在柴河、法纳哈、三岔三处所种粮食,勿得刈获,皆退入尔之界内。"英明汗曰:"俾我累世所居之庐舍、耕种之田地,今令弃之,是尔心变,故出斯言也!我闻古之贤者有云:'海水不溢,帝心不变。'今帝心已变,偏袒边外叶赫,令我边人不得收取所居之庐舍及所种之田禾而退。帝言岂可拒耶?拟退之。傥不愿太平,欲存恶念,加小害于我小国,则大国必受大害!我非何大国,我可令退之。尔乃大国,尔如何能收之?如构兵争战,并非我独受其害也!尔自恃兵众国大,欺压于我,然大国变小,小国成大,皆由天意。尔一城屯兵一万,尔国势将不堪其苦,尔一城屯兵一千,则城中兵民皆为我俘矣。"明通事董国荫曰:"夫此言太大矣!"　29-30

据闻聪睿恭敬汗所聘叶赫贝勒布扬古之妹,欲改适蒙古贝勒巴噶达尔汉之长子莽古尔岱台吉。诸贝勒、大臣曰:"今叶赫若将已送牲畜行聘之女改适蒙古,尚有何恨更甚于此?应于该女子嫁与蒙古之前,兴师前往。若已许嫁,则乘其未娶之前,围攻其城夺取之。此非其他小贝勒所聘之女也!既闻汗所聘之女改适蒙古,我等安能坐视他人娶去耶?请兴兵讨之。"群情激愤而力谏之。汗遂曰:"若有其他大事,自当问罪致讨,仅因将女许给他人之故而兴师,则未可也。此女之生,非同一般者,乃为亡国而生矣!以此女故,哈达国灭,辉发国亡,乌拉国亦因此女而覆亡。此女用逸挑唆诸申国,致启战端。今唆叶赫勾通明国,不将此女与我而与蒙古,其意使我为灭叶赫而启大衅,借端构怨,故与蒙古也!我即得此女,亦不能长在我处,无论聘与何人,该女寿命不会久长。毁国已终,构衅已尽,今其死期将至也。我纵奋力夺取此女,亦不能留于我处。傥我取后迅即殒命,反流祸于我矣!"诸贝勒、大臣仍再三坚请出兵。汗曰:"傥我以怒而欲兴师,尔众贝勒、大臣犹当谏止矣!我置己为中人劝阻尔等,尔等为何如此以事主为敌,坚请不已,令我生怒?我所聘之妻,为他人所取,我岂不恨?然绝不可因怨恨即听从尔等之言而兴不时之兵。娶女之主我尚无怨,尔等为何深以为憾?我以旁观者之身劝尔等作罢。"遂令将为出征已调集之马匹尽行撤回。诸贝勒、大臣又曰:"该女子许配与汗,已二十年矣!因明万历帝出兵驻守叶赫,叶赫锦泰希、布扬古方才倚仗明帝之势,将受聘二十年之久、年已三十三岁之女嫁与蒙古。故我宜往征明国也!"夫汗仍不允,曰:"明兵出边,援守叶赫,但愿上天鉴之,任其久长。叶赫与我皆乃另一语言之诸申国也。明自称彼国为天下各国之主,主者乃各国共主,因何独对我称主耶?不辨是非,不加思量,仗势横行,犹如抗天,以兵助守天谴之叶赫。听其守之,尔等勿急。今若征明,义在我方,天祐我也!天既祐我,或有所得。即有所得,则其所得人畜何以养之?我等尚无粮库,养其阵获之人畜,则我等原有之人均将饿死矣!乘此闲暇,宜先收我国人,固我疆土,整修边关,垦种农田,建仓库以积粮。"故此,于是年未曾兴兵。　30-32

十一月,遣兵二千,十二月二十日,征额赫库伦,横跨自河口以上至河源以下一百三十里处,八旗兵分两路并进,招固纳喀库伦人降服。是夜宿营,至次日仍未降。时又有四旗兵来会,乃复招之曰:"愿降则降,不降即攻之!"夫其城民宣称投降,却聚其城外之兵入城。聚兵三日,仍不投降。六旗兵遂披甲、执旗、分翼、吹螺,列一字阵,越三层壕,拆毁其栅,攻入城中,歼其城内五百兵。有三百兵逃出,即选精骑追赶,杀之于郊野。是役,俘获万人,乃编户五百。该额赫库伦人曾对其周围诸国逞强道:"据言满洲兵强勇。若言强勇者乃我也!可捎信告之,遣兵来战。"今满洲兵果来攻之,而彼未获胜,国破地空。该国之所谓库伦,其意曰城,乃非异姓之国,在满洲国迤东,东海之北。　33

聪睿恭敬汗凡行军出猎,法令森严,不得喧哗作声。曰:"行军喧哗出声,敌必知觉;出猎喧哗出声,山谷应,兽必逸。"每赴各地,皆先谕令众兵记之。编五牛录为一队,行则一路,止则一处,依次而下,战则攻一处。披长厚甲者,执长矛及长柄大刀战于前,披轻网甲者持弓箭从后射之。所选精兵骑马立于他处观之,见有不胜,相机助战。故每战皆能取胜。迄今行猎,一牛录人仍给箭一枝而行之。汗曰:"夫一牛录人若行一路,则某牛录人,直至返家,仍不能行于围底。著以十牛录合之给箭一枝而行。如此,则每遇行猎,一牛录人,得进围底二三次。该十牛录之人,若不行一路,或有一二人逃离本队,与他牛录人行于围底,则罪之矣。视其获罪者,若系有财者,则准其赎罪,以所罚物与拿获者。若系不能赎罪者,则杖其身以抵罪。设四大臣,以察其给一枝箭之十牛录人。此四大臣若不察所管十牛录人,致使进入他牛录地方行走,或使他牛录人进入所管十牛录地方行走,或此四大臣自身乱行,皆治其罪,即夺其乘骑,给拿获者。若见野兽出,勿入围场内追之,无论奔向何人,务由各自所立之处迎射之。兽出围场外,再追赶拦截射之。若入围场拦截,则围猎者自家中出来,皆欲射杀野兽,否则何由至此?何人不欲有所猎获?若不各行所任,肆意入围拦射,则马快者将野兽拦截而获,而马劣者及安分守己者,尚有何所猎获?故令其以射杀之兽肉偿之。见有伏虎,毋得惊动,应呼告众人,若地势有利,则众人围而杀之,若地势不利,则弃之而去。见虎起身奔跑,勿令歇息,遇即追射之。至熊及四岁公野猪,先射者能射死则已,倘若不能,则求所遇者协同杀之,其兽肉与同杀者平分。若因贪肉而拒绝,所遇者助杀,又不能杀其熊及野猪,以致使脱逃时,则命赔偿其脱逃野兽之肉。凡有被射伤之大野兽逃出,无论何人遇之而杀死时,乃应告射伤之主,其兽肉,由追杀者尽取之。"夫英明汗素好行军打猎,故治军治猎,制定法令,自不必赘述。凡行军打猎,于夜宿之地,冬则立栅,夏则掘壕。牧马于栅壕之内,在外击刁斗,传角头箭以巡更,使人马皆不逃散,次日晨招之即来,不受找寻之累。虽降服诸申国,得以太平,仍不忘谨慎之心。每出家围猎时,无论何往,皆携甲冑、枪、长柄大刀、箭等兵器。聪睿恭敬汗为盲跛贫困之人行走艰难及驮载马牛不堪其苦而忧虑,于各地伐林修道,劈岭排险,至泥泞之地,掘壕架桥,治为陆地矣。凡人所欲得之物尽与之,不论长幼善恶,均以未闻之善言训谕之。国内诸地安台设关,实行兵民分居。遴选审理国事之公正贤能人士擢为八大臣,继之委四十名为审事官,不食酒肴,亦不贪金银。每五日集诸贝勒、大臣入衙门一次,协议诸事,公断是非,著为常例。 33—36

聪睿恭敬汗将收集众多之国人,尽行清点之,均匀排列,每三百丁编一牛录,牛录设额真一人,牛录额真下设代子二人、章京四人、村拨什库四人。将三百男丁以四章京之份编为塔坦。无论做何事、去何地,四塔坦人按班轮值,其同工、同差、同行走。军用盔甲、弓箭、腰刀、枪、长柄大刀、鞍辔等物若有损坏,则贬谪其牛录额真。倘一应物件修治完好,军马肥壮,则晋升其牛录额真。为此,凡事预先立法乃以示遵循。城筑二层,选可信者守门,所派之八大臣不出猎行兵,专事守城及照管村中之一应物件。又念国人苦于粮赋,特令一牛录出男丁十人、牛四头,以充公役,垦荒屯田。自是,粮谷丰登,修建粮库,并委大臣十六名、巴克什八人,以掌记录库粮、收发赈济事宜。为国之道,在于族众势盛者不得越分,懦弱孤寡者不受欺侮。一切道统皆使确立。拾遗物者,即奉还其主,其拾得之物,分为三份,失主二份,拾者一份。善恶之人,各安生业,共享太平。此无前例之法,均以其意而定之。聪睿恭敬汗所立之一切善政,俱由额尔德尼巴克什录编成书。额尔德尼巴克什勤敬聪明强记,他人所不及,彼能精心撰拟此书,亦非易也! 36—37

聪睿恭敬汗日寝二三次,不知者或以为眠矣,实非眠也,乃卧思:"某贤良僚友渐致于富,及某贤良僚友虽出大力而家境贫寒。孰娶妻不睦,苦于无力更娶。孰丧偶而苦于无力再娶。役使之役仆、耕牛、乘马以及衣食等,悉皆具备者有几,而贫困之人是乃为数众多也!"起身后即亲自查问,令赐某以妻,给某以奴仆,与某以马,赐某以牛,给某以衣服,赐某以食谷。 42—43

第二函 太祖皇帝天命元年正月至天命四年十二月

第五册 天命元年至二年

丙辰年,聪睿恭敬汗五十八岁。正月初一日,申日,国中诸贝勒、大臣及众人会议曰:"我国从无立汗,其苦殊深,天乃生汗以安国人也! 汗既天生,以恩抚贫困之国人,豢养贤达者,即应称上尊号。"议定后,八旗诸贝勒、大臣率众成四面四角,立于八处,有八大臣持书自八旗出跪于前,八旗诸贝勒、大臣率众跪于后。立于汗右侧之阿敦侍卫及立于汗左侧之巴克什额尔德尼,各自出迎,接八大臣跪呈之书,放置于汗前御案。巴克什额尔德尼立于汗左前方,宣书咏诵"天任抚育列国英明汗"。宣罢后诸贝勒、大臣起,继之,各处之人皆起。于是,汗离座出衙门,叩天三次。叩毕回位后,八旗诸贝勒、大臣依次庆贺元旦,各向汗行三叩首。是年,始行养蚕,推广植棉于国中。 44

六月,闻沿边之明人皆越境扰害诸申地方。故汗曰:"每岁越境掘银采参、砍伐树木、寻觅松子、蘑菇、木耳,扰害尤甚。欲禁其扰乱事,曾立石碑,刑白马盟誓。然负前盟,每岁逾越帝界。我即戮之,亦不为过也!"遂遣达尔汉侍卫,令将于各处所遇越境之五十余明人杀之。其后,明执往见广宁新都堂之刚古里、方吉纳并从者九人,以铁索系之,并遣人来曰:"我民出边,尔宜解还,何故杀之?"英明汗曰:"昔立碑盟言,见越帝边者不杀,则罪及不杀之人。

尔为何不顾前盟而如此强辞?"明人不肯,并曰:"将尔为首之达尔汉侍卫解来此由我杀之,否则,事必酿大。"坚以此言相要挟。英明汗拒之曰:"不可。"明人曰:"此事上已闻知,不容隐也! 尔何愁无有罪犯,不妨将其交出,解至我沿边地方,斩首示众,则此事息矣!"英明汗欲图所遣十一人还,即将往叶赫偷盗被执禁于牢中之十人,解至边界杀之,明人遂将所拘十一人释还。   45-46

黑龙江之萨哈连部与呼尔哈部皆于呼尔哈部博济里处会议曰:"将来我地贸易之三十人及前来领其兄弟之四十人,皆杀之,然后我等叛乱与之为敌!"五月,杀其七十人时,有九人逃出。六月二十八日,闻其杀人之信后,大英明汗愤曰:"遣兵征讨之!"诸贝勒、大臣及众人皆谏曰:"正值夏季,路多泥泞,大军如何行走? 俟冬结冰,往取可也。"汗独拒之曰:"今夏不往,彼势必将秋粮藏妥,人弃寨而往使犬部。我兵还,则彼部继踵而至,食其所藏之粮。如此,则其部又可苟延一二载。今夏发兵,则人不遑躲避,粮不及贮藏。彼以为此时大兵不能行,正悠然闲居。今若往征,必获全胜。纵有逃(昔)〔者〕,为数无几,且其食粮,均为我得,其逃出者,何以为食? 如此,则彼部必灭矣!"七月初一日,命每牛录各选壮马六匹,共一千匹,放入田禾中饲秣使肥之。七月初九日,命每牛录各派三名刳舟人,其六百人,往兀尔简河源密林中,造刳舟二百。七月十九日谕曰:"著达尔汉侍卫、硕翁科罗巴图鲁率兵二千起行。抵兀尔简河后,命一千四百兵乘二百刳舟由水路进发。其余六百名马兵,由陆路前进。"七月十九日起兵,第八日抵造刳舟之地。达尔汉侍卫、硕翁科罗巴图鲁率众兵乘舟,乃由乌拉河进发,其马兵由陆路前进。第十八日,水陆两军会齐后,兼行二昼夜。八月十九日抵,取河北岸莫克春大臣镇守之十六寨,取河南岸博济里大臣镇守之十一寨,取黑龙江南岸萨哈连部九寨,共取三十六寨。于大乌拉河南岸之佛多罗衮寨扎营。知自寨逃出之人进入河中大岛之柳林,火攻二次,尽取之。博济里本人,因于兵来之前欲迁移家业,至使犬部借刀船,得以逃脱。昔日,黑龙江每岁十一月十五日至二十日后结冰,松花江十一月十日至十五日,五日后结冰。大英明汗出兵之年,十月初即已结冰。汗兵于初五日渡黑龙江,观江之东西,均未结冰,独对寨处结冰如桥,宽二里许,横跨江中。兵乃渡冰攻寨,萨哈连路二寨之人,弃家避于野外,始得幸免。其尚以为乌拉河冰期未到而安居之萨哈连部之十一寨尽取之。及兵还,其所渡之冰已解,以西复如前结冰一道,兵乃由此渡江而还。既渡,冰尽解,后仍应时而冻。继之又招服使犬、诺洛、锡拉欣三部,收其大臣四十人而还。十一月初七日,乃返抵汗城。先是呼尔哈部投顺大英明汗,常来朝见,进贡貂皮。汗念彼等投诚后远程来贡之甚为嘉许,故送女与呼尔哈部各寨主为婚,荣以为婿。至是变心反叛,杀大英明汗所遣商人。大英明汗乃怒而遣兵讨之,尽取博济里寨及周近所有三十六寨。又欲取黑龙江北岸之萨哈连部,然冰期未至,欲回。但思萨哈连部曾助博济里杀大英明汗之商人,不取此部,如何还师? 惆怅之际,黑龙江竟于其冰期十五日或二十日之前结冰,此实乃上天深恶萨哈连部助博济里杀大英明汗商人及恐我不遑还师,故令提早结冰为桥,横跨江中也! 谓此冰桥,横跨江中,四十匹马可并行之说,实非错谬。   46-49

(天命二年正月)十八日,遣兵四百,收取东海沿岸散居未附之国人。   50

三月,造大刀船,驶渡海湾,将倚凭海岛不服之国人尽取之。   50

六月,将逃亡者尽取之,俘获三千,编百户,班师。   50

第六册　天命三年正月至闰四月

　　四月十三日，寅日巳时，发八旗兵十万征明。临行书告天曰："我父、祖未损明边一草寸土。明于边外，无故起衅，杀我父、祖，此其一也。虽杀我父、祖，我仍欲修好，曾勒碑盟誓云：凡明国、诸申人等，若越帝界，见者即杀其越界之人，倘见而不杀，殃及不杀之人。然明军渝誓出边驻戍，援助叶赫，其恨二也。明人于清河以南、江岸以北，每岁窃逾边境，侵扰劫掳诸申地方。我遵前盟，杀其越界之人。然明置前盟于不顾，责我擅杀，执我前往广宁叩谒之刚古里、方吉纳，并缚以铁索，挟令我献十人解至边上杀之，其恨三也。遣兵出边戍，援助叶赫，将我已聘之女，转嫁蒙古，其恨四也。不准数世驻守帝边之柴河、法纳哈、三岔三处诸申收获耕种之粮谷，并派明兵驱逐，其恨五也。边外叶赫，受天谴责，乃从其言，遣人致书，以种种恶语辱我，其恨六也。哈达人曾助叶赫，两次来侵，我反攻之，天遂以哈达畀我。其后，明帝又助哈达，胁迫我以还其地。我遣释之哈达人，又屡遭叶赫人遣兵侵掳。遂使天下诸国人互相征伐。天非者败而亡，天是者胜而存也！岂有使死于兵者复生、所获之俘遣归之理乎？若称天授大国之帝，宜为一切国家之共主，何独为我之主？初扈伦合攻于我，天谴扈伦启衅，而以我为是。该明帝又如此上抗于天，偏助天谴之叶赫。何以倒置是非，妄为剖断？其恨七也。明欺我太甚，实不堪忍，因此七大恨之故，而兴师征伐。"遂拜天焚书。于出城启行时，汗谓众军之主诸贝勒、大臣曰称："兴此兵，非我所愿，首因七大恨，至于小忿，难以枚举，凌迫已极，故此兴师。凡阵获之人，勿剥其衣，勿淫其女，勿离其夫妻。因抗拒而死，听其死。不抗拒者勿杀。"并宣众记之。谕毕启行。是日行至三十里外，八旗兵分二路按序前进。是日，汗至固勒地方驻营。次日十四日巳时，天雨。是日，分二路行进之八旗兵，又分八路前进。是日，汗至斡珲鄂谟之野驻营。是夕，汗将金帝往事讲与蒙古贝勒恩格德尔、萨哈尔察部大臣萨哈廉二婿，乃曰之："纵观自古帝王，虽身经战伐，当甚劳顿，亦未有永为帝者。今我兴此兵，非欲图帝位，而永享之，但因明万历帝欺我太甚，不得已而兴兵也。"言毕，即宿于彼处。当夜忽雨忽晴。至夜半传军士穿甲起行，天已放晴。八旗兵列队而进，队宽百里。十五日晨，汗亲率兵往围游击官所驻之抚顺城时，由城外派遣边内所擒之汉人持书往谕，其书曰："因尔明兵越边驻守，我乃征伐。尔抚顺城主游击，即战亦不能胜也。我欲即日深入，尔若不降，误我深入。倘尔不战而降，则不扰尔属兵众，不损尔之大业，仍照原礼，予以豢养。尔乃博学聪明之人也。我已擢拔多人，以女妻之，结为亲家。况且对尔，岂有不超升尔原职、不与我一等大臣等并列豢养之理乎。望尔勿战，战则我兵所发之矢，岂能识尔？若为无目之矢所中，必亡矣！即战则力不敷，虽不降而战死，亦何益焉？若出城迎降，则我兵不入城，尔所属兵众，皆得保全也。若不出降，我兵攻入，村中妇孺，必至惊散。假使如此，与尔不利也！尔勿以我言为无信，不得尔此一城，我岂能罢兵乎？失此机会，悔无及矣。倘城中大小之官吏，军民人等献城归降，妻子亲族，俱无离散，亦乃尔等之大幸。降与不降，尔等应熟思为好。勿以一时之小忿而无信于我，勿失事机，出城降可也。"城主游击李永芳得书，身着袍服立于城南门上，声言投顺，然又令兵士备兵器以战。我兵遂竖云梯攻之。不移时即登其城，游击李永芳始着袍服，乘马出城来降。镶黄旗固山额真阿敦引之见汗。汗未令下马，举手相见。传谕曰："城中之人，攻城时，战死者，任其死，克城后，勿杀。"皆令抚养之。于是攻取抚顺和东州、玛根丹三城及小堡、台、屯，共五百余。各营于所至之地，汗归驻抚顺城。十六日，约八旗兵于抚顺城西旷野会齐，由此班师。至边界附近嘉板之野驻营，分人畜三十万，编千户。（下略）　55—59

记法典作书之大臣额尔德尼巴克什曰："夫明万历帝失道，故天地责之。时明军万人，三处立营掘壕，层层布列枪炮，但战而失胜，均被击败杀戮。风忽转向明兵，致七名炮手为己所发之炮击中殒命。诸申国英明汗得道，故天地祐之，风雨相宜，数万明军犹不及千兵，我军长驱直入，击败其兵，杀其万［原档残缺］。其时明军万人，置大炮一百，小炮一千。虽布列枪炮千百，仅击亡我后方役兵二人。数人仅中皮肉，并未致伤，犹有一人弹丸透其暖帽，未见受伤。皆乃天神助我避之也。能透二三层铁甲之枪炮，中我赤身或身着单薄者，竟未致伤，皆乃天神之庇祐也。反之英明汗兵所射之箭，所刺之枪，所砍之刀，皆能命中，亦乃天助。转瞬之间，即将山下驻营之许多兵，砍杀殆尽。何以得知天助耶？攻抚顺时，夜半天雨，倘若披甲时仍未晴霁，兵士如何可行？抚顺城焉可遽下？此其一。再者，倘广宁、辽东之兵未追至边境，我军岂能进入明边？彼之来境方使我得以挫彼明国之锐气也。明军若于分俘获之先前来，则俘获必将走失一半。迨俘获分竣后我军有备，明兵始至，所谓天助者即此也！"俾自抚顺城来降之千户，未分其父子、兄弟，未离其夫妇。因战事而失散之兄弟、父子、夫妇、亲戚、家奴及一应器物，尽查还之。此外，再给以马、牛、奴仆、衣服、被褥、粮食等。又给牛一千头，以供食用。每户分给大母猪二口、犬四条、鸭五只、鸡十只，以供饲养，并给与器皿等一应物件。仍依明制，设大小官员，著交其原主游击李永芳管辖。英明汗愿愈加豢养之，遂与诸臣商议曰："当尽心供养该抚顺城游击，以使其生活有趣。"并以汗子阿巴泰之长女妻抚顺游击。于闰四月初八日，设大宴庆之。二十二日，以七大恨之书付明帝鲁太监之商贾二人及开原一人、抚顺一人，遣还明帝耶。　62—63

第七册　天命三年五月至十二月

七月二十日，出兵攻清河。未时天雨，至夜天晴。二十二日，攻围清河城。城内一守城游击率兵五千及地方兵五千固守，并有大小枪炮一千二百。其万余兵箭射，刀砍、枪刺，掷石，又以千余枪炮齐发，但未闻其声。遂破城而入，尽杀其兵。被杀者之下压死未受伤者亦甚众。城既克，驻四日以分俘获。又由清河城西驱辽东，宿二日后，明使李参将等五人至，彼等终无修好之意，故未令遣还。又闻遣李参将乃为来探进兵之路，故由此撤回，进兵南路。即毁一堵墙、硷厂堡，将该路窖藏之粮谷，尽行运回。所种田禾，尽行秣马。俘获三千。于边内驻十三日班师。攻清河之日，明兵五千出暧河，袭击住林中之英明汗所属新栋鄂塞，杀男丁七人及妇孺共约百名。自清河班师之前，遣达尔汉侍卫率兵四千往守抚顺路沿边，以护我收割之粮谷。班师后，洪水泛滥。额尔德尼巴克什曰："出师天雨，班师泛洪，倘雨自半夜下至次早出兵时，清河如何可得？谓天助者是也！"诸贝勒、大臣告汗曰："请撤回西路护卫刈禾之兵。"汗曰："设若我军尽退，兵还各家，则明军必以为我军不在一处，待我各地合兵以前，可乘机宜略我某地而去。故明兵必来杀我收获边粮之人。"诸贝勒、大臣等不肯。汗遂从诸贝勒大臣之言，令撤还护卫刈禾之兵。　65—66

八月十一日，又派兵，收割沿边粮禾。十三日巳日巳时，地震。命晒打收获之谷。著纳林、殷德依二大臣为主，率诸贝勒之庄丁家人八百名至距边二十里处打谷。谕曰："昼打谷禾，夜至各山险隘处歇宿。次晨饭时，仍由宿地下山打谷，勿得只于一处避宿。若只于一处避宿，被敌发现，必来袭击。南山宿一夜，则至北山宿一夜；东山宿一夜，则至西山宿一夜。征战之道，固求谨慎，贵于人者何有？"言毕，乃八百人均分为二，纳林率浑河南岸之众打谷禾，殷德依率北岸之众打谷。然彼竟夜不避宿，违背汗言，宿于打谷场上，为明哨兵来窥探二三次。九月初四日，明出兵袭纳林谷场四百人众杀七十人，余三百三十人尽得脱。明兵乃乘黎明前昏暗时来袭，日出前退兵而去。时台卒见明兵出边，击云板告警，东方悬云板处见之后，亦击云板相传。日将出山而未高起之前，即传至汗城。汗往祭堂子后，闻击云板，遂携大贝勒及其诸弟率城中所有马兵，立刻起行。附近乡村之马兵出发以前，先行之兵已至克玛渡口。时有一人自西来报曰："明兵杀我打谷人七十名，未及一时即退。"前往迎敌之军即停于克玛渡口。大贝勒遣人往告父汗，所遣之人会汗于大村郊野，并将情形报汗。英明汗曰："闻报大明国皇帝之兵至，方前来迎战，大国之兵既潜越边界不及一时即撤，我兵前去何为耶？令撤之。"遂撤回。纳林以违汗前言拟斩，惟免身死，驱夫妇二人离家，尽没收其全部家财。殷德依籍没其半。侦卒叶古德以敌至不觉，分其家财为三，其二归本主，其一执法者取之。英明汗曰："与明征战，仍居此内地行师，则迤东兵马，道远困劳，可向西推进，于近明边之界藩地方筑城以居。可于明边内牧放牲畜，使明边民不得耕耘，我则放鹰围猎，以困明人不得出城。若彼迫不得已出兵，则杀之，若不出兵，我再另谋一策。何需往攻其城，为礌石相击，破头断手足，劳我军士耶？"遂命伐木采石，以备筑城建屋之用。待上山运石木，整修城址等事宜告竣，已值天寒，遂暂止。时西路边外粮谷皆已打晒完毕。九月二十五日，略位于抚顺北之会安堡地方，俘获一千，将三百男丁杀于明边门城前，留一人，贼其两耳，付书遣之。其书曰："若不以我为公正而欲战，则订军期，出边界，或十日或十五日，毁城相战。不然，必以我为公正，输财帛以寝事焉！尔大国之兵若偷杀我属耕田之奴一百，则我必杀尔耕田之奴一千。尔明国岂能于城内耕种田乎？"遂回兵。二十九日晨寅时，见天东南方有白光自地冲天，形似长柄大刀，尾细而挺直，长逾大树，横粗五尺。　66－69

十月初十日，闻东方之呼尔哈部大臣纳喀达率百户来归，遂遣二百人往迎。其百户呼尔哈于二十日至。英明汗御衙门，呼尔哈部众叩见毕，以会见礼，具盛宴。嗣后命愿返家者立一处，愿永留者列一处。赐为首八大臣各奴仆十对，以供役使，马十匹以供乘骑，牛十头以供耕田，及豹皮镶边蟒缎面皮袄，皮袄子，貂皮帽，皂靴，雕花腰带，春秋穿之蟒缎无扇肩朝衣，蟒缎裙子，四季衣衫裤子被褥等，一应物件至足。赐其次者奴仆五对、马五匹、牛五头、衣五袭。赐再次者各奴仆三对、马三匹、牛三头、衣三袭。赐末等者各奴仆一对、马一匹和牛一头、衣一袭。百户归顺之民无分长幼，逐一厚赏。汗亲临衙门行赏五日。又厚赏住房及锅、蓆、缸、大小磁瓶、杯碗碟匙、筷子、水桶、簸箕、木盆等家用物件。其欲还者见如此厚赐遂留而不去者甚多。于是，送纳喀达人户前来后欲还而未还者及见赏赉优厚而留居者，乃皆托返回者寄信与各自兄弟曰："国中之小军士以为征讨我等，乃欲作俘获，夺取财物，然汗之心乃欲招聚国人，予以恩养，收之为僚友。如此恩养，实非所料也。"　69－70

第八册　天命四年正月至三月

（正月）二十六日，遣大臣穆哈连率兵一千往东方呼尔哈部，尽收其余留人户。　72

第九册　天命四年三月至五月

四月初三日，因战马及俘获马匹羸弱，须牧以青草，使之肥壮，宜于边境屯田，筑城于界藩，设兵戍守，以护耕种。汗亲西行，指定筑城之地。汗见击败明兵后所获之铠甲堆放于八处，形同小山，遂命分之。汗亲择旷地以牧放马匹。初八日选壮马千匹。初九日进兵铁岭地方，驰掠至距铁岭城十五里处，俘获一千。进兵之时，明兵一人未见，一炮未放。　88

六月初八日，往东方收取呼尔哈部遗民之穆哈连一千兵返回。携户一千、男丁二千、家口六千。将至，汗出城接迎，搭凉棚八座，备席二百，宰牛二十头，具大筵宴之。时阵获之朝鲜大员二人，各小官及朝鲜王之来使皆请往观迎兵之阵势，汗遂命携往。是日晨时起行，朝鲜各官依次相见，次领兵诸大臣相见，次降户中各村之大人依次相见。随即进宴，无分长幼及主仆、妇孺，皆得酒足饭饱，宴毕而回。携归之人户、俘获，皆一一办理停当，次日，令其入城。其降民中之一等诸大人，各赐人十对并马十匹、牛十头、衣五袭及帽靴腰带、鞍辔弓矢、撒袋诸物。次者各赐人五对、马五匹、牛五头，衣服三袭及帽靴腰带、弓矢箭袋诸物等。户人应用器物皆充足赐给之。　90

第十三册　天命四年九月至十二月

据闻：灭叶赫国时，有脱出者，携牧群三百往投科尔沁。时科尔沁明安贝勒之三子遇而分取之。遂两次遣使往曰："我等本非仇敌，何以纳我所灭国之牧群哉！宜退还之。"仍未给还。第三次遣使索取时，仅还牧群一百六十，而其余一百四十牧群，仍未给还。迨至是年，自明国以东，至东海，朝鲜国以北，蒙古国以南，凡属诸申语言之诸国，俱已征服而统一之矣。117

致蒙古书曰："尔蒙古人等勿得进入我东至叶赫地方。尔若进入夺我征服地方之粮谷，则为尔等蓄意致我于无粮之苦。若无粮米，我何以供养该农田之主耶？直至春天，皆以运我征服地方之粮米为食也！再者，凡有心善之贝勒，欲认我为亲而共同征明，则乘尔马匹肥壮之际，携尔军士食用之牲畜前来。今我一人之粮十人食之，一马之料十马饲之。值我粮草窘乏之际，尔等兵马至此，何以相济？待耕种一年收获粮谷后，再请尔等前来。"　117－118

（十一月）（上略）此次遣还使者时，未令扎鲁特贝勒遣来之五人同归，仍留居之，为此遗书曰："钟嫩、桑噶尔寨：尔国人等来我叶赫地方，将我于该地输运粮谷之人杀掠各半。我兵闻知，擒获百三十人，释还百人。我曾四次遣人致书，欲修和好，尔竟不从。尔等蒙古，仍如此渝盟轻我，将我存放于开原城之铠甲诸物，尽数掠去。对此，我可置之不问，唯我本人辛苦、我军士死战攻破开原、铁岭、叶赫等地所获之粮谷、人口、马匹、牛只等物，尔蒙古为何尽夺之？我破城时，尔蒙古与我同破乎？其田地，与尔蒙古合种耶？尔蒙古以养牲、食肉、衣皮为生，而我国则以耕田食谷为生矣！两国本非一国，乃语言相异之国也！尔蒙古人等如此悖理作恶者，尔贝勒等知否？（下略）" 124–125

第三函　太祖皇帝天命五年正月至天命六年五月

第十五册　天命五年四月至六月

六月，始遣人往东海熬盐。 148

第十七册　天命五年九月至六年闰二月

二月二十八日，于去年十月十五日，率每牛录四人至东海熬盐之参将阿尔布尼返回。计国中男丁数散给。至八堡汉人所煮之盐，按丁分给彼等。 161

苏完之音达乎齐，因隐匿户口，被人首告之，法司拿问，情事属实，遂拟其罪。其弟巴班者，仍行庇护，捏称已故诸贝勒大臣知此。经法司会审，拟音达乎齐以重罪，其弟巴班因谎言包庇其兄，拟以死罪。汗闻之，念其父祖及兄费英东之功，赦免音达乎齐之大罪。至巴班，宥其死，收养之。 161–162

（闰二月）十六日，汗降谕曰："天命之汗，恩养大臣，大臣敬汗而生，乃礼也！贝勒爱诸申，诸申爱贝勒，奴才爱主子，主子爱奴才。奴才耕种之谷，与主子共食，主子阵获之财物，与奴才共用，猎获之肉，与奴才共食。申年宣谕：著勤于植棉织布，以供家奴穿用，见有衣着陋劣者收之，交与善养之人等语。事属既往。当今酉年，棉粮尚未收获之前，暂勿上诉。收得新棉新粮以后，衣食仍旧恶劣者，可以诉之。一经诉讼，即由虐待之主收之，亦给与善养之主。贝勒、诸申、奴才、主子，和睦相处，廉明治事，天祐人安，皆大欢喜！切切此谕，勿得有违。" 165

十八日，赏各牛录筑城之人各牛一头、盐二十五斤。 165–166

第十八册　天命六年闰二月至三月

达尔汉侍卫旗，在尼雅木椎者七个半牛录，其在菲德里者七牛录，在爱西喀、西伯里者五牛录。 170

阿敦阿哥旗，在德立石者甲兵三百七十人口，在瑚勒路者二十八牛录，在托兰、章吉者十七牛录。 170

穆哈连旗，在扎库穆者十牛录，在德特赫者六牛录，在鄂豁者五牛录。 170

济尔哈朗阿哥旗，在温德痕者甲兵一百二十五人，在包窝赫者七牛录，在费阿拉者五十四牛录。 170

汤古岱旗，在扎克丹者甲兵二百五十人，在扎喀者九牛录，在欢塔、劳利、占比干、呼兰等

处十六牛录。　170－171

博尔晋旗，在法纳哈者十牛录，在避荫者六个半牛录，在赫彻穆、杭嘉者十牛录。　171

栋鄂额驸在浑河、英额者五牛录，在贝欢寨者五牛录，在雅尔古、苏完者八牛录，在尚间崖者甲兵二百五十人。　171

阿巴泰阿哥旗，在柴河者五牛录，在木虎觉罗者五牛录，在鄂尔多哈达者五牛录。　171

二十七日，又赏筑城之人，每二人赐食盐一斤。　171

二十八日，英明汗谕曰："明国卫助边外异姓之国，因被天谴。上自帝王，下至阁老、尚书，皆昏聩横逆，构起战争，致使黎民百姓等，月月遭受杀掠之苦。君王重臣，皆行奸宄悖乱之事，下民虽有洞悉，焉能越级上闻？我国之汗与诸贝勒大臣，日必聚议国民劳逸之事，军旅得失之计。为首诸贝勒大臣，如不勤务政事，溺于安乐，则下民即有所知，焉能越尔等而上达耶？尔等为首之诸贝勒大臣，仍如是而为，法制何以严明？国民焉得逸乐？即如筑城之人等，前给之盐，尚未食尽，今复颁给食盐者，念国人荷运木石，其苦益甚，故特加恩赐也。君贤乃成国，国治乃成君，贝勒善良而有诸申，诸申贤能而有贝勒也！君知国人之劳，贝勒知诸申之苦，则诸申平民虽有劳苦，亦无所怨也！"　171－172

二十九日，因诺木齐违背"八贝勒须一齐于明人所弃法纳哈路建立田庄"之前约，先行派遣耕牛前往，故议定其罪，画地为牢，囚禁五日，不供饭食。　172

第二十册　天命六年三月至四月

（三月）二十三日，致额驸恩格德尔书曰："著寄书喀尔喀五部诸贝勒。河东汉人皆已剃发归降之，五部诸贝勒，当各自晓谕部众，严守本国，不得越界行乱，致招衅端，因小事而酿成大祸矣。若谕而不从，仍自越界滋扰，致我等二大国间遂启战端，岂不可惜？因此而沮坏两国和好之大业，又何益有之？"　183

二十八日，汗降谕曰："克车尼，尔等被擒于阵，赦以不死，予以豢养。乃不思报德，反焚烧屋宇，毁坏锅缸、窗纸等物，尔何怒之有？似此暴燥之人，岂可同城而居之？俱令离城，各归田庄。至八游击官随身差用之人，如属迁运不完之殷实富户，可留于城中。著交付［原档残缺］，没其弓矢，使其如同妇人，不得外出，隐居家中。顾三泰牛录有新降二人，因擅自随队而行，遂各鞭五十释放。青佳努牛录之人，因有功释放。再，格根卡伦布赖牛录下之卖酒、饼、纸张杂货之小贩一人及诸匠人和吹喇叭、唢呐等有用之人，可留城中。其余者皆各归田庄，以事农耕。其无田庄可归者，遣往耕种荒地，并遣该管备御、守堡官率领前往，以督察所管之人。迁出者携带米、盐、酱等，限三日内迁运完毕。其搬运未完者，准其从缓，可暂留其亲戚家中。"　184－185

德格类阿哥、斋桑古阿哥率八旗大臣各一员，每牛录甲士二人，往视辽河渡桥，安抚新附汉民。三月二十七日启程时，海州城众官员及地方诸臣，备乘舆，击鼓，吹喇叭唢呐来迎接，导引入城。入城时，恐军士扰害城内汉人，预传禁令，俱登城而宿，勿入民宅，诸贝勒率护卫之人宿城内官署。翌晨往观辽河，既无渡桥，亦无舟楫。因有禁令，往返途中，未略汉民，只一二人，夺汉人财物，悉行擒拿，贯其耳鼻。随往军士，或有粮尽者，忍饥而行。　185－186

（四月）汗曰："攻辽东城时，我兵士亦多有死亡矣。如斯死战而得之辽东城人，竟待以不死,悉加豢养,使之安居如故。尔海州、复州、金州人,遭遇非若辽东,尔等勿惧,杀则一日,食则一时也!即加诛戮,而所得无几,顷刻即尽矣。若赦而养之,诸物咸出尔手,用之互市,更以佳物美果来献,则受益无穷也!倘能如此,我将厚遇尔等。非若尔明国听事不公,徇情受贿,有财者虽非亦是,无财者虽是亦非。是则是,非则非,秉公而断。人命重案,不可独断之,当由公众论断。寻常小事,诉于地方官,该管官公断则已,倘有不公,可来诉于辽东城。官员公断后如有不从,则由官员来诉。明帝贪赃枉法,遂被天谴。我听事廉明,拒收贿赂,仰蒙天祐。今我若贪尔之财,咨加虐待,众必避难逃亡,焉能阻止耶?何去何从,听尔等自便。" 187-188

汗曰:"著传谕河东金州至新城一带城乡各地,凡遇有未服汉民,结伙行抢者,即行擒拿之。尔等若无力擒拿,即可来报,由此派兵往剿之。" 188

第二十一册 天命六年四月至五月

初七日,汗降谕曰:"河东金州城一带各管辖之地,凡见四处抢掳之诸申即行诱捕送之来。其带有弓箭拒捕者,可杀之,将其弓箭来献。至于遁居各屯之汉人、诸申,悉行拿获,押送前来,不得疏忽,复使逃遁。" 192

初九日,暖河守备高鸣和遣人赍书呈报粮数,计:米七百二十五石一斗、豆二千五百一十六石五斗、高粱一千零七十二石四斗四升、草三十九万一千七百三十六捆、烂黄豆八百六十二石六斗、烂草十万六千一百零四捆。 194

十四日,命阿敦阿哥、抚顺额附及阿布图巴图鲁、沙金等往沿边各堡,置官教民,设台放哨。 195

(五月)初五日,据闻辽东地方民人,皆已剃发归顺,惟镇江之人,拒不剃发,且杀我使臣。遂命汗婿乌尔古岱副将、抚顺李永芳副将,率兵千人,往察实情。初五日遣往,与彼等书曰:"镇江地方之人,尔等因杀我使者,故惧而不降也。尔等原乃明帝之民,天既以辽东地方界我,今即为我民矣。攻取辽东城时,杀戮明军二十万,我军岂有不死耶?如此血战所得之辽东城民,却待之不死,悉加豢养。岂以尔明官遣一二人杀我一人之故,而杀尔众民、弃尔土地及口粮耶?且河东所有辽东地方人,皆已剃发降服,明帝及其国人岂不知耶?既已闻知,倘仅以尔等拒不剃发归顺之故,而发兵剿杀,则明帝及其国人岂不笑我嗜杀乎?前日,炼银地方之人拒不剃发,杀我所遣执旗之人。闻此讯,即命都堂一人、副将二人率兵往杀其为首之数人。彼等闻此兵前来,未及停留,登山逃走。军士追至,杀其少数。为此,我亦因我属民减少而深以为憾。遂将其余众,悉加豢养,皆令剃发,各归其家,各操田业。军士乃班师。尔今若知惧,可将首恶之四五人,执送前来,尔等亦剃发归降之。如此则已,若仍不从,明集十三省兵来战,尚不能胜,为我所杀,况尔等岂能胜耶?所谓无辜之众死于一二人之祸者,此也!至于小事,即令地方官与尔属下小官,同堂公断。若是大事,不可擅行审断,须送汗城理事大衙门,由众人审断。我不准于各地擅行审理,若擅自审理,恐为不公者袒护,贪财者纳贿,倒置是非,妄加剖断,尤甚者,为有仇之人,借仇杀人。我亲生之八子,其下八大臣及下属众臣,五日一次,集于汗城理事大衙门,焚香拜天,开读我所颁公诚存心之篇,乃将各案再三听断。不纳犯人金银,不食犯人酒肴,秉公审理。凡有事者,当来诉于汗城理事大衙门。来诉者须带被告,不得一人来此呈诉矣。既无被告,审事焉能偏听一人之词?出首告人者,若据实呈诉,则治被告以应得之罪,若捏词诬告,则反坐诬陷者。为恐汗城之人赴外地小城小屯贸易,被歹徒伺机掠夺,凡见有无印凭而独自贸易者,即执送前来。外地小城小堡商民,可携其大宗货物,来汗城贸易。小宗货物,可于各屯内贸易。" 198-200

第二十二册 天命六年五月

十三日,降谕曰:"汗自创立大业,封与各种大小官职。宜仰体汗意,事上峰大臣,彬彬有礼,动作迅速。于上峰大臣面前,不可抄手而立,背手而行。著将此书,颁至屯守堡,传谕各该管人记之。再自木虎觉罗以西、扎克丹以东之边屯妇孺,悉令各归本城治田。工竣后,可于六月,将原收入边城内之妇孺,均移入萨尔浒城。国中之男丁皆带来令其运石。" 201

二十二日,峨嵋庄屯民李金候献茄子一盘整。辽东都司佟振国于战前已去关内,今率八人来归。命将出售猪分为二分,八家一分,众人一分。其众人之一分,又分为二分,按职备御以上诸官摊一分,其余一分按牛录由众军士购肉食之。若向汉人购肉,恐投毒药,须购其生者宰食之。遂赐甲士各银二两,粮仍按旧例,计口给之。 203-204

二十三日,上谕阿敦曰:"著每旗留一如额克兴额者主管。再以军士二千至沈阳以北沿边,探询蒙古兵进犯之地,每堡设兵二三百人众,直至巴游击汛地黄泥洼,相机防范。每堡设一如额克兴额者主管,而后返回,诸贝勒大臣俱归家。严谕留代阿敦主管之游击、参将,勿夺猪、鸡、鸭、鹅及田园粮谷等物,驻堡军士勿淫妇女,勿抢财物,勿使马畜践踏田禾。" 204

二十五日,叶赫人托博辉将从蒙古逃来之汉民二人,匿于家中,为其耕田,故革其游击之职,降为备御,没其备御名下所得赏物之半数,银十两、缎二匹、毛青布十匹。峨嵋庄人六十五献茄子一盘。 205

前往镇江之汗婿乌尔古岱副将及抚顺副将李永芳,招降该路,悉令剃发,拒降者杀之,俘其妻孥千人,于二十五日携归。汗闻之,选出汉民三百,赐与都堂总兵官以下游击以上各官。其六百俘虏,赐与随行军士。擢阿巴泰阿哥为一等都堂,汤古岱阿哥为三等总兵官。 205-206

二十六日,重阅档册,命齐堂古尔为参将职,汉人及死者皆重录于另册。汉人投毒于汗城各井内,察觉后捕二十二人,送交都堂衙门鞫之。(下略) 206

二十七日,汗巡视河东辽东地方招降之国人。出城之日至鞍山堡,遇自盖州来献金天会汗三年铸钟之人等,遂令其传谕留守之都堂曰称:"投毒入井之汉人,须妥为审讯,虚则释之去,实则杀之,惟不得由我等亲斩。我等杀之,恐传我屠降人,著交付八游击杀之。并谕该游击等曰:'如同辽东军门,金道员遗书种种诬谤抚顺额驸、西乌里额驸一样,广宁各官惟恐河西人闻我豢养尔等而剃发归降,故亦遗书诬谤,以激我怒,屠戮尔等。设如杀之,河西人以我屠戮降人,则不再降也!然我等不中其计矣。尔等亦严谕属下,详查其诬陷之人。'此钟字云:'天会汗三年造。'天会汗乃我先祖金国阿骨打之弟,名乌齐迈,号天会汗。因献我先祖朝古钟,著升官职,赏其送钟之人。" 206-207

二十八日晨,自鞍山启行,海州刘参将率本城属下各官,携牛二头、羊二只、猪二口、酒二大瓶来迎。巳时抵海州。入驻衙门筵宴未毕,军士查获投毒之汉人八名。即令八名汉人自

服其药,八人皆死。嗣后,汗乘肩舆,率诸贝勒大臣,登城内山上环视。　207

　　谕海州刘参将曰:"我见尔海州城,殊属破旧,并未修治。著尔参将将城外木栅松动损坏之处,修治加固,并照辽沈二城之法,亦于海州城外壕内布列车炮坚守。若无车炮,可至辽东取之,或请辽东人送来。尔城若坚固,则无需我兵驻守也!城若不固,派兵驻守,恐劳尔民。尔参将犹如我地方之人也!河西之人,必欲投毒害尔,饮食务须谨慎,宜派心腹看守家门,以保己身。且致书告知尔叔父爱塔,亦慎于饮食,派善良可靠者守门,以保己身。嗣后[原档残缺]。"　207

第四函　太祖皇帝天命六年六月至十二月

第二十三册　天命六年六月

　　初七日,汗谕曰:"据闻有投毒于饮水食盐中,或以毒饲猪而售者。我兵丁购猪,当日勿宰,留二三日,待药毒散尽,再行宰食。其饮水食盐,加意小心,勿堕其奸计。既有所闻之,我等即须善保自身。凡葱、瓜、茄子、鸡、鸭、鹅等诸物,均加留意。若见有诸申汉人二人合谋,同居同行者无论诸申汉人,见即拿获之各罚银一两。此书颁至村博硕库。"　209－210

第二十四册　天命六年七月

　　初六日,汗谕曰:"迁居东西南北之汉人,不得以牛输运粮谷,恐牛累瘦。应计其家存粮数,交付于蒙噶图。抵迁居地后,由该地仓粮内照数领取之。拨还仓粮时,由蒙噶图转谕地方官拨给。"　215－216

　　初十日,汗谕曰:"自费阿拉以外至托兰扎尔塔库、依玛瑚、苏完、雅尔古等地之禾割穗留梗。自费阿拉以内至德立石、尚间崖、都喀阿拉等处之禾,仍旧齐根割之。自英额、木虎觉罗以内及额赫霍洛以外之禾留茬割之。自额赫霍洛以内及德立石、尚间崖、都喀阿拉以外之禾,仍旧不留梗割之。法纳哈堡、柴河堡之禾,仍旧不留梗割之。将粮打净晒干,乘凉时记明斗斛数目,于夜间窖之。"　217－218

　　汗谕曰:"著各路大臣、千总、管田千总、管屯守堡,招各该牛录之人迅速收割粮谷。所收粮谷集中快打,除净秕糠,乘夜凉窖之。勿效往日轻疏懈怠。费阿拉、额赫霍洛、毕彦、喀尔喀依鄂佛洛及其以东之粮皆留梗割之,自此以西之粮照旧不留梗割之。"　218

　　十四日,为分田事先期传谕各村曰:"海州地方拨田十万垧,辽东地方拨田二十万垧,共征田三十万垧,分给我驻扎此地之兵马。至于我众百姓之田,仍在我地方耕种。尔辽东地方诸贝勒大臣及富家之田,荒芜者甚多也!该荒芜之田,亦列入我所征之三十万垧田数内。如不敷用,可取自松山堡以内至铁岭、懿路、蒲河、范河、珲托河、沈阳、抚顺、东州、玛根丹、清河、孤山等地之田耕种。若仍不足,可至边外耕种。往者,尔明国富人,占地甚广大,其田雇人耕作,所获粮米,食之不尽,而粜之。贫民无田无粮,买粮而食,一旦财尽,沦为乞丐。富人与其囤积粮财,以致朽烂,徒行贮藏,不如赡养乞丐贫民。如此,则鸿名相传之,造福于后世也！本年所种之粮，准其各自收获。我今计田每丁给种粮田五垧，种棉地一垧矣。尔等不得隐匿男丁。隐则不得其田矣！嗣后以不使花子求乞，乞丐僧人，皆给以田，勤加耕作。每三丁，合种官田一垧。每二十丁，以一人充兵，一人应役。不似尔国官吏差人敛财于下，贿赂于上。尔汉人参将、游击一年领取豆类及高粱、小米共五百石，麻、麦、靛等，不计其数。每月领取食米、木炭、纸张、菜蔬费十五两。我已谕令废止此种杂费，秉公执法而生之也。官员出行，由汗赏给买肉之银两，按实到人数给米。"　219 – 220

十七日，汗谕曰："城内城外及诸申人住宅所栽之果木，若于树上拴系牛马，必将受损致死。著传谕各家树主及汉人，须妥为护养，养成后，作价出售。"　220

"刚古里、扬古利，现寄银二百两与尔等者，命招愿售牲畜者前来，两相情愿，则购而食之，如其不愿出售，勿得强行征购。先去之人等，以银强购，形同劫夺，汉人有怨言。闻此，未寄银两。再者，与尔等同去之甲士百人，可与步量土地者一同遣之，并随行至终。其守渡口之人，可于河岸掘壕戍守。"　221

"蒙噶图，著尔严加约束同行之人，以免其扰害国人，地方之人所献牛豕，按价给与银锞后方可取食。"　221

（二十六日）是日，命四贝勒、都堂栋鄂额驸，率兵三千往剿镇江一带之叛民，并谕曰："其首恶者杀之，余众编户携归。"谕毕遣之。是夜思之，唯恐有不妥，二十七日，又遣阿敏贝勒、达尔汉侍卫率兵二千往援。谕之曰："来兵若欲战不退，尔等可攻之，但勿得急忙，宜详察四周均妥布车盾，缓进巧战。"　223

四贝勒、阿敏贝勒率都堂、总兵官、众副将、参将等官及每牛录甲士二十人共三千兵往镇江地方招抚叛民。未叛之国人编户，留居原地，已叛之国人为俘，携一万二千俘虏而归。224

第二十五册　天命六年八月

（初四日）金州海南岸山东方向，有人乘夜驾一小舟前来，欲潜渡此岸人户，为金州参将爱塔设伏之把总预先得知，即往缉拿。小舟急返，触石舟碎，舟中人皆溺死水中。自水中擒获十人，初四日解送前来。汗嘉爱塔随处谨慎，无隙可乘，遂送银五百两，令随意犒赏军士。225

初八日，喀尔喀贝勒卓里克图属下逋逃九人来归。　226

初十日，遗书大贝勒曰："著选爱塔部下之贤能官员一人，代爱塔为主将，统爱塔兵往金州。命沿海之黄骨岛、石嘴堡、望海埚、归化堡等处及其屯民，悉退居距海六十里之外，事毕覆奏。驻守兵丁，当遵从汗谕。至上述四堡地方，可复写前颁告谕，广为贴示。"　227

（十二日）大贝勒、莽古尔泰贝勒、德格类阿哥、岳托阿哥率兵三千往辽东城七百二十里外，收金州至旅顺口沿海各城堡居民，十一日还汗城。　227

十四日，金州地方长山岛民叛，莽古尔泰贝勒、达尔汉侍卫率兵二千往征。遗书长山岛民曰："尔等先缚献首恶者，可赦尔众不死也哉！"　228

十七日，命按旧例从速催纳正赋粮草，以饲牲畜。　228

二十八日，窖有存粮五千石，各牛录应收放债粮一万二千石，旧档内所记费阿拉官粮一万七千四百一十七石。此项粮米自申年八月至酉年闰三月,发给新附人口者三千三百零六仓石。四月至八月,以辽东之粮发给蒙古、汉人及牛录甲士者为二万五千零五十六石三斗,尚存旧官粮一万四千一百一十一石,辽东放债粮八百四十一石,共计一万四千九百余石。230

第二十六册　天命六年九月

初六日,汤站守堡来报:驻守军士扰害界内已降之国人,俘获万人,血染草地等语。遂命都堂阿敦、副将乌尔古岱率五十人前往察视之。若实为我界内之国人,悉令撤回。 234

初七日,传谕盖州军民曰:"我驻守兵丁应当量取仓粮而食之。其金州、复州户口,归盖州人兼管,可借给仓粮、柴草、马料。海口即将封冻,可遣妥人,将多余之牲畜,赶往有草处喂养。" 234

谕抚顺额驸曰:"著收边寨之一二乡屯,并出一妥实之人加以差遣,以监督各屯所收之人。" 235

初八日,遗书盖州刘副将曰:"镇江人轻信毛文龙谎言,自内作乱,竟执汗所委之官以献。致尔金州、复州之人亦甚惊惶。如今无论何人叛乱,惟尔等只身前往可也! 何以执杀汗任之官耶? 海既不可行舟,勿庸奏书,俟汗降书后,再令金州、复州妇孺各归原土。著爱塔副将作速查明盖州、海州无主粮草,计量发给我军。" 235

(初十日)金、复二州刘副将管辖之永宁监地方,擒获南面乘舟之敌五人,又擒获叛逃之长山岛田秀才,一并解送前来。汗遣人赍书携银往赐擒乘舟敌五人者五十两,擒获田秀才者五十两。并命金复二州副将爱塔曰:"戍守津口之官兵如有擒获,可按此论功行赏。" 236

(十三日)传谕博尔晋侍卫、汤古岱阿哥曰:"著退驻于海州与牛庄之间,并令海州参将查明无主草料,取之秣我军马。将此草料,计量拨给我军,以资秣马。无主草料若不敷分,可用送与尔等之银购草喂之。我诸申兵勿来,蒙古兵务于本月二十日前来。途次必须善加管束,免宵小掳掠汉人财物而至犯罪。来时宜缓行,一日可行三日。" 237

(十四日)汗曰:"该辽东城年代久远,业已老朽,且城垣广大。我若出征,必致守城人陷于危难矣。东有朝鲜,北有蒙古,此二国皆与我陌生。若舍此西征大明,则必有后顾之忧。需更筑坚城,酌留守兵,以解后患,即可安心南征。"诸贝勒大臣谏曰:"若弃所得之城郭所居之室庐,于新地筑城建房,恐力所不能,劳苦国人也!"汗曰:"我与大国构兵,岂能即图安逸乎? 尔惟虑一时之小劳苦,而我所图者大也。若惜一时小劳,何能成将来之大业耶? 可令汉人筑城,至于庐舍,可令各主营建,如此,其劳无几也!"自八月始,于太子河北岸山岗建城池。 238

十五日,致新城游击书曰:"沿边各地无主之粮,与其丢弃,不如令愿取者获之。即有不愿者亦无妨。可先与戍守之兵言明,以免收粮者惧怕戍守之兵。" 238-239

第二十七册　天命六年九月至十月

十六日,佟驸马著尔传谕八游击、李都司,著速查无主粮草,运送前来,以供饲马。若不

迅速办理,则为无主奴仆肆卖净尽也! 再者,征官粮时著连草料一并征收。所征粮草,皆以轮换之筑城车运来。　240

牛庄、海州以东,鞍山以西,分二百牛录为两半,每牛录以五十名甲兵驻之,每贝勒置庄屯三处。　240

命都司官员迅即查明无主之草料运来,以酌情喂养所拴之马各二十匹。俟收获时,每甲各拴马一匹,以征收之草豆喂之。其余马匹,送至我处。恐有不测,可遣兵护送。　240

再次前往抢掳镇江逃民,俘获三千带来。自台州乘舟来投之一守备,赏人十对、马十匹及牛十头、驴十头,共计五十。一千总,赏人五对、马五匹、牛五头、驴五头,共计二十五数。其余三十七人,各赏牛一头、驴一头,每二人合给牛三头。其余牛马,皆分给牛录暂时喂养。若有倒毙,着令赔偿。其驴骡,可给亏欠官债者喂养。　241

(十月)初一日,降谕汉人曰:"明年征收军人食粮,饲马草料及耕种之田地。辽东五卫之民,可耕种无主田二十万垧,又从该无主田内拨出十万垧,给海州、盖州、复州、金州四卫之民耕种。"　244

二十五日,汗降书曰:"明万历帝政法不明,纵容太监,聚敛民财。群官效帝,敛财病民。又越界卫助边外异国,遂遭天责。而我政法明正,蒙天嘉祐,以明帝河东辽东地方界于我。今诸申汉人统归一汗之国也! 我迁户至此之旧诸申,不得视汉人为异国之民,毋夺其衣食和柴草,不可窃杀其豕鸡。倘尔等窃夺获罪,而我徇情宽恕尔等,岂不弃我上天眷命之公正之心乎? 必依法论处,该杀者杀,应罪者罪也矣! 若尔等作恶,一经伏法,则我旧诸申重受筑城、劳役之苦,于国人面前岂不可怜乎? 今尔等得盐而食,有棉可服。倘生计无涉于他事,如此之体面何处有之?"　246

第二十八册　天命六年十一月

初八日,凡以财货购买之草,其主已取则已,未取尚存者,皆裁之。其以购为辞而取去者,罪之。各庄屯所种粮草、豆秸、秫秸,由各主收之。田舍分给该地方之人。　249

十二日,命将长甸、永甸、大甸、新甸、古河及沿江而居之各屯汉人,悉行移入就近各城堡。倘收之不完,彼处人来侵,此处人叛逃而去,致生事端,则以地方额真及守堡官问罪之,亦将罪及我成守之大臣也! 尔等若不全收,置之于外,与其被敌所掳,不如杀之。　251

蒙噶图、孟古、萨尔古里等道员前来丈量田亩,办理房舍,其奏书曰:各屯汉人乞请:既皆一汗之民,粮则共食,房则同住,何令我等迁移等语。闻此诚是,可准其取我地方粮谷同食之。　251

十四日,海州之人已迁往耀州。其住房、食粮、草豆等,著爱塔尔察看海州、耀州、盖州以北地方,平均分派之。至于田亩由管田之大臣前往办理之。　253

十八日,和硕贝勒阿敏率兵五千前往镇江。其所赏书曰:"著险山、凤凰游击,率尔守堡收长甸、永甸、大甸、新甸等地离尔附近之堡屯庄民,带往应迁之地。著宽甸游击尔率守堡著将尔所属之堡、屯庄民,带往应迁之地。其未收完而留后之人,我军士将杀之,并将被杀人所属之官员治以重罪。若皆迁入应迁之地,则尔等官员之功也。倘不如此迁移,则河东之敌兵来时,地方之人复如陈良策执人而不还矣,则故令迁之。"　254

十九日，汗降书汉人曰："我自来辽东察得，凡派官差，皆不按男丁计数，而按门计数。若以按门计数，或一门有四五十男丁，或一门有百余男丁，或一门有一二男丁。如此按门计数，富者行贿可以豁免，贫人无财而常充工。我不行尔等之制。初我颁行之制，不准诸贝勒大臣取财于下人，无论贫富，皆以男丁计数，每二十男丁抽一人从军。遇有急事，则十人出一人服役。非急事，则百人出一人服役。百人以下十人以上者，视事之缓急而摊派之。政法清明，蒙天眷佑。凡人君之祸，不自外来，皆由自出。昔桀帝、纣王、秦二世、隋炀帝、金帝完颜亮，皆嗜酒贪财好色，不为国劳，不修国政，故所创基业因其无道而败也！尔明帝政法不明，纵容太监敛取民财，众官亦效法其帝，皆搜刮民财。奸诈之富人行贿可以豁免，正直之贫民因无财而陷于苦难。内政不修，反妄干界外他国之事，倒置是非，妄加剖断。天遂谴之，以明帝河东之地界我。明帝所忧者，乃此也。天既眷我，授以土地，倘我不以天意治理之恐受天责，所谓治者，乃此也。汗所擢用之官员，凡汗赏赐平常所得之物，当明取之，不得暗取于下人。善者因过失而获罪，不令辞退矣。倘汉人仍由汉官管束，则因其习性而贪财误国。今将河东汉人之男丁数目全部点清，其分给诸申官员之人，可令诸申官员管之，凡不愿在汉官之下，而愿来依附于诸申者，听任之。"　255－257

第二十九册　天命六年十一月

二十日，遗书海州参将曰："著参将尔仍回海州驻尔衙门。令海州汉人居户住北关厢。倘房屋不敷，亦可住南城。著参将，分尔炮兵为三队。一队驻耀州，一队驻牛庄，一队与尔同住海州。耀州以北各屯之妇稚移入海州，耀州以南各屯之妇稚收于盖州。为何如此南北迁移，夫尔等勿思之，受苦仅此一冬。本欲今岁用兵广宁，但我国军士之户口已迁，且不及造房，故令尔等北迁。至于海州城内闲空衙门，令尔属下人看守，妥加收拾，以备诸贝勒往来歇宿矣。"　258

（二十一日）自萨尔浒迁户至辽东，十一月初一日第一族始至，十二月初十日队尾终断。（下略）　258

二十二日，为迁移新城、瑷河居民事致书曰："凤凰游击：著将镇江、汤山、镇东堡、镇彝堡所属小屯城堡之人，皆携往萨尔浒。至双山有运盐直路，可遣清河人询问此路遣送之，至其房屋皆放火焚烧。将新城之人迁往碙厂、一堵墙，命新城游击驻碙厂。以孤山为界，由此往南之房屋皆焚烧。将瑷河之人迁往萨尔浒处。将伊兰博里库、双山、中固所属之人，皆视青苔峪、岫岩之容量移入，房屋皆放火焚烧。每牛录留甲士五人，居新城牧马。"　260

汗降书谕曰："前曾谕令诸申人、汉人同居一屯，粮则共食，共以草料喂养牲畜。诸申人不得欺压汉人，勿得抢夺汉人诸物。倘如抢夺侵害，汉人来诉，则治罪。汉人尔等亦勿得无中生有捏造浮言。倘捏造浮言，经双方事主当面对质，确系伪造，则从重治罪也。诸申、汉人皆为汗民。汗以金口教诲诸申和汉人皆为一体，中正为生。若有不从，违背此言而犯罪者，则罪必加重，咎由自取也。诸申、汉人不得糜费或买卖粮谷，倘知有买卖者等，则必治罪。开粮窖时，诸申、汉人合开。汉人、诸申每月每口给粮汉斗四斗。"　260

二十三日，致书镇江、汤山、凤凰、镇东堡、镇彝堡五处居民曰："清河以北，三岔以南，沿边皆有诸申人居住，远者七、八里，近者一、二里。居有房舍、粮谷俱全、草木丰足且田土肥美。尔等往居彼处，将坐食其粮，粮谷草木丰足，诸物具备。春耕时，边外之地亦可耕种。欲耕边内之地，则三岔、会安堡、抚顺、东州、马哈丹、山羊峪等地，可任意耕种之。倘不愿迁往彼处，则镇江、汤山之人，移至威宁营；凤凰、镇东堡、镇彝堡之人，移至奉集堡。房则同住，粮则共食，若有不足，由汗仓拨给仓粮。估计粮亦足食，田亦足耕，勿庸尔等出价购买。"　261

二十七日，谕曰："我自来辽东察得，凡派官差，皆不按男丁计数，而按门计数。如按门计数，或一门有四五十男丁，或一门有百余男丁，或一门有一二男丁。如此按门计数，富者行贿可以豁免，贫人无财而常充工。我不行尔等之制。初我颁行之制，不准诸贝勒大臣取财于下人，无论贫富皆以男丁计数。每二十男丁抽一人从军，居于汗城，如若有事，以供差使。倘遣他人，恐费财货。若有急事，则十人出一人服役。非急事则百人出一人服役。百人以下，十人以上者，视事之缓急而摊派之。政法清明，蒙天眷祐。凡人君之祸，不自外来，皆由自出。昔桀帝、纣王、秦二世、隋炀帝、金帝完颜亮，皆嗜酒贪财好色，不为国劳，不修国政，故所创基业因其无道而败也。尔明万历帝，政法不明，纵容太监敛取民财。众官亦效法其帝，搜刮民财。奸诈之富人行贿可以豁免；正直之贫民因无财而陷于苦难。内政不修治，反妄干界外他国之事，倒置是非，妄加剖断，上天遂谴之，以明帝河东之地界我。明帝所忧者，乃此也。天既眷我，授以土地，倘我不以天意治理，恐受天责。所谓治者，乃此也。汗所擢用之官员，凡汗赏赐平常所得之物，当明取之，不得暗取于下人。善者因过失而获罪，不令辞退。"
263－264

得辽东后，本欲设诸申官员管理，但恐尔等因与新附之民语言不通而受劳苦，故令汉官管理之。前辽东城官员遣人索取马库瓦勒赛、古河人之财物，遣往之人遂被地方人所杀。为此遣兵诛杀彼等。再者，镇江之人执我所设之游击献毛文龙。长山岛之人亦执我人送往广宁。因此剿杀镇江、长山岛之人。此四处之人皆因汉官索财，不堪其扰不来上告，遂起作乱未能得逞。嗣后，因渡镇江往来作乱不息，故令镇江、宽甸、暖河三处人户迁移。若无此乱，此严冬时节迁移户口者，实岂易耶？尔等未肇事地方之人，可试观我抚养国人之好恶情形。我既抚养尔等，则图感恩效力。所任官员庸劣，则来上告，以降其劣，简贤良者代之。据闻河东之人逃往河西告曰：诸申人并不虐待我汉人，而我汉官却贪财害人等语。由河西逃来之人皆传此言。闻其言，数点河东人之男丁，均匀分给诸申、汉官管理。汉官索财乎？诸申官索财乎？其违背我言勒索财物、扰害国人之官员，必贬谪之。其不违我言中正贤良之官员，必擢升之。如有不愿归汉官而愿投诸申官谋生者，速来可也。　264－265

降书谕众汉人曰："著二十人抽一人从军。其从军之人驻于汗城，有事即差遣之。倘差派他人，恐索取财物。著尔等于二十丁内选一从军之人送来。百人中选百长一人，前来引见，以酌情委任。"　266

二十九日，汗降书谕抚顺额驸曰："一旦迁户之人食粮告尽，即于沿途各屯征粮食之可也。"
267

第三十册　天命六年十二月

初一日，汗降书谕曰："与诸申人杂居之汉人，尔等勿得隐匿粮食，著实报石斗之数目。报过以后，酌量计诸申人口，每口每月给粮四斗，发至九月，剩余粮食还给粮主。我诸申人远离故土迁户至此,已属辛苦,而接受诸申人并与之合居之汉人,拨给住房、粮食及耕田,亦甚劳苦。其未与诸申人合居地方之人,既然皆为一汗之民,焉能袖手不管耶?至于拨给诸申人之粮食,将征收未与诸申人合居地方汉人之粮谷,还给尔等被征粮之人。若不实报尔等之粮米数目,则无从照数发还也。与诸申人合居之汉人,其住房、耕田、粮食被征之苦,俟筑城工竣,如同我诸申人免征徭役数年,以资休养。勿以为我不知尔等之苦也。再者,我旧诸申,不得买汉人之猪豕,各自宰杀自养之猪豕食之。购买汉人猪豕者,罪之。"　268

煖河户口三十日启程,新城户口初一日启程。迁移之户口,一半步行,一半备有冰床,妇孺皆乘冰床,因途中带米不多,不敷食用,故遣人传谕清河路之人,送米迎之。再者,迁往萨尔浒之户口,命送米来扎库穆迎之。　269

初二日,致书沈阳游击曰:"宽甸、煖河人之迁户已启程前来,抵达之处,无粮米迎之矣。著沈阳游击刘有宽,取沈阳仓米三百石,派出尔所辖沈阳地方之牛车,将米运至边外德立石。由此处遣泰珠守堡前往督运。著游击尔亲自出城至十里以外察视,直至队尾行完。"　269

初五日,分未与诸申人同住之汉人城堡。　270

初八日,下书曰:"凡窃取甬路树木者,无论何人,知必杀之。"　270

前往迁移镇江地方户口之抚顺额驸、西乌里额驸归来。　271

明人设千长、百长,不论丁数多寡,任意滥设,而我不多不少,百人设百长一人。　271

汗库征收赋税,勿得增减,仍按旧例征收之。此外,汉官任意私征之稻、麦、豆、芝麻、粮、菜、蓝靛、笔、纸等诸项杂税,已令停征矣。诸申、汉官如仍有私征我颁谕停征之物者,即来告讦。　271

每旗各派游击三人、巴克什三人,又每牛录各派三人,由参将蒙噶图率领前往各汉人屯堡查点男丁数目。　271

初十日,汗降书谕爱塔副将曰:"尔将籽棉二千斤、粮食九百二十五石、草三千束耗费乎?或发给军士乎?倘发给军士则此地无剩余将如何发给之?著尔将已发军士之数目具明上报。凡事务须上告,否则事将何以完结?再者,夫诸申人已与辽东、海州之人杂居。尔所属盖州、复州、金州之人尚未与诸申人杂居也。其旧例常年征收之粮、银、炭、铁、盐等官赋,何不速行催征送来?著遣佟备御率兵百人前往征收其常年应征之官赋,无兵则恐被人袭劫以去。"　272

十一日,汗降书召八家之人谕曰:"著将各园庄所有汉人皆送于查点男丁处集合,以按应得之分领取之。其先发给之粮草业已了结,其后散给之牛羊,自今日起取回。至于运木之牛,著各贝勒照牛录数领取粮草喂养之。"　273

汗降书谕道员蒙噶图曰:"著从速查点,不必过详,一经分与各主必将得其实数矣。勿得声张,急速前行。以免汉人下药于粮内。勿恃腰刀,刀不敌棍也!弓与撒袋勿得离身上,谨慎敏行。恐坠其罟,传谕八旗之人皆闻知之。"　273

十三日,汗降书谕曰:"沙井地方炼铁之人勿令迁移,仍住该处。"　274

十四日汗谕曰:"著遣人催收照旧征收之赋税,勿得停征。"　274

汗降书谕爱塔副将曰:"命将盖州、复州所征官草运来,如有不敷,则向该地方之人征以银两。"　274

汗降书谕巴都里总兵官曰:"既需留一汉人管台,则留之。至台人之妻孥,皆令迁入邻近各堡。沿边之八台,每台加派当地之人六名。"　274

十八日，高色前来告汗："十五日攻剿毛文龙，时毛文龙未在龙川，而在距龙川九十里外之林畔。毛文龙本人脱逃，斩吕游击及千总和把总、军士共五百余人。复于外围剿杀男丁千余人。每牛录各留甲士八人驻守，如以为驻兵过众，可以遣回。"　275－276

第三十一册　天命六年十二月

十八日，汗降书谕爱塔副将曰："尔之奏书皆览之。汗沿旧制明征各项官赋，勿增勿减之照旧征收。辽东周围与诸申人杂居地方之人等，草已用尽，粮不及时。倘不取诸申人未到地方之粮草添补之，以何喂养军马？汉官等擅征之粮、草、麦、芝蔴、蔴、蓝靛、笔、纸等诸物咸令停征。为此，汗将发给库银。嗣后，官差人等，皆自带价银，以为购买肉菜之需，米另行给之。著刘副将将此言传谕南四卫之人咸知之，南四卫之人皆信尔言也。当以初创之时虽属艰难，然汗之法政严明，终有安逸之日也等语，妥为训教之。尔自身亦尤加谨慎，恐坠地方人之奸计。"　277

本月十四日夜，我军为寻毛文龙而渡江。十五日至朝鲜之龙川，毛文龙不在此地，已避往林畔地方。我军遂前往追击之，毛文龙只身仅率从者数人遁去，斩陈良策，俘其妻孥。共斩男丁一千五百人，其渡江之人，尽获之。　277

二十二日，汗致书沈阳游击刘有宽曰："取沈阳仓老米，发给投来之蒙古人，每口月给二斗。牛每头、马每匹月给二斗，羊每只月给一斗。新来之蒙古，尔等暂居沈阳歇息，饲养牲畜。俟牲畜长膘后，南路之人悉迁入我地。此路无主粮草颇多，若有愿往彼处取粮草饲养牲畜者，准其前往。牲畜肥壮后，迨至明春泛青携畜回来。至于不愿往彼处自以为牲畜能度过年关者，可留于游牧之蒙古处。著大臣前来谒见。有愿定居者，则由各族简选来住。愿去者，可将生羔羸瘠不可携往之牲畜，书以主人名姓留于八旗游牧蒙古处饲养。"　282

（二十三日）长甸兵一千八百五十人，永甸兵二千一百三十人，大甸兵二百又七人，新城兵七千五百四十二人，叆河兵一千八百一十四人，共一万三千五百四十人，击败居于朝鲜之汉人毛文龙。乃获银一千五百两，金四两八钱，皮袄三件，皮袳子一件，虎皮二张，狐皮一张，红毡一块及俘虏五千四百四十人。　283

八旗于沈阳、辽东之所获及由明来归者共一千六百六十五人。每一蒙古男丁月给米一斗及银二钱。　283

第五函　太祖皇帝天命七年正月至六月

第三十二册　天命七年正月

初二日，汗谕曰："著停止向与诸申杂居之汉人征收诸申人之口粮。杂居之汉人，亦同诸申按口计粮食之。倘有不足，可向未与诸申杂居地方之人征收，并以筑城之牛车运来发给之。"　287

汗出御衙门，与众汉官曰："曾令尔等将降兵遣归父母所在之地，然尔等不肯。尔等以

将兵放归,何以复得为辞不加遣还。前往新城、嫒河时,尔等虽带数万人,仍然以从征无兵,服役无人为由,百丁抽一,千丁抽一,仍无做事之人。河东之人数万万,倘若尔等免受财帛,何劳无人。至于治田派丁之事,不劳我干预,尔等理当办理。怀之尔等,尔等不愿办理,又不依从我办理之意,而败坏之。此乃尔等于河西相谋,不充兵、不服役,而有意迟误矣!抚顺额驸、西乌里额驸,我念子婿之情,恩养尔等也!诸贝勒之宅院积有草料乎?尔等宅院有草数堆,皆乃免赋而获者,否则何以得之?草料堆积在外,显而易见,至于金银,岂可见乎耶?尔等不图报效汗恩,办事不明,一味贪财,非此岂有他哉!而今尔等汉人已不可信矣。"　287－288

（初三日）是日,传谕茂海、雅尔纳、满都赖、永顺曰:"著勤办编户事宜。俘获如何?至于尔等携回之户,可量其力,遣人送至萨尔浒。为恐编户之人杀我遣送之人,可遣精干谨慎之人督率。前往之大臣,尔等率每旗各五十人前往,并将驻扎秀灵寺、苏瓦延坡一带之甲士五十人中拨二十人前往筑城,均著携带筑城需要之器具及兵器。再拨十四人前往牧场,其余十六名甲士驻城。其杂居未从军之汉人,皆将其家、[原档残缺]。"　289

初四日,汗谕曰:"著查点国中男丁,每百丁设百长一名。修筑汗城,每十丁抽一人服役,每百长派男丁十人,牛车三辆,每二名百长,出一百长,带领前来,另一百长留下统管之。海州所属之人,限于本月初十日抵辽东;盖州所属之人,于十日抵达;复州所属之人,于十八日抵达;金州所属之这边人,于二十二日抵达,那边之人,于二十五日抵达。又于二十男丁内,抽一人充兵,其充兵者所骑价银十两之马匹及所执器械,由二十人合摊。充兵人之家口,令速来京城居住。汉官一切征收之官赋等,悉令停止。凡汗所征之兵及所点派之役夫,倘缺一人,或逾一日不达,则以尔等地方长官守堡及百长从重治罪。"　290－291

（初五日）汗曰:"著将于抚顺所获之汉人,赐给各贝勒,并由各该主子酌放催管之人。于辽东所获养猪之汉人,及绣匠等有用之汉人,收入辛者库牛录新获之五百丁中。居于八贝勒庄户中之汉人,给与牛录之人,并计入其牛录人数之内。"　291－292

传谕沿边各堡台人曰:"有车、牛自边外前来时,为何准蒙古人进入?曾有谕:凡使臣及商贾前来,悉令于边外等候,入告获准后,方令其入境。逃人及携带妻孥、牛羊来归之人及汛地之人,即令入境,恐其为敌兵追获等语。而为何违背此谕?"　292

初七日,爱塔之卡伦人追捕编入我民户之汉人逋逃,拿获男三十人,女十人,车二辆,共余半数未获。后明兵来侵,爱塔副将之卡伦人先见之,予以回击,杀一人,生擒一人。明兵再次来侵,爱塔副将之二卡伦人各为敌俘二名。于是致书爱塔副将曰:"尔兄子为海州参将职。并由尔兼之,驻于金州,尔弟为备御。著尔三人从速催办应派之官役、牛、车,克期抵达之。至于兵额,从速催征。金州、复州、盖州等处,仍由尔统辖。当严加看守叛逃之人。至我卡伦被俘四人之妻孥,各赐银十两。生擒之人众,押送辽东,以讯消息。其被杀人之衣服、弓、撒袋、腰刀亦令送来,以供查验。擒杀敌人者则著作书送来,以便赏赉。"　292－293

初六日,汗谕曰:"著汉官管四千人者,以二百人充兵,其一百兵,配以大炮十门,长铳有八十只,另一百兵,听尔调遣。管三千人者,以一百五十人充兵,配以大炮八门,长铳有五十四只,另七十五人,听尔调遣。管二千人者,以一百人充兵,配以大炮五门,长铳四十只,另五十人,听尔调遣。诸申官管二千七百人者,以一百三十五人充兵,其六十七人,配以大炮六门,长铳四十五只,另六十七人,听尔调遣。管一千七百人者,以八十五人充兵之,其四十四人,配以大炮四门,长铳三十六只,而另四十一人,听尔调遣。管一千人者,以五十人充兵,其二十五人,配以大炮二门,长铳二十只,另二十五人,听尔调遣。管五百人者,则以二十五人充兵,其十人,配以大炮一门,长铳八只,另十五人,听尔调遣。” 293 – 294

初七日,汗谕众汉人曰:“凡酉年照例应征之物,著从速完纳。有官马者,入告我有官马,勿得隐匿所有马匹,否则将其隐匿者杀之。其无马之人,本戌年每男丁纳银五钱。自今五月起[原档残缺]合出一马,此[原档残缺]诸凡人如何交来[原档残缺]。” 294

初八日,命将平房堡之四百三十四丁赐给蒙古恩格德尔额驸。拣选通晓汉语、心术公正、且守法、谨慎之人,编为十户。尔等不可自征,其每年所需银百两、粮百石,由我亲给之。额驸、格格出行,则吹奏喇叭、唢呐,送出界外,若来则出界迎之。 295

第三十四册　天命七年正月至二月

(二十六日)右屯卫存米数目:老米四十二万一千一百三十石五斗二升,小米一万五千零二十石七斗一升,黑豆五万四千三百二十石一斗一升,高粱一万三千二百一十石五斗三升,共五十万三千六百八十一石七斗七升。 309

汗谕镇武堡军士曰:“我大军行将西征,尔大国岂能不知? 顺者生,逆者亡也! 沙岭之人因不归降,遂破其城,尽杀其人。西来援兵则亦被全歼之。尔等已无所恃,即是败走,犹在山海关内,孰能给尔等田舍耶? 与其受妻离子散之苦,何如剃发速降之善哉!” 309 – 310

都堂谕外城曰:“凡地方之人,皆速剃发归降。各城之人,剃发归降以后,宜前来叩见汗。老年人,可不剃发,年少者,皆令剃发。差遣之人,供给肉饭,勿令饮酒。即是都堂所遣之人挟逼索财,亦勿给之。” 310

二十七日,谕汉人曰:“河东辽东地方之人有渡河前来者,尔等各归各处。再河西广宁地方之人,有愿投亲戚者,准其往投。著将尔等所往人口数目,皆造册送交都堂,以便尔等所往之地方,计口授给田舍、粮米。” 310

自喀尔喀杜楞贝勒处来男丁一百一十二人及妇孺二百八十五人;莽古勒台吉之子绰斯希布处,男丁二人、妇孺八人;自洪巴图鲁处来男丁十九人、妇孺二十三人;又巴林处之一百口,未报男丁数目,由一舒楞额携之前来。又由洪巴图鲁处来之男丁一百,并无妇孺,皆收留之。蒙古人连次来归,供应粮草,无人主管之,可遣掌管粮草者前来。 311

二十九日,都堂谕曰:“镇静堡、镇安堡及尔等三堡之人,尔等妻孥所住房屋及一切物件,均未动用,应有尽有,俱已足矣。唯赏给自内地来归之蒙古人库存财帛、金银、商人之财物、无主之财物、牲畜,以及无夫之妻孥等项著尔等速查。于二月初五日送来者无罪,逾二月初五日以后,被人首告,必将治罪。” 312 – 313

(二月)山海关外之人,尔皇帝昏庸,受天谴责,尔等若入山海关内,定不供尔等衣食、田舍。若仍留山海关外至广宁一带,又岂能安居? 必为蒙古所略也! 蒙古人有何衣食? 必将死于虱子咬! 若往河东辽东地方,英明汗将为尔等备办衣食、田舍也! 我以至公养人,故蒙天眷,尔等岂不知之? 所有残留者,皆渡河前往辽东地方,归诚英明汗。锦州二卫驻于广宁。右屯卫迁往金州、复州。义州一卫迁往盖州,另一卫迁往威宁营。广宁一卫迁往奉集堡,另三卫迁往沈阳。已交付各该管官妥为安置。凡残留之人,速往所指地方,否则恐误农时也! 前义州之人,不遵谕令,未从速移往所指地方,仅有富庶善良者迁往。其余恶棍三千人,抗拒不从顺。大贝勒遂怒,尽杀之。凡各处之人,尔等若不从速迁往所指地方,亦照此诛戮也!
　315－316

　　锦州二卫之人已迁广宁。著白土厂人率尔所属之人,携犁移居广宁。今锦州之人正候尔等前来,以便分田。著清河之人,查尔所属之人及义州残留之人,并率之携犁迁居闾阳驿。著镇安堡所属地方之人,仍居原处。尔身任边务,沿边各台,仍照旧例,设人固守。另遣善育果树之人及僧人等,迁居广宁,以栽种汗食用之果树。　316

第三十五册　天命七年二月

　　初四日,汗谕都堂曰:"汗往山海关处,看得十三山至大凌河、小凌河、松山、杏山和塔山,皆被抢夺焚毁。至塔山时,有一骑马人、一步行者,先后自山海关逃来,并告称前屯卫、宁远卫皆被抢夺焚毁等语。汗遂由塔山还。所有九卫之人,悉令渡河迁往辽东地方。锦州二卫亦令迁往辽东。以西乌里额驸为主,并遣辽东旧游击二人,协同广宁新游击监办。令右屯卫迁往金州、复州。令义州一卫迁往盖州。以爱塔为主,并遣广宁旧游击二人,协同新游击监办。令义州另一卫迁往威宁营。令广宁一卫迁往奉集堡。此亦以西乌里额驸为主办理。再令三卫迁往沈阳,以抚顺额驸为主,遣广宁旧游击三人协同新游击监办。"　317

　　自塔山堡还,驻于锦州。是日,剃发归顺我之汉人,叛投蒙古,又反来夺粮。阿敏贝勒率白旗巴牙喇往捕之,获牛十七头、驴十五头、马二匹、男丁四人。　317

　　命总兵官巴都里率每旗五甲士,往收义州一带户口。　318

　　命副将阿布泰舅率甲兵四百,沿来途驱赶户口。　318

　　命都堂、大额驸率八旗每牛录十三甲兵,驱赶左屯卫路之户口。　318

　　初五日,大贝勒、豪格父贝勒自锦州率红二旗及正白一旗,往驻义州。阿敏贝勒率镶蓝一旗,往驻白土厂。汗率黄二旗、镶白一旗、正蓝一旗,驻锦州。　319

　　命锦州城之户口,于初五日起程,经查点有妇孺七千六百三十四人,男丁六千一百五十人,共一万三千七百八十四口。　319

　　(二月)初六日,汗谕栋鄂额驸曰:"当妥为晾晒右屯卫之粮谷,仓顶用席遮盖,檐际留有缝隙,以使粮谷通风。不得糜费粮谷,务尽心妥善管理之。左屯卫存粮五十万,乃我辽东地方之粮也。俟粮收竣,驻骑兵五百。再正蓝旗及二黄旗、镶白旗前来锦州。其余之兵,各返该旗。二红旗、正白旗往义州。镶蓝旗往白土厂,由栋鄂额驸率之。二旗合派游击一员、备御一员,共游击四员、备御四员。"　319

　　汗降书曰:"命赴各处之军士,会集于各军驻地。镶蓝旗驻白土厂,正白和二红旗驻义州。二黄旗、正蓝旗、镶白旗驻锦州。各牛录驻辽东之男丁,核计为三份,一份驻扎,二份在辽东耕田。派精兵驻扎,独身壮丁,勿得差遣,令其驻扎,其田令牛录人兼耕。尔牛录额真不得庇护或差遣贪谄之人,若庇护差遣,则革其职。外出驻扎之军士,留其马匹,仅负甲徒步而往。每牛录派一章京率领前往,丈量田亩。往返差遣之人,不宜过少,令一百五十人结队而行。差遣之人,骑乘良马。抚顺额驸、西乌里额驸、爱塔尔三人,各率本卫之人,前往指定地方,并携辽东旧员、广宁新兼之官,前往勘田、备办房屋、食粮。诸申每旗各派游击二人,每牛录各派千总一人,一同往勘田,并一同备办田舍、食粮事宜。尔等当身任其劳,勿得倦怠,

勤于办理之。” 319－320

初五日，汗遣人至广宁，曰：“广宁之人等，已去者几多？留者几多？再者，齐家堡之人等，皆至广宁乎？著探明来告。” 320

（初七日）大贝勒、四贝勒往收义州户口，令义州城人迁移，其城人曰：“蒙古于边界屯兵二万，尔等先杀其兵，我即归降。”大贝勒怒，初六日辰时进攻，申时克其城，斩兵三千。322

陈游击，著尔率属下，分关厢之房屋驻扎。汗食用之果木当妥为交付园丁栽培护理之，以恐妄行焚毁。游击尔亲自率人分田，速遣农人耕种。妇孺勿遣，仍留住于城内。 322－323

（初九日）阿巴泰阿哥、额尔德尼巴克什业已前往辽东。阿泰亲率人往迎自蒙古占尔布什台吉处来归之人户。 323 大额驸往收右屯卫城内男丁二千八百五十人，家口五千五百七十八人，马五百零九匹，牛六百四十五头，驴七百三十一头。自右屯卫城西收男丁一千六百八十七人，家口三千二百八十六人，马一百九十八匹，牛三百六十五头及驴六百五十五头。右屯卫所属男丁共四千五百三十七人，家口八千八百六十四人，马七百零七匹，牛一千零一头，驴一千三百八十有六头。 323

初六日卯时，率户众起行。又缮文具奏有无主之马、牛、驴一百一十二头，猪四百口，羊一百只，布一千八百八十匹。缎衣六十四件及驼二只。河岸之米一千堆，约五万石，城内仓中老米六百五十石二斗，小米一百一十石，黑豆六百九十石五斗四升，粟一百八十石。 323－324

初九日，汗降书曰：“阿巴泰阿哥、都堂、侍卫阿哥、抚顺额驸、西乌里额驸、爱塔，尔等勿因劳生倦，迁移户口诸事，尔等当亲率办理。凡有差役事宜，送文与尔，见文即行派遣。凡有事遣人往，亦住尔处。送文亦送至尔处。若超越尔等，擅行投宿，其人即为冒骗。其宰卖牲畜之腰子，仍照旧为尔取之，不得另罚银两。” 324

戍守广宁之大贝勒[原档残缺]阿哥，于二十日，阿敏贝勒[原档残缺]此间辛苦矣。汗与诸贝勒，亦在军中办理诸事，其劳益甚也！诸凡有差遣之事，勿遣似王游击、戴游击之人等，当差遣忠廉之游击。迁徙之户，可合居于所指地方之房舍，共同耕种农田。若不敷耕种，可往抚顺、清河、开原、铁岭、柴河、法纳哈各地，各自沿边择地，合力耕种。若将锦州二卫和清河、白土厂之人遣往彼处，恐误农时，故令居住广宁。 324

第三十六册 天命七年二月

初十日，遣孟坦率八旗每牛录甲士一人，往收沿海遗留之户。又令每牛录各制一梯。326

都堂书谕镇安堡参将曰称：“著尔率兵往蒙古边界驻守，有白土厂、清河、石河之人移户口来者，令携豕鸡等诸物，一并迁往指定处所。俟迁移毕，尔仍归原处。当严谕同往军士，不得宰杀或抢掠豕鸡等诸物。” 326

上天眷我，以山海关以外之地界我。边外之蒙古，若越入边内，我亦以出边外报之，则我两国结怨矣。若愿怀善心行善道，各归原游牧之地，则我两国可无事也！ 326

初八日,额尔德尼巴克什、达海招抚齐家堡,收人四百,获马、牛七十、驴四十以还。
326

移白土厂二万户口,居于广宁。　326

移魏家岭、双台二堡一万五千人口居于广宁。　327

将所收闲散之户,赐与都堂、总兵官男丁各三十五人,赐与副将男丁各三十人。　327

十一日,都堂书谕石副将、刘副将、陈游击曰:"免诸申人镇守南关城门,著尔遣属下人镇守,严查奸宄悖乱之人出入。凡编户之人及取粮畜者,举一人为主编伙而取之。"　327

都堂书谕石副将、刘副将、陈游击曰:"尔等迁来民户之牲畜业已羸瘠,著尔等速行分屯,于各屯饲秣牲畜,并速行分田。分田时,不得相争,按分派领取之。耕田之人,派往各屯,置备农具。"　328

十二日,镇安堡参将遣其千总来告:"前往督催清河、石河之户人迁移时,石河之人曰称:'我等一无所有,富户已皆往迁徙之地,唯留光棍在此也!'遂缚使者三人,射马四匹。"
328

都堂书谕镇安堡参将曰:"镇安堡所属人之妇孺,若有渡河迁徙者,则准男丁往寻各自妻孥。著遣未迁移之人,暗探石河城内是否有人。"　328

十四日,汗降书谕都堂曰:"著停筑辽东城,并停止垦种官田。其运城石而来之人及牛车,自游击下之中军、千总中各派一干练之人为长,督运广宁之粮,存储于仓。分给诸申官员下汉人等,以诸申为之主带来;分给汉官之人,以汉中军、千总为主带来。遣都司一员同众仓官驻于辽河西之西宁堡,以核计孰运多寡。又广宁地方人迁往后,所有粮食与杂居之地人合用,不足则合运之。白身之人无粮,运而食之,有粮运售,亦听尔便。"　329－330

都堂书谕镇安堡参将曰:"著尔将属下城堡、庄屯之人,皆聚齐渡河迁移。其豕鸡诸物等,勿得弃之,携往迁移之地。无牲畜之人,我等给以驴骡,送至辽河之岸。有海州之人,迎于辽河岸。由彼按驿递送,俾尔不劳。"　330

副将喀克都里率每牛录甲兵五人,前往收镇安堡户众。　330

汗降书谕蒙噶图曰:"著将右屯卫男丁,按汉游击所得男丁数,赐与蒙古游击巴布。至于右屯卫备御,则计备御之数,赐与男丁。男丁有余则取之,不足则增之。"　330

副将喀克都里遣人,令白土厂、魏家岭、双台三堡之人,皆先期前来。其余之盲瘸残废者,次日带来。　331

十五日,自广宁迁往之户众,勿使其劳苦矣。因广宁之人未劳我汗,似旧相识之亲戚,即行迎降,实可怜也。著将田舍粮食,妥办赐给之。　331

(十七日)汗宿三河之夜,谕八旗游击:"尔等所收户口,妥为护送,直至副将蒙噶图处。令各驿来迎之牛车给未到达之步行者用之。"　332

锦州卫男丁数八千七百二十八人,人口数二万零五百五十口。　333

第三十七册　天命七年二月

十八日,汗降书谕副将蒙噶图曰称:"尔所迁之户口,如指定之地可以容纳,即酌情安置。若不能容纳,则可更换驿递,至奉集堡处,酌量送至边外居住,直至避荫、尚间崖、洞等

处。" 334

图勒昆、阔勒喀率每牛录二甲士前往新城,于二十日还。获人二百八十人,马八十匹,牛九十七头,驴骡九十八头,共获五百五十五。 334

白土厂、镇安堡之人口数二万一千一百五十人,男丁九千二百三十八人。 334

贝勒杜楞所属布当,一百四十户,男丁一百八十人,人口四百六十三口,牛二百一十头也。 334

贝勒古尔布什所属库赛,六十六户,男丁一百一十二人,马二十匹,牛三百头,羊七百只。 334-335

贝勒囊努克所属和罗木西,二十五户,男丁二十五人,人口一百零四口,牛二十四头,羊四十只。 335

达尔汉巴图鲁贝勒所属噶赖,二十户,男丁三十三人,人口一百二十口,马三十六匹,牛八十头,羊二百只。 335

塔尔奇福晋之凯赛,十四户,男丁二十二人,人口六十六口,马五匹,牛六十二头,驼二只。 335

贝勒卓里克图所属二十八户,男丁四十七人,人口九十口,牛三十五头。 335

贝勒岱青所属男丁七人,人口十口。 335

贝勒色楞所属伯格依,六十三户,男丁八十七人,人口二百二十口,牛五十一头,马六匹。 335

达尔汉巴图鲁贝勒所属杭噶尔,十九户,男丁二十四人,马六匹,牛四十六头,羊八十只,人口九十四口。 335

莽古勒塔布囊所属一百户,男丁一百二十五人,马一百匹、牛四百头、羊五百只、驼十只,人口三百三十三口。 336

达赖台吉所属一百五十户,男丁一百七十人,人口五百一十一口,马二十一匹,牛一百六十头,羊一百四十只,驼十三只。 336

巴拜台吉所属一百六十户,马二百匹,牛一千头、羊三千只、驼十三只,人口五百口。 336

洪巴图鲁所属一百户,男丁一百人,人口二百零九口、牛四头、马二十匹。闲散孤者四百口,其男丁二百七十七人。一无所有,徒步而行者,乃四百口。总数九百一十五户,男丁一千五百二十三人,人口三千二百二十四口,骆驼三十八只,马四百一十三匹,牛二千三百七十二头,羊四千六百六十只等情,缮文具奏之。 336

"汤山、凤凰、伊兰博里库、中固、双山及镇东、镇彝、草河、水长峪、险山等有名地方之人,皆退归原地,无名之地恐难前往。锦州二卫之人,归入岫岩、析木城、青苔峪、甜水站。著辽东佟游击、赵游击、张游击、诸申之阿布尼游击、兴嘉游击、洪尼雅喀游击等六游击等前往监督,妥善办理拨给住房、粮食、耕田等事宜。若谓劳苦,仅此迁徙之年,岂有年年劳苦之理耶? 若谓安置新户之地方人拨给房屋粮食田亩,不堪其苦,则迁来之户,弃其住房、耕田、食粮,其苦尤甚也。拨给房屋、田亩、粮食之人,勿谓我之不善,乃因尔明万历帝,越境自作罪孽之故,尔等受其苦也。此谓万历帝不善也。尔明国若获我国之人,能如此养育乎? 必杀之也。我之不加诛戮予以收养安置者,此也! 著前往办理之游击等官,将迁来之人口男丁数目,点明报来。所去之人供以食物,马供草料,并赏购肉价银而遣之。"此书,二十一日携往。

336－337

二十一日，遣方吉纳率备御三名、巴克什四人，前往查点新来之户口、男丁。　337

降书谕曰："右屯卫之粮，以舟运之，若运不尽，冬季运之。蒙古沿边各堡之粮，宜修道路，直经黄泥洼运之。所往之牛车，由盘山以外至十三山以内经广宁南运之，贮于西宁堡、三河堡。先往管理牛车之拉虎、鄂博诺依等人无能，宜补放游击衔之人，催运粮食。"是日，大贝勒自广宁至。　339

二十四日，都堂书谕："辽东城设诸申都司一人，汉都司一人，将辽东、沈阳、清河之官牛，烙盖印记，并造册登记牛之毛色、牛身之大小及交付牛主之姓名。牛庄设诸申都司一人、汉都司一人，将海州、盖州、金州、复州之官牛，烙盖印记，并造册登记牛之毛色和牛身大小及交付该牛之诸申汉人姓名。二处都司官，以官银所收之牛，宜均取壮牛，老牛及不能役使之小牛皆勿取之。十丁中出一人以司其事。先往之人，限期更代，为何不遣？若违限期，罪及百长。先往之三千六百汉人内，若有派官牛者，即留之。其牛若劣，则令遣壮牛换之，以恐他人换取强壮之官牛。所征之牛若有瘦弱而不能运粮者，则退而易之。著将退牛数几何、遣往之牛车总数几何，速行察明具奏。著计去彼处之牛车，满万辆即遣之。先往之人，因劣而更换之牛，待至彼处后再令退还之，以恐未至之前即遣放退。汉人万辆牛车运粮之事，业已交付抚顺额驸、西乌里额驸督办之。驻扎广宁之诸申军士，每牛录各出二十人，编为四班，每班千人。每次以一千人轮班，暂运河西之粮。其间诸申增牛车三百辆，凑满万辆。命将海州所属官牛，于二十八日赶至东昌堡；盖州所属官牛，于初四日赶至东昌堡；复州之官牛车，于初六日抵至东昌堡；金州之官牛车，于十四日抵至东昌堡；清河之官牛车，于初三日来辽东。"　339－340

二十五日，汗降书谕曰："曾遣人传谕诸贝勒：家中无事，著尔等速亲自前来等语。如今命将尔等所获之二百匹马、四百头牛，赐给由兀鲁特来归之诸贝勒。所获之汉人及由兀鲁特来归之贝勒属下园丁、屯民等亦给之，由兀鲁特来归之蒙古诸贝勒、大臣等，著选不愿游牧，欲随诸贝勒来村居住之朋友，与我贝勒等同来，以令其主众游牧蒙古人，于彼处与我蒙古共同游牧，滋养牲畜。我游牧蒙古，因道路泥泞，暂不能往，待泥干后即往。尔等所获之百名蒙古人，酌情挑选，无用之人，杀之，有用之人，交付贤能可信之人携之前来。其手套以生牛皮袋，以恐刺伤我人。再遣五人前往谕之以：尔等若有妻孥，可令前来。凡携妻孥前来者，皆为可信之人，加以眷养。其未携妻孥孤身前来者，则不予置信等语。贝勒等，若诸事已经办妥，可将军士交付大臣，尔等抽空前来，所获之驼，尽数携来。"　340－341

广宁来文："我兵业已进入锦州、齐家堡、义州三处。锦州、齐家堡无事，唯义州有敖汉杜楞之蒙古人进入，生擒一百人，斩杀四百余人，获驼四十七只，马二百匹，牛四百头。叟肯往围之山寨人自寨下，尽杀其男丁，俘其妇孺。清河尚未受敌。"　341－342

二十六日，汗降书谕曰："以官车万辆运粮，右屯卫、十三山以内之粮勿运，白土厂、静安堡、魏家岭、石河、清河、义州、齐家堡及锦州、小凌河、大凌河等远处之粮起运前来之，皆储于广宁城仓内。先行之三千六百车粮运储于三河堡，人与牛各自还家种田。"　342

汗杀牛二头，羊二只，集蒙古诸贝勒、福晋，设大筵宴之。席间招汉人戏子，演出百戏。谕曰："广宁地方人移往之处，岂准尔等久住耶？尔等若往前屯卫、宁远卫等地居住，则该处蒙古人业已满矣。"　342

二十七日，汗降书谕曰："英古勒岱所围之山寨，著派我军围守之，以防敌人夜袭之。我军围守之地，宜砌墙而立。我若把守其取水采薪之地，使之不得，伊将何以食之？命缮写汉书，晓谕该寨人以尔等或曰下寨必杀戮。因何杀之？广宁之人为首者迎于沙岭，次者迎于高平，众生员迎于盘山。来归之人及安居之人，皆升职而养育之。庶民皆赐地方，并给以住房、食粮、田地。右屯卫之人安置于复州、金州，义州之人安置于盖州，锦州之人安置于岫岩、青苔峪、析木城，广宁四卫之人安置于沈阳、奉集堡、威宁营、蒲河。归降之民皆赐以一切物件而养育之，拒战之人则杀之。尔等乃归降之人为何杀之？等语。又著尔等将存彼处所获之牛，先行发遣之。每一宿地留牛三头，做以供与诸贝勒同来之兀鲁特来投之贝勒等宰食之。" 343

二十八日，都堂书谕刘副将曰："自广宁迁来之户众，已受远迁之苦，勿再遣往金州以外之黄骨岛、旅顺口，宜安置于金州以内。并且抽一人充军。新旧汉人之马，皆牵于广宁喂养，并委以养马之首领。克辽东时，渡河而去之人一返还，即使尔所住之房、所耕之田、所食之粮，皆成俘获矣。若欲复得，为何不携财帛叩见都堂。自广宁来之男丁点验后，按职赐给广宁各官。其余男丁，赐给蒙古来投之诸贝勒。" 344

第三十八册　天命七年三月

初四日，汗与众福晋率蒙古来归之贝勒、福晋等，前往新移之地宴劳之。汗命将为诸贝勒修房舍、饲养官牛之人放还耕田，当差人留之。 348

是日，都堂书谕刘副将曰："南四卫兼管之河西户众，已交付尔刘副将。可将大户合于大宅，小户合于小宅，房则同居，粮则同食，田则同耕。设廉洁忠正之官，以督催其作速耕田。著将开耕之日，缮文具奏。" 348

（初七日）大凌河沿岸所囤之米及右屯卫一带庄屯之粮，皆令起运。令四旗兵于齐家堡喂马，其余四旗之兵于锦州喂马。自齐家堡、松山以内各屯之粮，皆运至广宁城。自义州至清河、石河及魏家岭、双台、白土厂等处边界之粮，可派我旧蒙古人及新来之蒙古人守之。 351

报称：达尔汉侍卫之旗，车五百五十七辆，粮八百三十石；舅阿布泰之旗，车六百一十辆，粮八百二十石；汤古岱阿哥之旗内，车三百七十二辆，粮四百九十石；博尔晋侍卫之旗，车三百八十辆，粮五百零五石；穆哈连之旗，车三百零二辆，粮四百石；苏巴海之旗，车二百六十五辆，粮三百八十石；栋鄂额驸之旗，车二百六十辆，粮三百一十一石；阿巴泰阿哥之旗，车六百一十五辆，粮八百一十五石。共车三千三百六十辆，粮四千五百五十一石，皆已运至牛庄。 351－352

初九日，汗降书谕抚顺额驸、西乌里额驸及刘副将曰："沈阳、辽东之人，战不能胜乃降。广宁之人未战，吹奏喇叭、唢呐如迎亲人矣，非因广宁地方无住舍、食粮、耕田，而来辽东之地。乃汗颁谕令携来以大户合于大宅，小户合于小宅，房则同居，粮则同食，田则同耕之。史家屯有名马云峰者，违汗之命，与自广宁迁来之户人贸易，以草六十捆取银一两一钱五分，豆五斗取银七钱五分。故将马云峰以箭刺耳鼻，杖责四十，并追还所取之银两。凡有似此与自广宁前来之人贸易者，皆令退还。否则将致某地之人，房不同居、粮不同食、田不同耕，又不做工，恐误农时。务令从速耕种。有嫌田少不足耕种或地方狭窄者，则沈阳、蒲河和懿路、范

河、抚顺等处田产丰富，新旧之人等如有愿往者，可至彼耕种。" 352－353

第三十九册　天命七年三月

（十一日）是日降书谕曰："诸申、汉、蒙三国业已合，然三国之光棍盗贼，尚无畏忌。于凤凰城地方，汉人见放牧之人少，即用棍棒击杀之。至盖州地方清点人数，因派出之人少，有乌里堪及纳齐布牛录之二人，被汉人所杀。善延岛之三人前往广宁，被自兀鲁特国来之台吉索诺木所属蒙古人杀害。由锦州迁来之户人四人，被盖州之人杀害。嗣后各处行人，不可过少，务以十人结队而行。如此，则光棍盗贼不敢起杀人之念矣。若结伙不足十人，而九人同行，见者即拿之，罚银九钱，八人者罚银八钱，七人者罚银七钱，一人者罚银五钱。" 355－356

（十二日）金州、复州每十丁抽二人之筑城者，除由水路运粮时，留足操舟者外，其余诸申汉人，悉遣之。将分给官员之男丁及俘获之男丁，点明数目，分派筑城之地。每二十丁抽一人充兵，乃自是月起教练放炮，至来月初十日止。筑城之时，诸申汉官等，当妥加管束所属之人，催令速筑。如管束不力，落于他人之后，则夺其关防，治以重罪，并革其官职。 356－357

十四日，都堂书谕萨尔浒中军曰："据闻尔八城迁来新户之汉人，其耕牛、有耒耜、豆种者，无者甚少。已有者不得再领，冒领者罪之。无有者酌情发给，以我所铸耒耜给之。倘有不足，往清河取之。豆种足用则已，倘有不足，获青豆给之。" 358

十三日，有一千五百三十头牛渡过辽河，其中有三头牛因病退回，又有一头牛被其主人驱之而去。实际前往者有诸申官牛一百一十二头，汉人官牛一千四百一十四头，共一千五百二十六头。 358

十五日，自广宁来书："萨禄所携户口之男丁一百又七人、妇女六十六人，幼稚三十七人，共二百一十口，马八匹、牛九头、驴十八头。三月初十日，获一山寨人，有男丁一千二百六十人，人口合计二千九百人。又一山寨人欲降，遣四人前来。遣贝勒编户内所留之生员往山上寻觅其亲人。携男六十八人，女四十九人，马一匹、牛十头、驴九头前来，皆令住于关厢，共男丁一百三十人。" 358－359

汗降书谕曰："曾命诸申汉人合居同住、同食、同耕。今闻诸申人命同居之汉人赶其牛车输运粮草，并苛取诸物等语。该汉人岂给尔为奴耶？只因由地方迁来，无住舍、食粮、耕田，故令合居也。嗣后，诸申、汉人除房舍同居、粮米计口同食外，诸申、汉人各自所得之田，以各自之牛耕种。诸申人若违此谕，欺凌侵害汉人，则汉人可执之前来告于法司。汉人亦不可因降此谕，肆意诬枉诸申人，尔等皆为一汗之民也。" 359

十六日，遗书驻广宁诸臣曰："任广宁之人及自各山寨下来之汉人户口，皆迁置广宁，每二十口给一牛，令其耕田。前两旗合派一游击随车运粮，今八旗遣八游击，每牛录仍遣二甲兵，于十三山以内一堡，喂马驻防。令所遣车辆，运广宁一带之粮食。所获之二百匹马送与爱塔。" 360

十九日，都堂书谕："凡在铁岭、法纳哈、柴河以南，清河以北界外山谷居住之汉人，尔等在彼耕田造舍以居，止限本年，来年将归于城堡居住。今迁往之人，可寻有城堡台站处居家耕田。勿虑彼田舍非我所有,此田舍皆有其主。因同为一汗之民,田舍盖均匀办理之。"
361

第四十册　天命七年三月至四月

二十二日,向驻镇江一带之额克兴额增兵,派遣每牛录一人,炮手二十人前往。并传书谕曰:"命尔等居于山谷之汉人从速下山耕田,造舍而居。尔等入山海关,所需住舍、耕田、食粮、孰予办理之? 况我大军拟于亥年或子年,进入山海关征伐。尔等若下山来降英明汗,则公平给以食粮、耕田、住舍,而养育之。若不下山来降,必剿杀之。" 364

二十五日,都堂书谕:"自广宁前来之官员,已将各该卫、该地之人携来。若携来之人俱在,则奏闻俱在。若携来之男丁未齐,或各往投亲戚,则由该官员行文各所属之人,查获解来。并以我携来之男丁悉数查获等语缮文具奏。因系弃土移来,已免其本戌年筑城之役。其充兵而无马者,令其购马,并令军人修治军械。汗亲自发兵,尔等岂能闲居乎? 令副将管男丁三千,游击管男丁二千,备御管男丁一千五百。著广宁前来之官员,将尔等所有之男丁数详加查点,不得隐瞒丁数,尽数呈报。尔所有之男丁,如有不足,即增给之,尚且有余,则给其他不足之人。" 366

是日,都堂书谕:"据知,有已清点之屯人,不依管束,不在本屯而任意逃往他乡等语。至其违令而行之人,乃为逃人也。此类为乱之人,见即拿获送来。逃人带银百两,取五十两给拿获之人,有一两,取五钱给之,有一钱,取五分给之。该潜逃之人,若官员知而容留,定官员以应得之罪,地方百长知而容留,定百长以应得之罪。为何遣清点之屯人前往他乡? 若系逃走,为何不查? 若他乡清点之人前来,为何不查还其主? 若不如此查察,设百长、千长及大小各官何用? 如系自河东往河西而返回之人,则将其丁数,由地方头领以来我处男丁几何等语缮书奏闻。河西广宁所属之人,未往其所指定之地,亲戚若知,不得将其隐匿,由各该地方头领查获,解交广宁官员。若隐匿不送而被察知,则将地方头领及百长治以重罪。夫汗之官牛由二十人饲养一头,其饲养之费,由原养主偿给。" 366－367

是日,都堂书谕刘副将:"造新刀船若干只? 据悉孟坦所指刀船在大凌河彼岸,可派人沿大凌河两岸往寻之。著将所获刀船数及造船数等,缮文具奏。务勤速运粮,并将所运粮数,缮文送呈。汗之官牛,自去年催至今年三月,养主仍行隐匿。不以供筑汗城之用,其官牛又作何用? 汗之官牛,筑汗城时不得用,购之岂供尔等自用乎? 各处守堡、百长,若不将所属之官牛速行查出送来,则令都司官擒拿其守堡、百长,缚以铁索。若能速查官牛送来,则命之为官,授以管人之职。若不将官牛速行查完送来之,则任尔访察官何为耶? 凡不能胜汗委任之守堡、百长,皆令拘捕,奏闻执法贝勒,并令李都司将此告知于汗。据悉曾二次行文刘副将令督催南四卫人送所有之官牛前来,然刘副将未有一言回复。故此咨文探询是否属实。"
367－368

二十七日,都堂书谕都司官等:"遣往催征官牛及筑城人之官员等,未征官牛及小人,仅征银两带回。故著尔都司官亲往,明白办理之。速将官牛如数征来。" 368

都堂书谕:"有愿养猪者,可向牛录额真、代理章京出具保结,购母猪喂养之。若以喂养为名购而杀之,即将该牛录额真及代理章京,鞭责一百,购猪之人,亦鞭责一百,并且刑其耳

鼻,以此为戒,不得购猪妄加杀之也。"　368－369

第四十一册　天命七年四月至六月

（四月）初七日,致察哈尔敖汉处贝勒杜楞书曰:"我两国犹如一国也。尔蒙古人听信明都堂之言,发兵助明。尔虽以兵助明,而我仍兴师征明。蒙天眷祐,所有广宁地方及山海关以外之地,皆赐于我。并令所赐之明国人皆剃发,冠以红菊花顶。与此同时,沿边汉人来告:我等被蒙古侵略等语。尔蒙古若欲侵扰,可往征山海关以内之汉人,为何征讨归我所属之国人? 于是我军前往,抗拒者杀之,未抗拒者弗杀而生擒之,并放还百余人。然尔等竟未归还我一名汉人。何必如此? 人持相敬之心,则争心自息。无爱财之念,则贪心自泯。我以宽大为怀,如今复放还三十六人。尔等掠取我汉人之驴骡及人口,宜尽数归还。此事了结之后,再行议和。为此,特遣使者孟格图前往。"　374－375

初八日,汗降书谕曰:"岫岩口遣诸申兵一百,汉兵一千;黄骨岛遣诸申兵三十,汉兵五百;金州遣诸申兵三十,汉兵五百,所遣之兵,著诸申汉人官员,务择可靠者遣之。此其一也。各旗于分驻之地,各以本旗人为官。该城原管辖地方之人,取何信息,可向所设官员探听。兵丁仅跟随换防之主。此其二也。给官员本人之男丁,若有他处者,则以其所住之地换给之。各地凡有此等情事,均行更换。此其三也。边防收复之地,由八旗分担之。此其四也。辽东地方之人,凡属过河而归者,著兼并地方之主妥为查点报来。属广宁地方之人,则勿庸查点,交与广宁官员。此其五也。著收回赐给诸申无能官员之汉人,赐给蒙古诸贝勒。此其六也。"　375－376

十四日,汗降书谕曰:"著众游击从速督催筑城事宜,竣工后,遣放耘田之人回归务农。"　377

十七日,致书阿尔布尼、习游击曰:"驻扎金州之五百汉军,仍留原处。由诸申游击亲自率甲兵三十人驻守。其余诸申兵丁,皆令遣回辽东。遣二白旗五百兵持此书往金州。驻黄骨岛之五百汉军仍驻原处。由诸申游击率甲兵三十人驻守。再令一百诸申兵渡岫岩河往伊兰博里库寻阿尔布尼,其余兵丁遣归辽东。遣二蓝旗五百兵持此书往黄骨岛。令阿尔布尼率二黄旗、二红旗汉军一千人、诸申兵丁一人,驻岫岩河东岸监视。随额克兴额同往之兵,俱令返回辽东。""尔辽东人勿存明国长久、我存一时等无趣之念。辽东城井内出血,该城被陷。据悉北京城河中,戊午年四月及己未年四月,两次流血。又各衙门之大树被大风连根拔出,石牌楼折断。此天示之异兆,孰能避之,乃天意也。以大为小,以小为大,乃自古以来循环之例矣。昔夏桀帝为恶无道,成汤兴起于七十里之内,而得桀帝之业。商纣王荒淫无道,文王兴起百里之内,而得纣王之业。秦始皇荒淫无道,汉高祖于泗上亭独自起兵,而得秦始皇之业。大辽天祚帝强令我金太祖帝舞,因未从而欲杀之。太祖帝愤而兴兵征之,遂得大辽帝之业。赵徽宗因纳金帝所征大辽叛臣张觉,索之不与,用是兴师,获赵徽宗、赵钦宗父子二帝,即发遣白山东之五国城内。蒙古成吉思汗来朝时,金末代帝视其像貌不凡而欲杀之。成吉思汗兴师征讨,而得金帝之业。明万历帝荒淫无道者,干预界外他国之事,颠倒是非,逆理妄断,遂遭天谴。我汗公正,蒙天眷祐。其南京、北京、汴京,原非一人独据之地,乃诸申汉人轮换居住之地也。尔辽东地方人宜回心转意,勿存邪念,否则自取灭亡。若纵尔等入关,孰能给尔等住舍、耕田、食粮耶?著尔散入深山隐居之人等,皆向辽东归来,英明汗定将拨给住舍、耕田、食粮。"戍守广宁之总兵官、大额驸、副将、参将、游击及众军士,于十七日到来。
377-378

八旗收管边界之档册

正黄旗收管之地:费阿拉、尚间崖、包窝赫、札克丹、洪阔、抚顺、西章嘉、德立石、奉集堡八城。

镶黄旗收管之地:柴河、抚安、范河、懿路、三岔堡、铁岭、[原档残缺]宋家泊、丁字泊、避荫、甲虎缠十一城。

正红旗收管之地:温德痕、札库穆、清河及一堵墙、碾厂、孤山、山羊峪、威宁营、东州、玛哈丹十城。

镶红旗收管之地:沈阳、蒲河、平虏堡、十方寺、上榆林、静远堡、武靖营、长宁堡、会安堡、虎皮驿、长永堡、长胜堡十二城。

镶蓝旗收管之地:旅顺口、木城驿、金州及石河驿、黄骨岛、归服堡、望海埚、红嘴八城。

正蓝旗收管之地:岫岩、青苔峪、马宽赛及水长峪、伊兰博里库、镇东、镇彝、凤凰、汤站、险山、甜水站十一城。

正白旗收管之地:复州、栾古堡、杨官堡及永宁监、五十寨、盖州、盐厂堡、天城堡、青云堡九城。

镶白旗收管之地:海州、东京堡、耀州、穆家堡、析木城、古城堡、长安堡、青城堡、鞍山九城。十八日缮录此书。   379-380

第四十二册   天命七年六月

初七日,汗曰:"特委任总兵官达尔汉侍卫、总兵官巴都里、都堂乌尔古岱额驸、总兵官索海、副将阿泰、游击雅虎、参将叶古德、参将康喀赖、游击南吉兰、游击吴善、备御胡里、备御托克托依、备御博波图、备御兴嘉、备御魏赫德、备御郎格等十六人,审理国中各项案事。委任副将蒙噶图、游击孟古、游击车尔格依、游击李三、游击苏三、游击阿福尼、游击多诺依、游击喀尔达等八人办理库粮之登记、征收与散放,清点新来之人口,分拨田舍及迁移户口等一类事宜。办理筑城架桥,修建围所获者之栅栏,制做擒拿者之枷镣等一类事宜。监察桥上商人贸易、征税,繁殖牛畜,屠宰猪只,饲养各种家畜,送往迎来,为新来之人拨给庐舍,给以盛饭之釜、砍木之斧、所服之衣,以及收养所获闲散之牲畜,为无妻之人娶妻等各项事宜,皆交蒙噶图等人办理。查枪炮、哨台、出痘子及跟踪巡察等类事项,交付游击沙金等人办理。查验盔甲、刀枪、弓箭、鞍辔、梯子、藤牌、车辆、錾子、刳舟斧、锛及蓑衣、帐房、箭罩、弓套以及各项军械等。使马肥壮、查问前往庄内之妇孺,查验途中乘马之行人,察视门前拴马之肥瘦等二类事宜,交付统兵总兵官、副将办理。收管边界、查拿逃人,制做鱼网及捕獐套网,遣使前往各处,速递信息等一类事宜,[原档残缺]。"   382-383

初七日,刘副将奏称:"盖州之北三十里外博里堡处,有胡希塔牛录之奴仆硕色居住。与之合居之汉人,来盖州向本副将讼曰:我之牛为诸申人耕种,我之身为诸申人差使,我妻亦为其煮饭。我喂养之猪,大猪只掷给一二钱,遂即强行杀之等语。我即使人以诸申文及汉文作书示之曰：据闻汗前日降谕定法，诸申人不得差用汉人之牛，房则各自间隔而居，粮则计口而食。尔汉人所养之猪，勿给之，若其强行索取，尔即前来告我，我将禀告诸贝勒大臣等语。胡希塔牛录之奴仆硕色，竟将示文扯破而弃之，缚我派遣之人，[原档残缺]爱塔身系何大臣？尔何以审我兼管之人等语。我曾遣二诸申人前往，胡希塔牛录有一名为光棍之人，欲将该二诸申人连同汉人一并擒之去。时有同牛录之二人以伊等实乃差遣之人，尔怎可擒之等语劝阻而遣回。倘若遣一人即遭擒缚拷打，遣二人复遭擒缚拷打，则何以成汗所委之诸事耶？”遂命爱塔将先遣之一人及后遣之二人，共三人皆执送辽东。至于胡希塔牛录之人，命该牛录人前往擒拿之。　383－384

十五日，都堂书谕曰："凡诸申、汉人开设店肆之人，务将肆主之姓名刻于石上或木上，立于肆前。若不书明肆主之姓名，则罪之。无店肆携物售卖之人，概行禁止。该无店肆携物售卖之人，以为不被查获，而多用药鸩人也。尤应晓谕我诸申妇孺，凡购食之人，务记其肆主姓名。若不记取，尔中毒身死，虽有猜疑，更向谁言？诸申、汉人同为一汗之民，人皆有物出售，为何攘夺其物耶？其攘夺者，诸申人见则由诸申人执之，汉人见则由汉人执之。其拒捕逃走者，无论诸申汉人，遇则协助拿捕之。捕获者赏之。"　386

十九日，汗降书谕曰："汗因善养国人，故赏给蒙古来归之人以奴仆、耕牛、乘骑及大服，并交付我大臣等养育之。著尔等带所养育之蒙古人至该牛录人祭祀之处，供其食，有酒则供其饮之。至于瓜、茄、葱、菜以及菜园之食物皆令同食，衣衫、布裤易旧发新。赐给蒙古之奴仆与包依阿哈一同兼管，伐薪煮饭等，皆令一同操做。或逃或失，由尔偿之。既已交付尔养育蒙古，即应勿使之过于劳苦，但亦勿因奉命养育而过于怜惜之。出力当差，善者则称其善，恶者则言其恶，告之于汗。"　388

第六函　太祖皇帝天命八年正月至五月

第四十三册　天命八年正月

[原档残缺]一二人不得离旗前往之矣，恐途中抢掠汉人物件，务妥加管带。　391

是日，抚顺额驸、西乌里额驸，往迁南海沿岸户口时，悬牌告示。其书曰："李驸马，此兵原非金帝兴，乃明帝兴矣。若明帝胜，则不曾如此养育金人。惟金帝胜，则以宽大为怀仍不加诛戮，秋毫无犯，予以豢养。然居南海沿岸之人竟不念养育之恩，叛逃而去，并接受书札，约兵前来，掠之以去。乱[原档残缺]。即欲带往北面，则又不往。[原档残缺]我奉汗命动身前来，派遣游击官员查其躲避之人。如有投亲者，即将该村某人家中来丁情形，告知寻查游击。若无亲戚，可由该村千长、百长将来本村之男丁或千或百、或十或一等情，告知寻查游击。若系迁移时逃往他村之人，则自行告知寻查游击。如此申报之后，仍行遣往应遣之地，则无罪。若此次寻查时隐匿不报，被人讦发或被查获，则治逃人以潜逃罪，其收留之人治以盗人罪，二户皆作俘虏而为奴。其不迁移之各屯屯人，仍照旧例，各往当迎之地迎之，及应送之地送之。"　391－392

李驸马曰："查人之众官员：尔等当念汗豢养之恩，诚心效力，详查逃人。凡人勿徇私情，勿取财帛。倘违我言，不妥加寻查，取财受贿，一旦听闻，则奏汗而杀之。"　392

（初四日）都堂书谕："清河汤泉地方之人，据悉尔等因惧怕我诸申之侵害而逃避他乡。嗣后无论何人若行侵害，即来东京城都堂衙门讼告，请查该侵害之人。尔等当各安其居，各耕其田而为生。"　393

初六日，汗欲于北方蒙古沿边一带择沃地耕田、开放边界，并携福晋等前往察视。　396

第四十四册　天命八年正月至二月

二十六日，汗降书谕曰："著每一男丁征粮一石。运所迁地方之粮以散给之。凡委以任事之巴克什、匠人、哨台侦卒、养猪人、驻广宁之二十甲士、驻南海之二十五甲士，每牛录五巴牙喇之马匹、牛录拴养之五匹马、往踏田之二匹马，著免其自身粮赋，其余每一男丁皆征粮一石。各旗应运所分养牲地之粮，均以牛马驮运。每牛录出一章京，五牛录委一额真，编队而往。途中若被抢掠，则罪其率往之额真、章京。"　402－403

（二月）初二日，谕曰："以前，右屯卫之粮，每三男丁取粮一石。今命运南迁地方之粮，亦每三男丁取粮一石。若不运则以尔家粮给之亦可也。"　406

（初七日）抚顺额驸自金州奏书曰："金州城周围十里之内有梨树二百五十六棵，苹果树一百一十四棵，杏树二百四十六棵，枣树二千八百一十八棵，桃树五十八棵，共果木三千七百九十二棵，果木园八十处。木场驿堡有梨树八十四棵，有桃树五十棵，杏树十七棵，枣树六百棵，李树四棵，共果木八百棵，果木园二处。留三百男丁看守该果木。另有煮盐人二十名，捕鱼人十名，捕鸟人十名，皆留于金州城内。"　410

第四十五册　天命八年二月

初十日，都堂汇奏曰：一年每男丁应纳之赋：官粮、官银、军马饲料，共银三两。按三两计，即等于淘金之六百男丁，每年征金三百两。炼银之一万男丁，每年征银三万两。　414

十四日，恩格德尔额驸遣来送书之使者巴拜还。并致书曰："额驸尔以二百男丁往会于喀尔喀，其喀尔喀之业兴乎？前来我处，我之势强乎？今往彼处，我于尔何怨有之？若从我言前往彼处，则赐尔千人男丁一年所取之银六十六两，粮一百一十石，仍将给还。若不从我言，不往彼处而留于此地，则不仅不给千丁所取之官银、官粮，且不准尔之使臣往来。而喀尔喀诸贝勒知尔看守其逃人之萨拉沁，仍将与尔为敌。若返回后，召之即来，则不治尔罪。其先来之人，皆给官职，沿及子孙，累世不绝，且不究其罪，并以黄册敕书记录钤印颁给之。所谓杀身之罪何必挂齿，尔与豢养之父汗争位乎？除非因争位，杀豢养之父汗及诸额驸、妹夫，叛往蒙古之地而死于追赶者之箭锋而已。除此之外，岂有藉故他罪而杀尔之理乎？勿再提及是言。以愿归宁求生之人，赐尔等八千男丁之官粮、官银，衣食充裕，任尔围猎放鹰，往返游玩，行止不限。若不耐久居，则可言明，若欲往蒙古之地，亦不禁止，汗与贝勒亲送渡河。归来之时，赐额驸男丁二千，格格男丁二千，岱青男丁一千，共男丁五千。每年取银三百三十两，粮五百五十石，供差役九十人，牛四十五头，收藏诸物之兵丁九十人。赐尔弟男丁二千，取银一百三十二两，粮二百二十石，供差役三十三人、牛十六头，收藏诸物之兵丁三十三人。赐尔之二子各五百男丁，给一子之五百男丁，每年取银三十三两，粮五十五石，供差役九人，牛四头,收藏诸物之兵丁九人。赐额驸、格格及尔弟、尔三子,共男丁八千,每年取银五百二十两,粮八百八十石,供差役一百四十人、牛七十头,收藏诸物之兵丁一百四十人。" 414－416

十六日,都堂谕:"每牛录男丁三百人,征粮二百石,一百石运往沈阳,另一百石,如属海州人,即存放海州仓,如属辽东人,即存放辽东仓。运沈阳之一百石,限于三月初十日办理完竣,具文送交都堂。自总兵官以下,备御以上,如违此谕,治以重罪,并革其职。著晓谕诸申官所管之汉人等,每三丁征粮二石,一石送往沈阳仓。另一石,如属辽东人,即存放辽东仓,如属复州、盖州、海州人,即存放海州仓。送往沈阳之粮,令盖州以内之人,限三月二十日办理完竣,具文奏报都堂。盖州以外,复州以内之人,限三月三十日办理完竣,具文奏报都堂。" 417

第四十六册　天命八年二月至三月

(二十五日)汉亲往察看汤山河南苏额寨屯周围种桑之地,杀牛筵宴而回。 425

(二十六日)都堂书谕:"准今年饲养一万头官牛之人用此牛耕田。按明之旧例,租用一牛,给粮明石五石,草一百束。" 425

(三月初一日)是日,都堂书谕汉人曰:"命金银产地之人,不得于农时淘掘,恐误农作。农闲时,淘金掘银之人,须经奏准,方可淘掘。尔等若不经奏准而私行淘掘,则罪之。田地不足之人,可至沿边内外,任其耕种。著台站之人今年于沿台一带耕种。明年无粮,不予供给。" 430

第四十七册　天命八年三月

初五日,抚顺额驸、西乌里额驸率每旗游击一员、兵四人,前往清河料理田地事宜。 433

每牛录遣甲兵二十五人,往边境各地安置户口。(下略) 433

十三日,废止七条之事,更为五条。

查点新来人口,给以田、舍、席、器、斧及锅、妻、奴、衣等诸物,使之筑房并登记征收与赈济库粮等。此一条也。

巡查卡伦、台站、枪炮、踪迹,及赴各屯查问天花、妇孺及逃人等。此一条也。

羁押擒获之人,刑戮应杀之人。筑高木栅及造舟船、架桥梁、繁殖牛只、杀猪、饲养牲畜等。此一条也。

送往迎来,收管所获之牲畜,于桥头征收交易税赋,清理街道污秽,管理茅厕,祭扫死者,传递信息,安排筵宴等。此一条也。

甲、盔、刀、枪、弓、矢、鞍、辔、襄衣及箭罩、弓套、帐房、梯子、档牌、车子、拖床、绵甲,每队十人出行十五日所带之物,查视骑乘,养肥马匹等。此一条也。 436－437

(二十日)汗降书谕汉人曰:"国民劳苦,非我之罪也,皆明万历帝之罪也。万历帝干予无涉之边外异国,遂遭天谴,万历帝身亡。仅其身死,天恐国人不晓所谴,遂又使万历帝之子泰昌帝,未及一月亦亡。明帝遭天谴责,父子以亡,王臣被杀,土地被陷。因万历帝作恶之故,汉民受劳苦也。天以我为是,以明帝之辽东地方授予焉。既至天授之地,即令辽东周围汉人庐舍,均与诸申合居,粮则同食,田则分耕。我诸申地方之庐舍田粮,亦皆给迁移之汉人。于此国移民苦之年,未与诸申合居之人,尔等何以乘间卖粮?著有粮之富人,将所售之粮献汗,并少许付价,若不送来,被人首告,则尽没其粮且诛杀其身。" 440-441

第四十八册　天命八年三月至四月

(二十四日)汗致书广宁:"著先查城内坚固之处,毁之,尽焚其房屋,前日焚而未尽之屋,次日再行焚之以尽。剥城门铁以火焚之,粮食运毕,概令退还。" 445-446

二十六日,传书谕曰:"接管海州仓、沈阳仓粮之众官员,著尔等秉公办理应征之粮。所征之粮,勿庸存储,即行散放之。倘尔等因征银钱,减征粮食,而不足散放,将如之何也哉?" 446

绰霍诺依同永顺牛录属下之人,往岫岩催征官粮。岫岩汉人执之缚绑,载车叛逃。见我兵驻守森严,竟杀其人,汉人退回登山。与其人同往之伙伴,执乡屯之汉人,刺耳鼻,取口供。供出之杀人者业已登山。为查杀人之汉人,杀其十人。 446-447

二十八日,汗降书谕曰:"汉人官员,各所分管之汉人若有馈赠,可受其鱼、野鸡、野鸭、果子等,勿受牛、羊、山羊、猪、钱财、银两、粮草,受即罪之。" 447

(四月初三日)送来官掘银九百三十两,金六两七钱,问曰:"该掘银之人,是否已缴应纳二次之粮?"其对曰:"两次粮皆已缴齐。"遂收其金,尽退其银,分给掘银之人。督催石国柱六十两,八家监工之八人,各给银五两。倘若所询问之官粮未纳,则将其革除治罪。 449-450

(初六日)伊勒慎、阿福尼分管之骚穗、三山峪、岫尤里、瞻札绥色四屯二千男丁,携其妇孺,往南叛逃,被沿边驻军追及,尽杀其男丁,俘其妇孺。 450

都堂书谕:"汉人军士及百姓,凡有弓矢刀枪炮等军械,限于二十日内,送交各该管官。逾二十日隐匿不送者,被人首告,治以重罪。禁止汉人工匠售卖弓矢刀枪等军械,十日以后,卖则罪其售卖之人,买则罪其购买之人。限各所属人于二十日将军械送交完竣,并著该管官员具文上奏。" 450-451

初八日,汗降书谕曰:"著每牛录由一章京,率领牧马,一章京催造军械,一章京催种田亩。" 452

第四十九册　天命八年四月

(十二日)李驸马曰:"尔等南方各地之人,为何叛逃?诸申汗之善恶,尔等不知矣。非如明万历帝怂恿高太监任索银两。得辽东后,未动尔等所住之舍、所耕之田,各自相安而居。沿南海居民因听信毛文龙挑唆之言,杀我之人而叛逃者,遂令迁移之。因尔等叛逃,故令迁移。所迁之民,不给粮食岂食土乎?因迁民无粮,遂取而给之。迁徙之苦,仅此一年,岂有年年受苦之理乎?诸申汗与明帝相战,孰胜即坐投于得胜之汗,以安生业。尔等非军人,又非文武官员,尔等乃平民百姓也,于尔等何罪之有?尔等弃故土、住舍、耕田,叛逃而往,孰将纳尔,并给以田舍?"抚顺额驸持此书,前赴复州、盖州。　454－455

绰和诺往收居南路汉人之粮。因其独遣同往之人,被汉人所杀。遂以尔为何独遣一人?而令偿死者,罚银二十两,由萨木哈来销去所记之功。　455

十三日,致书复州、盖州曰:"遣管粮之人,核计复州、盖州之征粮。计我前往之苏巴海姑夫、毛巴里之一千兵丁及后往之蒙古人口数,应给复州若干石,盖州若干石,按数征而给之。"　456

都堂书谕:"一备御率汉人五百及千总一员,兵丁二十五人,千总携父母妻子,又十二名兵丁携妻子,驻于东京城。其家人仍居原处耕田。所驻之十二名兵丁,当择优地而驻。兵丁有过,惟千总是问。望族殷富之人,再行安置。二十五名兵丁,以八人收管备御之诸物,再以善射之七人,执枪携弓,佩带撒袋。至其不善射之十人,皆令执炮。兵丁所执之炮及弓、撒袋、刀、枪,尽将收之,存于各该管官家中。自牛庄以东,英额以西,边外之地,庶人可留炮、弓、撒袋、刀、枪。自此以南城堡屯乡,勿留军械,查各所管辖屯堡之军械,尽收之,并限于本四月内,概行送来。若未收尽,所留军械,被人首告,则收藏之人,治以重罪,该管官亦罪之。汉人若造售军械,则售于诸申,不得售于汉人。若售于汉人,则罪其卖者,买者亦罪之。"　456－457

汗为于边外沿辽河耕田开边事,率众贝勒及福晋、子媳、诸子等,自东京城北启程。汗乘轿,夜宿彰义站堡之野。严束军士,屯中诸物,秋毫无犯。　457－458

十五日,汗出边察视耕田之地,并行围猎之,获鹿狍十只,散给有职之大臣等。夜宿布尔噶渡口。　458

十六日,自彰义站以西察视耕田,设围打猎,猎获鹿狍二十只,未赐给有职之大臣,而散给众军士令汤食之。于辽河张网,汗亲乘舟行,以钢叉得鱼十尾,夜宿辽河渡口。　458

十九日,由此溯辽河上流张网,汗亲乘舟,手执钢叉寻鱼未得,遂命遣人携舟网返回。由此察视耕田。于都尔鼻山冈周围勘视,拟定在此修城。于此放围,获鹿狍十只,夜宿达岱塔南。时齐赛贝勒之一男、一女、一子逃来至辽河彼岸,命以马渡之前来。　459

二十日,自达岱塔察视耕田,设围打猎,获狍二十只,夜宿十方寺南之水甸。　459

二十三日,谕戍守之军士、台人曰:"伊勒慎所属盖州南潜逃之汉人,与哈哈纳牛录之坐台诸申三人,结交为友,并骗至其家而杀之。又驻某地之七人,去汉人朋友家饮药酒,俱皆殒命。又驻某处之五人,被汉人朋友带至其家内以酒灌醉尽杀之,该汉人弃之潜逃。凡诸台之诸申,驻各处之步兵、马兵、哨卒,勿与汉人交往,勿去汉人之家。若与汉人交往,去汉人之家,则治以大罪。驻苏纳额附所设卡伦之三人,燃火而睡,不知汉人乘船逆岫岩河而来,故被俘二人。其乘船而来之一千汉人,被苏纳额附俱歼之,获船三艘。再有似此燃火而睡之哨卒,则杀之。希汉萨满负甲步行,前往戍守之。汗见之曰:'苦哉!'希汉萨满答曰:'汗劳苦之际,我等情愿受苦。汗若安逸,则我等庶有安逸之日也。'因此言回答得体,被汗举之为备御之职。众人皆已闻知。似此驻各处之兵丁,不过一年劳苦而已,岂有复劳之理乎?若尽其劳,必有安逸之日。著尔布三将此书传谕驻守之军士及台人皆知之。"　459－460

著有粮有驮载牲畜之人,限期内将粮食尽数送来。至于无粮可给、无牲畜之人,屯中大臣、千长百长等岂不知乎?特此告于已去之李驸马,确实无有,可以免之。令未迁地方有粮之人,售于无粮之人,斟酌其价,从减取。若有粮而不肯售于无粮之人,经人首告,则不给

价而徒取之,赐予无粮之人。迁移地方之人及居本地人,凡长期断粮者,命往边外取粮,由诸申率领前往取之。　460－461

（二十四日）彦庚、王备御奏称:"据袁欣千总前来面告,托兰山有百余人谋叛等语。我等不信其言,于是遣宋进忠往探,信息属实,并探得毛文龙唆使贾大、贾三二人前来住于该屯,欲于初一日起行。"遂命抚顺额驸往查,并谕曰:"倘事属实,系新迁地方之人,则将为首者带至东京。其他小人,令与周围有粮庄屯之人合居,给与粮田。若非新迁,系原住之人,则将男丁皆杀之,妇孺充俘。著抚顺额驸往驻盖州。刘副将往驻复州、岫岩之间。佟参将已驻岫岩。游击李英杰已驻高尔营。金游击已驻沙河。游击张梦兆已驻老虎洞。赵游击已驻复州。著抚顺额驸谕知刘副将。刘副将再将此谕转告于沿边驻扎之五游击。五游击各查所辖地之由边外迁至边内居住之人。耕田无粮之人给粮,因无粮无畜而未耕田之人,计其丁口并入边内有粮之屯,每百丁配以十或二十男丁。食粮计口取而给之。耕田,亦计口取耕田给之。办理完竣矣,即以我所管之地方之人业已办理完毕等语,报刘副将。刘副将报于抚顺额驸。诸事完竣后,其抚顺额驸、刘副将即回。"二十四日持此书前往。　461－462

第五十册　天命八年四月至五月

（二十六日）"奉汗命率兵赴外地驻守之诸将官,尔等为何出师心变,违背汗命,不严加管束,疏纵军士,致使抢夺,扰害国人。若有千百人叛逃之,则杀其男,妇孺充俘。杀一二少数逋逃者,皆乃欲得绵袍而杀之也。前往之军士,勿入汉人庄屯,勿食汉人之粮,宜择屯外有水草之地歇宿秣马。主将亲率从者二十人,察看汉人之田耕否。若未耕而作乱,尔等即具文致此,其他勿言。尔等驻边之人,不得愚顽,须妥加防守,尽心效力。若听信属下小人之言,违汗训教,持以盗贼之心,疏忽怠惰,则祸患必及尔身也。若不违汗命,小心谨慎,秉公尽力,见善于汗,则记尔等之功也。"　464

二十七日,汗降书谕总兵官布三曰:"著佟参将返回岫岩城,督察国人是否耕田,并详查毛文龙所遣之奸细。著驻五处之诸申马兵,每处遣二人,共十人,以护卫佟参将。"　465－466

（二十八日）噶尔泰以征粮则一概征收之,而使全体国人苦于征敛。故将噶尔泰治罪,罚银二十五两数。　467

自南界之外收归界内居住之人,因未获田粮,二次前来诉告。遂致书令盖州地方头领张游击办给田粮。其书曰:"尔为我属,早应办给田粮。因心向明帝,愿其若去则去之,故未曾办给田粮。此其一也。又锉草峪地方之人谋叛,该地汉人,往告于诸申戍守之主将,告于诸申之台人,又告于汉人戍守之吴游击、佟游击。所有戍守之人皆往告之,岂有未告尔地方头领张游击之理乎? 尔乃我属之人,本应将此前来告知。唯因尔亦明帝之人,欲其离去,遂未告也。此其二也。再者,岂有善言于毛文龙反而无善言于尔乎? 尔若我属之人,应谓地方之人曰:明国之苦,皆我明帝做恶之故,致使众多王大臣及数万兵被杀,地方失陷。死者何以安眠乎? 金帝未夺房舍、耕田,而养育之。因负养育之恩,听信毛文龙挑唆之言,逃叛而往,是以迁移之。皆因我等为恶,遂自受其苦也等语。唯因尔亦乃明帝之人,故不言也。此其三也。尔以为诸申汗无知,任尔恣意妄行而不察也。"　468－469

（五月初一日）李善、多诺依，因费阿拉之噶尔萨、郎家及嘉哈、李家四处之汉人，未耕田筑房，而往查之。 470

抚顺额驸致书曰："有人讦发托拉三之人欲逃。经与首告人面核，查得该人等未耕田，粮皆出售，缝银于衣内，以图逃走之情属实。遵照所奉属迁移地方之人，勿杀，令其迁来，本地人，则杀其男，妇孺充俘之谕令。即将迁移户之男女共三十九人留养，遣往牛庄、海州合居之。其本地之男丁三十八人，尽杀之，妇孺充俘。今将该充俘之妇女十九人、马六匹、骡一匹、牛四头、驴四头、银四百八十两解送前来。" 470

第七函　太祖皇帝天命八年五月至九月

第五十二册　天命八年五月

十九日，汗降书谕曰："驻复州之蒙古，凡可行者，皆遣金州，迁至有粮之地。其他老弱不堪迁往者，则以盖州之二百五十石粮，分赡之。" 488

二十日，驻红草乡吴善备御所辖之夹山河村之二十户人逃去，村人首告，报于吴善备御。吴善备御报于卡伦，卡伦报于孟坦、托特托依。遂遣军士捕获解来。经孟坦、托特托依、吴善备御、彦庚等四人会审。逋逃原定二十户人，所耕土地仅有七垧，二垧未种，已种五垧，且未耘耨。故尽杀猪、鸡、犬，装于筐内带走。二十户有牛二头、驴二头、男女八十人。 488 - 489

二十一日，都堂下书曰："往复州之蒙古，令无粮者，并于有牛马者，共食所运之粮。取粮时共取之，所取之粮亦共食之，有牛马之蒙古必云：我取之粮，为何给予他人？马牛乃汗所赐之马牛。此二年诸申、汉人亦皆共食其粮，尔等未知之乎？" 490

二十三日，都堂下书曰："勿效法汉人耨田二次。我之旧例乃拔草后复锄。倘效法汉人耨田二次，则田沟内将起硝，亦恐不能尽除作物根部之草。著该管章京尽速督催耕作。" 491

（二十四日）是日，命有粮者出粜。粜则偿以价银；有粮而不粜者，一经他人告发，则无偿收取，并由首告者及中人监守其粮。为恐有隐匿之事，可密告驻复州、盖州之佟驸马、刘副将。由佟驸马、刘副将差人征收散给之。 491 - 492

汗谕诸贝勒曰："我国之诸贝勒大臣，皆图个人畅快清闲，我殊为尔等忧虑，当唾尔等之面耳。尔等不明审断之法也。何故将旁立授首之汉人，与我诸申等同看待？倘我诸申犯罪，当问其功论其劳，稍有口实，即可宽宥之。汉人乃生还之人，若不忠心效力，复为盗贼，怎可不灭其族，而杖释耶？至于由费阿拉与我等同来之汉人，亦一体审断之。尔等之审断，无从迁回，竟似牛骡一般矣。著八贝勒召集尔等各该旗之贝勒大臣等，密阅此谕，勿使他人闻之。耀州之人扬言，待我兵去后，欲杀我之子女，各处之人鸩杀我诸申，尔等犹不知耶？" 492

（二十五日）是日，汗降书曰："戍守南边之诸大臣，倘敌从彼处攻占尔处，我军不支而退时，不可因信于我方之汉人而分散后撤。我方势强，汉人则备食相待，我方势弱，则必致拦截。切勿轻信，当集中步马军，勿经汉人之家，由野外返回。" 493

第五十三册　天命八年五月至六月

二十六日汗降书曰:"西乌里额驸、爱塔,著尔等将所得之粮及于盖州、复州选取之盐,交纳齐布侍卫与富拉塔,以赈无粮之蒙古。" 495

(六月)[原档残缺]月初一日,下书戍守南方之武大臣:"汗闻保护诸申、汉人取粮之事,甚为不安。凡前往取粮之诸申、汉人,可于彼处任意索取之。命兵丁随行,归来时,殿后收敛带来。著吉尔海将此书传达于左翼四旗。若刚古里额驸将此书传达于右翼四旗。如若不达,则将尔等治罪。" 497

召前往筑城台之四贝勒、阿巴泰贝勒、济尔哈郎贝勒、岳托贝勒、硕托贝勒、萨哈廉阿哥等归。归来后,告汗曰:"我迁移之国人,自铁岭以远,至洞以内,庄稼矮小,耕种迟误,食粮不足,无盐。沈阳渡口,船少。"[原档残缺] 497-498

[原档残缺]报后,若如此,则勿将食盐核入众官差之人内。计有都堂、总兵官、副将、参将、游击、备御等人。七百零六名备御,各发盐一百斤,已由沙金参将率各旗之一名备御解送。倘若所种庄稼矮小,需留待以后耘耨,则以备御计,一牛录诸申五人,汉人五人,汉人一备御十人,每旗副将一名,游击一名,由巴都里总兵官率领,前往耘田。另每旗各五只小船,合计四十只小船,由每旗一名备御解送至沈阳渡口。 498

第五十四册　天命八年六月

初九日,闻复州人叛,命大贝勒、斋桑古台吉、多铎台吉、硕托台吉、阿济格阿哥率每牛录十五名甲兵前往。因叛变属实,故尽杀其男丁,将其妻孥牛马作为俘获带来,于二十八日到达。 505

十一日,西乌里额驸奏称:"据彦庚报,查盖州东南各乡,有余粮合计一千三百五十一石二斗,将其放给各乡无粮之人,皆以平价粜之。又,石副将查得,盖州西北各乡之余粮,合诸申斗四十七石七斗,放于各乡,由纳齐布赈给。又查得,各乡余粮一百四十一石,平价售给无粮之人。又,石副将、彦庚、王备御查得:南方之人已耘耨各二次,庄稼长势良好。但饿殍多,各乡余粮少。又颜家闸山村之人原报:渡海者所留粮,有一百七十石。为恐无有,遣人查之,所报之数已交于纳齐布。又前所杀木梳峪乡之何久昌曾于汗城报称:家有粮一百五十石。今彦庚遣人查之,仅有二十九石五斗。我令彦庚复遣人验实,并将粮数交纳齐布赈给。石副将,彦庚尚有十余处之乡屯未查,俟二三日内查完后,我再返回上报。" 509-510

十二日,汗降书谕大贝勒曰:"为恐我军士以复州地方之庄稼喂马,及胡乱践踏,故将蒙古兵交付乌讷格。为不使庄稼遭受践踏或喂马,令充俘获之人、编户之人及所耕之地,皆如同各牛录分摊之。其所住之乡、宅,与我军士同住,将其旧粮及新收之余粮,春为路上携带之米。诸贝勒于本月二十日前往替换,二十五日到达。前往替换之军士到达后,将应摊之乡及田粮,明白交付各该牛录。凡拦回之户及俘获,皆由尔等[原档残缺]。拦回户之猪以上,马以下牲畜,皆充公。然后富户每十五口给马二匹、牛二头、驴二头。贫户每十口给牛一头、驴

一头。贫穷之人每十男给马一匹。至于猪只,则由前往之大臣酌情缓给各户之人,不得宰杀。此谕。" 510

（十四日）是日,驻守南边之吉尔海游击至,告汗曰:"青苔峪、岫岩地方之人皆欲叛,已将同谋首告之二人带来,并已拿获为首者数人。所获之人皆供欲叛属实。"汗命首告之书生魏英科为备御,赏银五十两及蟒缎衣服、大凉帽。次出首者郑则猷为千总,赏银三十两并蟒缎衣服。 514

第五十五册　天命八年六月

十五日,汗降书青苔峪、岫岩之汉人曰:"青苔峪乡之魏英科首告同谋叛人,赏银五十两及蟒缎衣服、大凉帽,升为备御。郑则猷继之出首,赏银三十两及蟒缎衣服,升为千总。各地之人如有类此谋叛而首告者,同样升赏。尔等小民何故不首告耶? 即受札付,亦仅大臣及为首者受之而已,尔等何知? 其恶岂能连累尔等? 尔等小民如能协力执送谋叛之大臣,亦乃尔等之功也。其盖州、耀州、析木城、甜水站等地之人,因无叛逃之心,勤于耕作,庄稼茂盛矣。故无事之地,其人之田舍,皆不更动,使之安居乐业。各处之人,凡如此勤于耕作,不怀叛逃之心者,皆不动其田舍。尔等若听信毛文龙所谓皆为官之诱骗,弃地叛去,一乡千百之人皆为官,则尔等属下之民又何在? 故祸已临尔等之头矣。"（原注:此皆所任官员叛逆之故也。因官员不知文义,好财货,故毁其民。） 515

致书戍守南海之诸大臣,书曰:"令马兵于边外五十里之内,五里之外,择草肥苗之地驻扎。令步兵记住马兵驻处。步兵马兵互闻炮声而驻。倘有叛逃之人前往,则东西两军相约,过险地,至平地而擒拿之。本地汉人,若出边往取藏于山野间之粮时,则由我军随往取粮,取完即回。" 516

是日,致佟参将书曰:"佟参将,为恐边外入境无粮之汉人饿死,著尔由陈粮丰富之人及种大麦之人中,征收粮麦给之。" 516

是日,命驻守青苔峪、岫岩、通远堡、萨马吉四处步兵,取凤凰所存一百石高粱、三十石米食之。 516

（十七日）大贝勒自复州遣胡里及四人赍书曰:"据往金州、旅顺口取粮人看得:两地有船,一处七十艘,一处近五百艘。又,据人来告,长山岛一日放十炮,故连夜急行,至十三日,杀复州城内之男丁,将其懦弱者及小儿五百人豢养之。是日已暮,翌日遣人由复州新边以北大山之麓至海及熊岳以南,分两翼抢掠之。若等待往掠之人恐已迟,故先遣人报信。" 516 −517

汗遗书致大贝勒曰:"著戍守复州之马兵,来会于盖州。其一千兵,由八旗中一名副将、每旗一名游击率领驻扎。复州之步兵加入驻守盖州之步兵内。步兵所耕之田,与复州之田一并收获之。蒙古人,每旗各由巴郎衔之一大臣率领驻守。蒙古披甲无马之人,给以可乘之马,勿给好马。择一般可耕作之牛,取一千头,给由广宁带来之各户。未披甲、无牲畜之蒙古人,每四、五口给牛一头,每二、三口给驴一头。所余之马、骡、牛、驴,则派人牧放。放牧之人,除俘获外,四人合给一女子。看守八家骡马牧群之人,日久劳苦,每人给一妇人。类似耕奴之人,其妻子父母不予分离,编为五百户,每户十口者,给牛一头、驴一头,命往驻纳丹佛呼。倘大猪多，则八家各取二百头，少则各取一百头。小猪则由蒙古人以发给之购猪银领取之。办理后所余之人与剩余之猪、衣服及什物等，皆以牛录计令其拿来，再于此处办理之。至于蒙古人及牧放俘获牲畜之人用粮，若复州之旧粮不足，则割小麦、大麦酌情发给。牧放俘获牲畜之人、蒙古人等可往金州方向游牧，择其肥沃之地，过往彼处，返回饲之，八月回来收黍，入复州。八家各出所用之［原档残缺］牛三头，由诸贝勒一同带来，七月初一日启程。"　517－518

镶黄旗：由叶赫之尚间崖、色和里、雅哈穆克、哈达、乌鲁里山往前，朝向勒克为一份。

正黄旗：由波吞山肩往前，额赫鄂凌阿巴彦以北，马家河、依兰穆哈连为一份。

正红旗：由哈占、绥哈、蒐登、富勒加齐岭以东，达扬阿以西，古城、托和罗为一份。

镶红旗：由阿布达里以西，额赫舒瓦以东，洞以北，马哈勒图宁古往前，至尚间崖为一份。

镶蓝旗：由多巴库路、尼喀塔小河往前，萨伦、西尔希、胡珠、苏瓦延山脊［原档残缺］哈达、依兰哈达为一份。

正蓝旗：由乌鲁里山朝向漠洛克吉，乌鲁里为一份。

正白旗：由图门之［原档残缺］北，辽孤山之水以南，波吞山肩以内，朝向塔恩哈穆哈连为一份。

镶白旗：由马哈勒图宁古以内，至呼兰，避荫以南，辽孤山之水以北，雅奇山脊、富勒哈往前，德佛以内为一份。　518－519

十九日，巴都里总兵官、达尔札副将、和硕图副将、雅希禅副将耘田归来。　519

二十一日，遗书蒙噶图，曰："南边夸兰河地方之人，由彼处来尔处之奸细络绎不绝。若大臣等受扎付，小人前来首告，则必致尔等身亡。长此居于彼处，尔等亦不安宁。去年办理由新边迁入边内，官员等未明白办给田舍粮食，故苦累之。今为使尔等不受如此迁移之苦，皆预先办给田舍。著尔等携夸兰河之人，迁居于诸申所住之沙河、长安、札陵［原档残缺］等处，给田十万垧。至于给尔等田地之原主诸申，令其返回沿辽河开边居住。另遣都尔噶亦住尔等迁移处之田舍。迁来之人中，可先使父兄速来，以记取尔等所分配之田舍，然后率子弟家人，妥为耕作及收获。尔等之粮我不加干涉，或与住尔处之诸申交换食之？或各自运粮而食？皆听尔等之便。凡有受扎付而谋叛者，先来告汗，虽系后首告亦无罪。"　519－520

都堂下书曰："盖州、复州所属南边地方之人：由彼处来尔处之奸细络绎不绝。若大臣等受扎付，小人前来首告，则必致尔等身亡。长此居于彼处，尔等亦不安宁。去年由新边外办理迁移边内，官员等未明白办给田舍粮食，故苦也。今为使尔等不受如此迁移之苦，皆预先办给田舍。著尔等迁居诸申所住之耀州、海州、牛庄、鞍山、穆家堡以西，给田三十万垧。至于给尔等［原档残缺］之原主诸申，令其返回沿辽河开边居住，迁来之人中可先使父兄速来，以记取尔等所分配之田舍，然后率子弟家人妥为耕作及收获。尔等之粮，我不加干涉，听任尔等运食。若有受扎付而谋叛之人，先来告汗，虽系后首告者亦无罪。"　520－521

因有人来报岫岩地方之人谋叛，故遣苏巴海参将率二十人往会戍守南边之兵，并令其于众兵会合后捕杀叛人。　521

二十二日，萨禄备御率兵二百，往铁岭方面戍守，洪尼雅喀游击率兵一百，往十方寺戍守，依奇纳游击代理副将率兵一百，往辽河渡口戍守。　521

执魏生员所控之七乡六十四名男丁，经佟参将、拜音达里讯问，有十八名男丁供称："我等七乡之人谋叛是实。"该十八人既已招认拟逃是实，故仍使其父母妻子安然度日，并留其家奴耕作田地。其余四十六人皆言不知逃往之事。因其谓之不知,故将所有声称不知者之妻子家产尽行没收。该七乡仅此六十四人而已,魏生员并未指控他人。经佟参将、拜音达里讯问魏生员未指控之人,亦皆云无有。该项共有人数一百六十四人、马十八匹、牛二十一头、驴十四头、骡二头,牲畜合计五十五头。　521－522

二十三日,来报:住于牛庄至娘娘宫六十里外之红草屯、柳七屯等五乡之人叛变,以秫秸系筏,渡河而去。命遣李善游击会同戍守辽河渡口之依奇纳副将,以船渡军士,步行蹑追之。　522

都堂下书曰:"李游击,尔所辖娘娘宫一带之五乡人,渡河叛去。曾命各乡大臣及殷实族人之可靠者,住于尔处。倘未施行,今则令其速往居住。"　522

继李善之后,又遣多避叔及达尔汉额驸,率每牛录二名甲兵前往娘娘宫地方。令其勿渡河追踪,只将娘娘宫地方沿辽河所住各乡之妇孺,带至海州、耀州、牛庄居住。男丁耕田,乱乡则杀之。　522

是日,汗下书曰:"驻外游击,曾令尔等将各所辖地方之为首诸大臣及族人之可靠者,迁至尔处居住。然尔等并未派妥善意可信之人督促来住。却遣顽人,只取财货不带人而留之。所留之人,又受扎付,被他人告发而诛之,亦乃我之所失也。尔等若无意管之,即行停止,为何无故延误之?"　522－523

二十四日,都堂遗书曰:"赫通额地方所属塔儿峪乡之人,若有参与谋叛者,则赦免前来送绒之十六人之户口;倘未参与谋叛,则赦免其全乡,并令居住其乡。据该塔儿峪乡之人云,其乡距岫岩有五十里以上。果五十里乎?或进尔境内四十里乎?著速将此信遣人报来。"　523

第五十六册　天命八年六月至七月

二十六日,遣扎木布禄牛录之萨比、图赖牛录之硕色及其他二人,共四人持书往戍守南边之索海总兵官、图尔格依总兵官处。书曰:"岫岩地方迁散人之陈粮,勿滥奢糜,酌量散给编户人及所俘之人,令其舂米,食至七月底。并多做炒面。惟恐以新种之粮饲马,命户口、俘人备办米物,斟酌启程。恐妻孥致死,车载驴驮,并令多携什物。到此处后,分配俘人,需六七日,无薪何以为炊?陈粮〔原档残缺〕。"　524－525

是日,遗书方吉纳,曰:"娘娘宫地方八乡叛人之麦,著尔方吉纳率耀州、牛庄、海州三处之诸申前往收割、晾晒,并妥为贮藏。再,熬盐之人,仍令各居其乡。率其诚实可靠者住于耀州。至于小人,则留之。著刘都司率尔周围之汉人摘取棉花。又,未动之乡人,视其贫富分为两半,近牛庄则住于牛庄,近耀州则住于耀州,诸申一边,汉人一边,妥善办理而居之。"　525

都堂致诸千总书曰:"前颁告示云:凡地方之人皆详查各所辖之众。傥往他处,则所往之人及容纳逃人之人,皆贼也。故抄没容纳者之家产,使逃人为奴等语。复州城,原计有七千男丁。据复州之人来此首告称:复州城比原计七千男丁多出一万一千男丁。由彼方前来之奸细业已受书,其地方之人皆欲叛去等情。首告之言无信,故遣大贝勒往察。经查,男丁果然比原数多一万一千。且将所有之粮,皆做成炒面。叛情属实,故将复州人杀之。各地之人，倘似复州隐匿额外人口，亦照此例。尔千总当详察所辖之人，其人名皆录于册内。所计之数［原档残缺］终一次报来。尔千总所辖之人，若往他处，尔查明执之，其窝主之家产，分尔一半，其逃人亦给尔。倘尔容纳他人，为其主查获，亦按此例将尔治罪。" 525－526

石副将、王备御：著尔二人率盖州、耀州、海州三处所辖之汉人，往割复州所属迁散乡屯之麦，并晾干，妥为收藏。至于棉花亦妥为摘收。为恐逾时，大田之庄稼亦遣出官差之汉人收割之。 526

是日，遗书佟参将，曰："佟参将：著尔率周围未迁散乡屯之汉人，往割岫岩地方迁散乡屯之麦，并晾干贮存。棉花亦妥为摘收。为恐逾时，大田之庄稼亦遣出官差之汉人收拾之。" 526

（二十九日）阿敏贝勒至。遗书曰："赶回出逃之娘娘宫地方之人，令其妇孺近耀州者，入耀州，近海州者入海州，放其男丁各自耕作。" 529

第五十七册　天命八年七月

初三日，都堂下书曰："据报海上见有船只。令将盖州城南至熊岳，所有海边人之妇孺皆收入盖州城内。男丁仍令耕田。耀州、海州、牛庄海边人之妇孺，亦皆收入耀州、海州、牛庄各该城内，男丁仍令耕田。" 534

（初七日）岫岩地方俘获之数目：人六千七百人，马六百八十三匹，牛二千零七头、驴九百四十一头，共俘获一万零三百三十一；金六十六两八钱［原档残缺］百九十两，缎衣一千二百七十二件，皮袄皮袝子九十一件，豹皮二张，貂帽二顶，红毡三十二块，白布二百四十匹，毛青布衣五千九百二十件。 540

第五十八册　天命八年七月至八月

十三日，石副将来告，海边之妇孺入盖州城已毕，前报于耀州所见之船已退。留城之诸贝勒差人言于汗曰："复州、岫岩分散地方所出之一二人业已编户。取何处之粮供彼等食之？请赐示。"覆以书曰："复州、岫岩之户，若有居汗之东京城者，则以东京城周围之燕麦、大麦贷给。其户若有居海州者，则取海州仓粮发给。倘无仓粮，则取燕麦、大麦发给。其户若有在盖州者，则取盖州之燕麦、大麦发给。如此发放事竣后，则令妇孺居于该散粮之处，男丁则往各自之处取粮。彼等前往取粮时，委以额真遣之。只一二人者勿遣之。"遂遣往。由此前行宿于抚顺。 547

（十五日）是日，八贝勒之牧牛人，因践损田地，各鞭三十。又，八贝勒之庄头，以持棍在田，为何不加制止？各鞭四十。并布告曰："凡军士之马匹有入田者，一经发现即捕之。"由此前行，宿于托瓦奎昂阿。 548

十六日，魏赫德来报：船已由达柱虎所驻之盖州退。汗就其所报遗书曰："若不使败逃登山之人获得粮食，则其自然下山。我方率兵往察后，因其惧我杀之而不下山。至七月底视之，若仍不下山，则可杀之。我军不必前往监视。彼闻不杀之讯，自然下山矣。"遂由此前往，至嘉穆瑚，返回，宿于科波伦屯。 548

二十一日,都堂致盖州游击赵义和书曰:"八旗熬盐之汉人勿充割粮、筑城之官差人与牛不得征用。至于已收熬盐之人者,若为首大臣之户内有已收者即留之。释放庶民之妻孺,各遣其家。"　549

二十二日,遗书石副将、李游击曰:"著尔将赴盖州筑城男丁三千一百七十七人及牛一千零三十二头,遣往复州收割庄稼,停筑盖州之城。"　550－551

(二十三日)是日,汗降书曰:"据闻前往戍守之人,掠夺侵害肆行,又闻国内行走之人,亦行掠夺侵吞汉人之财货。为何不严查各牛录之人?竟如此任其掠夺胡行?著牛录额真、两名代子以及四名千总,将该处所居之人名造册携带,早晚查点。守堡也将驻路之人名造册携带之,早晚查点。倘尔等不加严查,而放任滋事,一经他人首告,即将尔备御、千总、守堡等治罪。"授额德依、雅尔布备御之职。　552

第五十九册　天命八年九月

初七日,降书曰:"凡有牲畜入田,知者执之。执者勿解取其衣,带其见乡之章京,马、牛、骡、驴等畜,各罚银一两。"　556－557

诸贝勒曰:"边外各路无粮处之汉人,可以东京海州、耀州、盖州之仓粮粜之。大斗一斗收银一两。恐其不出耘田,故于购运粮食期间,先向有粮人借贷,俟取回所购之粮后偿还之。凡诸申、汉人有粮之官员,可向各该处无粮之汉人粜粮。"　558

(二十八日)又接沙河堡遗书曰:"赴娘娘宫筑边之人等,尽行遣放,令其耕田。遣耕田之人,妥加督促筑城。令德格类阿哥、硕托阿哥前来筑城。除娘娘宫旧有之戍兵外,每牛录各一人由一副将率领沿边分驻,该副将自身驻于边寨之中间矣。"复作此类文书,请汗将济尔哈郎阿哥、多铎阿哥召来。　568

第八函　太祖皇帝天命九年正月至天命十年十一月

第六十册　天命九年正月

(初一)是日,众贝勒降书曰:"著李旗鼓将尔所辖大黑山乡之妇孺皆携来。恐粮被盗,留男丁看守。拨给虎皮驿地方之房地,迁往彼处。"(原注:因有人来告大黑山人大量购马,欲叛逃。)　570

初三日降书:"奉汗谕:令诸申、汉人关闭所有当铺。凭当物给银,势必使盗贼恶人偷窃他人之衣服,典银而逃。此亦并非尔铺主之所愿也。另,以银放债者亦悉令停止。限放债人于正月初十日内收完,不偿还则执而告之。逾十日,则由知情者收取之。又,凡卖马、牛、骡、驴、羊、山羊、鹅、鸭、鸡者,务各以自养者售之。有为谋利而贩他人之物者,一经发觉则由检举者执贩者前来控告,所贩卖之物皆由检举者取之。所有卖牲畜者,皆以两计,一两收税一钱,征税人取二份,牛录额真、代理章京取一分。汉人之税,由管辖之备御、汉人千总取一份。

蒙古人带来之牲畜，由蒙古人卖之，店主不得转卖，其税由征税人取二份，店主取一份。何故如此，盖因街有盗卖牲畜，国内盗贼将起。"所谕甚是，然所征之税过重，故从天聪汗即位之年减之，一两取三份。　571

甲子年正月初三日，向恩格德尔额驸誓曰："皇天眷祐，以恩格德尔与我为子。念其弃生身之父而以我为父，弃其同胞兄弟而以此处妻兄妻弟为兄弟，弃其所生之地来此安居。倘不恩养，必受上天谴责。仰体天作之合，养尔为婿，则蒙上天眷祐，不分内外共享长寿太平之福。"甲子年正月初三日盟誓。大贝勒、阿敏贝勒、莽古尔泰贝勒、四贝勒、阿巴泰贝勒、德格类台吉、斋桑古台吉、济尔哈朗台吉、阿济格台吉、多铎台吉、岳托台吉、硕托台吉、萨哈廉台吉。　571-572

恩格德尔额驸誓曰："我恩格德尔承蒙汗父养育之恩，嗣后若抛弃我之汗父，返回蒙古地方，或心向蒙古国而不以汗父之好恶而待之，或因思念故土兄弟，而怀二心者，我恩格德尔必受上天责罚。若一心于此地安居，则蒙上天眷祐，子孙世代皆袭汗父衣食之恩，永享安乐也。"　572

为留额驸及格格，赐书曰："奉汗谕，倘论恩格德尔之罪，唯争位之罪耳。至于其他过失，则不罪异地来归之婿。在蒙古，格格则视额驸如父；来此地，额驸则视格格如母也。故只有格格倚仗娘家之势欺凌额驸，岂有额驸欺凌格格之事？若格格非但不使额驸心宽反而加以虐待，则以额驸为是而助之，即使格格一死亦不问焉。"　572-573

赏赐额驸、格格：各有七名男丁之诸申庄二，汉人庄二。额驸、格格身边役使之诸申男丁五人、妇女五人，及砍柴男丁、担水妇女五对，合计男女共四十对。男孩、女孩俱未算入。敕书内给额驸所辖之汉人，与巴拜额驸、古尔布什额驸同，给额驸之子者与达赖、拉布西喜同。　573

是日，降书于赫彻穆、英额曰："奉汗谕：为恐驻赫彻穆、英额之兵丁，被尔村汉人袭扰，务须日夜严加防范，勿与村中之汉人同在一处。"573

初五日，遗书前往量粮之诸大臣曰："奉汗谕：赴英额、赫彻穆、穆奇、玛尔墩、扎库穆抚顺、铁岭诸路之五牛录额真，著尔等不得与五牛录之人分离，共同查核五牛录之汉人。凡一口有诸申斗六、七斗者，准其居住。一口有五斗者，或所去之人有牲畜者，经核计若可以生活，则准其居住之。计之不敷者，则计入无粮之人数内。并将无粮之男丁数、人口数，造册奏汗，以听汗令。"　574

遗书往盖州以西、威宁营以东之诸大臣曰："奉汗谕：著五牛录之额真，尔等不得与五牛录之人分离，共同查核五牛录之汉人。凡一口有诸申斗六七斗者，令该户启程，遣之，给以田宅。一口有五斗者及所去之人有牲畜者，经合计若可以维生，则计入有粮人之数内，以遣其户。计之不敷者，则计入无粮人数内。无粮之人皆收捕之，并将其男丁数、人口数，造册奏汗，以听汗令。汉人之粮食皆称量之，并将石数造册，由所去之大臣掌之。令诸申看守粮食，倘失一石，即以该大臣罪之。勿剥人棉袍，勿以粮饲马。于盖州种棉及看守果木之汉人，令留三千二百名男丁。令析木城、金塔寺、甜水站、威宁营等城周围十、十五里内之有粮人入城留之。"　574-575

（初九日）连山关之汉人男丁四十人、妇女二十人，牵马十八匹、牛五头、骡四头、驴二头叛逃，被多璧叔牛录之窝赫德代子拿获，并遣二人来告。　578

第六十一册　天命九年正月至六月

（正月）十二日，汗曰："前往量粮之诸大臣，尔等于量上一屯之粮时，即遣人去下一屯，命将所有粮食出窖置之，如此则一到即称窖外之粮，易也。若不预先派人令将粮食出窖，待量粮之人到后方令出窖，则何时量完？当预先询问有粮无粮，有粮即令取出称量，勿加执之；凡不出报而谎骗之人，则与无粮之人一并执之。不分昼夜，速行完竣。"　580

十二日，种棉者与看守果木之人不足，则不足之。无粮者，按前文办理，粮多者，造具清册征收之。傥粮多者欲赡养其亲戚，则相应给之。有粮者将其妇孺送入界内，仅以男丁运粮，并令所往兵丁驻守之。为恐劫粮，特晓谕无粮者："命将尔等执之，拨给有粮米者赡养之。"即行捆缚拘留，以待此地之消息。　581

十三日，汗曰："视无粮者为仇敌，彼等之中有我何友？尼喀里、达音珠、布兰泰，尔等函称盖州种棉养果之男丁不足三千二百人。何故只言尔等任内之事？住盖州至此，析木城至彼之所有有粮者焉有不足三千二百男丁之理乎？当令其进盖州植棉守果。"　581

致复州、盖州之蒙古书曰："奉汗谕：著游牧于复州之蒙古及居于盖州之蒙古，留藏种子，以备本年耕种。不再发给尔等新粮。无牛之人，以马、骡、驴耕之。恩格德尔额驸之兄弟五百家已来，斋赛之蒙古五百家已来，并仍有陆续前来者。汗库之粮，将分给新来之人。尔等勿误农时。不给新粮。勿等尔蒙古之耕期，当按诸申、汉人之耕期耕种。至于不耕田之人乃欲逃回者想不可信。尔等有何差赋？当各勤于糊口之食。蒙古所辖之八备御，尔等当好生督催之。"　582

二十日，每旗遣十五名大臣赴量粮处，命其尽行办完。且遗书曰："奉汗谕：著将有粮人之男丁数、人口数、粮数，造册报来。其粮食由量主看守。迁来之户，给以诸申之粮。令诸申往取其粮食之。被杀人之粮，乃仓粮也。将其粮数，另造册报来。由守粮之主一并守之。被杀人之财产、牲畜及什物，皆造册带来。勿解取被杀人妇孺所服之衣，无论其好坏，仍服原衣带来。一口有五斗粮者，即列有粮人之数内；一口有四斗粮者，若有牛驴，则列入有粮人之数内；若无牛驴，则为无粮之人。"　584－585

为查明与诸申同居之人事下书曰："奉汗谕：与诸申同居之汉人，一口有粮五斗者，则计入有粮人之数内，一口有粮四斗三斗者，若有牛驴，亦计入有粮人之数内，若无有牛、驴，则取其户为奴。"　585－586

二十一日降书曰："奉汗谕：凡偷杀牛马者，火烧积粮、屯舍者，皆乃不耕田，无粮，不定居，流亡各处之光棍也。此等无食闲游之乞丐、光棍，一经诸申、汉人发觉，即行捕送。若有妻孥，则将妻孥赏于捕送之人，若无妻孥，则捉一人赏银三两。因得辽东以来，汉人无定，逃逃不绝，奸细肆行，务田不勤，故上怒而谕之。"　587－588

赏恩格德尔额驸、莽古尔岱七男丁之诸申庄子各二处，十男丁之汉人庄子各二处，近身听差之诸申各五对，取水砍柴之汉人各五对。赏给囊努克、满珠西里、岱青、巴特玛四男丁诸申庄子各一处，十男丁之汉人庄子各一处。赏给门图达汉三男丁之诸申庄子各一处，十男丁之汉人庄子各一处。赐给明安、鄂勒哲依图、博琫、布当、多尔济、揣尔扎勒、布彦泰、绰尔吉、达赖等九人,柜子、竖柜各八个,碗、碟各二百个。赐给多尔济、米赛、依林齐、希尔胡纳克、奇布塔尔、昂昆、噶尔玛、恩格类等八人,柜子、竖柜各六个,碗、碟各一百个。赐给特棱、衮济、阿金,伊斯哈布、额布根、班第、绰斯西等七人,柜子、竖柜各五个,碗碟各五十个。　588

二十五日,遣阿达海游击、徐特海代理游击,往布三总兵官、达柱虎副将处。并致书曰称:"著于娘娘宫之[原档残缺],派兵四百埋伏四处,并以汉人之妇孺、牛驴诱之。傥将其诱入,尔等自身不得肆意奸淫。"　589

是日,汗曰:"有汉人三人骑二匹马以受汉人官员之差遣前往彼方,于牛庄被戍守之人捕获。遣二诸申解送前来时,该汉人以银各二十两贿二诸申,并醉以酒杀之,取马匹撒袋而去。尔等当妥为防范,见有如此伪称受官员委派之人即拿解前来,勿于彼处杀之。"　589

二十七日,选派人员前往各处,杀无粮之汉人。　589

第六十五册　天命十年四月至八月

四月初二日,汗出猎并往迎征瓦尔喀之军士,卯时出沈阳城北门,宿于三岔。初三日晨,征瓦尔喀之诸大臣遣人报汗曰:"大军出辉发已三日。"是日,行猎前往至名谓避荫之处,因于边外甚远之地方耕田盖房居住,截四人之手足而杀之,刺十九人之耳鼻。自此行猎四日,于木虎之原籍处与征瓦尔喀之众大臣相会。(下略)　628

(五月初三日)汗曰:"夜间有事来报,军务急事,则击云板;逃人逃走或城内之事,则击锣;喜事则击鼓。"完后,汗之门置云板、锣、鼓。(原注:时因粮荒,逃叛者纷纷作乱。)　631

第六十六册　天命十年八月至十月

(十月)初四日,齐玛纳、苏纳哈来报:塔拜阿哥获男丁四百人、户人九百口。阿拜阿哥、巴布泰阿哥获男丁二百人、户人六百口。(原注:所谓获男丁及户人者,乃掳自东部沿海之部。)　643

汗曰:"我等常豢养汉人,而汉人却置办棍棒不止。著总兵官以下,备御以上,各往其屯。去后,分别屯中之汉人。常言道:豹子好辨,人心难测。为恐尔等听信奸巧之言,当以中正之心察辨之。凡以彼方所遣奸细之言,煽惑本地乡民者,皆属非我保举之官,或原为明官、今已革职之书生、大臣等人。此等之人皆另行甄别正法(原注:正法即杀之)。为我建城池、出官差之人则建庄屯养之。无妻孥独身之人及应加豢养之人,则养之,赐以妻、衣、牛、驴、粮等,命建庄屯。而不该豢养之独身者及不从命者,亦加正法。由八贝勒庄屯之汉人起凡入诸申家之人,皆执之,照例甄别之。诸申中之荒诞不宵者,若以家中无有或不知而隐匿不举,则罪之。明时非千总、今经我委以千总之人,向来居住沈阳其父母户口皆投来者,则免之。家虽住沈阳但未携父母、未携妻室,只以外妾假充居住之名者,不准居住。向未居住,因九月以来,耀州、海州之消息使其惊恐而来沈阳之人,不准居住,照例甄别之。为恐于甄别时如以前一样,贿银而免之,故对沈阳、抚顺、开原、铁岭所属之人,比他处之人从宽甄别。由广宁迁来之人,亦按抚顺、沈阳之人从宽甄别之。一庄编设男丁十三人、牛七头。庄头兄弟计入十三男丁之数内。将庄头带来沈阳,陪住于牛录额真之家,二庄头之家住于一处。有事,则令二庄头轮番值班前往催办,诸申勿管之。庄头之名、庄内十二男丁之名及牛、驴毛色皆缮清单,交该屯章京,然后由前往之大臣造册带来。"　643－645

杀汉人时,汗命出示彼等倡乱行恶之布告曰:"我取辽东之后,未杀尔等,亦未动房舍耕地,未侵家室什物,皆豢养之。如此恩养,竟成不是。古河之人,杀我所遣之人而叛。马前寨之人,杀我使者而叛。镇江之人,执我委任之佟游击送明而叛。长山岛之人,执我所遣之人送广宁。双山之人,暗通敌兵,杀我之人。岫岩之人叛逃,为费书生首告之。复州之人反叛,带领明船前来。平顶山隘口之人,杀我四十人而叛。不思我养育之恩,仍向明朝,故杀此有罪地方之人。无罪地方之人居住日久,难免不乱,故迁至北方,给以房舍田地食粮豢养之。虽如此养育,然窝藏奸细、接受札付、叛逃而去者仍然不绝。本年船城之人、耀州之人,欲带户口投明,遣人勾兵前来领取之。彰义站之人,为明兵来时棒击诸申而备置棍棒。鞍山、海州、金川、首山等周围之堡人,皆曾窝藏奸细,勾兵前来带领而去。我等驻扎之时,尔等尚如此杀我诸申而去以及备置棍棒。我等往猎或出兵之后,尔等岂能安然处之?窝藏明遣之奸细、接受札付、备置棍棒等种种恶行,皆在外书生、官员之亲戚及前大臣尔等之所为也。至于在沈阳之官员及筑城、充役之人知之何妨?无非为尔等之恶牵连而被杀耳。总之,尔等既不思养育之恩,心仍向明,故杀尔等外乡之头人者,即为是也。小人修城,奸细难容,即使逃去,亦仅其只身而已,故养小人者,即为是也。若置养育之人于中间之地,则受诸申之侵害。故皆建为汗与贝勒之庄屯,一庄给男丁十三人、牛七头,田百垧,二十垧为官田,八十垧供尔等食用。"　645－646

诸贝勒曰:"众汉官,著尔等各带近亲前来,远亲勿带,以免其妄领财货使尔等脸面无光。"八旗大臣分路前往,下于各屯堡杀之。杀完后甄别之,当养者,以男丁十三人、牛七头编为一庄。总兵官以下,备御以上,一备御赏给一庄。此次屠杀,使贤良之书生亦被杀绝,后为聪睿汗惜而止之,查所余闲散之优劣书生,复以明例考举三百余名。各配以男丁二人,免役赋。　646－647

第七十一册　天命十一年三月至六月

丙寅年三月十九日,刘学成奏称:"谋事者人,成事者天矣!汗生东方疆围之地,自幼行兵,深谋远虑,神出鬼没,人不得知。如鼠不可以当狐,如犬不可以当虎矣。故上天先以建州周围之地统授与汗,汗得而知之乎?彼时,汗之心以为仅有建州即可矣,岂复思得乌拉、哈达、辉发、东海之国乎!天使汗得彼等之国以增兵力者,汗亦得而知之耶!先聘叶赫之女,因叶赫负约不与,并为明所祖护。汗欲报复,遂征抚顺。汗之心,岂必欲杀张总兵官,而灭四路之兵,取辽东之地,平叶赫乎?此皆乃天之默祐,汗亦不得而知也。汗乃天之子,应天而行,方为孝子。民乃汗之子,顺民心而行,乃即慈父矣。汗初取得辽东后,上至旅顺口,下及镇江,使民安居而养之。其后,无知之民负汗之恩养,年年逃叛。子若不孝,父岂可慈乎!以致因彼等之恶而迁移杀戮之。此皆往事,亦天之所为。再,汗未及日中即取沈阳,一日而取辽东,其余所下之城不可胜数。今已二日,为何未得宁远?非辽东、沈阳之人较宁远寡而弱,枪炮较宁远少而钝也。乃汗自取广宁以来,马步之兵,三年未战,主将怠惰,兵无战心也。兼之,车梯藤牌朽坏,器械无锋及汗视宁远甚易,故天降劳苦于汗也。倘若汗以[原档残缺]海为无用之处而修筑住地，一旦用时恐将有误，乞汗思之。今汗与诸大臣等，若父子一心，上合天意，下顺民心而行，岂有不可行者乎。我无以相报，仅以所虑之四事奏陈：有功之人，赏以千金而不惜，无功之人，虽亲戚而不赦。赏罚严明，则大事成矣。此其一也。自古以来，使用有功之人，不如使用有罪之人。辽东之人，既逃叛，即罪人耳。何必杀之，使其从征，以汉人征明，则于诸申有益矣。此其二也。得地后，毁坏不如留之。得宁远后，即设兵于宁远，以攻山海关而诱之。大军由一片石前往，直捣都城，出其不意，攻其不备。诚能如此，则通州城之积粮、民舍，天启帝之宝贝、财帛，皆可得矣。否则，攻山海关，几日以后，自山海关至都城，尽皆放火，将如锦州、杏山、塔山、连山、松山等皆化为灰烬，得之何益？此其三也。若于蒙古马肥壮以后，我才出兵前往，嗣后一旦出事，则难于千里之外返回。若于蒙古马肥壮之前，即留守城兵而前往，则善矣。此其四也。"奏入，汗嘉之。　　693－695

　　是年五月二十日，遗毛文龙书曰："自古以来，诸国之兴衰，皆天轮之时运也。将亡之时，大示异兆，烽烟遍地，以致灭之。将兴之时，上天默佑，每举必兴，气势昌盛。类此之例，尔岂不知乎，昔伊尹知桀王之运终，往归成汤王而为臣。姜太公知纣王之运终，往归武王而为臣。闻尔毛将军谓我为何杀人，若不杀人，谁不愿降。辽东、广宁之人原系朱氏皇帝之民也，因天授与我，故我以国增、兵增、钱粮增而悦。自旅顺口以北至开原，自镇江以下至广宁，皆养育之。然欲养而不从，竟杀我所任之官、所遣之使，奸细往来，叛逃而去。对此岂能不杀而平白释放以遗之乎？我之所杀者，理也。由我处逃出愿结尔而前往之人，尔收容后，不加豢养，却令其从军，反戈而战，故于各处之被杀者，乃尔所杀，非理也。我国恩养昭明，故自东海以来，举国愿归。至于哈达、叶赫、乌拉、辉发之人，虽曾鏖战不降，然败后擒之仍聚而养之。其时，出兵蒙古，我之所获尚不及自愿来归者多。如今归顺者络绎不绝，此皆慕我恩育之声誉而来耳。设若杀之，其何能来耶？毛将军，我曾以为尔乃明智之人，今尔不知天时，是愚昧也。明运已终，劫数未尽，无处不杀汉人。安邦彦将山阴、安南、贵州、四川、广西、云南、曹县、滕县等处，所杀者尚少乎？实乃明灭之时也。天之所灭，尔能救焉？昔周国运终，末世国乱。圣人孔、孟，欲救而不能，遂即灭之。尔岂不知？常言：良禽择木而栖，贤人择主而事。韩信弃霸王而归汉高祖，刘整弃宋国而归蒙古忽必烈汗，此皆观天时择主而事，且留芳名于后世。谁人曾谓彼等为恶？凡应天命而生之汗、贝勒等，皆不念雠敌，视其功德而养育之。古之桓公，养射己之管仲为社稷之臣。唐太宗养雠敌胡敬德，终得有裨益。毛将军，无论尔如何为君效力，然尔国亡时已至，君臣昏聩，反致殃祸于尔，何益有哉。明国已亡定矣！各处刀兵纷起。丙辰年大风，都城内各殿之树连根折断，牌楼石柱亦被摧毁。戊午、己未两年，都城内河中流血。此皆非天示灭亡之兆使之知徼乎？天时古鉴，将军何以不知？望尔深思。时机失尽，悔之何及？佟驸马、刘副将皆只身逃来。李驸马及辽东、广宁之官员，皆获于阵前。彼等皆被擢用养育，尔不知乎？尔若诚能向我，则待尔优于彼等。"　　695－697

第七十二册　天命十一年六月至八月

　　（八月）初一日，诸贝勒曰："著所有妇孺皆出，耘锄田禾，作速培土。患病者，令该牛录之众人，助之。"　704

　　初三日，诸贝勒为收取税课定曰："人、马、牛、骡、驴、羊、山羊等七项，一两取税一钱，分为三份，官取二份，卖者之牛录额真、章京、代子分取一份。若汉人所属之人卖之，则由游击、

千总分取之。除此七项以外,其他各物皆免取税。" 705

第十函　太祖皇帝天命年月不全档

第七十三册　所记天命事十三件

诸贝勒致高朗书曰:"欲给粮者,实属贤良仗义矣。若往尔处取粮,就近可得,且有陈粮。然我处兵丁,马匹尚且无食。库存粮草,日后诸贝勒于粮草用完后前来,仍不足食。且发放之时,汉人贪得,弊端频出,又何以给足? 故无论何处,皆停止发放之。" 709

四月初七日,西掠之兵归来。掠夺八日而还,人、畜稍有俘获。降榛子镇,一半编户,一半为俘。 710 – 711

十二日,阿敏贝勒致滦州大臣汤古岱、纳木泰、图尔格依书曰:"著每牛录出章京一名、每甲喇出额真一名率领看守马匹。若有侵吞降民之物件,践踏耕田,食其麦而乱行者,则罪其率领之额真、章京。令诸申、汉人,分街而居之,勿居汉人之街。若有诸申前往汉人之街一经发现,即执之。固山额真若不早晚妥善晓谕各该旗之人,则罪之。倘皆遍为晓谕之,将何以治罪乎? 兵士,尔等戍守敌地,虽然辛苦,若不因悖法犯罪而受刑罚,岂不善哉?" 711

五月初三日,贝勒由永平遗书曰:"曾令送小麦三石往库尔禅处,恐滥征于汉人,故令以库之小麦送之。再,发给兵丁人口之粮,不计新获之汉人俘房,仅按由家前来之人口发放。著将此书给库尔禅巴克什。" 711 – 712

第七十四册　记天命朝事十二件均无年月

大人尔曾曰:"我来之前,我等之汉人已逃往尔处。"莫言收容此逃来之一二光棍,有六万人因畏惧高太监之赋役而来到边境,遣人曰:"尔若收容,则我等出境投尔。"我曰:"此于尔之光棍,有何福焉? 我若收尔,则帝责之。"故未收纳。该六万之人尚且未加收容,为何收容此逃亡之一二光棍乎? 又曰:"盗取近边之马牛。"我曾亲自盟誓[原档残缺]岂有偷盗之理! 似此逃人之主,因无奴仆,田[原档残缺]不得耕种,该主人曰:"尔誓言所谓之善者何在? 我之奴仆投来后归还者几何?"彼之奴仆皆因苦怨贫困而带牲畜前来者,对此我无言以对,其言甚是,我并无罪。至于偷折边境之草木,我已有盟誓。存贼恶之心者,何能侥幸? 因我心之正直,承蒙天汗之眷佑,如此恶贼我岂能近之。又,以杀人之例而论,汉人越境掠取境外诸申之挖参、采蘑菇、木耳之人。汉人若死于诸申之反抗则死耳! 汉人掠杀诸申挖参、采蘑菇、木耳之人,诸申岂能坐以待毙乎? 又曰:"自我到此以来,不断有新城东州等处之堡人来报:杀驮物及驾车赶牛之行人,劫其财物而去。"自立碑盟誓以来,我以二国犹如一国、二家犹如一家相处之。如此杀人劫物之事,我不知矣。我亲自盟誓,岂能不畏天乎? 如斯杀人劫物,岂乃我之所为耶? 为何听信小人之谗言? 又云:"尔处有汉人之乡。"此皆逃人为保其身而出此诬谤之言耳。且又曰称:"我汉人之盗贼,盗取马牛后,送尔。"汉人查汉人之盗贼,诸申查诸申之盗贼耳,我岂能查尔汉人之盗贼乎? 万历三十六年,有汉人二贼,送我诸申牲畜五头。我闻之查出,缚此二贼,遣刚古里将盗送前来之五头牲畜,解送抚顺王备御。嗣后,汉人盗贼如何,我不得而知矣。我若知之,定将其捕捉,解送与尔。又曰:"此皆明显之新债矣，我遣通事致书，令尔查出送来。尔佯作不知，未曾送还一人一畜。尔并未查尔诸申杀人劫盗之事。"有盗贼，则查拿解送。无盗贼，我执谁送之？万历三十九年，我所颁五百件敕书，被尔裁销一件。其所裁销之敕书，原系巴哈多铎孙之敕书。被裁敕书之主巴哈多铎孙曾往抚顺，于夜间杀死汉人男童一人，并带回马一匹。汉人不知，未来查究。我闻悉后，自行执之。我曰："大国之人若违誓言，则违之，尔何故违我誓言，杀人掠马。"遂将此人解往抚顺教场。我等之人将其斩首后，将马送与抚顺。该杀人案尔汉人未查我查之，并将我诸申解往抚顺教场正法。而该被解往抚顺教场正法者之父，因以销我世代敕书已属可恨。我乘人不见，于黑夜偷杀汉人。其杀人之事，汉人并不知晓亦未查究。然不但销我敕书，我子亦被正法。"怨恨在心，并带五人五马逃去。我诸申前往追至边境，有清河地方之人出迎。让该五名逃人及马五匹入汉人村后，汉人出村抵挡并射杀往追之诸申。汉人、诸申皆有伤亡。如此目睹驱赶带走之逃人，尚且不予归还，我焉能再信赖之？是年五月，我等之六人携马八匹逃去，眼见使之进入抚顺河口台，若仍以不知该人马而拒不给还，我今又信于谁？如盼云散日出，不管边境之人，如何谓我，确曾以地方之主大人尔为白日，凡事皆信赖于尔。如今竟为我无信之人矣。我曾令住边之人，皆收还而居之。我以为天若以我如奴仆之忠正，而眷爱于我，亦定将眷爱于尔大国之人矣。开原人以种种恶言诬谤于我。我曾愿我地之主大人尔何时到来而信赖于尔。尔却以开原人诬谤之言为是，从不助我。竟如此不还我逋逃，我又孰以信之？我无折边境草木之歹心。倘尔等崇爱善良之人，恶则杀邪恶之人耳，岂可杀正直之人乎！唯帝崇政之名毁耳？盟誓于天，不畏乎？我若不念帝之崇政，不思己之身安，而心怀叵测，岂能使如此卑贱之恶奴闻之？逃人为保其身皆出伪言，焉能信之。大人尔若有恶念，岂能令小官人等闻之？而逃人之所知又几何？如蒙大人慈悲，望将该逃走之人马给还。刚古里、方吉纳已候住于抚顺，逃人及马匹之主人常书、扬书候住于关门。

　　此即万历四十二年（甲）寅年六月十七日送来恩赏文书之覆文。　714－717

太 宗 皇 帝

第一函　太宗皇帝天聪元年正月至十二月

第一册　天聪元年正月至二月

　　（正月初八日）是日,遣方吉纳、温塔希致书大明宁远都堂袁崇焕曰:"满洲国汗致书袁大人:我两国所以构兵者,先因尔驻辽东、广宁各官,尊尔皇帝,如有天上,自视其身,犹如天人,俾天生诸国之君得自主,不堪凌辱。遂告于天。兴师征讨。唯天公正,不论国之大小,止论事之是非,遂以我之是为是。何以为是? 如于癸未年,尔明兵无故害我二祖,此一也;癸巳年,叶赫、哈达、乌拉、辉发、蒙古无故会兵侵我,故天以我为是,以彼为非。彼时,尔明国不援救我。其后,哈达复来侵我,尔国仍未助我。己亥年,我出兵报哈达,天遂以哈达畀我。尔明却助哈达,逼我将哈达人民释还哈达。其我释还之哈达人,叶赫掠之去,尔明国却置若罔闻。尔明国既称中立国,当秉公持平,然于我国则不助,于哈达则援之,于叶赫则听之,此乃尔之偏私,此二也;尔虽害我祖父,我仍欲和睦相处。遂于我戊申年,立碑于界,刑白马乌牛,誓告天地云:若明人偷越边界,则杀之,若诸申潜入边界,则杀之等语。癸丑年,明兵出边驻兵援助叶赫,此三也;又曾誓云:若见越界之人而不杀,则殃及不杀之人。其后,明人潜出边界,侵扰诸申之地,我遵前誓杀之,尔乃谓我杀人,以铁索缚我广宁使臣刚古利、方吉纳,挟取我十人杀之,以逞报复,此四也;夫尔驻兵叶赫,将我已聘叶赫之女,改嫁与蒙古,此五也;明又出兵,焚我累世守边诸申房屋,并驱逐居民,不令收刈所耕粮谷,各自建立石碑,置沿边三十里外,抢占诸申疆土。人参、貂皮、粮谷及出售木材均由其地产焉。尔夺取我民赖以为生之地。此六也;甲寅年,尔国听信叶赫之言,遣员遗书,以种种恶言,诋娸我等,此七也。我之大恨,有此七件,其余小忿,数不胜数。（下略）"　806－807

　　初九日,有逋逃自喀尔喀蒙古来告:察哈尔汗出兵,尽掠我喀尔喀,从者养之,拒者杀之。扎鲁特部逃往科尔沁部等语。808

　　二月初二日,致书察哈尔奈曼部洪巴图鲁曰:"尔曾与鄂木杂特绰尔济喇嘛言欲与我修好等语。诚欲修好,可与敖汉部之杜棱、色臣卓里克图、洪巴图鲁商议,遣善能晓事人来,以便观尔等之言计议。我向来处事之道,善者不欺,恶者不惧。我征讨各地,并非好战,乃因凌辱过甚,遂昭告天地而征讨之。我屡欲与明修好,而彼不从,偏助叶赫,遣兵驻防,以我已聘之女,改嫁蒙古,又发兵焚我累世守边民舍,诸申所耕粮谷,不容刈获,强行驱逐。件件怨恨,酿至举师征明。我与喀尔喀素相和好。自寨赛侵我兀扎鲁城,杀我使臣,巴噶达尔汉娶我已聘之女。其后,寨赛为我所擒,喀尔喀五部落诸贝勒,俱与我和好,誓告天地曰称若征明,则合谋征之,与之和,则共约而和矣。倘满洲惑于明之巧言厚贿,不与喀尔喀商议而与明和好,则殃及满洲;若喀尔喀不与满洲商议而与明和好,则殃及喀尔喀等语。喀尔喀负盟约,不但不征明,反贪明之厚贿,听信其巧言,助明擒我台人,献首于明,屡行侵扰,夺我牲畜。然我置之不问。去岁寅年,我发兵宁远,因遇霜冻,不取而还。喀尔喀以为我军尽殁,专意助明,移营逼我。要我遣往科尔沁使臣,于路而杀之,夺其所赍之物。因喀尔喀屡构怨于我,遂兴师征讨喀尔喀。朝鲜与我两国曾相和好。然朝鲜发兵,助明侵我。天以我为是,我乃得胜,犹为和好计,来侵官兵,不加诛戮,纵之遣还。我欲修好,而彼不肯,仍助明国,纳我逃人。是以征朝鲜。不论何处,我均无罪,非我好战而征讨也。征战有何好?太平有何不好?尔等诚欲和好,即遣使来。察哈尔汗破喀尔喀,不仅诸贝勒,还私分诸申人等,离散诸贝勒之妻,强取诸贝勒之女,妻巴牙喇属下跟役,除我之外,尔等岂不知之?若以我言为是,则将此书,与两克西克腾诸贝勒一阅。"　811－813

第二册　天聪元年三月至四月

三月初二日,诛生员岳起鸾之原委:该员奏书于汗曰:"我大军尚未渡江河,潜驻凤凰城何益?宜速撤回。倘此处有警,路远不能猝至也。再宜与明和。若不与明和,则我人民自必散亡殆尽。若与明和,宜将新汉人,速行给还,不然,亦应速还其官员、书生等,此事不可迟疑。"汗曰:"明若遣使议和,则以金银绸缎馈我,还我逃人,以全令名,方准议和。至于俘获之民,乃天所赐,岂可复还明国耶。"将此言传谕众官,众官皆怒,欲杀之。汗劝阻曰:"尔等欲杀之良是。若杀此人,无复有上书者也。"众人不从,众官遂剐之。　814

初五日,出使去宁远之方吉纳、温岱布、偕明三人,赍袁都堂及李喇嘛书各一函。袁崇焕书曰:"辽东提督部院致书于汗:屡蒙书教,知崇敬明帝,停息干戈,抚养国民之意。即此治生之念,天自鉴之。将来所以佑汗而强大者,故乃无量也。往事七宗,汗仍抱为长恨,我焉能听之忍之。追思往事,穷究其因,乃我边境小人,与汗之不良诸申人,口舌相争,致起事端。设若明人不先滋事,则诸申之事必在其后,倘若诸申之事在后,则汉人岂先乎?做孽之人等,即迨人利,难逃天怒。此等之事,不用我言,则汗亦知之也。今欲一一开析,恐难问其死亡者也。我所念者,不仅我皇上忘之,且汗亦并忘之也。然汗战斗十载。诸申汉人死于辽东之野,草被染污。天愁地怨,可怜至极,皆为此七恨。而我不发一言,可乎?今哈达、叶赫何在?河东河西死者,岂止十人乎?仳离者宁止一老女乎?辽东沈阳界内人民,尚不能保,宁问糗粮足与否?汗怨已雪,而心满意足。惟我皇帝,难消受耳。今若修好,城池如何退出。官生男妇,如何归还。若归还,乃汗之贤明慈惠,敬天爱人也。上天无私,人心忌满,是非曲直,将自昭然。各有良心,不可偏私,我愿汗,再思之。一念杀机起,国中无穷劫运;一念生机,将遭逢祥运。我又愿汗图之。若书中所列诸物,以中国之大,皇上既恩养四诸申,岂无此物,或吝惜乎?然前书未载,多取违天,乃当汗自裁。既通使往来,又出兵朝鲜,何故耶?我文武官员,皆疑汗之言不由衷也。兵若未撤,则令撤回,则勿再往,以明汗之盛德矣。停息干戈,辨明前后诸事,往来书信,勿书动怒之言,恐有碍奏闻。信使往来,汗亦知之也。夫我帝明见万里,仁育八方。汗以实心恭敬我帝,宣扬圣德,料理边务,颁谕安抚诸申汉人等,则有疆臣在,勿忧美意不上闻也。相善相恶者,诸申汉人之常,而不绝使命。汗更有以教我乎?在此特候复书。"　814－816

李喇嘛书曰:我自幼演习秘密,朝各名山,上报四恩,风调雨顺,天下太平,乃我僧家之本愿也。老汗崩后，袁督爷念其在日，擒杜明仲而未杀，再又以礼致书宁远。故遣我至沈阳上纸。汗及各王等，善意相待，有生难忘。及归之又遣人远送，并派方吉纳、温塔希来谢。我至宁远，以汗及各王之美意，晓谕诸臣及兵民等，督老爷甚喜。因书函字样不妥，不便督老爷拆阅，换来书函内仍有一二字不合，第三次换来书格式完全不合，但无大谬，袁老爷遂即拆阅。书内所列七恨及所取金银绸缎，乃尔所应言者。书末只有尔仍愿兵戈之句。因有此句，难以转奏，帝若见之不悦，反虚汗之美意。谅汗及众王皆有福智，心地明白人也。我佛教法门，以慈悲为上。观众生之苦乐、及殁于阵，皆系前世作孽，后世报应。入教则自然觉悟。佛教有戒、定、悟三项，念佛成善。圣人立四相，以绝百非。遂得诸王大臣等之身，求济众生，豢养众生以成其善。我佛门弟子，身虽贪而道不贪，难行处能行，难忍处能忍。行以奉承调和为上。我佛祖留此三法，唯有欢喜，而无烦恼，只有慈悲生人，而无忿恨损物。汗之七恨，乃往事也。天道不违，再一说明，便可弃之。袁督爷身为活佛，断不俾诸申有失，是非之处，彼心自明矣。所言河东地方人民诸事，圣汗当斟酌。（下略）　816—817

四月初八日，遣明使杜明仲还。复宁远都堂袁崇焕及李喇嘛书各一函。汗致书袁大人曰称："尔来书云，欲我忘七恨等语。尔先世君臣，以欺凌我国，遂成七恨，致起干戈。为将此情事，令尔闻知，辨明是非，两国修好，以忘七恨矣。故我遣官与李喇嘛同往议和。若仍怀七恨，欲兴师征伐，则我遣官何为哉？又云：倘欲修好，城池地方，如何退出，官生男妇，如何归还等语。蒙天垂祐，以我为是，赐以城池官民等，今令退还，乃尔不愿和好，有意激我之怒也。曾又云，若归还所指城池官民，乃汗之贤明慈惠，敬天爱人也等语。此毋庸我言，大人岂不知乎？又称我等所列诸物，前书未载等语。前书所列诸物，较之此次有多有少，尔已知之矣。且又云：既通使往来，且又出兵朝鲜，何故。我文武官员，皆疑汗之言不由衷等语。岂无故而征朝鲜乎？朝鲜及我两国，素无怨衅。庚子年，我兵去东收边民归来时，朝鲜出兵截击，我兵击败之，杀其来截官兵。时并未因此与朝鲜结怨，仍在和睦相处。其后，乌拉国贝勒布占泰用兵朝鲜，攻取其城池。朝鲜以布占泰系我婿，遣人来求劝阻。我遂劝阻布占泰，命停攻朝鲜。再欲杀无故。遂于己未年，朝鲜以兵犯我。除战中被杀者外，其余官兵，我皆留养遣还，以期重修和好。然朝鲜无一善言相报，反妄自尊大，肆言轻我，并纳我逃人，资助逃人。从始至终，与我交恶。多年来，我一直寻求和好，因终不成，我所以构兵者，乃是故也。夫天以我为是，以朝鲜为非。是天使我两国和好。自李喇嘛至，我何尝有不征朝鲜之语，尔疑我何言不由衷也。尔等口称修好，却令哨探逼近我处，接纳逃人，蚕食领地，修筑城池，尔等确实言不由衷也。我国将帅，乃因之疑虑耳。（下略）"　818—820

第三册　天聪元年四月

答李喇嘛书："观尔来文云：以佛门弟子为中人，欲成两国之好等语。喇嘛乃精通道理之贤人也。询问我两国之是非，我非则劝我，明非则劝明，因尔为中人，故我以衷言相告。自古以来，兴衰之事，焉可枚举。大辽之天祚帝，无故欲杀金太祖，遂启兵端；金之章宗帝，乃无故欲杀元太祖汗，又启衅端；万历帝，无故欲杀我而助叶赫，我两国遂启兵端。取广宁后，诸王及武臣俱请即入山海关，我父汗曰：昔大辽、大金、大元，不住本土，入汉人腹地以居，因世代变迁，汉化。明可居山海关以外处，我居辽东地方，汉人诸申，各立为国，以安生业。遂未入山海关而还，自以为明或前来议和，候之四载。然明乘修葺宁远，不肯罢兵，遂往征宁远。时因城墙冻，掘之未堕，是以班师。至父汗崩，喇嘛前来，以为此乃上天俾我两国和好时也，故修讲和书，遣我官员同往。以书内言辞不妥，退还两次。今喇嘛尔书又云之，因有愿兵戈一语，难以转奏等语。我以衷言致书于明帝，明帝亦以书报我，彼此通达明晰后则和好方牢固耳。若顺从尔意，不表衷情，岂能和好。袁都堂轻慢我国，令我归还天所赐与之城池官民，尔喇嘛反听信其言，劝我忍辱奉还。再，尔将袁都堂书于上，将异国之君书于下，是不愿两国修好也。袁都堂来书，谓我所取之物，前书所不载，多取则违天等语。昔有大辽、大金与宋相送之例，亦有尔明以物送于蒙古使者之例，此亦天之所与也。又云：良辰易遇，善人难逢等语。尔喇嘛奉袁都堂之命前来，其意甚善，故我遣员相报也。倘来人不善，所言非是，则我遣员何为耶？又云：苦海无边，回头是岸等语。此言良是。既向我言之，则亦当向明帝言之，无论谁人，肯回头，岂不美哉。尔喇嘛系精通佛教，明达道理之贤人，何为有意轻我。辽东、广宁前任官员大肆欺凌者，致起兵端，国民受苦，可谓鲜乎？袁都堂让我减书中所列诸物，我即减之，今尔等仍不予此裁减之物，又出狂言，致使两国不和，争战不已，国民仍受其苦，则徒费二喇嘛欲修好之美意也。古云：人相敬则争心息等语。如此欺凌，不惟新好不成，即旧好亦坏也。我即便不言，尔二喇嘛岂不知乎。尔等更有何言以教，我再闻之。"　822－824

为筑锦州城致书曰："汗致书于袁大人：复书缮毕，方欲遣员往，适有两起逃人由明来报，尔等修筑塔山、大凌河、锦州等语。察哈尔使臣至，所言亦然。我闻知此，即停止遣员往，遂将复书，付尔使者赍还。至此书中所言，专为修城事，两国诚欲和好，先分地段，从何处为明地，从何处为诸申地，各修各地。尔一面遣使议和，一面急修城垣。前宁远城冻，掘之未堕，自以为得计，遂诈称议和，乘机筑城耳。不愿太平，而愿兵戈，乃不易也。纵能加固数城，而其所有城池及田禾，能尽坚固乎？若不息兵戈，则我蒙天眷祐，以北京畀我，明帝遁往南京，其令名如何？自古以来，皆因尔辈文臣，如秀在闺，徒好狂言，招致损兵折将，而虐害国民，以毁帝业。因前臣不道，河东河西地方沦丧，兵将被戮，犹不足戒，而仍愿构兵乎。"　824－825

天聪元年，岁在丁卯，征朝鲜国。先是朝鲜累世得罪我国，然此次非专伐朝鲜。明毛文龙驻近朝鲜海岛，屡收纳逃人。我遂怒而徂征之，若朝鲜可取，顺便取之。故用兵两图之。正月初八日起行。十三日，至明哨地，冷格里总兵官、叶臣、雅荪、孟安等四大臣，率兵八十名，乘夜攻取其诸哨。六哨无一脱者。至朝鲜义州城，十四日夜，即树梯登城克取之。偷袭该城时，派出八旗前锋巴图鲁二十人，令艾团巴图鲁为首先登。总兵官冷格里、副将阿山、叶臣率八十人继之。共余诸军挨次进城，杀其城内朝鲜府尹李莞等，判官崔明亮毙，尽歼其城内兵卒，俘获其民。是日，宿于义州城，复搜其兵尽杀之，收其俘获，留大臣八人，兵一千人。十五日，起行继进。先取义州之夜，分兵往攻毛文龙所居铁山，斩明兵甚众，时毛文龙遁往海岛，未能擒获。宣川、定州牧使金晋被擒，定州之民皆降。十八日，招郭山、汉山城降，未从，遂攻取之。朝鲜宣川副使奇协被戮。又郡守朴友建被擒。满洲兵尽歼其城内官兵。十九日，自定州前进，渡嘉山江，驻营。是日，时雨雪交加。二十日辰时，渡江近安州城而营。于是夜，遣使劝降，直到天亮未从。遂于二十一日晨攻战，不移时即攻取之。安州城牧使金晋、兵使南以奕兴，自焚而死。郡守张敦、副使全尚义、县令宋图南等，俱被诛戮。该城除原有居民外，有兵二万，除攻城时被杀者外，城克后，未杀一人。皆释之还家，与妻子完聚，归还者甚众，野道拥挤不堪。安州城既克，驻城秣马凡四宿，处理俘获。二十五日。兵自安州城起行。

二十六日,至平壤城。其城主都堂及总兵官及官兵民众惊,自相扰乱,皆弃城溃走,空无一人。满洲兵于是日渡大同江而宿。二十七日,至中和立营,歇马时,遣使往朝鲜王处,未通乃归。朝鲜王遣使至中和迎师,其来使乃我前阵所擒二将之子,一是元帅姜功立之子,一系参将朴贵英之子,其二使见诸贝勒时,两翼之统兵大臣排列,鸣蒙古海螺拜见。后令见其父。是次,将阵前所获朝鲜官员,概行送还。使者所赍书云:"尔无故兴兵,突入我腹地。我两国向无仇隙,自古以来,欺弱凌卑谓之不义。无故杀民,是逆天也。诚若有罪,则先遣使以问,而后声讨,此乃义也。今当退兵议和可也。" 825－827

第五册 天聪元年四月至五月

(上略)十九日,论出征人功行赏。总兵官冷格里,身先士卒,驱沿途敌方哨探,无一脱者。偷袭义州城时,以兵巧入者三。又于行间,悉遵方略,遂著升三等总兵官为一等总兵官。赏人、马、牛五十。叶臣、雅荪、锡翰、艾坦、孟安、劳汉、萨木哈纳七人,以潜登义州城克之,著升叶臣游击为参将,赏人口、马、牛三十。雅荪及锡翰、艾坦,著升备御为三等游击。雅荪、艾坦赏人口、马、牛各二十五。锡翰赏人口、马、牛二十。闲散孟安,升为备御,赏人口、马、牛二十。劳汉故,赠备御,赏人口、马、牛六。萨木哈纳亦故,赠千总,赏人口、马、牛三。赏继进者阿山二十,孟坦八,邦逊六,乌巴海四,科新二。是日,其余俘获,分赐留守诸官。二十日卯刻,起行。巳刻,至沈阳城,首先谒堂子。入城,诣先英明汗梓宫前,哀痛行礼。 842－843

(五月)初六日,闻明人于锦州、大凌河、小凌河地方筑城屯田。汗遂率诸贝勒大臣往征明国。起行时,鸣炮三次。卯刻,出城,谒堂子毕,西行,出上榆林边,至辽河驻营。命台吉阿巴泰、台吉杜度留守。 845

初九日,至广宁旧边。时议定:拣选精兵为前哨,往搜剿明哨卒,执其人员,打听消息,并且分兵三路,命台吉德格类、济尔哈郎、阿济格、岳托、萨哈连、豪格率精骑前行。汗与三大贝勒、台吉硕托及总兵官、固山额真等统大军继之。令攻城诸臣,率绵甲军、携云梯盾牌跟役,驼只后行。初十日起行,入白土厂边内,日暮至广宁,前队兵乘夜进发,攻明哨所,执其哨卒询之,供称:右屯卫有兵一百,小凌河、大凌河,尚未修竣,亦有驻兵。修筑锦州工竣,驻有马步兵三万等语。十一日,汗率其二旗及两白旗,进略大凌河一带。明之大凌河及小凌河驻兵,弃城遁走。我前队兵二十人,追击之,并败其哨卒,追杀至锦州城门下,城门闭,明兵不得入越锦州城而逃,我前队兵遇之,尽杀之。大贝勒、贝勒阿敏、台吉硕托,率正红、镶红、镶蓝旗,进略锦州一带,困锦州城。贝勒莽古尔泰,率正蓝旗,进略右屯卫一带。各路兵携所获人口、牲畜,会于锦州城,于距城一里外驻营。是日,明台堡之归降男丁两千余人,命纵之入山海关,听其所往;其余四百男丁,纵之往锦州城,城内人不容进,是夜,彼等环城而宿,翌日来报,我方守城官员不令我等进城,故复来降等语。汗仍令纵赴山海关,听其所往。锦州纪太监、赵总兵官,遣守备一员、千总一员前来,欲知汗以何言赐教之。对此,汗曰:"尔等欲降则降,欲战则战。令尔二太监可出城,我欲见尔,将尔国边臣欺我之情,告知尔等,俾转告尔帝。若尔等居城不出,上天祐我,攻克尔城,亦决不诛二太监矣。尔等可易地居住,立以号记,以免我兵误杀之,太监若不亲来,即遣小人至何益焉。我往征朝鲜,拒者杀之,顺者抚之。我军深入时,朝鲜王遣使相迎,王亲自盟誓,遣其弟来朝。遂尽还其归附人民。此次,获两二千余人，待以不死，悉行放还。"遂遣二使还，并致书曰："大满洲国天聪汗致书于锦州城二太监：尔等曾遣李喇嘛讲和，并议文中书写汗之尊卑行款时，我亦听从尔方之言，将尔帝高写一字。又称索取之物过多，令我裁减，我亦从命减之。及遣杜明仲持书前来，将我书于尔宁远守边官员之下，我岂非异国之君乎。此一也。两国和好，宜先议定疆界，某地属尔，某地属我，各居疆土，以安生业。恃力侵占者，是轻侮也。况尔之兵力，已屡经较量矣。此二也。又云退还辽东疆土、人民等语，是尔仍愿兵戈，有意激怒我。此三也。因屡受欺凌，故我谕杜明仲曰：尔之欺我，谅愿构兵也。我两国仍行构兵事，则我决意不再遣使往矣。今率军来此，尔等已被困于城中。或尔等悉被诛戮，或我等不克而归。除此别无他路。两国修好，共享太平，岂不美哉。既不能敌，又愿兵戈，损兵折将，成千上万，此岂善事耶？草木亦知相爱，尔等岂不悯尔民乎？我为敌国，亦见尔民死伤者众多，心犹恻然，昨将二千余人，悉已释还。乃尔等不以朝廷为念，不怜百姓死亡，故不议和。出此荒谬之辞也。今欲降则降。若不降而欲议和，则尔二太监，以一人来住我处，一人出城往，我将放行。尔太监等，君之近臣也。尔等虽在城中，亦不亲战御，可出城来观我军作战矣，以我豪言，往告尔帝，若能遣责尔边官，以裁定之物送我，相与议和，则我何由不与修好耶？倘尔兵被杀殆尽，不以山海关、北京畀我，则咎在尔等文臣，是贻误尔帝，以致丧尽将帅也。尔文臣等，岂非大丈夫，而系妇道乎？尔等何不出城应战耶，此乃愚人之计也。"遂整理梯盾。至午刻，由城西面攻入，城将克，明三面守城兵来援，火炮矢石齐发。我军攻而不克，遂命攻城兵退五里外驻营。　845－849

第六册　天聪元年五月至六月

十七日，移军逼近锦州城西二里外驻营对垒。是日，释所获汉人，蒙古人回锦州。　853

（上略）三十日，自高桥起行，至锦州后，向锦州城举炮，吹磁螺、喇嘛号、号筒，跃马而前，呼噪一次。呼噪三次毕，汗与诸贝勒各率兵入营。拜三于锦州阵亡，因系贝勒宗族，赐人口牛马共六十，巴希四十。　854－855

六月初一日，以击败满总兵官之兵及密云兵，刲八牛祭纛。以战中所俘获人口马匹，悉赏阵亡将士。汗亲临阵亡游击拜三、备御巴希丧，酹酒哭之。　855

二十三日，汗谕执政诸大臣曰："详查各旗所属之人孰能耕种孰不能耕种，孰有粮，孰无粮。其未耕种而无粮者，有兄弟则令与其兄弟相依，无兄弟孤独之人，则令于牛录中有粮殷富之人养之。若系诸贝勒素知才能之人，则详察其无粮未耕种缘由，告知诸贝勒。近闻盗贼蜂起，乘马劫杀等语。如管堡拨硕库有不修葺堡中倒塌之墙垣，不稽察盗贼者，则与贼同罪。如牧马之人，不查收马匹，纵贼乘骑行窃者，与贼同罪。守门之人，将随时查出入人等，而不行详查者，亦与贼同罪。如管堡拨什库，有敛民食物，贿赂往查田亩粮谷及马匹等诸物之官员者，罪之。官员有受贿者，亦罪之。前因扎尔库敛民食物，已正法矣。"时国中大饥，其一金斗粮价银八两。民中有食人肉者。彼时国中银两虽多，然无处贸易，是以银两贱而诸物昂贵。良马一，值银三百两。壮牛一，值银一百两。蟒缎一，值银一百五十两。毛青布一，其值银九两。盗贼蜂起，偷窃牛马，人相惨杀致国中大乱。于是，诸臣入奏曰："国中盗贼倘若不严加惩处，则不能止息矣。"汗曰之："今岁国中粮食失收，民将饿死，是以行盗也。被缉获者，鞭而释之。未被拿获者，免之可也。而粮食失收，咎在我等，不在于民。"是年，从宽法

律，动用库银，散赈饥民。　857－858

第七册　天聪元年七月至八月

（七月）初十日，朝鲜国王李倧，以送还其弟，遣副将沈正笏、朴兰英赍方物同出使朝鲜副将刘兴祚、参将英古尔岱来致谢。汗入殿升座，朝鲜国使臣副将沈正笏、朴兰英，将所赍物，陈列于殿，以其国礼朝见。所赍书曰：天下无孑然独处之国，四境之外，必有邻邦，交则为友，而两国共享安宁之福；争则为敌，而民罹屠戮之祸。上天宏仁，共好恶必有在矣。我兴贵国，均各守疆土，互不侵伐，已数年矣。往日之事等，彼此是非，概置不论，唯自今伊始，永坚和好，以体上天爱民之心，乃至愿也。寡人之弟，既然蒙厚遇，持遣使臣，送还前来，足见信义不浅。再观来书云，永久和好相处等语。此岂独我一国之福耶？良深喜幸。继云，嗣后，两国之民，越界而逃者，彼此送还，勿得容匿等语。当照是言而行。唯我国之人，阵前被掠在贵国者，思念父母乡土，亡命逃归。此乃人子之至情，即上天所矜怜也。我为民父母，战争之初未能保存自行来归者，又缚而送之，乃天理何，断不忍为此也。幸深思之。再者，数月以来，心有所介然致讶于贵国者，倘不一一陈告，则非诚信相待也。当初约誓云：各守疆土等语。撤兵之后，余众仍居我地，驱民耕种，四出侵掠，夺取粮谷，岂贵国所不知乎。甚非所望，愿细思而妥善处之。诚心相告，愿承教诲，当斟酌之。　861－862

十九日，天聪汗遣阿什达尔汉、巴奇兰，赍书偕朝鲜使臣沈正笏、朴兰英等往。其书曰：我二国素好无嫌，以明国之故，遂启衅端。两国理应和睦相处，天遂令我等，复归于好。诚能珍惜盟好，彼此和睦相处，则我两国之福，且扬名于天下诸国。若既和而欲败之，天岂不谴责其败盟者乎。我之军驻义州，并非疑尔。我两国交恶，止以明国之故。诚恐明人又败我和好，遂留兵防明耳。今若拒绝明人入尔境内陆地，则王弟尔遣兵民赍尔拒绝明人入境书来守义州，若遣兵民来守义州，我兵即行撤还。若尔国驻义州之兵民未至，我兵遂撤，恐明人伺隙前来驻也。又言逃人，思其父母来归，若再缚送，心有不忍等语。己未年，尔兵入我栋鄂、瓦尔喀什地方，屠我百姓，其后容匿毛文龙，纳辽东逃民，是以，往征尔国。当攻陷城池之时，岂无死伤者乎。念尔等屠戮抢掠。兴师血战所获之俘脱逃而去，尔谓复行给还，心有不忍。尔试思，尔来侵我，屠戮我民人，其兄弟父子，岂无离散者乎。辽东之主仆，岂无离散者乎。其各离散者，为其逃人，忿而往捆拿，以逞报复，事渐扩大，两国即和好，亦将不益也。我所以欲尔归我逃人，非有所贪得，而恐有碍和好。倘有贪得之念，前剃发降我之民，如许之多，为何盟誓，遣归耶。王弟须思之，务将逃人归还。至于已与父母兄弟完聚者，作何给还，可将逃人察出，约一地方，交付逃人原主，听双方之主通议赎取。各国皆欲以武力征服我，而我断不以武力侵夺；若受他人凌辱，我则将己之是，昭告于天，再行征讨。我国向不无故征伐他国，构兵岂有益乎，太平岂有弊乎。　862－864

（八月十八日）是日，察哈尔之阿拉克绰特部巴尔巴图鲁及诺门达赖、吹尔扎木苏三贝勒率男子十五名和妇人十四口、幼子十口、马四十五匹来归。拜见汗。次拜见三大贝勒、礼与汗同，设筵宴之。并赐庄宅九、男丁一百、牛一百、羊三百及诸申四十户、貂皮帽四、雕带四、貂镶皮朝衣四、貂皮端罩一、猞猁狲皮端罩一、狐狸皮端罩二、虎皮端罩二、蟒缎、倭缎、素缎、毛青布、金、银、鞍辔、住房、耕田、器用等物俱备。　865－866

第八册　天聪元年九月至十二月

（九月十三日）出使朝鲜之阿什达尔汉、巴奇兰赍书还。其书曰："尽知贵意。克守和约，共享无疆之福，所言甚善。固知贵国留兵义州，并无恶意矣。然业已誓天罢兵，犹复驻兵他境，非各守疆界之意，故前书及之。今贵国有全军撤退之意，即先知贵国敬天践盟之义。我国地方，我自居守，岂有授权他人居守之理，今乘来使之便，设员驻守，坚固疆场，不为边事，烦劳贵国。至毛文龙兵上岸一事，所遣官员，自可口述。被俘之民，皆我赤子，捆缚解往异地，父离其子，兄离其弟，呼天蹙额，其怨皆集于我身。为民父母，实不忍闻。今观来书，欲各人亲戚，均通议赎取，此意尤善。今西路遗民，遭罹兵祸，生业荡然，恐无财可以赎耳。若有愿赎者，当赏谕以来意，听其自便。观贵国处事，欲息兵，行大道。此于来书前皆已知之。别书厚意业已领之。今具些须方物，随书附送。"　868－869

十二月初九日，遣参将英古勒岱、游击巴奇兰为使，同朝鲜使臣朴兰英赍书往朝鲜，书曰：两国既和好，若不互相贸易，似乎疏远，我等遂有开市之议也。尔云被兵践踏，事业俱废，难以开市，彼此可到京城交易等语。此言诚是。携来货物业已出售，我亦派人携货前往之，如此贸易，有益于诸贝勒及有权势者，而无益于庶民。是岁，我国粮石仅足本国食用。近因蒙古汗不道，蒙古诸贝勒携部众来归者不绝，可想尔等亦闻之。因收养其来归人民，是以，米粟不敷。尔供毛文龙粮饷赡养，已经七年矣。而我岂似彼无偿索取，惟今岁市籴一年。尔能开籴助我，以济窘迫。方见两国结为兄弟之益也。尔云国被兵践踏等语。平安、黄海二道，受残属实，实经残破，然所余尚多，其余六道尚仍如故也。若愿粜粮，则顺鸭绿江运亦可，海运亦可。我两国修好盟誓时，曾议自盟日始，即归还逃亡朝鲜人。然未送还。后朝鲜王之弟由我处归国时曾言，以渡江日为始，归还逃人等语。亦未见送还。尔云：兵驻义州，纵有逃人，无从得知。若从义州撤兵，各守疆土，有逃来者，便易稽察等语。自我撤兵之日始，逃往人数：男丁二百九十六名，妇人七百三十五名。此先已察出之数。其外藩众逃人，俟再察出后送还。我等曾相约，朝鲜人若来我地离间，我执而归之，我地之人往尔处离间，尔等执而送之。乃十月初，有定州外郎金惟洞，潜来窥探，本月二十日后，方返。以我所知者，告尔等闻知，若一意孤行，恐致生乱也。　872－873

第二函　太宗皇帝天聪二年正月至十二月

第九册　天聪二年正月至三月

（正月）二十八日，朝鲜国王致书曰：贵国以粮不敷，欲向我购之。依邻国之道，不可恝置。但我国兴兵之后，八道骚动，仓库皆空。且去年春雨过多，夏旱太甚，耕种失时，殊为民食忧虑。至于西路，余民无多。而贵国敛兵义州之后，逃死辽民，处处聚集，焚掠家院，鸡犬不留。清川以西，草艾丛生，此不待我言，尔国两使臣所目见者。我国于贵国之事，非不欲尽力,乃缘木求鱼,计无所出。纵然如此,在我之道,不可不尽。今仅得米三千石,以副贵国之意。又欲两国在义州江通商。令内外商人及西边两道遗民之愿赎其父母妻子者,各出米谷财物以往。贵国市籴之议,仅此而已矣。犹有一言相告,互通贸易者,各从所愿,双方俱得其利,非可抑勒也。贵国若欲多致米货,须平其价值,使人乐往,勿求足于一日之内,从容为之,则我国商贾,接踵而至矣。已令边臣,屡谕民间,不得违约。倘我国外为此言而实不尽力开市者,天将鉴之。贵国若抑买攘货,使民不乐赴市,反责我国违约者,天亦鉴之。 876－877

(二月)初二日,朝鲜使臣赍书至。书曰:"所遣之人同来使至,得书甚慰。贵国前有开市之请求此美事也。顾念西路残破,视其形势,不堪贸易,因未敢即副开市之请,非以开市为不可也。今来书云:若贸易,于我等所驻之城,只有益于富庶者,无益于庶民等语,此意甚是。自古以来,邻国互市,悉于边上,盖为此也。贵国人众,以食乏为忧,欲购一年粮。救灾恤患乃邻邦之道,敝国岂敢以残破为辞而推诿。即与来使商议,遣民赴边上贸易,米粮亦在其中矣。但西路荒芜,人烟断绝,此来使所目睹也,而远地之民,千里运粮,势或不易,恐不能大副所望。且念两国贸易,乃是大事,不可漫无限节,宜各定期,勿相逾越。交易之际,严禁攘夺,则人多乐往。是言来使耳闻,愿贵国思之。今谕令官员尽力办米三千石,一千运往市上变卖,两千无偿相馈。此乃心意,非常例也。愿贵国纳之。两国相好,重在信义,不在财利。若以财利之有无,为交情之深浅,此君子之所耻,我两国之所当戒也。至别书所云缚还逃民一事,前已悉述衷肠也。万死余民,被俘于异地,思念乡土,舍命逃归,冻饿道路,得以生还者,想百无一二。设或有之,为民父母,起初既不能保护,复执而缚送之,心实不忍。人情之不忍者,即天心亦不欲也。两国既议和,以释还老少,俾父子夫妇,重得完聚,方为和好之效。即于贵国,亦为一善事也。幸更思而教之。金惟洞事,闻之惊讶,彼或自为奸细,亦未可知,敝国断无此事。今当令彼所在地,寻捕究治。去岁,撤回义州驻兵,旋蒙仁爱,释还我国阵前被俘人等,此义甚大,不能忘也。至今已延迟致谢,深愧不敏。" 878－879

十五日,汗谕诸贝勒曰:"尔等率精兵先行,若遇敌人,当以计围而擒之,讯其消息,我等率诸军继进"。谕毕遣之。前行诸贝勒,擒人讯之,言色楞青巴图鲁,并其部众,俱在敖木伦地方等语。等候大军至,悉行披甲。汗与诸贝勒,率军驰击之,多罗特部多尔济哈坦巴图鲁,负伤遁走,尽获其妻子,杀其台吉古鲁。俘获一万一千二百人,以蒙古、汉人男丁一千四百名,编为民户,余俱为奴。 880

二十四日,汗及诸贝勒亲率兵蹑追察哈尔逃人,获二百户。次日,刲八牛,祭纛告天。是日,遣使携天聪汗诏书,往谕喀喇沁部乌尔黑诸贝勒及塔布囊曰:"尔等来书言察哈尔汗不道,欲与我和好。今果欲盟誓修好,当以二塔布囊为首,令乌尔黑诸贝勒各遣使来。待使臣至,面议诸事可也。" 880

第十册 天聪二年三月至八月

(三月)十八日,朝鲜使臣十赍书至。书云:今边臣转致之来书,阅之惊讶。我国既与贵国誓天议和,容纳逃人,于义不合。故以逃来诸申,即行缚送,此贵国之所明知也。逃人亦知此事矣,孰肯潜来,自寻缚送之苦。既得来示,即令边臣一一查访。据来报称,正月十一日,有二十余人,不知系诸申或汉人,乘白马由镇江后山无人处横路向海驰去,似往投毛文龙者。

当时因失踪,未得知其实状。幸愿贵国谅之。　　882

(五月)十一日,遣贝勒阿巴泰、岳托、硕托及八固山额真,率兵三千,往略明地,并攻破锦州城。兵将行,汗出谒堂子,送出征贝勒于十里外,授以方略。并授书一函,令出征诸贝勒擒获明人时,即付书遣回内地。书曰:"满洲国汗致书于大明国诸臣:尔国败亡在即,想文武诸臣,尚执迷不悟,专事修城耳。尔国势败坏殆尽矣! 何则? 百姓苦于赋税,尔国内仍在生起事端。又闻察哈尔汗,本岁废弃耕种,兴兵征尔,即欲取尔粮。尔以何兵御我,又以何兵敌察哈尔耶? 我将率敖汉、奈曼、科尔沁、巴林、扎鲁特等部,筑城毗居。以俟秋成,取尔禾稼。尔等将出战耶? 抑闭城伏匿耶? 而我军耕种樵采,任意往来。尔之军民,即欲耕种樵采,岂可出乎? 我本欲罢兵修好,共享太平,故屡次遗书,尔其熟思之。若以我言为是,则遣使来报。"出征贝勒阿巴泰、岳托,行至中途,闻古特依塔布囊部自察哈尔逃至蒙古之阿拉克绰特部旧址居住,截杀归降满洲国者等语。因遣八人往觇之,回报得实,遂遣人以其事奏闻汗。即于二十一日,汗命贝勒济尔哈朗、豪格,率兵六百,往取古特依塔布囊。时汗出城,检阅士卒毕,送之行。　　884－885

二十三日,往略锦州、松山一带贝勒岳托,派遣巴尔泰、岱松阿来报所得消息,言于十六日疾驰进击,获人口及马、牛、驴共八百,破锦州、杏山、高桥三城,并毁十三山以东台站二十一处,杀守台者三十人等语。汗遂遣人往迎出征诸贝勒。赐三贝勒马各一,赐蒙古诸贝勒及恩格德尔额驸、达尔汉黵绍齐马各一,并食物等。闻出征诸贝勒将至,汗出迎五里外,见统兵诸贝勒、八大臣及士卒,先拜天毕,汗还行幄落坐,出征诸贝勒大臣等,各至汗前,依次抱见。以俘获诸物,按级分给将士。于是,随谒堂子,还宫。未几,往征蒙古之贝勒济尔哈朗、豪格,又遣人奏报,已擒杀古特依塔布囊,尽收其民,俘获人口、驼马、牛、羊共计一万等语。　　885

二十八日,朝鲜使臣赍书至。书云:"李兰等已赍书回国,得书甚慰。若夏季通商,恐办理不及,故先遗书答之,不知贵国以为如何? 事之及与不及,在于时机,时机不到,不能强行。千里行商,往返交易,动辄数月,适还又往,常在途中。不仅力所不能,即财货亦无暇收齐。今乃六月正值农忙,且又雨水将临,非行商之时。若论事机,则断不可也。即贵国商贾,亦不晰事机,恐徒劳往返。是故复示,贵国思之。至于查还逃人一事,先后遗书,已悉言之。李兰、朴兰英又面陈之,谅蒙深思详虑之。然凡有逃来者,俟边臣查出来报后办理亦不迟矣。至辽东之民逃来者,或潜越无人处往投毛文龙,未被边臣知觉,即察觉,亦无可奈何。至于前日李附马之属下人逃来一事,当即答复,乞请贵国察之。虽然如此,仍谕边臣严查,倘有拿获,即行送还。又严守疆界,禁绝潜越边界之语,所言甚是。我亦十分明白言之,不食言! 不食言!"　　886－887

(六月)初四日,出征贝勒济尔哈朗、豪格,攻取古特依塔布囊之部落,俘获甚众,收之以归,汗率诸贝勒往迎,辰刻起行。初五日,会见出征诸贝勒大臣,拜天而还。出征诸贝勒大臣见汗毕,辰刻祭纛,并将俘获诸物,论功分赏将士。　　888

第十一册　天聪二年毛文龙等处来文六件

天聪二年正月接来书,内具镶黄旗副将王子登奏请息兵复和,以施鸿恩之事。王子登即于九月二十一日起行,二十九日抵皮岛。抵达之后,毛都督以绸缎、银牌、衣帽赏之,并即奏于明帝,封以总兵官之职,朝夕共同议事。我王子登告曰:"汗发银十万两,赈济贫民。凡田之被水者,每亩给粮一石。不妄杀一人,仁义过天,恩及枯骨。"(下略)　891－892

第十三册　天聪二年八月至十月

(八月)初七日,汗御殿,赐奈曼部贝勒洪巴图鲁号为达尔汉,扎鲁特部台吉喀巴海号为卫征。赐号之缘故,即洪巴图鲁、喀巴海台吉以察哈尔汗不道,欲依傍天聪汗,俱来归附。后出征察哈尔阿喇克绰特部,杀其台吉噶儿图,俘获人口七百,以所获献汗。　906

二十七日,朝鲜使臣赍书至,其书云:观边臣传致来书,阅之,件件开陈,内情无不尽告,并谓"愿成全和好之大事"。此意甚善,敝国所愿闻者。夫我两国本属邻邦,有恩无怨。凡属往事,彼此勿再议论,皆当停止。况今已悔祸言和,杀牲祭上天,誓为兄弟之邦,信使往来,存问馈赠不绝。此乃太平之福也,若不合天心,岂能成此美事耶?毛文龙一事,前书已了结。今复言之,谅未解我国之意耳!至于修葺城池,乃国之常事,并非针对贵国也。譬如兄弟比邻而居,岂不各修门庭乎?贵国之名曰"金",即如敝国名曰"朝鲜",或书文,或言词,乃各命国号。无知卑贱者,习以闻见,仍名旧号,或亦有之,诚属可恶。然久而自改。唯所云逃人察还事,另有异议,不可不尽言之。尔言阵获者归己,是言良是。贵国大书逃人之名数,非也。其逃人初虽苦命而出,乃死于饥冻者有之,死于豺狼虎豹者有之,死于毛文龙哨卒者有之,得归我国者,百无一、二。设或有之,闻贵国察访,恐被缚送,惶恐不已,不来投官,遂各自逃散,无迹可寻。纵可查寻,为民父母,初既不能保存,今既来归,又从而缚送之,实人心有所不忍。故未敢即副前书所请矣。今思之,贵国之查寻,非存恶意,况两国既和,义同一家,我国之人,即贵国之人;贵国之人,亦即我国之人。贵国常念及此事,可见其意甚专。遂命边臣,广加察访,查获五人,即行送还,以示诚意。其余之人,查无踪影。没奈何也。今备礼物数件,遣送致谢。请深思我方意见。义州开市,本是美事,我何惜焉!惟北边偏远,民稀货匮,路途险远,又有重关峻岭相阻,内地商贾,断不乐往。虽欲开市,但无货交易,恐贵国之人,徒劳往返,故先致书相商。按来文之意,贵国欲令北边居民,听其往来,互通有无,此于彼无伤。倘所遣官人等,皆照义州贸易而行,则北方民力所不及。所告诸言,俱属事实,贵国若静思熟虑,则自释其疑也。两国修好,乃天所知。我先负约,天必谴我,故遣近臣,畅叙衷肠,愿贵国思之。又一书云:通事官全仁禄,尚在贵国。彼一人在彼在此,无关紧要。唯在我国通译者乏,两国和好,急需译员。今若令彼随去使归国,则足知贵国之美意也。再者,有贵国逃来之男女三人,一并送还,幸深思之。又一书云:阵前新俘官员,原系我之臣子。况来往于两国之间皆各尽其力,身受劳苦,复加体恤为是,何待言之。　906－908

(九月)十五日,有男妇三十余人由察哈尔逃来。　909

十七日,喀剌沁部汗拉希喜布、布彦阿海之子毕喇齐黄台吉、万旦卫征、马济塔布囊、庚格儿侍卫贝勒及小台吉,塔布囊等,各率兵来会,拜见汗,献财帛驼鸟甚多,汗不纳,尽却之。汗大宴来会诸贝勒。出使科尔沁部之巴克什希福还,奏言,科尔沁部诸贝勒不至,土谢图汗、哈坦巴图鲁、满珠习礼率其兵起行,不与我军合,自行劫掠,掠毕,再来与我军合等语。汗大怒,复遣希福往,令土谢图额驸务必来会。十八日,喀喇沁部首领苏布迪杜棱,率众塔布囊及士卒前来,拜见汗,献财帛马匹甚多,未纳尽却之。以来会之礼设宴宴之,并赐喀喇沁两次来会首领甲胄。十九日，连夜进发。二十日晨，驰击席尔噶、锡伯图、英、汤图四路，俱克之。二十一日，拣选精骑，追击败军，直至兴安岭，获人畜甚众，抗拒者则杀之，其不拒降服者收养，编为户口。科尔沁部首领土谢图额驸，侵掠察哈尔部边塞数户，未来与大军会，率其所部兵，私自返回。汗之妹夫科尔沁台吉满珠习礼，贝勒孔果尔之子台吉巴敦，率兵掠察哈尔，二十二日，携其俘获来会大军，汗嘉之，赐满珠习礼号为达尔汉洪巴图鲁，巴敦号为达尔汉卓里克图，赏以财帛驼马牛羊甚多。遂以俘获人口，论功赏给从征官兵。诸凡宗室之随征及留守者，各赐牛一。十月初四日，大军还至纳里特地方祭纛。初七日，至呼浑河即驻营。初八日，审理众犯。杜喇勒洪巴图鲁属下二人，因盗马论死。南楚牛录下二人，所献妇女潜逃，追获后奸淫论死。盗马鞯者，以小刀画其腰，盗绊者割足筋，盗辔者裂其嘴。此外，凡盗物者，概拟盗罪。大军进发时，曾以残疾马匹留于敖汉部济浓城中，令每旗派章京一人守之。有名达敏者，亦因病留彼处。后察哈尔之玛哈噶拉，率其部众来归，达敏遇之尽掠其财物，将玛哈噶拉及其男丁，尽行杀之。因此之罪，杀其达敏，其余之人，皆鞭八十，贯耳鼻。　909－911

初九日，汗下诏书谕敖汉、奈曼、巴林、扎鲁特部诸贝勒，曰"闻各处来归之逃人，尔等要而杀之等语。嗣后，遇有来归之逃人，若诸贝勒明知而杀者，则罚民十户；诸贝勒不知，而下人杀者，杀身抵命，并以其子妻为奴。旁人前来首告，即将首告之人，留养内地。再者，著尔诸部周围，妥设哨卒，其违命不设哨卒者，即罚牛五。哨卒有不听遣者，各罚牛一。"（下略）
911

第三函　太宗皇帝天聪三年正月至十二月

第十六册　天聪三年正月至七月

正月十三日，遣生员郑信、把总任大良致书，因书中用印驳回。其书内称曰：金国汗致书袁大人。初遣方吉纳往来议和。因我征朝鲜，尔责何故征朝鲜，遂罢议和，及尔兴兵前来。我闻之，发兵往迎。使臣往来，因此断绝。我曾思尔等乃大国之人，聪明贤慧，通晓古今章典矣。我征朝鲜，与尔何干？非欲夺其地而无端征讨也。朝鲜与我两国本无仇隙。于己亥年，遣兵往收我东属各部，朝鲜无故邀击，一也。己未年，朝鲜出兵，扰害我瓦尔喀什路，二也。其后，屡纳我辽东逃人，三也。朝鲜侵我三次，我仅报一次，何谓不可。我且不言，大人思之亦明矣！今我两国，仍践前盟，即誓告天地，和睦相处。凡有毁盟，其毁盟者，而天岂不知耶？自古以来，各国相善则敬之，相恶则报之，此皆自然之理，大人之所知也。我愿罢兵，共享太平，何以朝鲜之故，误我两国修好之事。故于去岁正月，遣殷骄赍书还，竟无报书。今闻大人复来，欲遣人问安，只以使臣往来既断，未遣我人往。故遣尔处生员郑信、把总任大良致书，切盼大人复言。　930－931

闰四月二十五日，先是，杜明仲致书来，至是，遣我喇嘛复杜明仲书曰：金国汗致书于大明国袁大人。大人复书，言讲和之道，由我思索。我思之，昔和好时，边内竟系汉人，边外境系诸申，虽不杂居，然接壤而居，故越界犯罪，渐有蔓延，致起衅端。我等今若修好，宜令民远离边界。民间父子兄弟，散居各地，仍照前接壤以居，恐奸细逃人盗贼往来，破坏和好之道。若真诚和好，则以大凌河为尔界，三岔河为我界，此两处之间，留为空地，逃人盗贼易察，不致滋生事端,和好之道得以长久。至于印信事,除封谕外,不得滥用等语。既如此令尔铸金国汗印与我。至于以修好之礼相馈财帛,尔等计之。勿待我如察哈尔汗,则我不能允。我之所虑者此也。我愿罢兵,共享太平,乃出于至诚。尔等亦真诚言之。我等双方毋得头顶皇天而施诡计也。　933－934

第十七册　天聪三年七月至十月

（十月）初九日,驻纳里特。是日,有五名逃人骑马由察哈尔来归。　941

十二日,驻跸辽河。（中略）是日,总兵官乌讷格、副将苏纳,追捕时败走之同党男丁,寻找其妻子来归,皆全完聚,编为户口。（下略）　941

二十日,驻跸喀喇沁部喀喇城。是日,汗颁敕谕曰:此行既蒙天眷佑,拒战者诛之;若归降之民虽鸡豚勿侵扰。俘获之人,勿离散其父子夫妇,勿淫人妇女,勿掠人衣服,勿拆房舍庙宇,勿毁器皿,勿伐果木。若违令杀降者、淫妇女者斩;毁房屋、庙宇、伐果木、掠衣服,离本纛及入村落私掠者,从重鞭打。（下略）　943－944

第十八册　天聪三年十月至十一月

二十九日,汗谕喀喇沁、土默特部曰:"尔等随我出征,遇明人拒我者,当诛之;有杀明降民掠其衣服者,乃我之敌也,必斩无赦。"　947

第四函　太宗皇帝天聪四年正月至四月

第二十一册　天聪四年正月

（初九日）闻苏布迪入边掳掠归降汉人。二贝勒遣人致书曰:二贝勒致书于苏布迪。为何杀掠我降民?尔一表人才,而来犯无故。实尔先启衅端矣。我绝不轻贷,命将所掳妻子,尽送还原籍,尔等亦永返家,否则严惩不贷。　974

第二十二册　天聪四年正月至二月

（二十九日）是日,郎色牛录下诸申一人,自山海关逃来,据该人称:祖总兵官仍驻城关,人无食粮。而马无草料,往三、四十里外取而秣之。由我处逃归汉人,悉饥饿殆毙等语。981

（三十日）谕台吉济尔哈朗、台吉阿济格、台吉萨哈廉曰:"尔三台吉,遣侍从二十人,乘尔马匹,向山海关探信。再命降民,从速耕种。再谕其不愿耕种者,我等不信之。军马皆肥壮与否。至粮草仓库,令我方人,妥加看守。若遣人奏书,务于初五日由彼处起程,直抵三屯

营,由此遣人往三屯营接迎。来人务于晚间赶到三屯营,由此往迎之人,迎于三屯营附近狭窄处。" 982—983

第二十三册　天聪四年二月

(初六日)是日,前往潘家口之副将阿山、杨善、龙什等致书云:"我等启行,至洪山口,天色已晚。又由此前行,距潘家口十里外驻营。翌晨启行,遂遣我所携守备一人,并二人传谕:汗之大军将赴汉儿庄,现已至此,令尔等来见诸大臣等语。时已叛我之万姓二人出城来降,并报称,有一千总率兵四十驻于城内等语。我等遂以前赴汉儿庄,途经此地就食等语诱骗,陆续入城,即夺其城门,沿城而立,斩千总一人,杀三十三人。我等将迁移之户口,分别以待,至于容匿千总之万姓二人,作何处置,候汗下旨。"汗曰:"潘家口事务,宜照前信办理。勿杀万姓二人,亦取其户口迁来。再尔等返回之前,宜侦探喜峰口消息。" 991

第二十四册　天聪四年二月

(初九日)前往办理潘家口事宜之阿山、杨善、龙什等,收编人口二百四十八户,男丁六百、官布一万四千二百,携之前来。其无力贫穷男丁二百五十人,留于潘家口城,令西兰图之部众入城居住。 995—996

致明国诸臣书曰:我欲罢兵,共享太平,屡遣使议和,惟尔等不从。在此战中,将卒被诛,国民受苦,实尔自相戕害也。我前曾六次致书京城议和,意者以城下之盟为耻,抑冀我兵之速退为幸,故不作答。夫得失者机也,天既赐我良机,我为何弃之而去?我将于天所与之地,耕屯以守,尔八府之民,岂能安心耕种之?纵得耕种,知谁为收获耶?尔等宜勿胶柱,务识权宜。今我两国之事,惟和与战,别无他计也。和则国民速受其福,战则国民罹祸,何时可已。蓟州官员,尔等与上级官员商议,启迪尔帝,速议和好之事。先时官员皆诳君轻敌,乃不允议和者,或被战死,或被尔帝所杀,此外,曾有一建立功名者乎?我素无诡谋,惟以至诚相告。如执以为不可,是天运使之然,我亦无可奈何矣。 997

十四日,致书于喀喇沁部曰:"汗致书于卓里克图、岱达尔汉、西兰图、沙木巴等人:嗣后,尔等须严加约束部众,不得侵扰剃发归降之民。若杀降民,必杀其杀人者以抵命;抢掠者则应按律惩办。其一汉人,固不足惜,然杀掠降民,必致他处来降之民,将不复相信我也。尔若违悖我言,不严加约束部众,杀掠降民,惜哉! 我眷爱尔等之心亦徒然耳!" 999

第二十六册　三聪四年三月至四月

(三月)二十九日,贝勒阿敏、台吉济尔哈朗、台吉硕托率众兵西掠。自所往之地致书明帝曰:"金国二贝勒上书于大明国皇帝。昔我欲议和,实出诚心。先时兴师,我未随征。今我之来,亦为和好。尔等勿疑我有诈,若口是心非,则不畏天乎?人固可欺,天亦可欺乎?我等闻得尔国诸臣奏书,不允议和,云昔金时议和,后用计欺谎,兴兵征讨等语。其臣非谋国为民之臣也。若欲修好,则速议之为善也。若不速议,俟我汗携家眷至,彼时尔等欲议和亦难,我等欲议亦不便也。我既遗书往，皇帝亦三思之。皇帝之意，得无谓我既遗书议和，又为何征讨耶？诚欲修好，则盟诸天地，自盟誓之日息兵矣。"曾遣喀喇沁部乌巴西阵获之蒙古人赍书往丰润。丰润总兵官，亦曾遣其守备二员、土人一名持书同喀喇沁部乌巴西所获蒙古人至，谓尔等退还，尔等赍来文书，将奏报于上等语。是日，我遣人致答书云："我军退驻永平，尔帝信使若来，可遣往永平。"该书曾致开平一封。开平道员致答书云："尔等所致之书，我今即奏于上，尔等退还，勿令尔兵逼近城，我有大炮千尊倘若被创伤，非美事也"。乃答之曰："大事不言乃何言小事？今我来此，岂不知尔有炮耶？尔胜杀我，我胜杀尔，孰能御之？若为议和事遣信使来，遣往永平即可。"行掠八日，稍有俘获，其招降榛子镇，以民半数编户，半数为俘，毁其城，四月初七日至永平。　1013 – 1014

（四月）初八日，颁谕曰：驻守甲士，每牛录留二十人。每牛录所留二十甲士，务须足数，庸劣者勿留。后来之人若不精壮，则留先来之精壮之人。人虽精壮，然系无兄弟奴仆、孤独贫穷者，不得留之。若留此等人，田野之不得耕种之。日后生计穷苦，则罪其固山额真、甲喇额真及牛录额真。至驻遵化甲兵，每二甲兵，宜令更换。但彼处甲兵，若多于此处二十甲兵，可照原议更换。甲士若不足，可将原驻二人留驻不换。原驻每二甲兵中，若有无兄弟奴仆、孤独贫穷者，务须更换之。还沈阳之军，将于十二日起行。　1016

驻甜水站之真珠肯、图尔格依牛录下哨长苏巴里，钦奉汗命，往焚伊兰博里库一带，获汉人四名，解至，以三人赏与俘获者，其中一人，发往叶赫一带屯落。　1016 – 1017

第二十七册　天聪四年四月

（三十日）是日，据报台吉阿巴泰、台吉济尔哈朗、台吉萨哈廉引军还，已至养息牧河等语。故遣达海、龙什、穆成格往谕曰："不必前来谒见，我等同率师出征，不宜来见，可各还家祭祀休沐。至于尔等在彼所行事务，或有所闻消息，可即付我所遣之人奏闻。"三台吉遂俱以所行事务，奏闻于汗，汗遂问曰："此次俘获，比前两次多乎？"对曰："此次俘获汉人，较前甚多。"汗曰："金银财帛，虽多得不足喜，惟多得人为可喜耳！夫金银财帛，用之有尽，而人可尽乎？得其一、二，乃为我国民，其所生诸子，皆为我之诸申也。"　1030 – 1031

第五函　太宗皇帝天聪四年五月至十二月

第二十八册　天聪四年五月

（五月）十一日，汗谕大小人等曰："尔等勿谓出兵之期，仍如去年迟误。今年须乘草青时前往，从速修理军械，不得有误。如欲先往查看田地，即回来后修治军械者，则先往查看田地，随后修理。再者，每牛录各备大刀五把、棉甲十副，均由固山额真、贝勒监造。此番所俘之人，给以衣食，善加抚养。若能善加抚养，何致逃亡耳？其逃亡者，皆抚养不善故耳！倘能加意抚养之，则皆为我羽翼也。身历行间，备受其苦，蒙天眷佑，畀我之人，可胜惜哉！又屡禁售弓箭于蒙古，仍有盗卖者。今若知其卖者，将治以盗罪。可管田土、甲胄、审事三衙门之

人，尔等须身体力行，勿惮劳苦，各勤职业。" 1035－1036

（十三日）驻永平、遵化、滦州汉官奏疏。汗览毕，谕之曰："署理副将宁完我，尔之奏疏，我已亲览，所言诚是。疏内约我速往，此言极是。明国民人，自谋生理，兵丁在外，别无家业，惟恃官给钱粮。我国出则为兵，入则为民。返还之兵丁，俱已各整军械，治家业，课耕田地，马皆肥壮。俟耕耘既毕，待命出征，令在家之人收获之。军械整修完毕，我即率之速往。至尔驻守地方官民疾苦，尔有所见闻，禀告即报二贝勒知之。抚养降民、分辨衣帽、禁捕奸细、爱惜官员等事，我已致书谕二贝勒矣。" 1037

汗谕高副将曰："尔奏疏，我已亲览，所言诚是。书内约我速往，迟一日，则明有一日之备。此言极是。明国民人自谋生理，兵丁在外，别无家业，惟恃官给钱粮。我国出则为兵，入则为民。返还之兵，俱已各整军械，治家务业，课耕田地，马皆肥壮。俟耕耘既毕，待命出征，乃令在家之人收获。军械整修完毕，我即率之速往。此间尔驻守地方居民，加意管束。若诸申人肆行抢夺，可率同驻巴克什，前往报二贝勒知之。至抚养降民事，我已致书谕贝勒矣。" 1037－1038

第三十册　天聪四年六月

初七日，汗、两大贝勒入殿升座，召集诸贝勒大臣及全民，揭阿敏贝勒恶逆罪状，由台吉岳托宣示于众。其议曰："该贝勒阿敏怙恶不悛，由来已久。汗父与阿敏贝勒之父，兄弟二人友睦相处。乃贝勒阿敏挑唆其父，欲离兄汗，而移居黑扯木地，使人伐木，以备造房。父汗闻之，父子并治罪，拟养其父而戮其子。我等劝谏父汗：谓既养其父，杀其子何为？勿要念其恶。既养其父，祈并养其子。于是收养之。其父既故，父汗养贝勒阿敏，与亲生三子无别，并名为四和硕四大贝勒。我国人众曾见因其为异父所生之子而抚养有殊乎？汗父崩，天聪汗即位，照汗父所养，仍以三大贝勒之礼待之。我国之人，尔等又曾见因异父所生之子，而抚育有殊乎？"总兵官乌讷格答曰："我等众人亦见汗待之与三大贝勒同，而未见养育有殊。"其恶逆状一也。阿敏贝勒又于众中言曰："我何故生而为人呢？不若为山木也。山木可供人伐取为薪；否则生旷野山冈上大石。大石上不免禽兽撒粪。虽为禽兽撒粪，比之于人，犹为愈也，愿生而为石也。"昔朝鲜与我国相好，后朝鲜以兵助明来侵，以欲灭我。又容留辽东逃民于其地养之。乃因此之恨，昭告天地，往征朝鲜。时遣贝勒阿敏、台吉济尔哈朗、台吉阿济格、台吉杜度及台吉岳托、台吉硕托及八大臣率众兵前往。蒙天眷佑，偷袭义州城，克之。继攻克郭山，安州城亦克之。屠郭山兵民，释安州军民。所克之城，留兵驻守。挥师直趋王京。朝鲜王闻之，弃城避于岛中，遣王室有职官员来，谓尔等退兵，我等归降，每岁进贡，赠所求之物等语。时出征诸贝勒大臣商议，曰："果尔，尔国王及执政诸大臣盟誓，并以王弟与我为质，我等携之去见我汗，以示我方相信。"于是，我方遣使与朝鲜王及执政大臣，共相约誓，携其王弟来。岳托台吉曰："朝鲜王既已盟誓，送王弟为质，则我等宜撤兵。我等统汗精兵，不可久留，与我为敌之蒙古及明国，逼近我境。"阿敏贝勒曰："朝鲜王既弃城避居岛中，若尔等不往，即可留于此，我携杜度台吉往住王京。"时杜度台吉挺身而出，对众台吉怒曰："此贝勒言独携我往，其意何在？贝勒尔为罪人，我亦成为罪人，为何欲携我住耶？"岳托台吉对阿敏贝勒之弟济尔哈朗曰："应劝阻尔兄，其所行逆理，我等不可去王京也！往朝鲜王京，有一江阻深,该江彼岸设木栅,排列枪炮兵。且闻冰已解。尔欲去则去,我率我两红旗兵还。若两红旗兵还之,想两黄旗、两白旗兵亦随我还矣!"因济尔哈朗台吉谏其兄,阿敏贝勒方归。其邪慝悖乱之心,在彼已见之。此其二也。还至东京,向汗献美女,彼欲纳之。岳托台吉曰:"我等征讨大国,携何美物还,曾闻朝鲜国妇人美,可将此一美女献于汗。"阿敏贝勒对岳托台吉曰:"尔父往征扎鲁特时,可娶妇人为妻,我取之何为不可?"答曰:"我之父所以取者,因所得美女均献与汗,汗不纳而赐与出征贝勒,我父得一妇,尔亦得一妇。今若擅纳,不可矣!"再者,汗于迎接处纳其妇人后,阿敏贝勒复遣纳穆泰副将求之。纳穆泰当日未奏闻,于翌日入奏。汗曰:"昨日何不言之? 今言取之,我已与之同居,如何可与?"阿敏因未遂其请,心中不悦,于座次,面无喜色,背地怨恨。汗闻之,曰:"为此妇人,乃致乖兄弟之好耶?"遂赐总兵官冷格里。汗乃赐妇人与冷格里,非对朝鲜有恶感,乃迫不得已而赐也。此其三也。土谢图汗曰:"察哈尔伐我,若言我等为一国,乞为我征讨察哈尔耶!"遂纳其言,往征察哈尔。彼不至所约之地,从他道入,亦不俟所约之师先还。因此,汗与诸贝勒怒曰:"尔土谢图言合兵征讨,不至所约之地,使我与察哈尔构怨,而尔实与察哈尔通好。是欺我也。"汗、贝勒议定曰:"我等誓不遣使往彼,彼使若至,亦不容进见,我等亦以恶言报之。"乃阿敏贝勒未抵家之前,由途中遣使遗以雕鞍辔、甲胄。使者往彼即以汗、贝勒恼怒之言悉告之。土谢图闻言惊恐。遂以书遗阿敏、达尔汉巴图鲁贝勒曰:"此事惟尔知之",并奏汗书一通。其使至,汗不容进见,并逐之。阿敏违言收容被逐使者。使者携来之书,不呈汗览,违汗禁约。此其四也。又汗、贝勒曾议定:"凡贝勒大臣等娶妻嫁女,必奏闻于汗"。阿敏贝勒竟不奏闻于汗,惟贪牲畜,以其女妻蒙古贝勒色特尔。色特尔辞以已娶二妻,阿敏贝勒强与之。及设宴时,始来请汗。汗曰:"初许嫁时不商议,为何设宴时来请耶?"遂未赴宴。后又娶色特尔之女为妻。阿敏贝勒对汗言:"嫁于色特尔之女受苦,乞我等向色特尔言之。"汗曰:"我国之女下嫁于他国,何曾受苦? 许嫁时不商议,女嫁后受其苦,何必来商议。尔既私与之,尔自向彼言之可也。"汗遂不允。因此亦常怀怨愤,违汗禁约,此其五也。父汗在时,为便于守边驻防,分定地界。后因边内地瘠,粮不敷用。遂择沃地,展边开垦。予移两黄于铁岭一带,两白于安平一带,两红于石城一带。两蓝所驻张义站、靖远堡,因土地贫瘠,拨给大城之地。彼乃越所分之地,擅以黑扯木路为界。彼时因越界耕种,曾定阿敏贝勒旗罪,其所获之粮,尽没入官。再者,又弃靖远堡地方良田,移住黑扯木路。汗见其所弃边境良田,对阿敏贝勒曰:"防敌汛地,不可弃之! 靖远堡地,若不敷耕种,移住黑扯木路犹可,附近良田,何故弃之?"大贝勒、莽古尔泰贝勒曰:"尔违法制,弃防敌汛地,移居他处,尔怀有异志矣!"阿敏无言以对。若此举动,岂非移居黑扯木路,以遂其愿乎? 此其六也。阿敏贝勒梦,以告沃车勒叔曰:"我梦被父汗箠楚,黄蛇护卫之,此乃护我之神也。"此其七也。汗出征,命阿敏贝勒留守。追军行后,彼于牛庄、张义站一带,出猎二次,又造箭,复欲出猎。以其狩猎之马,入掠宁远、锦州一带,岂不善耶? 不思政事,不守城池,惟耽逸乐。此其八也。岳托台吉、豪格台吉,出征先还,阿敏贝勒迎于御马馆,未露思念之情,令留守大臣坐于两侧,彼坐居中,其势如汗,令凯旋两台吉遥拜一次,再近前复拜一次,方行抱见礼。至出征之汗与诸贝勒安否? 往来如何,一句不问。凡贝勒大臣无论出兵到何地,汗亦乘马出迎,及御座,方受跪叩。彼自视为汗,欺凌在下诸贝勒,此其九也。在永平留济尔哈朗台吉、阿巴泰台吉和萨哈廉台吉及八大臣,率每牛录护军三人及全营兵镇守。汗返沈阳,因备办甲胄、军械,督种田谷,会见来朝异地蒙古人。俟诸事就绪欲立秋后复往。乃命留守阿敏贝勒、岳托台吉率每牛录甲兵二十往代驻永平之三台吉及其军士。时阿敏贝勒曰："请与我弟济尔哈朗同驻。"汗曰："济尔哈朗驻守日久劳苦，宜令之还家。"彼率军起行，沃车勒叔、萨哈勒察叔往送之，阿敏贝勒曰："父汗在时，曾令我弟与我同行；今该汗即位，不令我弟与我同行我往必留彼与我同驻，若不从，将以箭射穿之。"二叔曰："阿哥，此言谬矣，何为出此言？"阿敏贝勒攘臂言曰："我自杀我弟，将奈我何？"此其十也。阿敏贝勒入永平城时，驻永平诸贝勒、汉官出迎，为阿敏贝勒张一伞，贝勒怒曰："汉游击、参将尚用两伞，我为大贝勒，何为止张一伞？"遂弃伞策马入城。汗出行时，只张一伞，甚至不张伞，不令行人躲避也。此其十一也。自至永平后恨城中汉人，因汗抚养降民，心甚不悦，曰："我往征朝鲜，克其他城，城中之民不杀而释放者，意在令其国人闻之，为攻取王城之先声耳。尔等往攻北京，不克而还，及攻克永平，何故亦不杀城中汉人而收养之耶？"时常怀恨在心，以彼所行为是，以他人所行为非。向军士曰："我既来此，岂令尔等不饱欲而归耶？"自以为是，诬谤汗及诸贝勒。此其十二也。彼往略地，榛子镇人自愿归降，令军士尽掠降民牲畜财物，驱该城汉人至永平，分给八家为奴。昔不惟归降汉人不扰，即攻取永平城对其汉人秋毫无犯，不杀而收养之，此尔众人皆知也。彼故意挑唆汉人，败坏基业，使恶名扬于天下。此其十三也。驻永平诸贝勒还时，城中官员有怨言："尔等若去，我等愿随往，何故留我等而去？尔等去后，该贝勒至，我等命将难保，必死也！"达尔汉额驸还时，不寄礼义之言，但寄怨言云："闻汗将我治罪，阿济格台吉砍伤别旗人，为何无罪？莽古尔泰贝勒屡有罪，为何不罪之？我若有过，止可密谕。为汗效力之人，何罪之有？"挑唆众人，不以国政为念。此其十四也。阿敏贝勒驻守永平时，遣人至喀喇沁部求婚，喀喇沁部答言："无女，以何与之？"复遣人曰："前尔进汗与诸贝勒，何以有女？今我来此，反言无女耳？"于是，遣使强胁喀喇沁娶其二女。所谓先娶者，均系喀喇沁以礼相送，汗娶一女，大贝勒娶一女，莽古尔泰娶一女。从无遣使强娶者。此其十五也。五月初十日，明兵围滦州，攻三昼夜，彼不亲率兵往援。彼统五旗行营兵，每牛录兵二十人，八旗护军，及每牛录三人。坐守观望，是其心直欲城破兵尽，其既不亲往，又不发众兵，只遣一、二百人前往。彼愿我单弱之兵，死于敌兵之手，城陷而兵尽，遂不援之矣。若系彼镶蓝旗兵，则必往援，决一死战。彼以三旗精兵尽，则率我旗兵回。故当滦州城陷于明人，我军士还，彼既不往迎之，复不待后军至。遂于滦州失陷之十三日，急欲还兵。时硕托台吉及众大臣谏曰："何故因失一城而弃天所赐之三城杀汗抚养之民而去耶？"彼不从，悉诛永平、迁安官民，以财物牲畜、瘸足妇人为重，携之而归；以我兵为轻，弃之而还。止与其子洪阔托及部下阿尔岱、胡希布、席林、额孟格、德尔德黑商议，以伊等之言为是，以诸大臣之言为非，决然而归。汗父在时，诸凡有所谋，必与执政诸贝勒大臣商议也，今止与尔无能之子洪阔托商议。当汗父在时，尔洪阔托曾在何处？尔果有智略，父汗必举而任之矣！尔岂至今始成人乎？尔何曾得与会议之列？听尔子及部下之言而归，果明兵来攻永平城，以致失城而来乎？抑与野外敌兵交战，不胜而来耶？果尔，其来亦宜。未见明兵旌旗，自去未发一矢，不发汗所留之精兵往援，必怀嫉妒，故欲毁坏基业，弃天所赐四城，屠抚养之官民而还，蓄意伤残我军，此其十六也。阿敏罪大，拟诛。后免死下狱，尽夺其所属诸申和家奴、财物、牲畜及洪阔托所属诸申、家奴及财物、牲畜，给其弟济尔哈朗台吉。诸臣曾以为阿敏忍心屠戮我等，以毁坏基业。天使我知觉，近来被捕。我等不忍加诛，给与衣食，系狱养之。　1048—1057

　　以硕托台吉当阿敏贝勒执意还军时，不能力行劝止，如岳托台吉在朝鲜时劝阻阿敏曰："尔欲去则去，我自率两红旗兵驻守。"当彼执意还军，后军不继时，尔果能遣哨卒侦探敌情，率兵殿后,其劝亦宜。乃徒以流涕相劝为辞,尔非贝勒乎? 尔为女人乎? 遂论罪,革台吉爵,并夺所属诸申,给其兄岳托台吉,并令随其兄行。　1057 – 1058

第三十一册　天聪四年六月至七月

（初十日）是日,致书英古尔岱,汗曰:"尚未获之毛青布,不要等候运至,将先所得者,携之而归。跟随尔等前往之军士,在家未得安歇即往。尚未获之毛青布,下次再往取之。将夜间来报消息之朝鲜人,令其剃发,服诸申装,护送前来。时绥占牛录下三人逃走,来时遣人查其踪迹。"　1060

十三日,汗御殿,论弃滦州、永平而归诸臣罪。"汤古岱,尔非汗之子乎? 岂因尔贤而授其职耶? 期于基业有所裨益,故授总兵官之职也。尔出城后,不于所约之地等候,弃两旗前来。因尔未等候,致使军士行失道,陷敌者甚众。"罪应死。免死,革总兵官职,夺所属诸申,籍没家产,夫妇仅以身免。将没收之物,给大贝勒。　1060

布尔吉,"尔未能劝谏本旗阿哥汤古岱,非大臣乎? 尔何故不劝止之?"革副将职,尽夺所属诸申及其赏物。　1060

图尔格依一等总兵官,"拒战敌人,不使逼城下,又出城攻杀明兵。还则复能殿后,骁勇可嘉! 然而尔为我之妹夫,又善于用兵,为何不力劝驻永平之阿敏贝勒?"论罪革职,罢固山额真任。夺所属诸申。　1061

永顺,"尔非镶红旗大臣乎? 当贝勒欲归时,能与尔旗贝勒硕托力行劝阻,阿敏贝勒何致被囚? 众大臣何致获罪? 尔不顾本旗贝勒,竟与阿敏贝勒商议,使其听信尔言,不纳众大臣之谏言,以归来为是也。贝勒系狱,众大臣获罪,皆尔之故也。"论死。免死,革参将职,罢固山额真任,夺所属诸申。　1061 – 1062

松果图备御,"避敌不战;出城夜归时,遇明兵即败走。"论死! 免死,鞭一百,革职,籍没家产,仅以夫妇给墨尔根戴青家为奴。　1062

恩特依游击,"以炮火烧伤为口实,躺卧规避督战,致使尔甲喇所守之城被敌摧毁。"论死! 免死,鞭一百,革职,籍没家产,仅以夫妇给汗家为奴。　1062

爱木布禄,"率先败归永平。"论死,免死,鞭一百,籍没家产,仅以夫妇二人给大贝勒家为奴。　1062

（十八日）先是,汗所养永平、迁安官民,阿敏贝勒尽杀之,以其妻子,分给军士携归。至是悉行查出。汗曰:"杀我留养官民,又为何将其妻子为俘耶?"遂将无父之子,无夫之妇,收容抚养之,给与房屋衣食,编为户口。　1064

（七月）十一日,汗与诸贝勒诣文馆,焚香盟誓。其辞曰:"金国汗与执政诸贝勒代善、莽古尔泰及阿巴泰、德格类、济尔哈朗、阿济格阿哥、多尔衮、多铎、杜度、岳托、萨哈廉、豪格等盟誓天地。海岛之刘兴邦、刘兴基、刘兴治、刘兴梁、刘兴沛,杀其明帝所属官员,率诸岛之人,欲与我同谋,为今后生计立誓。岛中之人,或住岛中,或登陆以居,不归我属视为友邦。又其由我处逃去之诸申、蒙古人,诸申、蒙古,不以原系我属为辞索取之。若负盟约,不以友邦相待,索还逃往之诸申、蒙古人,追究刘氏兄弟往来,逮捕来朝者,将必遭天地谴责,夺其计算,使之夭折;若刘氏兄弟诳我,反向明帝,抑怀有二心,以求中立,则天地谴责刘氏兄弟,夺

其纪算，使之夭折。我双方果能践盟，尽忠相处，天地祐之，俾克永寿！" 1065

第三十二册　天聪四年八月至十二月

九月初二日，皮岛刘五哥所派之李天龙、昌秀回，我使者李栖凤、齐变龙与之同往，并将五哥之妻送回皮岛。致书云："金国汗致书于刘府兄弟。今冬，尔等也准备，我等也准备，俟来年商议行事。再者，我等已盟誓天地，和睦相处，不可容留逃人。今亦无逃者，即云无有，亦难免一二逃者。盟誓之日前，凡逃入彼处者，皆可容留。盟誓之日后，我人逃往尔处者，尔等送回；尔人逃来我处，我等送回。再者，既然议和相好，将尔妻已遣还。唯恐将其置于混乱之处。自尔去之日，即同尔母住于清静地方。尔书中云，事成之后，不言天无二日，则幸甚也等语。果尔等助我以成大业，我仍云天有二日，岂不背弃盟约乎？对天盟誓，岂可渝乎？切勿疑虑，惟望共勉！"以二使归还礼引见于汗，带至文馆，杀一羊，治二桌席，宴之。以送行五哥之妻礼，杀一羊，治五桌席。来使即将其从牢房带至其丈母及小叔住所宴之。陪送五哥之妻物品数目：妇人一，银花雕鞍大走马一，素鞍骡二，吊牙爪蟒缎面诸申貂皮褂一及上等缎衣雨袭，闪缎被、花锦缎褥、枕头一和红毡一，金簪二，珍珠包头一，翡翠翎簪九及蓝缎伞一，纸伞一，防雨毛青布褂一，银碗一，大盘一，小碗一，匙一，毡顶毛青布团帐房一。赠来使李天龙银十两，昌秀银四两。以送行礼于浑河岸，杀一羊，宴之。遣达海、库尔禅、索尼送之去。萨木什喀、何洛惠、达济哈率每旗护军三人，各携跟役二人，即送至海岸。 1068－1069

（十月）二十八日，赐前来官员熊梦鲤狐皮端罩一。随从之二人各赐银十两。以送行礼召彼等入文馆，杀一羊，治五桌席，由爱塔之弟六哥携同诸子为之饯行。遣我巴吞巴克什、生员李栖凤及其跟役李外郎偕之同往。乃命叶臣牛录下格木布禄、罗和牛录下噶布拉二人送之去。谕此二人曰："每宿杀羊而食，至甜水站后，送与彼等一只羊。"谕毕遣之。致书云："金国汗致书于刘府兄弟。荷蒙上天垂佑，使我两国和好。望仰副天意，遵誓相好。惟我忧虑者，恐尔无知，而中人奸计，致使敦睦之道半途而废，岂不可惜哉！近期，我等秣马厉兵以待，再无消息。尔自远方馈送之物，皆已收受，今回赠些须薄物，聊表微意耳！请收纳之。八月间，我出兵锦州，捉生问之，该人告称：五哥杀岛上官员而叛，上命黄户部率二千兵，以诱捕五哥等语尚不知虚实。遂将我所闻消息，遣人报尔知之。有尔方三人来我处采参，因行失道，为我捕获。因系盟誓后来此，此次已送回。我方有谁在盟誓后逃往者，亦令查出送还。尔等之人乱采人参，若遇我方猎人，互相杀戮，恐有碍和好，岂不可惜哉！尔等若需人参，由我们采挖，与尔等贸易，既不生乱，又彼此皆有益。其熟筹之，尔等禁止采参。再我两家既已和好，彼此通商何如？若不宜公开贸易，则不使众人知晓，即暗中贸易可也。如无蟒缎、缎、金银，可用牛角、茶等零碎之物，于彼处交换。送去黑貂皮十，诸申貂皮八十，玄狐皮一，白兔皮十一张。" 1070－1072

第六函 太宗皇帝天聪五年正月至八月

第三十五册 天聪五年二月至三月

（二月二十六日）是日,遣往科尔沁部卫徵贝勒处之阿什达尔汉、达雅齐还。喀尔喀、扎鲁特部诸贝勒渝盟叛变,我军遂往征,携之以还。其遗留巴噶达尔汉诸子拜珲岱台吉、拉布泰台吉等,为尔卫徵贝勒之亲戚,若往投尔处,尔不宜收容! 喀尔喀诸贝勒部众,皆属我有,因我遣人往取其遗民。卫徵贝勒以汗言为是,遂将拜珲岱、拉布泰及隶民百户,尽数给还。

1098

第三十七册 天聪五年四月

（四月十二日）是日,以天聪汗为首,土谢图汗、孙杜棱及达赖楚呼尔、僧格和绍齐及大小诸台吉等,共议定约:"若调人往察哈尔,自十三岁以上七十三岁以下者,均可调遣。扎萨克众台吉若调而不往,罚马百驼十。除自分之外之诸台吉调而不往,则罚马五十驼五。若伐明国,每大旗调为首台吉一人,台吉二人,精兵百人。若调而不往,大旗罚马百驼十。若三日不到所约之地,则罚马十。若不至约定处所,先行掠夺,则罚马百驼十。无论在察哈尔明国及诸地,若进退时不至,仍依不听调遣依法罚之。至于路程十日之地十五日到,十五日之地二十日到等诸罪,可命扎萨克台吉遣使者到彼申报。扎萨克台吉若越二日仍不遣使往,则如数罚扎萨克台吉牲畜。凡犯罪而不遣使者,即是扎萨克诸台吉往返时,可由有罪旗乘驿马直来,昼若断粮诸台吉于宿处,食羊或牛,台吉属下人亦一体供给。若众之使者被耽搁,则罚辔、胄、马匹。众之使者误乘烙印马,则以他马换取之。若取之不与,使者腰刀、弓二者取其一。见使者即将马隐匿,则罚其马驹。诸台吉殴击使者,则罚九九之数;属下人殴击之,罚三九之数。被耽搁之众之使者,携鞍至邻伍,其邻人送至驿站。有不送至者,无论几人罚其辔、胄、马匹。台吉若杀逃人,罚十户。台吉既杀人,而旗人已照数罚取马匹,复来告发,则将告发者纳入十户之中。杀人台吉仍行争辩,即问于族人,倘若抗拒,亦按律罚之。若属下鄙人杀之,则罚筵席所用牲口三百。无论何人遇来归逃人,则送交所指之主。送交后,其逃人在二人以上十人以下,取其一人,如只一人,则即取之。十物取一,二十物取二,均按数取之。满洲人若往科尔沁阿巴噶地方犯罪,按科尔沁阿巴噶法处理。科尔沁阿巴噶人至满洲地方犯罪,按满洲法处理。在两国中间犯罪,按各自法律处理。阿衮之科尔沁、阿巴噶、敖汉、奈曼、喀尔喀、喀喇沁、土默特诸台吉若有行窃者,罚马百、驼十,属下人行窃,则杀盗窃者,执其妻子与之,不准赎回。所窃多少牲畜,遣使者加倍罚之,其余牲畜,台吉等取之。审讯原告被告两方之主及其兄弟等,若有变供,将加倍罚之。诸台吉行窃,审问其伯叔,若无伯叔,审问其从兄弟。若索取大盗而不与,纵之脱逃则如数罚窝主马百、驼十。凡有罪台吉,若不听扎萨克台吉之言,则奏闻天聪汗。凡损坏扎萨克台吉威信者,罚马二十、驼二。凡损坏自身以

外其他台吉威信者，罚马十、驼一。天聪五年四月十二日。” 1115－1117

第三十八册　天聪五年四月至七月

（五月初四日）是日，敖汉、奈曼、巴林、扎鲁特诸部为书立法云：“逃人无论从何方来，贝勒等若杀之，则罚十户诸申；若系平民杀之，诛其身，夺其妻子、牲畜，为俘。凡人告讦杀害逃人者，将告讦之人断出。贝勒若不遣人出哨，罚牛五；庶人不出哨，各罚牛一。” 1121

（七月）初九日，致敖汉、奈曼、巴林、扎鲁特诸贝勒书曰：“汗谕巴林部贝勒、敖汉奈曼部贝勒及扎鲁特部贝勒：除看守牲畜之人外，余众悉率之来。至于马匹，由骟马多余之人补足骟马之数。我等果能并力奋战所遇之敌，则天必眷佑我等，削弱敌威，乃善事也！以敌人所种田禾，秣我所乘马匹，俾之肥壮，并取夺其粮而用之。本月二十七日会师于养息牧之都尔鼻地方。” 1125－1126

“汗谕鄂木布楚虎尔、阿衮台吉、杜棱之古木斯喜、西兰图侍卫台吉、庚格儿侍卫贝勒及多诺依衮济：马步兵悉率之来，马有余者，补足骟马。我等果能并力奋战所遇之敌，则天必眷佑我等，削弱敌威，乃我等之善事也！以敌人所种田禾，秣我等所乘之马匹，俾之肥壮，并且取其粮而用之。本月二十七日会师于养息牧之都尔鼻地方。” 1126

第三十九册　天聪五年七月至八月

二十八日，汗集诸武将谕曰：“我等所居沈阳、辽东之地，原系我属乎？乃天赐与我也。若不事征讨，坐视明国开拓疆土、修建城郭、缮治军械，使得完备，岂能使我等安居耶？念及于此，遂以征明所获财帛，及与朝鲜通商所得货物，收购蒙古马匹。所以兴师致讨者，乃是故也。此行既蒙天佑，尔等务再三晓谕军士，诸凡俘获之人，倘离散其父子、夫妻、掠取其衣服，乃恶劣之极，无异蛮贼也。若止于宣谕时，唯唯听命，退至兵营遂忘，漠然置之，军士胡作非为，致干罪戾，概由此所致矣。我等不自暇逸，常川征讨，或彼被困而来降，或我蒙天佑而致胜，则解甲休兵，定有其时也。我自征明以来，或攻城，或野战，每战必胜。然而，我等何以退缩耶？明国屡次战败，仍不畏惧何为耶？乃因彼虽不长于骑射，而于临阵时通晓文武法律故也。 1128－1129

（八月）初二日，下书谕蒙古诸贝勒曰：“汗曰：我等既蒙天眷，遵约会师，即一国一法矣。此行既蒙天佑，我兵得入明地，惟戮其抗拒之兵，勿杀闲散之民。俘获之人，勿离散其父子、夫妻，不得取其衣服。有杀闲散之民，夺取其衣服者，则夺其所获，给与首告者，并鞭责二十七。各队主将，各于所属，详明晓谕，士卒不得擅离部伍，恣行搜掠。若擅离被屠，则败坏我名誉也。我等今春会盟时曾云：无论何往，悉遵军令而行等语。切勿违令。”于是兵分两路并进。谕德格类台吉、岳托台吉、阿济格台吉曰：“尔等率兵两万，由义州路进发，屯于锦州与大凌河之间；我等由白土厂路入，趋广宁大道，约初六日会于大凌河。”谕毕遣之。过初五日夜，于初六日辰刻，两路军俱至。 1130－1131

初十日，明马步兵约五百人出城。镶黄旗固山额真达尔汉额驸率八十人击败之。并斩其五人，追射至城壕而还。是日，岳托贝勒遣范游击招降大凌河城西山一台，内有生员一人、男丁七十二名、妇女十七口,获马二、牛二十四、驴二十一。即付范游击养之。莽古尔泰贝勒遣建昌马总兵官达尔古招降城南岗一台,内有张把总,男丁四十九名、妇女四口,即付马总兵官养之。　1132

是日,明人出城刈禾,布颜图率护军四十人追之,斩三十人。正蓝旗护军斩十八人,镶蓝旗护军斩十五人。出哨总兵官阿山于途中设伏,获七人、牛二、骡一、驴一来献。　1133

十一日,系书于矢,射入城内。其书云:天聪汗曰:"我诸申,蒙古,乃相同之国,明则异国也。尔等如比为明效死,我甚惜之。尔等之意,今若归降,恐我杀戮,故不相信耶! 不惟不杀尔蒙古,即明人为我仇敌,除其拒战而被杀者外,凡来降之人,我均收养矣。岂有灭绝天下人之理乎? 因善养人,故人皆归附耳。我之善养与否,尔等未曾闻之乎? 尔疑我言为诈,人可欺,天可欺乎?"　1133

十二日,(中略)以红衣炮击城西南隅一台,穿一垛墙,击毙一人。明台兵大惧,遂降。内有兵二十八人,即付王总兵官养之。遂列车盾于其台下,以红衣炮、大将军炮攻城之南面,击毁其垛墙四,城站板二。四台人来降,命免徭役,加以豢养,并给扎付。　1134 – 1136

第七函　太宗皇帝天聪五年八月至十二月

第四十册　天聪五年八月至九月

十三日,阿济格台吉、墨尔根戴青遣派伟齐,招降大凌河城东隅河岸之台。内有男丁三十五人、妇孺三十三口、牛十八、驴十七,即付丁副将养之。　1137

十五日,大凌河城北山岗一台降。内有黄把总属下男丁五十五人,妇女一口、牛一。即付高副将养之。　1141

第四十二册　天聪五年十月

十二日,于子章台主参将王景降。携来男丁二百三十九名、妇孺三百三十九口、马三十四、骡九、驴十四、牛十四。参将王景被引见汗。汗赐貂皮袄及貂皮帽,命服之。以红衣炮及大将军炮攻该台三日,击坏墙垛,中炮死者五十七人。台人惶扰,力不能支,第四日遂降矣。该台既克,周围各台明人闻之,近者归降,远者皆弃台而遁。以所遗粮谷,饲秣军马,约一个月。　1160

十三日,翟家堡降。台主把总及生员一人朝见汗毕,命擢把总为千总,赐狐皮、貂皮帽,赐生员狐皮。该台有男丁六十名、妇孺四十口、牛三十七、驴十五。　1160

十四日,陈兴堡台把总祖邦杰来降。汗赐缎袍一,并遣往该台招降。台人不降,且曰:尔欲降则降,我等不降等语,掷石不容进。我军遂以火炮击之,尽被火药焚死。归降男丁三十四名、妇孺十一口,获牛四、驴十三,即付马总兵官养之。　1161

(二十三日)是日,系书于矢,射入城内　书曰:"金国汗谕曰:诸臣众官,惜其功名,恐妻子被诛,以致牵连尔众,将殒命于此。尔等小民,死亦何名? 今尔城内之人,皆为鬼魅,杀人而食之也。尔等先杀人而食,后他人不杀食尔等乎? 恐尔等听信尔官员诳言,以为降我,亦必被杀。倘杀归降者,我岂不畏天乎? 倘官员降,子孙世袭罔替。倘小民杀官吏来归,则量功授职;子身来归,则恩养之;率众来归,量所携之人数,计功授职,并恩养之。我不食言,尔等亦勿疑。"　1162

第八函　太宗皇帝天聪六年正月至二月

第四十五册　天聪六年正月

（初四日）是日,驻汤河堡之庆善、喀尔喀玛、宁古塔;驻析木城之楞济达、鄂通果、席尔泰等六人往沿海蹑踪,杀一人,生擒二十九人,解来分之,以二十名壮者,发往尚阳堡居住,其余九人,赐与得获者。　1191

（十一日）是日,朝鲜张道员至。缘由:沿南海行猎时,乌达海牛录下钟托依以家内朝鲜男丁钟保琪为跟役携往。该朝鲜人逃往朝鲜。时朝鲜王查获送来还。将此情形报于汗,谕曰:"不懂法纪,故逃去耳。此乃穷人,割其足筋,给还原主。"遂交付该牛录托贝章京。1193

（十五日）是日,纳木索托携男丁三名,妇女四口,幼稚三口及马四十八匹,由察哈尔逃来。　1194

（十七日）是日,镶红旗王相公奏书于汗曰:"范游击养我王相公,今以大凌河之人与范游击养育,故不能养我。汗若垂怜,乞另赐我田地、男丁养之。"汗遂赐田十日,著居一等生员之列,俾兼管男丁两名。　1194 – 1195

是日,管兵部事贝勒岳托奏书于汗曰:"先诛辽东、广宁汉人。后复戮永平、滦州汉人。至前杀之事,纵极力辩白,人亦不信。如今,天与我以此众,正欲使人知我之善养人也。臣愚以为,若能善抚此众,即抗拒者居半,归顺者亦必居半。彼时再宣明前事,人亦信服矣,若谓如何抚养,凡一品官,以诸贝勒女妻之,二品官,以国中诸贝勒、大臣女妻之。其诸贝勒之女,由诸贝勒出财帛给之,诸大臣之女,出公帑给之。诸贝勒、大臣之女,若欺凌汉官者,则咎在父母也。事先告诫,犯即治罪,则安敢欺凌! 向彼宣谕'若蒙天眷,得尔地方,仍各给还家主,以养其生,'彼必喜悦。即原有妻室,仍以诸贝勒、大臣女与之,以示我诚信。彼既离家室孤身在此,以诸贝勒、大臣女与之,乃亦有名也。果尔,使其女父衣食与共,彼将忘其故土也。即有一、二异心而逃者,亦决不为怨我之词矣。若不善加抚养,则何以得天下乎? 其再令诸贝勒各出一整屯给各官,此外,每牛录各取汉人男妇一对,牛一头,各编为二屯。其出人口耕牛之主,命以牛录官职偿之。再察各牛录下寡妇,给配各官从人,夫明国之兵士,离别乡土妻孥,长年累月,戍守各城,一苦也。惧怕为我兵诛戮,又一苦也。惟光棍等,不能治生,或资钱粮以自给。有家业之人,不恋此钱粮。今汉兵既归降,须派贤能满汉官员,察民间汉人女子寡妇,酌情给配。其余者,察八贝勒下庄屯之殷实庄头有女者,即令其给配。若无女子,则令收养为子,为之婚娶,免其耕作。征战时,仍隶戎伍。再有余者,则令殷实商贾,逐户分给婚配。如此办理毕,仍各赐衣服一袭。"　1195 – 1196

第四十八册　天聪六年正月

（十九日）是日，先是，大凌河城新降各官，分与各旗，每旗四员，暂行抚养。至是，汗与诸贝勒商议，"若归公中抚养，各官必受营苦。"副将、参将、游击，不论善否，均分隶八旗，永远安插。至大凌河城汉人，其赐与旧官为民者，可取之半，分隶正黄旗一等副将祖可法下男丁五十人，祖泽润下男丁五十人，祖泽洪下男丁五十人；参将姜新下男丁十人，游击方一元下男丁十人，姜奎下男丁二人；分隶镶黄旗副将韩大勋下男丁五十人，参将盛忠下男丁十五人，游击杨铭石下男丁十人，陈变武下男丁十人，张怀良下男丁十人；分隶正红旗副将刘天禄下男丁五十人，杨华徵下男丁二十人，参将张廉下男丁十五人，游击吴奉成下男丁十人；分隶镶红旗副将孙定辽下男丁五十人，参将段学礼下男丁十五人，游击涂应乾下男丁十人，刘武元下男丁十人；分隶正蓝旗副将邓长春下男丁四十人，薛大湖下男丁二十人，参将吴良辅下男丁十五人，游击李一洪下男丁十人；分隶镶蓝旗副将张存仁下男丁五十人，陈邦选下男丁四十人，参将高光辉下男丁十五人，游击方献可下男丁十人；分隶镶白旗副将张洪谟下男丁五十人，李云下男丁四十人，参将韩栋下男丁十五人，游击刘良臣下男丁十人；分隶正白旗副将曹恭诚下男丁五十人，裴国珍下男丁五十人，参将刘士英下男丁十五人，游击胡弘先下男丁十人。　1219－1221

二十九日，前往捉生之鄂贝、刘哈、席特库、塔哈布还。俘获之数：蒙古人五名、汉人三十名，马一、骡三、牛十三、驴十五。其马及牛、骡、驴，赐与擒获之人。以三十名汉人发往宁古塔，其五蒙古人，杀之。　1228

第四十九册　天聪六年二月

初二日，巴雅尔图、章齐率每旗护军五人往追逃人。　1229

初三日，下书曰："兵部贝勒奉汗命谕诸申及蒙古屯拨什库曰：据闻行路之人夜宿或因小事经过，必索工钱等语。今后索工钱者罪之。若不容宿而冻死者，则偿其人。至独身行路之人，令详查之，若查出者系逃人，仍以擒获逃人例给赏。倘不详查，独行之人，其人出尔家后，为他人擒获，仍以容纳逃人例罪之。"　1229

（二十日）赏伊尔登缘由：拿获由此逃去之逃人三十三名，由彼逃来之人一百二十三名。共获一百五十六人。修城列为三等。

赏真珠肯缘由：拿获由此逃去之人二十五名，而由彼逃来之人七十二名。共获逃人九十七名。其修城列为三等。

赏喀尔喀玛缘由：拿获由此逃去之人十九名，由彼逃来之人五十七名。共获逃人七十六名。修城列为一等。

伊勒慎免赏缘由：获船七、人四十。又获由此外逃诸申一名、汉人九名、奸细一名。共获五十一人，未参与修城。

正黄旗萨哈廉免赏缘由：获由此逃去之人十六名，由彼前来之人三十名。共获人四十六名,修城列为一等。

正黄旗喀尔喀玛免赏缘由:获由此外逃人四十二人,其中诸申五名、蒙古一名、汉人三十六名,修城列为三等。

正蓝旗特木鲁免赏缘由:获由此外逃人四十名,修城列为三等。

正蓝旗鄂通果免赏缘由:获由此外逃人五名,由彼前来之人三十五名。共获逃人四十名,其修城列为二等。

正蓝旗加木逊免赏缘由:获由此外逃人两名,由彼前来之人三十八名。共获人四十名,修城列为二等。

正黄旗阿球免赏缘由:获由此外逃人两名,及蒙古、汉人三十二名,诸申四人。共获三十八人,修夺列为三等。

镶白旗库鲁免赏缘由:获由此外逃人十一名,由彼前来之人二十二名。共获人三十三名,其修城列为三等。

正红旗富岱免赏缘由:获由此外逃诸申两名,蒙古一名,汉人二十五名,由彼来之奸细四名。共获三十二人,修城列为一等。

正黄旗宁古塔免赏缘由:获由此外逃人十二名,由彼前来之人二十名。共获三十二人,修城列为一等。

正蓝旗楞济达免赏缘由:获由此外逃人六名,由彼前来之人二十四名。共获三十人。修城列为二等。

正红旗列列珲免赏缘由:获由此外逃诸申一名、蒙古一名、汉人二十三名,奸细四名。共获二十九人,修城列为一等。

正黄旗苏尔东阿免赏缘由:获由此外逃诸申四名、蒙古一名、汉人二十一名。共获二十六人。修城列为末等。

镶白旗色牛克免赏缘由:获由此外逃人六名。修城列为一等。　　1234－1237

第五十册　天聪六年二月

是日,驻甜水站之赖荪,驻卫宁之张十八及驻牛庄之法笃、乌鲁喀、驻析木城之席尔泰及驻海州河口之尼雅汉、贝衮等七人,以获逃人少,修城不力,依律罚之。

惩罚赖荪缘由:获由此出逃之人六名,由彼来人八名。共获十四人。修城列为三等。驻守五年。

惩罚张十八缘由:获由此出逃之人二十四名,由彼来人十名。共获三十四人。修城列为末等。驻守三年。

罚法笃缘由:获由此出逃之人八名,修城列为二等。驻守六年。

罚乌鲁喀缘由:获由此出逃之人七名,修城列为二等。驻守六年。

罚席尔泰缘由:获由此出逃之人三名,由彼来人八名,共获十一人。修城列为二等。驻守三年。

罚尼雅汉缘由:由此出逃之人十四名,由彼来人六名及船一艘。共获二十人。无修城。驻守三年。

罚贝衮缘由：获由此出逃之人七名及奸细一名。获由彼来人十名及船一艘。共俘获十八人。无修城。驻守六年。

驻海州河口之塔尔巴希，驻东京之凤安、乌达纳等。三人以获逃人少、修城不力，因彼等无职，各鞭五十，折赎。

罚塔尔巴希缘由：获由此出逃之人十名，由彼逃来之人八名及船一艘。共获十八人。无修城。驻守十年。

罚凤安缘由：获由此出逃人十一名及诸申一名。驻守两年。

罚乌达纳缘由：未获逃人。驻守一年。

驻耀州之莽果、雅木布鲁及驻东京之舒球等三人，著革其职。

革莽果备御职缘由：获由此出逃之人十一名，由彼逃来之人六名，共十七人及船一艘。驻守三年。

革雅木布鲁备御职缘由：获由此出逃之人六名。驻守三年。

革舒球备御职缘由：获由此出逃之汉人十五名、诸申一名。驻守二年。以上三人修城均列为末等。　1242－1244

（二十七日）是日，喀喇沁部乌塔齐塔布囊属下三十六人，入广宁北石河堡，获汉人三名解来。其汉人赐与获主。

（二十九日）是日，先是，大凌河归降明兵，散给我汉人供养。至是，遣户部大臣更定长久安插之制，乃分隶一等副将下各随从五十名，二等副将下各随从四十名，参将下各随从十五名，游击下各随从十名，在沈阳拨给房屋，每牛录各娶妇女三口，四牛录合取妇女一口分配为妻。所配妇女数共九百三十七口。其余之人，民间每四名男丁分给一人，命配以妻室，善抚养之。再其余者，命诸申富人官员等，编列等次，各分五、四、三、二、一人，令其配以妻室，善抚养之。如若蒙天佑，克成大业，则代为偿还。否则，既为尔等恩养，即归尔等所有可也。遂分给之也。　1247－1248

第九函　太宗皇帝天聪六年三月至六月

第五十一册　天聪六年三月至四月

（三月）二十九日，驻汤河堡之喀尔喀玛、庆善、宁古塔即向海蹑迹。于黄骨岛获十九人，内有千总一员。由彼还。于岫岩获石副将属下逃人四名。共获二十三人，喀尔喀玛亲送之来。　1257

第五十二册　天聪六年四月

（十六日）是日，墨尔根戴青属下人色赫颇及一蒙古人欲逃，被松果图举发，杀之。是日，大军次小哈尔占地方。是夜，前哨图鲁什、劳萨获流散蒙古男丁一百人、妇孺百余口、马八匹。我八旗之八人携该群人中之解事者二人奏报于汗。于是夜，赐土谢图汗弓一。
1271

（十八日）是夜，达尔汉额驸家旧蒙古二人，携良马六匹遁去。是逃人至，察哈尔皆逃遁。追之不及，军士甚劳。　1272

二十八日，驻跸，集诸申、蒙古、汉人众军诸贝勒、大臣及军士等，宣谕曰："汗曰：进兵之地，有拒敌、败走者杀之，不拒敌者勿杀之。再者，勿离散人夫妇，分赏俘虏之前，勿淫妇女。如有离人夫妇及淫妇女者，论死。杀不拒敌者及掠其衣服者，则夺其所俘，赏与首告之人，仍照例鞭责。除豚鸡可宰食外，羊及膻羊以上，不许擅宰，宰则亦夺其所俘，赏与首告之人，仍照例鞭责。勿毁庙宇，勿犯庙中为祭祀所设之一切物件，违者论死。勿扰害庙内僧众，勿取其财物，可开载僧众数目来报。若人畜逃入庙中，则听俘获。勿屯住庙中。即照此文缮成蒙文，颁发科尔沁、扎鲁特、阿鲁、敖汉、奈曼、喀喇沁、扎赖特等各族之主各一函。（下略）"
1275

第五十三册　天聪六年五月

（初六日）是日，颁书谕外蒙古诸贝勒曰："汗曰，凡遇敌列阵，未奉我言，勿得轻进。应进之处，由我指示，若违指示，临阵退缩，若系贝勒，尽夺其民；兵丁处死，妻子为奴。若敌人乘夜劫营，勿得喧哗，勿离汛地，就地战之。若至边境纵掠，勿杀降人，勿分散人妻子诸物，勿夺人衣服。倘遇抗拒之敌，则奋力杀之。未奉命令，不许举火。举火则敌人知觉也。出师万里，人马疲顿，若为敌人知觉，徒手而归，岂不可憾耶？若违令举火，其该管首领贝勒，并罚马。"　1278－1279

颁书谕我十旗曰："汗曰：我军所到之地，蒙天眷祐，有拒敌败走者杀之，不拒敌者勿杀，乃收为俘虏，勿离散人夫妇，勿掠取人衣服，勿犯降人诸物。若入其家，勿取其物件。凡归降头目二、三人，令原招降主将率之而行，其余令各领其家口而行。在分赏俘虏前，勿奸淫妇女；勿宰牲畜。若离散人夫妻及淫妇女者，论死。倘杀不拒敌之人，掠取其衣服、杀其牲畜及掠降人诸物者，则拿获所俘给与首告之人。并且照例鞭责。凡奔逃诸贝勒大臣等所遗家产及牲畜、财帛等诸物，各主将即拨主守之人登记收贮。至于追敌，勿至昏暮，日未落即止；追敌已及，将何往？俟再议而追之可也。若不奉诸大臣之令，擅自前往，驮载毡裘者，即夺其所俘。若诸大臣有令，方准驮载。凡针线以上，皆收集均分之。"　1279－1280

（十一日）是日，大贝勒、莽古尔泰贝勒及诸贝勒会于汗处。召集八旗蒙、汉诸大臣，汗谕之曰："我等原为征察哈尔而来，察哈尔不能御而遁走而追之无及。今我兵马疲备，引军还沈阳，以俟再举为佳乎？抑先往蒙古柏兴地方，复入明境为善耶？二者孰便，尔诸臣定议以奏。"于是，乃诸臣集议，答曰："此来已近明境，即赴柏兴地方，复入明境，以图大事为善也。"于是，定议征明。遣孟阿图率纳海、奇图伦、博尔堆、达扬阿、精古勒达、董阿密、温泰珠、每旗甲兵十人，选肥壮马匹还沈阳报信，寄谕曰："达尔汉额驸属下人潜逃，先往察哈尔告密。察哈尔觉而逃去，追之无及。因还兵入蒙古柏兴地方，焚其庐舍，复入明境。将我方所留粮米，移贮辽河，掘壕，严加守卫。再命扬古利额驸及巴布泰阿哥，自驻守地撤回沈阳守城。曾令喀喇沁人入法库山耕种。今耕种完毕则已。倘耕种未完，则令其尽耕，仍加意防守。"　1281－1282

第五十四册　天聪六年六月

初二日,命将俘获人口,各旗按甲士分之,其跟役不与。于是,遣龙什至正红旗,爱巴里至正蓝汉军旗,白格依、喀木图至镶红、镶蓝和镶白及明安贝勒、鄂本堆等处,罗硕至正白及镶黄两旗。所赍书云:"汗曰:所获人口,按旗分给。每旗随营听用之各项匠人等,合编为五十户,每户给牛一。每旗取妇女十口、女童十口及其所骑驴二十。其金、银、财货、衣服、马、牛、羊、膻羊、牲畜等物,携至汗所,交众办理。至其强横不宜为俘之男丁,戮之。老幼不可携还者,释放勿杀。可晓谕被遣还者曰称:尔等先来归降,甚善。我等将还,遂杀其叛逃之人。至安居者,编为户口携还,我等岂为尔等永居此地耶? 等语。再有职者,每一备御赏一人。其由察哈尔克西克腾逃来之诸贝勒及喀喇沁部之诸依莫洛等新附呼尔哈所俘获者,听其自取。诸贝勒家牛录之人,原有披甲而留居者,当计数内;原无披甲者,不计数内。" 1288

初五日,宁完我、范文程、马国柱三人疏奏曰:"昨日,汗命我等筹度此事。臣等虽愚,今竭所知以闻。沙河堡官员将由此逃入其他之民,查还我者,是头紧顾头之意也。昔日,察哈尔征之,彼尚不敢少抗,岂敢抗我乎? 汗遣人宣谕,彼不敢少违,速为依允,汗有不欲加兵之意。是诚动与义合,克成大业之志也。今观我军情形,不论大小,皆贪明人财货,有必欲内入之心。如欲内入,汗当预为筹划,决定方略。稍有怠忽,以致临期难处也。如今汗率大军来此,如轰雷贯耳。沿边一带,尽行收敛,于各地皆有防备。我兵一人,即遇明兵则罢;倘其退守各城,彼近边庄屯,地瘠民穷,我军即内入,止可瘦我马匹,于我军毫无裨益。若徒手而还,复似蒙古而名利两失矣。果欲内入,理当直抵北京,讯其和否,早为决断,毁山海关水门归家,以示我军威力无敌于天下。至进军之路,由雁门关入为便。此路,敌无援兵,民富物丰,可以饱我军士。汗有内入之意,又恐败坏名声,无隙可乘,如何深入。臣等于不可之中,求其可者,有两计焉。两计:一为明显之计,一为寻衅之计。所谓明显之计,当宣谕沿途城池人民,言逐察哈尔汗远遁,尽收其柏兴地方居民。若令降民徒步以归,则路遥难到达。顺便来此与明帝议和。今借尔马、骡、驴令降民乘之以归。俟我与尔帝议和事得成,将尔马、骡、驴,照数偿还。若我屡欲议和,而尔帝不从,我必兴师,蒙天眷佑,以尔地方归我,诸凡尔受苦之民,蠲免赋税,赡养数年等语。此一计也。议者谓此语欺天。皇天无私,唯德是辅。果能正百官,抚养万民,即终日说做皇帝,天必不见怪;若无仰合天意之善心,虽不说做皇帝,天亦不能佑助之。所谓寻衅之计者应当写书与近边各官,烦彼替我讲和,限以日期,彼朝臣势必纷扰,守边各官不敢担当讲和□□,不免诡计耽延。彼时乘隙而入,任我所欲为矣。汗欲入,则深入为佳;不入,就此班师为善。若半途而还无益也。乞汗深思。" 1289 – 1291

是日,往略黄河一带之巴都里、车尔格依及查哈喇还。彼携来俘获人一百、驼二及牛羊一千。 1291

(初六日)是日,十旗所分俘获数目:人一万八千九百一十五,驼十八,马骡四十二,牛五千九百四十一,驴七百九十七,羊及膻羊一万一千九百六十五,牲畜数一万八千七百五十五。共计人畜三万七千四百八十二。该项俘获中选其优者献汗与诸贝勒,每旗各取牛十、羊一百,又取八旗公中羊一千。赏永平及大凌河新附众汉官:建昌马总兵官牛六、羊百,麻总兵官牛四、驴二、羊八十，副将祖可法、祖泽洪、福泽润及韩大勋、张存仁、孙定辽、王总兵官、刘副将之子、曹恭诚、裴国珍等十员各牛四、驴二、羊八十，李云、邓长春、阵邦选、薛大湖四员，乃各牛三、驴二、羊六十，马游击羊四十、驴二十，张洪谟牛四、羊八十，孟副将、丁副将及杨副将三员各牛三、羊六十。以上四员，因在家并未从征，故未给驴，仅赏牛羊。再诸申有职之臣，以备御计，每备御赐羊一。其余牛羊，各旗按甲士分之。军中马毙步行甲士，命各旗贝勒以牛酌赏之。其余羊及膻羊，俱按甲士分之，令煮肉汤食之。　1292－1293

初七日，阿济格贝勒遣鄂堆率蒙古诸贝勒属下四十人，来报其俘获数目，阿济格贝勒、乌讷格巴克什俘获人三百七十一、牛二百一十头、羊及膻羊一百一十五、驼五。汉人喇嘛属下郎珠家俘获人十七、牛三、骡二、驴三、马一匹，右翼扎鲁特部俘获人七百二十八、牛六百一十四、马六、驼一、羊及膻羊一千七十，左翼扎鲁特部俘获人三百三十三、牛六百八十七、羊一千三百，喀喇沁部额驸俘获人九十四、牛十九，毕喇希额驸俘获人十四，未获牲畜，鄂木布楚虎尔俘获人七十、牛六，根都斯喜布俘获人三十、牛十，班迪杜棱乃俘获人二十、牛五，土谢图额驸下科尔沁部俘获人一千三十、牛三千七十、羊一千二百三十、驼二十。共计人二千七百二十七，牛一千八百四十五，羊三千七百一十五。合计俘获八千二百八十七。恩格德尔额驸旗俘获驼四、马二、牛一百、驴四、羊二百、人七十，合计三百八十、银锭二百五十五，喀喇沁部俘获人一千二百五十、牛一千五百、羊二千六百二十，并生擒敌官乌巴希西雅钦及库色尔泰岱哈二员，杀名曰阿哈和硕尼呼尔哈之大臣一员，色特尔额驸俘获人四十二户、牛一百一十、羊二百三十，色棱额驸属下克里特俘获人二百三十、马十六、驼二、牛一百八十、羊七百，穆章俘获人三十五、牛一百一十五、羊三百四十七，僧格和硕齐俘获人三百五十、牛二百八十、羊六百五十、驼四，阿济格贝勒属下诸申、蒙古共俘获人五千五百二十三、驼六十七、马四十七、驴七、牛六千七百七十一、羊八千四百六十二。人畜合计共获二万七千五百九十六。　1293－1294

初十日，大军次虎湖斯河。是日，往招降入明境蒙古人之杨善、达雅齐塔布囊、卫寨桑及科尔沁部乌克善舅舅、满珠习礼率归降头目处察哈尔逐去，将来与尔等议和。尔等将逃入蒙古送出，给还于我，甚善，我将往大同、阳和、宣府议和，途经贵地，若无一言相报，恐尔见怪，故遣人致书。沙河堡官员赠送书大臣诺恩特木尔、甘第侍卫巴克什、色陈毕车齐三人还，报归降男丁一百六十人，妇孺一百五十八口，驼、马、骡、驴、牛五百。察哈尔汗之羊及降户之羊，共九百四十。凡蒙古户口及未及进献察哈尔汗财物，沙河官员俱送出，归还于我，共计缎三千八百一十一，毛青布二千六百七十四。将此项财物分为五分，赐科尔沁部乌克善舅舅及满珠习礼一分。其余四分，分给八旗，公中存贮。　1294－1295

第五十六册　天聪六年六月

（三十日）十旗俘获人二万一百五十八名、牛七千三百三十九，羊一万四千四百五十，驼二十九，马、骡五十九，驴八百五十三。人、畜共俘获四万二千八百八十八。杀男丁一万一千三百八十。外蒙古诸贝勒俘获人六千四百三十五，牛八千一百二十，绵羊、膻羊一万七千九百五十九，驼五十八，马四十五，驴一百七十六。人与畜合计三万二千七百九十三。其所杀人数尚不得知。总计七万五千六百八十。八旗新蒙古诸台吉、喇嘛、来归蒙古人等，俘获之数,均未载录。随汗进征蒙古诸贝勒俘获数目:索诺木台吉俘获人十七,牛四十六,羊一百一十五,驴四头,共一百七十二。西讷布库俘获人二十四、牛三、驴三,共三十二。占俘获人四十二及牛六十七、驴四,共一百一十三。正蓝旗特木德赫喀兰图携来俘获人七,牛十五,驴二,羊五十,共七十四。寨桑扎尔固齐俘获人十九及牛六十四,羊一百四十二,共二百二十五。嘎尔玛叶儿登俘获人一百六十,牛二百七十五及羊六百九十七,驴十四,共一千一百四十六数。噶儿珠色特尔俘获人十七,马二,驴六,牛四十六,羊四十七,共一百三十八。硕托台吉属下沙金俘获牛四,驴二、羊四,共十。纳穆俘获人十,牛十一,驴二,羊三十一,共五十四。色棱俘获人二十九、牛四十一、羊二十、驴二,一共九十二。巴特玛岱噶儿俘获人十四及马一、牛十五、驴二、羊一百一十,共一百四十二。古鲁俘获人十九、牛三十七,驴三,羊四十七,共一百六。乌显黄台吉俘获人二百八,牛四百,羊六百,驴三十,共一千二百三十八。孙杜棱贝勒俘获人八千,牛六百,羊八百,驴五十,共九千四百五十。伊儿都齐俘获人二百三十一,驴五十二,牛三百四十,羊五百,共一千一百二十一。　　1314－1315

第十函　太宗皇帝天聪六年七月至十二月

第五十七册　天聪六年七月至八月

(七月)十八日,命诺木图、额儿伯格往驻防察哈尔逃人,谕之曰:"无旨不得前来。若有逃人来归,先速遣其为首者来报信,其余之人稍后携来;其来归蒙古者,遣其为首者前来报信息,余者留之。诺木图留孙杜棱处,额儿伯格留达赖、四子处,额尔伯格遣人往敖汉、奈曼、巴林、扎鲁特等处,分驻两处。勿夺行粮,仍以供给者食之。上述者,均自古尔班杜尔噶地方遣往。"是日,次伊拉萨托地方。　　1324

(十九日)天聪汗率诸贝勒统精兵前行至旧辽阳。复自辽阳起行。时遇自沈阳运粮来迎之英古尔岱等,英古尔岱报曰:"六月十二日,发大水,各路近水田禾淹没者半,其嘉禾间有为虫食者。"昔明辛卯年大涝,山为之崩,人亦漂去。据着老等云,今壬申年之大水远不及辛卯年等语。此次大水,沈阳南关外民舍淹没颇多,野兽蛇蟒亦漂去。　　1324－1325

(八月初一日)旋师以来,自大凌河携来之汉人,逃者甚多。汗遂召额驸佟养性及文馆诸巴克什谕曰:尔等宣谕大凌河归降各官曰围尔等三月,天以畀我。我之恩养胜于他人,故携尔等至此,给以衣食,与以妻室抚养也。倘我军士似此为尔等所俘,不惟不加养赡,即其首领犹能保乎?当孩赤之时,养育者尔父母耳。今我给衣食养育,我即尔等之父也。尔等在明地乃统属万千人。今我赐与尔者,每人不过四、五十人,或二十、三十人耳,有何繁多?尔等为何不加训饬抚养,使之逃亡耶?岂以此番出兵,从宣府讲和而还,恐不能与妻子相见,故如此耶?我既诚心议和,而彼必以重物馈我,以足我意,否则,岂能够轻易与之讲和耶?和议若成,则国富家昌,共享安乐,岂非美乎?若不议和,察哈尔惧我,已远遁万里之外,旁无窥伺,军分四、五路攻明,可一举成事也。彼不思是,负我养育之恩,背逆潜逃,是负天也!该逃人中,有者出于己意而逃,有者官兵同谋而故纵。若欲归家探取信息,则奏于我,明白遣去,所遣之人还与留,听其自便。否则,彼思乱不已也。　　1326－1327

第五十八册　天聪六年八月至九月

（二十九日）汗遣八旗固山额真往各旗所属地方察问贫乏疾苦之人，并审断罪犯。
1333

先是，往征察哈尔时，贮粮米于哈儿占地方，命游击雅木布鲁、备御董山为八旗总管留守之。汗自军中遣孟阿图还沈阳时，传谕雅木布鲁、董山将所贮粮米，自哈儿占移至乌兰哈达。且命迁移时，日行三、四里，从容运至指定处所。以防粮米遗弃，雨水沾湿。雅木布鲁及董山违背所传之命，日行四、五十里，遗弃粮米，不驻所约之地，转向还家，至敖汉城。因此，刑部贝勒济尔哈朗及承政审议，拟雅木布鲁、董山死罪，奏闻汗。汗曰："罪果当诛。著监禁于衙门内，日给饭一碗、水一碗。俟我再定夺。"监禁雅木布鲁、董山十五日后，复命诸贝勒、八大臣、六部各官、闲散各官、蒙汉各官、代理章京等会审。倘情可宥，则宥之。众皆审理后奏言："汗命还家，罪不能宥，理应处死。"额驸佟养性及各官奏曰："贤能之臣尚不留，留此年少愚顽之人，误也，杀之宜也，或用刑而仅宥其一命，惟汗裁之。"前锋副将图鲁什奏曰："汗曾在衙门宣谕，凡临阵退缩者斩等语。后有退缩者，汗与诸贝勒上下论议，留养之。今刑雅木布鲁、董山，而仅宥其一命。乞汗睿虑。"汗曰："图鲁什，善哉！众人当如图鲁什意中有言，即明言之。或人议论于外，非如图鲁什挺身陈奏。佟养性额驸之言亦是，留之，乃误也。"遂命将雅木布鲁、董山各鞭一百，贯耳鼻，徇于八门，凡八日。革职抄家，夫妻净身出户，给各贝勒家为奴。　1333－1334

（九月初八日）归顺厄鲁特部明安贝勒、布彦代额驸，俘获颇少，所获之羊，私自妄费，捏称无获，不同众进献。又命以俘获人口编为五十户，未遵行。明安贝勒又以所获官牛一，擅与其家大凌河蒙古人。出猎无纪，另自合围。再者，有镶蓝旗孙太分得蒙古男丁二人，乘夜遁至彼立营之屯中，即隐匿之。故革明安贝勒总兵官职。念彼当其国太平时来归有功，宥之，罚银六十两，夺所得赏物。革布彦代副将职，念彼当其国太平时来归有功，免之，罚银四十五两。夺所得赏物。布当台吉，任意行猎，俘获甚少，所获之羊，自行糜费。违编五十户之命。故罚银四十五两、马一、夺所得赏物。布儿特一次盗牛八，且妄费所获牛羊，革备御职，罚银十五两，夺所得赏物。博瑸台吉俘获颇少，且妄费所获之羊，不同众进献。擅自打猎，一次盗牛八，又一次盗牛四。违编户之令。故革其总兵官职，以世职系其父索诺木有功所得，令其弟僧格袭之。罚银六十两、马一、夺其所得赏物。因归顺蒙古诸贝勒，所行悖乱，不令另编为旗。令其诸贝勒随各旗贝勒行走，属下人员并入乌讷格、鄂本堆旗。　1336－1337

二十三日，八旗教习汉文生员：正黄旗黄昌、舒芳，镶黄旗董世文、孟继昌、刘泰，正红旗吴义宁，镶红旗陈楚贤、水英卓，正蓝旗于跃龙、李度，镶蓝旗刘养性、王世选，正白旗齐国钟、霍应选，镶白旗董敬书、李维焕等十六生员，因有丁差牵累，英古尔岱、马富塔报汗获准后，各免二丁之徭役。　1338－1339

第五十九册　天聪六年十月

二十一日,正黄旗刘生员、邵生员,因超额被除名。彼遂告汗曰:"教习汉文之生员四人,我等教授两旗子弟已十二年矣。我等所教授之杜木拜、巴敦、恩额德依三人均被录用。新入两旗诸大臣之子弟,亦共同教授两年矣。丑年屠戮生员时,蒙汗眷顾,择而养之,命我等教授汉文,并将被戮生员家中诸物,悉赐我等。凶年赐银命购粮而食。今又蒙汗眷顾,命教授汉文之生员等,各兼男丁二人,免徭役。而正黄旗因生员超额,仅命董生员、黄生员教习,而将刘泰及邵生员我等二人革除,充当差役。更将我等所教授之镶黄旗新旧子弟,命镶黄旗新进生员教授。今特将我等教授十二年之苦,报知于汗。"汗遂命二生员各免二丁徭役。
1345－1346

第六十册　天聪六年十一月至十二月

(十一月)十七日,阿鲁部杜斯格尔济浓所属之奇塔特楚虎尔台吉率男、妇、幼五百人,尽携牧群家产逃来,叩拜汗并献马、驼。　1349

十九日,有八十四人,携马百有十二,自蒙古察哈尔部逃来。　1350

[原档残缺]喀喇沁部多尔济台吉属下男丁二人、妇幼各二人外逃,彼等擒获来献。
1354－1355

(十二月)是日,有汉民夫妻二人乘驴由锦州逃来,驻牛庄之洪尼雅喀见之,获而来献。遂将逃人付岳托贝勒收养。　1355

(十二日)是日,往征兀扎拉路乌巴海巴图鲁,遣拜萨哈、汪达礼、山塔及阿库都等赍书至。奏言:"每二旗兵合为一路,分四路进兀扎拉路。闻彼往握黑河捕鱼,遂遣二旗兵入,斩男丁三百三十八人。共获男妇幼稚七百名口,马三百七十三,牛一百二,合计一千一百七十五,貂皮七十八、猞猁狲皮十五、水獭皮三十八、狐皮二十二、灰鼠皮八百、黄鼠狼、灰鼠、貉皮袄共三十四。"　1356－1357

第六十一册　天聪朝事六件无年月

若有[原档残缺],则各携一牛前来,再各以一牛合耕。若四户各有一牛,可携其二牛前来,其余二牛,四户合耕。凡来修城牛车,每一斛石灰,付役银三钱。于筑城处[原档残缺]取之。所付银两合分[原档残缺],所遣之人,按尔汉人之例[原档残缺]取之。各地之人不得付给财物[原档残缺],于我国无收付给财物之例。　1359

第十一函　太宗皇帝崇德元年正月至三月

第一册　崇德元年正月

（十六日）朝鲜国王复书金国汗曰："使臣再至,屡闻起居吉祥,甚慰! 甚慰! 来书词意尽是。然其中似犹有未尽本情者,故粗言之。贵国有百战百胜之兵,而两国犹得和睦相处,敝国君臣岂有不知贵国恩德之礼耶? 且今贵国兵力增加,所向无敌,统一蒙古诸部,威行大漠之外,此皆敝邦所知,敢有一毫轻视贵国之心,上天鉴之。至书中所用'致','奉'等字,乃邻国相敬之称。展阅前后书信,贵国书中或时亦用'奉'字。则敝国何惜此一字乎? 今所用'致'字,非我有意为之。今阅来书,不胜惊讶。人参价值多寡,唯在两国之人计值交易,非可勒抑也,此事我亦不知。总而言之,凡属贸易,争求盈利耳。若与皮岛及贵国贸易,价值画一,则商人孰肯转贩乎? 尔来书云,人参一斤,值银二十两等语,断无此事。皮岛在我边境,我边民受害不浅也。彼等强取谷船,或购之以去,概不可言无此事。即有之,亦没奈何。至云助米二万竹篓给船五十只者,本无此事,乃汉人之诈无稽之言也,贵国奈何轻信一无赖之言,致生疑于兄弟之国耶? 上等货物,明帝禁止出境,今愈严矣。或有奸商,潜挟暗售,常于贵国交易,此皆贵国之所知也。来书似疑敝国吝惜上等货物,岂不冤乎? 初告天立誓时,唯以信义为重,而未言及财物之多寡。上年,贵国所示礼物之数,除金、银、弓、角外,所列方物亦多,非敝国所能办,是以往复商定,蒙贵国领受,敝国使者业与贵国使者面定而还。敝国曾欲以此定为恒规,故前书之言,未敢轻信。今复特遣使责备,我若拒绝又恐贵国不知敝国财力以竭,反谓我轻视兄弟之好,心甚不安,故复与部臣议增,并将所增数额,告知来使。虽不能全所定之数,其余之数,我力有所难及,但思我仰付贵国之好,可谓至矣! 东土之民私自贸易,敝国严行禁止,治以死罪,今其弊稍息。惟越界采参,乃我民大利所在,自去岁始复兴,我不胜忧虑,今复申饬再四,不绝其迹,断不罢休。幸暂容恕,请观来日。至行商一款,实属为难,来已悉知之。因有妻丧,心中伤悲,言犹未尽,唯望谅察。更知贵国不见外之盛意。十贝勒子之言,敝国未曾听。倘若是,诚为可讶。汉人此等谎言甚多,贵国之所知也,奈何惟以铁山人之言为是耶? 敝国臣服于明朝,非自今始。今君臣之义一定不可移。倘以平乱而易其心,则与买卖之事无异也,岂可容于天地间乎? 兄弟之道亦如是。贵国亦当思之。倘有人告其父母之过,为子者喜闻而张扬之,则贵国将彼为何如人耶? 前书中已有此意,因未敢明答。今复来告,故少吐露焉。　1366－1368

第四册　崇德元年二月

二十五日,奈曼部洪巴图鲁部下阿邦霍绍齐及四子部落达尔汉卓里克图部下绰浓古英前来报信:言阿赖达尔汉奉汗之命率外藩诸贝勒下诸蒙古往追茂明安部逃人,至阿鲁喀尔喀俱获之。彼等俘获二百三十户,人数四百二十一,马一千七百九十一,驼一百二十。往追该项逃人后,复路遇而获者:喀木尼干之人,三十五家,人一百一十名、马三百有五,席达尔人之五家,人十六名、马三十七。　1397

第五册　崇德元年三月

初四日,往征瓦尔喀部瑙罗及阿万路之吴希塔遣使赍书云:"男丁一百二十、妇女二百一十口、上等妇女七十口,共计人口数四百二十。户马二十九、所获马二十三、貂皮袄十九、狐皮袄四、狐皮被一,黄鼠狼皮袄三、灰鼠皮袄三、貉皮袄二、齐肩短马褂三、猞猁狲皮衩二、猞猁狲皮三、狼皮二、狐皮二十二、水獭皮七、貂皮四百十六、灰鼠皮二千五百、貉皮十七。鄂里喀、九济纳、京达礼、董赳四人易得貂皮筒子十二、元狐皮十四、元狐皮褥一、猞猁狲皮袄一、貂皮九十七、黄狐皮被一、黄狐皮八。"　1401

因于北关地方之北关人脱逃。第四日,往征阿万路之兵抵科特库地方。第五日往追,至克勒齐地方,获老妇一人,少女一人,据称:董赳、色耀、伯第客、哈里库四大臣与众人杀三牛商议,自此有离去者斩,务结伙而行,并拟遣人往玛尔干老人处探询,彼若令来。则往玛尔干老人处,散居各村,彼若不令来,则于噶拉米地方辟地而居等语。于是,我兵追之去。时玛尔干老人、僧格额驸、佳木库、伯珠额驸、勒束额等十四大臣率二百六十人送米前来,恰与逃人相遇,遂于噶拉米地方杀牛而食。商议毕携之去。我领兵诸臣议曰:"于克勒齐地方得获妇女所言及玛尔干老人遇而携往者,此乃同一踪迹也。我等今若随之进,则孰为屯人,孰为逃人,胡乱搀杂,实难辨认。又恐人言我等犯罪。故引军还。于是遣玛尔干老人之弟宛都山谕曰:"尔逃人将我男丁三百三十人,七百五十六口,合谋携之去,尔等岂可诡称迁徙乎?"又谕宛都山曰:"尔往谕佳木库,玛尔干老人来,为何携我逃人去?"因此佳木库、玛尔干老人之子共七人,曾来伯尔廓地方。佳木库答称:"我等遇而带去者属实,不否认此事,何须诡称迁徙?吾等愿领罪。"于是,又谕曰:"将我男丁三百三十人、七百五十六口,今即执送前来。我等住伯尔廓地方以待。"佳木库答称:"待我两路商议后即执之也。唯尔等坐候于此,将何以为食?请尔等归去。"又谕之曰:"果尔,则将我逃人于三月间送至宁古塔,"乃还。获貂皮一百七十四,狐皮十四,水獭皮十三、齐肩短马褂一、猞猁狲皮一、貉皮四、灰鼠皮一千四百八十。于伯尔廓易得貂皮十,此被逃人携去。　1401－1403

(十二日)吴什塔等复致书曰:"镶红旗下纽尼库曾率甲兵五十人进绥芬路,俘获男丁七十人,因于牢中,由纽尼库亲率甲兵二十五人看守囚人,又遣拨什库一员率其余甲兵二十五人,直趋二日路程处,行掠秣马。其后因禁之人突出,致纽尼库自身及甲兵九人被杀。诺依莫洛率甲兵十人,往雅兰路取其兄弟,俘获男丁十二人,未加执缚,致诺依莫洛自身及甲兵六人被杀。"　1406

第六册　崇德元年三月

二十日,兰磐守将喀尔喀玛、庆善及驻守岫岩二将,率兵二百,赴镇江至鹿岛沿海蹑踪,执获割芦苇者十一,解交户部,发尚间堡九人,赏鲍承先二人。　1409

茂明安下吴巴海达尔汉巴图鲁、吴巴希都喇儿、洪珪噶尔珠、俄布甘卜库倡首逃往阿鲁部。以阿赖达尔汉为首，率外藩蒙古兵往追之。（中略）往追击逃茂明安，其为首诸贝勒、大臣，招降其部众携还。茂明安人出逃时，由该部边界夺马四百三十六、妇女四十口以去。至是夺回其掠去之畜群。以其半归入俘虏数内，其半给还原主，妇女给还原夫。巴特玛下六十六户，马六百三十七，索诺木下十一户、马三十三、驼三，垂木朱尔下十四户，马四十五、驼四，肯哲格一户、马三，纳马盖七户，马三十三、驼二。以该项牲畜之半归入俘虏数内，人归原主。被杀贝勒下十四户，马三百五十八。共计俘获马九百四十九、驼四十八、妇女三十七口，从中选出进献之妇女六、马三十七、驼十，貂皮一百二十八，猞猁皮褙四、猞猁狲皮四、雕鞍三、银酒海一。赏各旗从征大臣：阿赖达尔汉及茂明安下巴特玛二人，各赏妇女二口、马四。敖汉部伯齐特使用率托廓，奈曼部阿邦、扎鲁特部纳塔盖、戴青，四子部落齐努瓦、布寨、达赖布彦图，巴木布海，巴林部巴特玛下莽赖，乌喇特部下图勒恩、图格儿下达鲁，翁牛特部博廓达噶达尔汉、阿塔噶等各赏妇女一、马二。又赏齐努瓦妇女一。茂明安下鄂尔济、诺木齐、昂阿纳、古楞等各赏妇女一、马四，又赏鄂尔济妇女一、赏布塔齐妇女一、马一，墨尔根台吉马二、将被杀贝勒下十四户，赏与敖汉部班迪额驸、奈曼部达尔汉郡王、翁牛特部杜棱郡王、达尔汉戴青。扎鲁特部达尔汉巴图鲁、内齐、巴林部满珠习礼、阿玉希等各户一、马二。赏与三乌喇特户二、马四。赏与四子部达尔汉卓里克图、达赖等户各二、各四［原档残缺］。甲兵四百一十五人，各赏马一。佩撒袋跟役一百一十六人，每二人合给马一。无械跟役九十九人，每三人合给马一。达尔汉卓里克图下诺门、喀木，班迪额驸下萨齐儿、布克图，杜棱郡王下霍尼齐，茂明安下鄂尔济、乌库垒、苏克特依等，以杀人各卖妇女一。班迪额驸下浑金、索诺木下喇布克、马尼，阿赖达尔汉下恩克森，茂明安下阿尔毕特胡、垂木珠尔等。以杀人各赏马一。扎鲁特部戴青、博栋二人，以招降逃人携还功，各赏马一。达尔汉卓里克图下布彦泰，杜棱郡王下杨古尔等因中枪伤，各赏马二。杜棱郡王下鄂诺依，因杀人受伤，赏马二。该郡王下奇塔特、达尔汉卓里克图下布彦图、满珠习礼下门都黑等，因受伤各赏马一。内齐下一人，满珠习礼下一人，受伤身故，各追赏驼一、马二。乌喇特部图门下翁阿岱，茂明安下肯哲格等二人，因充向导，各赏马二。其余三十六驼，抵补因疲羸而丢弃之驼数，给阿赖达尔汉驼二，阿玉希莽赖驼二，达尔汉卓里克图下齐努瓦驼十二，达赖巴彦图驼五，色棱下达鲁驼二，杜棱郡王下博廓达噶达尔汉驼五，达尔汉戴青下阿塔噶驼三，索诺木下托廓驼二，奈曼部达尔汉郡王下阿邦驼三，茂明安下巴特玛驼二，共计驼三十八。倒毙马驼者：阿赖达尔汉马三，齐努瓦马十一，驼三十四，布彦图马九，驼二十六，巴特玛马九，驼六，莽赖马六，驼十一，阿邦马七、驼十五，伯齐忒及托廓马十二，驼十五，纳塔盖马七，驼十三，戴青马六、驼七，博廓达噶达尔汉马十，驼十八，阿塔噶马七、驼十五，图勒恩马三、驼六，图格儿马四，驼五，达鲁马六、驼十二，茂明安下巴特玛马十四、驼十二，均以其余马驼补偿之。与茂明安逃人一同携还喀木济干部哲格雷下男丁三十一，共计九十八人口。若以被杀者之畜群收为己有，则夺巴特玛所得人户，并依法治罪。若被杀者之妇女说谎为口实取而与之，则其布塔齐、巴雅尔图、阿尔毕特胡等三人，各罚以九九之数。由进献之马、驼内，恩赏从征大臣：赏阿赖达尔汉马二、驼二，猞猁狲皮褙二、雕鞍一、银酒海一，敖汉部伯齐特依、托廓，奈曼部阿邦等，各赏马一，三人合给驼一。扎鲁特部纳塔盖、戴青二人合给马三、驼一。巴林部巴特玛、莽赖二人合给马三、驼一，四子部齐努瓦马二、驼一，布塞马一，达赖布颜图马二、驼一，海色巴图鲁、巴木布海马一。乌喇特部图勒恩、达鲁、图格儿各马一，三人合给驼一。翁牛特部博廓达噶达尔汉马一、驼一，阿塔噶马二。厄鲁特部翁阿岱、茂明安部肯哲格二向导各马一。将此俘虏，三月二十日，

由阿什达尔汉舅舅、达雅齐塔布囊二大臣往西拉木伦之、乌兰布尔噶苏地方分给之。　1413 －1418

第十二函　太宗皇帝崇德元年四月至五月

第七册　崇德元年四月

初八日,召驻守边城年满诸臣至盛京城,察其逃人船只曾否捕获,城池军械曾否修整,分别功罪。驻守海州河口伊勒慎、莽奈、丹达里等捕获逃人一百九十二名,船三十只,以彼等称职,赏莽奈、丹达里各马一。驻守兰磐喀尔喀玛、庆善、宁古塔、萨哈廉等捕获逃人一百六十八名、船四只,以彼等称职,各赏马一。驻守盖州雅西塔、扎努、寨萨、格木布禄、董阿密、扈习、察罕、硕塔、齐尔格申、图里、海色等捕获逃人二百六十名,以彼等称职,各赏马一。驻守碱厂张习巴捕获逃人一百三十二名。驻守岫岩嘉木苏捕获逃人一百名、船三只。驻守海州富岱捕获逃人一百四十八名,船八只。驻守牛庄哈尔萨捕获逃人三十九名,船二只。驻守东京哈囊阿、乌尔噶纳捕获逃人二百九十名。此五城守臣,不赏不罚。获罪之臣:驻守耀州城英俄讷、曹广弼,驻守兴京扈希塔、封阿、鄂尼拉、王参将,驻守通远堡真珠肯、王可代,驻守鞍山城胡钮、马福等,一应器械,未加修整,皆有缺失,均囚禁二日,不予饮食。　1423 －1424

初十日,往征瓦尔喀之两白旗下胡辛泰霍儿敦还。获男丁一百一十五名、妇女一百四十口、幼小五十七口,共人口三百一十二。马二十七、牛三,出众妇女九十八口、貂皮五百六十一、貂皮筒子二十三、貂皮袄六、猞猁狲皮三、猞猁狲皮袄一、元狐皮十四、狐皮被一、黄狐皮三十、黄狐皮袄袖六、被二、貂爪皮筒子二、貂背皮筒子一、貂、猞猁狲皮袄袖四、狐爪皮短马褂二、水獭皮八、狼皮二、灰鼠皮二千五百七十、灰鼠皮袄五、黄鼠狼皮九十九、皮袄三、貉皮十七、皮袄三、蟒缎朝衣一,礼部诸臣出迎五里外,杀羊二十,宴携户口前来之军士。两白旗甲兵一百八十五人,以每甲兵赏银八两计,其所得人口、皮张折银,共赏银一千五百一十二两。其留守家产、随伍喂马及取粮之甲兵,计一百六十二名,未分给俘获。　1425 －1426

第八册　崇德元年四月

(十五日)往征瓦尔喀部之吴什塔等遣人奏言:"八旗俘获男丁一千一百六十名,出众妇女一百四十口,共计人口二千八百,马二百三十七、牛一百八十、貂皮九百三十二、猞猁狲皮十四、元狐皮一、狐皮三十三、水獭皮七十九、狼皮二、灰鼠皮四千有十、貉皮五十七、黄鼠狼皮一百四十六、貂皮筒子三十一、灰鼠皮、貂皮内接黄鼠狼皮筒子二十九、狐皮袄五、狐皮被一、黄鼠狼皮袄八。"　1428

往征瓦尔喀部之两红旗下多济里、胡西率兵还。彼等俘获男丁三百七十五名、妇女二百六十二口、幼小一百八十五,共计人口七百九十五,马十、牛十七,呈进出众妇女三十三口、男童三、女童二,貂皮一百有六、貂皮袍一、猞猁狲皮三、猞猁狲皮袍一、狐皮二、水獭皮十九、海獭皮二、又五块、貂皮、灰鼠皮、黄鼠狼皮拼缝皮袍十、黄鼠狼皮袍三、灰鼠皮袍三、灰鼠皮一百四十、黄鼠狼皮四十二、虎仔皮三、貉皮袄一、貉皮四十二。户部诸大臣迎于五里外，杀羊四十，宴之。两红旗甲兵二百五十六人，以每甲兵赏银八两计，其所得人户、皮张折银，共赏银二千四十八两。在旗甲兵二十一人，与聂纽克一同被杀之甲兵十、逃走甲兵十四、与诸依莫洛一同被杀甲兵七，共五十二甲兵，均未分给俘获。　1428－1429

第九册　崇德元年四月

（二十七日）是日，往征瓦尔喀部之两蓝旗扎福尼、道兰还。彼等获男丁二百九十五人。妇女二百一十四口、幼小九十口、老人二，共人口六百有一，马二十四，牛五，上好妇女七十三口、女童十一、男童八、貂皮二百有一、貂皮筒子八、貂皮及黄鼠狼皮拼缝皮筒子四、猞猁狲皮九、虎皮四、水獭皮四十八、狼皮二、狐皮四、灰鼠皮筒子三、灰鼠皮五百六十三、黄鼠狼皮筒子二、黄鼠狼皮一百八十七、貉皮六十六、貂尾五十六、嫲搭貂爪皮片十二、屏搭狐爪皮片一、狗皮八。两蓝旗甲兵二百一十人，以每甲兵赏银八两计，其所获人口、皮张及库中佛头青布一百四十四，又佛头青布二疋，共折赏银一千六百八十两。与特木鲁同驻甲兵五十八人樵采甲兵八，遣往喂马之甲兵三人，因病留宁古塔之甲兵七人，纵逃人脱逸之甲兵二人、道兰之幕宾一人，追赶逃人之甲兵十人、被杀之甲兵一人、同队之甲兵六人，共甲兵八十五人，均免赏。
　1445－1446

第十册　崇德元年五月

初二日，阿赖达尔汉往追茂明安部逃人，获骑鹿如牛而行，名曰喀木尼干之部落，男丁十八名、妇女十一口来见汗。见时献猞猁狲皮袖一，却之。　1450

（初五日）是日，往征瓦尔喀一带之两黄旗下鄂托恩、昂金还，俘获男丁三百六十一，妇女三百六十二，五、六扎幼小一百二十五，四扎幼小二十二。共人口数八百六十一、马六十一、牛四十一、上等妇女四十、俘虏妇女四十、男童二十一、女童十一、狗十、牛十、貂皮四百八十六、貂皮袄八、猞猁狲皮十二、狐皮十、水獭皮六十七、貂皮及黄鼠狼皮与灰鼠皮拼制皮袄十六、灰鼠及黄鼠狼皮拼制皮袄四、狐皮袄一、貂皮袄一、水獭皮短马褂四、貉皮一、黄鼠狼皮二百、灰鼠皮一千五百、人参一百五十斤。悉受之，办理完竣，赏出征兵士银各八两。　1453－1454

第十二册　崇德元年五月

十四日，由盖州遣书曰："四月二十四日，正蓝旗下齐尔格申、汉人张千总二将，曾率满洲五人、汉人五名共十人蹑逃人踪迹至海岸。时遇我逃人七名，有船来迎，齐尔格申我涉齐胸深水射之，毙船中执鸟枪者一人及为首逃人一名。其被擒备御言：山东新任元帅陈洪范，将统兵十万，船四百只来旅顺口、北汛口、通江三处城中驻扎等语。所获船中，加之被擒备御八人及我国逃人七名，二人中箭死。遂解其余十三人来，即付兵部衙门。"　1468

奉圣汗谕旨，先是，自昂邦章京以下拨什库以上，俱照品级，止免其壮丁官粮，至修筑城池等杂差仍令应役。兹以圣汗正大位礼,自公、昂邦章京以下小拨什库及一切在官人役并兵丁以上,俱照品级,免其壮丁差徭。超品头等公四十八丁;三等公四十丁;昂邦章京三十二丁;梅勒章京二十四丁;甲喇章京十六丁;牛录章京八丁;有官职之人,俱照官职品级免其丁役;无官衔固山额真、承政,其未获罪者,各免九丁,获罪者,各免六丁;无官衔梅勒章京,其未获罪者,各免六丁,获罪者,各免四丁;无官衔参政、甲喇章京、牛录章京,其未获罪者,各免四丁,获罪者,各免二丁;文馆三衙门大学士,各免三丁,文举人各免四丁。在部笔帖式、小拨什库及各牛录小拨什库,各免二丁。护军亦照小拨什库之例,各免二丁。兵丁、银匠、铁匠及一切在官人役,皆免一丁。一切官差,概行免之。 1468 – 1469

第十三函 太宗皇帝崇德元年五月至六月

第十三册 崇德元年五月

十七日,劳萨硕翁科罗巴图鲁还。该员率甲兵一百二十人,进明界义州以内地方,获汉人四、杀其三,解其一还。归途中复获我国逃人三,一并解还。 1471

第十四册 崇德元年五月

(二十六日)是日,先是,圣汗以即大位礼,自公、昂邦章京以下,牛录章京以上各员,均连丁免徭。至是,众官员入清宁宫丹墀谢恩,行三跪九叩头礼。 1481

(二十九日)是日,宽温仁圣汗谕曰:"凡行兵时,毋得喧哗,毋离旗纛。驮包倾斜,如需整理,旗俱停止,以待整理。兵进后,倘有一二离队抢掠而被杀,即以其妻子为俘。并罪其统辖所管主将。勿毁庙宇,再勿妄杀行人。唯拒者杀之,顺者养之。勿解俘虏衣服,勿离散人夫妇。即不可为俘之人,亦不准解其衣服,加以侵犯。勿淫人妇女。勿令俘虏看守马匹。往取粮时,倘一、二人擅往而被杀,则与离队抢掠罪同。再者,勿食熟粮,勿得饮酒,盖因前次出征时,见我军滥食情形。今闻皆已下药也。若违此令,即行正法。" 1483 – 1484

圣汗以发兵征明,御翔凤楼下,召和硕睿亲王、和硕豫亲王、和硕肃亲王、和硕成亲王、出征多罗武英郡王、多罗饶余贝勒、超品一等公扬古利额驸、固山额真拜音图阿哥、谭泰、叶克舒、阿山、图尔格依、费扬古阿哥、达尔汉额驸及不出征固山额真石廷柱等,分翼坐定谕之曰:"尔出征王、贝勒、大臣等,凡师行所至,宜公同商议而行,毋得争执。尔诸臣等,其敌残破城池及我兵前已攻克之良乡、固安县等城,如欲进攻,度可攻则攻,不可攻则勿攻,各以所见明确言之。倘不明言,恐日后追怨,辄窃窃私语,谓我曾如此言之,但言而不听耳等语。对其事后而谓曾有是说者,我将不信之,且前已严禁之。即众人计议后犹有争论不决之处,亦毋得违背武英郡王之言。据我观之,凡人进兵时,始慎终怠,故有疏虞之虑。能于此处常念不忘,庶乎其可矣。再者,于我国新附之人甚多,前征大同、宣府时,各牛录分取男妇牛只,因诸将相争,以致所得不公。此次若多有俘获,每牛录分取人三对,牛二头。其附属满洲牛录之诸蒙古贝勒所领内外蒙古新编牛录,亦照此分取。若无所获,则不得分取。又众军士以所获之物谄媚本主,不得滥行收取,务与从征者均分之。其所取之物,不过金银、缎匹及堪用美衣而已。再者,前征大同时,察哈尔部土巴济浓率其部众全驻彼地。时命尔武英郡王往取,而师行甚缓。此次勿再缓行。又彼处明军若出城野战,破之甚易。先往征时,蒙古俄齐尔桑、巴图鲁詹、多尔济额驸曾率数人,击败自宣府兵五百人。以此告知尔等者,盖欲使尔等知其大略也。(原注:俄齐尔桑系扎鲁特部贝勒。巴图鲁詹系翁牛特部白身。多尔济额驸系蒙古乌喇特部贝勒。此三人皆为圣汗近差。)至后所遣每旗大臣一员,每牛录甲兵一人,令往携俘获,入明外境抵长城后,即令之还,勿以俘获少而不令还。俘获虽少,岂有不得一万之理耶? 我国即有万名俘虏进入我国亦微不足道矣。" 1485-1487

第十六册 崇德元年六月

(初六日)是日。遣吴希特依率两旗兵往征呼尔哈部。吴希特依留兵一百七十人给镶白旗伊儿盖、库尼雅克达、正白旗拜斯哈儿、正蓝旗达扬阿等四大臣,因所留将劣兵单,致所俘呼尔哈三百三十人逃。又于敖万俘获屯长垂库鲁之子,给与盖噶礼屯趄察纳,其父逃走。于诺罗扎尔沁屯获男童二、妇女一,因与盖噶礼屯图牛家奴系属亲戚,遂赠与之。将巴纳海之嫂给与宛都山,使其与夫及三子离散,并杀其夫。吴希特依以其羊皮袄一及掠获之佛头青布三、佛头青布衣服一换取宛都山貂衣一。敌杀我国人后遁去,吴希特依、贺儿多安歇三日而未往追。是以,福儿赫讷、魏赫讷、哈道、伊儿巴纳、乌察等五人告法司审讯,吴希特依、贺儿多、汤久、胡辛泰、满岱等皆供认不讳。为此吴希特依鞭一百,贯耳鼻,革牛录章京职,籍没家产,将吴希特依夫妻给和硕豫亲王为奴。其家奴、牲畜、财帛及一切物件,著和硕豫亲王监督,散给其牛录下贫苦之人。贺儿多鞭一百,贯耳鼻,籍没家产,以其攻遵化城有功,将家产返还,解牛录任。革汤久牛录章京职,鞭一百,贯耳鼻。胡辛泰、满岱各鞭一百,贯耳鼻,解牛录任。往征呼尔部,俘获三百三十人,分囚五牢,命镶白旗伊儿盖、库尼雅克达、正白旗拜斯哈儿、正蓝旗达扬阿等率甲士一百六十人固守。库尼雅克达违吴希特依之言,率兵五十人携呼尔哈人二十四名外出喂马。又命阿拜阿哥牛录下领催惠和齐率甲六十六人,携牢内囚禁之呼尔哈部有夫之妇五十、无夫之妇三十及男丁十二往舂米。其后,伊儿盖以所梦不祥,入其所守牢内,释一呼尔哈部巫人脚镣,令其占卜。复入另一牢内,释一巫人脚镣,令其占卜。其间,先释放之巫人,尽释牢内被擒呼尔哈人脚镣,即出牢,伊儿盖本人及其守牢军士,尽被杀害,旋即往劫达扬阿、拜斯哈儿看守之牢,达扬阿本人及其军士十五人被杀。拜斯哈儿执弓相战,被创三处,败往舂米领催惠和齐处,先杀呼尔哈部舂米男丁十二人。同拜斯哈儿、达扬阿守牢军士十五人逃出,往见前往喂马之库尼雅克达,谓五牢三百名呼尔哈人,自牢中突出,我看守将士尽被杀。于是,库尼雅克达将所携呼尔哈下男丁二十四人尽杀之。冲出之呼尔哈人经其汛地而去,库尼雅克达遇而不战,反率兵五十人,往避于舂米之惠和齐处。以伊儿盖、达扬阿违吴希特依之言令妇女五十人离散其夫,使无夫之妇女三十及男丁十二人往舂米,所留之兵,分遣各地,尔等失职,致使身亡,军士被杀,所俘呼尔哈人,尽行越狱。故将伊儿盖、达扬阿之尸抛撒,籍没伊儿盖家产,其家奴、财帛、牲畜及一切物件,著和硕睿亲王监督,散给其牛录下贫苦之人。籍没达扬阿家产,其家奴、财帛、牲畜及一切物件,著和硕肃亲王监督,散给其牛录下贫苦之人。拜斯哈儿、库尼雅克达拟斩,籍其家产,各以铁索缚其手足，囚禁用刑三个月，于七月二十八日，刑部参政恭衮、伊希达、巴哈纳以奏闻圣汗降旨。因彼等有罪，囚禁用刑三月，赦其死刑，免籍家产，革拜斯哈儿、库尼雅克达牛录章京职。令正白旗阿拜阿哥牛录下惠和齐，偕军往征呼尔哈部，出征诸臣授其为旗下领催。该员令阵中俘获，编入户籍之有夫之妇三十人离其夫，携往舂米。时女人之夫皆愿以貂皮、狐皮留其妻，俱求不允。其后，牢内之人俱怨恨惠和齐。遂呼噪冲出，杀我军士而去。惠和齐闻牢中之人突出，将所携呼尔哈部十二人杀之。又启程还时，将进献之妇人留住其帐中。吴希特依得知，以骲头射三次。以此三款，拟惠和齐死罪，入奏圣汗，汗命免其死，著鞭一百，贯耳鼻，将惠和齐夫妻及其家奴、马、牛等一切物件，皆赐给阿拜阿哥，永著为奴。　1498－1502

　　镶红旗下聂纽克往征瓦尔喀，将阵获户口囚于牢内，率兵五十看守。聂纽克遣兵二十六往牧马，率其余二十四人看守。聂纽克以牢内男丁十五人不加绑缚，留于其所，牢内之人亦未加手铐脚镣，在外之呼尔哈十五人见我兵少力单，告知牢内之人，牢内之人冲出，杀聂纽克及军士共十人而去。故将聂纽克之尸抛撒，尽没其妻子、家奴、财帛、牲畜及一切物件，著成亲王监督，散给其牛录下贫苦之人。正红旗下方金往征瓦尔喀，时正黄旗下诺依莫礼言其兄弟在彼。诺依莫礼遂率兵十人往。俘获呼尔哈人携还时，因疏于防范，诺依莫礼本人及军士六人被杀。因责方金曰：尔何不另设额真遣之，而交诺依莫礼前往？是以，夺方金所得俘虏，罚银九两。镶黄旗特木鲁于阿库礼路俘获男丁一百四十，囚于牢中看守。因疏于防范致呼尔哈人越狱以去，我兵二人被杀。六十人为特木鲁堵截，未能越狱，即遣其冲出之人，获其半，杀之。复进掠，擒其半解还。又获为女定亲之玛克塔妻兄后男丁六人，未给所获之人以房舍，即转让与镶蓝旗下色黑。以此二端特木鲁鞭一百。色黑未给玛克塔之兄以房舍，复转让与特木鲁。马富塔携新附六人，往投扎富尼、托米善，因未派从者同行，故马富塔抵扎富尼、托米善处，新附六人全行遁去。是以，色黑鞭一百。镶红旗下胡西往征瓦尔喀，其所获俘虏，分狱监之，一狱监男丁四十人，一狱监男丁十六人，设人看守。时一狱男丁四十人越狱。阿囊阿牛录下尼雅木纽率四人往追，杀呼尔哈二人，出略之富拉塔牛录下齐牌，率兵九人往追，与尼雅木纽会，其越狱男丁四十人，全获携归。时胡西看守监男丁十六人之狱，未追越狱男丁四十人。以胡西身为大臣，止守十六男丁，不追四十男丁，籍其家产、鞭责一百、贯耳鼻，解牛录任，其夫妻与安平贝勒家为奴。阿囊阿牛录下尼雅木纽及富拉塔牛录下齐牌二人，追越狱呼尔哈人，全获解还有功。在夺胡西财畜折银，赏尼雅木纽及齐牌各银百两。同行六人，各赏银十五两。以书丁系身属家丁，仍赐与安平贝勒家。　1502－1504

第十七册　崇德元年六月

　　（十六日）是日，圣汗御中清宁宫，都察院满洲承政阿什达尔汉，蒙古承政多尔济达尔汉、汉承政祖可法及张存仁等跪奏曰："有一人首告其主。审所告是实，将其人拨给他人为奴。"汗谕曰："此等事固当奏闻，然尔等大臣除此等小事外，今后凡见我有过失，及亲王、郡王以下诸大臣行事乖缪，欺压民人，怠政坏法等罪即当奏闻。再者，民人中有自称萨满，书符读咒，诳骗民人，行邪术以欺国之人，当即行奏闻。若只奏在下小人之事，不奏在上之人之事，非忠直之道也。"满洲承政阿什达尔汉对曰："圣汗之谕是也。臣等若不身先正直，何以责人，蒙汗主委任，其所见所闻，岂有隐而不奏之理耶？"汉承政祖可法对曰："臣等唯圣汗是惧耳。余复何惧哉？凡人有为恶行乱，亲见即曰亲见，风闻即曰风闻，必当奏闻。"汉承政张存仁对曰："祖可法所言非也。劝恶格非，忠直为国之臣，虽圣主何以惧之？既不惧汗主，岂有惧他人之理乎？见有过失，为何隐之？"汗谕曰："然也！凡人若忠直以行，虽天与佛，尚不能动摇，汗主何能犯之？古云：'以忠直行之，气数不能挠，世变不能迁。'此之谓也。"　1512 －1513

第十八册　崇德元年六月

二十四日，以乌巴海复率两旗兵往征厄勒约色、额赫库伦路，俘获人口甚众，编为户口解还。嘉其善于用兵，著由一等甲喇章京升为三等梅勒章京，再加世袭二次，准袭八次。1515

（二十五日）是日，正白旗佟三牛录下生员刘奇遇、刘弘遇为请恩事奏称："我等兄弟原系明国生员，为祖总兵官下参谋。时闻汗深仁大德，任用贤才，故我等率家人刘麻子慕义来归，于三岔河遇汗西征大军，即以明国兵马数目及战守事宜奏闻太祖汗。遣鄂本堆谕我等曰：'若得广宁，即授为官。'其城既克，归顺各官，俱蒙擢升，而我等只蒙查给妻孥，命隶佟三属下彼时即欲乞恩，唯以归附功微，未敢入奏。后以我子弟三人编入档册应役，迄今丝毫未蒙豁免，甚苦。出力应役，理所当然，唯家贫穷，衣食不给，若与众人一体应役，实有不济。况阵获官生，悉给以田庄人畜，豁免徭役，厚加抚养矣。我等归附，虽不足矜悯，但恐远方未附者或以此为口实。伏乞圣汗轸念穷困，豁免差役，较之授以官职更甚也。冒昧谨奏。"汗览奏，谕大学士范文程、希福、刚林等曰："著尔等考试刘奇遇、刘弘遇兄弟之优劣。"三大学士以刘弘遇可用为文职入奏，遂授为弘文院副理事官，免其兄弟徭役各三丁。　1519－1520

二十七日，奉圣汗谕旨，将文馆三衙门学士、举人、生员、都察院参政、六部启心郎、赞礼官、管粮库生员、税课生员等，分为四等。依据其现有男妇牛只，以国史院学士罗绣锦、弘文院学士王文奎、都察院参政吴景道、王之哲四人为一等，各赏人六对、骡一、牛二、驴一；以国史院梁正大、杨方兴、弘文院齐国儒、马国柱、秘书院雷兴、李栖凤、吏部焦安民、董天机、户部朱国柱、高士俊、礼部武延祚、孙应时、兵部赵福星、丁文盛、刑部申朝纪、王廷选、工部马鸣佩、王来用十八人为二等，各赏人五对、牛二、驴一；以国史院宜成格、弘文院王铎、秘书院赫德、赞礼官徐邦才、邢成祚五人为三等，各赏人四对、牛二、驴一；以国史院张应魁、管粮库生员金一凤、王来观、王廷用、孙茂兰、刘世元、周士英、王元升、张民望、税课生员程大业、李春开、梁冰、陈兴、陈复新、崔光前、刘方镒、吴国祚十七人为四等，各赏人三对、牛二、驴一。又，二、三等人中，有前次赏赐时未得马匹者，各给骡一，已得马者不再给骡。众相公、生员等，以赏奴仆、牲畜之礼，入清宁宫廷中，向圣汗谢恩，行三跪九叩头礼。　1520－1521

第十四函　太宗皇帝崇德元年七月至八月

第十九册　崇德元年七月

（初三日）是日，免佟三牛录下生员刘奇遇、刘弘遇丁役缘由：兄弟二人只身自广宁逃来后，许令与妻孥完聚，即付佟三养之。后上书自陈来归功，吏部承政汤古岱、色勒、李延庚、祖泽洪察问，来投属实，奏报圣汗，其本身徭役在内，命各免三丁，准其离佟三为民。　1526

第二十一册　崇德元年七月

十三日，往明国捉生苏儿德依、布彦还。入广宁，获驻台汉人一名，携之归，即付孙章京，发往尚阳堡。　1537

第二十二册　崇德元年七月

十九日，出征明国多罗武英郡王、多罗饶余贝勒遣国史院学士罗硕、笔帖式扎苏喀前来报信，其所赍书曰：统军出征武英郡王书呈宽温仁圣汗。六月二十七日入边，两黄旗自巴颜德木地方入，两白旗、正蓝族自坤都地方入，两红旗镶蓝旗自大巴颜地方入。入边之第八日，会于延庆州。所有俘获，欲先解送，唯明人先知我出师之消息，出示遍谕各地，凡藏匿山谷及洞中者罪之，遂皆收集入城。又我兵前番所过地方，业已残破，故所俘获无多。设此少许俘获遣少数兵士解送，则途中可虞，若以多兵解送，又必分我兵势，是以未曾解送。再者，讯所获明人，并视所得塘报，有止固守城池，俟满洲兵出，务出奇计，或击其中，或击其尾等语。巴萨哈入边之次日，有赤城马步兵二百出，巴萨哈率军迎击，掩杀至敌城，斩杀近二十人，获马四。有兵近三十自云州出，阿赖击败之，获马八。哈喇尔岱、阿玉希入边之第六日，击败开往怀来之马步兵五十余人，斩杀二人，获马七。右翼噶布什先超哈入边之次日，击败宣府兵四百人，斩杀三十余人，获马二十三。白河兵近五十人出，苏纳额驸自设伏地出击，败之，斩杀十二人，生擒二人。苏纳额驸所遣侦卒乌克齐击败昌平骑马侦卒三十人，斩杀七人，生擒一人，获马六，阿山取二城，一名雕鹗，有防守官一员，一名长安岭，有守备一员。入边之第七日，有明宣府李总兵率兵五千出，击败之，斩杀四百二十六人，获马一百。拟于七月初七日入长城。谭泰旗俘获：人一百三十六、马四、骡三十七、牛五十七、驴六十九、羊二百，共五百三；家人之所得俘获人十八、骡四、牛六十二、驴六十，共一百四十四。阿岱旗俘获：人三百二十六、马六、骡十七、牛六十六、驴一百八十九、羊五百，共一千一百七。拜音图旗俘获：人一百八十四、马三、骡四、牛一百、驴二百，共四百九十一。乌赖旗俘获：人一百八、马五十二、牛一百五十六、驴一百一、羊一千五百八十六，共二千三。叶克舒旗俘获：人三百、马六、骡九十、牛二百九十、驴四百五十、羊二千，共三千一百三十六。恩格图旗俘获：人八十、马十、骡三十

六、牛二百四十、驴二百五十、羊四百五十，共九百六十六。叶臣旗俘获：人五百、马三百三十、牛四百六十、驴七百、羊一千三百，共三千二百九十。布彦岱旗俘获：人三百二十六、马九、骡三十六、牛一百五十、驴二百六十、羊二百五十，共一千三十一。阿山旗俘获：人四百四十五、马十九、骡五十九、牛九十一、驴一百七十五，共七百八十九。伊拜旗俘获：人二百九十七、马三、骡三十一、牛八十七、驴一百五十三、羊四百，共九百七十一。图尔格依旗俘获：人五十五、马二、牛二十、驴十一，共八十八。苏纳额驸旗俘获：人一百四十、马十一、骡十六、牛一百一、驴三十、羊七百，共九百九十八。达尔汉额驸旗俘获：人一百十四、马十、骡十、牛三十一、驴一百、羊二百，共四百六十五。达赖旗俘获：人五十九、马一、骡二、牛七、驴九，共七十八。费扬古阿哥旗俘获：人一百七十、马七、骡二十二、牛二百三、驴二百三、羊五百一十、共一千一百十五。胡希布旗俘获：人一百五十、马八、骡二十七、牛一百六十七、驴三百四十八，共七百。石廷柱旗俘获：共十七。十七旗共俘获：人三千四百十八、马骡八百七十五、牛二千二百九十二、驴三千三百八、羊四千九十六，共计一万三千九百九十九。蒙古固伦额驸俘获：人七。喀喇沁部扎萨克杜棱俘获：人一百四十、马九、骡十五、牛七十、驴八十三、羊三十，共三百四十七。色棱、塔布囊俘获：人四、马三、骡四、牛二十四、驴五十，共八十五。侍卫诺颜俘获：人五十三、马一、骡一、驴二，共五十七。土默特部古穆台吉俘获：人四十、牛七、驴十二，共五十九。王喇嘛俘获：人十三、牛一、驴一，共十五。并入正黄旗之新察哈尔俘获：人三十、马五、骡十、牛一百十七、驴一百十一、羊三十，共三百三。并入镶黄旗之新察哈尔俘获：人十二、牛四十一、驴三十三、羊五十，共一百三十六。正红旗新察哈尔俘获：人十六、马二、骡十一、牛二十九、驴五十，共一百八。并入镶红旗之新察哈尔俘获：人十一、马四、骡四、牛九、驴二十二，共五十。正白旗新察哈尔俘获：人九、驴十，共十九。镶白旗新察哈尔俘获：人四、牛七、驴四，共十五。正蓝旗新察哈尔俘获：马二、牛四、驴八，共十四。镶蓝旗新察哈尔俘获：人十、驴十一、牛二，共二十三。察哈尔、喀喇沁、土默特等部俘获：人三百四十五、马骡七十一、牛三百十一、驴三百九十七、羊一百一十，共计一千二百三十四。　1542－1546

第二十四册　崇德元年八月

（初四日）是日，驻守海州河口伊勒慎、托克屯珠、富岱，驻守牛庄乌鲁喀，驻守耀州英格讷等五大臣，闻有明国人乘船前来捕鱼，遂率甲士一百五十人，乘舟自辽河而下，遇明船三，俘明三船三十二人，获缎四百，毛青布衣服五十，解送前来。希福、范文程、刚林、詹霸、胡球奏闻圣汗。汗命以伊勒慎等所俘捕鱼男丁中之二十二人，交管理尚阳堡民官员孙得功，给尚阳堡富裕之民及善养人者为奴，并给予妻室抚养之。其余男丁十人，暂留于此，俟索伦一带人前来进贡时，付而遣之。缎四百、毛青布衣服五十，赏同行官兵。　1560－1561

第十五函　太宗皇帝崇德元年九月至十月

第二十七册　崇德元年九月

所获俘虏：谭泰旗马骡一千九百八十八、驴牛五千三百九十九、人六千三百二十，共计一万八千二百有七。

新察哈尔蒙古马骡二百三十二、驴牛二千四百一十、人七百八十、羊六百，共计四千二十二。

阿岱旗马骡九百四十三，驴牛五千九百六十三，人二千六百、羊五百，共计一万十。

拜音图旗马骡一千六百，驴三千，牛一千七百，人三千八百，共计一万一百。

新察哈尔蒙古马骡三百三十、驴五百六十、牛一千二百九十、人五百六十、羊一百五十，共计二千八百九十。

乌赖旗马骡六百三十九、驴二千三十五、牛一千四百七十六、人二千三百五十一，共计六千五百一。

叶克舒旗马骡八百四十一、驴一千七百五十二，牛八百五十六、人二千六百九十六，共计八千一百四十六。

新察哈尔蒙古马骡一百一十、驴一百五十、牛一百十五、人二百一十，共计五百八十五。

恩格图旗马骡六百七十、驴二千五百三十六，牛一千七百、人一千八百七十三，共计六千七百七十九。

叶臣旗马骡一千五百、驴牛二千五百，人四千三百，共计八千三百。

新察哈尔蒙古马骡七十、驴牛一百六、人九十六，共计二百七十二。

布颜岱旗马骡二百四十七、驴一千二百七十、牛七百、人一千三百、羊三千，共计六千五百十七。

阿山旗马骡一千五百、驴二千一百、牛六百七十、人三千二百，共计七千四百七十。

新察哈尔蒙古马骡一百三十二，驴四百七十、牛二百三十三、人三百，共计一千一百三十五。

伊拜旗马骡一千三百、驴二千五十、牛一千、人二千五百、羊一千五百，共计八千三百五十。

图尔格依旗马骡二千九百五十一、驴一千三百三十、牛一千七十七、羊一千五十、人四千八百二十九，共计一万一千二百三十七。

新察哈尔蒙古马骡二百五十六、驴三百八十五、牛二百二十、人二百六十三，共计一千四百十五。

苏纳额驸旗马骡三千一百，驴牛羊八千，人七千，共计一万八千一百。

达尔汉额驸旗马骡一千四百三十八、驴二千六百四十，牛八百、人三千六百六十，共计八千五百二十八。

新察哈尔蒙古马骡一百二十七、驴五百八十六、牛一百七十五、人四百一，共计一千二百八十四。

达赖旗马骡五百二十三，驴一千五百五十二、牛三百五十三、人二千三百三十八，共计四千七百五十二。

费扬古旗马骡八百四十、牛驴四千四百六十、人五千六百、羊二千，共计一万二千九百六。

新察哈尔蒙古马骡一百三十五、驴二百三、牛三百四十一、人二百二、羊一千，共计一千八百。

胡希布旗马骡三百三十二，驴六百八十六，牛六百八十，人九百五，羊二千，共计四千六百三。

萨木什喀旗博奇超哈获马骡一千四百一、驼二、驴四千二十、牛四千五十四、人四千八百、羊六百，共计一万四千九百七十。

石廷柱旗马骡四百十八、驴一千一百、牛二百、人一千三百九十、羊一千三百，共计四千四百八。

土默特侍卫诸颜旗马骡一百、驴五百、牛一百、人五百。

古穆台吉旗马骡一百八十五、驴一千八百、人一千八百。

王喇嘛旗马骡二百、驴一千、人一千。以上三旗共计七千六百三十五。

喀喇沁二旗马骡五百十、驴二千五百九十、牛一千一百七十、人三千三百、羊一百，共计八千四百七十一。

右翼先锋兵获马骡五百十七、驴牛八百八十八、人一千二百十八，共计二千二百六十三。

左翼先锋兵获马骡七百三十三、驴牛九百三十八、人一千二百，共计二千八百七十一。总计马骡二万五千九百七十四、人七万三千二百九十、牛驴八万三千九百九十。马骡人牛驴总计十八万三千一百五十六。十六旗公进上等马：昌平州城一百匹，被击败之芦沟桥兵马一百匹。十六旗各进上等马：谭泰旗九十匹、阿岱旗十七匹、拜音图旗四十八匹、乌赖旗二十五匹、叶克舒旗二十四匹、恩格图旗十匹、叶臣旗四十六匹、布颜岱旗十五匹、阿山旗十五匹、图尔格依旗五十匹、苏纳额驸旗四十三匹、达尔汉额驸旗合一百匹、总计马六百九十四匹。（下略）

1588－1593

第二十九册　崇德元年十月

（初二日）是日，以赵有德自松山来投，赐与妻室、奴仆一双、牛一、驴一，夫妇各衣一袭及被、褥、枕俱全，交孙梅勒章京发尚阳堡居住。　1610

第三十一册　崇德元年十月

（十六日）是日，遣员往外藩蒙古诸贝勒大臣处会盟，审议民间奸盗邪乱之事，并颁法律。都察院承政国舅阿什达尔汉、蒙古衙门承政达雅齐塔布囊往察哈尔、喀尔喀部诸贝勒处；弘文院大学士希福、蒙古衙门承政尼堪往科尔沁部诸贝勒处。伊等所赍书曰："圣汗谕国舅阿什达尔汉、希福等。传谕来会盟之诸和硕亲王、多罗郡王、多罗贝勒及众贝子等曰：

'今俟冰冻,即当出师。在此期间,凡欲亲来朝,或遣人来朝,或来探亲者,俱著停止'。此言勿谓为圣汗之谕,可谓尔等之言。至停其前来之缘由,我国内粮米欠收,以粮米赈济之闲散人口甚多,来朝人之马匹皆以粮喂之,不够。因命停止。此谕勿令他人知之,尔等阅毕密藏之。" 1627

第三十二册　崇德元年十月

十七日,正白旗佟正被其家人徐廷举、朱国明、金士科、吴延举、于儒义首告:一件,轻蔑汗,不进表文;一件,未往祭天而亲受汗赏;一件,王之福晋薨,不穿孝服,送葬未往;一件,礼部亲王薨不穿孝服,送葬未往,居家演戏宴乐;一件,刘爱塔逃走时,有耿文章、萧定兹、王得四、罗尚学、王交功五人送来皮袄四件、缎衣一大包,不知其数,留之以去;一件,隐匿尹游击下男丁刘杰;一件,遣佟二扼杀其嫂;一件,有唐大者于大凌河中炮而致身死,赏银百两,彼领取之。一件,有李成龙者死亡,有银元宝四,彼竟收取,并非法将死者之妻配与死者之弟;一件,往征大凌河时,将平日倒毙之马匹讹称战死,遣吴千总领取二马之价;一件,拷打其家人王经远,并令张丕以狗粪塞之口中,至第三日殒命;一件,去年有官粮以大石计上十石,未运送粮仓;一件,有汉僧三人,未写度牒,隐匿其家中为奴;一件,曾以外郎之妻配与彼婿,因女不从,遣人扼杀之;一件,隐匿满二、满福、单五、徐三、李光先;一件,隐匿陈尚志及箭匠文德才;一件,索取徐廷举银三十两及银碗、银盘、银鞋带等共计银二十八两五钱并骡马一;一件,盗赏官木,得银百两,留其半建己房,余半借给他人;一件,大凌河四官员之妻身价银一百六十两,取自公库,而彼侵吞;一件,隐匿盖州掌粮仓官黄有功下男丁三人,为其家奴;一件,都察院外郎李民表,本居他旗,竟给房舍,唆其首告都察院参政吴景道。以上十一件,由都察院送法司鞫讯,得实,拟佟正死,入奏圣汗。圣汗谕曰:"免死,罚银百两,革三等甲喇章京职,籍其家产,将佟正衣服分作三份,以一份还给佟正,二份赐豫亲王。其诸色药品亦分作三份,以一份还佟正,二份赠王。其零散财物、汉人衣服、东珠、珍珠、金银等,尽行没收,赐与王府。给佟正二十男丁之庄屯一处,牛十四、马二、驴二,其余奴仆、牛、马及一切物件,悉数籍之,命和硕豫亲王酌情分赏其旗下穷困之人。钦此。" 1638-1640

(二十七日)是日,户部承政英古尔岱、马富塔奉圣汗命集群臣于大政殿,宣谕曰:"尔等有粮之人藏粮,必待粮价腾贵方肯出粜,此何意耶? 今当各计尔等家口足用外,其余粮即往市粜卖。恐有粮之家拒不粜卖,先令尔八家各出粮百石于市中发卖。若系水田,俱种以稻、稗、高粱,旱地皆种杂粮。凡耕种之地,务勤施以肥,抢墒早种,若不乘地滋润耕种,而失时后耕作,则粮从何得耶? 及早播种,适时耕耘敷土,则粮可得矣。" 1643

第十六函　太宗皇帝崇德元年十一月至十二月

第三十四册　崇德元年十一月

初六日,先是遣阿什达尔汉舅及达雅齐塔布囊往外藩蒙古编牛录至是还。彼等所赍书云：奈曼部达尔汉郡王八百家，编为十六牛录、章京姓名：乌讷特依、希呼图、沙济、戴度齐、汤图克、莽古沙、巴彦图、僧格、唐桂、图儿噶、阿拉克、喀萨克、额布根、绰拉、克西古、额西格儿德依。桑安一百家，编为二牛录，章京姓名：果德依、巴朗。土谢图一百家，编为二牛录，章京姓名：博齐德依、西尔噶。瓦齐哩六十家，章京姓名：满敦。纳恰一百五十家，编为三牛录，章京姓名：胡尔鲁克、纳布泰、伊木图。以上共一千二百一十家，二十四牛录。沙里一百家，编为二牛录，章京姓名：卓儿宾、扎马。衮格一牛录，章京姓名：罗洛。敖汉部班迪额驸八百五十家，编为十七牛录，章京姓名：达尔汉博齐德依、拉巴泰、博齐德依、凌诰、萨穆、超儿都尔、多诺依、额德讷、阿巴噶、纳木赛、海色、苏墨尔、布拉克泰、巴拜、哈哩寨、多诺依、拜杜拉。索诺木四百五十家，编为九牛录，章京姓名：哈扬、道里呼、鄂莫克图、硕多依、蒐格、恭格讷、巴图、马尼、博第。以上共一千三百家，二十六牛录。巴林部阿玉希五百六十家，编为十一牛录，牛录章京姓名：蒙格雷、库伯格、布汉岱、库鲁克、乌苏海、巴布呼、寨桑、莽喀达、巴颜岱、海色、拜斯噶尔。茂奇塔特二十家、胡比尔干十五家、古穆九家、古尔布什十六家。合编为一牛录，章京姓名：巴雅尔。以上共六百二十家，十二牛录。巴林部满珠习礼七百七十家，编为十五牛录，章京姓名：拉巴、恩克森、奎瑃、钟图、额森、特木德依、蒐色、孟根、钟图、巴雅尔、卓斌、和多都、巴图、乌讷格、恩克森。色棱额驸一百十家，编为二牛录，章京姓名：乌拉岱、桑阿尔寨。以上共八百八十家，十七牛录。扎鲁特部右翼桑噶哩三百家，编为六牛录，章京姓名：杭西岱、特赫尔、绰鲁赫、纳穆、绰龙海、德儿格尔。巴雅尔图二百七十家，编为五牛录，章京姓名：绣巴噶、明安达尔、古希、博儿根、阿西图。青巴图鲁三百八十家，编为七牛录，章京姓名：托经、拜都、巴彦、孟克、土贝波木博罗、图梅、霍尼奇。依哩彻依三十家并古穆二十五家，合为一牛录，章京姓名：布部。古穆七十五家，以其五十家编为一牛录，章京姓名：博罗柱。巴特玛五十家，章京姓名：奇塔特。锡拉奇塔特四十家，桑阿尔寨二十家，合编为一牛录，章京姓名：明阿图，济尔哈朗一百十家，编为二牛录，章京姓名：瓜儿金、噶达孙。恩克森一百三十六家，以其一百家编为二牛录，章京姓名：塔噶泰、固纳图。额登六十六家，以其五十家编为一牛录，章京姓名：昂阿。恩克森三十六家并额登十六家，合编为一牛录，章京姓名：多恩济、多尔济三十家、讷烈特二十家、杜济音四家，合编为一牛录，章京姓名：胡巴。拉巴泰一百家，编为二牛录，章京姓名：鄂齐德依、济苏客依。拜珲岱一百家，编为二牛录，章京姓名：乌拉岱、巴颜岱。毕登图七十五家，以其五十家编为一牛录，章京姓名：拉拉。根敦七十五家，以其五十家编为一牛录，章京姓名：朱儿古尔。毕登图二十五家并根敦二十五户家合编为一牛录，章京姓名：冲吉儿。布达席里五十五家，章京姓名：拜赛。满珠习礼四十六家，章京姓名：洪郭尔。以上共一千九百八十家，三十八牛录。云顿三十八家、蒐僧黑九家，合编为一牛录，章京姓名巴特玛。色棱二十九家、古鲁斯喀布六家，合编为一牛录，章京姓名：哈诺依。以上八十二家，二牛录。车根一百三十家，以其一百家编为二牛录，章京姓名：巴惠、纳彦泰。卓格三十家、索诺木十五家，合编为一牛录，章京姓名：塔布儿金。古穆八十家，以其五十家编为一牛录，章京姓名：宝达噶。古穆之三十家并布尔达胡之十七家，合编为一牛录，章京姓名：古尔德呼。阿玉希之八十七家，以其五十家编为一牛录，章京姓名：拜都。阿玉希之三十七家并乌班之十四家，合编为一牛录，章京姓名：毕哲格。拉玛扎布之三十六家，章京姓名：哈班。阿雅、杭济岱二人五十家，编为一牛录，章京姓名：乌巴纳齐。戴公、洪郭尔二人一百家，编为二牛录，章京姓名：拜都、阿哈图。以上共五百三十家，十一牛录。扎鲁特部左翼内齐之四百家，编为八牛录、章京姓名：翁桂、翁阿岱、达赖、章古泰、哈喇布岱、博多、巴木布海、诺依尔图。忽毕儿图之四百家,编为八牛录、章京姓名;道图、巴儿噶苏、布对、土图海、巴珠、托阔库、翁安、特博哩呼。喀巴海卫徵之一百五十家,编为三牛录,章京姓名:额森德依、布固鲁克、满都孙。桑图之五十家,编为一牛录,章京姓名:绰崩。鄂儿博克之三十家、桑古儿之二十家,合编一牛录,章京姓名:海色。乌尔古登之一百三十家,以其一百家编为二牛录、余三十家为一牛录,章京姓名:巴阔里、鄂儿博克、奇塔。索尼之五十家,编为一牛录,章京姓名:毛齐。鄂儿博克之五十家,编为一牛录,章京姓名:肯哲依。额森德依之四十家及拉巴之十二家,合编为一牛录,章京姓名,逋赛。奇塔特之二十家、桑古儿之十家、桑阿尔寨之十家、瓦齐哩之五家、囊努克之五家,合编为一牛录,章京姓名:扎喀莫海。以上共一千四百三十家,二十九牛录。图拜色棱之三百一十家,编为六牛录,章京姓名:汤图、博塔库、多库儿、郎苏、多尔济、恩克。多尔济之五十家。章京姓名:杨。扎木苏、莽古泰、古穆、克西克四人五十家,章京姓名:恩克。以上共四百一十家,八牛录。绰博郭之七十七家及萨玛迪之三十家,合编为二牛录,章京姓名:西巴克、阿金达。桑阿尔扎、海色、乌拉特三人五十家,章京姓名:西保泰。奇塔特之五十家,编为一牛录,章京姓名:鄂尔多克。巴尔固族之五十六家,编为一牛录,章京姓名:巴尔齐济尔。奇塔特之二十家,古穆之十家,合编为一牛录,章京姓名:阿对。以上共二百九十家、六牛录。都尔本扣克特下达尔汉卓里克图之三百七十家,编为七牛录、章京姓名:达尔汉齐努瓦、阿齐孙、诺门、布达、寨桑、特木德库、朱盖。鄂尔古都儿之六百七十家,编为十三牛录,章京姓名:康噶寨、达雅、哈穆、昂阿尔图、色本、翁郭、乌玛赖、昂阿寨、穆鲁古、翁阿岱、萨霭、阿班岱、达尔东。索诺木之三百十八家,编为六牛录。章京姓名:奇塔特、昂阿、色棱、库多依、桑阿尔、布寨。依尔扎木之七百七十六家,编为十五牛录,章京姓名:乌巴西、霍尔郭、门都、扎噶儿、门都、张古噶、扎盖、布彦、达克达莫、阿雅拜、土鲁根、海岱、托儿拜、托克托惠、滚济雷。苏克之六十家,章京姓名:俄木里克。以上共二千一百九十四家,四十二牛录。茂明安部巴特玛之一百九十一家,编为四牛录,章京姓名:巴古寨、西勒穆、莫胡尔、德格哲依。张古海之八十九家,编为二牛录,章京姓名:博托依、博郭多依。胡吟族之一百家,编为二牛录,章京姓名:达雅齐、布依噶。洪对族五十家,章京姓名:巴尔齐吉尔。温都尔胡之二十家,绰依吉里之三十家,合编为一牛录,章京姓名:托博郭。以上共四百八十家,十牛录。穆章之一千家,编为二十牛录,章京姓名:洪郭多依常格依、图梅、拜噶儿、胡拜、侯克依、翁盖博尔托依、托尔巴噶、胡巴台、阿布寨、布吉济尔、巴音吉、索尼、阿西古、克德尔、海岱、钟农、达噶、多诺依。达赖之八百家,编为十六牛录,章京姓名:格德依、班济、巴彦、特古斯、博尔济、图克塔噶、洪郭多依、毕雅斯胡、奇塔特、赖萨、塔彬、阿巴泰、古穆尔、土贝、伊拜、达彦、西尔盖。巴尔齐吉之子奇塔特、马尼二人一百家,编为二牛录,章京姓名,依那都、扬古尔。海色之二百家,编为四牛录,章京姓名:绰噶、霍崩、润阔、明安。古穆之百家,编为二牛录,章京姓名:托克托胡,依班岱。古鲁之五十家,章京姓名洪郭多依。阿玉希之五十家,章京姓名:昂噶儿。叶绥之五十家,章京姓名:图鲁孙。绰斯喜之三百家,编为六牛录,章京姓名:宝图、霍恩图、马尼塔库海、特博哩胡、攸西。昂阿儿珠尔之一百四十户,编为三牛录,章京姓名:布部、翁盖乌纳盖。昂阿之一百一十家,编为二牛录,章京姓名:乌巴西、哈喇达胡。绰斯喜之子班迪巴拜二人一百家,合编为二牛录,章京姓名:布哈图、绰龙固。以上共三千家、六十牛录。翁牛特部杜棱郡王之七百家,编为十四牛录,章京姓名:巴图、巴达喇胡、海萨库、冬祟、沙金达喇、绰依、绰依斯克布、庚格讷、嘎尔玛、巴钦、巴海、阿喇纳、巴珲岱、额布根。豁尼齐之五十家,章京姓名:萨胡。绰克图之五十家,章京姓名:吞泰。以上共八百家,十六牛录。哈喇车里克噶尔玛之一百五十家,编为三牛录,章京姓名:德格图、劳萨、多西。诺米岱之七十家,章京姓名:拜都。阿喇纳之一百六十七家,编为三牛录,章京姓名:博罗胡、额森德依、布岱。索尼岱之五十家,章京姓名:塔里岱。阿地赛之五十家及寨赛之十五家,合编为一牛录,章京姓名:绣格。以上共五百家,九牛录。翁牛特部达尔汉戴青之九百三十家,编为十八牛录,章京姓名:苏特依、克木哲讷、达巴盖、扎凯、鄂克绰特、海色、奇塔特、拉玛、讷蒙额、多尔济、阿塔噶、满鄂西、塔毕图、阿泰、丹都赖、乌巴西、洪霍图、奇塔特。班迪之二百三十家,编为四牛录,章京姓名:衮德依、托克塔噶、陶萨、鄂玛儿扎尔。达拉海之三百三十六家,编为六牛录,章京姓名:巴彦、拜桑、多尔济、胡赖、多诺依、班迪。沙扬之一百七十五家,编为三牛录,章京姓名:唐桂、达胡、阿哩雅。巴木布之一百六十家,编为三牛录,章京姓名:阿布泰、安济、布塔奇。以上共一千八百三十家,三十四牛录。乌喇特部图巴之一百六十家,编为三牛录,章京姓名:布对、马尼、达鲁。绰克图之五十家,编为一牛录,章京姓名:西包。托桂之六十五家,以其五十家编为一牛录,章京姓名:昭里。班地斯喀布之八十家,以其五十家编为一牛录,章京姓名:布木布。托廓之十五家并班地斯喀布之三十家,合编为一牛录,章京姓名:阿努。达尔寨之一百七十四家,编为三牛录,章京姓名:根德尔、沙图、土鲁根。桑阿尔寨之八十家,以其五十家编为一牛录,章京姓名:特木德克图。乌尔占之八十家,以其五十家编为一牛录,章京姓名:拉玛索。桑阿尔寨之三十家并乌尔占之三十家,合编为一牛录,章京姓名:杜扬。苏默尔之二十家、莽古尔岱之二十家,索尼之十家、胡喇盖之十家,合编为一牛录,章京姓名:多尔济。以上共七百五十家,十四牛录。乌喇特部色棱之一百四十五家,编为三牛录,章京姓名:图伯特、博尔济、卓衮泰。哈博依之五十家,章京姓名:克西库。鄂布胡之二十家,萨穆之十二家、僧桂之八家、敖莫克之十家,合编为一牛录,章京姓名:巴彦。戴青之五十家,章京姓名:奥诺依。多尔济之二十家,布木拜之十六家,绰依尔吉之十四家,合编为一牛录,章京姓名:喀哈台。穆鲁扎之十四家,编为一牛录,章京姓名:土鲁根。以上共三百九十五家,八牛录。乌喇特部额布根之二十二家,鄂尔奔之三十家,编为一牛录,章京姓名:巴尔岱。西儿米之一百二十四家,以其一百户编为二牛录,章京姓名:巴噶土尔、鄂多儿。西儿米之另二十四家并萨尔满之二十四家、合编为一牛录,章京姓名:绰罗。朗苏之七十一家,以其五十家编为一牛录,章京姓名:赫里德依。朗苏之另二十一家及沙里之二十九家,合编为一牛录,章京姓名:拜达儿。布达里之三十家、扎木苏之二十一家,合编为一牛录,章京姓名:陶哈。鄂木布之二十家、额尔格黑之十三家、萨布之十七家,合编为一牛录,章京姓名:布都鲁。萨尔扎之二十三家、萨扬之二十七家,合编为一牛录,章京姓名:艾那。额尔德尼族编为一牛录,章京姓名:布尔车赫。阿鲁哈之四十三家、索尼之七家,合编为一牛录,章京姓名:嘌德痕。满泰之十五家、超图之十一家、阿布尔古之十三家、莽古之十一家,合编为一牛录,章京姓名:乌巴岱。霍恩多依之三十家、布雅依之十三家、索诺依之家,合编为一牛录,章京姓名:德儿登。克西贝之十七家、绰罗克脱依之十三家、克西克之十六家、伊儿格依之四家,合编为一牛录,章京姓名雅胡。西拉之五十家,章京姓名:鄂儿吉拜。以上共七百五十家、十五牛录。翁牛特杜棱郡王、哈喇车里克、共有一千三百家,合编为二十五牛录。达尔汉戴青旗一千八百三十家,编为三十四牛录。以上两旗共三千一百三十户、五十九牛录。巴林部阿玉希旗六百二十家,编为十二牛录。满珠习礼旗八百八十家,编为十七牛录,以上两旗共一千五百家,二十九牛录。四子部达尔汉卓里克图旗二千一百九十四家,编为四十二牛录,穆章旗三千家,编为六十牛录。扎鲁特部桑阿尔旗一千九百八十家,编为三十八牛录。内齐旗一千四百三十家,编为二十九牛录。以上两旗共三千四百一十家、六十七牛录。乌喇持部旗一千八百九十五家,编为三十七牛录。敖汉部班迪额驸、索诺木二人之一千三百家,合编为二十六牛录。奈曼部达尔汉郡王旗一千二百一十家,编为二十四牛录。以上两旗共二千五百一十家,编为五十牛录。车根族五百三十家,编为十一牛录。绰波霍依族二百九十家,编为六牛录。茂明安四百八十家,编为十牛录。图拜色棱之四百一十家,编为八牛录。元丹族八十二家,编为二牛录。沙里之一百家,恭格之五十家,合编为三牛录。以上总计家数:一万九千五百八十家;牛录数:三百八十四牛录。　　1661－1673

　　达尔汉郡王之旗下甲兵二百四十五人。班迪额驸之旗下甲兵二百一十人。索诺木下甲兵一百三十人。满珠习礼之旗下甲兵三百六十人。阿玉希之旗下甲兵三百三十五人。桑阿尔之旗下甲兵六百七十一人。车格下甲兵一百九人。内齐之旗下甲兵四百三十八人。绰波霍依下甲兵二十人。图拜色棱下甲兵四十六人。达尔汉卓里克图之旗下甲兵六百四十七人。茂明安下甲兵一百五人。穆章之旗下甲兵五百六十人。杜棱郡王之旗下甲兵三百人。哈喇车里克下甲兵一百人。达尔汉戴青之旗下兵五百三十人。乌喇特之旗下甲兵六百五十人。总计甲兵数目:五千四百五十六人。　　1674

第三十五册　崇德元年十一月

　　巴克什希福、尼堪奉圣汗命率阿布达尔汉、巴雅尔、镶白旗色棱、正白旗阿陶盖、正蓝旗博儿格依,十月十六日往科尔沁部会盟。召班迪额驸、阿玉希、内齐、桑图、巴雅尔图、额登、达尔汉卓里克图、索诺木、伊尔扎木、达赖、海色、杜棱郡王、达尔汉戴青、萨扬、巴木布、茂明安之巴特玛等,定期于二十六日,会于土谢图亲王府。此次会盟,查户口,以五十家编为一牛录,造载牛录章京姓名及甲兵数目册籍,并议一切事务。土谢图亲王旗下甲兵九百三十六人,二千九百家,编为五十八牛录,牛录章京姓名:肯德胡、孟古尔岱、额必讷、伊齐泰、门都、拜赛、博必泰、多尔东、洪郭尔、恩克、博布图、阿南达、纳尔麦、克西克图、占代、布尔海、绰多依、金泰、章古岱、纳噶都、纳噶泰、绰国东、阿都胡、巴雅尔、[原档残缺]锦泰、巴特玛、布拉塔盖、郭儿钦、阿尔萨胡、明安达里、[原档残缺]绰克图、布岱、阿拜、崇古尼、布达、多尔济、达度、海赖、钟郭依、银泰、郭儿钦、玛克禄、巴雅尔图、绰博特、格色尔、绰依斯希布、阿泰、鄂儿博哩、哈布寨、齐达胡、额布根、额木尼克、额尔克特依、查查查尼、图门、噶儿图。扎萨克图郡王旗甲兵七百四十三人,二千五百家,编为四十一牛录。扎萨克图郡王本牛录章京姓名:色棱、鄂本堆、允丹、鄂诺瓦、阿敏、马克拉、库森、奥赛、土德克、绰霍尼、达巴泰、西伯、尼堪、绰依龙、博卓喇、伯格儿楚克、温德格、纳穆、奥色、陶赖、拜达儿、拜英郭、噶尔玛、钟图、浑塔干、巴彦、孟格依、拉胡达、玛郭、昂哈、布根齐、昆德库、库德格特依。萨穆牛录章京姓名:布扬阿岱、霍尔郭儿吉、巴尔齐吉、达噶齐、崇诺依、诺木汉、巴彦、纳古赖。拉玛斯喜旗甲兵六百三十三人,一千八百家,编为三十六牛录,拉玛斯喜本牛录章京姓名:达赖、佟郭、桑阿尔寨、克克木、布颜图、巴彦图、布寨、胡拜、布塔奇。卫徵所属牛录章京姓名:[原档残残]钟嫩、布儿特格依、哈喇、卓勒图、诺诺胡、希喇扣、巴彦泰、托博郭恩、布塔奇、[原档残缺]、巴布海、桑盖、克西克图、布颜图、鄂莫克图、德格、阿雅图、库图、纳噶胡、塔叶、奇塔特、卓哩克泰、阿敏、尼雷。扎赖特之达尔汉豁绍齐旗甲兵六百四十五人、二千七百五十家,编为五十五牛录。达尔汉豁绍齐本牛录章京姓名：库克特依、托克托胡、扫色、阔巴泰、孟格依、萨胡拉克、绰依木、特恩德客依、乌格布、萨银扎尔固齐、纳噶胡。明安达里所属牛录章京姓名：巴雅尔、当色、巴国、海昌。昂哈明安所属牛录章京姓名：阿巴泰、托多赖、鄂博卓、博罗齐。昂哈所属牛录章京姓名：噶尔达胡、博波、伯儿格、阿尔彬、阿哈布。古鲁所属牛录章京姓名：博郭多依、巴雅尔图、扫萨、乌孙特依、绰克图、嘎尔玛、霍钦泰、绰克图、班迪。三寨牛录章京姓名：泰霍、孟古尔岱、齐胡儿盖、佟阿岱、罗博阔。布达席里所属牛录章京姓名：霍儿巴噶、博里达噶、米哈齐、巴本泰、萨布果、索柱、鄂博泰、乌巴泰。达尔玛希里所属牛录章京姓名：翁阔依、莫乃、托寨、舒鲁衮、肯哲、巴达克图、达噶吉、阿谋。杜尔伯特之色棱旗甲兵九百七十四人，三千二百家，编为六十四牛录。色棱本牛录章京姓名：拉喀木、伯齐特依、鄂本泰、布库尔、拜达儿、翁盖、乌勒哲依图、土克特齐、拜桑郭。拉玛希所属牛录章京姓名：德格布、绍巴噶、果儿钦、博卓多依、巴楚、巴当海、伯齐德依。嘎尔玛所属牛录章京姓名：库古尔格、博儿胡、德格吉、托克托木尔、温杜、巴尔干、托克托依、绍郎阿。桑阿尔寨所属牛录章京姓名：塔布泰、博依通、乌儿巴、扎木、绰克图。索诺木所属牛录章京姓名：奈麦、巴彦泰、额叶图、库里根图、扎木海、博罗霍依、布儿特格尔、托克托诺依。甘地斯喜布所属牛录章京姓名：毕里克图、巴达克、巴布、拜达儿、罗多、巴彦达喇、汉楚。阿金岱所属牛录章京姓名：额森、哈布寨、巴音吉、绰多尔、拜木尔、巴雅尔、乌玛奈。额林沁所属牛录章京姓名：博果岱、布库特依、巴布、巴噶达尔、门都克依、土鲁吉、苏鲁库、巴丹胡、达都胡、阿金图、额特布、伊木图、推木尔。卓里克图亲王旗甲兵，五百八十七人，一千九百五十家，编为三十九牛录。卓里克图亲王本牛录章京姓名：博本泰、额森特依、孟格伯类、孟克布、拜泰、卓尔扎特、劳巴、布当、噶尔朱库、博巴、达古尔、德古齐、纳噶楚［原档残缺］浑金、德古特依。巴图鲁郡王所属牛录章京姓名：霍果寨、布色勒根、图门、乌伯格特依、边寨、莽金、阔恩寨、布扎赖、布岱、巴彦达喇、图梅、鄂博克泰、陶岱、路古特依、内齐。绰尔吉所属牛录章京姓名：塔喇海、西拉木赖、孟格伯类、孟格依、绰克图、鄂莫塔、崇诺胡、额克法尔西、托泰。穆寨旗甲兵二百四十人，六百家，编为十二牛录。穆寨本牛录章京姓名：古英、张胡尔、阿喇寨、穆哈连、图拜、多罗依、翁阿、巴彦、穆雅泰、章古岱、达霍。噶儿图旗甲兵一百五十二人，四百五十家，编为九牛录，牛录章京姓名：拜桑古、霍博郭恩、豁尼齐、巴达胡、占坦、海色、赵扎噶、海色、博多罗克。东果尔旗甲兵七百六人，二千九百三十家，编为五十八牛录。东果尔本牛录章京姓名：罗卜藏、土鲁都、托恩多依、达赖侍卫、多泰、巴海、土勒根、［原档残缺］。达古尔所属牛隶章京姓名：安图、博洛儿托依、卓儿堆、额森达哩、巴彦泰、宾图。多尔济所属牛录章京姓名：鄂罗郭恩、达干、巴图胡赖、霍博齐、巴尔吉、阿哈齐、噶海、库儿朱格依、诺果干、瓦喇喀、超图。大桑阿尔寨所属牛录章京姓名：托克托盖、巴都里、多尔济、努塔。齐齐克图索诺木所属牛录章京姓名：特木尔特依、洪霍泰、满泰、楚布、鄂齐尔、色讷克、博罗、巴代、鄂莫克图。小桑阿尔寨所属牛录章京姓名：巴噶土尔、图梅、阿珠瑚、嘤德里、翁诺所属牛录章京姓名：鄂莫卓尔，纳哈楚赖、托喇海、青济纳。绰诺和所属牛录章京姓名：托克托多依、马尼、拜赛、伊里布、西里汉。巴郭赖所属牛录章京姓名：秦达木、塔齐儿、巴朗、纳古岱、海赖。玛克罗依所属牛录章京姓名：拜泰。三十三家。郭尔罗斯之布木巴旗甲兵五百十八人，一千七百家，编为三十四牛录。布木巴本牛录章京姓名：都塔赖、齐塔博赖、噶儿图、博尔巴喀、海色、洪霍泰、扎古泰、超图、拜胡岱、孟古泰、鄂齐博、色格喇胡。扎木巴拉所属牛录章京姓名：巴雅尔、通库、托尔塔干、翁诺郭、纳布泰、阿巴泰、劳巴、鄂博克图。色尔古棱所属牛录章京姓名：莽古哈、杜瓦、绰诺瓦、霍博当、博罗托依、扎木、托克托依、巴彦、扎济古尔、海立泰、毕里克、昆德依、钟格布。古穆旗甲兵五百五人,二千五十家。古穆本牛录章京姓名:巴代、特木德克、土鲁奎、鄂儿吉泰、土勒特依、鄂阔托赖、塔塔噶、门都克泰、东果尔、希喇木喀依。桑噶尔所属牛录章京姓名:巴噶林、巴特玛、巴郭拉克、额哥图、博罗干、巴噶达尔、博罗克绰依、鄂尔齐布、纳恰图。多恩多布所属牛录章京姓名:和奔多依、苏鲁克特依、古特依、塔喇布、达古泰、阿杜齐、巴雅木、霍坡罗。扎木苏所属牛录章京姓名:翁诺郭、克西、沙克沙巴特、哈达克、茂海、巴布赛、巴都胡、噶罗、谔儿哲依、绰克图、巴雅尔图、孟固、翁果泰、泰苏赖。总计甲兵六千五百三十九人,二万二千三百八家,四百四十八牛录。 **1675－1682**

第三十六册 崇德元年十一月

十九日,将征朝鲜国,兵部多罗贝勒岳托奉圣汗命,集众于大政殿,宣谕曰:"每牛录选阿礼哈超哈十五人,博奇超哈十人,巴牙喇超哈七人,共三十二人。昂邦章京石廷柱所统乌真超哈全部,每甲士携箭五十枝,二甲士合备长枪一杆。二牛录合备云梯一、盾一,穴城之大斧、镢头、铁镩等俱全。马匹各系牌烙印,军械悉书号记。携十五日糗粮。务于二十九日来会。" **1702**

第三十七册 崇德元年十一月

二十五日,冬至,圣汗率诸和硕亲王、多罗郡王、多罗贝勒、固山贝子及文武各官,斋戒三日,刑乌牛祭天。(中略)跪毕,祁充格跪于上帝神位前,宣读出征告天之文,其文曰:"大清国臣皇太极启奏天地曰:臣之祖宗与大明国向无仇隙。臣二祖本无罪咎,而明国端杀之。然则,臣父不计其仇,仍与大明国修好。而明国助边外与我语言相通之叶赫部,遣兵驻守,图谋害我。我等知之,书七大恨,昭告天地,征大明国,蒙天地直我。己未年,大明国遣发大兵,由四路进犯,欲屠臣等。时朝鲜亦欲加害臣等,以兵助明来侵。蒙天地眷佑,歼灭明国三路官兵,仅一路脱回。朝鲜官兵,为我擒戮。朝鲜与我二国,接壤而居,和睦相处,素无嫌隙。而乃朝鲜助明,欲加害我,是彼先起战祸。然我仍隐忍不言。辛酉年,我复征辽东地方,天地眷佑,以辽东地方畀我。朝鲜国乃为大明招诱,上天赐我以辽东人民,留居其地,给以粮米,时常助明图我。臣于丁卯年遣兵往征朝鲜,即此故也。兵进之时,大清、朝鲜我两国重修和好,以我为兄,待我使臣一如待明使礼,誓告天地,还其前阵获官员。其后,朝鲜败盟,不约束其民,纵之侵扰我地,私行渔猎。其土地乃皇天授予各国之土地也!再者,纳我逃人,送之大明,大明人有逃附于我者,彼复堵截,给明粮米,暗行资助。大明索兵船,则即予之,我求船而弗与。若云朝鲜为中立国,则各不相予,是为正理。不予我而予明国,是彼败盟、助明而图我也。今朝鲜国弃十年之好,遗书其平安道洪观察使云,昔丁卯年向我讲和,乃权宜之计,今永绝成仇,当固边关,集智谋之士,励勇敢之人等语。此书已为我使者得之来献,臣确知朝鲜国之败盟。臣欲乘其未备。臣欲乘其未备,告诸天地,复兴兵征之,即此故也。事之是非,惟天地鉴之!读毕,行三叩首而立,收供献物品。圣汗在东侧西向坐,将供物向汗举献毕,众均分而食之。食供物毕,以退礼行一跪三叩头礼。祭告礼毕。圣汗还,诣太祖庙上香。赞礼官赞排班,众皆排班,赞进,众皆进,赞跪圣汗率众跪,礼部启心郎祁充格执出征祝文跪于神位前宣读,其文曰:"继位孝子跪于皇考太祖承天广运圣德神功肇纪立国仁孝武皇帝神位前奏曰:仰赖父汗神威,丁卯年兴师,征服朝鲜,誓告天地,以彼为弟,每年遣使来朝贡方物。今朝鲜国背弃盟誓天地之言,臣将亲率大军往征以明是非,乞请父汗默佑。"宣读毕,行三叩头礼。于是,圣汗入抚近门,午刻还清宁宫。其出征檄文,因祭天之际,遂昭告之。 1710 - 1714

二十九日,宽温仁圣汗降旨谕众军士曰:"此次征朝鲜,非我之乐于兴戎也。朝鲜背盟,纳我逃人,送之明国。孔、耿、二王叛明来投于我,朝鲜截击之,及我军到彼,复向我军放枪击战。彼不以旧礼待我使臣,不阅赍去之书。又朝鲜国王书谕平安道洪观察使云,卯年向我讲和,乃权宜之计,今已永绝,当固边关,励勇敢之人等语。此书已为英古尔岱等遇而夺之。因彼如此毁盟,故将兴师征讨。夫兴师诛戮,非我所乐为,不得已而用之。凡人皆天之所生,人之死亡,何可轻视?屠戮不抵拒之人,实为不义也。毋毁寺庙。凡抵拒者杀之,不抵拒者勿杀。城若降,则勿侵其城;屯归顺,勿扰其屯。悉令剃发。如有叛亡来归者,皆恩养之。每次阵战俘获官兵,勿收养,悉杀之。所克获城、堡、村、屯之民,当杀者杀之,当俘者俘之。至俘获之人,勿离其夫妇,勿夺其衣服,即老弱盲跛不堪携带之人,亦不得夺其衣服,仍令留居于家,勿使离家而弃于野道。所俘妇女,未安置之先,不得淫乱。如违此谕,以法处治。"宣谕毕,苏勒复宣读圣汗谕曰:"有不遵谕旨,擅离军伍,擅杀降人,妄夺衣服者,必以军法从事,决不轻放。再者,从前无论野战或攻城,往往有托词捉生,规避不进者。今除所设前锋哨卒外,不得捉生。倘仍有托词捉生而规避不进者,则永为贱人。" 1714 - 1715

宽温仁圣汗谕朝鲜国官民知悉:"今我兴师来此,非乐欲杀掠尔等。我仍欲相好,奈尔国王及其近臣不从,先启衅端。我国与尔国,接壤而居,向无嫌隙,己未年,尔国助明,先启衅端,发兵前来,对尔国官兵,当杀者杀之,当擒者执之,当遣者释之。纵然如此,我仍念大义,隐忍不言,未加征讨。我征辽东,得辽东地方之后,尔国复助大明,招诱我民,给予明国,留居尔地,给粮养之,协谋期图我。时我生怒,于丁卯年往征尔国,职此故也。然我仍念邻睦相之道,未令我军深入,盟誓结好而归。时我兵退,非因尔兵强勇也,盖我知人亡民苦,惜邻国和好之道,念两国太平,故撤军耳。其后十年之间,尔国王及首席大臣等,复纳我逃人,送之明国,孔、耿二将军叛明来投我,尔兵截战之,及我军到彼,复向我军施放枪炮拒战,此次战端,又尔国先启之,明欲伐我,求船于尔,尔即予之,我国征明,索船而弗与。尔国既云中立,各不相予,是为正理,与明而不与我者,是助明而图我也。不令我使臣见尔国王,不阅我所遗之书,我国使臣知尔国败盟,返还时,得尔国王遗平安道洪观察使之书,书云卯年向我讲和,乃权宜之计,今永绝成仇,当固边关,励勇敢之人,集智谋之士等语。余不可枚举。因是特兴义兵,此非我欲加害尔等,实系尔国王及大臣贻祸于尔等耳。尔等毋离各自所居屯舍,若妄自散逃,恐遇我军见杀。凡拒敌者诛之,不拒敌者宥之,奔逃者则俘之。凡安居城池屯舍而归服者,秋毫无犯,悉收养之。务将此谕,相传宣扬。" 1715 - 1717

钦定八旗通志

　　《钦定八旗通志》是一部关于满族和清朝八旗制度的重要典籍。乾隆五十一年(1786年)由纪昀等奉敕纂修,嘉庆年间成书。全书365卷,记事上起满族肇兴和八旗制度的创立,下讫乾隆六十年(1795年)。其总体结构分为卷首、志、表三大部分。第一部分卷首,为天章和敕谕,收录御制诗文及谕令共12卷。第二部分志,有旗分制、兵制志、职官志、氏族志、土田志、典礼志、学校志、选举制、营建志、艺文志、人物志11志269卷。第三部分年表,分为封爵表、世职表、八旗大臣年表3门72卷。《钦定八旗通志》是一部八旗制度的专史,也是一部更为可信的八旗资料集,具有很高的学术价值,是研究八旗制度、满族史、清史的珍贵资料。本书选录资料均出自于李洵、赵德贵等校点由吉林文史出版社1998年出版的《钦定八旗通志》。

卷首八　敕谕二
康熙年间

　　康熙三十六年六月十六日,谕大学士伊桑阿等曰:黑龙江、松花江接壤之地,彼处附近所居根奇勒诸姓中原有可披甲之人,应酌量令其披甲驻防,遣满洲兵八十人往彼教训之。齐七喀尔地方以索伦、达呼里之众酌量令其披甲驻防,遣满洲兵二百人往彼教训之。伊等居址附近亦心乐披甲,如此则既无远徙之苦,亦不致需用糗粮矣。可以此询问都统巴海,令理藩院集议政诸臣会议以闻。　159

　　康熙五十七年七月十五日,谕大学士马齐等曰:发往黑龙江伊兰哈喇、三姓地方之人,俱因凶恶,发遣人亦日多。若发在一处地方必致生事行凶,此后停其发往。著发喀尔喀、和卜图乌兰古木地方,彼处水土甚好,著筑城安插,令其开垦耕种。八旗每佐领派护军、披甲各一名,于八月内马匹肥壮时前去。二年一换,驻扎彼处看守。如此则沿途台站甚属紧要,每站应设立车辆预备,毋致犯人劳苦方好。著交与京城议政大臣会同九卿议奏。　166

卷首九　敕谕三
雍正年间一

　　雍正二年十一月十五日,上谕:八旗人等,人君抚驭群下如父母之于子,保惠爱恤之心无所不至,然必为之计其长久。如不为长久之计,虽叠沛恩施未有不终至于匮乏者。朕自即位以来,凡加恩于尔八旗者不为不多。如恩诏内凡披甲、炮手、步军及京城之当差效力者,屡次赏给一月钱粮。上三旗内务府佐领下执事人俱给赏一月钱粮。其出征大小官员则赏给半年之俸。出征塘汛兵丁则赏给一月钱粮,尽免其所借银两。八旗举人、生员则赏给银米,资令读书。又特颁谕旨,八旗所欠公库银两概行豁免。每旗添设养育兵丁钱粮四百六十分。八旗鳏寡孤独每月给银一两米一斛。又发帑金八十万两交诸王大臣生息,以赏给八旗喜丧之用。凡曾出兵而年老残疾无倚靠者,给与俸禄钱粮赡其终身。盔甲弓箭俱赏给银两制备。上三旗侍卫穷苦者,每月赏给马钱,每旗一百分。护军校、骁骑校令在京仓支米,省其脚价。九门门军皆以满洲兵丁充补。又于南郊则有赏,祭历代帝王庙则有赏,祭陵则有赏。又轸念八旗人等生齿日繁,令分居圆明园、郑家庄、热河、宁夏等处俾遂生养。又特开井田以八旗养赡之地,而八旗之因公诖误革职者,则免当苦差。八旗之另户领催、马步兵、闲散无升路者,则试其翻译、缮写,以八品笔帖式用。各部院无品级笔帖式无力捐级者,亦以考试量给品级。又特开翻译科考取生员、举人、进士。又令满洲得与武科生员、举人、进士以取人材。又设立义学以广教育。盖所以悯尔等之劳苦,恤尔等之穷困,资给尔等之衣食,成就尔等之功名者,亦既委曲周详,靡不备至。然亦须尔等谨身节用,克俭克勤,以副朕怀。朕在藩邸四十年,凡尔等艰苦之处,纤悉曲折无不周知。惟其念尔等之切,爱尔等之深,故必为尔等计其久远。若一时漫为非分之施,国用既不能继,而尔等轻易妄费立见其尽,终属无益。朕之谆谆训诲者非欲以恩泽示惠,以结尔等之心使乐于驱使也,诚欲尔等体朕保惠爱恤之苦心,庶几人人自爱。朕方将次第经理,务期生养安全,俾尔等家给人足,子孙安享太平。尔等宜咸知朕意。特谕。　　178－179

卷首十二　敕谕六

乾隆年间二

乾隆四十八年九月十一日,上谕:朕恭谒祖陵礼成。现降旨将奉天所属府州县,乾隆四十九年地丁正项钱粮通行蠲免。所有各庄及旗地应纳粮石草束等项,自应一体加恩以敷渥泽。著将盛京户部各庄头,本年应交仓粮一万余石,免其交纳。所有各处匠役应需口粮,著于旧存仓粮内拨给。其盛京、兴京、辽阳、牛庄、盖州、熊岳、复州、金州、岫岩、凤凰城、开原、锦州、宁远、广宁、义州等十五处旗地,本年应纳米豆草束亦著免征一半,俾旗庄均沾嘉惠。该部遵谕行。　　275

卷三十一　旗分志三十一

八旗户籍

编审丁册

国初,定制编审各旗壮丁时,令各该佐领稽察已成丁者,增入丁册。其老弱幼丁不应入册。系沈阳者,赴沈阳勘验;系东京者,赴鞍山勘验。有隐匿者,壮丁入官,伊主及该佐领、领催各罚责有差。

又定:置买人丁及新成幼丁,许令编入本佐领,误编入别佐领下者,退回。　　536

又定:八旗新添壮丁,每旗编佐领三十。有逃亡缺少者,于诸王、贝勒、贝子等府壮丁内拨补足额,仍将该佐领治罪。嗣后每三年编审一次。　　536

又定:每佐领编壮丁二百名。　　536

又定:旗员子侄,俟十八岁登记部档后,方许分居。如未及岁数擅分居者议罚。　　536

又定:新满洲壮丁,令酌拨旧丁内编成佐领。　　537

天聪四年十月,上谕曰:"今时值编审壮丁,凡总兵、副将、参将、游击、备御等官,俱宜自誓。牛录额真各察其牛录壮丁。其已成丁者,即于各屯完结。凡当沙汰老弱及新编幼丁,系沈阳者,赴沈阳勘验。系东京者,赴鞍山勘验。此次编审时,或有隐匿壮丁者,将壮丁入官,本主及牛录额真、拨什库等俱坐以应得之罪。若牛录额真、拨什库知情隐匿者,每丁罚银五两,仍坐以应得之罪。其牛录额真之革职与否,应俟另议。凡诸贝勒包衣牛录,或系置买人口及新成丁者,准与增入,毋得以在外牛录下人入之。如丙寅年九月初一日以后,有将在外牛录下人编入者,退还原牛录。又固山额真、牛录额真俱先令盟誓。凡贝勒家,每牛录止许四人供役。有溢额者,察出启知贝勒退还。如贝勒不从,即赴告法司。若不行赴告,或本人告发,或旁人举首,将所隐壮丁入官。若固山诸贝勒俱属知情,即拨与别固山。如诸贝勒有中不知情者,即拨与不知情之贝勒。"　537

顺治八年定:原在盛京编审另分户人,有告称系伊奴仆者,不准归并。系户籍内人,有告称非系伊家奴仆者,亦不准。九年议准:内府及诸王府官员,有劳绩素著者,特选数员,令其开出府佐领,各归所属佐领。其父子、兄弟闲散者,准其带出。现有职任者,不准带出。其拨出官员,不必顶替。十七年题准:凡官员子弟有职任者,不拘定限岁数,准其分户。　538

(乾隆)六年十月户部奏:"盛京内务府未入旗档人丁,约有六七千人,毫无管束。请饬三旗佐领清查入册,归于现在纳差人数内。将纳差数目均分交纳。嗣后比丁之年,所入人丁亦即照分纳数目添差,则差轻易纳,自无隐漏之弊。"奉谕旨:"著照所请行。"　542

买卖人口

康熙三年题准:已拨给山海关外叛逆人犯妻子、家仆,有私行偷卖赎去者,卖主系官革职;系民杖一百,流三千里;系旗人,枷号两个月,鞭一百。专管各官,俱降二级调用。如偷卖赎军流等犯妻子、家仆者,亦照例议处。　548

(乾隆)四年十月,议政王大臣、八旗大臣会同户部议奏内称:"各旗盛京带来并带地投充之奴仆,以及乾隆元年以前白契作为印契,家人之祖父籍贯,饬令参、佐领等自奉旨之日于一年限内,令各本主据实开报,该都统核明送部。遇有开户为民之案,以便查考其有远年俘获,并印契置买家人,伊等祖父姓名、籍贯一体造册,咨送户部查核。至各省旗人自文到之日为始,于一年限内造册送旗查明,送部查核。嗣后凡遇比丁之年,即照此次造报之例,于编审册内注明,以便查考。"　549

又是月,议政大臣、八旗大臣会议覆:"户部折奏:'内开查旗下奴仆,家主情愿放出,乾隆元年以前,已入民籍及借名设法赎身,钻营势力欺压赎身等款节,经怡贤亲王暨户部先后奏准,定有成例。应仍照旧例遵行外,至乾隆元年以前,未经入于民籍以及乾隆元年以后始入民籍者,既系伊主念其勤劳,情愿放出之人,与借名赎身并欺压本主者,原属不同。今借名赎身者,尚准作为开户壮丁。而此等放出之人,遽令归还原主作为家奴似未平允。'臣等酌议:此等放出为民,未经入籍及入籍在元年以后之户,应令归旗作为原主名下开户壮丁。至于设法赎身之户,例应作为开户壮丁者,其已经议结之案毋庸置议外,其未结之案或系自备身价赎身,或亲戚代为赎身者,均应归原主佐领下作为开户。若有实在用价契买,随又交价赎出者,均应在买主佐领下作为开户。如经开户壮丁给价买出者,伊等原非另户正身,其名下不便复有开户之人,仍应归原主佐领下作为开户。"　549－550

卷三十六　兵制志五

赏恤兵丁

(乾隆)五十七年,上谕:"梁肯堂奏:'山海关驻防兵丁,五十八年应需兵米一万七千七百余石。请敕下奉天府尹,仍照旧在宁远州锦县协拨一万石,交山海关通判领回供支。其余米石,于征收屯米动放外,仍令永平府属州县领价采买支放'等语。本年直隶地方被旱较广,此项兵米,若令全数就近采买,未免办理稍难。著照该督等所请,即著奉天府尹,于宁远州锦县协拨一万石。其余米石,仍著梁肯堂照旧办理,据实报销。该部即遵谕行,折并发。"
　667

卷六十二　土田志一

土田规制

肇基规制

太祖高皇帝乙卯年夏六月,令国人屯田旷土。谕曰:"我国储积未充,惟及是时抚辑。吾国固疆圉,修边备,重农积谷为先务耳。"因命各牛录下出十人、牛四头,于旷土屯田,积贮仓廪。复设官十六员,笔帖式八员,会计出入。谨案:乙卯之次年为天命元年丙辰。　1108

天命四年夏四月,谕:"沿边之地宜设兵以卫农人。"我太宗文皇帝初即位之年谨案:是年为天命十一年。明年改元天聪。秋九月,定屯庄禁令。先是编归降户口,每十三壮丁为一庄,分隶满洲大臣家。至是,命按满洲官品级,每一备御即今佐领。止给壮丁八名,以供使令。其余分屯别居,编为民户,择汉官清正者辖之。禁贝勒大臣属下需索器物及恣意行游者。复谕曰:"工筑之兴,有妨农务。前因城郭边墙事关守御,有劳民力,良非得已,朕深用悯念。今修葺已竣,嗣后有颓坏者,止令修补,不复兴筑用恤民力,专勤南亩,以重本务。其屯庄田土,八旗移居已定,今后无事再移,可使各安其业,无荒耕种,满洲、汉人毋得异视。凡讼狱、差徭须画一均平。诸贝勒大臣并在外驻防之人及贝勒下牧马、管屯人,有事往屯庄,各宜自备行粮。若擅取民间牛、羊、鸡、豚者罪之。"　1108—1109

天聪三年二月,申科敛民财之禁。时有正黄旗千总,因本管官至屯敛取民物,以为供应者。上察知之,谕贝勒大臣曰:"出使之人各自备糇粮,毋许科取于民。近闻有违法妄行者,不可不严为惩治。诸臣皆受朕恩,身居民上,衣食亦已丰裕。乃攫取贫民辛勤孳养之牲牢,以供口腹。贫民被此扰累,何所恃以为生乎。嗣后除凡人照常处分外,若系管粮官、笔帖式及巡台人虐民妄行,定行处死。"　1109

天聪七年春正月庚子,集八旗备御官谕曰:"田畴庐舍,民生攸赖。劝农讲武,国之大经。方今疆土日辟,旧所给田地,若有不堪耕种者,察明换给沃壤。即于附近建造房屋,俾迁居之。如贫民乏牛具、籽种,赴有力之家代耕。一切徭役专派有力者,不得滥及代耕贫户。"　1109

九年春三月,禁滥役妨农。谕曰:"朕昨出见民间耕种愆期,盖因章京等有事城工,欲先时告竣,故额外派夫,致误耕作。筑城固为正务,然田地荒芜,民食何赖?嗣后有滥役民夫致妨农务者,该管章京以下俱治罪。"　1109

崇德元年冬十月,禁屯积米谷,并令及时耕种。二年春二月,令各屯堡及时劝农。夏四月辛卯,谕群臣:"贷粟贫民及时播种。"五年春三月,命:"郑亲王济尔哈朗帅右翼,贝勒多铎帅左翼官兵往修义州城,驻军屯田。"寻奏:"义州东西四十里田地皆已开垦。"夏五月,谕理藩院曰:"尔等可令索伦来归之众同郭尔罗斯部众于乌库玛勒格棱、额勒苏昂阿察喀地方驻扎耕种。"　1109－1110

六年十一月,都察院参政祖可法等奏言:"今岁禾谷未收,秋霜早陨,恐收获之时,米粮未能丰足,价渐腾涌,市粜日稀。所宜预为筹画者凡四事:

一请严沽酒之禁。本京及大小城堡计造酒米数每日不下数百石,停止一年可省米数十万石。

一请杜囤积之弊。有粮之家或卖或借。卖则从市平粜,借则从时起息。俾得有无相通,不许居奇长价。

一请疏河渠之路。东土以辽沈为肥饶,夹河六屯尤为沃壤。年久不浚,故河壅而水不流,雨泽偶多遂致泛溢,沿河一带良田悉委弃矣。及时挑修,用力不多,为益最大,即民间夫役亦所乐从。

一请开纳粟之例。或论罪之大小限以粮数纳赎,或无罪平人有急公输粟者,量加奖录。俟秋成丰稔即行停止。"疏入。得旨:"所奏俱是。我国人民当此饥馑之年,著停止沽酒。待年丰仍许沽卖。获罪之人无银纳赎愿输粮者,准以时价折收。有余粮之家愿助者许助,愿卖者许卖。又新开河修浚一事,该部俟可以兴工之时奏闻。"　1110

七年六月癸卯上谕:大学士范文程等曰:"昔我太祖时,凡遇行兵巡幸,军士有践踏田禾者,重则射之,轻则鞭之,法律严明,所以重农事也。近来诸王贝勒行兵出猎,见有践踏田禾者,亦曾察出定罪否?朕前往牧马之所,见内大臣塔瞻等践踏田禾,已夺取其矢,交与兵部究治矣。出兵官员应在京候定功罪,其余闲散官员即当令其各往本牛录屯庄,查看田土锄垦与否。如有弃而未锄者,可拨工助之。五谷系万民之命,何得兀然闲坐,略不介意也!"范文程等遵谕集诸王贝勒大臣于笃恭殿,宣示毕,王贝勒奏曰:"臣等遇有践踏田禾之人,应鞭责者鞭责,应罚惩者罚惩,不敢疏纵也。"

以上肇基规制　1110－1111

畿辅规制一

(康熙)八年六月,谕户部曰:"朕缵承祖宗丕基,抚育群生。满、汉军民原无异视,务俾各得其所,乃惬朕心。比年以来,复将民间房地圈给旗下。所以致民生失业,衣食无资,流离困苦,深为可悯。嗣后永行停止。其今年所圈房地,悉令给还民间。尔部速行晓谕,昭朕嘉惠生民至意。至于旗人无地,亦难资生。应否以古北等口边外空地拨给耕种,其令贝勒大臣确议以闻。"是年题准:圈拨民间田房,屡经停止。迩来有因旗下退出荒地复行圈拨者,有游牧等处投来人丁复行圈拨者,有因圈补时复圈接壤民地者,百姓失业堪悯。今张家口、喜峰口、杀虎口、古北口、独石口、山海关外各有旷土。如宗室官员及甲兵有愿将壮丁地亩退出,取口外闲地耕种者,该都统、副都统给印文咨送,按丁拨给。　1119

卷六十六　土田志五
土田规制
奉天规制

国初创业东土,扈从将士按旗分处,各有定界。继因归附益众,粮不足支,展边开垦。移

两黄旗于铁岭,两白旗于安平,两红旗于石城。其两蓝旗所分张义站、靖远堡地瘠,以大城地与之。　1165

　　顺治元年定:诸王、贝勒、贝子、公等,准于锦州各设庄一所。其额外各庄,令其退出。1165

　　又定:差往盖州收税领催,给园地十晌。　1165

　　又定:分拨地亩,缘边次第挨给。若不论疆界挑选膏腴,徇情派拨者,佐领、领催分别罚责。　1165

　　又定:锦州、盖州各官庄屯,非奉钦赐者,概令退出。　1165

　　又定:自京城来人员,曾将伊原给地缴部者,准给熟地。未缴者,给草莱地五晌。若有余丁者,著该管官具结,给与草莱地。　1165 - 1166

　　五年题准:沙河所以外,锦州以内,八旗官员家丁每名拨给地六晌。　1166

　　又题准:官员庄屯,两黄旗设于沙河所,两白旗设于宁远州,两红旗设于塔山,两蓝旗设于锦州。　1166

　　八年覆准:山海关外荒地甚多,有愿出关垦地者,令山海道造册报部,分地居住。　1166

　　十二年题准:辽阳、铁岭至山海关另设边界。八旗庄地多有在边外者,相沿已久,不必迁移。令照旧种住。惟酌量边界开门,勿误耕获。　1166

　　康熙十二年题准:凡欲往盛京领地设庄、护坟者,若将在京所受壮丁地退出,准拨给。盛京熟地不愿退出者,拨给荒地。　1166

　　十九年八月,户部郎中鄂齐礼踏勘盛京满洲新开蒿地,奏言:"东至抚顺,西至山海关,南至盖州,北至开原,计田万顷有奇。征收钱粮约仅有万两。据将军言:"若将满洲自开地亩尽撤入官,恐难度日。"上是之。　1166

　　又户部议准:盛京未垦荒地、荒田一百五十四万七千六百余晌。内除皇庄喂马打草地二万二千四百余晌,仍有一百五十二万五千二百余晌。应将此地亩注册。有民愿开垦者,州县申报府尹,给地耕种征粮。若旗人有力愿垦者,亦将人名地数呈明注册。若自京城移往官兵人等,有将在京地亩退还,愿领盛京地亩者,将彼处旗人垦出余地并未垦荒地酌量拨给。得旨:"盛京田地关系旗丁、民人生计,最为紧要。著尔部贤能司官二员,前往会同奉天将军、副都统、侍郎等及府尹,将各处田地清丈明白,务令旗民咸利。设立边界,永安生业。"1166 - 1167

　　又覆准:奉天新来之民,界内安插,缘边次第垦种。其原在旗界内居民,有愿移于民界内垦种者,有仍愿在旗界内垦种原地者,听从其便。至旗人、民人力不能开垦荒甸,又复霸占者,严查治罪。　1167

　　二十四年四月,谕大学士明珠:"曩者每一夫田撤还一晌之田。近日丈量各旗,有察出溢额之田。今兹拨给,何以不给此等田,而以百姓开垦之田四百顷拨给耶?其令户部堂官察溢额之田现有若干,及以百姓开垦之田因何拨给,询问明白,同户部堂官面奏。"　1167

　　二十五年题准:锦州、凤凰城等八处荒地,分拨旗丁民丁,给牛屯垦。每十六丁内二丁承种,余十四丁助给口粮农器。　1167

　　又题准:黑龙江默尔根地方,户部各差官一员监看耕种。默尔根令索伦、达呼尔官兵耕种。黑龙江令盛京官兵耕种。　1167

　　又题准:凤凰城等八处,差大臣三员、司官八员前往,会同盛京将军、户部侍郎酌量屯垦。

1167

是年十二月,谕大学士等:"日者遣部员自吉林乌喇至黑龙江,以蒙古、锡伯、达呼尔、索伦等人力耕种,田谷大获。夫民食所关至重。来岁仍遣前种田官员,以蒙古、锡伯、达呼尔、索伦等人力耕种。郎中博奇所监种田地,较诸处收获为多,足供跸跆人役之口粮。又积贮其余谷。博奇效力,视众为优,其令注册。此遣去诸员,可互易其地,监视耕种。博奇又复大获,则议叙之。" 1167

二十六年十月,谕大学士等:"黑龙江官兵口粮,关系至重。屡次转运米数,并黑龙江默尔根地方所种米数,宜加察明。盛京等处运米为久远裨益之计,当周详区画。又发遣彼处游手无事之人甚多,其口粮作何酌给? 前至黑龙江一带,仍径直通衢,往来转输,断不致稍有阻滞。如蔡毓荣等巨富之人,并殷实之家,概予口粮,殊觉未当。彼处汉军皆著察出披甲、当差、游手无事之人,可分设官庄,广开田亩,以为恒产。令户兵二部贤能司官迅往,逐一察明确议具奏。" 1167 – 1168

二十八年,谕:"奉天等处旗民田地,所立界限不明。著将各部贤能司官具题差往,会同盛京户部侍郎及该府尹,将旗民田地并牧厂逐一确查,各立界限。详定具奏。"户部郎中郑都等疏言:"臣等遵旨,会同盛京户部、奉天府府尹,亲往各属地方,详察旗民地亩,分立界限。嗣后不许旗人、民人互相垦种,以滋争端。如有荒地余多,旗民情愿垦种者,将地名、亩数具呈盛京户部,在各界内听部丈给。庶界地分明,旗、民各安生业,不致互相争告。"诏从之。 1168

二十九年,黑龙江将军萨布素疏言:"默尔根居住之总管索伦、安诸祜等,每年耕种官田二千余晌。今官兵移驻默尔根,请即以此项成熟之田分给耕种。"诏从之。 1168

三十二年议准:盛京旗人所种地亩,每年地一晌,征豆一关东升,草一束。今将地亩丈量,不论何属之人,俱照八旗十三城所管地界,交与协领、城守尉等催追。 1168

三十七年,谕:"著停止差往种地。嗣后不必具题。如差往种地,再行颁谕。" 1168

三十九年题准:旗人所种地亩,交该管官员催追。 1168

五十五年覆准:旗人开垦地亩,令该管官员出具保结,呈报盛京户部。其民人开垦地亩,仍在地方官处具呈,转报盛京户部,准其开垦。将垦过地亩,于年底汇册,报户部查核。 1168 – 1169

雍正二年议准:盛京旗人所种地亩,仍照旧例。在何界内种地,即将彼界协领、城守尉为督催之员,佐领、防御、骁骑校为经催之员。如有抗欠不交者,该督催官员即行拘拿治罪。如有催追不完之数,计分数题参。 1169

四年议准:盛京旗地,自康熙三十二年输草豆以来,未经查丈,档册舛错,旗民彼此争告,经年不绝。将王以下至闲散宗室,盛京所有庄屯内管领、庄头、壮丁、捕牲人等名姓,居住村庄查明,系何王府及何闲散宗室之人,行文八旗,分别造册,送奉天将军、盛京户部,以备查丈地亩之大臣,会同核对。仍将查丈过地亩若干,输纳草豆若干,造册具题查核。 1169

又覆准:盛京地亩,令奉天将军、府尹、户部侍郎,会同差往丈量地亩大臣,将十四城界内分为十四分旗地、民地,公同派出贤能官员会同查丈。其皇庄捕牲人、三陵内佐领官兵、屯庄执事人、闲散人等,千丁、驿站、台上、园丁、户、礼、工三部屯庄官丁,僧道各项人等地亩,率领伊等该管官公同查丈。务期详悉清楚,无致遗漏隐匿。丈完之日,将丈过地亩数目造册送部。倘有隐匿不清之处,日后发觉,将查丈官从重治罪。 1169

又覆准：宁古塔、船厂等处设立州县。打牲乌喇离船厂甚近。著船厂知州兼辖管理。其拉林河等处地亩不准开垦，交与白都讷新设知县严行禁止。　1169

又覆准：船厂等处开垦地亩，禁止旗民互相典买。　1169

又覆准：赫尔素等驿站，各边地之驿站，所有近城之八旗庄屯，宁古塔所有之开熟田地，亦如奉天府属之州县，照每亩三分钱粮例交纳。若有附于原主名下，未经查出者，佃户首报该县，给与印票，即令其交纳钱粮，不许原主侵占。　1170

十一年题准：喜峰口驻防兵丁一百名，将铁门关外大屯官地分给。每名给地一顷十有五亩七分有奇，菜园四分有奇，令其耕种。照民例分别科则，按亩输租。租银留充兵饷。1170

乾隆二年覆准：黑龙江湖兰地方，设立官庄。令盛京将军于八旗开户人内，选能种地壮丁四百名，挈带家口前往开垦。每壮丁一名拨给地六十亩，盖给草房二间。每十丁合编一庄，共设官庄四十所。每十庄设领催一名，共设领催四名管理。由盛京迁移家口，每丁给碾磨银五两。其家口每人给整备行装银二两。沿（涂）〔途〕各给口粮，拨驿踏车辆送至吉林。由吉林拨运粮船，仍给口粮送至湖兰。初至湖兰，每丁给冬夏衣帽，其家大口每月给粮二斗四升九合，小口半之。每开垦地六亩，给籽种二斗。每庄给牛六头。如有倒毙，动支库贮牛价银买补。再湖兰安驻兵丁，各有垦种地亩，不能代官庄人等助垦。于每庄额给牛六头外，各多给牛二头，令全出己力垦种。此牛如有倒毙无庸补给。每牛一头月给牛料粮一石二斗。其家口粮给一年，牛料粮给两月，皆停止。每丁所受之地，岁纳粗细粮三十石。第一年免输，第二年交半，第三年全纳。再委拨官兵采木造屋，每间各给四两饭银，动支库银仓粮。令该将军等分晰归款奏销。俟安设官庄事竣，令盛京将军于八旗开户人内，再察有愿往湖兰垦种官地之人，应增设官庄若干，再议具奏。　1170

六年议准：湖兰地方宽衍，可设官庄之处尚多。应将前设四十官庄内闲丁一百三十八名，选择五十名，增设官庄五所，拨地开垦。每名给地六十亩及牛种器具口粮。并每年应纳粮数，均照二年之例。但选拨官庄闲丁，不比他处移住，其每丁应给房二间。每间给银四两五钱，令其自行盖造，无庸别拨兵丁。其余丁备补各庄空阙。　1170－1171

七年议准：湖兰左近温德亨山并都尔图地方土性肥饶，水草佳美。应将盛京将军所送愿垦官地开户人内，选能种地壮丁五十名，增设官庄五所，拨地开垦。其资送及拨给田、房、牛种、器具、衣帽、口粮并应纳粮数，均照二年之例。再六年增设官庄五所，合之此次所增官庄五所，已足十庄之数。亦照例增设领催一名管理。　1171

九年二月，议政大臣和硕裕亲王广禄等议得："副都统巴灵阿所奏：'开垦拉林地亩，移驻满洲一事，以今年出派本处人丁一千五百名尽力开垦，得地七百五十一顷二十一亩。将此地即令原派一千五百人耕种。明年再添派人丁六百名开垦，又可得地三百顷。二年所得共一千五十余顷。给与移驻一千户满洲均分，每户得地一顷有余。再者修造房屋衙署，杂事甚繁，只前所派人丁六百名不足供役。请添派六百名，给与盐菜银两及采办牛只、犁铧各费用，即于吉林库存项下动支。仍令盛京户部照数归款。如此，则一千户满洲地亩、房屋可以按期完成'等语。查臣等议政处原议，一千户满洲，每名给地三顷。后经侍郎三和具奏：二年内只能开垦一千六七百顷。"臣等续议，且以二年内所垦均给外，其余随其力量递年补垦足额。咨行在案。嗣于乾隆八年九月奉旨："前据将军鄂弥达等赴拉林、阿尔楚喀踏勘地方，将应拨给移驻一千名满洲之地，派本处官兵，令第一年开垦一千二百顷，次年开垦五百顷。于甲子年秋间,遣去驻扎等因具奏。迄今一载,所垦地亩不敷原奏数目,只开垦七百余顷。此皆鄂弥达并不以事为事之所致也。鄂弥达著交部察议。其未垦地亩,著交新任将军博第务照原奏数目开垦。如其难得量其所得若干,预报该部,将派往之人合地亩数目,先行拨往。”钦此钦遵,亦在案。巴灵阿、博第自应遵旨办理。今尚未办,遽议添派六百名开垦,与原降谕旨不符。巴灵阿所奏均无庸议。请交该将军博第将原派人丁一千五百名内,尽力通融耕种熟地,仍将去年开垦未完地二百五十顷补垦足额。所有已垦之七百五十余顷,著八旗先派七百五十人前往。其未垦之二百五十顷,俟垦足后,仍派二百五十人续行遣往,以足一千之数。”奉旨依议。　1171－1172

二十年十月,大学士忠勇公傅恒等议覆:“将军傅森奏称:‘今年海沟耕种开垦地五百顷,出长谷苗尚属茂盛。因雨水过裕,稍缺晒晾。其收割登场者,仅得粟米一千六百七十石,稗米五十石,荞麦八百三十石,俱收入新仓存贮。再修理副都统衙署三十六间,五百户满洲住房二千五百间,现已完。八屯共掘井三十二眼。查乾隆九年移驻满洲一千户,每口每日给米八合三勺。今所移五百户,自伊等到时起,至秋收时止,应给八个月口粮。所收新垦谷石不敷给与,请于拉林存仓谷内动支’等语。臣等去年会议,将拉林、阿尔楚喀地方尽数筹画,可拣选满洲三千名,分为六起遣往。今此项遣往兵丁,自丙子年起程,应行给与银两、房间、地亩,俱照前次一千名满洲之例办理。”奉旨依议。　　1172

二十一年十一月,兵部具奏:“据吉林将军觉罗额勒登咨称,拉林所管瓦珲地方修盖房屋,备第二起五百户满洲居住。兹已完竣。其本年收成谷石,亦已报部。请于丁丑年春季,地未泛浆之前,遣第二起前往,方可不误耕种。”二十二年十一月,兵部具奏:“据吉林署将军傅森咨称,今年西沟地方,盖造第三起五百户满洲房间完竣。请于戊寅年春季,地未泛浆之前遣往。”二十三年十一月,兵部具奏:“据吉林将军萨拉善咨称,今年霍济墨地方,盖造第四起五百户满洲房间完竣。请于己卯年春季,地未泛浆之前遣往。”皆奉旨依议。　1172－1173

二十四年十月,奉上谕:“内务府议驳得禄奏请‘庄头应交米石折银’一案,办理甚属错谬。盛京庄头应交米石,在本处尚有准其折银交纳之例。而锦州相隔三百余里,反不准其折银交纳,情理俱为倒置。此案于本年正月奉旨交议,直延至九月底具奏。即有移查,何至延缓若是?所有会计司承办之员,著降二等调用。其余同司各员,俱著罚俸二年。内务府总管及堂郎中,俱著罚俸一年。”　1173

二十七年三月,山海关副都统富党阿奏言:“山海关驻防,原有官员养赡地一万二千四百八十余亩。原奏作一千七百八十晌。此内官员及寡妇等所应得数目,并未分别查办。又有菜园田亩,亦未丈量。查官员等应得地数统算不及六千亩,原奏作千晌。其间余剩甚多。请将此项余地一体查丈,除应给者照数给与外,其余出之地,酌办养赡鳏寡孤独之户。”奉旨:“依议。富党阿此奏甚是。但富党阿如此陈奏,彼处官员必归怨于伊,未必实心遵奉。著户部派贤能司官一员前往山海关,协同富党阿妥协办理。”五月,户部派员往山海关会同副都统查丈。事竣奏称:“山海关原给官员地亩,曾经侍郎塞尔赫丈量造册。中有官兵坟葬之地及伊等祖上原得之地。康熙三十五年收地册内并予开除。今臣部委员查丈既核,与原册相符。其伊等坟地及祖上原得地,均应准其开除。　1173

又奏:山海关旧设驻防协领等二十一员,俱给有养赡地亩。惟副都统一员及佐领八员,乃乾隆八年添设,并未议给地亩。其每年所食俸米系采买供支,造入兵马册内报销在案。今据该处丈出地亩,除照旧仍给官员及养赡孤寡,尚多赢余。请将副都统一员、佐领八员,亦依

原设官员之例给与地亩。其应领俸米,请自次年春季起一体裁汰。庶帑项稍可节省,而官员亦受其益。　1174

又奏:查定例,各处驻防官员之寡妻,有情愿守节者,准给期年半俸银米。今山海关驻防官员寡妻,因无期年半俸银米,向俱照伊夫原得地数办给整分,未免过优。嗣后请减半给与,仍俟孀妇物故,或缘事回旗,即将前项地亩撤回备用,报部查核。　1174

又奏:关外地亩较关内之地有间。今官员应得地亩,若不将一年租谷按照俸米计算,恐于官员无益。应请拣选上地,准照伊等奉米之数,仍以六亩为一晌。副都统给与一百晌,协领七十晌,佐领六十晌,防御五十晌,骁骑校、笔帖式各四十晌。谨案:此处晌数未便更改,缘前文有六亩为晌句。其各官所得地亩应纳钱粮,仍照旧在盛京宁远州旗仓交纳。　1174

又奏:官员地亩,应以上则给予。所剩中则、下则地,足为养赡官员寡妻及鳏寡孤独人等之用,但官员之寡妻可以给与地亩。其鳏寡孤独人等若亦给与地亩,恐伊等不能办理,适为无益。请派贤能官二员,会同地方官,按地肥瘠酌定租数。收租后,仍随时价变银存公。照热河地方养赡鳏寡之例,每月给与钱粮银一两五钱。俟孤子成立挑补披甲,即将养赡银裁汰。此系圣主格外恩施,与别项地亩不同。且余出之地,向既不纳钱粮,应免其报升科则。其每年用过余剩各数,亦照热河之例,咨行正蓝三旗核销,以清公项。　1174

又奏:查康熙二十七年,将山海关城守尉、佐领移驻盛京。所有官员菜园地五顷一十亩,经户部收存。至康熙二十九年,派往山海关驻防之总管防御等,以本身地亩呈部请换,遂以五顷一十亩之菜园给予。后因历任移换阅年已久,协领、防御等官有换得者,有本身无地,而与原任子孙同分地租者;有原任子孙仍照旧收占者;有曾经埋葬祖坟者。伏思此项地亩,既经查明丈过,除葬坟之区仍留给本员子孙外,其余官地,请依照各官品级给与。副都统六十亩,协领二员各四十亩,佐领八员各三十亩,防御八员各二十亩。另于各官养赡地内按数划出,以抵还原交本身地亩之人。其有余剩,则以充公为养赡孤寡之用。俱奉旨依议。　1175

三十一年三月,奉上谕:"户部议覆侍郎英廉奏请:'丈出盛京旗民余地,准令无地兵丁、闲散人等认买'一折,原为旗人生计起见。但此等无地人户,贫富不齐,其有余者置产必多,而无力之家未必能一力承买。恐于伊等资计仍无实济。因念该处冬围兵丁,一切鞍马之资,不无拮据。若将此项余地内酌派征租,每年赏备资装于该兵丁,殊有裨益。其应拨用若干及所余地亩尚多,或可一体征租存贮动拨,或听旗人认买,毋致有名无实之处。新柱现在出差盛京,著会同将军、府尹确勘实在情形,妥协定议具奏。"是年四月,尚书新柱等奏称:"奉天旗人原赖种地为生,惟是其中贫富难齐。在有余之家,凡遇可置之产,无不设法购觅。而无力之家,或专藉粮饷以供养赡,或耕数亩以资糊口。日给尚属拮据,何能出资置产?若将丈出余地,准令无地兵丁认买,即使官为办理,极其严密,而诡计影射以及私典、偷买等弊断难悉除。是地亩终归有力之家,而无地旗丁势必不能一律承买。诚属有名无实。至于冬围兵丁,系轮流派拨,数年方值一次,即有些微添置,实亦分所当然。但一切鞍马行装,无一不须制备,若所费稍多,未免即致拮据。乃蒙圣主俯念兵艰,恩施格外,复为筹款赏给,俾得办理有资,则其于生计自必渐次宽裕。臣等通盘酌计,原丈余地四十一万八百余晌,加之移驻塔尔巴哈台兵一千名随缺地七千晌二,共地四十一万七千八百余晌。内除应拨随缺官员地一万六千九百晌,令其照例纳粮。兵丁地四万八千五百七晌,水冲沙压学田、水手公产等项地三万九千九百余晌,其余地亩共三十一万二千四百晌有奇,谨案:六亩为一晌。然此处晌数俱仍来文,未便以亩数核改。盖其奇零之余数与开除之细目,非按地确查,未由悬断故。只就原奏开载，期于传信无讹。一并入官。但各该户，数载经营，一旦撤出，未免有防生计。请即令原种人等按数认种，或有转租于人者，听其自便。应输租银，仍于该户名下催追，不许稍有委卸。如有事故情愿更替，许其呈明本旗，方准退领。倘有拖欠租银以及实系无力承种之户，俱由各该旗查明撤出，另行召种。仍将征租地亩、花户姓名、原认地数四至，造具红册四分，分送户部及盛京户部、将军、府尹各衙门存查。其各处地亩高下肥瘠不同，租价难以画一。必须分别等差，方可永远遵照。查锦州、义州、宁远、熊岳、盖州、复州、金州等七城，地土高阜，人烟辏集，应请作为上等。盛京、广宁、牛庄、海城、辽阳等五城地，虽洼阜不一，尚属平坦，应请定为中等。岫岩、凤凰城、兴京、开原、铁岭等五城，或临近海滨地多斥卤，或山多沙石，半属荒碛，应请定为下等。其上等地亩，上则每晌酌拟租银四钱八分，中则四钱二分，下则三钱六分，折中每晌银四钱二分。中等地亩，上则每晌酌拟租银四钱二分，中则三钱六分，下则三钱，折中每晌银三钱六分。下等地亩，上则每晌酌拟租银三钱六分，中则三钱，下则二钱四分，折中每晌银三钱。酌计每年共征租银十一万二千四百两有奇。令承种地户，各按地亩之高下分别输纳。每年派拨冬围兵丁一千三百名，每名应需恩赏银十五两，共需银一万九千五百两。应请即在此项租银内拨给。其余银两解交盛京户部存贮拨用。应征租银，请责成各该处城守尉、协领暨地方州县照例分限督催。动存各数，由盛京户部按年另册报销。其承催、督催各官，照例一体考察，以专责成。再奉天地方钱多银少，此项余地租银，应请银钱兼收，以免易银易钱之累。每银一两，合大制钱一千文，免其征耗。冬围兵丁恩赏，即于所收钱文内拨给。如有余剩钱文，照搭放兵饷例办理，经户部议准。"奉旨依议。　1175－1177

三十四年二月，大学士刘统勋等遵旨，将户部议覆侍郎瓦尔达条奏旗地原折，交将军恒禄、侍郎瓦尔达阅看。并令将该处情形逐一讲论。据瓦尔达称："从前条奏此事，原以该处旗人生计艰难，出典之地，力难回赎，计惟改典作租，分别年限，给还原业主，庶旗产不致转为民业。今阅户部覆奏：'民人因违例而撤地归主，固所以示儆，而同一违例出典之旗人，不须归价，即可得地。是因违例而转得便宜，于情理似未允协'等语。所议实属持平，无可再议。惟查盛京出典地亩，较近京旗地不同。该处旗民交易均属白契，所开价值或系零星凑算，或以什物准折，甚至随意虚开，皆所不免。若照近京旗地之例依典价按年递减，恐原契不无浮冒，难以尽凭。至向例近京旗地官赎以后，仍准原业主五限交银，或指扣俸饷自行回赎。今查该处旗人生计尤为淡薄，向例五年之限，为期稍迫，恐不及按限扣还，应请酌宽等语。伏思该处旗民交易，向来既惟用白契，其原价自不足凭。查户部从前办理入官地亩，皆系按租定价，即回赎近京旗地，有契价较时值过重者，亦系体察租数，据时核减。历经遵办在案。臣等公同酌议，请将此项民典旗地，无论年分远近，契价多寡，总以现在租息为断。如核计租银可得一钱者，量给价银一两。均就租息之重轻，定价银之多寡，自可杜浮冒之弊。先令地方官查照段落履勘核实，造册呈报户部，恭候钦派大臣前往，会同该将军、侍郎、府尹覆勘定夺。至该侍郎所称官赎之后，旗人扣价还官，请照向例酌宽年限之处，亦系为旗人生计起见。查从前京师官赎旗地，准令原业主扣俸交银，俱系定限五年。今此项回赎地价，可否准令十年扣交，俾生计益为宽裕。出自皇上天恩。"奉旨依议。　1177－1178

三十七年十二月，将军增海奏言："盛京本城各佐领下马甲，计前锋二百名，领催五百二十八名，马兵四千八百六十八名，共五千五百九十六名。分于六十六佐领，每佐领有七十余名者，八十余名者，九十余名者，额数多寡不一。满洲、蒙古有前锋，汉军火器营无前锋，皆一体当差。其中传事、听差、看守城门、衙门、仓库等，俱系轮流行走。一月差竣，仍得两月宽闲。曾经皇上赏赉，每人随缺地六十亩，以充生计。至于额设步兵八百名，其中食一两五钱之领催八十名，食一两之步兵七百二十名。而每佐领下领催或一名，或二名，或并无领催。其步兵或三名、五名、或十五名、二十名，数既参差，其所当差务，计近城十六堆，用兵一百六十名；边门八堆，用兵六十名；八旗二十四堆，用兵一百九十二名。又缉盗、查街、巡更及传事、听差等用兵一百四十余名。计每日必需步兵五百五十六名。原额八百名内作两班轮流，实不敷用。甚至有兼倍差遣者。臣等细心筹画，请将六十六佐领下马兵，不论原额七十名、八十名、九十名，截长补短，皆以八十名为断，计共五千二百八十名作为定额。其余三百十六名，遇缺陆续裁汰。此项裁汰马甲，补为步营领催五十二名，步兵三百三十六名，共三百八十八名。合原数八百名，共成一千一百八十八名。每佐领下定为步营领催二名，步兵十六名。如此筹画均匀，则盛京世仆俱荷皇上恩膏，差务均平，闲暇时亦可以谋生理矣。其裁汰之三百十六名马甲，每年所余钱粮，除应给现增三百八十八名步兵钱粮四千九百六十八两外，仍余银二千六百十六两。入于正项报销。其随缺地亩亦可节省。是否有当，伏祈皇上睿鉴训示。"奉上谕："将军增海奏：'盛京各佐领下，所有马甲多寡不等。请裁马甲，添设步甲。其余剩钱粮并随缺地亩，入于正项报销'一折，经军机大臣会同该部覆准，所办非是。盛京额设马甲并随缺地亩，皆为养赡该处满洲而设。今年久生齿日繁，若将伊等应得分例裁汰入官，于伊等生计殊属无益。如现在京中八旗户口繁盛，生计不无拮据。经朕特沛恩施，另赏鳏寡孤独钱粮，以资生理。其派往西安、凉州、庄浪、宁夏兵丁，俱照所派之额在京挑补。又添兵缺甚多，每年多费帑金不下数万，并无吝惜。国家一切用度，固应节俭。然亦只宜酌减无益靡费，并查核不肖人员，使不得从中侵蚀。至于正项应支之处，岂可节省。盛京满洲皆朕臣仆，人丁日盛，不敷养育，尚宜酌量添给，岂有转将伊等应得分例裁汰之理。今各佐领下马甲额缺不均，固宜均匀办理。但此项裁缺钱粮地亩，亦宜斟酌养赡多人。著将裁汰之马甲三百十六名钱粮交增海等，或添设步甲，或添设养育兵，惟期恩施普被。其随缺地三千一百六十晌，如何使众人均有裨益之处，并著增海等定议具奏。"　1178－1179

三十八年正月，增海奏："应裁三百十六缺之马甲，若添作步营领催五十二名，步甲三百三十六名，合原有之八百名，轮流差遣，则无庸重叠出派，而更替有人。伊等当差与生计，俱不至贻误。应请仍照前奏办理。其裁缺所剩之银两，除新添步营应给四千九百六十八外，仍余二千六百十六两养赡鳏寡孤独。计每月可给养育兵四百三十六名。请于盛京本城旧满洲八佐领，汉军二十四佐领，每佐领各给八名。旧蒙古八佐领，每佐领各给六名。新满洲二十三佐领内，除二佐领，各给六名外，其余二十一佐领及巴尔呼、蒙古三佐领共二十四佐领，每佐领各给五名。再查得六十六佐领马甲随缺地亩，俱在各城边境，相隔甚远。该兵丁不能耕种，惟取租价。每年秋收后，由佐领派领催收取，分给兵丁在案。而此步兵等并无随缺地亩，夜间坐更、巡逻等差，亦属辛苦。仰恳天恩，将所裁马甲地租银，每年赏给步兵，为冬间买置皮衣之用，则各步兵等御寒有赖，皆永沾皇上厚恩于无既矣。"奏入。命户部议行。1179－1180

是年八月，奉上谕："上年奉天查赎旗地一事，经裴日修会同履勘后，交瓦尔达详加查核。今半年余尚未见查办完竣。已降旨将瓦尔达革职。所有查办旗地未完事件，著交喀勒崇义会同将军、府尹，即速悉心确查妥办。"　1180

是月，裴日修、瓦尔达奏："盛京民典旗地，经该将军等查明，候赎地十二万余晌，谨案：此处晌数未便以亩数更改，盖原奏不著奇零若干，无从核算，故仍其旧。咨部动帑回赎。奉旨派出臣裴日修、瓦尔达会同覆勘,臣等至盛京,调取户部等衙门底册,赴各城详加体察,并无旗人妄指民业为旗产,亦无民人捐不听赎等情。原报地数租价,并取具各该旗及地方官结状前来。臣等复回至盛京,会同臣增海等悉心筹画。其一切原查赎报动帑、征租、指扣俸饷各条款,均照户部原议办理。查此项地亩,蒙皇上天恩动帑回赎,俾出典旗人不失旧业,受典民人照旧得价。圣恩高厚,至优极渥。臣等公同酌议,自赎之后,原业旗人能自耕种,准其撤回自种。原佃民人偶有拖欠地租,令地方官代为催追。倘仍抗不给租,方许撤地另行招佃。如原业旗人不能自种,而原佃民人又不欠租,遽将地亩撤出另行招佃者,察出照律治罪,以示惩儆。使旗、民相安,以仰副圣主一视同仁之至意。"奉旨:"所奏是,依议。" 1180－1181

四十一年四月将军弘晌奏言:"盛京各城旗仓米石,每年二三月间除定额应存数目外,将多余米石照市值减价,粜给兵丁坐扣饷银。原因仓米不能久贮,又恐青黄不接之时兵丁食用维艰,是以筹画通融,期于仓贮、兵丁均有裨益。惟是所粜米石,皆系挨年陈米,官斗又小于市斗。虽经减价,核与兵丁买用市米无甚区别。而按季坐扣,所剩饷银无多,一切当差需用,仍属拮据。自应稍为变通,以收实效。查盛京各城,额设马兵一万五千六百五十九名;锦州、义州二城,额设步兵三百三十八名。荷蒙天恩,马兵每名赏有随缺地六十亩,步兵每名赏有随缺地三十亩,俾其耕种食用。但前项随缺地亩,系由各城零星荒甸及丈出余地内拨给,相离窎远者多,兵丁不能亲身耕种,均系佃种收租。每地六亩,不过收制钱三百文,而往返取租盘缠之外,所剩无几。是虽有随缺地亩,未能均沾实惠。臣等详悉筹画,请将兵丁随缺地亩交各城地方官,依上中下则照数征租报部。其兵丁应得随缺地租,改折米石。即以每年出粜之米给领,以地六亩银三钱之数计算。马兵一名,每年可得租银三两。步兵一名,每年可得租银一两五钱。照依历年出粜,自五钱至一两价银数目折中。酌定每米一石,作价七钱五分。每马兵一名给米四石,步兵一名给米二石。如此通融办理,仓米既可无庸出粜,而兵丁得此米石,生计自为宽裕。 1181

详查盛京各城旗仓,每年应征米四万九千二百石零。除各项需用外,每年实余米三万四千一百余石。马兵步兵二项,共需米六万三千四百一十二石。除余米三万四千余石,尚不敷米二万九千余石。查奉天府属各州县仓,每年例有出陈易新,粜借米石。所有不敷兵米,请即就近动用民仓发给。仍照直省采买,不敷兵米之例,饬令各州县分别定价,照数买补还项。所需银两,即在所征随缺地租银内动用。如此一转移,间于旗民各仓额贮无亏。所征地租,即以下则地每六亩三钱核计,一年可得租银四万七千五百余两。其中上等者银数更多,以之抵补旗仓粜米价值及买补民仓动用米石,俱属有赢无绌,而兵丁得以永远均沾实惠。与国课、仓储、兵丁生计,洵属有益。是否有当,伏乞皇上睿鉴训示。"奉旨:"该部议奏。" 1181－1182

五月,户部议奏:"乾隆十三年,军机大臣会同盛京将军酌议:'兵丁随缺地亩,于现在闲空荒甸,就近均匀拨给,令其耕种。仍交该将军留心查访,务须抵缺交代,勿使私自典卖。'奏准在案。臣等伏思盛京各城旗兵,自拨给随缺地亩以来,咸得服习农功,以资养赡食用,无虞缺乏。而于青黄不接时,复将旗仓米石减价出粜,俾接济有资。仰见我皇上轸恤旗仆,有加无已之至意。立法本为至善。今该将军以前项地亩相离窎远,兵丁不能耕种收租,往返盘费尤多,请将地亩撤出交县征租,每年马兵折给四石,步兵折给二石云云。查从前分拨地亩时,原议就本城荒甸拨给。如本处有余,仍分给别城,使之自行耕种。本不应有相离遥远之理。今据称:'窎远者,多是当日未照原议办理,以致兵丁不能亲身耕种,势不得不变为收租。'而收租必至有名无实,所以该将军有撤地拨米之奏也。然其中扞格难行处,臣部不得不详慎筹画。查盛京各城旗仓米数,除各项需用外,每年只余米三万四千余石。今若按每兵折支四石、二石之数,共需米六万三千余石。计不敷之数将及三万,势将借动民仓。殊不知民仓积贮,原以备民间缓急之需,一切赈恤、平粜,均为民食攸关。倘年岁有丰歉不齐,民间之需用既多,旗兵之折支,又例难停止,左支右绌,将必有掣肘之虞。且岁有不收地亩,钱粮尚应蠲缓,佃户租银更难按则征齐,则采买无资又将作何办理?况盛京地亩按则征租,每晌三四钱不等。而各属月报粮价,每一石米市值七八钱至一两四五钱,是即将地租全征,尚不敷买补。则不敷之价,又将何出?且不敷之米几及三万,即为年额必需采买之数。设遇年景不齐,市价昂涌,若加价采买,则租数多亏。若停买缓待,则兵丁又无米可支。是不但无裨兵食,反恐有损民仓。与其更张成规,每多掣肘,自不如遵照旧例,较为允协。该将军所奏应毋庸议。至随缺地亩,其中或间有遥远之处,自应就地土之坐落,量加筹换,即可使远近田亩一律均齐矣。"奉旨:"部驳其是,依议。" 1182－1183

又奉上谕:"户部议驳弘晌等奏:'盛京各城兵丁随缺地亩,请交地方官按则征租。将所得租银折中定价,改给米石'一折,所驳甚是。已依议行矣。各城兵丁赏给随缺地亩,俾其自为耕种,以资养赡。所以体恤兵丁者至为周渥。弘晌等乃因其地有远近,辄欲官为征收,按价折米。设或丰歉不齐,采买无资,又将作何筹办?该将军等何未计及于此。至从前定议时,原令将现在闲空荒甸就近均匀分拨。何以兵丁受拨之田,悉皆鸾远,是当时已办理不善。即或因地亩不能就近分拨,有断难照办之势,当时即应奏明,另为设法。乃相沿日久,或欲一旦更张,又不计其事之是否可行,徒欲要誉众兵,而未知通盘筹画,有是理乎?著传谕弘晌,将其中有无弊混之处,据实奏覆。" 1183

是月,弘晌覆奏:"随缺地亩,系乾隆十三年,原任将军达尔当阿请将闲荒余地分给兵众。每名各十晌。因荒甸不足分给,前后陆续每名先给七晌。嗣于乾隆三十一年,理藩院尚书新柱奏:将丈出旗人余地,每名补给三晌,以足十晌之数。而当日分拨时,皆系开种所余,去城稍远,不能与当差之处附近,以致每年秋季众兵告假取租,往返积日。窃伏思户部内仓及开原等外城十四仓,每年除支给俸米,并存仓额米外,所有余米俱推陈出新,令兵丁春季认买,至秋还价。若将地亩官为征租,亦可抵还仓借,以省取租之劳。又恐米石不敷,请动民仓补足,并未通盘筹画,愚昧具奏。请交部严加议处。"奉旨:"此次姑宽,以后戒之慎之。" 1183－1184

四十六年奏准:盛京、吉林等处,流民私垦地亩,均按则输粮。如有流民回籍他往,所遗地亩拨给旗人耕种纳粮。仍饬该管官不时稽查。倘此次清查后,复有流民私自开垦及旗人私行租与民人佃种者,旗人、民人等一律治罪,地亩入官。 1184

五十七年,盛京将军琳宁奏请:"将兴京、开原、辽阳等城闲地拨给守陵官兵外,详见后卷。所余地亩尚多。查锦州各城,于乾隆五十四、五十五等年水灾案内勘明,水冲、沙压田亩不堪垦复,例应补给八旗兵地一万一千余亩,请拨补兵额,以收实效。"从之。

以上奉天规制 1184

卷六十八 土田志七

土田数目

内府庄园数目

顺治初,定鼎燕京,近畿百姓带地来投。愿充纳银庄头者,各按其地亩,为纳银庄头。后有愿领入官地亩，设庄纳银者，亦为纳银庄头。带地来充者，为投充人。单身投充，愿领地纳银者，每人给一绳地，四十二亩为一绳。为绳地人。纳蜜、纳苇、纳棉、纳靛者，为蜜户、苇户、棉靛户。坐落顺天、永平、天津、保定、宣化所属州县及喜峰口、古北口外等处。　　1193

镶黄旗四十四庄，带地投充人及绳地人共一百五十八名，蜜户八名，苇户六名，共地二千三百六十八顷有奇。后定为大庄一百五十九所，半庄五十九所，园三十二所，共地四千三百八十六顷。正黄旗四十七庄，带地投充人及绳地人共六十三名，蜜户十有八名，苇户一名，共地一千三百九十九顷有奇。后定为大庄一百四十六所，半庄五十四所，园二十九所，共地四千一百二十三顷。　　1193－1194

正白旗四十一庄，带地投充人九十三名，蜜户十有二名，共地一千九百八十八顷有奇。后定为大庄一百五十三所，半庄五十八所，园三十九所，共地四千二百七十九顷。　　1194

带地投充人各带地亩多寡不一，计地三千三百顷九十八亩零。绳地人计地三百五十二顷四十五亩。均年亩征银三分，草一束。　　1194

蜜户计地二百八十九顷六十三亩零，每六亩征蜜五斤，交纳官三仓。雍正六年准：蜜户所交蜜，除官三仓呈明足用外，其余每亩折银五分，交广储司库。　　1194

苇户计地一百四十九顷八十二亩零，按地肥瘠，每亩征银一分至八分不等。除每年额征芦苇四万余斤，抵折银两外，其额征银五十二两零，交广储司。　　1194

棉靛户共地三十四顷七十二亩，每棉丁征棉花五十斤，靛丁征水靛百斤，交广储司。乾隆五年议：棉靛户之地亩硗薄不堪种棉、种靛，准照投充人之例，每亩征银三分，草一束。银交广储司，草交会计司。　　1194

又菜园、瓜园，顺治初年定：每内管领下，菜园头二名，瓜园头一名，轮班交纳菜蔬瓜实。后立菜库。在康熙三十三年。定菜园头为六十名，每名给畦地一顷八十亩。无畦地，则每亩折给旱地五亩。每名旱地九顷。除畅春园、奉宸苑种菜各用园头一名外，其余五十八名随时交纳鲜菜。按：菜园头六十名中，二十五名系畦地，三十五名系旱地。乾隆四年奏准：畦地照旧供菜，旱地折银交广储司。安肃园头四名，专纳白菜。瓜园头三十名，给地与菜园头同。岁纳瓜茄诸蔬。又承种云南西瓜园头二名，各交西瓜一百。投充西瓜园头四名，各交西瓜一千。　　1194－1195

又果园，顺治初年定：顺天、保定、河间、永平等府属设果园一百三十六所，共陈丁七百有五，给养赡家口地二百七十一顷二十亩零。每丁岁征银三两。　　1195

盛京陈园丁三百五十有一，广宁陈园丁一百十有七，每丁岁征银三两。近畿新园一百二十一所。携地来投共八百七十顷四十七亩零，每亩征银五分。嗣于南苑设果园五所，在康熙十二年。各给地一顷十有九亩外，各给养赡家口地二顷十亩。岁纳各种桃李，不征地亩钱粮。寻又以新、陈各园头等子孙繁衍，将入官地亩增设新园二十六所，各给地五顷，计地一百三十顷。每岁按亩征银一钱。如遇水旱，一例豁免。在雍正二年。又盛京增新丁八十四名，每丁征银三钱六分。广宁增新丁三名，每名征银四钱二分。共征银三十一两有奇。　　1195

（康熙二十一年）又议准：盛京粮庄所纳粮米，给与三旗人丁口粮外，余于该庄作窖收贮。　　1197

二十三年奏准：山海关外庄头，每十年委本司官前往编定等次。　　1197

又奏准：畅春园内余地及西厂二处种稻田一顷六亩，令附近之庄头、壮丁每年轮种。给与石景山等处地十有一顷三十四亩四分，以为耕种稻田之资。　　1197

二十四年，设立粮庄。每庄给地十有八顷。旧例每庄壮丁十名，选一人为庄头，给田一百三十晌。场园、马馆另给田四晌。壮丁蕃衍，则留于本庄，缺则补足，给牛八头，量给房屋、田种、口粮、器皿，免第一年钱粮。至是设粮庄，每庄地三百晌，其头等、二等庄头不准给牛。又山海关内，古北口、喜峰口外粮庄，每一所纳粮百石。此名斤石，每石合仓石三石六斗。每百石合仓石三百六十石。山海关外粮庄，每一所纳粮百二十石。合仓石四百三十二石。1197－1198

四十五年奏准：捕牲乌喇地方，于蜜户内简选五人安设皇庄五所。每庄定壮丁十四名，给以牛具令其开垦。　1198

四十八年，令庄头地亩不足额者，准其补给。薄碱沙压者，准其换给。　1198

五十年，定粮庄纳粮之数。山海关内，古北口、喜峰口外，头等庄报仓石二百五十石，二等庄、三等庄递减三十石，末等庄报一百二十石。每石折小米五斗。　1198

五十一年，定山海关外头等庄报仓石三百二十二石，二等庄、三等庄递减三十石，末等庄报一百九十二石。　1198－1199

乾隆元年，奉旨："盛京编审庄头等次，著内务府司官会该管官办理。"　1201

四年奏准：菜园、瓜园地，亦照庄地丈量四至，造册存案。　1201

又奏准：凡投充人等所带地亩，如有薄碱、沙压者，委官勘实，准其退出，暂交地方官，召民耕种，输租户部。其附近处有可补之地，照数补给。如无可补之地，即按其现有地亩交差。　1201

八年奏准：自康熙二十三年编审等第以来，凡地亩宽裕者，皆已陆续升等加差。若仍照例编等，必至有名无实。应停止十年编等之例。　1201

宗室庄屯数目

正红旗宗室：整庄一百四十五所，半庄三所，整园五十所，半园十所，园四所，共地二万七百三十六晌零。坐落顺天、宛平、昌平、涿州、文安、保定、定兴、涞水及辽阳、海城、盖平各州县。

镶白旗宗室：整庄一百七十八所，半庄五所，庄八所，整园八所，园二十所，果地、靛地、网户、猎户等地七十六处，共地二万八千六百一十九晌零。坐落大兴、宛平、良乡、固安、永清、东安、香河、通州、三河、武清、宝坻、昌平、密云、怀柔、房山、霸州、蓟州、玉田、平谷、遵化、丰润、迁安、滦州、乐亭、保定、易州、河间、任邱、沧洲、保安及辽阳、海城、盖平、铁岭、山海关外等处。

镶红旗宗室：整庄二百九十八所，半庄二十三所，庄五所，整园一百一十一所，半园二所，共地四万三千八百三十五晌。坐落大兴、宛平、永清、香河、通州、宝坻、昌平、涿州、房山、霸州、滦州、新城、河间、肃宁、沧州、延庆及张家口外等处。

正蓝旗宗室：整庄五百四十四所，半庄一百五十一所，庄二十二所，整园一百三所，半园十九所，园七十三所，果菜、牧地五处，共地八万八千五百五十四晌零。坐落大兴、宛平、良乡、永清、东安、香河、通州、武清、昌平、顺义、怀柔、涿州、房山、霸州、保定、蓟州、玉田、平谷、遵化、丰润、永平、昌黎、滦州、乐亭、新城、易州、青县、无极、保安及承德、辽阳、开原、锦州、宁远、广宁、开平、冷口外等处。

镶蓝旗宗室：整庄二百三十一所，半庄六十三所，庄九所，整园一百二所，半园二所，园三所,共地三万七千五百七十九晌零。坐落大兴、宛平、固安、永清、东安、昌平、怀柔、滦州、蠡县、安州、高阳及辽阳、海城、盖平、锦州、开平等处。

以上宗室庄屯数目　1204—1205

卷七十一　土田志十

土田数目

奉天八旗地亩数目

镶黄旗地亩在盛京、兴京、开原、辽阳界内,共二千七百四十七晌二亩四分。

正黄旗地亩在盛京、兴京、开原界内,共一千六百五十晌一亩四分。

正白旗地亩在盛京、兴京、开原、辽阳界内,共三千四百二十七晌一亩一分。以上上三旗地亩。

上三旗包衣佐领下园丁地亩在盛京、开原、辽阳界内,共二万二千二百四十六晌四亩。以上包衣佐领下地亩。

盛京礼部六品官所属各壮丁地在盛京、兴京、辽阳、铁岭、秀岩界内,共八千三百四十九晌五亩三分。

盛京工部五品官所属壮丁地,在盛京、辽阳、牛庄、秀岩、因登界内,共九千三百六十六晌。六品官所属壮丁地在盛京、兴京、开原、辽阳界内,共三千一百五十晌四亩九分。

制造库匠役人等地在盛京界内,共三百七十二晌。盛京户部仓官、庄头、楼军、仓军地,共六千八百五十一晌三亩四分。领催、庄头地共四万六千八百八十晌二十一亩六分。

盛京礼部庄头壮丁地七百八十四晌一亩六分。

盛京兵部站丁地一千零四十五晌四亩八分。

盛京工部庄头壮丁地一千二百七十六晌零三分。以上盛京官员所属地亩。

兴京界内,八旗所属王、贝勒、贝子、公、大臣等地二万零三十九晌二亩。官员、兵丁、闲散人等地九千六百八十一晌零五分。

抚顺界内,右翼四旗所属王、贝勒、贝子、公、大臣等地二万一千六百四十七晌十七亩七分,官员、兵丁、闲散人等地一千二百五十三晌二亩六分。咸场、汪清二门,官兵、台丁地五千四百六十七晌二亩八分。

开原界内,八旗庄屯地二千八百顷零七十九亩。辽阳城界内,八旗官员兵丁地一万四千八百零九晌一亩。

铁岭界内,左翼四旗庄屯地八千六百五十七顷四十四亩二分。

法库边门,庄屯地六百七十八顷五十八亩。

威远堡边门,庄屯地二百二十八顷八十七亩。

英额边门,庄屯地一百二十六顷七十二亩二分。

凤凰城,八旗巴尔虎地一千九百四十八顷六十四亩。又正黄旗屯地共六十顷九亩。

瑗河边门,分种地共二十四顷七十四亩。四台四屯地六十一顷五十九亩。

复州界内,八旗分拨地二万八千八百二十三晌二亩。

熊岳城界内,八旗满洲、蒙古、巴尔虎、汉军庄屯地二千八百八十三顷三十九亩。

金州界内,八旗满洲、蒙古、汉军官员兵丁地三千三百四十一顷零四亩。水师营地二十六顷十八亩。

山海关官员、兵丁、寡妇、闲散人等，在山海卫、宁远州界内，共地一百三顷五十七亩七分零。又正白、正红、镶红旗下闲散人等地，共三顷六十七亩零。

秀岩界内，八旗官员兵丁地二千一百二十一顷零二亩七分。

盖州界内，各旗官员兵丁地六千七百七十三晌。

牛庄界内，八旗官员兵丁地四万八千七百一十六晌四亩。

广宁城所属巨流河、白旗堡、小黑山、闾阳驿、张五台边门等界内，八旗官员、兵丁、闲散人等地共一万五千一百九十四顷九十六亩二分。

锦州界内，王、贝勒、贝子、公、宗室、额驸、官员、庄头、闲散人等地，共二千七百十七顷零七亩八分。八旗兵丁、闲散人等地，共一千五十四顷五十亩零四分。

义州界内，八旗庄屯地五千四百七十一顷二十五亩。

清河边门，庄屯地五百三十四顷二十三亩。

九关台边门，庄屯地二百三十二顷十八亩。

吉林乌喇界内，官员兵丁开垦地：镶黄旗六千二百四十二晌，正黄旗四千九百二十一晌，正白旗四千四百三十五晌，正红旗四千二百十三晌，镶白旗四千八百零八晌，镶红旗三千六百九十六晌，正蓝旗四千三百五十四晌，镶蓝旗四千四百五十四晌，水师营四千四百二十六晌。又各庄头开垦地共四千二百零一晌。

宁古塔界内，官员兵丁开垦地：镶黄旗五千七百八十四晌，正黄旗三千三百九十五晌，正白旗五千五百八十五晌，正红旗七千晌，镶白旗七千九百五十九晌，镶红旗五千四百四十五晌，正蓝旗四千六百六十九晌，镶蓝旗三千六百六十一晌。又各庄头开垦地共五千五百五十七晌。

浑春界内，官员兵丁开垦地：镶黄旗一千九百五十三晌，正黄旗一千六百五十九晌，正白旗五千二百八十二晌。

三姓地方官员兵丁开垦地：镶黄旗一千九百十六晌，正黄旗三千零二十五晌，正白旗九百九十一晌，正红旗六千九百九十四晌。

白都讷界内，官员兵丁开垦地：镶黄旗一千九百四十三晌，正黄旗一千二百二十八晌，正白旗三千九百二十四晌，正红旗二千零九十二晌，镶白旗一千三百三十七晌，镶红旗一千一百八十七晌，正蓝旗三千五百八十四晌，镶蓝旗三千二百三十五晌。又各庄头开垦地共三百七十二晌。

阿尔楚喀界内，官员兵丁开垦地：镶黄旗一千九百十八晌，正黄旗二千零五晌，正白旗九百八十五晌。俱据奉天来册。

以上奉天八旗地亩数目   1261—1265

采捕山场

凡上三旗及五旗王以下，奉恩将军以上采捕山场，各有分界。

凡上三旗及各旗采捕人等，按验户部执照，移文奉天将军，给与出边信票。采获人参，秤验、造册报部。

凡内府围猎人员所骑内厩马匹，喂养槽、铡、锅、掀以及将军衙门围猎需用铁镩、木掀、筐、木笼、车辆等件，照来文造给。其制帐房口袋需用布疋、绵线、黄麻、檾麻于该部移取。其木笼动支钱粮制给，用过数目报部。

凡乌喇采捕处所，烹煎鲟、鳇鱼，需用锅、杓、笊篱等物，本部办买。布、盐、绳、麻等物，于该部支取。其芦席官丁取办，驿站牛车运送。用过钱粮，本部报销。

镶黄旗人参山：黑车木、马家、肥牛村、牛哈儿哈、色钦、赵家、厄尔民河、冈哈尔民河、佟家河、拉哈多布库河、牙尔渣河。

镶黄旗采捕山：波那活河、一而门、呼蓝、马哈拉。

镶黄旗围猎山：哈代上涧附、威谆河、河尔法蒀、加色叶坑厄岭、沂澈涨泥河、巇岭、果罗河、一马呼港、得弗河、交河。

正黄旗人参山：木起、呼浑谷背山傍、幽呼罗东界、克车木、肥牛村、土克善梅佛黑齐、五林峰、厄尔民河、哈尔民河夹冈、佟家河、拉哈多布库河、浑济山、见得黑山。

正黄旗采捕山：一而门、牙濑港、厄黑五陵阿。

正黄旗围猎山：喀普赤蓝、勒克得弗口、朱扯。

正白旗人参山：呼雷、刚山岭、东胜阿谷、济尔歌把罗、打八拉冈、济尔歌河、瓦而喀什八罗、觉罗卫济岭、昂把释楞、阿沙哈河、绵滩厄母皮里、阿什汗河、湖南谷、湖南岭、布鲁张市、义欣谷、梭希纳、钮王涧谷、布勒亨。

正白旗采捕山：希尔哈河、阿克敦、上涧峰、木书河。

正白旗围猎山：沂澈涨泥河、科罗河、复涨泥河、吉当阿河岸、蒙古谷、大起、朱车衮。

正红旗人参山：牛哈儿哈、撒木汤阿、刘姑山岭、五儿烘噶哈、阿巴噶哈、木敦、古黑岭背山傍、汗处哈谷、西伯谷、五儿烘谷、阿米大谷、阿米大牙尔过。

正红旗采捕山：撒仑一而门、五蓝得弗、哈占你白叶。

正红旗围猎山：觉罗大汤阿、边米牙呼、会肥一蓝木黑林、过而名冈、呼浑、肥得里、都什黑梅黑河、勒扶峰、色黑骊达马纳、会肥围屯。

镶白旗人参山：刘姑山岭、撒木汤阿、张而都科八罗、欢他、呼勒英厄、刚山岭、色珍大霸库、扎儿大库河、乌林布占、三通岭、多布库罗门、浑济木敦。

镶白旗采捕山：阿呼峰、撒仑。

镶白旗围猎山：喀普赤蓝、木单焉泰、上涧峰、色勒五鲁库、江都库峰、火托峰、浑济你什哈河。

镶红旗人参山：加海、撒木占河、沂澈东五、札木必汗、札木他赖、纽木舜、五什欣阿普大力、五儿烘阿普大力、白母白力、撒哈连、昂八乌而呼、纳孟厄、阿沙哈围黑、厄黑港、古黑岭南山傍、瓦里呼、汗处掀谷、昂把乌黑、昂把释楞。

镶红旗采捕山：勒扶渡口、一八单、依兰峰、朱绿峰、呼朱白叶。

两红旗合给围猎山：觉罗太阳阿、边米牙呼、会肥一蓝木黑林、过而名冈、呼浑、肥得里、都什黑梅黑河、勒扶峰、色黑骊达马纳、罗大罗火港。

正蓝旗人参山：东胜阿、加哈岭、瓦尔喀什、札尔呼河、吉牟申、书谷、五儿烘噶哈、昂巴噶哈、木敦家牟占、湾他哈、钮王涧谷、非牙郎阿、阿什哈温拉黑。

正蓝旗采捕山：阿济革牙哈、木克峰、阿木滩纳麦尔齐、昂巴牙哈。

正蓝旗围猎山：吉当阿河西岸、围黑夸蓝、一吞河、昂把西伯、纳亲河、叶河一蓝木黑林。

镶蓝旗人参山：札木必汗、札东阿、色钦、札库木、厄一扶峰、都棱、温泉、札尔呼河、围黑法三。

镶蓝旗采捕山：牙濑港、一吞木克、波吞波吞、酸焉冈。

镶蓝旗围猎山：书民乌力汗、马打堪冈、色朱棱、骏焉瓦色。

以上采捕山场　1265—1268

台站地亩

奉天将军所辖驿站

沙河站，壮丁八十七名，地一千五百五十五晌一百二十六亩。

东光站，壮丁六十四名，地一千七百二十五晌一百二十一亩三分。

宁远驿，壮丁七十五名，地一千八百五十晌二百三十四亩七分。

高桥驿，壮丁六十三名，地一千二百九十六晌二百零八亩。

小陵河驿，壮丁四十六名，地四百九十五晌一百四十七亩一分。

十三山驿，壮丁九十一名，地三千三百五十二晌二百零八亩九分。

广宁驿，壮丁六十九名，地一千八百一十晌三百四十二亩八分。

小黑山驿，壮丁四十三名，地三千七百一十七晌一百九十二亩七分。

二道境驿，壮丁七十三名，地二千六百八十二晌二百九十三亩三分。

白旗堡，壮丁八十七名，地二千七百六十二晌二百六十三亩九分。

巨流河驿，壮丁五十二名，地一千一百三十二晌零五亩四分。

旧边驿，壮丁五十三名，地一千一百二十九晌一百一十九亩四分。

盛京驿，壮丁三十八名，地九百二十八晌一百十亩九分。

十里河驿，壮丁二十四名，地五百二十八晌六十七亩。

东京驿，壮丁九名，地一百一十晌十五亩。

狼子山驿，壮丁二十二名，地四百七十一晌六十六亩。

甜水站，壮丁十九名，地四百六十九晌五十一亩。

连山关驿，壮丁二十名，地六百三十八晌九十五亩。

通远堡驿，壮丁十九名，地三百四十七晌四十七亩。

雪里站，壮丁三十一名，地四百九十九晌七十亩。

凤凰城驿，壮丁二十二名，地四百五十九晌四十六亩。

高丽堡驿，壮丁四十名，地三百零七晌。

易路驿，壮丁五十名，地五百三十二晌三亩八分。

严千户屯驿，壮丁三十一名，地五百八十五晌六十五亩。

法库驿，壮丁三十三名，地五百六十六晌。

沙尔湖驿，壮丁二十三名，地一百九十晌五十亩一分。

开原驿，壮丁五十三名，地七百九十三晌五十七亩。

噶布喇村驿，壮丁二十一名，地四百三十九晌二亩六分。

木奇驿，壮丁十八名，地四百零六晌十八亩。俱据奉天来册。

黑龙江将军所辖驿站

茂欣连素等处十驿，于各驿十里内，驿夫种地共三千零六十八晌。

黑尔根村等处十驿，于各驿十里内，驿夫种地共四千零三十晌。俱据黑龙江来册。

宁古塔将军所辖台站

巴言俄佛洛边门七台，种地共二千四百零六晌。

一统边门六台,种地共一千四百五十六晌。

河尔素边门八台,种地共九百三十晌。

布尔图库苏巴尔汉边门七台,种地共一千二百八十九晌。

叽喇站、苏通站、一而门站、刷烟站、一巴旦站、阿尔坦厄墨尔站、黑尔素站、夜河站、蒙古河洛站共九处,种地七千九百六十晌。

金周俄佛洛站、书兰站、法他哈站、登格尔哲库站、蒙古站、讨来诏站、孙扎波站、蒿子站、舍力站、北都讷站、厄和木站、拉法站、推吞站、俄莫和索洛站、毕尔汉必拉站、沙兰站、宁古塔站共十七处,种地一万零六百四十三晌。俱据宁古塔来册。

以上台站地亩　1268—1270

卷七十二　土田志十一

守陵人员地亩

看守永陵关防属下各旗人等及匠役、扫院、丁壮地八十五顷三十九亩二分,在马家和罗吴库礼噶山、胡篮哈达等处。总管属下八旗丁壮地四百四十八顷六亩四分。佐领属下千丁地二万一千一百五十八晌零六分,在奉天、辽阳、抚顺、因登、巨流河界内。

看守福陵关防属下包衣八旗官员兵丁及扫院、看园人等地二百八十七顷八十三亩七分,在盛京、兴京界内。总管属下八旗人员并看守官厅丁壮地六百零三顷三十四亩,在盛京、兴京、开原等界内。佐领属下千丁地一千一百三十八顷二十七亩六分,在奉天、开原界内。右《旧志》原文。

看守昭陵关防属下官员人等及扫院、丁壮地一千七百零七顷三十四亩七分,总管属下八旗丁壮地四千五百五十七晌五亩,在奉天、开原、广宁、秀岩、牛庄界内。右《旧志》俱本奉天来册。

乾隆五十七年八月,户部议覆:"盛京将军琳宁奏称:'乾隆十三年,添给官兵地亩时,以守陵官兵与打围当差者有间,是以未经一律拨给。总缘当年丁少,尚可倚赖旧业养生。而年来生齿日繁,必须酌给官地,以资养育。查奉天大段闲地,业经招募旗人垦种。而兴京、沈阳、开原、辽阳、凤凰城、广宁、牛庄等城,所属尚有零星小段闲荒。臣等择其可耕并无关碍者得九万八千余亩,尽足以供分拨'等语。自属实在情形。应如所奏,准其拨给三陵官兵,以副皇上一视同仁之意。"奉旨依议。　1272—1273

卷七十三　土田志十二

各处驻防地亩

设立规制

康熙二十一年,奉旨:"盛京、山海关等处官员年老病故之寡妇、孤儿仍在原任处居住,给原官房屋地土。"　1281

给地数目

山海关驻防:顺治二年,初设云骑尉品级章京四员,每员俸米地五十晌。笔帖式二员,每员俸米地四十晌。甲兵四十六名,每名口粮地十晌。康熙十四年,添设城守尉一员,俸米地八十晌。八旗佐领八员,俸米地照前。章京骁骑校八员,俸米地同笔帖式。笔帖式三员,俸米地照前。甲兵八百名,口粮地照前。二十年,撤去甲兵四百名。官员照旧。俸米地、口粮地，每员每名俱照旧。二十七年，改城守尉为总管。除总管、笔帖式存留甲兵六十六名外，其余官员甲兵俱撤，在盛京沿途驻防。从京补授云骑尉品级章京八员，添甲兵九十四名，共一百六十名。其俸米地、口粮地俱照前。本驻防来册。康熙三十一年，换给驻防总管抚宁县地三顷八十四亩，在高儿庄。本县来册。三十四年，添设骁骑校八员，甲兵四十名，共甲兵二百名，俸米地、口粮地俱照前。三十五年，户部议准山海关驻防甲兵照冷口、喜峰口之例，每年每名给米四十四斛。其地亩交还。自是年以后甲兵俱在山海关通判仓领米。其各官员俸米地仍照前。　1285

黑龙江驻防：乞察哈尔八旗官兵、水手、拜唐阿，官种地二千五百响，兵种地三万五千响。东至呼育尔八十里，南至乌尔努尔一百里，西至哈木巴代七十里，北至额尔黑产七十里。本城官兵、水手、拜唐阿，官种地一千三百七十五响，兵种地一万八千九十九响。东至科林呼尔哈五十里，南至拖里哈达六十五里，西至多尔莫二十八里，北至萨呤连五十里。墨尔根和屯官兵、水手、拜唐阿，官种地一千七百六十响，兵种地二万九千三十三响。东至显克得勒二十五里，南至哈力雅图四十五里，西至叶赫得三十五里，北至乌黑特二十里。布特海副都统驻防纳尔吉村地方，官种地三千二百六十六响，布特海人丁种地三万一千七百七十响。东至得敦一百八十八里，南至梅勒参二百九十里，西至哈代堪四百三十里，北至萨妈黑尔二百二十里。雍正六年，管侍卫内大臣公富尔丹题准：乞察哈尔兵丁、水手、拜唐阿，在城南克尔育尔、恒费发尔等处种官地二千响。黑龙江城兵丁、水手，在城南种官地一千五百响。布特海、索伦、达呼尔在那尔吉村东博尔得罗洛库等处种官地二千响。本驻防来册。　1288

卷七十四　土田志十三

八旗茔地

顺治十年诏："八旗贫无葬地者，每旗拨给坟茔地五十响。"　1291

（康熙）十二年题准：凡欲往盛京领地设庄护坟者，若将分内壮丁地退出，准拨熟地。不愿退出者，以荒地拨给。　1291

卷七十五　土田志十四

八旗牧场

奉天牧场

顺治五年奏准："奉天中前所、前屯卫、中后所三处地，令八旗均分为马场。自东迤西，先给两黄旗，次两白旗，次两红旗，次两蓝旗。　1299

康熙二年题准：锦州大凌河牧场，东至右屯卫，西至鸭子厂，南至海，北至黄山堡。仍留备牧马之用，不许民开垦。　1299

乾隆十三年议准：大凌河马场，长百余里，阔自二三十里至六十里不等，甚属宽广。今既裁减马群，应于马场西界横截十里，给官兵就近耕种，以资养赡。但恐伊等日后图利，私行侵占，开垦耕种，有碍马场。令差往大臣会同副都统并总管，核明应裁牧场地址，编定四至，注册备考。　1299

又奏准：大陵河马场，东西长九十里，南北长十八里至六十里不等。折算约二百九十余里，计地一万七千九百余顷。应遵照原议，自西界横截十里。会同副都统、牧群总管丈量。西边自南至北长十八里有奇，东边自南至北长二十里有奇。而此所截地内，南界窄狭，北界虽宽而有山,有足截十里者,有不足十里者。依地势裁给,共计九百三十八顷有奇。随定界址,东至杏山之北濠沟,西至鸭子厂,南至七里河,北至金厂堡。将裁截之处建筑封堆,以杜将来私垦。右俱《会典》。　1299

　　兴京牧场地三千八百十晌零九分。　1299

　　抚顺界内,右翼四旗牧场九百七十晌五亩一分。开原八旗兵丁等牧场,自城外辽河东西至朔罗阿林止。　1299

　　辽阳城所属八旗牧场四处,在沙沟子、船城、单家庄、小网户屯。　1300

　　哈达霍罗牧场,自开原城东墨尔根村起,至商家台止。　1300

　　复州界内,八旗牧场一万九千四百三十六晌。　1300

　　熊岳城界内,八旗满洲、蒙古、巴里虎、汉军牧场地二百七十五顷九十亩。　1300

　　金州界内,牧场七十四顷五十八亩。　1300

　　秀岩界内,八旗官员兵丁牧场三百七十顷二十亩二分。　1300

　　牛庄所属新倍河马场一处。　1300

　　宁古塔界内,左翼四旗牧场,在城西北四十五里外。自阿都和洛北,拉哈米河口以南,至厄木海兰,长五十二里;东自色勒木哈连蒙阿,西至恩格木阿林,宽三十五里。右翼四旗牧场,在城南五十里外。自窝楞河茶库拉法兰北,木敦东,阿尔哈河口西,至乌尔虎和洛木敦,长四十九里;自茶库拉法兰北,木敦南,至蛟梅佛恒,宽十八里。　1300

　　浑春界内,镶黄、正黄、正白三旗牧场,在浑春村南九十里。绰库北,自奇他帕他阿林以南,至朱黑俄莫,长二十里;绰库东,自海岸以西,至达尔吉阿林,宽十八里。　1300

　　三姓地方,镶黄、正黄、正白、正红四旗牧场,在城东南四十三里。自海兰俄莫北,至翁肯河南乌鲁林河,长三十四里;东南自达库兰阿林以西,至你尔格墨阿林,宽二十六里。　1300

　　阿尔楚哈界内,镶黄、正黄、正白三旗牧场,在城北七十里。自德克秦东,至阿尔楚哈河口,长二十里;德克秦西,至罗进苏苏,长五十里;自德克秦北,至松阿里江岸,宽五里;德克秦以南宽五里。　1300－1301

　　吉林乌喇界内牧场,镶黄旗:自卧必拉北,东至雅通阿必拉十里,西至扎棍必拉五里,北至马哈拉阿林四十里。正黄旗,自依拉秦河至扎棍和吞,长十二里,自扎棍必拉至卧尔混,宽十三里。正白旗,自恩皮沟源至马哈尔图山,长三十里;自恩皮沟至某哈连布占,宽十五里。镶白旗,自雅通阿必拉至扎棍必拉,长二十里,自雅通阿必拉至马哈尔吞阿林,宽十五里。正红旗,自刷烟必拉口南至大路,长三十里,自沙伦河至刷烟必拉,宽二十里。镶红旗,自卧尔浑必拉至沙伦必拉,长二十五里;自对莺厄至波诺和必拉河口,宽二十里。正蓝旗,自阿克敦霍洛昂噶至扎棍必拉,长二十五里;自依拉秦必拉河口至雅通阿必拉,宽十五里。镶蓝旗自波诺和必拉河口至依尔门必拉,长三十里;东至扎棍必拉,宽二十里。　1301

　　白都纳牧地,在拉哈傅和舍库地方,长一百四十里,宽三十里。右俱奉天来册。

　　以上奉天牧场　1301

卷七十六　土田志十五
土田教令

崇德元年十月,太宗文皇帝命户部承政英固尔岱、玛福塔传谕曰:"朕惟谷甚贱伤农,甚贵伤民。有粮之家,辄自居奇,必待市价腾贵,方肯出粜。此何意耶? 今当各计尔等家口足用外，有余即以粜卖，毋得仍前壅积，致有谷贵之虞。先令八家各出粮一百石，交市粜卖，以充民食。至树艺所宜，各因地利，卑湿者可种稗、稻、高粱，高阜可种杂粮。勤力培壅，乘地滋润及时耕种，则秋成刈获，户庆充盈。如失时不耕，粮从何得耶。”　1306

二年二月，谕户部曰：“昨岁春寒，耕种失时，以致谷贵。今岁虽复春寒，然农时不可违也。宜早勤播种，而加耘治焉。夫耕耘及时，则稼无灾伤，可望有秋。否则，或被虫灾，或逢水涝，谷何由登乎！凡播种，必相其土之燥湿而布其利。该管屯堡各员，有不勤加董率，致废农务者罪之。”　1306

四月，谕群臣曰：“今岁告饥。凡积粟之家，宜与各牛录内困乏者：卖则取值，借则取息。如此，有无相通，则民气自裕。若私埋藏以致朽烂，非我国之人也。至贫民无力耕种，坐使土地荒芜，食何由赖。该管章京，宜时加体察，令有力者助之。”　1307

六年二月，先是命户部清查各旗牛录，分别贫富具奏。部臣覆奏：宗室拜音图下四十八牛录俱贫。太宗集众于笃恭殿，谕之曰：“此等贫穷各牛录，岂行阵时独禁其俘获耶！岂尝于众人之外加派徭役耶！抑岂旱潦偏灾之独异于众人耶！皆因该管各章京等嗜酒旷职，董率无方，户口何从而殷富。著将各该管章京解任，另选才能者任之。”　1307

七年正月，谕户部曰：“凡有粮贷人及无粮求贷者，许家长互相称贷。勿得私向奴仆称贷及私贷与奴仆。”　1307

八年六月，先是盛京居民稠密，部臣议区别散处，以弭火灾。至是都察院承政满达海奏言：“时届秋禾成熟，改造庐舍恐妨收获。俟禾稼登场，农功既毕，来岁春和，再行修造。”得旨：“所奏是。时方收获，改建房屋著即停止。其有力之家，自能修盖者听。无力者不必催督，俟来春农隙再行修造。”　1307

顺治元年题准：盛京地方，令照旧织布，仍留养蚕屯十处。　1307

又定：驻防锦州等城，汉军每壮丁五名，拨给牛一只，以备耕种。　1307

又定：庄屯棉花发民间纺绩，入八分宗室。各派匠役，令官员、领催督课官屯人织布。　1307

二年二月，户部传谕：“管庄拨什库等，使晓谕各处庄头：凡民间什物，不许攘掠。若采买刍粮，定于民间开市之日，著一人率领同往。余日毋得私行。其贸易价值，毋致短少，务须两得其平。倘有违令恣行者，即行处死。至各庄田土，尤须勤力耕种。”　1307－1308

七年正月，谕户部曰：“年来八旗止凭踏看涝地给米，是以不勤农务。嗣后踏看涝地，永行停止。自王以下，官员以上，准给俸米一年。仍令勤修农务。秋则种麦耕地，春则运粪拨谷，务俾以时从事。”　1308

八年，谕诸王：“必俟农隙时，方许放鹰。勿得玩违，以致蹂躏田禾。”　1308

康熙三十年二月，谕大学士伊桑阿、阿兰泰，学士迈图、西安、南塔海、傅继祖：“盛京官屯五十所，沿边丁壮设为屯二十五所，移迁于乌喇。念此庄屯有及沿边丁壮，居住年久，已成聚落。今遽令迁移，如此众多人户，生业荡然，必致苦累。仍留于盛京，与迁移于乌喇，皆公家之屯，其为纳赋则一也。朕意此庄屯应停其迁徙。于乌喇兵丁，每岁派三百名耕种，或一岁以乌喇之兵，一岁以捕牲之人，轮年耕种，亦可以积谷矣。此事所关綦重。著学士麻尔图驰驿往盛京、乌喇，令将军、副都统、各部堂官悉喻朕意。伊等之意若何，详议回奏。”　1308

是年十二月，谕户部曰：“塞外聚谷，甚属要务。故耕稼土田以广积贮，为至切也。达尔湖之地，其田以内府庄屯之人耕之。可令总管内务府，于各庄屯内遣其丁壮，其谷种、耒耜及诸田器、耕牛,皆令豫备。于三旗内府官员、新满洲护军、披甲之中,熟谙农事者,择而遣之。呼尔湖之地,其田以八旗诸王庄屯之丁壮耕之。其谷种、耒耜及诸田器、耕牛,咸令豫备。熟谙农事人员,择而遣之。垦辟耕种之时,稷与大麦、油麦、春麦四种谷,皆可艺植。稷宜多种,春麦宜少种。遣往耕田之人,田既耕种毕,则酌留耘田之人,其余人遣还。谷既熟,则所留耘田之人可以收获。此农人所食之米,于古北口所贮米石中计口而授之。西拉木伦之地,其耕田悉照原议。遣盛京人员前往,俟农毕收成之后,视丰收地方,其治田人员该部议叙。尔等其议以闻。"又谕内阁曰:"达尔湖、呼尔湖、西拉木伦地方,耕田所需之牛,著停其捐助。于每处遣户部司官一员,带库银照数购买,以给与之。" 1308－1309

三十三年正月,谕内阁曰:"黑龙江墨尔根波尔得之地官员兵丁,与索伦、达呼尔之人,助其耕种,亦有年矣。若仍前相助力作,其官员兵丁及索伦、达呼尔之人皆致劳苦。此数年来所种之谷,倘足以备用,则集众力以耕作,可以停止。著将军萨布苏详议具奏。遣兵部笔帖式一人往。" 1309

乾隆元年四月,上谕:"八旗为国家根本,从前敦崇俭朴,习尚敦庞,风俗最为近古。迨承平日久,渐即侈靡。且生齿日繁,不务本计,但知坐耗财赋,罔思节俭。如服官外省奉差收税,即不守本分,恣意花消,亏竭国帑,及至干犯法纪,身罹罪戾,又复贻累亲戚,波及朋侪,牵连困顿。而兵丁闲散人等,惟知鲜衣美食,荡费赀财,相习成风,全不知悔。旗人之贫乏,率由于此。朕即位以来,轸念伊等生计艰难,频颁赏赉,优恤备至。其亏空钱粮,已令该部查奏宽免。其入官之坟茔地亩,已令查明给还。其因获罪革退之世职,亦令查明请旨。似此叠沛恩施者,无非欲令其家给人足,返朴还淳,共享升平之福也。现在日与王大臣等,筹画久长生计,次第举行。惟是旷典不可数邀,亦不可常恃。而旗人等蒙国家教养之厚泽,不可不深思猛省,自为家室之谋。即如喜丧之事,原有恩赏银两,自应称家有无,酌量经理。乃无知之人,止图粉饰虚文,过为靡费,或遇父母大故,其意以为因父母之事,即过费,亦所不惜。不知荡尽家产,子孙无以存活,伊等父母之心,其能安乎否乎?他如此等陋习,不可悉数。在己不知节省,但希冀朝廷格外之赏赉,以供其挥霍,济其穷困,有是理乎?嗣后务期恪遵典制,谨身节用,勿事浮华,勿耽游情,交相戒勉,惟俭惟勤,庶几人人得所,永远充裕,可免窘乏之虞。况旗员内之老成谨慎者,可望擢用外任,上为国家效力办公,下亦可得俸禄养廉,以赡给家口。倘伊等不知痛改前非,仍蹈覆辙,骄奢侈靡,亏帑误公,则是伊等下愚不移,自取罪戾,不惟恩所不施,且为法所不贷。朕必仍前按律惩治,不少姑息。且朕今日所宽者,即向日亏空官帑,骄泰自恣之人也。若不痛自改省,谨遵法纪,则将来不于伊身,必于伊等之子孙,又复罹追比之苦矣。又何乐于目前数日之花费乎!凡朕之所以谆谆训戒者,总为伊等豫谋久远生计。八旗大臣等,可通行晓谕官兵人等,其各敬听朕言,熟思审计,以无负朕之期望。"
1309－1310

三年三月,上谕:"八旗之人,动辄望赏望借,以济匮乏。不知国家经制有常,为政有体,岂有无端赏借,以博众人一时感悦之理。且国家之有恩施,亦如上天之有雨泽。若雨泽下降,而播种不豫,力作不勤,亦不能望收获。况一时之赏借,犹如一时之骤雨,可暂而不可常,能给而不能足。加之伊等又不知樽节爱惜,随手浪费,于生计丝毫无补。其裨益果安在耶!朕实不忍兵民等之痴愚不悟,特颁此旨,再行晓谕。" 1310

卷七十七　土田志十六

土田蠲恤

蠲赈银米

天聪元年六月，谕八旗大臣曰："各旗所属之人，勤惰不齐，贫富亦异。夫务农积贮，为足食之本。而有无相恤，实弭盗之原尔。诸大臣务加详察，若力不能耕种而无粮赡养者，有兄弟则令与兄弟相依，无兄弟则令殷实有粮者养之。其为诸贝勒，素知才能之人有不能耕种，而无粮养赡者，须详察其情，告知诸贝勒，设法赡养，毋俾失所。"时方大饥，诸物腾贵，大臣等以严惩盗贼入奏。上恻然曰："今岁国中因年饥乏食，致民不得已而行窃耳。诏是岁谳狱，姑从宽典，仍大发帑金，散赈饥民。"　1311

（康熙二十八年）十月，户部议覆："盛京、辽阳、兴京屯庄所种田地，因亢旱及霜陨，米谷不收。应免其纳租。移咨盛京户部，详计所需米谷，发银采买赈济。"奉旨："盛京地方，今年亢旱，米粮不收。闻兵丁现在买米而食，朕心深切轸念。其令户部侍郎阿山乘驿速往，与盛京各部大臣公同察明，量其度岁所需，令内务府官往取庄上所有米粮散给，俾得均沾实惠。"　1314

二十九年二月，户部遵谕议奏："八旗不能赡养之庄屯人口及穷官、护军、拨什库、兵等之庄屯人口，共二万二千四百二十八人。每人给米一石。至于孑身寡妇，退甲护军、拨什库及无马甲，止给一两钱粮者，其家口庄屯人口，共六万三千七百一十九人，每人亦给米一石。"得旨："此等人口，俱应给米粮。可令速给之。"　1314

九月，谕户部曰："盛京兵丁，全恃南亩耕获及月给粮饷，以为资生之计。昨岁盛京禾稼不登，贫困兵丁艰于粒食。曾以所有屯粮颁发赈救。顷值军兴，遣一等侍卫齐兰布往调盛京兵丁。随发谕旨，令无马匹者，给以官厂马匹；无行粮者，给以庄屯粮米。而官兵因踊跃遄往。仓卒之际，置办一切军装，遂支领明年二月分应给俸饷。又豫支五个月钱粮，刻期进发。比额鲁特噶尔丹败遁，盛京官兵虽未接战，而奋勇敌忾，深可嘉悦。今若将豫支俸饷复行抵扣，则穷乏兵丁必致生计艰窘，朕心殊切悯恻。所预给明年二月分应给俸饷，及增给五个月钱粮，著免抵扣，仍照常支给俸饷，以示朕爱养将士，轸恤疾苦至意。尔部即遵谕行。"1314-1315

三十三年七月，谕户部曰："盛京等处，去岁禾稼不登，粒食艰窘。闻今年收种亦未丰稔，米谷仍贵。倘价值日渐翔涌，则兵民生计恐致匮乏。盛京等处地方，关系紧要。朕心时切轸念，宜豫加筹画，作何恩给，俾各资生。著遣部院堂上官一员前往。自甲兵以及匠役、当差人等，有力不能糊口者，将人户数目察明，造册具奏。尔部即遵谕行。"　1315

三十四年五月，谕大学士伊桑阿、侍郎朱都纳、学士宋柱、户部郎中鄂奇曰："副都统齐兰布等自盛京还奏，言今岁盛京亢旱，麦禾不成，米价翔贵。虽市有鬻粟，而穷民力不能籴，遂致重困。夫盛京者，根本之地。令朱都纳、宋柱、鄂奇等驰驿迅往，会同盛京将军、副都统诸臣，详察果穷乏者，于去岁海运米二万石中，动支一万石，计会散给，令可食至秋成。此一万石散给而有余者，平价粜之。若此，则兵民均有利益。又诸地有告粮乏者，遣城守尉、部员之贤能者，并散给以赈之。如一万石不足散给发粜，速具题请旨。"八月，谕户部曰："盛京地方，比岁荒歉，粒食艰难。朕心深切轸念。原欲躬亲巡省，询问疾苦情形，遍敷恩泽。今岁停止东行，而所在贫窭兵丁，尚冀朕之临幸。是宜仍加赈恤，用俾资生。应作如何加恩，尔部议奏。又盛京兵丁钱粮两季支领。兵丁于未支领之际，每致有称贷遗负。嗣后著按月支给。至今岁秋禾，闻亦不甚丰茂，恐生计渐艰，困乏滋甚。自今冬以至来秋，应作何赈给不致失所，共计需粮若干，著盛京将军、副都统会同盛京户部侍郎查明，详加筹画具奏。尔部即遵谕行。" 1315－1316

（乾隆）三年三月，奉上谕："现在八旗复设米局，原议于应行。买米之时，动支库银收卖。目今米价昂贵，旗民籴买不免拮据，必须及早平粜，方有裨益。朕意欲于每厂给发银米各半，令其即行开粜，酌量办理。其应如何给发银米之处，著大学士议奏。"大学士鄂尔泰等奏言："八旗米局今既照旧开设。但现在米价昂贵，若每厂给银五千两一齐收买，恐转致腾涌。若给与米石平粜，又恐一时粜尽，仍不能平减时价。是以令于应买米石时，由库支领银两收买。今奉谕旨，令每局给与银米各半，以资平粜，实属允当。查原议给银，每局为数五千。臣等酌议，每局给银二千五百两，稜米二千石，令其照市肆数目，量为降减粜卖，以平市价。其所领银两及卖米银两，应如何陆续收买接济之处，应交管米局之大臣酌量办理。至所领米石，遇有丰收之年，作何还仓抵项，亦俱令管米局大臣，临期妥办具奏。"奉旨依议。1319

四月，奉上谕："八旗设立米局，原以惠济贫人。从前请裁米局者，系八旗大臣。现在议复米局者，亦是八旗大臣。从来朝廷立政，有治人无治法。必须办理得宜，方为有利无弊。若米局既设，而奉行不善，有失初设之美意。则虽属良法，终何益之有。著传谕八旗管理米局之大臣，务期悉心筹画，随时调剂，毋得稍有疏忽，致生弊端。现今管米局之大臣，有止派副都统者，该都统亦当留心查察，不可谓身无责成，膜视公事。" 1319

八年九月，奉上谕："盛京户部庄头，每年交纳粮石，预备陵寝祭祀各项公应外，其余交收入仓，以为拨给各处匠役口粮之用。今朕恭谒祖陵，亲诣盛京，轸念各庄头终岁勤苦，输将无误。著将乾隆八年分应交仓粮一万余石加恩宽免。其各处匠役口粮，著于旧存仓粮内拨给。再各庄尚有乾隆七年分未完米豆草束，俱著该部查明一并豁免。以示朕优恤旗庄至意。" 1322

二十一年正月，奉上谕："据署黑龙江将军绰尔多奏：'齐齐哈尔、黑龙江、默尔根、呼兰等处八旗水师营、驿站官兵人等，各年未完粮石，并本年借给口粮，共十五万五千余石。请分年完交'等语。齐齐哈尔等处，连年被灾歉收，兵力自多拮据，兼之调派随征甚为出力，朕心深为轸念。著将齐齐哈尔、黑龙江、默尔根、呼兰等处节年未完借欠粮石，并本年借给口粮十五万五千余石，俱著加恩免其完纳，以示优恤。该部即遵谕行。" 1323

三十四年二月，户部议盛京户部侍郎瓦尔达奏："乾隆三十三年，承德、辽阳、海城、广宁等四州县夏秋被水，其户部所属被灾官庄七十五座。准其照例赈恤。应交本年粮石盐斤，亦准其照数蠲免。务使被灾丁、庄均沾实惠。如有冒销克扣等弊，即行参究。"奉旨："依议，速行。" 1324

三十八年正月，奉上谕："各直省秋成普庆丰收。即奉天各属亦臻大有始和之布，毋庸更沛恩膏。惟念盛京各城旗人节欠余地租银，自乾隆三十一年至三十七年计六万余两。原系该旗人等节年拖欠。至此年丰力裕，自应踊跃输将。第积欠一时并征，恐不免稍形拮据。著加恩，分作六年带征，俾完公更得从容，而生计益臻饶裕，以副朕体恤嘉惠至意。该部即遵谕行。" 1324

四十三年八月，奉上谕："朕恭谒祖陵礼成，现降旨将奉天所属府州县，乾隆四十四年地丁正项钱粮通行蠲免。所有各庄头及旗地应纳粮石草束等项,自应一体加恩,以敷渥泽。著将盛京户部各庄头本年应交仓粮一万余石免其交纳。所有各处匠役,应需口粮,著于旧存仓粮内拨给。其盛京、兴京、辽阳、牛庄、盖州、熊岳、复州、金州、岫岩、凤凰城、开原、锦州、宁远、广宁、义州等十五处旗地,本年应纳米豆、草束,亦著免征一半。俾旗庄均沾嘉惠。该部即遵谕行。"　1324

以上蠲赈银米　1324

优免徭役

(天聪八年正月)是月癸卯,众汉官赴管户部事贝勒德格类前诉称:"我等向蒙圣恩,每一备御免丁八名,止免其应输官粮,其余杂差仍与各牛录下堡民三百十五丁一例应付。窃思我等本身,照官例赡养新人,较民例更重。所免八丁,复与民例一体当差。本身又任部务,所有差徭从何措办,徭役似觉重科。况生员外郎尚有免丁,望上垂怜,将所免八丁准照官例当差,余丁与民同例。"德格类奏闻:"上遣巴克什、龙什、希福,察讯差役重科之由,奏称所诉皆虚。惟前此买妇女配给新人,众皆一体出价,未经给还众,遂藉以为辞耳。"上命将原价发还,谕管礼部事贝勒萨哈廉曰:"此辈皆忘却得辽东时所受苦累,而为此诳言耳。若不申谕,使之豁然晓畅,则此些少之费,动为口实矣。"于是萨哈廉奉上命,传集众官于内廷。传谕曰:"尔众汉官,所诉差徭繁重,可谓直言无隐。若非实不得已,岂肯迫切陈诉。然朕意亦不可隐而不言,当从公论之。朕意以为尔等苦累,较前亦少休息矣。初,尔等俱分隶满洲大臣,所有马匹,尔等不得乘,而满洲官乘之;所有牲畜,尔等不得用,满洲官强与价而买之。凡官员病故,其妻子皆给贝勒家为奴,既为满官所属。虽有腴田,不获耕种,终岁勤劬,米谷仍不足食,每至鬻仆、典衣以自给。是以尔等潜通明国,书信往来,几蹈赤族之祸。自杨文明被讦事觉以来,朕姑宥尔等之罪,将尔等拔出满洲大臣之家,另编为固山。从此,尔等得乘所有之马,得用所畜之牲,妻子得免为奴。择腴地而耕之,米谷得以自给,当不似从前之典衣、鬻仆矣。尔等以小事来诉,无不听理,所控虽虚,亦不重处。是皆朕格外加恩,甚于待满洲者也。至于困苦之事,间或有之。然试取满洲之功与尔等较之,果孰难孰易乎!满洲竭力为国,有经百战者,有经四五十战者,尔等曾经几战乎!朕遇尔等稍有微劳,即因而擢用,加恩过于满洲。若与满洲一例较伤论功以为升迁,则尔今之为总兵者,未知尚居何职也。尔汉官皆谓'满洲官员虽娴攻战,贪得苟安,不知忧国急公。我等战攻虽不及满洲,而忧国急公则过之。'及览尔等章奏,岂皆忧国急公者耶!尔等另编固山之时,咸云拯我等于陷溺之中,不受满洲大臣欺凌,虽肝脑涂地,不能仰答上恩于万一。今览尔等所诉之词,何顿忘前言乎!尔等诉称苦累甚于满洲,盍向熟谙差役者问之,若以满洲相较,轻则有之,甚则未也。古语有云:'有家者能养贤,则取国而国可得。有国者能养贤,则取天下而天下可得。'此尔等所素知者。是以朕及贝勒之家,各量所有均出之,以养上天畀我之民,此即古圣人所谓养贤以及万民之义也。今尔等所输,不过大凌河数人赡养之资,遂出怨言,何其言行不相愿耶!朕谓尔等博知典故,虽非圣贤,必有通达事理者。由今观之,殆不然矣。使尔等果能达于事理,必谓朕及贝勒尚散财无吝,我等随众输纳岂为苦耶。他国之主,皆敛民间财赋,以供一己之用。有余方以养人。我国赋税,朕与诸贝勒曾有所私用乎!我国民力朕与诸贝勒曾有所私役乎!取国赋而靡费于家,役民力以修治其室,不以国事为念,止图一己便安,尔等自当谏朕。今朕为国家朝夕忧勤,荷天眷佑,殊方君长头目接踵来归,犹恐不能招致,故解衣衣之,推食食之。

然一切赏赉之需，皆自八家均出，何曾多取一物于尔等乎！礼部亦有汉官试往问之，八家每年出羊若干，貂裘野兽酒米筵宴若干，礼部官员岂不明告于尔乎。至国中年岁偶歉，八家即均出米粟赈济贫民。朕与诸贝勒又散给各固山满洲、蒙古、汉人赡养之。其新附之蒙古、汉人、瓦尔喀、呼尔哈、卦尔察以及旧满洲、汉人、蒙古等，凡贫穷者，则又给与妻室、奴仆、庄田、牛马、衣食赡养，何可胜数。此皆尔等所明知者。尔等果忧国急公，其间纵有愚昧无知，自言其苦者，尔等犹当劝谕之。且熟计经费所需有若干，孰多孰寡，何不细思之。朕思我国虽贫，尔等如此亦足矣。欲令尔等与满洲一例应差，尚恐致累。今尔等反言苦累过于满洲。满、汉官民虽有新旧，皆我臣庶，岂有厚薄之分乎！满洲出兵，三丁抽一，今令尔等亦与满洲同例，三丁抽一为兵。尔等以为何如乎？且满洲之偏苦于汉人者，不但三丁抽一也，每牛录下守台、淘铁，及一切工匠、牧马人，固山下听事人役等，所出不下三十人。而当差者凡十有四家。又每年耕种以给新附之人，每牛录又出妇人三口。又耀州烧盐，猎取禽兽，供应朝鲜使臣驿马，修筑边境四城，出征行猎后巡视边墙，守贝勒门及派兵防守巨流河，即句骊河。在在需人，皆惟每牛录是问。又每牛录设哨马二匹，遇有倒毙则均摊买补。遇征瓦尔喀时，又各喂马二三匹。从征，每牛录复派护军十名，兵丁二三名，往来驰使。差回，又令喂养所乘马匹。遇各国投诚人至，拨给满洲现住屯堡房屋，令满洲展界移居。又分给粮谷，令其春米酿酒，解纳每年猎取兽肉，分给新附之人。又发帑金于朝鲜贸易布疋，仍令满洲负戴运送。边城满洲又有窖冰之役，每年接新附之呼尔哈，于教场看守皮张，运送薪水。朝鲜、蒙古使至，驻沈阳护军章京各出一人，运给水草。若夏月至，更有采给青草之役。又每年采参，并负往朝鲜货卖。每固山以一户驻英格地方，巡缉踪迹。又以一户驻沈阳渡口，看守船只。此皆满洲偏苦之处。若不向尔等详切言之，尔等亦未必深信。今满汉均属一国人民，尔等竟不知差徭之少，倍减于满洲；而满洲差徭之多，实逾尔等三十余项也。尔等试将朕言与尔等所言，从公忖量，果尔等偏苦乎！抑满洲偏苦乎！有所欲言，直切言之可也。"

谕毕，总兵官石廷柱、马光速、王世选及副将、参将、游击各官奏曰："控诉之事，我等不知。皆众备御所为。"遂将为首八人执之。萨哈廉曰："尔等既云不知，当贝勒德格类遣布丹往问时，何云知之？又何为将苦累之事备呈于部耶？"众官对曰："各备御向我等不曾言差役重科，但言欲诉帮丁八人之事。故布丹来讯，我等答曰知之。至具呈之事，乃龙什、希福令我等将所有差徭备细开写。我等无知，故尔开送奏闻。"萨哈廉具以奏上。

上曰："诸臣既云不知，所执备御八员可并释之。倘治其罪，后有苦累亦更无敢言者矣。各官及所执备御，皆勿令谢恩。若谢恩，则是欲罪而复赦之也。"各官复奏曰："臣等虽未同诉，然不能开谕于先，复不能禁止于后，此心懆然，如醉如梦，臣等罪无可逭。伏念上及八家贝勒尚尔恤养外国，珍赐无吝，凡遇迎送宰牲设宴，曾无虚日。臣等更有何言？臣等以濒死之身蒙上生全另立固山，得叨宠遇。凡此衣食、奴仆、马匹孰非上之恩赐。果计功之大小，颁行爵赏、拨给人丁，不特官爵非所敢望，更有何物是臣等所应有者。今臣等上等之家不下千丁，下等之家不下二十余丁。似此豢养之恩，虽肝脑涂地，实难报称万一也。" 1326－1330

是月，游击祝邦成天聪三年十二月，攻明蓟州殁于阵。之妻请免其家数丁差徭。管吏部贝勒多尔衮以奏，太宗谕曰："此功臣之妻，准免八丁。以后凡功臣已故，无兄弟子嗣承袭，而其妻尚存者，准照官职免其丁之半。著为令。" 1330

崇德三年八月，优免举人丁役。先是天聪三年，谕曰："朕今欲振（与）〔兴〕文教，以昭作人之典。诸贝勒及满、汉蒙古之家所有儒生，俱令考试。取中者则以丁偿之。"遂命诸臣校录得二百人,各免二丁差徭。八年四月,又合满洲、蒙古试之,取中举人十六名,各免四丁。至是,复取中十名,各授牛录章京品级,免四丁。其生员授护军校品级,已入部者免二丁,未入部者免一丁。　1330

九月,定优免人丁例。无世职固山额真、承政准免十丁。梅勒章京、内大臣、参政准免八丁。甲喇章京、一等辖、理事官准免五丁。牛录章京、二等辖、副理事官准免四丁。三等辖准免三丁。多罗贝勒、三等辖准免二丁。　1330

以上优免徭役　1330

卷一百十六　营建志五

八旗驻防规制一
各省驻防一

盛京驻防将军衙署,在抚近门内。天聪六年,设立六部时为吏部衙门,顺治元年迁都裁改。康熙十三年,重修为镇守奉天等处将军衙署。新旧共房五十六间,仓十间,在城内西南隅。火药库十三间,在城外沈水南。　1979

奉天府城周围九里三分。康熙十四年,于城内设内仓三十间,通济仓一百间,太平仓七十间,新仓三十间,南馆仓五间。于城外置草厂一座,教场一处。其八旗兵丁官房,镶黄旗满洲四佐领下,共二百二十二间。蒙古二佐领下,共九十六间。汉军三佐领下,共一百六十八间。正黄旗满洲四佐领下,共二百二十四间。蒙古二佐领下,共九十六间。汉军三佐领下,共一百六十六间。正白旗满洲四佐领下,共二百二十四间。蒙古二佐领下,共九十六间。汉军三佐领下,共一百六十六间。正红旗满洲四佐领下,共二百二十四间。蒙古一佐领下,共五十六间。汉军三佐领下,共一百六十六间。镶白旗满洲四佐领下,共二百二十四间。蒙古一佐领下,共五十六间。汉军三佐领下,共一百六十八间。镶红旗满洲四佐领下,共二百二十二间。蒙古一佐领下,共五十六间。汉军三佐领下,共一百六十八间。正蓝旗满洲三佐领下,共一百六十八间。蒙古一佐领下,共五十六间。汉军三佐领下,共一百六十八间。镶蓝旗满洲四佐领下,共二百二十二间。蒙古一佐领下,共五十六间。汉军三佐领下,共一百六十八间。总共兵房三千六百三十六间。三十年,于左右两翼设官学二处,学房各十间,由盛京工部拨给。　1979－1980

乾隆元年,设宗室、觉罗二学。宗室学房二十六间,觉罗学房十八间。五十九年,现存将军衙署大堂三间、穿堂三间、仪门三间、大门三间、南耳房二间、户司房十二间、兵司房十间、刑司房三间、工司房五间、缮写折本房三间、步营司房五间、番子司房四间、印库三间、档库四间,俱系原设。其大门房二间、东耳房三间、司务厅三间、接济官兵银两处房四间、炮房二间、当月房一间、赏银库六间,又浑河南教场房八间、边城内教场一处,房三间,俱系乾隆三年至三十四年陆续添设。兵丁房屋,于乾隆三十八年将军增海奏明变卖七百四十五间。五十年将军公宗室永玮又奏卖一千八百九十七间,现存九百九十四间。火药库陆续添房二十一间。左右两翼官学,于三十二年作为将军住房,移其学于协领署内。　1980

兴京驻防自太祖、太宗时始设,城周围三里半。康熙三十四年,建造城守尉衙门三间在城内,教场在城外。兵丁住房共八十间。原有仓廒八间,五十二年添盖十间,又草厂一座。　1980

东京驻防,天命六年建城,周围六里六十步,高三丈五尺,号曰东京。天命十年迁沈阳,

是为盛京，遂于东京设城守章京。康熙二十年，城守移驻金州。　　1980－1981

辽阳驻防，城周围十五里一百八十步。康熙三十年设立衙门十间，仓四十间，在城内大街南隅。城南门外二里设立教场一处。三十年设立火器营兵丁官房二百一十间。雍正六七两年添盖仓二十间。乾隆三十八年，将军增海奏准，变卖兵房五十九间。五十年将军宗室公永玮又奏卖六十一间。其城垣于四十三年奉旨重修，外皮用砖，里皮山石成造，围长二千六百二十四丈六尺。　　1981

牛庄驻防，天聪六年设。城周围二里四十步，城内建立衙门、学舍。雍正十一年，修造仓廒二十间。乾隆三十年，添盖仓廒三十间。　　1981

盖州驻防，城周围六里一百二十步，设立衙门三间、仓廒二十间，俱在城北。学舍一处，在南门大街西。教场一处，在东门外。兵丁住房六十间。乾隆四十二年，因旧城坍塌，奉旨重修，外皮用砖，里皮山石成造，围长九百八十四丈九尺八寸。原有兵房，于五十年奏准变价十二间，添盖教场房三间，添盖仓十间。　　1981

凤凰城驻防，康熙二十六年设。城周围二里，城内设立衙门十二间，仓十间，兵丁官房二百二十间。乾隆二十六年，盖教场房三间。三十年添仓房七间。四十三年奉旨重修旧城，外皮用砖，内皮山石成造，围长四百二十丈零五尺。　　1981

广宁县驻防，城周围十四里一百七十步，顺治十七年设立衙门。所属巨流河、白旗堡、小黑山、闾阳驿四处驻防，康熙二十九年始设。乾隆六年，盖仓廒三十间。四十三年，奉旨重修旧城，外皮用砖，内皮山石成造，围长二千零五十二丈六尺。　　1981－1982

巨流河原有土城，乾隆四十三年奉旨重修，外皮用砖，里皮山石成造，围长五百九十六丈一尺。　　1982

彰武台边门一座，坐东南朝西北，瓦房一间，官厅三间，康熙十八年建立。　　1982

义州驻防，城周围九里十三步。太宗文皇帝初定锦州时，建立衙门一所，后改为城守尉衙门。乾隆六年盖仓廒二十五间。四十三年，奉旨重修旧城，外皮用砖，内皮山石成造，围长一千六百六十三丈九寸。原设兵房一百四十四间，于三十八年将军增海奏准变价二十四间，五十年将军宗室公永玮奏准变价四十间，现在八十间。教场一处，在西门外。　　1982

清河边门及白土厂小门驻防，康熙十五年始设。　　1982

九关台边门一座，坐南朝北，瓦房一间，公所三间，档房三间，班房三间，康熙十八年设立。乾隆五十五年河水涨发，边门等项房间冲刷坍塌，将军宗室嵩椿等会同奏明，动帑于原边门之西，地势高埠照原建房间数目重新建立。　　1982

开原县驻防，康熙十八年设。城周围十三里二十步，城守尉衙署在城内。二十七年，于东门外二里设立教场。三十二年，建仓廒二十间。乾隆三十年，添盖仓房五间。原有兵房二百九十间，三十八年，奏准变价二百三十四间，五十年又奏变价二间。其城垣于四十二年奉旨重修，外皮用砖，里皮仍用土牛，围长二千二百二十五丈九尺一寸。　　1982

法库边门驻防，康熙元年设。　　1982

铁岭县驻防，康熙二十九年设。城周围四里二百零十六步，衙门、学舍、炮场未设。乾隆四十三年，奉旨重修旧城，外皮用砖，里皮山石成造，围长七百六十六丈九尺七寸。　　1983

抚西城驻防，乾隆四十三年，奉旨重修旧城，外皮用砖，里皮山石成造，围长五百二十五丈一尺，城门二。　　1983

海城驻防，原有旧城，于乾隆四十三年，奉旨重修，外皮用砖，里皮山石成造，围长一千一

百二十一丈,城门五。　　1983

锦州府驻防,城周围五里二十步。东关三面,周围十里。城东南十里设教场一处。康熙十四年,设立城守尉衙门。十七年增设副都统衙署二十间。三十一年设仓廒二十间。雍正二年,增仓廒四十五间。乾隆四十三年,奉旨重修旧城,外皮用砖,里皮山石成造,围长一千一十六丈八尺三寸。设学房六间,系裁汰大凌河群牧总管衙门笔帖式所改,盖教场房六间。锦州所属有小凌河、宁远、中前所、中后所驻防四处,俱康熙年间分设。　　1983

小凌河驻防界,在大凌十二里许土门子地方。因其地圹野,设兵防范。乾隆元年,盖房四间。　　1983

宁远驻防,旧有土城一座,仓廒二十间。其城于乾隆四十三年奉旨重修,外皮用砖,里皮用山石成造,围长一千三十八丈二尺八寸。　　1983

中前所、中后所皆旧有土城,俱于乾隆四十三年奉旨重修。外皮用砖,里皮山石成造。中前所城长六百六十四丈二尺九寸,中后所城长八百三十六丈七尺七寸。　　1983

新台边门一座,坐东朝西,瓦房一间,班房三间,康熙十四年建立。　　1984

白石嘴边门一座,坐东朝西,瓦房一间,班房三间,康熙十四年建立。　　1984

松岭子边门一座,坐东朝西,瓦房一间,班房三间,康熙十四年建立。　　1984

梨树沟边门一座,坐东朝西,瓦房一间,班房三间,康熙十四年建立。　　1984

明水塘边门一座,坐东朝西,瓦房一间,班房三间,康熙十四年建立。　　1984

金州驻防,城周围五里二十步。小东关三面,周围二里。城内设立仓廒十五间,城东南二里设立教场一处。乾隆三十年,添仓廒十间。四十三年,奉旨重修旧城,外皮用砖,里皮山石成造,围长一千零六十七丈七尺。金州水师营驻防,康熙五十四年盖兵营房一千三百四十四间,五十五年设立衙门。　　1984

熊岳驻防,城周围三里一百零二步。于城内设立衙门三间,兵丁住房二百一十二间。雍正十一年,设仓廒十间。乾隆十年,将原建协领衙门一所十一间,奏准改为副都统衙署。三十年,增仓廒十间。　　1984

复州城驻防,康熙二十六年设。城周围四里,于城内修建衙署三间,仓廒十间,陆续设兵房一百二十八间。乾隆三十八年,奏准变价兵房九十五间,四十二年添仓廒六间。四十三年奉旨重修旧城,外皮用砖,里皮用山石成造,围长九百十一丈三尺,盖教场房三间。　　1984

岫岩城驻防,康熙二十六年设。城周围一百六十六步,城内设立衙门三间,仓廒二十一间。南门外设立教场一处,兵丁住房二百二十间。乾隆四十三年,奉旨重修旧城,外皮用砖,里皮山石成造,围长四百四十七丈三尺,盖教场房三间。　　1984

旅顺口驻防,康熙五十五年,奏准设立水师营。造给协领、佐领等官衙署共一百四十四间,兵丁、水手房屋共一千二百四间,皆坐落旅顺口北金州所属八里庄地方。乾隆十三年,设炮台三座,火药局一间,堆房三间。十九年裁汰水手、领催、兵四十名,所住房八十间内,除旗下办事公所及兵丁等掺演教场等项用房二十二间外,尚余房五十八间,令官兵子弟众多者居住。盖教场房三间,炮房、军器库房一所九间,收贮木料库二所十四间,官厅一所六间,汛兵居住堆房二所十六间。

谨案:以上驻防,俱盛京将军所辖。仰见国家肇造区夏,式廓皇图,盛京、兴京实为根本重地。自列圣相承,设镇分防,星罗棋布,既已固奕叶之苞桑,开万方之环拱。我皇上御极以来,于各处城垣复重加修造,以至衙房、仓舍积久愈增。斯则统绪之垂,丕基之厚,尤足传之永永无极者矣。《旧志》同吉林、黑龙江等处，俱列于顺天之后，外省之前，殊失体制。今敬移于此，以昭慎重。其东京一处虽已达于盛京，并官属已移驻金州，今亦仍存其旧云。
1985

吉林乌喇驻防，康熙十三年设。城周围一千四百五十一丈，计八里半。十五年盖造官员衙署，二十八年盖造仓厫二十间，三十二年盖造左右两翼学舍各一所。三十九年添盖仓厫二十间。设立教场一处，离城北二里，周围六里。雍正五年，设立副都统衙署三十间，又每年派往办事官员衙署十七间。雍正五年，镶黄旗建造义仓三间，九年添修四间，十二年添修三间。雍正七年，正黄旗建造义仓三间，九年添修三间，十一年添修三间。雍正五年，正白旗建造义仓三间，八年添修三间，十二年添修六间。雍正六年，正红旗建造义仓三间，七年添修三间，十二年添修三间。雍正五年，镶白旗建造义仓三间，七年添修三间，十二年添修二间。雍正六年，镶红旗建造义仓三间，九年添修三间，十二年添修三间。雍正五年，正蓝旗建造义仓三间，七年添修三间，十二年添修三间。雍正五年，镶蓝旗建造义仓三间，八年添修三间，十二年添修三间，俱建造在城东北角六十间官仓地址内。雍正十年，添设军器库二间，在衙署内右边。雍正十三年，添设火药局三间，在城北三里。乾隆五十九年，现存将军衙署一百零二间，将军住宅六十四间，副都统衙署住宅共四十二间，兵丁住房二百零八间，永宁仓七所六十四间，太平仓六所六十间。左右翼义仓各十六所，每所三间，水手营义仓二所七间，教场房二十一间，火药厂正房六间，东西板棚各三间，官学房十四间，又蒙古学房三间。以上各房，俱原系兵力先后修建。乾隆七年以后，遇有坍塌，皆动用官项修理。理事同知衙署坐落北门内，巡检衙署坐落同知署东，儒学坐落文庙西，三署共房六十九间。　1985 – 1986

吉林城北七十里，打牲乌拉驻防，设协领衙署十五间，义仓十五间，教场演武厅三间。原系兵力修建。乾隆七年以后，动用官项修理。　1986

吉林城西二百八十里，益通河驻防。设佐领营房四间，义仓六间，原系兵力修建。乾隆七年以后，用官项修理。　1986

吉林城东三百五十里，俄木和索诺驻防。设佐领营房九间，演武厅三间，原系兵力修建。乾隆七年以后，用官项修理。　1986

吉林边门四处：巴拉山边门在城西北四百六十里，赫苏边门在城西北三百八十里，益通边门在城北二百八十里，巴延俄佛洛边门在城东北一百八十里。各有边门一间，办事档房三间。每边门设边台七处，每处立义仓三间，皆原系兵力修建。乾隆七年以后，用官项修理。
1986

吉林城西设驿站八，城东设驿站十，城北设驿站十。每站设义仓三间，又城东乌拉站设有渡船水手义仓三间，皆原系兵力修建。乾隆七年以后，动用官项修理。　1987

宁古塔驻防，康熙五年十二月工部议准：宁古塔所有旧城，是桅木隔石筑造，年久颓塌，应酌量本处派夫照旧修理。计城周围五百八十五丈，于城内盖给官员衙署。三十二年盖造左右两翼学舍各一所，教场离城东三里，周围四里。乾隆五十九年，现存副都统衙署三十六间，住宅十一间，马棚十五间，东西厢房各三间，正房五间，仓厫一处四十间，义仓一处三十二间，教场房三间，火药库一间，左右两翼学舍各三间。　1987

白都纳驻防，康熙三十二年，盖造官员衙署，又左右两翼学舍二所，各三间。建设城垣，周围一千三百五十丈，计七里半。三十三年盖造仓厫十间。雍正六年，添盖仓厫十间，十年建设义仓十间，十二年添设义仓五间。教场在南城外一里，周围四里。乾隆五十九年，现存副都统衙署坐落城中，二十四间。住宅坐落衙署西南，二十五间。办事蒙古事务委署主事衙署十六间，仓廒三十间，又义仓二十六间，教场房三间，火药库一间，俱系兵力先后修建。乾隆七年以后，动用官项修理。　1987

三姓驻防，康熙五十四年，宁古塔副都统马齐疏请："三姓地方建造城垣，因虎尔哈所有旧城年久颓塌，兵丁难以居住。详看旧城西边地势平坦，可以筑造。"随经工部议准，照白都纳例筑造土城，周围一千二十六丈，计五里七分，城西盖给官员衙署。雍正五年，盖造学舍。教场离城一里，周围四里。又于十三年在法尔太地方设立官庄五座，壮丁五十名，内五名系宁古塔旧官庄挑选谙练耕种之人，令为头目，其四十五名系累年发遣人丁内挑选。每庄安插十名，每丁给房二间，共盖房一百间。乾隆五十九年，现存副都统衙署四十四间，住宅二十二间，仓廒七十间，在衙署东北。教场房三间，火药库一间，左右翼官学各三间，俱系兵丁先后修建。乾隆七年以后，动用官项修理。　1987－1988

浑春驻防，康熙五十四年，盖造衙署。雍正五年，盖造学舍，衙署前余地为官兵操演之所，仓廒三所十二间，各房俱系兵力先后修建。乾隆七年以后，动用官项修理。　1988

阿尔楚哈驻防，雍正五年，盖造学舍。六年盖造衙署，七年建设城池，计城周围七百四十五丈，计五里半。教场离城半里，周围二里。乾隆五十九年，现存副都统衙署三十七间，住宅三十六间，义仓二所十三间，教场房三间，学舍三间。　1988

拉林驻防，在阿尔楚哈西南七十里。协领营房十六间，仓廒六所六十间，义仓三所三十间，在协领营房东北，教场房三间，在营房东南，俱系兵力先后修建。乾隆七年以后，动用官项修理。

以上吉林将军所辖　1988

黑龙江驻防，康熙二十三年建外城，周围三面，长九百六十丈，高一丈七尺。城门五，堆房八所。建内城，周围五百九十丈五尺，高一丈六尺，内外立木，中间填土，四面四楼门，堆房四所。建造将军衙署大堂五间，司房十二间，二门一间，大门三间。二十九年，将军移驻墨尔根，其衙署遂为副都统衙署。三十四年题准：黑龙江将军所辖官兵内，有新满洲、锡伯、索伦、达呼尔等，应于墨尔根地方两翼各设学一处，学舍该将军拨给。雍正十三年，于城南二里旧仓地内，新修仓廒十二座，每座房三间，教场房三间，装船只物料房九间，看船堆房、看库堆房各二间，火药库四间，堆房二间，税课司房四间，番役堆房三间，档房八间，永积备用仓二十八所，各三间，公仓七所，各五间，堆房十间。乾隆元年至五十九年，先后添建副都统衙署二间，档房一间，副都统住宅十六间，炮房十间，银库及堆房四间，学舍四间，永积备用仓一百四十二所，各三间，公仓十三所，各五间，堆房二间，先农坛房八间。　1988－1989

墨尔根驻防，康熙二十五年，建外城，周围四面长一千五百四十一丈，高一丈六尺。城门五，堆房十六间。内城照黑龙江式，周围五百九十丈五尺，高一丈六尺。内外立木，中间填土。四面四楼门，四角四楼，堆房八间。二十九年，将军自黑龙江移驻墨尔根。建造衙署大堂五间，司房十二间，二门一间，大门三间，住宅十六间。三十八年，将军移驻齐齐哈尔，其衙署遂为副都统衙署。添印房二间，银库二间，堆房二间，税课司二间，档房十二间。雍正十三年，于城南半里设仓廒八座，每座三间。设鸟枪房、棉甲房各二间，教场房三间，炮房七间，堆房二间，火药库四间，堆房四间，船只物料库七间，堆子四间，管街前锋堆房二间，番役堆房二间，又收租官房五所二十二间。乾隆二年，设先农坛八间。九年，设学舍四间。五十九年，计通积备用仓七十七所，二百三十二间，堆房一间，公仓三十九所，一百一十八间，堆房四间。

1989

呼兰驻防,原设城守尉,衙署共十四间,兵丁房共一千间。乾隆元年至四十四年,陆续添设城守尉衙署左右司房各三间,仪门东西耳房四间,城守尉住宅十二间,银库二间,堆子二间,狱房三间,军器库二间,教场房三间,船只物料库二间,堆房二间,恒积备用房三间,楼仓二十所共六十五间,坯仓五十八所共二百九十间。　1989 - 1990

齐齐哈尔驻防,康熙三十年奏准:于卜魁立城,为省会之地。外城四面,长一千六百二十丈,五门,用砖砌。内城照黑龙江式,周围五百七十八丈,高一丈六尺。内外立木,中间填土,四面四楼门。将军衙署大堂五间,司房十二间,二门一间,大门三间,系三十二年建。至三十八年,将军自墨尔根移驻齐齐哈尔。四十五年添造大堂后房三间,穿堂五间,司房三间,库司房、银库、堆房、档房各三间,又将军住宅二十四间,都统住宅十六间,进贡食物房三间,仓官司房二间,印房二间,收刑具房二间,炮房九间,火药房六间,教场房五间,税课司房二间,匠人当月房五间,战船物料库二十六间,看城、看库、看船、看街各堆房共六十六间,各档房三十五间。其兵丁住房,皆系各自修造。乾隆元年以后,又陆续添盖将军衙署房五间,进贡食物房三间,装棉甲、鸟枪楼六间,装盔甲房六间,官学房五间,炮房二间,鸟枪房二间,火药库四间,狱房十五间,各档房、堆房共十二间,广积备用仓五十九所共二百九十五间,公仓十五所共九十五间。又原有值年御史房九间,于十二年裁汰,三十年变价。原有取租房五十三间半,于六年拨给无俸医官八间,二十八年变价三十间半,三十三年增买七间,现存三十间。

1990

呼伦贝尔驻防,副都统衔总管衙门十九间,住宅十六间,教场房三间,军器火药库四十三间,堆房八间,俱雍正年间设立。　1990

管理索伦、达呼尔打牲总管衙门二十间,教场房三间,满洲总管衙署十二间,索伦总管衙署十二间,达呼尔衙署十二间,俱康熙年间设立。　1990

以上黑龙江将军所辖

谨案:黑龙江、吉林二处将军所属驻防,《旧志》同盛京将军所辖,俱在顺天之后,外省之前。今并移于此。　1990 - 1991

科布多驻防,乾隆二十九年三月,设将军一员,衙署一所,共房六十二间。参赞大臣二员,衙署二所,每所三十二间。侍读一员,住房十八间。司员三员,各住房十四间。佐领一员,住房十六间。骁骑校一员,住房十间。建立城垣,东西长二里余,东南西门三座,城楼四座。二十九年八月,城内前街建立营房十间,印房、公所正房五间。三十年四月内,后街建立仓廒、库房一百二十间。三十七年春,添建仓廒、军器库房六十间。四十四年春,添建仓廒三十间,仓廒库门共四间。四十六年春,前街添建仓廒四十间,大门一间,围墙房间俱系土筑。三十年春,建立禁地房五间,又屯田弁兵自行建盖房一百八十五间。　1991

卷一百十八　营建志七

八旗驻防规制三

各省驻防三

宁远城在古尔扎地方,乾隆二十六年建。方圆四里七分,城内系阿奇木伯克鄂罗木杂普率众回子居住。三十二年在城南十五里,修仓廒一百间,三十八年添仓二十间,俱为回子交粮收贮之所。　2022

卷一百三十九　人物志十九

大臣传五

萨布素

(上略)(康熙)二十一年八月,上遣副都统郎坦、朋春率兵赴黑龙江。时俄罗斯人来边境者,咸称为罗刹。郎坦、朋春奉谕曰:"罗刹犯我黑龙江边境,昔曾发兵进讨,未获剪除。近又侵入精奇哩江诸处,恃雅克萨城为巢穴,蔓延益甚。尔等往偕宁古塔副都统萨布素率兵至达呼尔、索伦,遣人赴尼布楚谕以捕鹿之故,因详视陆路远近,沿黑龙江行围,径薄雅克萨城下,勘其居址形势,度罗刹断不敢出战。若以食物来馈,可受而量答之。其自黑龙江至额苏哩舟行水路,及额苏哩通宁古塔之路,择随行之参领侍卫,同萨布素往视。"十二月,郎坦、朋春还奏雅克萨城易取状。上命建木城于黑龙江、呼玛尔二处。调宁古塔兵一千五百往驻造船舰,运炮具。以萨布素同将军巴海统之。二十二年四月,萨布素与巴海奏言:"黑龙江、呼玛尔距雅克萨城尚远,若驻兵两处,则势分道阻。且过雅克萨有尼布楚等城。罗刹倘水陆运粮,增兵救援,更难为计。宜乘其积贮未备,速行征剿。一俟造船毕,度七月初旬,能抵雅克萨即统兵直薄城下。"疏下议政王大臣议,如所请。上以所议七月进攻未协机宜,令再议。因谕曰:"宁古塔兵未谙行军纪律,将军与副都统分管又不能齐心。巴海可留守吉林,萨布素同宁古塔副都统瓦礼祜领兵前往。俟抵彼,相度形势,奏请酌行。"寻允王大臣议,额苏哩在黑龙江、呼玛尔之间,可以藏船。且有田陇旧迹,宜建立木城,令萨布素、瓦礼祜统兵驻守。七月,索伦总管博克等,招降罗刹三十一人,诏赏其头目二人衣帽,赴萨布素军前效力。九月,命前锋统领郎坦,会商驻兵事宜。寻奏言:"额苏哩今年七月即经霜雪,若于来秋移宁古塔兵往驻,恐地寒露早,诸谷不获,难以糊口。应就近移达呼尔兵五百人,先于来春赴额苏哩耕种。量其秋收,再以宁古塔三千余兵,分为三班更番驻防。"上曰:"兵丁频事更番,必致困苦,非长久计。宜在黑龙江建城永戍,豫备炮具、船舰、设斥堠,计程置驿。有警则乘蒙古马疾驰,常时按程以行。由水路陆续运粮,积贮黑龙江。仍设将军、副都统领之。十月,调萨布素为黑龙江将军。十一月,疏言:"前自罗刹来归之宜番、鄂噶番、席图颁三人效力勤劳,宜与新投诚之吉礼过哩、鄂佛那西等酌给官职,以示鼓励。"得旨,授宜番骁骑校,余授七品官。其新投诚之鄂佛那西等赐裘帽,令驰驿赴萨布素军前,酌遣招抚。二十三年二月,疏报营总鄂罗舜抵罗刹界遣宜番等招抚二十一人以归。七月,疏请今年暂停攻剿,俟来年四月进兵。上曰:"前遣侍卫关保传谕萨布素,率水陆兵丁,刈罗刹所种田禾,则雅克萨城自困。萨布素亦言罗刹田禾应行踏毁,今乃奏请暂停,是坐失机宜矣。"萨布素寻以失误军机,上疏请罪。上以萨布素现在领兵进剿,谕部俟事竣察议。命都统瓦山、侍郎果丕与萨布素会议师期。二十四年正月,奏言:"我兵于四月抄水陆并进,攻雅克萨城。倘万难攻取,则刈其田禾。"上谕王大臣曰:"萨布素所奏四月进兵,不过刈取田禾。事必无成。此皆谪遣黑龙江狂悖之人从中沮议,不欲成事。而萨布素出身微贱,高视若辈,不敢有违。用兵所关甚巨,宜周详筹画,期于必克。倘谋事草率,罗刹将益肆猖狂矣。"乃命都统朋春、銮仪使林兴珠、台湾投诚左都督何佑分率八旗、绿旗兵及藤牌兵赴黑龙江会剿。五月,抵雅克萨,遣人以书谕之,不从。萨布素同朋春等军其城南,集战船于城东南,列红衣炮于城北,将夹攻之。先积柴城下,为焚城状。城中大惊,其头目额里克舍穷蹙乞降。先是萨布素屡奉谕行军不可多行杀戮。至是,朋春宣上恩德。额里克舍垂涕稽颡谢,引六百余人徙去,我军毁雅克萨城。捷闻,谕议政王大臣曰："大兵迅速征行,破四十年盘踞之罗刹于数日之间,获雅克萨城克奏厥绩。萨布素向来逗遛不进兵之罪,概从宽免。至雅克萨城虽已克取,防御决不可疏。应于何地驻兵弹压,其速议具奏。"寻允所议,以副都统温岱纳秦驻守黑龙江,萨布素移驻墨尔根,建城防御。二十五年正月,萨布素奏:"遣人往侦,罗刹复至雅克萨筑城盘踞。请于水消时,督修战舰,相机进剿。"谕曰:"罗刹复筑雅克萨城,若不速行扑剿,势必积粮坚守,图之不易。其令萨布素暂停墨尔根处兵迁移家口,速修船舰,统宁古塔等处兵赴。黑龙江城酌留盛京兵守之。率所部二千人攻取雅克萨。"寻命副都统郎坦、班达尔沙领兵会剿。八月,奏言:"臣等遵旨围雅克萨城,已三面掘壕筑垒,壕外置木桩鹿角,分汛防御。城西对江另设一军,于未流澌时泊船东西两岸。令堵尼布楚援兵,至流澌时,即藏船上流之港内,以资守御。军中马匹有疲羸者,请半发黑龙江,半发墨尔根,令驻防兵饲秣。"得旨如所请行。九月,俄罗斯察罕汗遣使上疏纳款,乞撤雅克萨之围。上谕以别遣使来议地界。命萨布素撤回城兵,列舰结营。寻以俄罗斯使臣费耀多啰等已抵喀尔喀土谢图汗境。诏萨布素还驻墨尔根。又以噶尔丹侵掠喀尔喀,传谕费耀多啰等缓期定议。

二十八年四月,费耀多啰等至尼布楚。诏调黑龙江兵一千五百,随内大臣索额图等赴尼布楚定议。令俄罗斯自毁雅克萨城,徙其人去。以格尔必齐河北岸为彼界,立碑垂示久远。二十九年,萨布素奏:"以前此索伦总管安珠瑚等所种官田二千馀垧,分给墨尔根兵丁屯种。"三十一年,同宁古塔将军佟宝奏建齐齐哈尔城及伯都讷木城。以科尔沁献进之锡伯、卦尔察、达呼尔壮丁万四千有奇,分驻二城,编佐领隶上三旗。并设防守尉、防御等官。(中略)

三十六年正月,召还京,寻令仍回原任。九月,疏报沿河被水之十八庄,请以旧贮粮米按丁散给。上曰:"萨布素前曾奏称收贮粮米三万余石,年久渐朽,与其积之腐烂,何若散之为有益。且出陈可济军粮,易新易于收贮。"其如所请行。初,边境有墨尔哲勒氏屯长,累世输贡。康熙十年,其屯长扎努喀布克托请率众内移。宁古塔将军巴海安辑之。墨尔根编四十佐领,号为新满洲。三十四年,萨布素奏于墨尔根两翼各立一学,设助教官。选新满洲及锡伯、索伦,达呼尔每佐领下幼童一名,教习书义,是为黑龙江建学之始。上尝问萨布素,免死罪犯聚集黑龙江虑生事否?萨布素奏言凶徒俱分给新满洲为奴,势孤力散,恶不能逞。至是,上忆其言,以论大学士等曰:"人命所关重大,朕数年以来,凡盗案止诛首恶,其从犯俱免死,发遣黑龙江。每虑聚集或致生事,曾问及萨布素,据所云则不惟全活甚众,且新满洲亦资益良多矣。"三十七年四月,奏锡伯、达呼尔佐领阿穆瑚朗、巴琳等旷误防哨。谕曰:"萨布素任黑龙江将军年久,谙练地方事务,亦得军民之心。锡伯、达呼尔编入佐领已数年矣,理合遵行禁令。今旷误防哨,不可不严加处分。佐领阿穆瑚朗、巴琳俱革职交萨布素惩治。嗣后若有此等不遵法纪者,令萨布素酌量治罪以闻。"九月,上巡幸吉林,谕大学士等曰:"萨布素授任以来,为国效力,训练士卒,平定罗刹,勤劳可嘉。其予一等轻车都尉世职,并以朕御袍及缨帽于众前宣谕赐之。"三十八年,黑龙江副都统关保为其所劾,罢之。协领都尔岱讦告滥用驿站车马诸款,萨布素以讦告在劾罢后陈奏。上以关保未任副都统时,久为侍卫。谕大学士等曰:"萨布素办事明敏,然器局卑琐。朕巡幸吉林,每见其逢迎近侍。朕听政多年,何事未历,金壬端良,夫岂不辨,彼近侍何能?为关保各款俱实,料萨布素不能袒护,可即令其察审。"寻覆奏,察审关保,疲劳驿站。拟革职枷责。命从宽,降五级调用。三十九年五月,萨布素奏:"黑龙江屯堡因灾荒,积欠米石,请俟丰年陆续交仓。"得旨:"前因罗刹侵扰内地,是以驻兵黑龙江。设立官堡,遣员屯种,原欲多积米石,厚备军储。仍令革任总督蔡毓荣经理二十堡。萨布素曾奏其皆有成效，后因其十二堡荒弃无收，复请停止屯种，将壮士改归驿站。其余官堡，逋课日多，并从前贮存仓米，支散无余。致驻防兵饷匮乏，萨布素难辞其咎。令明白回奏。"八月，奏言："官屯耕种，虽未失时，而地气早寒，秋霜损稼。又累经水旱，不能交纳官粮，兵丁糊口无资，因以旧存仓米按丁支放。由臣庸劣，不能远谋所致。至前奏蔡毓荣所管十二屯堡，停止耕种，罪实难辞。今请以齐齐哈尔、墨尔根驻防兵，每年轮派五百人，遣往锡伯等处耕种官田。督令未及霜降，悉行收获。夏秋间以船贮谷，运至齐齐哈尔仓收存。其所买耕牛、田器、籽种先于备存，俸饷内支用。俟次年收获日扣还归款，则粮储裕而兵饷可充。"疏下户部察议。寻议锡伯诸处屯种事宜，应如所请行。其以蔡毓荣荒废之屯地，妄报成效，实属瞻徇。又以贮存谷石，混行给散，不能严饬兵丁屯种纳粮，应令赔偿逋谷一千二百三十余石归仓。并请上严加治罪。上命侍郎满丕等前往察讯。四十年正月，满丕等奏："萨布素徇私，捏报屯种，浮支仓谷，应斩。"得旨免死，革任并革去一等轻车都尉世职，在佐领上行走。寻授散秩大臣。未几卒。　　2324 - 2329

尹泰

（上略）（雍正三年）五月，以原品署盛京礼部侍郎兼管奉天府府尹事。八月，疏言："奉天府所属承德等九州县，存贮米豆甚多，仓廒不敷。前府尹邹汝鲁，请于地丁粮内折二征银为建仓之费。以雍正元年、二年为则，本年折二之例应停。臣思粟米多贮，有益兵民之口食。黑豆多贮无用，且易朽难久。请自雍正四年为始，按亩征米，按丁征银，停征黑豆。俾民免挽运之劳，官省仓廒之费。又前府尹廖腾煃请每年米豆十分，借三与民，春借秋还。奈关外地广，民居距城远。一借一还，搬运甚难，多不愿者。州县拘例按丁派借，虽丰年亦必拖欠。请令民愿借者赴领，不愿者听。即以其余，照时价粜银，秋收买补。则上有出陈易新之实政，下无按丁派借之苦累。"又言："锦县、宁远州、广宁县庄谷应征积欠九十余万石。若尽需建仓，工费不赀。关东风高土燥，康熙年间所收庄谷，有窖收者，每窖贮谷千石，经二十年无红朽。请择近城高燥地，掘窖贮谷，可免繁费。倘年久或有变色，酌粜以免霉浥，亦疏通一法也。"九月，疏言："凡部事俱有定限处分，奉天将军及五部之事，有经年不完者，又有应接之事而推诿，不应接之事反接办者，易滋弊窦。请岁遣御史一员稽查，如有前弊，据实参处，则事内牵连人无久待之苦，亦无越职之嫌。"诸疏并下部议行。四年十月，山海关总管多索礼交庄头余地，尹泰因方运米，不及派官丈收。多索礼以尹泰藉端推诿，请严审。命吏部侍郎查郎阿往鞫，议降调。得旨："解府尹任，仍以左都御史协理奉天将军事。"（下略）　　2329 - 2330

卷一百四十　人物志二十

大臣传六

马齐

（上略）（康熙）三十一年二月，调户部尚书。三十三年，盛京歉收，奉命往赈。以开原等八城，承德等九州县贮仓米石，给散兵民。（下略）　　2337

卷一百四十四　人物志二十四

大臣传十

阿里衮

（上略）（乾隆）六年七月，兼管武备院事。十月，疏言："盛京内务府三佐领下，未入旗档者六七千丁，请册报内务府存案。嗣后比丁年，即照纳差之三千八百余名添差，庶无陷漏之弊。"奏入如所请。时户部侍郎梁诗正疏奏八旗人丁分置边屯事，命同大学士查郎阿往奉天一带相度地势再行定议。寻合疏言："宁古塔将军所属吉林乌喇之东北拉林、阿尔楚哈及阿尔楚哈之东飞克图等处，平畴沃壤，五谷皆宜，江绕于外，河贯于中，山木取资不尽。黑龙江将军所属齐齐哈尔之东南，呼兰地方，地脉深厚，五谷皆宜，江河围绕，山场树木俱便。又吉林乌拉之西南黑尔苏站周围至一统河，地脉肥饶，五谷皆宜，河流贯注，林木尚足采取。吉林乌喇之西南刷烟站及白都讷之东八家子至登额尔者库，五谷皆宜，材木稍觉不便。黑龙江将军所属呼兰之东佛忒喜素素地方，材木丰裕，江河通绕，但地势高下各异，其不宜屯垦者。黑龙江将军所属墨尔根、黑龙江地寒霜早，齐齐哈尔沙碛地多，零星不成片落。宁古塔将军所属吉林乌喇地方，旗民耕种余地无多。三姓地方，山多地窄，霜雪甚早。宁古塔地重山围绕，其东乌苏、绥芬、洋春一带系产参之所，俱不便移驻。七年五月，议政王大臣议，以拉林阿尔楚哈去船厂甚近，地肥饶广阔，五谷皆宜，最为膏腴之地，请先移驻满兵一千名屯垦耕种。将来著有成效，由近及远，渐次举行。"上如所请。七月，兼管奉宸苑事。（下略）2422－2423

卷一百五十六　人物志三十六
大臣传二十二
蒙阿图

（上略）（天聪）六年，大兵征察哈尔，太宗遣蒙阿图还沈阳，命移饷贮辽河，加意防护撤回阿巴泰等防御兵守城及催督喀喇沁人于法库山耕种者。八年，考满，晋二等轻车都尉。崇德三年七月，召见，谕曰："尔今年老，且复有疾，不必管理部务，宜闲居调养，病痊之日，朕当起用。尔等旧臣，朕见之辄为心喜，仍不时朝见可也。"未几，卒于家。子翁克任护军参领，兼佐领。2666

卷一百五十八　人物志三十八
大臣传二十四
苏纳海

（上略）（顺治）九年正月，诏重修《太宗文皇帝实禄》，充副总裁官。十一月，盛京总管叶克舒奏获朝鲜国越界采参之人，命苏纳海同副都统瑚沙携其人往朝鲜，敕国王李淏会鞫。明年三月，还京，以淏陪臣至，齐表谢罪，附贡方物。（下略）　2701

达都

（上略）（康熙）十九年七月，转左侍郎。十一月，命往盛京会议盐务，还奏："盛京新旧官兵及百姓呈诉：未设盐商之前，食盐每斤不过三四文，自设商纳课以来，每斤至十余文。又盐铺俱设于府、州、县城，贫民自屯庄往买，有误农业，且路远多费。因传问盐商等，又据称盐课已勉强认纳，价值断难减少。臣等伏思八旗新旧官兵皆赖田禾为生，地方百姓系安插招徕流徙之人，尽属穷苦，且吉林、宁古塔居住之人，并新满洲及边外蒙古等，俱远来买食。自康熙十八年招募商人准行盐引一万三千七百七十四道，征课银六千五百二十三两。十九年加增盐引三千一百道，征课银一千四百六十八两，在官征课无几，食盐之昂贵倍增。应停止盐商办课，仍照旧听有锅之人煎盐，依从前贱价售卖，不许豪强霸占，责令奉天将军、户部侍郎察

禁。"下九卿等议,从之。三月,调吏部佐侍郎。二十一年二月,迁左都御史。六月,卒,赐祭葬如例。　2707－2708

卷一百六十二　人物志四十二
大臣传二十八
舒赫德

(上略)(乾隆)二年八月奏:"八旗生齿日繁,盛京、黑龙江、宁古塔三省土沃可垦,若将八旗闲散分居三省,则京城既多劲旅,而根本重地更添丁壮。请敕三省将军勘所属可垦若干亩、可驻兵若干,酌定人数,按户摊给。并请照旧例设公库,各省税务归并旗员。旗地典与民者赎还,现存公中收租地分赏无地之家,以十年为期,次第举行。"部议如所请。谕曰:"舒赫德条奏将各省税务归并旗员管理,甚无识见,彼意以为旗人生计艰难,若管理税务则可沾余润,以资养赡。不知国家设立关隘,原以稽查奸宄、利益商民,并非为收税之员身家计也。朕日以砥励廉隅,训勉臣工,尚恐其不能遵奉,而可以谋利之见为之导乎?况当日旗员管理关务者亦指不胜屈,惟视此以为利薮,故贪黩之风、侵蚀之弊不一而足。因而身罹重遣,籍其家产,累及子孙。是今日旗员之贫乏,未必不由于当日收税之所致也,岂可使之复蹈前辙?且各省委办税务率多道府等官,并无满汉之别,如满洲有任道府而廉洁自爱者,何尝不可派委而必定以为例乎?总之为上者施速下之仁,惟励以忠勤,示以节俭,同其根本之图;为下者当早作夜思,宣力供职,以永受国家惠养之恩,方可谓之计长久。盖厚其生计之道,不可不思,而长贪风,以为惠下,则利未见其为利,且贻害于后日。此理甚明,非所以教旗员之道,亦并非所以爱旗员之心也。初,雍正年间京师设官米局,收买八旗兵米存贮平粜,后议裁,市民买米囤积弋利,价日昂。舒赫德奏请复设,从之。　2781－2782(下略)

清 朝 通 典

　　《清朝通典》又名《皇朝通典》,清乾隆三十二年(1767 年),命"三通"馆臣所修。全书共一百卷,叙事上起清朝开国元年(1616 年),下讫清乾隆五十年(1785 年)。上与《续通典》相衔接,其体例与《通典》、《续通典》相同,分为食货、选举、职官、礼、乐、兵、刑、州郡、边防九典,从清代实际出发,其中子目略有调整,如榷酤、算缗、封禅等在清代已不实行,故一律删去;而《州郡典》因清代版图扩大,超出九州范围,故不按九州叙述,改分行省排列。此书多取材于《大清通礼》、《大清会要》、《清律例》、《清一统志》等书,所含材料比较丰富,是研究清朝开国至乾隆中期的典章制度最重要的参考书。本书所选录的资料均选自浙江古籍出版社 1988 年 11 月出版的《清朝通典》。

卷一　食货一
田制
　　臣等谨按:田赋之制,九等列于夏书,九职详于周礼,诚以国本在农,民天惟食。我国家首重农桑,教民稼穑。定鼎之初,分遣御史,循视土田,定正赋役全书。除前明之苛赋,禁墨吏之浮征,履亩清量,彻田定赋。其有无主荒田,则募民垦种,视则升科。遗之钱,锱之资,授为恒产之业。所以为闾阎衣食计者,至详且尽矣。至八旗王公勋戚大臣以至官员兵丁均设立庄屯,俾群策群力之士皆得世有田土,而奔走御侮之材,亦得保其家室。所以厚亲亲而酬勋庸者,又优且渥矣。若夫官田之名见于载师,自汉唐至宋而其说始详。明则又有皇庄、牧马厂地、草场牲地、园陵坟地、诸王公主勋戚大臣内监寺观乞赐庄田、百官职田、边臣养廉田、军民商屯田,通为官田。其时,民田输赋,官田输租,官租浮于民赋,甚至买民田以为官田,田不改旧而租加至数倍,此官田之为民累也。我朝削除故明宗室禄田,令与民田一例起科。其废藩田产号为更名地者,皆给于民而薄其征敛。至于驻防官庄,悉新辟污莱之地,游牧刍厂皆选择闲旷之场,此外如藉田、圣贤后裔田、学田、文庙祠墓田、部寺公田,俱除其租息。一遇灾荒,得与民田一例邀免。若屯田之政,原所以给兵饷而息转输也。今函夏宁谧,边陲宴安,无事挽运之劳,故内地卫所屯田,止留为漕运之用。其无运卫所,悉行裁革,并归州县,以益民田。至驻防官兵虽授以屯地,然既列为官庄,则不得专目为屯政矣。惟是底定新疆版图式廓二万余里,由巴里坤以至伊犁前后,垦辟无虑十余万顷。村堡、台站、城池、仓廪以及沟渠水道布种先后之宜,无不讲求尽制。迄今驻扎官兵招徕民众暨佃种回民之歌乐土而享盈宁者十余万户,此屯政之善,诚从古所未闻者也。兹纂通典,于田制列为四等:首民田,次官庄,次驻防官庄及官田,次屯田、新疆屯田。附纪其始末,厘为四卷,以彰昭代隆规,定典则,而垂万世焉。　2023

田制　民田

国家民田之目,直隶有更名田、农桑地、蒿草籽粒地、苇课地、归并卫地、河淤地。盛京有退圈地。(中略)皆为民田,均相其肥瘠为科则。　2023

(崇德)二年　令各屯该管官劝饬农事,任土宜以树艺。　2023

(乾隆)二年　谕:方今天下土地不为不广,民人不为不众。以今之民,耕今之地,使皆尽力焉,则蓄储有备,水旱无虞。乃民之逐末者多,而地之弃置者亦或有之。纵云从事耕耘,而黍高稻下之宜,水耨火耕之异,南人尚多不谙,北人率置不讲,此非牧民之责,谁之责与。朕欲天下之民,使皆尽力南亩,而其责则在督抚。牧令必身先化导,毋欲速以不达,毋繁扰而滋事。将使逐末者渐少,奢靡者知戒,蓄积者知劝。朕即以此别督抚之优劣。至北五省之民,于耕耘之术更为疏略。其应如何劝戒百姓,或延访南人之习农者,以教导之。牧令有能劝民垦种,一岁得谷若何,三岁所储若何,视其多寡为激劝。毋轻率劝去,使久于其任,则与民相亲,而劝课有成。令部臣详悉定议。寻议,仿周礼遂师之制。于乡民之中择熟谙农务,素行勤俭,为闾阎信服者,每一州县量设数人董劝,其地方官,考绩之法,均宽以岁月。如劝戒有方,境内地辟民勤,谷丰物阜,督抚于三年之内据实题报,官则交部议叙,老农量加奖赏。从之。命南书房翰林同武英殿翰林编纂授时通考。凡播种之方、耕耨之节、备旱捕蝗之术、散见经籍及后世农家者流之说皆取择焉。

又谕:令各州县于春耕秋敛之时,亲为履亩,察其勤惰,稽其丰歉。凡事有利农者申请举行,定承垦荒地例。凡土著流寓呈报开垦者,以呈报在先之人承垦。　2025-2026

(三十一年)　谕:(中略)奉天之山冈土阜河滨洼下之处不成邱段者,不计顷亩,俱免升科。是年,总计天下土田七百四十一万四千四百九十五顷有奇。　2027

三十二年　准太仆寺牧厂空地招民开垦。　2027

三十八年　户部疏请招民佃垦定限起租。　2027

卷二　食货二

田制　官庄

国初,以近京各州县无主荒田及前明皇亲、驸马、贵戚、大臣、内监殁于寇乱无主荒田,并百姓带地投充之田,设立庄屯。自王以下及官员兵丁,皆授以土田,俾世为恒产。嗣后生齿日繁,凡盛京、古北口外新辟之壤咸隶焉。其官庄有三:一宗室庄田,一八旗官兵庄田,一驻防官兵庄田。凡牧场地,专隶内务府会计司,掌其牧纳之数。　2029

顺治元年　上谕:户部清厘近京各州县无主荒田及前明贵戚内监庄田,如本主及有子弟尚存者,量口给与,其余尽分给东来诸王、勋臣、兵丁。并令各府州县乡村,满汉分居,各理疆界,以杜异日争端。顺天巡按柳寅东上言:安置庄头,其无主地与有主地犬牙相错,易起争端。请先将州县大小、定用地数多寡,使满洲自住一方,然后以察出无主地与有主地互易,庶疆理明晰。从之。设指圈之令。时,近畿百姓带地来投者甚多,乃设为纳银庄头,愿领入官地亩者,亦为纳银庄头,各给绳地,每四十二亩为一绳。其纳蜜、苇、棉、靛等物附焉,分隶内务府镶黄、正黄、正白三旗。奉天、山海关、古北口、喜峰口,亦令设立。又令诸王、贝勒、贝子、公等于锦州各设庄一所,盖州各设庄一所,其额外各庄均令退出。　2029

二年　定给诸王、贝勒、贝子、公等大庄,每所地四百二十亩至七百二十亩不等,半庄每所地二百四十亩至三百六十亩不等,园每所地六十亩至百二十亩不等。给内务府总管园地四十八亩,亲王府管领园地三十六亩,郡王府以下管领园地三十亩。各官执事人员皆给地,有差。又,题准:王以下各官所属壮丁,计口给地三十六亩,停支口粮。　2029

谕:户部民间田房有为旗人指圈改换他处者,视其田产夫恶,速行补给,务令均平。其有瞻顾徇庇者,罪。命给事中、御史等官,履勘畿内地亩,从公指圈。其有去京较远不便指圈者,如满城、庆都等二十四州县无主荒地,则以易州等处有主田地酌量给旗,而以满城等处无主地补给就近居民。凡民间坟墓在满洲地内者,许其子孙随时祭扫。　2029

(康熙)四年　给守陵官员园地,内大臣九十亩,总管七十二亩,副总管六十亩,防御及郎中员外三十六亩,茶膳、读祝、赞礼、内监、笔帖式、骁骑校、佐领下给事人及骁骑、礼工二部执事人给地,各有差。　2030

八年　敕禁复行圈占民间房地。

谕:将本年见圈之地悉还民间,旗人无地者择边外空地拨给。寻议。以张家口、杀虎口、喜峰口、古北口、独石口、山海关外旷土,宗室、官员、兵丁有愿将壮丁地亩退出,取口外闲地耕种者,本都统咨送按丁拨给。　2030

九年　定:官员兵丁地亩不许越旗交易,兵丁本身种地不许全卖例。　2030

二十年　定:新满洲来京归旗者,停给园地。又定民地拨给旗下者,以别州县卫所额外开垦之官屯地补还。　2030

二十四年　议:各处壮丁及新满洲应给地者,将上三旗、皇庄并内务府八旗、礼部、光禄寺丈量余地拨给。谨按:此外,又有部寺官庄分隶于礼部、光禄寺,各衙门自行征收支放,以给公用,皆不属于户部、内务府官庄。2030

国初定制:每庄壮丁十名,选一人为庄头,给田一百三十晌。六亩为一晌。场园马馆另给田四晌。壮丁蕃衍则留于本庄,缺则补足,量给牛种、房舍、口粮。庄有整庄、有半庄、有稻庄、有豆秸庄,有园,又有蜜户、苇户、靛户、瓜园、果园、菜园、牧地、网户地、猎户地。谨按:宗室庄田。镶黄旗宗室,整庄四所,半庄一所,园一所,共地三十六顷六十亩,在大兴、通、武清、平谷、河间各州县。正黄旗宗室,整庄五所,半庄十二所,庄四所,园三所,共地百有六顷五十六亩,在涿、易二州、大兴、宛平、三河、宝坻、顺义、房山、保定、雄、任邱各县。正白旗宗室,整庄四所,庄一所,园二所,共地三十六顷,在顺天府及通州、香河、宝坻、房山各县沙河所等处。正红旗宗室,整庄百四十五所,半庄三所,整园五十所,半园十所,园四所,共地千二百四十四顷十有六亩零,在昌平、涿、辽阳等州及宛平、文安、保定、定兴、涞水、海城、盖平各县。镶白旗宗室,整庄百七十六所,半庄五所,庄八所,整园八所,园二十所,果地、靛地、网户、猎户等地七十六处,共地千七百十有七顷十有四亩零,在通、昌平、霸、蓟、遵化、滦、易、沧、辽阳等州,大兴、宛平、良乡、固安、永清、东安、香河、三河、武清、宝坻、密云、怀柔、房山、玉田、平谷、丰润、迁安、临榆、乐亭、保定、河间、任邱、保安、海城、盖平、铁岭各县。镶红旗宗室,整庄二百九十八所,半庄二十三所,庄五所,整园百十有一所,半园二所,共地二千六百三十顷一亩,在通、涿、昌平、霸、滦、沧、延庆等州,大兴、宛平、永清、香河、宝坻、房山、新城、河间、肃宁各县及张家口外等处。正蓝旗宗室,整庄五百四十四所,半庄百五十一所,庄二十二所,整园百有三所,半园十有九所,园七十三所,果园、菜园、牧地五处,共地五千三百十有三顷二十四亩零,在通、涿、昌平、霸、蓟、遵化、滦、易、辽阳、锦、宁远等州,大兴、宛平、良乡、永清、东安、香河、武清、顺义、怀柔、房山、保定、玉田、平谷、丰润、卢龙、昌黎、乐亭、新城、青、无极、保安、承德、开原、广宁、开平各县，及冷口外等处。镶蓝旗宗室，整庄二百三十一所，半庄六十三所，庄九所，整园百有二所，半园二所，园三所，共地二千二百五十四顷七十四亩零，在昌平、滦、安、辽阳、锦等州，大兴、宛平、固安、永清、东安、怀柔、蠡、高阳、海城、盖平开平各县。凡整庄、半庄、园地、蜜户等户，各设庄丁，内选一人为庄头，给以饷地。康熙初年，编各庄头等第，以其田土编为四等，每十年编定一次。至是年设立粮庄，每庄各给地三百响。其山海关内古北、喜峰诸口外粮庄，每一所纳粮百石，合仓石三百六十石。山海关外粮庄每一所纳粮百二十石，合仓石四百三十二石。凡各庄头收粮毕时，于定额外多纳一石以上者赏。缺额一石以上者，责。　2030

二十六年　题准：交纳银二百两之庄头改为粮庄，增庄丁为十五名，停止庄头报粮，溢额赏给。　2030

三十年　新满洲退出地亩令给民间耕种输租。　2030

四十五年　更定拨给之例。凡旗人退出之地，官收存。拨给者，俱俟秋成后始行拨地。已拨之后，不准更换。其初次应行给地之新满洲，于八旗余地内丈给。　2030

四十八年　令：庄头地亩不足额者，准其补给。薄碱沙压者，准其换给。　2030

五十一年　定：给屯长地亩。　2030

五十三年　定：拨补庄头地亩，在各旗退出输租地内匀拨，不得指圈民地。　2030

五十五年　定：给庄头顶带之例。凡庄头当差四五十年不欠钱粮者，给八品顶带，二三十年无欠者，给九品顶带。　2030

（雍正）七年　谕：免八旗地亩私行典卖与民者罪。令各旗稽查清出，动支内库帑银取赎，限一年令原业主赎回，逾限者，听他旗人承买。　2031

十三年　遣官清丈察哈尔西四旗东四旗地亩。谕：旗人欺隐余地，俱令自首，违者罪。又遣官清查园头、牲丁、壮丁地亩。凡官庄内园头、牲丁、壮丁当差养家房地，私相典卖者，若系内务府红册内所载本属官物，概行撤回，私业则不应强撤。清厘之后，将地亩数目、村庄载册，分存本州县、户部、内务府及该总督处，以备稽考。定承催官奖劝例，完六年者，加一级。三年者，纪录。　2031

（乾隆）元年　改井田户为屯户，于附近州县按亩纳粮。定古北口外，热河东西两河旗地，分别上中下则纳银，以省挽运。停承催官，令屯领催办。嗣于四年复设。　2031

二年　定庄园人等应给官地。于直属驻防兵丁交出在京所受之地，及各庄头退出之地、旗人丈出余地、户绝无人承种之地内动拨。旗人来京当差应得地亩，亦如之。八旗都统疏言：旗人入官地亩，原定租额过轻，吏胥易于作奸。请派员查勘更定，按额征收解部。上谕：现在入官地亩之租较民人佃种旗地之租为数本少，而此项入官之地原属旗地，与民人纳粮之地不同。虽经官定租额，而百姓不知，仍纳重租，以致吏胥中饱。今因地定租，固为允协，但愚民不知妄意增添租额，亦未可定。夫旗人民人均我赤子，并无歧视。著直省督抚出示晓谕，若无从前弊端即令停止增添，至照数征收解部。恐年岁荒歉不齐，如遇歉岁仍照定例，间阎不免受累。其旱涝之年作何减收，丰稔之年作何补纳，著州县官随岁酌量办理，报明该旗及户部存案，以备稽察。　2031

卷三　食货三

田制　驻防　庄田　官田

驻防官兵庄田

国初以盛京为驻防重地,按旗分处,各有定界。继因边内地瘠,粮不足支,展边开垦,移两黄旗于铁岭,两白旗于安平,两红旗于石城,两蓝旗所分张义站靖远堡地瘠,以大城地与之。又,以外藩蒙古隶入版图,分为五等拨给田土。一等给庄屯三所、园地九十亩、二等给庄屯二所、园地六十亩,三等以下止给庄屯。　2033

(顺治)四年　定缘边分拨地亩均次第挨给,其越界选择者罪。又定锦州、盖州各官庄原非钦赐者,概令退出。　2033

五年　更定盛京庄屯地界。两黄旗设于承德县沙河所,两白旗设于宁远,两红旗设于承德县塔山,两蓝旗设于锦州。又准沙河所以外,锦州以内八旗官员家丁,每名给地三十六亩。令分给外藩边外庄地,各守界限,不许越境。定各省驻防官兵家口半携去者,在京园地半撤,全携去者全撤。　2033

六年　准:外省驻防官员初任,未经拨给园地者,拨给。其加级升任者,不增。凡应给地六十亩以下者户部拨给。六十亩以上者,奏请拨给。　2033

七年　驻防官员量给园地兵及庄丁者,每名给地三十亩。　2033

十二年　题准辽阳铁岭至山海关八旗庄地,有在边外者,令照旧种住。惟酌量边界开门,勿误耕获。　2033

十八年　令蒙古、察哈尔大臣侍卫等,各照品级拨给庄屯。　2033

(康熙)十二年　定在京旗人愿往奉天领地设庄守护坟墓者,如退出在京所受之地,准拨给奉天熟地,不退者仍准拨给荒地。　2033

十八年　定分给伊彻满洲地亩例。奉天所属,东自抚顺起,西至宁远州老天屯,南自盖平县拦石起,北至开原县,除马厂、羊草地外,丈清地三十二万九千四十九顷三十亩,定旗地二十七万六千三百二十余顷。伊彻满洲迁来者,若拨种豆地,每六亩给地种一斗,拨种谷米黏米高粱地,每六亩给各种六升。　2033

二十年　停给蒙古新编归旗者园地。　2033

二十五年　给锦州、凤凰城等八处旗民开垦牛、种、口粮、农器。　2033

二十六年　令索伦达呼尔官兵耕种墨尔根地方,奉天官兵耕种黑龙江地方,由部差官监视。　2033

二十八年　令奉天等处旗民各在本界内垦种,不许互相侵越。　2033

三十二年　令八旗驻防官兵均于所驻之处给与地亩。

乾隆元年　定口外官兵私垦地亩分别纳粮例。热河驿站营汛官兵于驿地外自行开垦者,令按亩纳粮。古北口沿边瘠地悉行赏给,免其征输。蒙古等地亦免其征输。又,内务府鹰手、捕牲人、鞍匠等开荒地亩,均将丈出余地注册免征。嗣后,如续有开垦,仍按亩征收。　2033

二年　设立黑龙江、呼兰地方官庄,每丁拨地六十亩,每十丁编为一庄,共庄四十所。每十庄设领催一名,皆于盛京将军所辖八旗,挑选发往。　2033

六年　增设呼兰庄屯五所,择闲丁五十名领种。　2033

七年　又,议准呼兰左近温得亨山及都尔图地方,土性肥饶,水草佳美,选壮丁五十名增设庄五所,合六年增设之五所,共十庄,亦设领催一名。　2033

三十一年　盛京刑部侍郎朝铨疏言:丈量奉天地亩,余地在二三十晌以上,于十分中分出二三分，为各城兵丁随缺地亩。余仍令原业承种纳粮，注载红册。新丈出旗人自首余地三十三万六千四百余晌，民人自首余地七万四千七百余晌。民人余地在停止开荒以后违例私开者，全行撤出。在未停开荒以前者，照旗人例酌量地数分拨。其官员兵丁应得随缺地亩，各城营田水手公产及旗民水冲沙压不足红册地亩，即于丈出余地内拨补。从之。户部侍郎英廉疏言：旗民丈出余地系违例私开，均请撤出，令无地兵丁闲散认买。上谕：英廉所请固为旗人生计起见，但此等无地人户贫富不一，富者置产必多，贫者不能承买，旗人生计仍无实济。以应拨补各项外，余地一并入官。令原种之旗民照数纳租，以为赏给冬围兵丁鞍马之需。　2033－2034

四十年　议准偷垦地亩入官纳租之例。时有山东民人偷垦岫岩城、五块石等处兵丁牧马官厂地者，均令纳租，不欲耕种者，别募。　2034

四十六年　定惩匿报之令。凡盛京、吉林民人私垦查出者，每亩岁征银八分，仍在旗仓纳米二升六合五勺五抄，以惩匿报。　2034

盛京土田拨给八旗官兵地亩　内务府三旗包衣佐领下壮丁地，镶黄旗共地百六十四顷八十四亩四分，正黄旗共地九十九顷一亩四分，正白旗共地二百五顷六十二亩一分，均在盛京、兴京、开原、辽阳界内。内务府三旗包衣佐领下园丁地，共千三百三十四顷八十亩，在盛京、开原、辽阳界内。盛京礼部六品官所属各项壮丁地，共五百顷九十九亩三分，在盛京、兴京、辽阳、铁岭、秀岩界内。盛京工部五品官所属壮丁地五百六十一顷九十六亩，六品官所属壮丁地百八十九顷四亩九分，均在盛京、兴京、辽阳、开原、牛庄、秀岩界内。制造库匠、役人等地，共二十二顷三十二亩，在盛京界内。盛京户部仓官庄头楼军仓军地，共四百十一顷九亩四分。领催庄头地，共二千八百十三顷一亩六分。盛京礼部庄头壮丁地，共四十七顷五亩六分。盛京兵部站丁地，共六十二顷七十四亩八分。盛京工部庄头壮丁地，共七十六顷五十六亩三分。

兴京界内，八旗所属诸王、贝勒、贝子、公、大臣等地千二百二顷三十六亩。官员兵丁闲散人等地共五百八十顷八十六亩五分。

抚顺界内，右翼四旗所属王、贝勒、贝子、公、大臣等地千二百九十八顷九十九亩七分。官员兵丁闲散人等地七十五顷二十亩六分。碱场、汪清二门官兵台丁地三百二十八顷三十亩。

开原界内，八旗庄屯地二千八百顷七十九亩。

辽阳城界内，八旗官员兵丁地八百八十八顷五十五亩。

铁岭界内，左翼四旗庄屯地八千六百五十七顷四十四亩二分。

法库边门庄屯地六百七十八顷五十八亩。

威远堡边门庄屯地二百二十八顷八十七亩。

英额边门庄屯地百二十六顷七十二亩二分。

凤凰城八旗巴尔呼地千九百四十八顷六十四亩。又，正黄旗屯地六十顷九亩。

叆河边门分种地二十四顷七十四亩。四台四屯地六十一顷五十九亩。

复州界内，八旗分拨地千七百二十九顷四十亩。

熊岳城界内，八旗满洲、蒙古巴尔呼、汉军庄屯地二千八百八十三顷三十九亩。

金州界内，八旗满洲、蒙古、汉军官员兵丁地三千三百四十一顷四亩，水师营地二十六顷十八亩。

山海关官员、兵丁、寡妇、闲散人等地百三顷五十七亩七分,在山海关卫宁远州界内。又,正白正红镶红旗下闲散人等地三顷六十七亩。

秀岩界内,八旗官员、兵丁地二千百二十一顷二亩七分。

盖州界内,各旗官员、兵丁地四十六顷三十八亩。

牛庄界内,八旗官员、兵丁地二千九百二十三顷。

广宁城所属巨流河、白旗堡、小黑山、闾阳驿、彰武台边门等界内,八旗官员、兵丁、闲散人等地万五千百九十四顷九十六亩二分。

锦州界内,王、贝勒、贝子、公、宗室、额驸、官员、庄头、闲散人等地二千七百十七顷七亩八分,八旗兵丁、闲散人等地千五十四顷五十亩四分。

义州界内,八旗庄屯地五千四百七十一顷二十五亩。

清河边门庄屯地五百三十四顷二十三亩。

九关台边门庄屯地二百三十二顷十八亩。

吉林乌拉界内,官员、兵丁开垦地:镶黄旗三百七十四顷五十二亩,正黄旗二百九十五顷二十六亩,正白旗二百六十六顷十亩,正红旗二百五十二顷七十八亩,镶白旗二百八十八顷四十八亩,镶红旗二百二十一顷七十六亩,正蓝旗二百六十一顷二十四亩,镶蓝旗二百六十七顷二十四亩,水师营二百六十五顷五十六亩。又,各庄头开垦地二百五十二顷六亩。

宁古塔界内,官员、兵丁开垦地:镶红旗三百四十七顷四亩,正黄旗二百三顷七十亩,正白旗三百三十五顷十亩,正红旗四百二十顷,镶白旗四百七十顷五十四亩,镶红旗三百二十六顷七十亩,正蓝旗二百八十顷十四亩,镶蓝旗二百十九顷六十六亩。又,各庄头开垦地三百三十三顷四十二亩。

珲春界内,官员、兵丁开垦地:镶黄旗百十七顷十八亩,正黄旗九十九顷五十四亩,正白旗三百十六顷九十二亩。

三姓地方,官员、兵丁开垦地:镶黄旗百八十一顷五十亩,正白旗五十九顷四十六亩,正红旗四百十九顷六十四亩。

伯都讷界内,官员、兵丁开垦地:镶黄旗百十六顷五十八亩,正黄旗七十三顷六十八亩,正白旗二百三十五顷四十四亩,正红旗百二十五顷五十二亩镶白旗八十顷二十二亩,镶红旗七十一顷二十二亩,正蓝旗二百十五顷四亩,镶蓝旗百九十四顷十亩。又,各庄头开垦地,二十二顷三十亩。

阿勒楚喀界内,官员、兵丁开垦地:镶黄旗百十五顷八亩,正黄旗百二十顷三十亩,正白旗五十九顷十亩。　2034 - 2035

官田　祭田　学田　马厂牧厂附

(顺治)五年　盛京牧场地以奉天中前所、后屯卫、中后所三处地亩,分给八旗为牧场,自东迤西,先给两黄旗,次两白旗,次两红旗,次两蓝旗。　2036

十二年　定牧场制。凡亲王牧场方二里,郡王牧场方一里。　2036

(康熙)二年　令:锦州大凌河牧场东至右屯卫,西至鸭子厂,南至海,北至黄山堡,留为牧马地,不许民间开垦。　2036

(雍正)二年　清查八旗存留牧场地,凡可耕者,均募民开垦。　2036

(乾隆)十三年　裁减马群。复议:大凌河马场衺延于西界,截出十里,给官兵耕种。后又以西界地势不齐,量地截给。东至杏山北濠沟,西至鸭子厂,南至七里河,北至金厂堡。2036

三十七年　定民人开垦马厂例。杀虎口外民人开垦马厂,在于察哈尔游牧地界外已经成熟者,听其耕耘征赋,毋许再行私开。　2036

三十九年　又,蒙古招民开垦辅国公马厂地百余顷。议准在饬禁以前早已成熟者,即照三十七年民人开垦牧地例。又准太仆寺厂地招民开垦。　2036

卷七　食货七

赋税上　田赋　丁银　芦课附

臣等谨按:九等之赋,载在夏书,九职之供,详于周礼,皆所以明取民之制也。沿及后世,代有重轻。及明末造厉政不一,而其甚者,莫如辽饷、剿饷、练饷三事,民不堪命。我朝扫除底定,首除三饷及召买粮料诸弊。颁行赋役全书,厘正征收定额,严禁加征火耗。凡有输纳,令民亲行投柜,设立联票,以杜胥吏滋扰。凡所以厚下恤民者,计至周矣。而且以康熙五十年钱粮册内有名丁数,垂为定额,其滋生人丁另册编造,永不加赋,谓之盛世滋生册。此诚自古帝王所未闻之盛典,而我国家亿万世休养生息之政源也。含哺鼓腹,耕凿何知,兹纂通典,谨编辑田赋,以彰昭代惠养元元之政焉。　2055

田赋

田赋有二:曰民田,曰屯田,皆分上中下三则。有本征者,有折征者,有本折各半者。本征曰漕,漕有正粮,有杂粮。正粮,米。杂粮,豆、麦、荞、麻等类。折征者始定以银,继则银、钱兼纳。

直隶田赋,每亩科银八厘一毫至一钱三分零不等,米一升至一斗不等,豆九合八抄至四升不等。更名田,每亩科银五厘三毫至一钱一分七厘三毫不等。农桑地,每亩科银一厘六毫八丝零。蒿草籽粒地,每亩科银五分至七钱二分五厘一毫不等。苇课地,每亩科银一分至六分不等。归并卫地,每亩科银七毫二丝至七分九厘三毫不等,米八合九勺七抄至九升七勺二抄不等,豆四合三勺八抄至三升六合不等,草一分每十分为一束。九厘二毫至四分一厘不等。河淤地,每亩科银二分九厘至二钱五分六厘五毫不等。学田,每亩科银一分至二钱六分七厘八毫不等,小麦、粟各六升。

盛京田赋,每亩科银一分至三分不等,米二升八勺至七升五合不等。退圈地,每亩科银一分至三分不等豆四升三合至一斗不等。　2055

(康熙)二年　工科给事中吴龙疏言:直省解京各项钱粮,国初原总归户部。自顺治七年,令各部寺分管催收,以致款项繁多,易滋奸弊。请以一应杂项俱称地丁钱粮,作十分考成,除扣拨兵饷外,其余通解户部,各造简明赋役册,其易知。由单颁给民间者,尽除别项名色。各部寺应用钱粮,即向户部支给。从之。　2058

四年　革隔年预征之例。凡钱粮均以夏秋分征,申加添火耗之禁。　2058

六年　上以由单款项繁多,小民难以通晓,令嗣后只开上中下等应征银米实数。

七年　谕户部:收纳直省起运钱粮,督抚不得纵容司道书吏勒索,苦累解官。谨按:州县经征钱粮运解布政使司,候部拨日起运。

直隶起运银,百九十一万三千四百九十一两四钱八分九厘有奇。

盛京起运银,二万六千三十一两六钱一分七厘七毫有奇。(下略)　2058

丁银附

(上略)直隶,二百三十三万四千四百七十五两有奇。

盛京,三万八千七百八两有奇。(下略)　2059

(雍正)二年　定直隶地丁银赋摊征例。每地赋银一两,摊入丁银二钱七厘。

臣等谨按:丁随地转之例,广东、四川已先行之。惟奉天府民人入籍,增减无数,仍旧分征。至是年通行各省,令行摊征。凡各州县按丁多寡,地亩广狭,分为差等,每地赋银一两,摊丁不过二钱,使无业贫民永免催科,有业民户亦有定额,不至多寡悬殊。　2060

卷八　食货八

赋税下　关榷　杂税附

臣等谨按:山林薮泽之司,所以崇本抑末,使民尽力于南亩也。后世征赋繁兴,视为利薮。至明末季,搜索靡遗。凡民间耰锄箕帚,以及薪炭鱼蔬之细,莫不有征。甚至一物,而关市叠输一市,而东西重税,取民之制,荡然无存。我朝廓清海宇,首革烦苛。除无艺之征求,蠲困民之重赋,即关市津梁,亦皆随宜酌取,务从节简以厚民生。而且定牙行之额,严契尾之规,封山而货宝不言,定额而盈余有制,诚百代之经常,万年之乐利也。兹纂通典,谨列关榷一编,而以杂税附焉。2061

关榷

(上略)山海关税三万二千二百两。税有正税、商税、船料税。正税各按出产地道,商税按物价,船税按梁头大小。张家口税二万两。杀虎口税一万六千九百十有九两。潘桃口税七千六百四十五两。古北口税二千六百九十九两。呼纳呼河税二千三十两。辉发穆宸税二百八十两。伯都讷税二百八十两。凡牲畜计价值,货物分地道。龙泉、紫荆、独石等关口税四千三百六两有奇。系落地税,地方官随时酌收,无定例。

奉天牛马税四千八十八两。凤凰城中江税三千二百九十四两。凡朝鲜国贡使往还与内地客商互相贸易,不拘何项货物,内地商人每两征三分,朝鲜人免税。(下略)　2061

(雍正)二年　又谕:凡商贾贸易之人往来关津,宜加恩恤。故将关差归之巡抚,以巡抚为封疆大吏,必能仰承德意加惠商旅也。但各关皆有远处口岸,所委看管家人,难免额外苛求及索取饭钱等弊。嗣后,著将应上税课之货物,遵照条例刊刻详单,均给各货店。其关上条例木榜,务竖立街市,使人共见,申禁关役报单不实之弊,严放关迟滞之禁。

又,更定凤凰城中江税务,在盛京五部司官内遴选派往例。向系城守尉等官管理。2063

(乾隆)十二年　申定税契例。凡民间置买田房,令布政使司颁发契尾编刻字号,于骑缝处钤印,发各州县,填注业户姓名,价值。一存州县,一同季册报司。如有不投税无契尾者,事发,照漏税例治罪。　2067

(雍正)十一年　(上略)落地牛马猪羊等杂课。直隶税银二万六千九百十九两。牛、驴、花布、烧缸、海税、河利、檾麻、榛、栗、丁字沽等税。盛京三百六十二两。　2067

卷九　食货九
户口丁中

臣等谨按:户口之制,所以验生民之聚散,以征治理之得失。而夫布口算之则,亦国家维正之供,与田赋并重者也。国家定鼎之初,即行编审之法。嗣后五年一举,丁增而赋亦随之。圣祖特颁恩诏:自康熙五十年以后,滋生人丁永不加赋。民生熙宇,世享宽闲,此自古郅隆之世,贻休乐利,所不能如今日之盛者也。至直省丁徭多寡,明代旧制有分三等九则者,有一条鞭征者,有丁随地派者,有丁随丁派者。我朝列圣相承,次第改随地派,俾无业贫民永免催科之累,休养生息百有五十余年。化行俗美,家室盈宁。而且西陲底定二万余里,编审安插数十百万户。版章式廓,荒陬僻壤,乐利恬熙,尤书契以来所未见之盛事也。若夫八旗壮丁生齿日盛,既庶且繁。审编之规,载于会典,尤宜特书。兹恭辑通典,谨以类从,合为一卷,以昭大同之治。　2069

顺治元年,王师入关,百户危列宿上言:天津到海避乱之民,万有一千余户,宜令有司抚绥安插。兵部侍郎金之俊亦请谕各镇道臣招徕土寇,顺者悉令州县编置牌甲。于是制编置户口保甲之法。其法州县城乡十户立一牌头,十牌立一甲头,十甲立一保长。户给印牌,书其姓名丁口,出则注其所往,入则稽其所来。寺观亦给印牌,以稽僧道之出入。其客店令各立一簿,书寓客姓名行李牲畜及往来何处,以备稽察。三年,诏天下编审人丁,凡军民驿灶医卜工乐诸色人户,并以原报册籍为定,惟年老残疾逃亡故绝者,悉行豁免。若一户全不附籍,及将他人隐蔽或隐瞒自己成丁人口,并增减年状妄作老幼废疾者,分别罪之。五年,定三年编审一次,令州县官照旧例造册,以百有十户为里,推丁多者十人为长,余百户为十甲,城中曰坊,近城曰厢,在乡曰里,各有长。凡造册人户,各登其丁口之数,授之甲长,甲长授之坊、厢、里长,坊、厢、里长上之州县,州县合而上之府,府别造总册上之布政司。民年六十以上开除,十六以上增注。凡籍有四:曰军、曰民、曰匠、曰灶,各分上中下三等。丁有民丁、站丁、土军丁、卫丁、屯丁,总其丁之数而登黄册。督抚据布政司所上各属之册,达之户部,户部受直省之册汇疏以闻,以周知天下生民之数。十年,定外省流民附籍年久者,与土著之民一例当差,新来者五年当差。十一年,申隐匿捏报之律。十三年,更定五年编审一次。十四年,定州县官编审户口增丁二千名以上者,各予纪录。十五年,定编审丁册,于次年八月内咨部。州县官借名科派者,罪之。十七年,定以户口消长,定州县官殿最例。十八年,总计直省人丁二千一百六万八千六百口。　2069

(康熙)二十七年　定奉天入籍例。凡身入奉天府版籍,应顺天文武乡试、中式及出仕之员解任者,即令于奉天居住,毋许居住原籍及他省,违者分别议处。　2069

(乾隆)五年　户部奏言:每岁造报民数,若俱照编审之法未免烦扰。直省各州县设立保甲门牌,土著、流寓原有册籍可稽。嗣后,只将土著造册申报,可得户口实数。从之。令寄寓奉天人民愿入籍者听,不愿者限十年内回籍。　2071

十五年　定奉天沿海地方官稽察内地流民,毋许偷越出口例。　2071

二十七年　定内地流民潜入宁古塔之禁。其现在查出宁古塔种地流民,于吉林乌拉、伯都纳等处安插,编入里甲。　2071

三十四年　定阿勒楚喀、拉林流民入籍例。于伯都讷地方每户拨给空甸,垦种二年输粮。谨按:吉林、宁古塔、伯都讷、阿勒楚喀、拉林等处,自乾隆二十七年清查,现在流民安插耕种,后申禁毋许无籍流民再行潜往私垦。是年,吉林将军傅良疏奏,查出流民二百四十户。

自雍正四年至乾隆二十二年陆续存住，在乾隆二十七年定议之前，故令一例安插。　2071

八旗户口

（乾隆）三年　定满洲蒙古八旗投充奴仆，于直省本无籍贯及带地投充人，本籍年远难考者，均准其开户，不得放出为民例。　2072

六年　复定八旗造丁册之例。凡编审各佐领下已成丁及未成丁食饷之人，皆造入丁册，分别正身开户，户下各书三代履历。其户下人之祖父或契买、或盛京带来、或带地投充，及乾隆元年以前白契所买，分别注明。至外省驻防及外任文武各官子弟家口，先期行文该管官大员，照式造册二本，一留部，一付该旗覆核，附入各佐领册内。又定八旗开户养子，有因出兵阵亡及军功列一等、二等，改为另户者，别行记档例。又定投充俘获入旗之人，后经开户及旗人抱养民人子为嗣，或因亲入旗，或良民之子随母改嫁入旗，或旗下家奴开户及旗下家奴过继与另户为嗣，已入另户档内，后经首明者，亦别记档案。令该旗造册三本，一存旗，一咨户部，一咨呈宗人府存案，不得与宗人联姻。　2072

七年　谕：八旗汉军其初本系汉人，有从龙入关者、有定鼎后投诚者、有缘罪入旗与三藩户下归入者、内务府王公包衣拨出者，以及召募之炮手、过继异姓，并随母因亲等类，先后归旗，情节不一。其中惟从龙人员子孙皆系旧有功勋，无容另议更张。其余各项人等，或有庐墓产业在本籍者，或有族党姻属在他省者，朕欲稍为变通，以广其谋生之路。如有愿改归原籍者，准其与该处民人一例编入保甲。有愿外省居住者，准其前往。此内如有世职，仍许其承袭。不愿出旗者，听之。所有愿改归民籍及愿移居外省者，限一年内具呈本管官查奏。如此屏当，原为汉军人等生齿日多，筹久远安全计，出自特恩，后不为例。此朕格外施仁，原情体恤之意，非逐伊等出旗，亦非为国家粮饷有所不给。可令八旗、汉军都统等详晰晓谕。2072

八年　又谕：前降谕旨，八旗汉军人等，有愿改归民籍及移居外省者，准其具呈本管官查奏。原指未经出仕及微末之员而言，至于服官既久世受国恩之人，其本身及子弟自不应呈请改籍，朕亦不忍令其出旗。嗣后，文职自同知等官以上，武职自守备等官以上，不必改归民籍。　2072

十二年　令八旗汉军人等愿在外省居住者，在京报明该旗，在外呈明督抚，不拘远近，任其随便散处，该督抚咨明该旗，每年汇奏一次。　2072

二十一年　定八旗别载册籍及养子开户之人，皆准出旗为民例。　2072

二十五年　申定清厘旗档之例。凡另户旗人不许抱养民人子及家人子为嗣。民人之子自幼随母改嫁旗人者，该旗详记档案，俟成丁后令其为民。旗下家人之子随母改嫁另户者、民人之子随母改嫁旗下家人者及家人抱养民人之子者，均以户下造报八旗投充户口旗档内。有名者，造丁册。一分送部，一分发地方官存案。如有事故顶充于丁册内，声明报部，行该地方官注册。至何等亲族不在旗档者，责令地方官逐一清查，编入里甲。又定跟役军功出户之例。凡官兵跟役有能临敌奋勇前进者，本人及父母妻子俱准出佐领为另户。　2072－2073

二十六年　申定八旗汉军京官自主事以上，旗员自五品以上，俱不准改归民籍。其父在旗，子愿为民，或子在旗，而父愿为民亦不准改籍。其余愿出旗者，在京报明该旗咨送编入民籍，并准一体考试。　2073

二十八年　更定满洲蒙古人等逃走，在一月以内自行投回及拿获者，连家属派发伊犁，赏给步军当差。汉军在一月内投回者，免罪。拿获者，分别次数治罪。如逃走至三次及一月之外，满洲、蒙古将旗档圈销，照例发遣。汉军照民人犯流罪例，安插为民，同妻削除旗档。

二十九年　定军功另户之例。凡八旗另记档案养子开户内，未经出旗之人，或因军营著绩，或因技艺出众，蒙恩作另户者，其父母子弟及亲弟兄俱准作另户。　2073

三十一年　申定迷失幼丁之例。凡八旗迷失幼丁在十五岁以下者，该管官咨部知照该旗及步军统领衙门、都察院、顺天府，一体查缉。获日，咨旗认领，不更治罪。如在十五岁以上者，照逃人例办理。其十五岁以前失迷，十五岁以后始行投回者，如系素好游荡不肖性成者，仍照逃人例。如实系愚蒙幼稚，本无恶习者，奏明请旨。又，奉谕：向来八旗遇有流徙罪名，均以枷责发落。嗣因旗人渐染恶习，竟有不顾颜面甘为败类者，曾降旨令将旗人流徙案件，满洲则按其情罪公私轻重，分别问遣折抵，汉军则均斥为民，照所犯定例发遣。原以示之儆惩，用挽颓风。此专指情罪重大者而言，非谓寻常事件，亦不加区别也。至包衣汉军则皆系内务府世仆，向无出旗为民之例，与八旗汉军又自有别，尤不应混行援引，乃刑部问拟往往未能画一。嗣后，务详核犯案情节，如实系寡廉鲜耻有玷旗籍者，不旦汉军当斥为民，依律发遣，即满洲亦当削其名籍，投畀远方。其寻常罪犯及因公获遣，无论满洲汉军，仍照向例折枷鞭责。　2073

三十九年　定盛京续查遗漏人丁，准乾隆二十七年例，作为另户。　2073

四十三年　改定编审乌拉打牲壮丁停派京员例。令该将军就近编审造册交部，向例户部派旗员笔帖式编审。　2073

四十四年　定黑龙江遣犯滋生人丁挑取壮丁例。其有情愿回籍者，听。其不知原籍及另住旗人家奴，均选取壮丁，在于齐齐哈尔、黑龙江城、墨尔根各官庄耕种纳粮，其余入于各城旧官庄册内，备挑补缺。　2073

四十六年　定满洲驻防人员回京就养之例。凡驻防官员，有年老退休无依倚之人，京中尚有子嗣欲就养者，令呈明该将军，自备资斧回旗。　2073

卷十三　食货十三

轻重上　平粜　常平仓　义仓　社仓　盐义仓

（康熙）十九年　谕：户部积谷原备境内凶荒，若拨解外郡，则未获赈济之利，反受转运之累。人将惮于从事，必致捐助寥寥。嗣后，常平积谷留本州备赈，义仓、社仓积谷，留本村镇备赈，永免协济外郡，以为乐输者劝。是年，令奉天城守征收杂税，购米贮内府，修造仓廒，名曰备米，以备紧急拨用。　2095

二十一年　命州县卫所官员劝输常平各仓谷，定议叙之例。一年内劝输至二千石以上者，纪录一次，四千石以上，纪录二次，遇加至万石以上者，加一级。　2095

二十四年　议准山海关、古北口、张家口等处积贮谷石，以备蒙古岁歉。并令黑龙江、墨尔根建仓贮谷。　2095

二十九年　令奉天、锦州等处将地丁钱粮每年存五千余两，酌量米价采买。其所收牛马税银三千余两亦酌量买米收贮。是秋，山东丰熟，正赋先经蠲免，绅衿士民咸及时乐输。巡抚以闻议准，不论高粱谷石，每亩捐三合，共捐二十五万余石。　2095

三十年　令直省各州县所捐谷石，大县存五千石，中县存四千石，小县存三千石，遇荒即以此项散给。其留仓余剩者，俱于每年三四月照价平粜。嗣，又令直属捐谷各州县，再加贮

一倍。是年,令江宁、京口等处官兵驻防之地,各截留漕米十万石,建仓存贮。　2095

三十一年　直隶巡抚郭世隆奏言:奉天屡登大有,请令山海关监督,许肩挑畜驮者,进关转粜。从之。　2095

三十三年　令:将山东运济盛京之米酌量截留,于金州等处减价平粜。　2096

三十四年　上以盛京亢旱,令支去岁海运米二万石,以万石散给,万石平粜。又于密云、顺义拨转运积贮之米,每月发千石,平粜。并运通仓米至密云、顺义各万石,贮仓备用。　2096

三十五年　发盛京仓储米谷五千石,运至墨尔根、阿敦,备黑龙江、吉林之赈。　2096

五十四年　以密云、古北口关隘要地,各运米万石存贮。是年,定直省社仓劝输例,凡富民捐谷五石者,免本身一年差徭,至一二倍者,照数按年递免。绅衿捐谷自四十石至二百石以上者,令督抚道府州县分别给匾,以示奖劝。　2096

五十五年　开山海关米谷入口之禁。时,直隶永平府属艰食,而关外积米颇多,故令暂开两月,以济关内。复发仓米三万石贮京仓,平粜。　2096

(雍正)八年　令奉天近海州县运米二十万石,至山东平粜。　2097

九年　于奉天拨粟二十万石,由海运赴天津,转输德州接济其东昌以上近水州县。　2097

十一年　拨永平府属仓谷八千石至喜峰口,建仓存贮。　2098

十三年　内阁学士方苞疏:定平粜仓谷三事。

一、仓谷每年存七粜三,设遇谷价昂贵,必待申详定价示期,穷民一时不得邀惠。请令各州县酌情定官价,先期开粜。一、江淮以南地气卑湿,若通行存七粜三,恐霉烂实多。请饬南省各督抚验察存仓谷色,因地分年酌定存粜分数。其河北五省倘遇岁歉,亦不拘三七之例,随时定数发粜。一、谷存仓则有鼠耗,盘量则有折减,移动则有脚价,粜籴守局则有人工,食用春粜之价则有赢余,亦仅足充诸费。请饬监司郡守岁终稽查,但谷数不亏不得借端要挟。倘逢秋籴价平贱,除诸费外果有赢余,详明上司,别贮一仓,以备歉岁赈济之用。又,议定奉天、锦县、宁远州各贮米十万石,长宁县贮米五千石。　2098

卷十四　食货十四

轻重下

(乾隆)十三年　发京仓米给各旗并五城米局平粜。定直省常平仓额,直隶二百一十五万四千五百二十四石,奉天百万二十二石。　2100

二十七年　发京仓米五万石及黑豆分给五城平粜。是年,增奉天所属仓贮米石,并于沿海各仓加贮黑豆,省会旗仓加贮粟米六万石,沿海之锦州加贮粟米三万石,黑豆二万石,牛庄、益州各加贮粟米二万石,黑豆万五千石,宁远、广宁、辽阳、义州四城各加贮粟米一万石,熊岳、复州、宁海、秀岩、凤凰、开原六城各加贮粟米五千石。　2101

二十八年　拨存仓黑豆四万石分给五城平粜。又,拨米万余石于热河平粜。　2101

卷十五　食货十五

市籴

顺治元年　设立贸易人参科条,止许于江宁、扬州、济宁、临清四处开肆,其有亏值勒买

者，罪之。　2103

二年　令各庄头采买刍粮，毋得勒价强买。　2103

（康熙）四十三年　上以各省民间所用斗斛大小各别，而升斗又复面宽底窄，尖量即至浮多，平量即至亏少，弊端易生。下廷臣议。寻议斛式。令工部照顺治十二年存部铁斛铸造七具，分发盛京、顺天府五城外，其升斗俱改底面一律平准，各造三十具，分发直隶各省，永远遵行。至盛京金石、金斗、关东斗，俱令停其使用。从之。复谕：廷臣曰，户部呈样之斛与升斗，朕俱注水，详加测量。其样升上下四角宽窄不均，算积数见方得三万一千三百八十二分有零，其样斗上下四角宽窄亦不均，算积数见方得三十一万六千七百六十四分有零，其样铁斛算积数见方得一百六十万分，其数不相符。查性理大全·嘉量第十二内，每斛积一百六十二万分，与今之铁斛数较多二万分，因铁斛用之已久不可轻改，是以依今之铁斛五斗为准，造新样斗一具，方径八寸，深五寸，算积数见方得三万二千分。若依此样十升一斗，五斗一斛，毫厘不差。因出新样铜斗升付户部，令照式以铁为之。　2103 - 2104

卷十六　食货十六

蠲赈上　赐复　免科　免役　灾蠲　赈恤

（康熙）四十九年　谕：朕比来省方时迈，已阅七省，南北人民风俗及日用生计，靡不周知，而民所以未尽殷阜者，良由承平既久，户口日繁，地不加增，产不加益，食用不给，理有必然。朕洞烛此隐，时深轸念，爰不靳敷仁，用苏民力。明年为康熙五十年，原欲将天下钱粮一概蠲免，因廷臣集议，恐各处兵饷拨解之际，兵民驿递，益致烦苦，细加筹画，悉以奏闻。故自明年始，于三年以内通免一周，（中略）免盛京、奉天、锦州、承德等府州明年租。　2108

（乾隆）八年　谕：盛京户部庄头，每年交纳仓粮。今朕恭谒祖陵，亲诣盛京，轸念各庄头终岁勤苦，输将无误。著将八年分应交仓粮加恩宽免。再各庄头尚有七年分未完米豆，著一并豁免。又，免纳克舒三十九部落明年额赋。　2110

十一年　又免（中略）直隶固安，霸州二防尉守屯粮，奉天奉、锦二府米豆。　2111

十九年　恭谒盛京陵寝，免奉天今年田租。　2111

三十七年　免奉天锦州米豆杂赋。　2113

四十三年　上恭谒泰陵、泰东陵，免经行地方本年田赋十之三。又，谕：辽沈为我朝鸿业肇基之地，风俗敦庞，人心淳厚。兹由山海关至陪京恭谒祖陵，跸路所经，村村殷阜，老幼欢迎，扶携恐后，嘉悦之余，恩施宜渥。启銮日业经降旨，免所过地方钱粮十之三，著再加恩，将奉天所属府、州、县乾隆四十四年地丁正项钱粮通行蠲免。又，免各庄头本年仓粮万余石，盛京、兴京、辽阳、牛庄等十五处旗地刍粟之半。又，谕：各省漕粮于乾隆三十一年普免一次。　2113

四十八年　上临幸祖陵，免奉天所属州县本年正赋，各庄头各旗地应纳钱粮。均照四十三年例。　2114

卷十七　食货十七

蠲赈下　灾蠲

（雍正）九年　免黑龙江、墨尔根各官庄霜灾田赋。　2123

赈恤

（康熙）四十二年　发盛京所贮米贷给捕牲乌拉虞人。

五十七年　索伦水，发银万两，遣副都统等往，协黑龙江将军酌赈。又，发盛京仓粟赈扎赉特固山贝子特古斯属下穷丁。　2123

卷二十四　职官二

户部（中略）主事，满洲、汉人各一人，掌稽山东布政使司及奉天民赋收支，奏册青州德州驻防，盛京、吉林、黑龙江将军所属兵糈、出纳并参票、畜税之事，兼核长芦等处盐课，请引疏销。　2165

卷二十五　职官三

盛京五部官属

盛京五部侍郎一人，满洲员额。五部同。，掌盛京赋税之出纳及官庄旗地岁输之数，谨其储积，辨其支给，以时稽核而会计之，岁终则要其成，以听于在京户部焉。盛京自国初设有六部、承政、参政等官。　2173

卷三十六　职官十四

黑龙江将军衙门主事一人，理刑主事一人，银库主事一人，笔帖式十有二人，各处驻防衙门笔帖式二十人，管台站笔帖式三十有三人，六品官二人，台站官二人，管仓笔帖式六人，管官屯七品官四人，分掌刑名赋饷邮驿仓储之事。雍正四年于黑龙江置泰宁县知县。七年省。凡旗军狱讼之事，改设理刑主事治之。　2216

卷九十　州郡一

太祖高皇帝、太宗文皇帝创建鸿图，首取哈达、辉发、乌拉、叶赫及宁古塔诸地，于是内附者则有旧藩蒙古内扎萨克二十五部五十一旗。

盛京东西距五千一百余里，南北距六千八百三十余里。东至海四千三百余里，西至山海关接直隶永平府界八百余里，南至海七百三十余里，北至黑龙江外大兴安岭接俄罗斯界五千一百余里，东南至希喀塔山滨海界二千九百余里，西南至海八百余里，东北至费雅哈滨海界四（十）〔千〕余里，西北至蒙古土默特、奈曼各部界六百九十余里。自盛京至京师一千四百七十余里。

盛京，明定辽东、宁海州、复州、金州、沈阳、铁岭、三万、辽海、广宁、义州、宁远等卫及安乐、自在二州地。我朝发祥长白，建国满洲，迨肇祖缔造兴京，肇基王迹，传至兴祖、景祖、显祖，积功累仁，基绪益大。至太祖高皇帝创建鸿图，奄有哈达、辉发、乌拉、叶赫及宁古塔诸地。天命三年，城界藩，五年，迁萨尔浒，六年，取沈阳、辽阳，七年，建东京于辽阳。十年，自东京迁都沈阳。太宗文皇帝天聪五年，营建宫阙，号为盛京，于是全辽之地悉归抚定。世祖章皇帝统御六合，入关定鼎，以盛京为留都。顺治元年，悉裁诸卫，设八旗驻防官兵，统以重臣。十年，以辽阳为府，置辽阳、海城二县。十四年，罢辽阳府，于盛京置奉天府，设府尹。康熙三年，设广宁府，领广宁县、锦州、宁远州。四年，罢广宁府，置锦州府，移治锦县。又于奉天府增置承德、盖平、开原、铁岭四县,改辽阳县为州。雍正四年,于吉林乌拉置永吉州,宁古塔置泰宁县,伯都讷置长宁县,俱隶奉天府。七年,罢泰宁。十二年,于故复州卫地置复州,故金州卫地置宁海县。又于锦州府增置义州。乾隆元年,罢长宁县。十二年,罢永吉州。共设府二,其锦州一府,仍属奉天府尹。　2707-2708

奉天府,顺治十四年置。领州二、县六。承德。附郭明沈阳中卫。本朝建为盛京。顺治十四年,设奉天府。康熙四年,置承德县,为府治。辽阳州。明定辽左右前后四卫,东宁卫及中左右前后等千户所。本朝天命七年,筑东京城于辽阳城东五里。九年,迁都之。十年,由辽阳迁都沈阳。顺治初,设东京辽阳城守尉,驻此。十年,置辽阳府,领辽阳、海城二县十四年。罢府,为辽阳县,属奉天府。康熙四年,升县为州。复州。明复州卫。本朝雍正十一年改置州。海城。明海州卫。本朝顺治十年,改置海城县,属辽阳府。十四年,属奉天府。盖平。明盖州卫。本朝康熙四年,置县。宁海、明金州卫。本朝雍正十二年,改置县。开原。明三万卫,后又徙置辽海卫于此。永乐中,于城内置安乐自在二州,后徙自在州于辽阳城内。本朝康熙四年,改置县。铁岭。明铁岭卫。本朝康熙四年,改置县。　2708

锦州府,康熙三年,置广宁府,治广宁县。四年,罢广宁府,改置今府,移治锦县。领州二县二。锦明广宁中屯、左屯、右屯三卫。本朝康熙元年,改置县,属奉天府。三年,改属广宁府。四年,为锦州府治。宁远州。明初为广宁前屯中屯二卫地。宣德三年,分二卫地置宁远卫。本朝康熙三年,改置州,属广宁府。四年,属锦州府。义州。明义州卫。本朝初,以其地赐察哈尔。康熙十四年,察哈尔叛,讨平之,迁其部众于宣化大同边外,以地属广宁县,雍正十二年,置州。广宁。明广宁卫及广宁中左右三卫。本朝康熙三年,置广宁府并置广宁县,为府治。四年,罢府,以县属锦州府。　2708

兴京,在盛京东南二百七十里。东西距二百二十五里,南北距二百九十里。东至吉林界三十五里,西至奉天府承德县界一百九十里,南至凤凰城界一百八十里,北至奉天府开原县界一百十里,东南至吉林界十五里,西南至凤凰城界一百六十余里,东北至吉林界一百五十里,西北至开原县界一百三十里,自兴京至京师一千七百四十余里。

兴京,明置建州卫,后废。本朝景祖筑城以居。太祖高皇帝龙兴于此,升为兴京。世祖章皇帝入关定鼎,以盛京为留都,设奉天府尹兼统之。　2708

臣等谨按:我朝发源长白,自远祖定三姓之乱,居鄂多理城,国号满洲,是为开基之始。逮我肇祖缔造兴京,用启王迹。太祖高皇帝天命七年,建东京于辽阳。十年,自东京迁都沈阳。太宗文皇帝天聪五年,建盛京。世祖章皇帝入关定鼎,以盛京为留都。顺治元年,悉裁诸卫,设八旗驻防官兵,以内大臣副都统领之。三年,改内大臣为奉天安班章京,给镇守总管官印。十年,于宁古塔设安班章京副都统镇守之。康熙元年,改奉天安班章京为镇守辽东等处将军,宁古塔安班章京为镇守宁古塔等处将军。四年,改镇守辽东等处将军为镇守奉天等处将军。十年于吉林乌拉设副都统。十五年,移宁古塔将军驻吉林乌拉,留副都统镇守宁古塔。二十二年,于黑龙江设将军、副都统。二十九年,移黑龙江将军驻墨尔根。三十年,于伯都讷设副都统。三十二年,移黑龙江副都统亦驻墨尔根。三十八年,黑龙江将军、副都统皆自墨尔根城移驻齐齐哈尔。四十九年,于墨尔根设副都统。雍正三年,于阿勒楚喀设副都统。五年,设熊岳、锦州二副都统。七年,于三姓设副都统。乾隆二十七年,于拉林设副都统。其全境自辽河左右,则奉天将军统之,其东则吉林将军统之,其北则黑龙江将军统之,而副都统复分镇于将军所辖之地。其余各城各边门又有城守尉、防守尉等员分驻焉。王气特钟,幅员万里,民物殷阜,风俗淳和。古所谓轩辕之国,建德之邦,良不是过。兹以是编,非舆地专书,未及遍载,谨叙其大略于此。　2708

卷九十七　边防一

（雍正）十一年八月　命尚书班第察勘莽牛哨添汛事宜。先是奉天将军奏请于莽牛哨添汛巡查,并于凤凰城外展边垦土。下部议行。吟奏其未便,是月班第奏,莽牛哨在我境内,于朝鲜无涉,汛宜设。得旨:朝鲜世戴国恩,甚为恭顺。若安设此汛,彼国有违禁者,致王得罪,朕心不忍。可如所请,将莽牛哨设汛之处停止。九月,减中江税额。　2732

清 朝 通 志

　　《清朝通志》，原名《皇朝通志》。乾隆三十二年（1767 年）敕撰，共126 卷。对清开国至乾隆典制，屡分条析，端委详明。体例与《通志》《续通志》颇异，仅存 20 略。省去本纪、列传、世家、年谱。其内容除氏族、六书、七音、图谱、金石、昆虫草木诸略外，大体与《清朝通典》相重复。本书选录的资料均选自浙江古籍出版社 1988 年 11 月版《清朝通志》。

卷六十四　职官略一
官制　户部
盛京户部：满侍郎一人，经会司郎中、员外郎、主事各一人，粮储司郎中、员外郎各一人，主事二人，农田司员外郎二人、主事一人，银库掌关防监督郎中、员外郎各一人，司库二人，仓监督正副各一人，管屯田六品官二人，堂主事二人，笔帖式二十一人。　　7142

卷六十五　职官略二
工部
屯田司：郎中，满洲四人、汉人一人。员外郎，满洲五人、汉人一人。主事，满洲三人、汉人二人，掌修陵寝大工及王公百官坟茔之制，凡大祭祀则供薪炭，百司岁给亦如之。　　7146

卷六十八　职官略五
八旗官制
八旗都统、副都统：满洲蒙古、汉军旗各一人，分掌满洲、蒙古、汉军二十四旗之政令，以宣布教养、整诘戎兵、厘治田土、稽核户口。凡八旗次序以镶黄、正黄、正白为上三旗，正红、镶白、镶红、正蓝、镶蓝为下五旗。我朝自龙兴东土，诸部以次削平，归附日众。太祖高皇帝辛丑年始编三百人为一牛录，每牛录设额真一。先是我国出兵校猎，不论人数多寡，各随旗党屯寨而行。每人各取一矢，十人设长一领之，其长称为牛录额真，至是遂以名官。寻复定户籍分为四旗，曰黄、曰白、曰红、曰蓝，以纯色为辨。乙卯年以初设四旗为正，增设镶黄、镶白、镶红、镶蓝四旗，黄白蓝均镶以红，红镶以白，令为八旗。每三百人设一牛录额真，五牛录设一甲喇额真，五甲喇设一固山额真，每固山额真设梅勒额真二人以佐之。天聪八年改梅勒额真以下为章京，惟固山额真如故。其随固山额真行营马兵定为阿礼哈超哈，此为骁骑营之始。九年分设蒙古八旗，旗色官制与满洲八旗同。崇德二年始立汉军二旗，四年以汉军二旗分为四旗，七年定设汉军八旗，旗色官制与满洲蒙古皆同，顺治十七年定制。固山额真，汉字称为都统。梅勒章京，汉字称为副都统。　　7157

卷七十一　职官略八
官阶
盛京管官屯六品官。　7172

卷八十三　食货略三
赋税上
（雍正）七年　命盛京户部侍郎会同奉天府尹清查该地亩肥瘠，分别上中下三等起科解，永为令。向来奉天地亩概以上则征收，缘彼处多有隐匿，或三四亩只报一亩者。至是遣官清丈，皆得实数，故有是谕。　7245

卷八十六　食货略六
蠲赈上
（康熙）四十九年　免盛京、奉天、锦州、承德等府县明年租谷。　7258
（五十年）　免盛京之承德等县应征米豆。（下略）　7258
（五十七年）　发盛京仓赈扎赉特固山贝子特古斯属下穷丁。　7258

卷八十七　食货略七
蠲赈下
（乾隆）八年　上诣盛京，恭谒祖陵，嘉予各庄头输将无误，免本年应交仓粮及上年未完米豆。　7262
（十九年）　上谒盛京陵寝，免奉天本年田租，其庄头应纳粮石、各旗地米、豆、草刍免半，壮丁米全免。　7263
（四十五年）　上幸盛京，免奉天所属本年钱粮及杂项米豆。　7265

卷八十八　食货略八
平粜　常平仓　义仓　社仓
（康熙）十八年　令各地方官修常平仓，每岁秋稔劝谕官绅士民捐输米谷照例议叙。乡村立社仓，市镇立义仓。公举本地善良之人出陈易新，春贷秋还，每石取息一斗。每岁杪州县核数申详上司，上司报部。储谷多者，管仓人给与顶带。官吏掊克者，照侵欺钱粮例处分，强派抑勒扰民者，罪　7269
十九年　又，定常平积谷留本州县备赈，义仓、社仓积谷留本镇备赈，永免协济外郡。时以浙江杭州等府米价腾贵，动库银四万两，往湖广、江西籴米平粜。又，令奉天等处城守征收杂税。于米价贱时购贮内仓，遇紧急拨用，名曰备米。嗣后近边境地，如山海关、古北口、张家口、黑龙江、墨尔根、奉天、锦州、开元、辽阳、盖州及榆林等处卫堡，俱有贮备仓庾。特行于常法之外。（下略）　7269
三十四年　盛京旱，谕令：支海运米二万石，一半赈给，一半出粜。（下略）　7269

清朝文献通考

《清朝文献通考》又名《皇朝文献通考》，为清乾隆时敕撰，全书共
300 卷。该书与《清朝通典》、《清朝通志》一样，上起清朝开国元年
（1616 年），下讫清乾隆五十年（1785 年）。记述了清朝前期的典章制
度。体例与门类与《清朝续文献通考》完全相同，分为 26 考，卷首有凡
例 16 则。其子目与《清朝续文献通考》相比，略有增删。如田赋考增
八旗田制，户口考增八旗壮丁，土贡考增外藩，学校考增八旗官学，封
建考增蒙古王公等。又如市籴考删均输、和买、和籴，选举考删童子
科，兵考删车战等。所有这些增删都是根据历史的具体情况处理的，
其处理是比较恰当的。《清朝文献通考》在清朝"三通"中成书最早，其
材料取自当时档案，故史料价值更高一些。《清朝通典》、《清朝通志》
的材料，多转抄于《清朝文献通考》。本书所选录的资料均选自浙江古
籍出版社 1988 年 11 月出版的《清朝文献通考》。

卷一　田赋一　田赋考

田赋之制

（上略）奉天民赋田，每亩科银一分至三分不等，米二升八勺至七升五合不等。退圈地，
每亩科银一分至三分不等，豆四升三合至一斗不等。　4855

（顺治）八年　世祖章皇帝亲政，以从前睿亲王边外筑城，加派九省额外钱粮二百五十
余万两，令开除本年正赋，寻以恩赦，令有司按户给还。命御史分巡各省，察民间利病，苏松
巡按秦世祯，因条上兴除八事。一曰田地，令业主自相丈量，明注印册，以清花诡。一曰额
定，钱粮俱填，易知由单，设有增减，另给小单，使奸胥不能借口。一曰由单，详开总散数目、
花户姓名，以便磨对。一曰催科，不许滥差衙役，设立滚单，以次追比。一曰收粮，听里户自
纳簿柜，俱加司府印封，以防奸弊。一曰解放，先急后缓，勒限掣销，不得分毫存留衙役之手。
一曰民差，查田均派与排门册对验，无使苦乐不均。一曰备用，银两每事节省，额外不得透
支，布政司将征解原册，一季一提，年终报部，扶同容隐者，拟罪。从之。是岁，以山海关外荒
地甚多，民人愿出关垦地者，令山海道造册，报部，分地居住。　4858

（十八年）　总计天下田土共五百四十九万三千五百七十六顷四十亩，田赋银二千一百
五十七万六千六两，粮六百四十七万九千四百六十五石，各有奇。（中略）。奉天、锦州二府
计六百九顷三十三亩有奇，田赋银一千八百二十七两有奇。　4860

卷二　田赋二　田赋考二

田赋之制

（康熙）五年　以奉天之白旗堡、小河西两处地亩,令民耕种,照熟地例输赋。广宁、宁远两县旷地给民开垦,不许旗人侵占。　4864

二十年　谕户部:直省清查隐占地亩,州县有司或利其升叙,虚报田粮,摊派民间,致滋苦累,亦未可定。尔部可檄行直省督抚,著严行察核。　4865

二十四年　重修赋役全书。以赋役全书成于顺治初,历有岁年,户口、土田视昔有加,其间条目易混淆,命重修之,止载切要款目,删去丝秒以下尾数,以除吏书飞洒驳查之弊。二十六年书成,仍以九卿议,旧书行之已久,新书停其颁发,令所司存贮。

是年,总计天下田土共六百七万八千四百三十顷一亩有奇,卫所田土归入州县征粮者,并载于内。田赋银二千四百四十四万九千七百二十四两,粮四百三十三万一千一百三十一石,各有奇,草九万八千七百二十一束。（中略）奉天、锦州二府计三千一百一十七顷五十亩有奇,田赋银九千三百五十二两有奇。　4865

卷三　田赋三　田赋考三

田赋之制

（雍正二年）　臣等谨按:钱粮出于田亩之中,火耗加于钱粮之外。火耗之名,自明以来始有之,盖由本色变而折银,其取之于民也。多寡不一,其解之于部也。成色有定,此销镕之际,不无折耗,而州县催征之时,不得不稍取盈以补其折耗之数,亦犹粮米之有耗米也。迨行之既久,州县重敛于小民,上司苛索于州县。火耗之增日甚一日,因循瞻徇视为应得之物。一遇公事,加派私征皆取之民间,又不止于重耗而已。此其故,皆由于有司无养廉之资,而闾阎滋科派之累也。自提解火耗之法,行有司之养廉,于此酌拨地方之公用,于此动支百姓永远藉名苛派之累,而官吏得有洁己奉公之实,所加于民者无多,所益于民者甚大。所谓上不误公,下不病民,达权通变,至公至善之计也。

是年,总计天下田土共六百八十三万七千九百一十四顷二十七亩有奇,田赋银二千六百三十六万二千五百四十一两,粮四百七十三万一千四百石,各有奇,草十万五千四百九十一束。奉天、锦州二府,计五千八百六顷五十八亩有奇,田赋米三万八千七十石有奇。（下略）　4872

七年　谕:奉天地亩向来概以上则征科,查彼处地亩多有隐匿,每有三四亩止报一亩者,是以概以上则征科,民力输将甚为宽裕。前岁,朕遣大臣官员清丈田亩,皆得实数。今若按亩俱照旧则征粮,恐小民输将力有未给。著盛京户部侍郎会同奉天府尹,确查田亩之肥瘠,分别上、中、下三则起科,酌定成额,永著为令。　4876

卷四　田赋四　田赋考四

田赋之制

（乾隆）十五年　申弓尺盈缩之禁,户部议准。自顺治十二年,部铸弓尺颁行天下,康熙年间复行严禁。如有盈缩定以处分,迨后各省弓尺多有不齐。乾隆五年,行令直省,各将该地方见行弓尺式样报部。惟直隶、奉天、江西、湖南、甘肃、四川、云南、贵州，并两淮河东二盐场俱遵部颁弓，并无参差不齐。此外，或以三尺二三寸，或以四尺五寸，或以六尺五寸，或以七尺五寸，为一弓尺。或二百六十弓，或三百六十弓，或六百九十弓，为一亩，均未遵照部颁之式。今若令各省均以部定五尺之弓，二百四十弓为一亩，倘部颁弓尺大于各省旧用之弓，势必田多缺额，正赋有亏。若小于旧用之弓，又须履亩加征，于民生未便。且经年久远，一时骤难更张。已据各该抚开明不齐缘由，报部存案，毋庸再议。嗣后有新涨、新垦升科之田，务遵部颁弓尺量，不得仍用本处大小不齐之弓，如有私自增减盈缩，照例处分。　4887

十八年　是年，总计天下土田七百八万一千一百四十二顷八十八亩，赋银二千九百六十一万一千二百一两，粮八百四十万六千四百二十二石，各有奇，草五百十有四万五千五百七十八束。（中略）奉天民田二万五千二百四十三顷二十一亩，赋银三万八千百有十两，粮七万六千二百六石，各有奇。粮充本省经费。　4888

三十一年　谕：银库所奏月折内，地丁款下开写丝毫忽勿微等细数，缘各省征收之时，必须先有散数方可合并计算，汇成总数。是以照例开写。但此等名目既已极其纤悉，而秤兑时并不能将此丝毫忽微之数分晰弹收，徒属有名无实，于政体亦多未协。嗣后各省征收钱粮及一切奏销支放等事，俱著以厘为断，不必仍前开写细数。

是年，总计天下土田七百四十一万四千四百九十五顷五十亩有奇，赋银二千九百九十一万七千七百六十一两，粮八百三十一万七千七百三十五石，各有奇、草五百十有四万四千六百五十八束。（中略）奉天民田二万七千五百二十五顷二十七亩有奇，赋银四万五千五百四十四两，粮七万六千九百四十四石，各有奇。粮充本省经费。　4890—4891

卷五　田赋五　田赋考五
八旗田制
臣等谨按：国家建邦设都，务崇根本，是以盛京畿辅设有官庄。一时从龙翼运，群策群力，莫不授以土田，俾聚室家长、子孙。王以下官员、兵丁以上，迄各省驻防，俱有规制。至于口外田地渐次垦辟，得膏腴数百万顷，由是，八旗人民内有庄屯可以资生，外有草地可以垦种。又为之正其经界，使旗民各安其业，咸得我所。百数十年来，分拨相度之宜，调剂经久之法，无不裁成尽善。兹别立八旗田制一门，考稽国史，分年排纂，以彰昭代开创之宏规，用垂示万万世焉。　4895

内务府官庄
顺治元年　设立官庄。是时近畿百姓带地来投，设为纳银庄头，愿领入官地亩者，亦为纳银庄头，各给绳地。每四十二亩为一绳。其纳蜜、苇、棉、绽等物者，附焉。计立庄百三十有二，不立庄者仍其户计二百八十五户。分隶内务府镶黄、正黄、正白三旗，坐落顺天、保定、河间、永平、天津、正定、宣化等府州县，奉天、山海关、古北口、喜峰口亦令设立。　4895

（康熙）二十四年　设立粮庄。每庄各给地千八百亩，旧例每庄壮丁十名，选一人为庄头，给田一百三十晌，每六亩为一晌。场园、马馆另给田四晌，庄丁番衍则留于本庄，缺则补足。给牛八头，量给房屋、田种、口粮、器皿，免第一年钱粮。至是设粮庄，每庄地三百晌，其头等、二等庄头不准给牛。又，山海关内、古北口、喜峰口外粮庄，每一所纳粮百石，合仓石三百六十石。山海关外粮庄每一所纳粮百二十石。合仓石四百三十二石。至二十六年题准于

交纳银二百两之庄头内,改为粮庄,增壮丁为十五名。　4895

　　五十年　定粮庄纳粮之数。山海关内、古北口、喜峰口外,头等庄报仓石二百五十石,二等庄二百二十石,三等庄一百九十石,末等庄一百二十石,每石折小米五斗。其明年又定山海关外头等庄报仓石三百二十二石,二等庄二百九十二石,三等庄(三)[二]百六十二石,末等庄一百九十二石。又,领种入官地亩庄头四名,每名报粮七十石,带地纳粮庄头一名,报粮六十四石。　4895

　　雍正元年　设总理大臣官员,专司口外报粮编审。谕:山海关内庄头等所欠陈粮,俱令豁免。所欠新粮,限三年内交完。内务府议定,一二年内全完者,赏给品级及加级,有差三年不完者,罪之。　4895

　　三年　令口内庄头交仓所余之粮,折银交广储司。口外庄头粮米运交热河仓,其杂粮秫秸等项亦折银交广储司。　4895

　　四年　更定山海关外粮庄地数。一等庄给地五十四顷,二等庄五十一顷,三等庄四十五顷,四等庄三十九顷。　4895

　　(乾隆二十年)　(上略)　康熙三十九年,定每园纳粮壮丁不得过六丁,余丁免其征银。凡蜜户,按丁给地征银,每地一晌征收蜜五斤,每斤折算银七分。康熙四十九年,以乌拉捕牲蜜丁所进蜜已足用,嗣后蜜户俱按地征银,每亩征银五分。凡苇户,按丁给地,每亩征银一分至五分八分不等,所进苇每斤折算银三厘五毫零,每年额征苇四万三千七百五十二斤,其余按亩征银。凡投充棉靛户,每丁给地五十六亩,征棉花五十斤,水靛百斤,交广储司。(下略)　4896

　　臣等谨按:国初设立官庄,或在奉天、或在畿辅,领之内务府会计司。此外尚有部、寺官庄,分隶于礼部、光禄寺,各衙门自行征收、支放,以给公用,皆不属户部。　4896

宗室官员兵丁庄田

　　顺治元年　又谕:王公等,于锦州各设庄一所,盖州各设庄一所,其额外各庄均令退出。4896

　　二年　谕户部:民间田房有为旗人指圈改换他处者,视其田产美恶速行补给,务令均平。倘瞻顾徇庇,不从公速拨,从重处分。户部尚书英俄尔岱等言,臣等奉命圈给旗下地亩,查得易州、安肃等州县军衙,共三十六处无主田地,尽数拨给旗下,犹苦不足。其未查地方,如满城、庆都等二十四州县,尚有无主荒地,若拨给旗下,则去京渐远,兵民杂处多有未便。议将易州等处有主田地,酌量给旗,而以满城等处无主田地就近给民,庶几两利。至于清查,事绪繁多,应差廉干官员前往,从公拨给,务令满汉兵民各有宁宇。疏入,命遣给事中四员、御史四员,同户部司官八员,前往拨给,准民间坟墓有在满洲地内者,许其子孙随时祭扫,其应给满洲及应留民间地亩,令地方官早行晓示,毋妨东作。　4897

　　(康熙)八年　谕:民间房地圈给旗下,嗣后永行停止。今年所圈房地,悉令给还民间。至旗人无地者应否以古北等口边外空地拨给,令贝勒、大臣确议。诸臣会议言,圈拨民间田房屡经停止,嗣有因旗下退出荒地复行圈补者,有游牧等处投来人丁复行圈拨者,有因圈补时复圈接壤民地者,百姓失业堪悯。今张家口、杀虎口、喜峰口、古北口、独石口、山海关外,各有旷土,如宗室官员及兵丁有愿将壮丁地亩退出,取口外闲地耕种者,该都统给印文咨送,按丁拨给。得旨。报可。至九年,又议,以喜峰口、独石口外既无闲地,正红旗又无赴边外领地之人，不必拨给。请以古北口外地拨与镶黄旗、正黄旗，罗文峪外地，拨与正白旗，冷口外地拨与镶白旗、正蓝旗，张家口外地拨与镶红旗、镶蓝旗。从之。　　4898

乾隆元年　改井田为屯庄。时以井田试行十年，咨回者已九十余户。令地方官确查，实力耕种者改为屯户，于附近州县按亩纳粮，令各属防御管辖。时井田改屯地，地共百五十四顷九十八亩有奇。定古北口外旗地折银之例，古北口外、热河东西两河，各项旗地分别上、中、下三则，上则每亩纳银一分四厘，中则纳银七厘，下则纳银三厘五毫，免其征收本色，以省挽运之艰。　　4899

二十五年　定违禁私行长租之例。违禁私行长租者，业主、租户各治以违禁罪外，由业户名下将租价追出入官，由租户名下将地亩追出给还本人。使业主、租户两失长租之利，以示惩警。　　4901

查丈热河道属四旗通判地方，旗人增垦地亩按则升科。方观承言：热河道属四旗通判地方，东西两河丈出垦熟未升科旗地三千九百三十三顷六十四亩有奇，应照该处上则一分四厘起科。下部议行。　　4901

（三十九年）　申旗民私开地亩之禁。户部议，大凌河马厂牧场水草内，旗民人等私开地亩、建盖房屋，全行拆毁，私开人等照例治罪，将督率不力之地方官，咨部议处。并令总管等，每年春秋二季亲身详查。如议行。　　4902

四十年　严偷垦私造之禁。户部议，大孤山地方所有闲空地亩，即作该城兵丁马厂。其五块石地方偷垦地亩、私造房间民人，交与该地方官治罪。如议行。　　4902

四十六年　谕：户部议覆，索诺木策凌等，查丈流民私垦地亩，仿照山东科则，定赋一折，自应如此办理。流民私垦地亩，于该处满洲生计大有妨碍，是以照内地赋则酌增，以杜流民占种之弊。且撤出地亩，并可令满洲耕种，不特于旗人生计有益，并可习种地之劳，不忘旧俗。原非为加赋起见，至吉林与奉天接壤，地粮自应画一。今据户部查奏，吉林所定额赋又系照直隶办理，与奉天查照山东科则者互异。是和隆武专似为言利起见，殊非均平额赋加惠旗人之意。所有吉林地亩钱粮应收赋则著，交和隆武会同索诺木策凌，详悉熟筹，酌中画一，定额妥议。具奏。寻经和隆武等覆奏，户部议准，四十二年以前陈民耕种地亩，照奉天陈民例，分为上、中、下三等，银米各半征收。以后续行查出私开地亩，亦照奉天查出流民地亩加增粮额之例，银米并征。是办理既有等差，酌中定赋，不致畸重畸轻，尚属可行。应如所奏，从之。　　4903

八旗庄田数

（乾隆）四十八年　正红旗宗室，整庄一百四十五所，半庄三所，整园五十所，半园十一所，共地一千二百四十四顷十六亩。坐落顺天、宛平、昌平、涿州、文安、保定、定兴、涞水及辽阳、海城、盖平各州县。

镶白旗室室，整庄一百七十六所，半庄五所，庄八所，整园八所，园二十所，果地、靛地、网户、猎户等地七十六处，共地千七百一十七顷十有四亩有奇。坐落大兴、宛平、良乡、固安、永清、东安、香河、通州、三河、武清、宝坻、昌平、密云、怀柔、房山、霸州、蓟州、玉田、平谷、遵化、丰润、迁安、滦州、乐亭、保定、易州、河间、任邱、沧州、保安及辽阳、海城、盖平、铁岭、山海关外等处。

镶红旗宗室，整庄二百九十八所，半庄二十三所，庄五所，整园一百十一所，半园二所，共地二千六百三十顷一亩。坐落大兴、宛平、永清、香河、通州、宝坻、昌平、涿州、房山、霸州、滦州、新城、河间、肃宁、沧州、延庆及张家口外等处。

正蓝旗宗室，整庄五百四十四所，半庄一百五十一所，庄二十二所，整园一百三所，半园十九所，园七十三所，果菜、牧地五处，共地五千三百十有三顷二十四亩有奇。坐落大兴、宛平、良乡、永清、东安、香河、通州、武清、昌平、顺义、怀柔、涿州、房山、霸州、保定、蓟州、玉田、平谷、遵化、丰润、永平、昌黎、滦州、乐亭、新城、易州、青县、无极、保安及承德、辽阳、开原、锦州、宁远、广宁、开平、冷口外等处。

镶蓝旗宗室，整庄二百三十一所，半庄六十三所，庄九所，整园一百二所，半园二所，园三所，共地二千二百五十四顷七十亩。坐落大兴、宛平、固安、永清、东安、昌平、怀柔、滦州、蠡县、安州、高阳及辽阳、海城、盖平、锦州、开平等处。　4903

盛京庄田

顺治五年　定八旗庄屯地界。国初按旗分处，各有定界。继因边内地瘠，粮不足支，展边开垦。移两黄旗于铁岭，两白旗于安平，两红旗于石城，两蓝旗所分张义站、靖远堡。地瘠，以大城地与之。至是，复定官员庄屯。两黄旗设于承德县沙河所，两白旗设于宁远，两红旗设于承德县塔山，两蓝旗设于锦州。又准沙河以外，锦州以内八旗官员家丁，每名给地三十六亩。　4905

十二年　以辽阳、铁岭至山海关另设边界。八旗庄地多有在边外者，令照旧住种，惟酌量边界开门，勿误耕获。　4905

（康熙）十二年　定在京旗人欲往奉天领地设庄守护坟墓者，若将在京所分地退出，准拨熟地，不愿退出者，以荒地拨给。　4905

十八年　定分给新满洲奉天地亩例。户部议准奉天成熟地亩，拨给新满洲耕种，恐于民未便，今更定两便之法。奉天所属，东自抚顺起，西至宁远州老天屯，南至盖平县拦石起，北至开原县，除马厂羊草地外，实丈出三十二万九千四十九顷三十亩，定旗地二十七万六千三百二十二顷八十亩。新满洲迁来者，拨种豆地，每六亩给地种一斗，拨种谷米、粘米、高粮地，每六亩给各种六升。　4905

二十五年　以锦州、凤凰城等八处荒地，分给旗民开垦，给以耕牛及口粮农器。又令，索伦达呼尔官兵耕种墨尔根地方，奉天官兵耕种黑龙江地方，由部差官各一人监视。　4905

二十八年　令奉天等处旗民各在本界内垦种，不许互相侵越。　4905

（乾隆）二年　设立黑龙江屯庄。黑龙江湖兰地方设庄四十所，每十丁编为一庄。令盛京将军等选八旗开户壮丁四百名，各给地六十亩，房二间，并给口粮、籽种。　4905

六年　增设呼兰庄屯，又，择闲丁五十名，增设庄五所。　4905

七年　设庄屯于温得亨山及都尔图地方，以该处与呼兰毗连，土性肥饶，水草佳美，选壮丁五十名，增设庄五所，各给牛、种、器具、口粮。　4905

三十一年　命尚书新柱会同盛京将军等，查办丈出旗民余地。先是，盛京刑部侍郎朝铨言：奉天地亩自雍正四年迄今，未经查丈，应履亩丈量。如有余地在二三十晌以上，于十分中分出二三分，为各城兵丁随缺地亩，余仍令原业主承种纳粮，注载红册。至三十年，朝铨等言：奉天各项旗人原红册地共二百五十五万七千四百晌有奇，现今丈出自首余地三十三万六千一百晌有奇。民人红册地四十六万零二百晌有奇，丈出并自首余地七万四千七百晌有奇，二共余地四十一万零八百晌有奇。民人余地，在停止开荒以后违例私开者，全行撤出。在定例以前，或依傍畦垅者，照旗人例，酌量地数分拨。其官员、兵丁应得随缺地亩，并各城学田、水手公产及旗民水冲沙压不足红册地亩，俱请即于丈出余地内拨补。下部议行。至三十一年，户部侍郎英廉言：旗民丈出余地系违例私开，应一概撤出，除拨补随缺等项外，听各旗无地兵丁、闲散人等扣价认买，照例纳粮。部议，应如所请。　4905—4906

奉谕旨：户部议覆，侍郎英廉请丈出盛京旗民余地，准令无地兵丁闲散人等认买一折，原为旗民生计起见。但此等无地人户贫富不齐，其有余者置产必多，而无力之家未必能一律承买，恐于伊等资计仍无实济。因念该处冬围兵丁一切鞍马之需不无拮据，若将此项余地内酌派征租，每年备赏资装，于该兵等，殊有裨益。其应拨用若干及所余地亩，除拨补随缺各项外，或可一体征租存贮动拨，或听旗人认买，毋致有名无实之处。新柱现在出差盛京，著会同该将军府尹等，确勘该地实在情形，妥协定议。具奏。嗣据新柱等议言：现在丈出余地四十一万八百余晌，加之移驻塔尔巴哈台兵一千名，随缺地七千晌，二共四十一万七千八百余晌。内除应拨随缺官员等地一万六千九百晌，兵丁地四万八千五百七晌、水冲沙压、学田、水手公产等项地三万九千九百余晌，其余地亩共三十一万二千四百晌有奇。应一并入官，即令原种之旗民照数纳租承种，以裨生计。并按各处地亩之高下肥瘠，粮额之等差，照依上、中、下三则，分别核计。每晌应征租银自四钱八分至二钱四分不等，折中每晌合租银三钱六分，约计每年共征租银十有一万四百两有奇。冬围兵丁恩赏银两，即于此项内拨给。余银解交盛京户部，另款存贮，听候拨用。下部议行。　4906

三十七年　谕：将军增福等具奏，盛京各佐领下所有马甲多寡不等，请裁马甲，添设步甲，其余剩钱粮并随缺地亩入于正项报销一折。经军机大臣会同该部覆准，具奏。所办非是，盛京额设马甲并随缺地亩，皆为养赡该处满洲而设。今年久，生齿日繁，若将伊等应得分例裁汰入官，于伊等生计殊属无益。国家一切用度固应节俭，然亦止宜酌减无益糜费，并查核不肖人员，使不得从中侵蚀。至于正项应支之处，岂可节省。盛京满洲皆朕臣仆，人丁日盛，不敷养育。尚宜酌量添给，岂有转将伊等现在应得分例裁汰之理。今各佐领下马甲额缺不均，固宜均匀办理。但此项裁缺钱粮地亩，亦宜斟酌养赡多人，惟期普被恩施，示朕体恤满洲至意。　4906

四十年　定偷垦地亩入官纳租之例。户部议，岫岩城、五块石各兵丁牧马官厂内，有山东流来民人偷垦地亩，私造房间，不必折毁，令其入官，仍著伊等居住，耕种纳租，并令交纳地亩租银、米石，若有不愿耕种者，即行另召耕种。如议行。　4906

四十六年　定惩匿报之令。盛京、吉林民人私垦地亩续经查出者，每亩岁征银八分，仍在旗仓纳米二升六合五勺五秒，以惩匿报之弊，著为令。　4906

四十八年　总计实在退圈地七十七万二千四百七亩八分有奇。　4906

四十九年　总计实在民地一百八十八万八千八百七十亩六分有奇。　4906

凡拨给八旗官员兵丁盛京土田，内务府三旗包衣佐领下壮丁地亩，镶黄旗在盛京、兴京、开原、辽阳界内共地一百六十四顷八十四亩四分。正黄旗在盛京、兴京、开原界内共地九十九顷一亩四分。正白旗在盛京、兴京、开原、辽阳界内共地二百五顷六十三亩一分。内务府三旗包衣佐领下园丁地亩，在盛京、开原、辽阳界内共地一千三百三十四顷八十亩。盛京礼部六品官所属各项壮丁地，在盛京、兴京、辽阳、铁岭、秀岩界内共地五百顷九十九亩三分。盛京工部五品官所属壮丁地，在盛京、兴京、辽阳、牛庄、秀岩、因登界内共地五百六十一顷九十六亩。六品官所属壮丁地,在盛京、兴京、开原、辽阳界内共地一百八十九顷四亩九分。制造库匠、役人等地,在盛京界内共地二十二顷三十二亩。盛京户部仓官庄头、楼军、仓军地,共四百一十一顷九亩四分。领催庄头地共二千八百一十三顷一亩六分。盛京礼部庄头、壮丁地,共四十七顷五亩六分。盛京兵部、站丁地,共六十二顷七十四亩八分。盛京工部庄头、壮丁地,共七十六顷五十六亩三分。盛京界内八旗所属诸王、贝勒、贝子、公、大臣等地,共一千二百二顷三十六亩。官员、兵丁、闲散人等地,共五百八十顷八十六亩五分。

抚顺界内,右翼四旗所属王、贝勒、贝子、公、大臣等地,共一千二百九十八顷九十九亩七分。官员、兵丁、闲散人等地,共七十五顷二十亩六分。碱场、汪清二门官兵、台丁地,共三百二十八顷三十亩。

开原界内,八旗庄、屯地二千八百顷零七十九亩。辽阳城界内,八旗官员、兵丁地,共八百八十八顷五十五亩。铁岭界内,左翼四旗庄屯地,共八千六百五十七顷四十四亩二分。法库、边门庄屯地,六百七十八顷五十八亩。威远堡边门庄屯地,二百二十八顷八十七亩。英额边门庄屯地,一百二十六顷七十二亩二分。凤凰城八旗巴尔呼地,一千九百四十八顷六十四亩。又,正黄旗屯地,共六十顷九亩。叆河边门分种地,共二十四顷七十四亩。四台四屯地,六十一顷五十九亩。复州界内,八旗分拨地,共一千七百二十九顷四十亩。熊岳城界内,八旗满洲、蒙古巴尔呼汉军庄屯地,二千八百八十三顷三十九亩。金州界内,八旗满洲、蒙古、汉军官员兵丁地,三千三百四十一顷零四亩,水师营地,二十六顷十八亩。山海关官员、兵丁、寡妇、闲散人等在山海卫、宁远州界内,共地一百三顷五十七亩七分零。又,正白、正红、镶红旗下闲散人等地,共三顷六十七亩零。秀岩界内,八旗官员兵丁地,二千一百二十一顷零二亩七分。盖州界内,各旗官员兵丁地,四万六百三十八亩。牛庄界内,八旗官员、兵丁地,共二千九百二十三顷。广宁城所属巨流河、白旗堡、小黑山、闾阳驿、彰武台边门等界内,八旗官员、兵丁、闲散人等地,共一万五千一百九十四顷九十六亩二分。锦州界内,王、贝勒、贝子、公、宗室、额驸、官员、庄头、闲散人等地,共二千七百一十七顷零七亩八分。八旗兵丁闲散人等地,共一千五十四顷五十亩四分。义州界内八旗庄屯地,五千四百七十一顷二十五亩。清河边门庄屯地,五百三十四顷二十三亩。九关台边门庄屯地,二百三十二顷十八亩。

吉林乌喇界内,官员、兵丁开垦地,镶黄旗三百七十四顷五十二亩,正黄旗二百九十五顷二十六亩,正白旗二百六十六顷一十亩,正红旗二百五十二顷七十八亩,镶白旗二百八十八顷四十八亩,镶红旗二百二十一顷七十六亩,正蓝旗二百六十一顷二十四亩,镶蓝旗二百六十七顷二十四亩,水师营二百六十五顷五十六亩。又,各庄头开垦地,二百五十二顷六亩。

宁古塔界内,官员、兵丁开垦地,镶黄旗三百四十七顷四亩,正黄旗二百三顷七十亩,正白旗三百三十五顷一十亩,正红旗四百二十顷,镶白旗四百七十顷五十四亩,镶红旗三百二十六顷七十亩,正蓝旗二百八十顷一十四亩,镶蓝旗二百一十九顷六十六亩。又,各庄头开垦地,共三百三十三顷四十二亩。

浑春界内,官员、兵丁开垦地,镶黄旗一百一十七顷一十八亩,正黄旗九十九顷五十四亩,正白旗三百一十六顷九十二亩。

三姓地方官员、兵丁开垦地,镶黄旗一百八十一顷五十亩,正白旗五十九顷四十六亩,正红旗四百一十九顷六十四亩。

伯都讷界内,官员、兵丁开垦地,镶黄旗一百一十六顷五十八亩,正黄旗七十三顷六十八亩,正白旗二百三十五顷四十四亩,正红旗一百二十五顷五十二亩,镶白旗八十顷二十二亩,镶红旗七十一顷二十二亩,正蓝旗二百一十五顷四亩,镶蓝旗一百九十四顷一十亩,又,各庄头开垦地二十二顷三十二亩。

阿尔楚哈界内官员兵丁开垦地,镶黄旗一百一十五顷八亩,正黄旗一百二十顷三十亩,正白旗五十九顷一十亩。

右据八旗土田志盛京等处档载入。　　4906——4908

卷十二　田赋十二　田赋考十二

官田

臣等谨按:官田之名见于周礼,郑众以为公家所耕田,郑康成以为庶人在官者所受田,二说不同。马端临前考官田类,止载殷周之公田,藉田不及载,师之宫田,似未赅备。自汉至唐,不闻云官田者,至宋,而其说始详。其时,官田输租,民田输赋,官租之额,浮于民赋。甚至买民田以为官田,田不改旧而租加至数倍,此官田之为民累也。明初,如苏松嘉湖诸府,虽有官田民田之分,然皆是民业,并非公产。惟科则有轻重之不同,与宋之官田又不同矣。若明之皇庄及诸王勋戚所赐庄田,则为在官之田,其时公私侵占,颇为民累。我朝定鼎之初,即将故明宗室禄田,令与民田一例起科。其明藩田产号为更名地者,亦皆赋于民,而薄其征敛。前代相沿之秕政,至是尽除矣。至于内府之官庄,宗室、勋戚、世职与兵丁所受之庄田,不隶于州县者,已别立八旗田制一门,以彰昭代之良法。惟藉田、学田、直省公田、牧地之类,编入于此。

凡在京坛壝等处,在官地亩不纳粮。其直省社稷、山川、厉坛、文庙、祠墓、寺观,祭田亦为公地,免其征科。(祠墓、寺观祭田亦有纳粮者,与民田同,兹不备载。)直隶一十九顷二十四亩一分九厘一毫有奇。奉天一顷四十一亩九分三厘五毫有奇。　　4959

(顺治)二年　以近京废地拨给壮丁垦种,有余为牧马厂。至十一年,给亲王牧厂方八里,郡王牧厂方四里。顺治十二年,又定亲王牧厂方二里,郡王牧厂方一里。额外多占者,查出拨给新壮丁。凡畿辅牧厂之数,镶黄旗牧厂坐落武清、宝坻,东自唐畎西至陈林庄七十里,南自张家庄,北至上马台九十里。正黄旗牧厂坐落天津,西北自俞家庄,东北至小稍子口三十五里,西南自孙家庄,东南至秋家庄四十七里。正白旗牧厂坐落天津,东自好字沾,西至白家庄四十二里,南自城儿上,北至清沟六十五里。正红旗牧厂坐落瓮山,十五顷,芦沟桥西高陵二十七顷六十亩。镶白旗牧厂坐落通州,二十四顷八十四亩。镶红旗牧厂坐落顺义县天主马房村,三十五顷二十八亩,芦沟桥西四顷八十亩。正蓝旗牧厂坐落丰台、王兰等庄,东西三十里,南北五十里。镶蓝旗牧厂坐落草桥十里,廊房八里。凡口外牧场,曰杨柽木牧厂,在锦州府广宁县北,二百一十里,彰武台边门外,东西距百五十里,南北距二百五十里。　　4959

五年　以奉天屯卫地,令八旗均分为牧场。奉天中前所、前屯卫、中后所三处地分与八旗,自东迄西,先给两黄旗,次两白、两红旗,次两蓝旗。　　4960

康熙元年　以天师庵草场归并崇文门部员管理。顺治二年,天师庵草场设场尉笔帖式及兵丁防守,至是俱裁去。以榆林城外牧地,令民人耕种。榆林城外牧马地十六顷三十六亩零,令地方官招民耕种。明年以甘州镇牧地三顷二亩,招民承种,入甘州中卫征粮。又,奉天府锦县马厂地,留备驻牧,不许民间开垦。　　4960

(雍正)四年　谕曰:礼,天子为藉千亩,诸侯百亩。此则藉田之礼,亦可通于天下。朕意欲令地方守土之官行耕藉之礼,使凡为官者,时存重农课稼之心,凡为农者,亦无苟安怠惰之习。著九卿详议,具奏。九卿会议,请通行。奉天、直隶各省于该地方择地为耤田,每岁仲春行九推之礼。明年,颁耕耤仪于直省。令择东郊官地,洁净丰腴者立为耤田。如无官地,则置买民田,以四亩九分为耤田。于耤田后,立先农坛,令守坛之农夫灌溉耤田,所收谷数,造册报部。　4961

（乾隆）十三年　遣官勘大凌河锦州马厂地,时以裁减马群,议将余地给官兵耕种。遣大臣分定四至注册,以免日后侵占。寻据差往大臣会同牧群总管等议言,锦州、大凌河马场东至右屯卫,西至鸭子厂,南至海,北至黄山堡,东西长九十里,南北长十八里至六十里不等,计地万七千九百余顷。原议,自西界横截十里给与官庄,就近耕种。今丈量西边自南至北长十八里有奇,东边自南至北长二十里有奇,其自东至西应截地内,南界窄狭,北界有山,有足截十里者,有不足截十里者,照地势裁给,计地九百三十八顷有奇。分定界址,将所截之处建筑封堆,以杜将来垦占。从之。　4961

卷十九　户口一　户口考一

臣等谨按:古者夫家之数,稽于司徒生齿之版,登于天府。盖有德而后有人,即户口之登耗可以征治理焉,而夫布口算之则,亦国家惟正之供,与田赋并列者也。马端临通考户口一门备载历代户口、丁中、赋役,附以奴婢。续考因之我朝土宇肷章靡远不届,国初立编审法,以稽人民之数。后定为五年一举,丁增而赋亦随之。

圣祖特颁恩诏:自康熙五十年以后,滋生人丁永不加赋。天恩浩荡,亘古未有。至直省丁徭多寡不等,率沿明代之旧,有分三等九则者,有一条鞭征者,有丁随地派者,有丁随丁派者。后皆次第改随地派,俾无业之民,永免催科之累。加以列圣重光,休养生息,户口之版,日增月益。自书契以来,未有如今日之蕃衍者,益以征太平一统之盛,超轶囊古也。若夫,八旗壮丁,既庶且繁,编审之规,载于会典,亦宜特书,凡二卷。

户口　丁中　赋役。

直隶布政使司,人丁每口科银三分至二两六钱五分七厘不等。

奉天府属,人丁每口科银一钱五分至二钱不等。（下略）　5023

（康熙）十八年　总计直省人丁二千一百有六万八千六百有九口,直隶人丁二百八十五万七千六百九十二,奉天人丁五千五百五十七。（下略）　5024

二十四年　总计:直省人丁二千三百四十一万一千四百四十有八,直隶人丁三百一十九万六千八百六十六,奉天人丁二万六千二百二十七。（下略）　5024

二十七年　定入籍奉天例。凡身隶奉天版籍文武中式,即令于奉天所属州县居住。如居住原籍并别省者,该府尹察出送部,褫革其入籍,出仕之员解任后居住别省,该抚查明题参,仍令于奉天所属地方居住。　5025

臣等谨按:丁随地起之例,广东、四川诸省先已行之。至雍正元年,准抚臣之请,行于畿辅,而各省亦多效之。惟奉天府以民人入籍增减无定,仍旧分征。而山西省至乾隆十年,始议参用摊征、分征之法。（详见后。）盖因地制宜,使有田之家所加者无多,而无业之户利益者甚大,洵法良而意美也。　5026

（雍正）二年　总计:直省人丁二千五百二十八万四千八百一十八口,顺天府人丁十五万八千一百三十三,直隶布政司人丁三百二十四万八千七百一十,奉天人丁四万二千二百一十。（下略）　5027

（乾隆五年）　又,令奉天府寄寓人民愿入籍者,听。不愿者,限十年内回籍。至十五年议准,奉天流民归籍之期已满十年,其不愿入籍而未经回籍者,今查出速行遣回,并令奉天沿海地方官多拨兵役稽查,不许内地人民私自出口。山海关、喜峰口及九边门,亦令一体严禁。5028—5029

十四年　总计:直省人丁共一万七千七百四十九万五千三十有九口,直隶人丁一千三百九十三万三千二百五十八,奉天人丁四十万六千五百一十一。(下略) 5029

十八年　总计:直省人丁共一万有二百七十五万口,直隶人丁九百三十七万四千二百一十七,奉天人丁二十二万一千七百四十二。(下略) 5029

二十二年　总计:直省人丁共一万九千三十四万八千三百二十八口,直隶人丁一千四百三十七万七千一百六十八,奉天人丁四十二万八千五十六。(下略) 5030

二十六年　定归化城等处禁止私垦例。凡归化城、大青山、十五峪三百余户垦地民人,令归化城都统派员会同地方官按年巡查。倘于现有民人外,再多容留一人违禁私垦地亩,将容留及私垦之人,递回原籍治罪。 5030

二十七年　定宁古塔等处禁止流民例。凡宁古塔地方开档家奴,及官庄年满,除入民籍人等,系世守居住不能迁移者,令照旧种地纳粮。其本年查出宁古塔种地流民,安插吉林乌拉、伯都讷等处。将丈出余地拨给耕种,入籍纳粮。吉林乌拉、伯都讷种地流民编入里甲,入册交粮。嗣后倘复有流民潜入境地者,将看守边门官员严参议处。

是年,编审总计:直省人丁二万有四十七万三千二百七十五口,直隶人丁一千六百一十三万二千四百五十四,奉天人丁六十七万四千七百三十五。(下略) 5031

三十二年　总计:直省人丁二万有九百八十三万九千五百四十六口。直隶人丁一千六百六十九万有五百七十三,奉天人丁七十一万三千四百八十五。(下略) 5031

三十四年　户部议准吉林将军傅良奏,阿勒楚喀、拉林地方查出流民二百四十二户,俱自雍正四年至乾隆二十二年陆续存住。在二十七年定议之前,请限一年,尽行驱逐至伯都讷地方,每户拨给空甸一具,令其入籍垦种,二年后纳粮。从之。 5032

臣等谨按:户部则例载,吉林、宁古塔、伯都讷、阿勒楚喀、拉林等地方,不准住无籍流民,前往私垦,责成边门官严行查禁。除各该户于例前安插各户外,(乾隆二十七年以前。)后经查有流民,将看守边门官严参议处。今查出流民在二十七年之前,故准令入籍垦种,一例安插,俾无失所云。 5032

（三十六年）　总计:直省人丁二万一千四百六十万有三百五十六口,直隶人丁一千六百七十七万有二百八十三,奉天人丁七十五万有八百九十六。(下略) 5032

四十年　谕:朕前谕令将发遣之曾为职官及举贡生监出身者,免其为奴,于戍所另编入旗户当差,系指寻常为奴遣犯而言。其真正反叛及强盗免死减等人犯,原旨即在开除不办之例。若吕留良子孙,系大逆重犯缘坐,即属反叛,岂可援轻罪。有职人员,概免为奴出户,致令逆恶余孽得仍窜籍良民,实不足以示惩创,而申法纪。著交刑部存记,嗣后如遇办理此等大逆缘坐之案,不特举贡生监不应减免,即职官甚大者,既为逆犯子孙罪在不赦,不当复为区别。所有吕懿兼、吕敷先二犯及其家属,俱发往黑龙江,给与披甲之人为奴。 5032—5033

四十一年　总计:直省人丁共二万六千八百二十三万八千一百八十一,直隶省人丁二千有五十六万七千一百七十五,奉天人丁七十六万四千四百四十,吉林人丁七万四千六百三十一。(下略) 5033

　　四十五年　总计：直省人丁二万七千七百五十五万四千四百三十一口,直隶人丁二千一百五十二万九千八百六十四,奉天人丁七十八万一千有九十三,吉林人丁一十三万五千八百二十七。(下略)　5034

　　四十八年　总计：直省人丁共二万八千四百有三万三千七百五十五,直隶人丁二千二百二十六万三千三百六十九,奉天人丁七十九万七千四百九十,吉林人丁十四万二千二百二十。(下略)　5034

卷二十　户口二　户口考二

八旗户口

　　(雍正)四年　谕：上三旗定设汉军四十佐领,下五旗定设汉军三十佐领。是年,届编审之期,令八旗都统及直省驻防都统、将军等,交与佐领、骁骑校、领催,将新旧壮丁逐户开明,并编审各官姓名,保结送部。其未成丁及非正身良家子弟,并应除人丁,验实开除。至乌喇打牲人丁,户部派笔帖式前往编审。　5037

　　(乾隆)四年　又议,国初俘获之人年分已远,及印契所买奴仆之中,有盛京带来带地投充之人,系旗人转相售卖,均应开户,不准为民。又,八旗户下家人,有本主念其世代出力,准令开户者,亦准其开户。又议,乾隆元年以前,八旗家奴,经本主放出已入民籍者,准其为民。若系乾隆元年以前放出,至元年以后始入民籍者,令归旗,作为原主户下开户。壮丁至于赎身之户,均归原主佐领下作为开户。　5037

　　六年　复定八旗造丁册之例。凡编审各佐领下,已成丁及未成丁已食饷之人,皆造入丁册,分别正身开户。户下于各名下开写三代履历,其户下人祖父或系契买,或系盛京带来,或系带地投充,或系乾隆元年以前白契所买,分别注明正户之子弟,均作正身分造,余俱照旧例。　5037

　　三十七年　将军增海等具奏：盛京各佐领下所有马甲多寡不等,请裁马甲,添设步甲。其余剩钱粮并随缺地亩入于正项报销。经军机大臣会同该部覆准,具奏。

　　谕：盛京额设马甲并随缺地亩,皆为养赡该处满洲而设。今年久,生齿日繁,若将伊等应得分例裁汰入官,于伊等生计殊属无益。如现在京中八旗户口繁盛,生计不无拮据。经朕特沛恩施,另赏鳏寡孤独钱粮,以资生理。其派往西安、凉州、庄浪、宁夏兵丁,俱令照所派之额,在京挑补。又,添兵缺甚多,每年帑金不下数万,并无吝惜。盛京满洲皆朕臣仆,人丁日盛,自宜酌量添给,岂有转将伊等现在应得分例裁汰之理。今各佐领下马甲额设不均,固宜均行办理。但此项裁汰钱粮地亩,亦宜斟酌养赡多人,或添设甲步,或作为养育兵,俾众人均沾实惠。著将此项裁汰之马甲三百六十名钱粮交增海等,或添设步甲,或添设养育兵,惟期普被恩施。办理。具奏。并随缺三百六十晌,如何使众人均有裨益之处,并著增海等定议。具奏。将此通谕中外,示朕优恤满洲至意。嗣经将军增海等奏,裁汰马甲,应添步甲三百八十名,仍照原奏添设外,余剩银二千六百一十六两,请添设每月食五钱钱粮。养育兵四百三十六缺,分给八旗满洲蒙古汉军各佐领下,仍按鳏寡孤独人等之多寡酌量添设,以资养赡。又,请裁汰随缺地亩租银六百三十四两零,每年赏给步甲三百九十六名,每名银一两六钱,置买皮袄穿用。共步甲一千一百八十八名,三年内可以均沾实惠。嗣后,隔二年,各兵可得皮袄一件。又,请将现议养育兵内,匀出一百四十分钱粮赏给盛京官学生,以资学习,于造士实有裨益。经部议,得旨。允行。　5039—5040

　　三十九年　户部议盛京将军宗室弘晌等，奏请将各属陆续查出遗漏人丁，遵照乾隆二十七年恩旨，作为另户。查现在查出遗漏正身户口，与另记档案遵限自行呈首之人不同，日久迁延难免藉端滋弊。请旨赏限一年，仍交盛京户部会同该将军详慎确查，务得实在。根据疏入。从之。　5040

　　四十三年　定编审打牲壮丁之例。向例八旗壮丁，三年编审一次。乌拉打牲人丁，户部派出旗员笔帖式前往编审，若有假冒隐匿等情，将该都统及领催等俱行治罪。至是，吉林将军福康安奏请编审打牲壮丁，停派京员。令该将军就近编审造册，加具保结，送部。如有隐冒，查实题参疏入，得旨。允行。　5040

　　四十四年　军机大臣等议覆盛京将军福康安奏，盛京旗人并旗下家奴携带眷口在吉林地方种地，共四十户，一百八十二名。口内除正身旗人，仍解回本处，照例办理。其盛京兵部、工部、内务府之壮丁，并王公宗室之家奴及旗下家奴，请入于吉林官庄，耕种纳粮当差。并饬该管官严加约束，毋许滋事。如再有犯逃者，获日不论次数，刺字发驻防兵丁为奴。等因。奉旨：盛京、吉林均系国家根本之地，境壤毗连。盛京旗人有潜往吉林种地谋生，本无关碍，并非逃旗可比。从前弘晌奏请解回治罪之处，所办原属过当。伊等皆满洲世仆，盛京、吉林有何区别，其正身旗人六户，即著入于吉林当差，毋庸解回盛京办理。余依议。　5040

　　军机大臣议覆黑龙江将军富玉等奏，黑龙江各城地方历年由部发遣人犯，随来子女内，有联亲生子。又，旗人内挑取兵丁得力者，放出另行居住，至今各城滋生共四百三十九户。详讯伊等有情愿回籍者，四十二户，勒催起程。有不晓原籍及另住旗人家奴等，此二项人若归一处，不能管理，难保其不滋事端。请于此二项三百九十七户，五百三十六名内，减半拣选壮丁。在于齐齐哈尔、黑龙江城、墨尔根各官庄，每年照例交粮，各官庄设立领催一二名，余人入于各城旧官庄册内，以便挑补壮丁缺。从之。　5040

　　（顺治）八年　谕：凡原在盛京编审另分户人有告称，系伊奴仆者，勿听。系户籍内人有告称，非伊家奴仆者，亦勿听。　5041

　　（乾隆）四年　令奉天买卖人口，该管官验明文契，钤盖印信注册。　5042

　　二十五年　令吉林、宁古塔、伯都讷、拉林、阿勒楚哈等处旗下家奴之女，不许给与民人，违者治罪。　5042

卷二十一　职役一　职役考一

　　（天聪）八年　以汉官陈诉差役重科。命集众官宣谕之时，众汉官诉于管户部贝勒之前，云所派差役似有重科之事。太宗文皇帝命大臣察讯，所诉多不实。因命传集众官，谕曰：尔众官在明国时所有人丁若干，今有若干，孰多孰寡，何不细思之。朕思我国虽贫，尔等如此，亦足矣。欲令尔等与满洲一例当差，尚恐致累。今尔等反言苦累过于满洲，满汉官民虽有新旧，皆我臣庶，岂有厚薄之分乎。满洲出兵，三丁抽一，今令尔等亦与满洲一例，三丁抽一为兵，尔等以为何如乎。且满洲之偏苦于汉人者，不但三丁抽一也。如每牛录下守台、淘铁及一切工匠、牧马人、旗下听事人役等，所出不下三十人当差者，凡十有四家。又，每年耕种，以给新附之人，每牛录又出妇人三口。又，耀州烧盐，猎取禽兽，供应朝鲜使臣驿马，修筑边境四城，出征行猎后巡视边墙，守贝勒门及派兵防守巨流河，在在需人，皆惟每牛录是问。又，每牛录设哨马二匹，遇有倒毙，则均摊买补。遇征瓦尔喀时，又各喂马二三匹从征。每牛录复派护军十名，兵丁二三名，往来驱使差回。又，令喂养所乘马匹，遇各国投诚人至，拨给满洲现住房屋,令满洲展界移居。又分给粮谷,令其春米酿酒解纳。每年猎取兽肉分给新附之人。又,发帑金于朝鲜贸易布疋,仍令满洲负载运送边城。满洲又有窖冰之役,每年迎接新附之虎儿哈于教场,看守皮张运送薪水。朝鲜蒙古使至,驻沈阳,护军、甲喇额真各出一人,运给水草。若夏月至,更有采给青草之役。又,每年采参,并负往朝鲜货卖。每旗以一户驻英格地方,巡缉踪迹。又以一户驻沈阳渡口,看守船只。此皆满洲偏苦之处,若不向尔等详切言之,尔等亦未必深信。今满汉均属一国人民,尔等何竟不知差徭之少倍减于满洲,而满洲差徭之多,实逾尔等三十余项也。谕毕,众官谢罪,并释之。　5043

卷二十二　职役二　职役考二

(康熙)三十二年　发民夫修盛京城垣,奉天将军绰克托疏言:修理盛京城垣需用夫役,请在本处民内按丁取用。工部议覆,从之。　5051

卷二十三　职役三　职役考三

(雍正三年)　(上略)　九年,奉天府尹杨超曾疏言:奉天各属从前一切公务皆取给里下,总计一岁之科派,多如正额之钱粮。如遇奏销编审大计,自府尹以至知县衙门,均有陋规,名为造册之费。科岁考试,自府丞以至知县衙门,亦有陋规,名为考试之费。至大小官员到任,陋规多端,俱行摊派,更或衙蠹里书,从中指一派十,侵收包揽。臣已严饬各属勒碑永禁,并令嗣后彻底澄清,不许私毫派累。得旨。将所奏宣示于外,令奉天官吏人等永远遵行。　5055

卷二十四　职役四　职役考四

(乾隆)三十一年　定盛京木场丁办、商办之制。盛京有砍木山场,曰大那录,曰东昌沟,曰莺窝背,曰梨树沟,曰小夹河,曰那尔吽,曰锅铁峪,曰大石湖、曰英额河砬子,向由台丁领票砍科以资生计。乾隆八年,将军阿兰泰以搭桥商人拖项无完,请将各场酌拨商办,以清欠项。二十四年,将军清葆请将各场拨还台丁,如台丁不愿承领,募商砍伐科税。二十七年,因莺窝背台丁承办贻误,募商另充,颇见成效。至是,台丁复以为请工部尚书托恩多请定章程,经大学士等议,以丁办现有误公之案,而商人多费资本开就山场,承办尚无贻误。若因台丁觊觎遽尔拨还,设将来或需募商,必致裹足不前。请将商办之大那录等三场仍归商办,如无商办,即令六边衙门将殷实台丁保送承领。丁办之梨树沟等六场,仍归丁办,如无丁办,即行募商。从之。　5063

卷二十五　职役五　职役考五

康熙元年　免盛京居民工役。奉天府尹徐继炜疏言:新投盛京居民生计未遂,应暂免一切工役,下部议行。　5072

卷二十六　征榷一　征榷考

征商　关市

征榷本朝太祖高皇帝,丁亥年,与明通市于抚顺、清河、宽奠、叆阳四关口。是时,上招徕各路,国势日盛,明亦遣使通好,岁以金币聘问我国所产东珠、人参、紫貂、元狐、猞猁狲诸珍异之物,于抚顺、清河、宽奠、暖阳四关口互市,以通商贾。

卷二十七　征榷二　征榷考二
征商　关市

(乾隆)三十年　更定吉林等处征收税额。户部议:吉林等处税银自乾隆十六年题定,吉林额征马畜杂税银一千六百五十两,木税银三百七十两。宁古塔额征税银二百八十两,遇放参票之年,征税四百五十两。伯都纳额征税银二百七两。至拉林、阿尔楚喀二处,乾隆二十五年奏准,试收每年征收税银二百四五两不等。今据吉林将军恒鲁奏,以吉林、宁古塔生齿日繁,贸易益盛,派委旗员协同同知征收税银较多于前,分别酌定税额。应如所请。吉林杂税以一千七百八十两为额,木税仍三百七十两。宁古塔添收木税,以一百五十八两为额,杂税每年尽收尽解。遇放参票之年,以九百十二两为额。伯都纳税银仍以二百七两为额。拉林税银定以七十二两为额。阿尔楚喀税银定以三百三十八两为额。从之。　5094—5095

卷二十八　征榷三　征榷考三
盐

(康熙)二十年　停止奉天销引,听民人自行贸易。九卿议覆户部侍郎达都疏言,盛京地方系招徕安插之民,其乌喇以内居住之人,并新满洲边外蒙古等,尽属穷苦。自康熙十八年,召募商人吕进寅等,领引行盐征课无几,而盐价腾贵将及二倍,穷民难以资生。请停止销引。民人有情愿煎盐发卖者,听其自行贸易,不许豪强霸占。更行令奉天将军、户部侍郎,查缉严禁。应如所请,从之。　5100

卷三十　征榷五　征榷考五
榷酤

康熙二十八年　饬禁盛京多造烧酒,糜费米粮。奉谕旨:近闻山海关外、盛京等处至今无雨,尚未播种,万一不收,转运维艰,朕心深为忧虑。且闻彼处蒸造烧酒之人,将米粮糜费颇多。著户部侍郎赛弼汉前往奉天,会同将军、副都统、侍郎等严加禁止。旋以奉天府府尹王国安陛辞,复申谕之。　5125

卷三十一　征榷六　征榷考六
杂征　敛津渡山泽

(康熙)五十三年　议准呼努呼河等处木植抽分,差奉天部院司官一员管理。工部议覆盛京工部侍郎贝和诺疏言,呼努呼河等处商人所贩木植,于十五根之内抽取一根,请派盛京各部才能司官一员抽分,一年差满更换。应如所请,从之。　5135

(乾隆)九年　定:稽察参山积弊事宜。旧例商人领票办参,每票一张,一人两驮前往刨采,而领票之人早已雇夫出口,每票一张或三四人、五六人不等。经奉天将军奏称,与其听伊私雇人夫任意刨采,不若严定人数给发腰牌,请嗣后每领官票一张,准其三人出口,一人守驮炊爨,两人入山刨采。给发腰牌三面,以别真伪。至包揽飞参之棍徒,应与产矿山场矿徒潜行偷挖、约练接济、伙同分利者同科。请嗣后拿获包送飞参之人,亦照此律究治。惟是边门所辖,鞭长莫及,难以防范,如威远堡边门路,通宁古塔、黑龙江两省商贾车辆往来不绝。又如英额、江清二门,虽无车辆出入,多有马驮私运至碱厂、瑷河两门,并应添巡缉,即在各属员内调补,三年更换。户部议覆,俱应如所奏,从之。　5138

二十一年　准:盛京大那禄等山场招商砍木纳税。盛京侍郎清葆、奉宽奏:大那禄等九处山场,请勒限三年,仍给各商领票砍木纳税。至三年期满,仍将九处山场拨给台丁砍木。如台丁内有不愿领票者,照例招商承领,输纳税课。得旨。允行。　5139

四十八年　谕:据庆桂奏,拿获吉林等处私行挖参人犯永玮。因朕恭谒祖陵,前往办理供应事宜,是以见未及此。著将庆桂奏折抄录寄永玮阅看,并著伊派委妥干官兵,于产参山厂通衢要隘及山谿僻处,严行搜缉。近年封厂停采,原期护养参苗,令其滋长。今吉林等处拿获私挖人犯至百余名之多,是有封闭之名而无其实,反令不肖之徒得以幸获。何若仍行放票开采之为愈也。著自明年为始,仍行放票开采。　5141

卷三十二　市籴一　市籴考一

顺治元年　定贸易人参例。谕户部:比因东来之人借鬻人参名色扰害地方,特行严察究治。但小民特贸易为生,未便禁止。惟当设立科条使之遵守,以后人参止许于南京、扬州、济宁、临清四处开肆贸易,一应满汉人民或商,或贾,各听其便。傥市易不平,致行抢夺,以及亏值勒买等项,地方官即执送京师治罪。　5143

六年　停止各省贸易人参。时以各省卖参人役,地方官民商贾甚受扰害,敕令永行禁止,不得仍前遣往各省发卖,止许在京均平市易。永为定例,违者重罪。不宥其采参人丁,并行酌减,若于额外多遣者,其所遣之人入官。如官员人民私行采取,人亦入官,伊主治以重罪。仍于山海关,设人稽察。　5143—5144

(康熙)二十二年　定浑河运木至天津贸易例。奉天将军伊巴汉等言,臣等遵旨差官三路勘验浑河根源,如运放木植,俱可入海,应遍行晓谕:八旗并府州县有情愿至天津贸易者,该部给发执照,准其贸易。有借此夹带禁物,偷打貂鼠、私刨人参等物者,严行禁止。从之。　5145

四十三年　敕部造铁斛、升、斗,颁发直省。先是,上谕大学士、九卿等曰:各省民间所用斗、斛大小各别,此皆牙侩平价之人牟利所致。又,升,斗面宽底窄,若少尖量即致浮多,稍平量即致亏少,弊端易生。职此之故,嗣后直隶各省斗、斛大小应作何画一,其升、斗式样可否底面一律平准。至盛京金石、金斗、关东斗,亦应否一并画一,尔等议奏。于本年五月,大学士、九卿查议,顺治五年,户部将供用库旧存红斛与通州铁斛,较红斛大,铁斛小,将红斛减改永为斛式。顺治十二年,铸造铁斛二十具,一存户部,一贮仓场,直隶各省皆发一具。今应令工部照部中铁斛,铸造七具,分发盛京、顺天府、五城外,其升斗俱改底面一律平准,各造三十具,分发直隶各省,永远遵行。盛京金石、金斗、关东斗皆停其使用,从之。至是,复谕大学士及户部尚书等曰:户部呈样之斛与升斗,朕俱注水详加测量,其样升上下四角宽窄不均,算积数见方,得三万一千三百八十二分有零。其样斗上下四角宽窄亦不均,算积数见方,得三十一万六千七百六十四分有零。其样铁斛算积数见方得一百六十万分,其数不相符。查性理大全·嘉量篇第十二内,每斛积一百六十二万分,与今之铁斛较多二万分,因铁斛用之已久,不可轻改。是以依今之铁斛五斗为准,造新样斗一具,方径八寸,深五寸,积数见方,得三十

二万分。又造新样升一具，方径四寸、深二寸，积数见方，得三万二千分。若依此样十升一斗，五斗一斛，毫厘不差。　5145

卷三十三　市籴二　市籴考二
市舶互市

二十五年　令海洋商船往天津海口运米至奉天，免其货物杂费。内阁学士陶岱往奉天赈济，并以天津海口运米至奉天事请训旨。上曰：从天津海口运米，以新造船与商船转运，尚恐船少，应遣人往福建督抚处，劝谕走洋商船，使来贸易，至时用以运米，仍给以雇直，其装载货物但收正税，概免杂费。　5156

（康熙）三十六年　又准朝鲜国于中江地方贸易米谷。朝鲜国王李焞言，请于中江地方贸易米粮。奉谕旨：朕抚驭天下，内外视同一体。朝鲜国王世守东藩，尽职奉贡，克效敬慎。今闻连岁荒歉，百姓艰食，朕心深为悯恻。今盛京积贮甚多，著照该国王所请，于中江地方令其贸易。是月，遣户部侍郎贝和诺往奉天督理朝鲜籴米事务。寻户部遵旨，议言，奉天米石运至中江贸易，应令殷实诚信之人，取具地方官印结，前赴奉天领米挽运，照时价交盛京户部，所卖米不许过仓石二万石。其朝鲜进贡来使，有贸谷带去者，听。又，盐商张行等呈称：情愿前往朝鲜贸易。应令将银买仓米二万石运往，俟朝鲜岁稔时停止。此时运往米石，令伊国将所产之物酌量兑换，从之。明年正月，遣吏部右侍郎陶岱，将运往朝鲜米三万石，以一万石赏赉朝鲜国，以二万石平粜。其商人贸易米二万石，交与户部侍郎贝和诺监视。寻朝鲜国王李焞奏，皇上创开海道运米拯救东国，以苏海瀣之民，饥者以饱，流者以还。目前二麦熟稔，可以接济八路生灵，全活无算，下所司知之。

御制海运赈济朝鲜记。曰：朕闻救灾拯患，王政所亟，是以夙夜求莫，虽在遐荒绝域，犹若恫瘝乃身，矧属在藩维，苟有疾苦，何忍一日置也。康熙三十六年冬，朝鲜国王李焞奏，比岁荐饥，廪庾告匮，公私困穷，八路流浮，相续于道。吁恳中江开市贸谷，以苏沟瘠，俾无殄国祀。朕深为恻然，立允其请。遂于次年二月，命部臣往天津截留河南漕米，用商船出大沽海口至山东登州，更用鸡头船拨运引路。又颁发帑金，广给运值，缓征盐课以鼓励商人。将盛京所存海运米平价贸易，共水陆运米三万石，内加赉者一万石。朝鲜举国臣庶方藜藿不充，获此太仓玉粒，如坻如京，人赐之食，莫不忭舞忻悦，凋瘵尽起。该王具表陈谢，感激殊恩，备言民命续于既绝，邦祚延于垂亡，盖转运之速，赈贷之周，亦古所未有也。朕念朝鲜自皇祖抚定以来，奠其社稷，绥其疆宇，俾世守东藩，奉职修贡，恩至渥矣。兹者告饥，不惮转输数千里之劳，不惜糜费数万石之粟，环国土而户给之，非独一时救灾拯患，实所以普泽藩封，而光昭先德也。是乌可以无记。　5156

（乾隆）二十七年　命开奉天海禁，并定给票互查之例。奉谕旨：奉天、直隶海船往来运贩米豆杂粮，向有例禁。今夏近京一带雨水过多，市价未免稍昂，而奉属连年丰稔，若令商贩流通，于小民生计甚有裨益。著暂开海禁一年，俟明岁秋收后再行停止。至商贩船只出入，应行验票稽查。其由京往奉省者，令于步军统领衙门给票。由奉省来京者，于奉天将军衙门给票。各州县往奉省者，于直隶总督衙门给票。庶彼此察核有凭，可杜冒滥诸弊。著直隶总督、奉天将军府尹会同酌定章程，妥协经理。寻直隶总督方观承议言：直隶商民往奉省者，俱由天津出口。应将印票发交天津县，查明船户乡贯、姓名，编立字号，填入票内，给该商收执，并取具，不致偷漏，出洋互保，各结存案。该商前赴奉省，将印票呈验地方官，报明所买粮石数目,由将军衙门给发回票。于回棹之日,天津县查其数目,将回票仍送奉天将军衙门查核。奉天将军社图肯等议言:奉天商民往直隶者,由将军衙门预颁印票,给发海口州县,确查粮石数目、船只字号、商人船户姓名、籍贯,开载票内并取具,不致偷漏,出洋互保,各结存案。该商运至直省呈报州县,确查相符,即听出籴,仍将原票送回查核。其由京城来奉省者,令该商将步军统领衙门所领印票,呈验该地方官,与直省来奉者一体办理。俱从之。 5165—5166

　　二十八年　准:东省豆船照运往江南之例,由海贩运浙江。先是,山东青白二豆,听商由海运赴江南发卖,以济民食。至是闽浙总督杨廷璋言:浙省惟有奉天豆石,听商人由海运到发卖,至东省素产豆石,未有运浙之例。但江省之上海刘河与浙省之宁波各海口同属内地,准其运江,亦可准其运浙。况奉天豆石运浙止赴宁郡进口,在鄞发卖,未能遍及他郡。各商从内河赴江买运,路途迂回,脚价增重,常虑缺乏。请令东省豆石照运赴江南例,听商由海贩运来浙江,以资接济。所有商船进口,如运宁波府者,则由镇海关直抵鄞港,如运杭州嘉兴府者,则由乍浦收口,如运台州府者,则由海门汛收口,如运温州府者,则由东关汛收口。令东省发给联票,将商客船户年貌、籍贯、船只字号、梁头丈尺、豆石数目、出口月日,逐一填注。船到浙时,该口验明人船,即于票内填明到口日期,盖用关口印信报明存案交商,进口卖毕回东呈送原给衙门验销。如海道风信靡常,改收浙省别口,亦即于该口将商人所携印票验填截角,声叙改收别口缘由,回东呈缴。仍令东省每月将给过豆船票号造册咨浙,浙省亦按月将到口验过票号豆数造册移咨东省,并饬守口员弁,实力稽查,毋致米麦杂粮夹带偷漏。从之。
5166

卷三十四　市籴三　市籴考三

籴

　　(康熙)十九年　奉天等处城守征收杂税,令于米价贱时购贮。　5169

　　二十四年　议:山海关、古北口、张家口等处积贮米石,以备蒙古饥荒。令户部官监视运送,盖造仓廒。　5170

　　二十五年　令:黑龙江、墨尔根盖仓贮米。　5170

　　二十九年　谕户部:朕念食为民天,必盖藏素裕而后水旱无虞。曾经特颁谕旨:著各地方大吏督率有司,晓谕小民,务令多积米粮,其各省编设常平及义仓、社仓,劝谕捐输米谷,亦有旨。允行。其后复有旨:见今某省实心奉行,某省奉行不力,著再行各该督抚确察。具奏。朕于积贮一事,申饬不啻,再三藉令所在官司能俱体朕心,实有储蓄。何至如直隶地方偶罹旱灾,辄为补苴之术。嗣后直省总督巡抚及司道府州县官员,务宜恪遵屡次谕旨,切实举行。俾家有余粮,仓庾充物,以副朕爱养生民至意。如有仍前玩愒,苟图塞责,漫无积贮者,将该管官员及总督、巡抚一并从重治罪。　5170

　　又,令奉天、锦州等处积贮米谷。奉天、锦州、开元、辽阳、盖州诸处,应积蓄米谷。议令将奉天、锦州二府地丁钱粮每年存剩银五千余两,酌量米价贱时陆续采买。其部员所收牛马税银三千余两交与仓官,亦酌量买米收贮。其仓内出陈易新,交与奉天将军管理。并盛京户部侍郎稽察收贮米谷,每年仍将出入数目报部。　5170

　　(三十一年)　又,以永平等处米价腾贵,诏发各庄屯米谷转粜。直隶巡抚郭世隆言,永平所属及丰润、玉田等处,去岁薄收,米价腾贵。奉天地方屡登大有,颇称丰盈,请令山海关监督,许肩挑畜驮者,进关转粜。从之。并谕大学士等曰:各皇庄及王等之庄屯,所积米谷必多,如无伊主之言,则庄头何敢转粜。通州以东至山海关所有皇庄及王等之庄屯米谷数目,尔等与户部,会同内务府总管,并办理王府事务官员等,公同查明,照时价转粜。　5170—5171

三十三年　令将山东运至盛京之米,于金州等处减价发卖。先是,以盛京地方歉收,令运山东省米石至三岔口,以济军民。至是,侍郎阿喇弥言:山东运来之粮由金州等处海岸经过,请酌量截留,减价发卖。再,辽阳、秀岩、凤凰城三处之人,向来俱在牛庄买米,亦应照金州等处,将粮米截留。行文各该管官,令其到三岔河购置运去。从之。　5171

三十四年　以盛京亢旱,诏动支海运米二万石,以一万石散给,一万石平粜。副都统齐兰布等言:今岁盛京亢旱,米价翔贵,虽市有鬻粜,穷兵力不能籴。奉谕旨:令侍郎朱都纳、学士嵩祝等,驰驿迅往,会同盛京将军、副都统诸臣清察。穷乏者,于云岁海运米二万石中,动支一万石散给,令可食至秋成。余一万石平价粜之,兵民均有裨益。如二万石不足散给、发粜,其速以闻。　5172

(三十五年)　又,发盛京仓储米谷五千石,运至莫尔浑阿敦积贮,以黑龙江、吉林乌拉地方频岁不登,故也。明年仍自天津运米至盛京,补完仓储。　5172

三十六年　令:榆林等处卫堡积贮米谷。谕大学士等,州县已各论其地方大小,积贮米谷,兵丁所驻沿边卫堡亦属紧要。其榆林等处卫堡,亦照州县例,将米谷积贮预备。　5172

(四十三年)　又,议定各省仓谷存留发粜数目定例。各省积贮米谷,大州县一万石,中八千石,小六千石,其余按时价易银解存藩库。其存仓米谷,每年以三分之一出陈易新。至是又议准直隶各属,现存米谷无多,令照旧收贮,值歉年详明题请发粜。山东大州县贮谷二万石,中州县万六千石,小州县万二千石。山西之民,别无他业,惟资田亩,积贮谷少,一时购买维艰。令大州县存谷二万石,中一万六千石,小一万二千石。江西州县大者止存谷一万二千石,暂停粜三。江苏所属,令大州县贮谷五千石,中四千石,小三千石。其江宁仓捐米八万七千余石,久贮恐致浥烂,照常平仓,每年粜三,秋成买补。四川人民稀少,大州县贮仓六千石,中四千石,小二千石,无庸粜三。广东常平仓米谷照例存贮,多余易银,按远近分贮司库、府库。遇有荒年,将库贮银两遣官赴邻省采买,运至被灾之处,照买价粜卖。至存仓米谷,照例出易。惟潮郡僻处山陬,或遇荒歉,米价腾踊,令存贮谷四万八千七百余石,以备不虞。云南粜三银两,令州县官就近解存,俟秋领银买补。河南现存谷石,每年将一半留仓备赈,一半借给穷民。福建现在捐输谷二十七万余石,常平仓谷约五十六万余石。其内地积谷,仍按原存州县之额数存留,其常平粜谷照依时价,尽数发粜。至台湾,一府三县,孤悬海外,现在捐谷八千六百余石,常平仓谷一十一万余石,除每县应存谷石,其余尽粜贮银,遇荒赈济。所存谷石,仍照例出易,而台湾、凤山、诸罗三县,共存粟米七十余万石,为数既多积贮日久。令留二十万石为台郡预贮三年兵需,其余一概变银收贮府库,即充本地兵饷。盛京地方与各省不同,无庸分别大小定数,其九州县积贮米粮多寡不等。自四十三年起,将现在数多之宁远州、锦州,应征米豆改征银两解交,数少之承德七州县买粮盖仓以资积贮。贵州各府州县常平仓现贮米一千二百余石,稻荞麦共一十八万余石,内惟贵安等地方俱系冲要,且官兵驻扎,自宜多贮。贵阳府存贮稻一万一千余石,贵筑县存贮稻一万四千余石,安顺府存贮稻八千石,其余各府属有六千石及三四五千石不等,俱不足大、中、小州县应存之数,俟捐贮赢余之日,再请粜卖。　5173

五十五年　发热河仓米减价粜卖。时,上驻跸热河。谕:领侍卫内大臣等,闻热河米价甚贵,每石至一两七钱,扈从人等复行齐集采买,则米价愈加腾贵。官每月既得钱粮,若复给口粮未免重复。但以所给钱粮买米又恐不敷,著将热河之仓及唐三营仓所贮之米发出,设立一厂,每石定价银一两卖与随驾官兵。令各该管之人查视,不许多买,自无转卖之弊,而于官兵亦大有裨益矣。 5175

又,暂开山海关米禁。户部议覆直隶巡抚赵宏燮疏言,永平府属艰食,臣闻得山海关外米谷颇多,向因奉禁不敢入关,请暂开两月之禁。俾关外之民以谷易银,益见饶裕,关内之民以银易粟,得赖资生。应如所请。从之。 5175

卷三十五 市籴四 市籴考四

籴

(雍正)七年 谕奉天有司,劝谕百姓积贮。将军多索礼奏报,奉天秋成大稔,奉谕旨:奉天地气干燥,不比南方潮湿之区,正当乘此丰收之时,以为储蓄之计。著该地方官通行晓谕劝导,若有谷之家果能留心积贮,至于谷多价贱难于出粜者,著即奏闻。朕当发官价籴买,或从海道运至京师,俾积谷之家实获利益,必不使有谷贱伤农之叹也。 5182

八年 又,令奉天近海州县运米二十万石至山东平粜。 5183

九年 又,拨天津、奉天等处粟米,并截留江西、湖广漕米至山东,分贮东省被水州县赈济所用之谷。令于通省见存新收粟米拨十五万石,再简科道官三人动支帑银往天津等处,率地方官买粟五万石运至山东。令于德州、常丰、临清等仓收贮。再于奉天拨粟二十万石,由海运至天津。再雇民船运至德州,交与山东地方官运送,其东昌以下之近水州县,将江西、湖广漕运截留三十万石,令该抚分拨存贮。 5184

十三年 又,酌定奉天州县米石采买粜卖之例。所存黑豆亦如之。以锦县、宁远州户口殷繁,且系沿海地方,米可接济邻省,议令各贮米十万石。盖平、复州、海城等处滨海潮湿,难以久贮,各存米四万石,金州现存米六千余石,无庸议增。其不沿海之承德、铁岭、开原三县,各存米四万石,辽阳州、广宁县,各存米五万石,亦无庸多贮,以滋潮湿。永吉州现存仓谷一万石,仍令照旧收贮。义州新设,每年征收地米陆续盖仓,俟有成数再议存留。长宁县虽地僻民稀,未便并无积贮,酌令建仓贮谷五千石以上。凡现存米石不足议存之数,饬令买补易换,一并贮仓。有逾额者,悉行粜卖,将价银解部充饷。至黑豆一项,供应驿站外,所需无多。除向无贮豆之永吉、长宁、复州、宁海,无庸议外,余锦宁等九州县,量为存留三千石、二千石不等,盈余不足者,亦照米石例办理。 5186

卷三十六 市籴五 市籴考五

籴

(乾隆)三年 又,发帑籴口外杂粮。直隶提督永常言:今岁口外收成较往岁倍为丰稔,八沟等处民间杂粮甚多,难于出粜。似应乘此粮多价贱之时,令地方官按市价给发官银采买。奉谕旨:著户部酌量给发帑银数万两,交与永常,会同地方官采买口外杂粮,分贮附近各仓,以为地方储蓄并使民间得价,以资岁底用度。 5190

十年 拨口外二沟地方存贮米石运赴热河平粜。又于密云、古北口等处拨粮平粜。密云、古北口一带有运到漕粮一万五千余石。又,口外四旗通判所属及喀拉河屯等处,现贮仓粮一万二千余石,即于此内酌拨平粜。贫民无力籴买者,令地方官酌量户口情形借给,麦收后补还。兵丁无力者,借支粮石,亦于月饷扣还。又以宣化府属州县有现存粮二十余万石,俱可以供民间借粜之用,并委员照例速办,以资接济。(上略) 5193—5194

(十三年) 又,议定各省仓谷存粜额数。先是奉谕旨:米谷为民生日用所必需,朕夙夜筹维。所以为百姓谋朝夕者,纤悉具备。而迩年以来,各省米价不见其减,而日见其增。反复推究,莫知致此之由。常平积贮,所以备不虞,而众论颇以为采买过多,米价益昂,因思生谷止有此数。聚之官者太多,则留之民者必少,固亦理势之自然。溯查康熙、雍正年间各省常平,已有定额。朕以积贮为要,故准臣工奏请以捐监谷石增入常平额。虽益仓储,实碍民食。朕既知初意之失,不可不为攻弦之图。直省常平积谷之数,应悉准康熙、雍正年间书额,其加贮者,以次出粜,至原额而止。盛领省原额不足,即就近拨运补足。所需运价照例报销。其如何彼此拨运并查定原额及原额存粜之法,著大学士会同该部悉心妥议具奏。嗣复奉谕旨:朕前降旨,将各省常平贮谷之数,悉照书额。令大学士等查明妥议。但各省奏报常平仓存粜米谷,其乾隆十三年,实数尚未报部。若仅据从前报部册查核,则十三年又有动用之项统不足凭,即可传谕该督抚等,将康熙、雍正年间额数若干及该省现年实存若干,粜借若干,现存粜价若干,查明确数,逐一分晰,即缮清折。具奏。俟奏。到时,交大学士等,据所报实数会同该部妥酌定议。嗣复奉谕旨:据舒辂奏称,上江各属存贮节年未买粮价及本年平粜价银二十七万余两,一时不能采买,而频年存贮州县库中,将来恐不免于侵那。现在筹酌,如仓额未足与存价少者,俱令将价先行解贮,该管府州秋后领银采买。其存价甚多,一时不能买足者,分别酌留应买之数外,余价俱行提解司库。等语。舒辂如此办理较为妥协。朕前降旨:各省仓谷俱照康熙、雍正年间旧额,其余皆停止采买。则所存谷价银两与其存留各州县以启侵那之弊,不如令解藩库,以备临时动拨。可传谕各省督抚,照舒辂所奏提解司库,将来各州县即有应用,再从司库请拨,亦为妥便。如康熙、雍正年间旧额之内应行买补者,其谷价仍存州县,以备酌量买补,若旧额之外所余粮价,有必应需用之处,准其分别酌留,其余悉令解司。该督抚等就各省情形悉心查办,仍遵前旨,一面将康熙、雍正年间额数及现年实存粜借等项数目,速行具奏,应否动拨之处,听军机大臣等会议。寻议。直省常平仓所贮米谷,康熙年间或未经定额,或定额无多,间有册档不全,难以稽考。应请照雍正年间旧额内,惟云南地处极边,不近水,次西安、甘肃沿边积贮兼备军糈。各该省雍正年间仓储多寡,亦属无定,应以乾隆十三年以前现额为准。(中略)直隶、奉天、山东、山西、河南、江苏、安徽、江西、浙江、湖北、湖南、四川、广西悉以雍正年间旧额为准,直隶二百十五万四千五百二十四石,奉天百二十万石,山东二百九十五万九千三百八十六石,山西百三十一万五千八百三十七石,河南二百三十一万九百九十九石,江苏百五十二万八千石,安徽百八十八万四千石,江西百三十七万七百三十石,浙江二百八十万石,湖北五十二万九百三十五石,湖南七十万二千百三十三石,四川百有二万九千八百石,广西百二十七万四千三百七十八石,通计一十九省应贮谷三千三百七十九万二千三百三十石有奇。较之乾隆十三年以前,现额四千八百一十一万六百八十六石有奇,计减贮谷一千四百三十一万八千三百五十石。应令该督抚按所属大小,均匀存贮。其间有转运难出产少地方,紧要以及提镇驻扎处所并各省犬牙相入之处,彼此可以协济者,均应分别加贮。至各省有余不足之数,查直隶、江苏、江西、湖北、湖南、山西、广西、安徽、山东、四川、云南、西安、福建、广东、贵州一十五省皆系额外有余。奉天、浙江、河南、甘肃四省皆系额内不足。查额外有余省分内,除四川现办军粮,山东、西安赈务未竣,动存数目尚难确计外,其余直隶等一十二省现在实存谷并米折谷共一千六百二十万八千六百八十二石有奇,出借谷并米折谷二百七十五万七百一石有奇,平粜谷并米折谷二百六十五万八千八十一石有奇,存价银一百九十九万五千七百七十三两有奇,钱九万五千七百五十千文有奇。臣等将实存并借粜谷数划抵定额外,约计溢额谷及以米折谷三百二十一万九千一百七石有奇,存库粜价银一百四十二万八千一百二十七两有奇,又钱三万六千二百三千文有奇。应令将现在溢额谷石及出借征还,余剩谷石以次出粜。其现在溢数粜价提贮司库,酌拨或额内出借谷石,一时不能催交齐全,而该处丰收价平,即于此项粜价银内奏明酌留买补。再,额内不足省分,原应就近协拨。但查奉天一省,现据该府尹奏明:以征收地米,陆续补足。河南现据该抚奏明:本年收捐本色尚未截报,除抵补外缺额亦属无几。浙江、甘肃现存米谷尚有未备,而邻近省分实在溢额之谷亦皆无多,均应以收捐本色渐次补足,毋庸彼此拨运。至于存粜之法,定例存七粜三。然风土有燥湿,年岁有丰歉,价值有贵贱,地方有冲僻,各省情形不同,向来办理亦量为增减。其每年平粜之谷,照例秋收以原价买补,价平则买,价贵则停,总在地方大吏因时因地妥酌奏办,使仓储有充余之益,而闾阎无食贵之虑。从之。　5194—5195

卷三十七　市籴六　市籴考六

（乾隆二十七年）　又,命五城米厂以豆石平粜。奉谕旨:京师闰五月以来,雨水稍多,近虽晴霁,而道路泥泞,商贩驼运未免纡迟,豆价现在增长,官员兵丁等日所必需,自宜酌量调剂。著户部于预备支放豆石内通融筹拨,陆续交与五城米厂,以资平粜。现已降旨:令奉天、山东二省,一面速运豆石,接济京仓支放之用。该部遵谕。速行。　5203

又,令奉天加贮米石,并于沿海各仓加贮黑豆。署将军印务、刑部侍郎朝铨等言:盛京地方向称米粮充裕,是以稍遇水旱,毋庸仰之于官。近年生齿日繁,偶遇灾荒,即应筹办。现在旗仓除支用外,所存不过十余万石,民仓不过三十余万石,如再为照例粜卖,所存无多,似应加贮,以广仓储。今酌量地方冲要简僻,并近海沿边情形。如盛京城旗民杂处省会要地,除民仓外,旗仓应请添贮粟米六万石。锦州、牛庄、盖州三城,均系沿海商船积聚之地,而锦州尤属冲要,应加贮粟米三万石,牛庄、盖州各加贮粟米二万石,山海关相近之宁远,地方辽阔之广宁、辽阳并临边之义州,均请各加贮粟米一万石。其熊岳、复州、宁海县、秀岩、凤凰城等五城,俱系偏僻,开原距省亦近,此六城应各加贮粟米五千石以上。十四城共请加贮粟米二十万石,并随时查访,价贵则发粜以济民食,价贱则籴补以免伤农。至沿海各仓加贮黑豆,亦可备运赴通仓接济之需,请于沿海之锦州加贮黑豆二万石,盖州、牛庄各贮黑豆一万五千石,共贮五万石以备取用,可免临时采办之繁。其不需运赴之年,随时粜籴,以免霉烂。部议,应如所请。从之。(下略)　5203

（三十一年）　又,弛直隶、山东商民贩米奉天之禁。奉谕旨:向来奉天粮石充裕,准令直隶、山东就近贩运。今夏因该处雨少,或恐市集昂贵,曾谕暂禁商贩,今续经得雨,粮石必充。且现在山东稍歉,直隶又以邻省运贩,粮价未免稍增。所有二省商民贩米奉天者,无庸禁止。

臣等谨按:各省常平仓额贮谷石,先于乾隆十三年。据各该督抚奏报,经部议核定额数,嗣或节经变通,抑且不无拨贷,而每年汇报可备参考。谨将乾隆三十一年以前,各省节次奏报现存谷数,详载于左,其社仓、义仓之数亦附见焉。

直隶常平仓　乾隆三十一年奏报:实存谷一百九十七万五千二百七十五石有奇,社仓实存谷三十九万六千五百二十四石有奇,义仓实存谷四十八万四千七百石有奇。

奉天常平仓　乾隆三十一年奏报：实存米二十四万一千六百十八石有奇，社仓豆谷杂粮共九万三千六百十四石有奇。（奉天无义仓，后凡不载义仓者同。）（下略）　5205—5206

（五十年）　又，奉谕：向来京师需用麦石俱藉豫、东二省接济，本年春夏之间，该二省雨泽短少，收成歉薄，未必更有宽裕以资商贩籴运，恐京中麦石入市稀少，价值或致昂贵，不可不预为调剂。今岁奉天各属雨水调匀，麦收丰稔，永玮、鄂宝等查照向例，采买麦二万石，委员运京，以备支放籴粜之用。　5210

卷四十　国用二　国用考二
库藏
（康熙）十八年　盛京户部银库收贮金银币帛颜料诸物，供用三陵祭祀及东三省盛京、吉林、黑龙江。官兵俸饷，并各赏赉之用。岁由盛京户部豫疏请拨，由户部札库发给，委官运往贮库，按期分发，次年入册奏销。　5225

盛京、吉林、齐齐哈尔各将军库，宁古塔、伯都讷、三姓、拉林、黑龙江、墨尔根各副都统库，呼兰城守尉库，各贮官兵俸饷及杂税官庄粜卖粮价，每岁册报察核。　5225

地丁之赋：顺天府十五万四千一百七十三两有奇，直隶二百三十三万四千四百七十五两有奇，盛京三万八千七百八两有奇。（下略）　5225

用额
京师经费之额，田赋由直省布政使司，漕赋由粮道，盐课由盐政，关税由监督，各输之户部。户部受而颁之，受藏之府，以待邦国之用，岁终，则会之。王公百官俸银九十三万八千七百两，兵饷无闰之年。五百三万三千四十五两，各有奇。此系应颁之数。每年实颁之数，俸饷共计约四百余万两。饷钱一百余万千。

盛京热河围场、东陵、泰陵各官兵俸饷一百三十至一百六十余万两不等。

直省经费之额，各省州县田赋，除输布政使司，转输户部外，存库以待经费者，是曰存留。由州县具数申布政使司，转申督抚达户部，其有赋入不敷本省经费者，由户部于邻省拨济。拨济先尽近省，再尽次近。如山西、河南以甘肃、陕西为近，直隶、山东为次近。江西、湖广以四川、云贵为近，浙江为次近。直隶四十八万七千五百六十七两八钱四分有奇。盛京万五千六百五十四两三钱八分七厘七毫有奇。　5227

卷四十一　国用三　国用考三
会计
（乾隆）十九年　又谕：盛京户部银两自足赏赐之用，不必随带于途。但今岁有新归附之人，著于部库内拨银十万两，先期送往热河，交贮兵备道库，以备赏赐。　5235

卷四十四　国用六　国用考六
蠲贷上
（康熙）四十九年　谕曰：朕比年省方时迈已阅七省，南北人民风俗及日用生计靡不周知。而民所以未尽殷阜者，良田承平既久，户口日繁，地不加增，产不加益，食用不给，理有必然。朕洞烛此隐，时深轸念，爰不靳敷仁，用苏民力。明年为康熙五十年，原欲将天下钱粮一概蠲免。因廷臣集议,恐各处兵饷拨解之际,兵民驿递益致烦苦,细加筹画,悉以奏闻。故自明年始,于三年以内,通免一周,俾远近均沾德泽。直隶、奉天、福建、浙江、广东、广西、四川、云南、贵州各巡抚及府尹所属,除漕项钱粮外,五十年应征地亩银共七百二十二万六千一百两有奇,均予豁免。并累年旧欠共一百十有八万五千四百两有奇,亦著免征。其五十一年、五十二年应蠲省分,至期候旨行。

是年,奉旨:免江南淮、扬、徐三府,淮、徐、泰、三卫田租,其湖、广康熙五十一年田租,四十八、九年逋赋。盛京、奉、锦、承德等府州,明年租谷并予放除。 5260

(乾隆)八年 驾幸沈阳,谕盛京户部:庄头每年交纳仓粮,今朕恭谒祖陵,亲诣盛京,轸念各庄头终岁勤苦,输将无误。著将八年分应交仓粮,加恩宽免。再,各庄头尚有七年分未完米、豆、草,著核明一并豁免。又,免纳克舒三十九部落番子,明年额赋。 5262—5263

(十一年) 瞻对平,凡四川打箭炉口内外,效力之各番,部给复二年。其直隶霸州固安屯粮,奉天锦州米豆,浙江玉环山、海宁县大矍、中、小矍各银谷,例不入蠲,以输遇普蠲之年,皆特谕:免之。 5263

十九年 恭谒盛京陵寝,礼成,免奉天今年田租。户部庄头粮免万石,各旗地米、豆、草免半,壮丁米悉除之。 5264

三十七年 免奉天、锦州米豆额赋。 5266

四十三年 上恭谒泰陵、泰东陵及三月清明节,恭诣祭谒,免经行地方本年正赋十之三。谕曰:辽沈为我朝鸿业肇基之地,风俗敦庞,人心淳厚。兹由山海关至陪京,恭谒祖陵跸路所经,村村殷阜,老幼欢迎,扶携恐后。嘉惠之余,恩施宜渥。启銮日,业经降旨:免所过地方钱粮十分之三。著再加恩,将奉天所属府州县,乾隆四十四年地丁正项钱粮,通行蠲免。又,将各庄头本年仓粮一万余石,免其输纳。其盛京、兴京、辽阳、牛庄等十五处旗地应纳刍粮,亦免征一半。

又谕曰:各省漕粮于乾隆三十一年,普免一次。 5267

(四十八年) 上临幸盛京,谒祖陵,免奉天所属府、州、县正赋,其各庄头及旗地应纳刍粮,照四十三年例,宽免。 5268

卷四十五 国用七 国用考七
蠲贷
(康熙六十年) 黑龙江灾,贷兵丁水手等口粮。 5286

卷四十六 国用八 国用考八
赈恤
(康熙)五十七年 索伦被水,发银一万两,遣副都统等往会黑龙江将军,酌量赈济。
是年,发盛京仓山扎赉特固山贝子特固斯属下穷丁。 5290

(乾隆)十五年 赈上、下江二十七州县被水饥民。
是年,盛京船厂久雨江涨,人给口粮一月。 5292

三十三年 直隶霸州等五十州县厅灾,命续赈、摘赈、加赈银米兼放。又江苏、安徽、河南各属旱,盛京、承德、辽阳、海成、广宁及云南各属水,均予加赈。 5294

卷一百一　郊社十一　郊社考十一

耤田祭

（雍正）四年八月　命各直省俱行耕耤礼，祭先农坛。是日，奉谕旨：国以民为本，民以食为天，朕切念民依，举行耕耤之礼，殚竭精诚，为民祈谷于上帝。乃雍正二年、三年耤田特产嘉禾。今岁所产自一茎双穗至九穗，皆硕大坚好，异于常谷。朕见之，心甚慰悦。特令宣示廷臣，盖实有见于天人感召之理，捷于影响，无纤毫之或爽。朕以至诚肫恳之心，每岁躬耕耤田，以重农事，即蒙上帝降监，叠产嘉谷以昭麻应，岂人力之所强为乎。礼曰：天子为耤千亩，诸侯百亩，则耕耤之礼亦可通于臣下矣。朕意欲地方守土之官，俱行耕耤之礼，使之知稼穑之艰难，悉农民之作苦，量天时之晴雨，察地方之肥硗。凡为官者，存重农课稼之心，凡为农者，无苟安怠惰之习。于养民务本之道，大有裨益。九卿详议，具奏。寻奏。上请，令：奉天府尹、各直省督抚及府州县衙官于所治地方，择洁净之地，设立先农坛及耤田，自雍正五年为始，每岁仲春亥日，各率所属行礼如仪。所收米粟敬谨收贮，以供祭祀之粢。盛其祭先农坛之礼如祭社稷，凡大小武职官一体与祭，俾知耕耤巨典。又，以吉林、黑龙江二处将军皆有民社之任，令照直省之制建立先农坛，致祭耕耤，以重农事。礼部于每年十月预择次年耕耤吉期，奏闻。通行内外，同日行礼。　5737

奉天府、直省府、州、县、卫，岁仲春吉亥，省会总督若巡抚率在城文官耕耤。是日，首县知县视土，宜备谷种，青箱、朱鞭、末服耜、黝牛及他农器耕器，豫陈耕所，耆老率农夫俟于田间，通赞、学弟、子员分立田首，向关张画屏设香案，南向，通赞立香案之南，引班、教谕、训导，立通赞之南，皆东西面。届期，致祭先农，礼毕，各官易蟒袍，诣耤田，通赞赞行耕耤礼，督抚以下就耕。所执事者，授末耜鞭，皆右秉末，左执鞭，进耕。督抚以府佐贰官一人执种箱，一人播种。布政使按察使以首领官、各道以州县佐二官、知府知县以丞史执箱播种，皆耆老一人牵牛，农夫二人扶犁，各九推九返毕，释鞭末，以次序立田首，西面北上，农夫遂终亩。告毕事，各官补服，望阙立。通赞、赞齐班、引班分引督抚以下至香案前，按班序立，重行北面，耆老、农夫稍远，列行北面，随立，赞跪叩兴行三跪九叩，礼毕，各退。若府不附省，州县、卫不附府者，正官率佐贰丞史耕耤，各以耆老二人执箱播种，余仪同。　5742

卷二百　刑考六　刑制

（乾隆）二十七年　申定奉天等处窃匪盗马例。定例：盗民间牛马等畜者，并计赃以窃盗论。若盗牛马而杀者，杖一百，徒三年。又例载：盗牛一只，杖八十，枷号一月，每一只递加一等，至四只以上分别杖徒，十只以上者满杖，流；盗杀者，枷号一月，发附近充军，俱刺字。至是盛京侍郎朝铨奏：奉省所属，藉马耕种，兼资旗人当差。嗣后如有偷窃马匹者，民人俱照盗牛及宰杀例治罪。旗人盗窃牛马不及十匹者，按律科罪，仍折枷责完结。至十匹以上及盗杀者，照定例枷号，应得军流，予以实遣。其黑龙江、吉林各将军，一体遵照办理。从之。互见徒流门。　6643

更定旗人犯军流徒罪，不准枷责完结例。湖广总督爱必达等，审拟蛊书，黄在中等交通武弁营谋作弊，除将本犯分别照例治罪外，将拟发烟瘴充军之刘煊、马元龄，因系旗人，照例解部完结。经法司核拟不准折枷，请发黑龙江当差。上以旗人渐染恶习，浮靡浇薄，殊失国初淳厚之风,特谕:嗣后凡满州犯有军流遣罪,如系寻常事故,仍照旧例枷责完结。倘有寡廉鲜耻甘为败类,自应削去户籍,依律发遣。其如何完结之处,该部逐案声明请旨。其汉军人犯,无论军流徒罪,均即斥令为民照所犯定律发遣,不必准折枷责,著为例。所有此案之刘煊、马元龄,即著发往烟瘴地面充军。互见徒流门。　6643－6644

二十八年　增定兵丁脱逃事例。定例:随征兵丁自军前逃回者,拟斩立决。又,在京军人逃者,杖九十。各处守御城池军人逃者,杖八十,仍著充伍。乾隆十八年,军机大臣会同八旗,遵旨议定:在京旗人脱逃一月之内自行投回者,交旗管束。拿获者,分别初次二次,枷责,交旗管束。一月以外不论投回、被获,发黑龙江等处当差。二十四年,绥远城将军恒鲁奏准:各省驻防兵丁初次逃走,鞭一百,枷号一月,著当苦差半年。后果能安分,仍准披甲当差。二次逃走,即发黑龙江等处当苦差。(下略)　6645

申明抢夺财物例。除抢掠田野谷麦蔬果与十人以下无凶器者,仍依抢夺本律科断外,如有聚至十人以上及虽不满十人,但经执持器械倚强肆掠,果有凶暴众著情事者,均依粮船水手例,分别首从问拟。　6646

定采参工人偷窃人参之例。吉林将军恒鲁等奏:采参工人偷窃票商人参者,律无专条,向照诈欺官私财物计赃论盗,免刺律办理,利重罪轻,犯法者众。请嗣后严加查拿,缉获时即照偷参已得例,不论参数多寡,俱杖一百,流三千里,仍刺窃盗字。部议:应如所请。从之。　6646

三十年　增定盛京旗下家奴庄头人等盗卖田产例。盗卖田产至五十亩者,依子孙盗卖祖遗祀产例,发边远充军。及前数者,照盗卖官田例治罪。盗卖房屋亦照盗卖官宅律科断。谋买人与串通说合之中保,均与盗卖之人同罪,田产给还原主,卖价入官。　6648

卷二百一　刑考七　刑制

(乾隆)三十三年　定私带人口出口之例。刑部奏准:东三省出口之人,若将在京所买奴婢,不照例当官立契,载入口票,私带出境,该守关兵弁拿送刑部。如讯系拐卖,即照拐卖例治罪。如无拐卖情事,照冒渡关津律治罪。　6651

改定偷刨人参例。盛京刑部侍郎朝铨奏改:凡拿获刨参贼犯,严审明确。如有身充财主雇人刨采及积年在外逗留已过三冬者,不论参数多寡,俱发云贵两广烟瘴地方管束。若并无财主,实系一时乌合,各出资本及受雇偷采,或只身前往得参者,均杖一百,流三千里。未得参者,杖一百,徒三年。代为运送米石者,亦如之。旗人有犯该军流者,削去旗档,照民人一体问拟。犯该拟徒者,免其充配,折加枷号两个月。责令各该管官严加管束。除八旗正身兵丁不准再食钱粮外,其余壮丁各色人等,仍令各当本身差徭。至折枷之后,如有再犯,不分刨参已得未得,俱销去旗档,问拟附近充军,旗下家奴,俱发驻防兵丁为奴。　6655

定窃盗窝主统计各赃科罪例。凡造意分赃之窝主,不得照窝盗律,以一主为重。应统计各主之赃,数在一百二十两以上者,拟绞监候,其在一百二十两以下,亦统计各赃科罪。　6655

定内务府所属庄头鹰户人等,犯军遣流徒等罪,照民人定拟例。奉谕:鹰户谢天福等与民人高士杰等,擅将三教庵木植折毁卖钱分肥,内务府审拟将高士杰等,拟以杖徒,谢天福等,因系旗人折加枷号完结,固属循照向例。但鹰户人等虽隶内府旗籍,而散处近京各州县,实与民人无异。若犯事到官,不当与在城居住当差之旗人一例问拟。今于民人高士杰等,拟以实徒,而谢天福等,则援旗人例折枷发落,同罪异罚,不足以示平允。且使若辈恃有此例,势必任意滋事,毫无畏忌。所谓爱之适以害之。嗣后内府所属庄头、鹰户、海户人等,如犯军遣流徒等罪,俱照民人一例定拟,俾各知所儆戒,畏法安分,未始非因事成全之道。　6655

三十六年　改定偷刨人参计数治罪例。凡旗民人等偷刨人参,人至四十名以上,参至五十两以上,为首之财主及率领之头目并容留之窝家,俱拟绞监候。为从系民人,发云贵两广烟瘴地方。系旗人削去旗档,同民人一体发遣。系旗下家奴,发驻防兵丁为奴。均于面上刺字。所获牲畜等物,给付拿获之人充赏,参入官。拟绞人犯遇赦减等者,亦照为从例发遣。其未得参者,各减一等。贩参人犯拿获时,查明参数,照财主头目偷刨人参例,减一等治罪,免其刺字。至刨参人犯内有家奴,讯系伊主知情故纵者,将伊主杖八十,系官交部议处,不知者不坐。其潜匿禁山,刨参人犯被获治罪,递回旗籍后,复逃往禁山者,各于应得本罪上加一等问拟。若系旗下家奴,即发黑龙江等处给与披甲人为奴。将疏纵之该管官,交部议处。互见徒流门。　6655

臣等谨按:向例人至百人以上、参至五百两以上,拟绞监候。至是,以福建巡抚钟音题奏,刑部议覆改定。　6655

删改边外为民律。奉谕:律例内有边外为民条款与现在断狱事宜不甚允协者,著刑部另行定例具奏。寻议,例载边外为民者,共计十三条,烟瘴为民者一条。惟科场代替传递夹带及奸民附和苗人伏草捉人二条,系边外为民专例。其余十二条俱系一罪而分军籍民籍,军籍则发充军,民籍则发为民。今卫所久经裁汰,均属州县管辖。其所犯之罪既同,自不宜复有军民之分,请将原例所开情罪相同而分别军民定拟者,则将为民字样删除,一体改发充军。　6656

改定盗牛治罪之例。二十只以上不计赃数多寡,拟绞监候。其虽在二十只以下,如计赃至一百二十两以上,仍照律拟绞监候。　6656

卷二百二　刑八　刑制

(康熙)四十二年　定东省夹带无票流民私渡并地方官滥行给票之例。东省登莱等处有票船只,如有夹带无照流民私渡奉天者,将船户照无票船只夹带流民例,量减一等,杖九十,徒二年半,船只入官。若船户不能亲身出洋,别令亲属押驾已经报官不给票者,将押驾之人即照船户例治罪,船只入官。其有民人藉称寻亲觅食出口,并无确据者,地方官概不许给票。如不查明确实,滥行给票放行,致有私刨樵采及邪教煽惑等事,别经发觉,将给票之地方官,照滥行出结例议处。　6665

四十五年　定盛京围场处所,偷伐木植例。将军福康安奏准:盛京威远堡南至凤凰城边外山谷围场处所拿获偷伐木植人犯,审明果系身为财主,雇倩多人伐木属实者,杖一百,流三千里。若无财主,一时会合,各出本钱并雇人偷伐木植,越度边关隘口者,杖一百,徒三年。互见徒流门。　6670

卷二百三　刑考九

徒流　配没

(康熙)五十七年　改发遣黑龙江三姓地方例。奉谕:发往黑龙江三姓地方之人,俱因凶恶发遣,若发在一处,人犯日多,必致生事。此后停其发往。著发喀尔喀、科布多、乌兰固木地方。彼处水土甚好,著筑城安插,令其开垦耕种。八旗每佐领派护军、披甲各一名,于八月内马匹肥壮之时,前去驻防看守,二年一换。其沿途驿站应备车辆,毋致犯人劳苦。6679-6680

雍正元年　定窝盗之家知情存留三人以上者,充发三姓地方。详见刑制门。　6680

二年　定下五旗王等属下发配之例。奉谕:下五旗王等属下问罪发遣者,部拟俱发往各打牲处。数年之后,该王等每有私令回京者。嗣后因公事犯罪发遣者,不得发往该王门上打牲,各量其罪之轻重,发往三姓、黑龙江地方。　6680

定旗人因重罪发遣复从配所逃回之例。枷号二月,鞭一百,发三姓等处。　6680

四年　改定刨参人犯发遣之例。奉谕:偷刨人参遣犯发黑龙江等处,则与伊等犯罪之处相近,凶犯不知惩戒。嗣后偷参发遣之犯,系满洲蒙古,发往江南、荆州、西安等处有满洲驻防之省城当苦差。系汉人、汉军,发往烟瘴地方当苦差。　6680

定贡监生员包揽钱粮催收入己者,黜革,发黑龙江当差例。详见刑制门。　6680

十年　改遣应发黑龙江人犯。先是,奏准应发黑龙江罪犯,改发扎克拜达里克等处,令其开垦耕种。嗣经停止。九年,准噶尔贼人犯扎克拜达里克时,所有罪人跟随官兵守护城垣,竭力捍御。上嘉悯之,加恩除其罪名,令充兵入伍效力。因谕:嗣后应发黑龙江人犯,遣往北路军营附近可耕之地,令其开垦效力。6681

又,停觉罗金遣之例。军机大臣议准:觉罗与平民不同,罪至发遣,必其情罪重大。若发遣身故,又令伊妻子回京,殊为烦扰。嗣后免其金妻发遣,永远拘禁高墙之内,以示惩儆。6681

十一年　改定刨参人犯发遣之例。定例:偷挖人参之犯,满洲蒙古,发往江宁、荆州有满洲驻防之省城当差。汉军、汉人,发往广东、广西、云南、贵州烟瘴地方当差。上念广东崖州、陵水等处水土最恶,每致染病,今改发内地之饶平、钦州等处当差。其云贵、广西等处地方风土有类此者,亦著改发。　6681

停旗人改发扎克拜达里克等处种地例。奉谕:凡应发遣黑龙江者,改发扎克拜达里克等处种地效力。朕思满洲、汉军人等,不谙耕种之事,发往彼处甚属无益,著仍遵旧例,发往黑龙江。　6681-6682

卷二百四　刑考十

徒流

(雍正)十三年　改遣应发宁古塔等处人犯。奉谕:嗣后发遣人犯有应发宁古塔等处者,皆改发三姓地方,给与八姓一千兵丁为奴,计一千人足数再行请旨。　6683

乾隆元年　改定汉人发配之例。刑部以发遣鄂尔坤种地之例停止,奏请仍发黑龙江、宁古塔、吉林乌拉等处。奉谕:黑龙江、宁古塔等处,若概将罪人发遣,则该处聚集匪类,恐本地之人渐染恶习,有关风俗。嗣后如满洲有犯法应遣者,仍发黑龙江等处外,其汉人应改发各省烟瘴地方。总理事务王大臣会同刑部议奏。寻议,除满洲、蒙古、汉军及旗下家奴有发遣者,仍照定例外,其民人有犯如强盗免死及窝盗三人以上之犯,发云南、贵州、四川、广东、广西极边烟瘴地方,其平常发遣人犯,酌发云贵川广烟瘴少轻地方。从之。　6683

定职官举贡生监犯发遣者,免其为奴。凡黑龙江、宁古塔等处发给披甲为奴之犯,有曾为职官及举贡生监者,查明照例一概免其为奴,即于戍所,另编入该旗该营,令其出户当差。

6683

三年　定刨参遣犯免解部之例。刑部题：刨参人犯，该将军既已审明定拟，复送臣部转发，徒费往返。且本犯先发，续以金妻，年少妇女实属不便。嗣后宁古塔等处拿获刨参人犯，一经审明定拟，即径解各犯原籍，交与该督抚。将应发遣者，照例发遣，应杖徒者，照例充徒，免其解部。庶人犯无辗转解送之苦，而妻室无长途单行之累矣。从之。　6684

定窝留窃贩子女分赃，首从俱发边卫充军。详见刑制门。　6684

定旗人三犯窃盗枷责后，复行偷窃者，发宁古塔当差。详见刑制门。　6684

二十七年　改定刨参案内发遣云贵两广极边烟瘴人犯脱逃被获例。应发黑龙江等处为奴者，均发辟展乌噜木齐等处，给与种地兵丁为奴。　6688

定奉天等处盗马各犯分别徒流例。奉天、吉林、黑龙江等处，凡民人盗马一匹，枷号一月，杖八十。二匹，枷号三十五日，杖九十。三匹，枷号四十日，杖一百。四匹，枷号四十日，杖六十，徒一年。五匹，枷号四十日，杖八十，徒二年。五匹以上者，枷号四十日，杖一百，徒三年。十匹以上，杖一百，流三千里。盗杀者，枷号一月，发附近充军，俱刺字。若旗人盗窃不及十匹者，仍照例枷责完结。十匹以上及盗杀者，照例枷号，应得军流，予以实遣。咨送兵部，酌发驻防各城分发当差为奴。详见刑制门。　6688

三十年　定偷砍果松例。盛京工部侍郎雅德奏准：偷砍果松数止十株者，笞五十。至百株者，杖六十。每百株加一等，罪止杖一百，徒三年，木植概令入官。互见刑制门。　6691

定家奴盗卖田产至五十亩者，照子孙盗卖祖遗祀产，发边远充军例。　6691

卷二百五　刑制十一

徒流

（乾隆）三十五年　改定偷刨人参各条例。凡身充财主雇人刨采及积年已过三冬者，不论参数多寡，俱发云贵两广烟瘴地方管束。若系各出资本及受雇偷采，或只身潜往得参者，均杖二百，流三千里。未得参者，杖一百徒三年。旗人犯该军流者，销去旗档，照民人问拟。犯该徒罪者，仍免其充配，折加枷号两个月。如有再犯，不分刨参已得未得，俱销去旗档，问拟附近充军。旗下家奴，发驻防兵丁为奴。　6695

定内务府所属庄头、鹰户、海户人等，犯军遣流徒等罪，照民人一体定拟例详。见刑制门。　6695

三十六年　改定偷刨人参计数治罪例。凡旗民人等偷刨人参，人至四十名以上，参至五十两以上，为从人犯发云贵两广烟瘴地方。详见刑制门。　6695

三十七年　定旗人发往黑龙江、新疆及各处驻防当差人等，限年无过，编入本地丁册例。　6695

四十五年　定盛京围场处所偷伐木植，问拟徒流例。详见刑制门。　6698

定军流徒犯无论应否留养，于到案日供内叙明有无祖父母、父母、兄弟、子孙及年岁例。详见刑制门。　6698

增定盗砍他人坟树例。刑部奏定，砍他人坟树，除犯案仅止一二次，所窃株数无多者，仍照本例拟以枷责外，如犯案至三次者，即照窃盗三犯本例计赃，分别拟以流遣。其纠党成群，旬日之间叠次窃砍至六次以上，而树数又在二三十株以上，情同积匪者，无论从前曾否犯案，即照积匪猾贼例拟遣。如连窃砍在三次以上而始犯案者，照积匪例，量减拟徒。仍各案窃盗

本例刺字。互见刑制门。　6698

定发遣黑龙江等处为奴人犯,在配行窃四次,永远枷号例。刑部奏定,发遣黑龙江等处为奴人犯行窃,犯案在三次以下者,仍照本例办理外,如有在配犯案至四次者,即拟以永远枷号,遇赦不准援免。　6698

卷二百九十三　四裔考一

东　朝鲜

（崇德元年）　倧遣使来谢献方物。十二月,命参将英俄尔岱往谕通市。二年二月,开市中江。倧献米二千石别具千石供市余。八月,倧遣侍郎郑文义等来贡。　7414

崇德六年正月　倧遣陪臣表谢减免贡米恩。又咨部言:大国边民,私自越境,需索米粮,乞加禁约。得旨:严行禁止。倧遣陪臣车大元来吊固伦硕驸和硕亲王额哲丧。先是,上以征明锦州,调朝鲜舟师五千运粮万石。寻李倧奏言:军粮船三十二艘,粮九千三百六十七石,将领三百员,水手二百五十九人,尽行漂没。上以从来海运千百船中,间有漂没,今各处兵船,全没无存,甚可疑骇。降旨切责。命户部参政硕詹,往朝鲜安州督催,限四月十五日起行。又遣洪尼喀库里率三十人,偕其水师将领同舟,为之导行。硕詹等至安州,促朝鲜兵使林庆业等,督船一百一十五艘,载米万石,由大凌河、小凌河口进发。至三山岛遭风,坏船三,溺死五人。抵奇尔山桥,〔沈〕〔沉〕船四,溺死七人,失船三,漂入明境。又五十四艘,为石所坏。明人获遭风船,知有船在前,发兵船三十八,截战于熊岳北新台。朝鲜兵被杀伤者,三十四人,存五十二艘至盖州。庆业等,以不能前进,具奏。（下略）　7421－7422

（顺治二年）　谕朝鲜量运米粟至燕京助国用。十月,倧运白米五万七百八十余石至。　7424

卷二百九十四　四裔考二

东　朝鲜二

康熙三十六年十一月　焞疏言:请于中江贸易米粮。部议不准行。得旨:朕抚驭天下,内外视同一体。朝鲜尽职奉贡,克效敬慎。今闻连岁荒歉,百姓艰食,朕心深为悯恻。现今盛京积贮甚多,著照该国王所请,于中江地方贸易。　7428

三十七年正月　遣侍郎陶岱运米三万石往朝鲜,以一万石赈济,以二万石平粜。

七月　焞奏谢运米赈济恩。

御制海运赈济朝鲜记曰:朕闻救灾拯患王政所亟,是以夙夜求莫。虽在遐荒绝域,犹若恫瘰乃身。矧属在藩服,苟有疾苦,何忍一日置也。康熙三十六年冬,朝鲜国王李焞奏,比岁荐饥,廪庾告匮,公私困穷,八路流殍,相属于道。吁恳中江开市贸谷,以苏沟瘠,俾无殄国祀。朕深为恻然,立允其请。遂于次年二月命部臣往天津截留河南漕米,用商船出大沽海口,至山东登州,更用鸡头船拨运引路。又分发帑金,广给运值,缓征盐课,以鼓励商人将盛京所存海运米,平价贸易。共水陆运米三万石,内加赍者一万石。朝鲜举国臣庶,方藜藿不饱,获此太仓玉粒,如坻如京,人赐之食,莫不忭舞欣悦,凋瘵尽起。后王具表陈谢,感激殊恩,备言民命续于既绝,邦祚延于垂亡。盖转运之速,赈贷之周,亦古所未有也。朕念朝鲜自皇祖抚定以来,奠其社稷,绥其疆宇,俾世守东藩,奉职修贡,恩至渥矣。兹者告饥,不惮转输数千里之劳,不惜糜费数万石之粟,环国土而户给之,非独一时救灾拯患,实所以普泽藩封而光昭先德也。是乌可以无纪。

十月　焞遣陪臣徐文重等,以许市米谷贡方物,却之。

三十九年正月　焞遣使表谢,发回漂入琉球船只。　7428

（乾隆）十四年七月　阿兰泰奏言:向例朝鲜贡使到边,凤凰城城守尉带领官兵,偕主客迎送,通事等官至关门稽其人马、车舆、辎重各数,沿途设馆舍。嗣兵部侍郎镇国将军德沛出使其国,奏言:置馆非适中之所,贡使人多,不敷居住,听来使随时赁住民居。臣查贡使人数众多,若听其赁住村庄,未免滋扰。应请嗣后贡使到关验入后,务令合队行走,毋许先后,致有疏虞。照旧例,每站设官一员,兵役以二十人护送,令地方官先期代备旅舍,以资栖息。昼则护行,夜则巡逻。或贡使人役需置食物,护行官检其出入人数,兵役随往。如内地人民与朝鲜人役生事,兵役拿禀护行官付地方官究治。至贡使人役,惟迎送官与之相习,应专责成。倘地方官预备不周,许护行迎送通事官揭报府尹衙门,照违令律议处。迎送通事官沿途约束不严,致贡使人役滋事,许护行官揭报礼部衙门,照约束不严例议处。护行官看守不严及兵役不足,许迎送通事官揭报将军衙门,照纵军歇役律议处。迎送通事官瞻顾容隐,致扰居民,或护行官纵容兵丁通同徇蔽,地方旗民官,各揭报上司衙门,照私结外藩例议处。奏人报可。
7432

十一月　昑奏谢免治奴人士还诬告罪及准停边界设汛垦田。　7432

卷三百　四裔考八

北　俄罗斯

（康熙）二十二年九月　上谕:理藩院尚书阿穆呼朗曰,俄罗斯国罗刹等,无端犯我索伦边境,匿报特穆尔等逃人。朕不忍加诛,屡行晓谕,令归故地,还逃人。乃执迷不悟,转肆焚掠。因特遣重兵,驻守其地。顷者,罗刹遇我将卒,降其三十余人,朕体好生之德,皆加豢养。今彼若悔过则已,否则必干天讨。或路远难归,倾心投诚者,朕亦纳之,加恩抚恤,使得其所。尔院可遵旨具文,遣来降番人宜番米海罗莫罗,对再行往谕,彼有何言,令其回奏。时,罗刹属人多来归者,令编为一佐领,使彼此相依有资。　7482

二十三年正月　萨布素等奏言:宜乘四月冰解时,遣官兵先往招抚,不即降,则进兵灭之。寻报,遣夸兰达鄂罗舜等,于正月十一日抵罗刹境,令宜番等造其居关谕之。因以鄂罗春留质之子三人来,并招抚米海罗等二十一人,送京安插。

五月　遣往军前之轻车都尉玛喇奏言,罗刹之在雅克萨、尼布楚二城者,各止五六百人。于额尔古讷河口至布尔玛台河口十余处,筑室耕田以自给。喀尔喀与尼布楚人,亦时与交易资生。请令喀尔喀车臣汗禁止交易,再令黑龙江将军水陆并进,作攻取雅克萨状。因取其田禾,则罗刹不久自困,量遣轻骑剿灭似易。时将军萨布素等,亦以收取罗刹田禾为宜。随降旨:令萨布素等酌议,由水、陆路进兵孰便,并谕车臣汗知之。寻以萨布素请停进剿,坐失事机。得旨,申饬。　7482

二十四年正月　以玛喇为副都统参赞军务。先是,上以萨布素上疏引罪,命都统公瓦山、侍郎敦丕,往会萨布素等,详议应否攻取之处。至是,瓦山等与萨布素会奏:我兵于四月水陆并进,先抚后剿,如不克则毁其田禾以归。上因命都统公彭春督师,命左都督何佑等率福建藤牌官兵五百人,往发盛京,兵五百人,代黑龙江兵,守城种地。　7482

清朝续文献通考

　　《清朝续文献通考》,原名《皇朝续文献通考》,400 卷。清侍读学士刘锦藻撰,成书于 1921 年。本书接《清朝文献通考》,除《清朝文献通考》26 门之外,新增加外交、邮传、实业、宪政 4 门,共 30 门。各门子目也多有变更。该书记述起自乾隆五十一年(1786 年),终于宣统三年(1911 年)这一百多年间各种典章制度的递嬗剧变,反映了近代中国政治、经济体制的情况,成为清史研究所必需的重要史料之一。本书选录的资料均选自浙江古籍出版社 1988 年 11 月版《清朝续文献通考》。

卷一　田赋一　田赋考一　田赋之制

　　(嘉庆四年)　又谕:奉天旗民私垦余地为日已久,自应清查办理,以杜争端。著赏限二年,令各业户将浮多地亩自行首报。其从前私种之罪及地方官失察处分,俱著加恩宽免。向来纳租余地每亩交银六分,今著加恩减半,每亩酌中纳租三分折交钱文,自于旗民生计为便。如有逾限隐匿不首者,准令地邻人等首报,丈出余地,即拨给首告之人耕种纳租。该将军等务须督饬所属实力详查,倘吏胥等有藉端勒索影射等弊,必当严行治罪。　7502 - 7503

　　五年　奉旨:郭尔罗斯蒙古游牧处所,不准内地民人逾界前往开垦。惟因蒙古等不安游牧,招民垦种,事阅多年相安已久,且蒙古得收租银,于生计亦有裨益,是以仍令其照旧耕种纳租。此系朕体恤蒙古起见,方今中外一家,普天莫非王土。但蒙古向来游牧之地,既许内地民人垦种,若复官为征收竟似利其租入,岂朕爱养蒙古之意。今军机大臣等议,令设官弹压,不令经征,并不准照吉林地丁收租。所议甚是。仍令查勘酌定租数,俾蒙古、民人两有裨益,以副朕一视同仁至意。钦此。遵旨。议定,查明该处共熟地二十六万五千六百四十八亩,按每亩征粮四升,共折银五千五百七十八两六钱。扎萨克自向民人征收,以后,不准多开一亩之地,添住一户之民。倘有私招民人偷开地亩者,从重治罪。　7503

　　八年　谕:本日大理寺卿窝星额,由盛京差竣来京。召见时据奏,伊于关外路上,见出关民人均赴该处种地为生。该处旗人近因贫民出口种地者,多究于生计不能充裕。等语。看来,关外民人聚积日多,物价较前昂贵,即所产米石有余,食之者众,其价亦必至增加,于旗人生计未免有碍,总由旗人怠于耕作,将地亩租给民人,坐获租息,该民人即借此牟利。著晋昌劝谕旗人,或将现有地亩自行耕种,或将未种荒地以次开垦,俾各自食其力,渐臻饶裕。断不可图得一时租息,将自有地亩尽租佃民人,转致生计缺乏。至民人等出关后,定例不准私垦旗人地亩,并当出示查禁,勿得阳奉阴违,视为具文。　7504

　　臣谨案:例载民人不得私垦旗人地亩,固欲其自种之自食之于生计饶裕也。乃旗人愿自弃其所有权,以食租为无上之便利,晏安鸩毒与明之宗禄,同一失策,固无术以药其穷而持其久矣。　7504

卷二　田赋二　田赋考二　田赋之制

（道光二十七年）　又谕:户部奏,珠尔山闲荒地亩请照凉水泉旧案,停止认种,一律封禁一折。吉林一带地方为根本重地,官荒地亩不准开垦,例禁綦严。所有珠尔山闲荒地五万三千余晌,除见在招垦地二千六百二十六晌,既经查明各佃花费工本,姑准垦种交租外,实剩闲荒地五万三千三百七十四晌。自应查照凉水泉地亩封禁原案,画一办理。著该将军、副都统亲往各该处通行查勘。此外,尚有存剩闲荒地共若干万晌,一律自本年为始,各于扼要处所赶立封堆,永远禁止。毋任彼此影射稍涉含混,以致有名无实。并令各边口严遏流民毋许阑入。嗣后,倘再有展越偷种情弊,除该地方官从严惩办外,定将失察之将军、副都统一并严行惩处。　7514

三十年　谕:户部奏,吉林所辖伯都讷等处官荒地亩申禁私垦。等语。双城堡、珠尔山、凉水泉、夹信沟四处闲荒地亩,前于道光二十七年,该部奏请封禁。奉旨责成该将军、副都统及各协领等认真查禁,并于年终查明有无私垦奏报一次。乃自奏定章程以后,惟二十八年曾经奏报,二十九年并未具奏。足见奉行不力,视为具文。著吉林将军固庆等钦遵前奉谕旨,实力查察,按年具奏,毋稍懈玩。至珠尔山荒地一万九千七百九十二晌,见准拨给官兵承种,以资津贴。其余存剩闲荒地亩,仍著该将军等按照户部所奏,明定亩数,随时确查。毋令流民阑入私行开垦,再滋流弊。　7514

臣谨案:经典无晌字,始见于篇海午也。北人以中午为晌,以自晨至午为一晌。今奉天等处田地不以亩计而以晌计。一晌者,一人之力自晨至午所能耕者也。故又谓两晌为一天。每晌有当弓地六亩、十亩之不同,则又各地俗称之别也。　7514

（咸丰七年）　又谕:御史吴焯奏,黑龙江、呼兰城迤北、蒙古尔山地方有荒原百余万晌。平坦肥腴,毗连吉林境界,并非参貂禁地,亦与夷船经由之路无涉。咸丰四年,该处将军曾派员查勘,出票招佃。嗣因俄夷下驶事遂中止。并称招佃时不收押租,按晌止收公用京钱数百文。开垦之初,山林木石听民伐用,樵采渔猎一概不禁,以广招徕。所得钱粮可充俸饷。等语。呼兰城地方僻远,开垦事宜是否可行。如果有利可兴,原应豫为筹画以抵俸饷。　7516

又谕:前因御史吴焯奏,黑龙江、呼兰城迤北、蒙古尔山可以开垦。当降旨交奕山将有无窒碍情形,检查从前原案,据实具奏。兹据该将军派员前往踏勘,明确绘图贴说,奏称,自绰罗河起至通肯河止,核计卡伦内外共有可垦地亩一百二十万三千余晌。等语。蒙古尔山等处向系吉林采参捕珠之地,现据查明可开地亩既有一百二十万余晌之多,何以历年经久并未查办,从前或另有深意。该将军请将吉林采参捕珠之地一并开垦,毋庸封禁。有无窒碍之处,著景淳会同奕山,各派妥员按照可垦地方再行详晰查勘,悉心妥议,据实覆奏。　7516

八年　谕:庆祺奏,请试垦横樗废林以充经费一折。盛京横樗正林树株繁盛,每年采取贡差足敷周转。其废林十二处,除已有树株,责令林头林丁照旧培养外,所有无树闲荒三千六百余亩。著照所请,分别等则,试垦三年。自咸丰十一年起,按照等则一律征租,作为宫殿黏补之需。每年造册咨报总管内务府核销,其余钱文作为津贴丁力。　7516

（十一年）　又谕:景淳、麟瑞奏请开荒济用一折。据称,吉林地方凉水泉南界舒兰迤北土门子一带,禁荒约可垦地十万晌。省西围场边约可垦地八万余晌、阿勒楚喀迤东蚩克图站约可垦地八万余晌、双城堡剩存圈荒及恒产来界边荒可垦地四万余晌,均委员履勘,地属平坦,别无违碍,见有佃民王永祥等认领,先交押租钱共二十余万串。于将来查办边界,一切船粮、车驮经费可资备办。请将前项各荒一律招垦,即以押租备给查界之费,余则悉数解京。

俟领种五年后,再将升科钱文接济京向。等语。吉林荒地既可援案招垦,别无违碍,于经费不无裨益。即著按照所奏办理,仍照旧章先取押租,俟五年后升科。惟事属经始,务须办理妥协,并随时严查以多报少情弊。其押租作为查界经费外,余剩钱文及以后升科钱文,毋庸解京。即著据实奏报,抵充该省官兵俸饷,以省往来运解之烦。 7518

冯桂芬垦荒议曰:凡垦三年以上荒田一亩,恒需百夫之力。夫价每日一二百文计钱十数千。先大夫当乾隆中叶时,夫价每日不过钱数十文。国初只三十五文,故其时开垦较易,厥后渐增,至今日,几及十倍矣。田贵之地,亩值四五十千,荒田不足患也。吾吴田价亩数千,而出钱十数千以垦之,虽至愚者不为是永不能垦之道也。其患岂浅鲜哉。前阅西人书,有火轮机开垦之法,用力少而成功多。荡平之后,务求而得之,更佐以龙尾车等器。而后荒田无不垦熟,田无不耕。居今日而论补救,殆非此不可矣。存吾说以待之。 7518

卷三 田赋三 田赋考三 田赋之制

(同治元年) 又允特普钦奏招垦黑龙江荒地。 7519

又谕:宝鋆等奏,遵查黑地升科请旨办理。等语。前因太医院医生王庆连等在内务府呈称,直隶各州县、盛京等处无粮黑地及八旗报效地十余万顷,请按额升科。等语。当派宝鋆会同直隶总督、顺天府府尹,督率各地方官详查办理,兹复。据奏,王庆连带同民人张达呈报,大兴县、田家营等处民人吴自有等隐种黑地。经宝鋆等派令委员会同该县查明,皆系有主之地,并非无粮地亩。质讯王庆连等,情词闪烁,亦复不能指实所递查地。章程内如设立公所、颁发戳记等项,无非欲假以事权,藉作威福,种种谬妄,断难准行。王庆连于并不干己之事,辄敢擅收呈结,妄报黑地,实属不安本分。著革去太医院医生从九品职衔。缪特瑞随同王庆连联名呈报黑地,事多不实,著革去从九品职衔。均交该地方官严加管束,毋许出外招摇,以示惩儆。至黑地一项,直隶奉天所在多有或圈地旗产,日久迷失,或山隅河洲新涨闲荒,愚民无知,相率耕种。若令纷纷查办,转恐扰累闾阎。户部定例清查旗地章程,向有办理升科明文。经此次奉旨之后,凡自种黑地业户旗人赴该管都统衙门呈报,民人赴该管州县呈报。俱各查明段落四至,勘丈属实,照例升科。由户部颁给执照,准其永远为业。其从前盗种黑地之罪及地方官失察处分,均予宽免。从前花利并免追缴。若有挟嫌讹诈,妄报他人有粮之田,照律加等治罪。如一年以内不行自首,经他人告发到官审明,即治以盗种黑地之罪。各州县黑地交课若干,按亩征收,年清年款不准丝毫拖欠。其勘办升科地亩最多之州县,准随时奏请奖励。 7519

二年 谕:御史陈巂奏,直隶、奉天未经报垦黑地请饬催查一折。据称,直隶近畿一带及奉天大小凌河等处呈报黑地者,俱有部文行查。至今除昌平州外,升科者甚属寥寥,均由地方官吏征收入已。且遇报地之人奉部行查,必多方勒索,令其认诬,甚或加以非刑。等语。地方官征收钱粮丝毫皆应归公,岂容任意隐匿。若如该御史所奏,竟有将呈报黑地私行征收,延不具报升科。甚有将报地之人抑勒刑逼,令其认诬者,实属可恶。著万青藜、林寿图、刘长佑将顺天、直隶所属各州县呈报之黑地确切查明。并著玉明、和润、德春、恩合于奉天、锦州所属地方一律清查,其大小凌河等处已经报部之黑地,并著速行详查报明户部存案。其漏未呈报者,一并清查。 7519

又谕:恩合查奉天闲旷地亩酌量开垦。 7520

又谕:前因盛京东边一带旷闲山场,流民聚众私垦,谕令玉明、恩合严密访查,妥议。具奏。兹据玉明奏称，自东边门外至浑江东西宽百余里至二三百里不等，南北斜长约一千余里，多有垦田、建房、栽参、伐木等事。自混江至瑷江东西宽数十里至三四百里不等，南北斜长约二千余里，其间各项营生与前略同。然，人皆流徙聚集甚众，已有建庙、演戏、立会、团练、通传、转牌。等语。该处地方辽阔，山树重深，匪民易于匿处，以致屯聚日多。且性情顽梗，罔知绳墨。其屯聚地方又多与朝鲜边境毗连，所有防范事宜，均须详慎妥协，不可稍涉大意。著该将军随时查看情形，总期于潜移默化之中，寓杜渐防微之意，以期周密而昭慎重。玉明身任将军，于一切地方公事、军务，总当力求整顿，加意激劝。　7520

（三年）又谕：户部奏，查办黑地请严定章程，申明赏罚一折。黑地一项，直隶、奉天所在多有。前于咸丰十一年间，经宝鋆等会同直隶总督、顺天府府尹查出昌平州地四百四十余顷，试办升科，并奏准饬令直隶总督、盛京将军、顺天、奉天各府尹一体办理。乃两载以来，各州县具报寥寥，皆由该地方官畏难苟安，于旗圈迷失地亩及山隅河洲，不能详稽档案，亲历查勘。以致愚民观望隐匿，奸吏从中讹索，扶同欺隐，弊窦滋多。甚至无赖棍徒在京外各处，假充委员查办黑地，恐吓得赃。地方官不加详察，任其肆行无忌，扰累乡愚。而于应查之地，转多置之不办。亟应严定章程，以除积弊。嗣后，直隶、盛京、顺天、奉天等处，遇有查办黑地之委员，著该将军、总督、府尹等，饬令地方官详细盘查。如无户部先期咨会及随身札付，即属棍徒诈冒，立即按名严拿押解，奏明究办。　7521

六年　谕：前据额勒和布等奏，游民私垦禁地，呈请升科，请饬集议。并陈与将军都兴阿等，筹商两歧各折片。当派恭亲王会同大学士、六部、九卿议奏，并令奕榕会议。兹据王、大臣等奏称，盛京附近一带沃壤荒山，历届未敢轻议开垦，而边荒地阔，防检难周。见在所垦地亩，仅据何名庆等供称，已有数百万晌。此外尚不知凡几，必须澈底查究。庶已垦之地，可以核实清厘。未垦之地，仍当示以限制。请派王、大臣前往会同察勘，请旨办理。等语。著派都兴阿、延熙、额勒和布、奕榕、恩锡，拣派明白晓事熟悉情形之员，逐一详加察勘。并著延熙、恩锡、奕榕。进山查勘。如果审时度势，不能不俯顺舆情，所有一切应办事宜，应如何详定章程，俟查勘覆奏，到时再降谕旨。其有关风水者，仍当封禁不得妄议开垦。至东界朝鲜地方有无窒碍，自当妥筹抚绥。俾该国猜疑悉泯。著礼部行文该国，告以遵行驱逐，恐失业匪民转致骚扰该国边境。且该国边境民人亦难保无潜行越界私垦情事，令其先行详查，或拟作何安插之处，迅速核覆。　7524 - 7525

（七年）又谕：户部奏，吉林请开围荒宜防流弊，并历年报垦尚未升科地亩及欠交租项，请饬查追一折。吉林围场原为长养牲畜以备狩猎之用。设堆置卡，封禁甚严。乃该处游民借开荒之名，偷越禁地，私猎藏牲，斩伐树木。迨林木牲畜既尽，又复窜而之他。有招佃之虚名，无征租之实效。数百年封禁之地利，遂至荡然无存。即如景纶前于咸丰十一年奏称，尚有围场二十一处。而此次富明阿奏称，该处南北十七八里，东西八十余里，皆无树木藏牲，其为游佃偷越已可概见。此次该将军办理开垦事宜，自当严防流弊，即著亲往履勘，严定界限，毋任委员弊混。并将新垦各地造具亩数四至，佃户花名清册，以及如何挪移卡伦、添设封堆暨布置员弁逐处巡查各事，宜详细妥筹迅行覆奏，以杜弊端。其前任将军景纶，奏请开垦夹信沟、凉水泉荒地二十五万余晌。见有佃认领征租者十三万晌零，未报升科地尚有十二万晌。续垦之土门子并省西围场、阿勒楚喀等处地亩共三十万晌，应交押荒地捐两项钱文共一百二万余串。除交过钱六十二万余串，尚有未交钱四十万串。其交过押租地亩既有佃户认领，何以仅将双城堡佃户认领地三万三千一百六十晌零，造具花名清册，而其余十四万八千二百余晌迟延不报。至此外未交押租地十一万余晌,何以数年之久并不招人承领。著富明阿确切查明,将土门子等处已交押租之佃户造具清册,迅速送部。并追出历年地租钱文,以充兵饷。其余土门子等处未交押租,并夹信沟、凉水泉未报升科地亩,即著详细履勘,予限一年招佃认领,按晌升科,毋再延宕。倘查有已垦未报及认多报少情弊,著从严参办以昭核实。　7525

（九年）又谕:都兴阿奏,查勘边荒办理情形一折。奉天瑷阳门至凤凰门一带边荒,经都兴阿等派员分段查勘九十一处,因大雨时行,路多阻隔,拟将未经查勘地方,俟秋后再行查勘。虽系实在情形,惟未查地亩尚多,若不赶紧办理,任听该委员等藉词延宕,将来大雪封山,更难克期办竣。著都兴阿、额勒和布、恩锡,严饬该委员等届时迅速出边,将未查地亩一律勘竣,造册报部核办,不准再事迁延。　7528

又谕:都兴阿等奏,查勘边地情形一折。据称,凤瑷二门边地,经该将军等于本年十月间委员前往查勘,接连春季所丈地界,向东北一带查办。续查出坐落多处,已垦熟地十四万余亩,见值天寒雪冻,难以查丈。各委员暂行回省,请俟来岁春融再行接办。等语。凤瑷边地亟应赶紧勘定,岂可年复一年耽延时日。著都兴阿、额勒和布、德椿,于明春雪消时,饬催该委员等赶紧出边,迅将凤瑷二边切实通查完竣。并将春间查丈后被水冲淹地亩,一并迅速查勘详报,不准稍事延宕。　7528

（十一年）又谕:都兴阿等奏,查勘边地情形一折。据称,查明碱厂门外已垦熟地十二万五千余亩。俟北二边地段查勘完毕,再行报部起科。边外河岸山厂关系捕鱼采蜜地方,游民耕种多年,未便封禁。若于河渠、山岩、沟甸闲荒处所从权采办,于贡物、山场两无窒碍。等语。边外地方,现当夏苗盛长未能全行丈量,著都兴阿等督饬委员俟秋成后续行勘丈,妥筹办理。　7528

又谕:都兴阿等奏旺清门外浑江迤西地段,经都兴阿等督饬协领崇善等前往查勘,西自边栅,东至浑江,南接前查地段,北至哈尔敏河口、二密等处,共查出坐落六十九处,已垦熟地十万三千一百余亩,现已查勘完竣。至浑江迤东一带据奏,地极宽广,游民强悍,一时碍难查办,自系实在情形。即著照所请,俟三五年后再行查勘。　7528

卷四　田赋四　田赋考四　田赋之制

（光绪三十年）吴贯因田赋私议略曰:赫德依面积计算,非同架空之理想。由历史沿革观之,亦信而有征。西汉盛时全国垦田为八百二十七万五百三十六顷,隋大业五千五百八十五万四千四十顷,唐天宝一千四百三十万三千八百六十二顷,宋开宝末二百九十五万三千三百二十顷,至元丰增至四百六十一万六千五百五十六顷,元至元一千九百八十三万顷,明洪武八百五十万七千六百二十三顷,崇祯中七百八十三万七千五百顷。清顺治初五百四十九万三千三百七十顷,乾隆间七百四十一万四千九十五顷,嘉庆七百九十一万五千二百五十一顷,道光七百四十二万顷,光绪九百一十八万一千三十八顷。以上最多者为隋,次则元、唐,次汉、明及清,而最少者宋。谓领土有广狭耶?则元、清广过于隋,何皆不及。明不狭于隋乃不及隋六分之一。谓户口有多少。田因之耶?则隋大业户仅八百余万,唐天宝有户九百余万,数实过隋,何以田不及三分之一。元盛时户千余万,远在隋上,乃亦不及一半。且隋盛时人口四千六百一万九千九百五十六,今之人口约有四万万,数增十倍,而田竟不及五分之一。谓世有治乱耶?则唐自高祖至天宝,宋自太祖至元丰休养时期,远过隋代,承平既久田野日辟，而唐宋视隋成反比例，抑又何耶。窃以中国面积之大人口之众，无论何朝苟非大乱，皆在五千万顷以上，不独隋然，而隋独见其多。以所清查者，其数略近于实也。治平会计录：宋之田数计赋租以知顷亩，而赋租所不加者十居其七，率计之无虑三千余万顷。又，宋史·食货志言：荒田多京襄，唐邓尤甚，至治平、熙宁间相继开垦，百亩之内起税止四亩欲报至二十亩，则竟言民苦赋重遂不增。以是观之，田之无税者，不止十之七也。此不独宋然，各朝皆然，特宋之漏税较甚耳。夫田多漏税举国人知之，因属于国家，其税则由中央定之，调查亦由中央发令行之。以中国领土之大，欲由中央整理田赋，其调查断不能确实，税率断不能公平，数千年之弊实由于此。欲清积弊，惟有划为地方税，听地方各自为谋，庶几，漏税之田，可使悉数清出。额外之征，可使涓滴归公也。按之学理有据验之，事实益明。今世列强，惟普鲁士与美国划为地方税，能使制定之税法，适合于其地农业之状况，否则负担必失公平。法儒卢罗谓一八五一年法之田赋，税率为课纯收入百分之六，而实际各县之负担轻重悬殊，有仅及三分零者，有达九分零者。此就一县之总额言之，若就其自治团体言其重者，仅国税一项已达纯收入十分之二三。益以地方附加税达十分之四者有焉，其轻者仅百分之二三，此法以田赋为国家税之弊也。意大利自改赋配税为定率税，其制固较法为优然，负担之失公平，亦与法等。试观中国王士性之广，志绎曰：真定辖五州二十七县，苏州辖一州七县。无论所辖，即广轮之数，真定当苏之五，而苏粮二百三万八千石，真定只十万六千石。然犹南北异也。若同一北方河间之繁富，二州十六县，粮只六万一千，登州之贫寒，一州七县，粮乃十三万六千。然犹直隶、山东异也。若在同省，汉中二州十四县之殷庶，粮只三万，临洮二州三县之冲疲，乃四万五千。然犹各道异也。若在同道，顺庆不大于保宁，其辖二州八县均也。而顺庆，粮七万五千，保只二万。然犹两郡异也。若在一邑，同一西南充也。而负郭十里田以步计，赋以田起，二十里外田以绹量，不步矣。五十里外田以约计，不绹矣。士性所言，不过略示一斑。此外赋额之失公平者，何限近二三百年。因新垦漏税，益不公平者，又何限以我国幅员之广，交通之艰。赋额由中央制定，大失公平，必然之势也。况二十二行省外，尚有蒙古、西藏、青海等地。苟欲遍查，不知费若干年。而此若干年中，近山增新垦山田，近海增新浮海田，数必甚多。不幸因灾而良田变为废土，数亦不少。故查竣之后，一核其实，又大相出入焉。若划为地方税，范围既小，测量易周。即土地变迁，亦近而易知也。且地有肥硗，欲由中央调查分其阶级，以为课税之标准，安能斟酌适当。一归地方，则肥硗立判，税率易定，不特此也。今欲改良田赋，必采用最新之土地清册制，始能兴利除弊。然法国清册调查编制，费四十三年，日本亦历九年。中国土地面积二十一倍于法，二十六倍于日，即以日为比例，须费二百三十四年。俟河之清，人寿几何。不划归地方，终无整理之日矣。况税法常随经济界之变动，中国各地经济之状况大相径庭。有数年辄须改革者，有无须频更者。惟地方得相度情形，以因时制宜，且可预留加税之余地。必由中央制定，将生种种障碍。如意大利人民负担轻者，仅当纯收入百分之七，重者当百分之七十九。欲议加税，轻固能堪，重必反抗。又，各省课税之单位迥别。如南方以亩计，而吉林以晌计，普通一晌约当南方十亩，然亦多少不同。盖吉田岁仅收获一次，又多荒地，故课税不能以亩算，而必以晌算。其他沿边各地度，亦多不能与东南同。今为国税欲画一，其制违反各地习惯，决不能行。何如归诸地方，俾法立而民安乎。蒙古田赋向归其王公收入，苟欲令其移归国家，势必扞格。如设特例任其自收，则同一领土有乖统一之义，惟划归地方，此等畛域胥泯矣。今日田税收钱合银各地差异，非尽由币制未定，银价不同也。实地方官额外加征耳。稽光绪二十二年，湖北征收册每银一两，征制钱一千九百文。其时市价实一千三百，是多征六百文矣。数年前，江苏征银解银问题起，苏之官谓银一两值钱二千有零，人民谓仅合千余文，是亦多征数百文也。其弊由于中央政府不能熟知各省市价，故官得上下其手。夫多征固病民，少征亦病官。如吉林每晌征钱六百六十文，因官帖(吉林使用一种纸币，谓之官帖。)价值之落致昔也。每晌征税合银三角余者，今仅合一角余。公家受损如此，本拟变通，缘非中央许可不行。若归地方则多征少征，官与议会皆熟知之，有权以改正矣。自私之见，人情大抵皆然。以官代中央清查，常图完事以塞责，不肯严核以取怨。划归地方，则为维持自己经费，其清查必实，而漏税之弊可除。观此，则田税之应归何属，从可知矣。虽然田赋岁入，中央之经费重有赖焉。今悉归地方，必当谋有以补其缺。(此下文繁，不录。)　7534－7535

　　改良田赋之法可分二节：一曰税制，一曰税率。先言税制。各国制度皆极简单，日本统名地租，取于民者只一种税法。奥、意、比诸国皆然。惟英分二种，究非繁杂也。今中国之田赋名目如卿举其著者，一地丁、二漕粮、三租课、四粮折。而漕粮中复分三种：一实征粮、此仅行于江浙。二漕折、三漕项。似此纷歧，已非理财之道，况额外加征漕粮外，尚有所谓漕运银，恶税一。正供外有耗羡，恶税二。此犹经中央认可。又有起于官吏之舞弊者，一秤余，谓补库平之不足，恶税三。一杂派，谓补各种之费用，恶税四。亦为政府默认名目之多至此，中国之田赋，不当名为一种租税，当名为十种租税矣。此应改革者，一也。再言税率。其赋课之失公平，令人震骇，今姑引一现行赋，则表列于后：

各省	亩科银两钱分厘毫丝忽	粮米斗升合勺秒撮	粮豆升合勺秒
直隶	自八一至一〇三	自一至一	自九八至四
山东	自三二至一〇九一	自二至三	麦　自一至四三
山西	自一〇七至一	自一五至二七	
河南	自一四至二二七	自七至二二	
江苏	自九至一四一一	自一四七至一九二六	麦　自二至三
安徽	自一五至一〇六	自二一至七一	
江西	自一三三六至一一七〇一三	自一七至一〇七二五	
福建	自一六九至二五五	自三至一九	
浙江	自一五〇三至二五五	自三至一九	
湖北 每石折银	自二五四五至二九七四一	自六至二九一四八	
湖南 每石折银	自二〇二三八至二八四〇四	自二九至一四六九	
陕西 每石折银	自一〇五九至二七七三	自一至一〇一六	
甘肃	自二两至一钱五分〇厘四毫	自三勺至八升一合一勺	

各省	亩科银两钱分厘毫丝忽	粮米斗升合勺秒撮	粮豆升合勺秒
四川	自一五九至八四九一		
广东	自八一至二二三二	自六五至二一九	
广西	自二四至二	自三七至五五五	
云南	自五五至四六五	自一九四至一斗五	
贵州	自一至六〇五	自五〇一至四五	
奉天	自一至三	自二五至七五	

　　此等赋则，有缺点三焉。一、不知参照各省之生活程度。今日东南各省与西北迥别，西北一金之用，有足抵东南十数金者。使不审程度之高低，而仅以地味之肥硗，课同等之，税率安得公平。二、与现在之地味不相应。如表所列：安徽上等田，课银一钱六厘，米七升一合。福建上等田，课银二钱五分五厘，米一斗九升。今安徽产米之多闻于全国，当不劣于福建，而赋额仅及其半。广东下等田，赋额八厘一毫，米六合五勺。广西下等田为二分四厘，米三升七合。今广东地味当优于广西，而赋额仅及三分之一。略举一二已可概见。此由于调查之错误及地味之改变。盖土地肥硗虽由天然，而因人力之作用。亦随时代而变迁。禹贡载：雍州之田上上，扬州下下。当日区分，当必确有经验。今则变为扬州上上，雍州下下矣。现定赋则，大半沿明代之旧，故所判等级多反于实际。三、不知土地与人口之关系。凡人口稠密之地，土地不足。故十亩之田，竭全力以从事。人稀之区，地余于用，耕稼百亩，其所需劳力与经费，仅与前之十亩等，收获同而所需不同，课以同一之税率，安得公平。此应改革者二也。考各国田制，虽各不同，然举为课税之标准不外四种：一、比例面积，二、比例生产，三、准据地味，四、准据地价之数者，皆不得公平，于是有土地收益清册制出焉。既量其土地之广狭，又视其生产之多寡。除资本劳力之报偿外，细核其收益之实量，依之以定税额。顾欲遍查全国，不可能也。故分为若干等，各等中择其一以为模范地，取若干年之收入，平均计之，依市价以定其每年之利益，制成清册，据是定税率之重轻。现今文明国，多采此制。中国则自周用什一之制，汉初定为十五税一，景帝二年三十税一，晋代复为什一。此皆比例土地之生产为课税之标准，与印度田赋之四税一、埃及之五税一同。魏武初定邺都，田亩征粟四升，北魏孝明帝税粟五升，赁公田者税一斗，唐租庸调之法，丁男授田百亩，岁输粟二斛、稻三斛。历朝皆以亩算，与罗马古代之条治拉税、英古代之海挈税同，以面积为标准也。禹别九州，列为九等，金亦分九等，元分三等，清分三级，各级中仍分三等。是与罗马帝国克陵堡侯国之税法同，以肥瘠之阶级为标准也。此皆与泰西古法同，而现行异，各有缺点。今日而议改良税法，惟有采收益清册制而已。其应研究者，土地为生产一大要素，资本家投资竞买。于是全国之地权，渐集中于少数人之手，社会当愤其垄断。创土地国有之说，事实固不易行，第集中之弊不可不矫正之。故中国田制宜用社会政策分为二目：一曰地代税课，地主之坐收佃租者。一曰农业税课，地主之兼营农业者，地代税课纯收入十之一，农业税课二十之一。盖农为国家元气，当轻税以优养之，对于坐收佃租之地主加重税率，不特可警游。隋且防豪强兼并之弊，于农业进步有力焉。此吾所以主持此制也。按原文冗繁，删节过半。当时有驳之者，谓中国向例非地主而营农业者，为课税所不及，今于地主兼营者课之，是混所得税于田赋

中矣。词亦甚辩。惟划为地方税,赞成者多。然无巨款,以补中央之缺,终不得见诸施行也。存一说而已。　7535－7537

三十四年　御史齐忠甲奏:请讲求东三省垦务折。略称,查奉天、吉林之蒙荒、黑龙江省之边地,平原辽阔旷无居人。前此虽经勘放办理,未为妥协。原定之年限未满,或遽议升科。小民之负未初来,或又行加价。生此种种之阻力,领户均观望不前。今既为招垦实边起见,不必设垦务大臣,亦不必即行设官。宜由各省督抚派员经理其事,不收荒价,只收经费。如有多领者亦随其便,俟升科之年,已垦者悉数升科,未垦者量与升科。似此有利无害,不必迁民而民自归之,将数千里无人之地,不数年即成富庶,实边之道无逾于此。　7537

卷五　田赋五　田赋考五　田赋之制

宣统元年　东三省总督徐世昌等奏:江省沿边一带,自呼伦贝尔西境起,越瑷珲、兴东辖境皆与俄界毗连,除现筹卡伦办法,另行奏明开办及汤旺河业经开放外,其余旷地弥望榛芜,无人过问。臣世昌上年奏陈,迁民实边,请免轮路各费,并陈明先从招民入手,即为拓殖边荒之计。本年奏陈屯垦一折,亦声明沿边招垦办法。盖创办兵屯,筹款维艰,开地有限,自应另行遣员招民,以为兼营并进之举。现在审量沿边情势,非改收经费以广招徕,恐民户无由远致,非另定奖章以示鼓励,恐员司不易激扬。此外,如减路费以利遄行,严限制以杜包揽,选良农以慎安插,速升科以促垦种暨其余亟宜变通各节,均经详细酌核,务其切实可行。将来新设治地方所有荒务,即责成各该地方官兼办,不另设局以省糜费。谨拟江省沿边招民垦荒章程五章共二十四条呈览,恳饬各该省督抚遵照办理。其派往各省招待员司一切经费,拟由本省各荒段剩存经费项下开支。如有不敷,饬司由正款动用,按年报部列销均下部议。7539

又,农工商部覆奏:招民垦荒各节。为兴利实边起见,应准如拟办理。兴、瑷、呼三属地处极边,辖境辽阔,非切实招徕,不足以招致内地居民广辟沿边垦务,应即一并照准。其荒价经费以及升科各节度支部查垦荒应收押租,并随收一五经费,东三省历办成案皆然。惟汤旺河荒地以勘放久无成效,叠经变通办理,每晌只收经费钱四百文,不收押租。曾据黑龙江将军奏准,有案。今兴、瑷、呼三城沿边招垦四千余里,道远费艰,未能先事勘丈,经费尚难预计。若无论瘠壤腴田,一概不收荒价,只收经费,似亦未为平允,碍难率行。照准将来是否三城同时并举,抑或分段次第开放,应随时派员履勘,确得情形,示以区别。其每晌所收经费能否足敷总分各局之用,亦当核实豫计。应令该督抚等通盘筹画奏咨办理,臣部再行核覆。又,招待处经费,准由该省各荒段剩存经费项下开支,如有不敷,即以新收经费弥补,不得另动正款。至升科限以三年,系为勤求耕种起见,自应照准其奖励一节。吏部查该省荒价经费各节,度支部尚未照准奖励章程,臣部碍难遽行核议,应俟该督抚按照度支部所议,通盘筹画,详定办法,由度支部核覆后,臣部再行分别异常寻常,给予奖励。　7539

又,东三省总督徐世昌奏:续放札萨克蒙荒援案,变通酌拟章程十三条,一订价,一镇基,一丈法,一放法,一熟户,一留界,一订租,一升科,一税契,一兵饷,一支款,一开荒,一津贴。试办数月,尚无窒碍,已据报,共丈生荒十九万四千余晌。　7539

又,东三省总督锡良、奉天巡抚程德全奏:东流山荒援案折放。略称,查办理垦务,丈放荒熟各地,向应按亩交价升科,本无所谓折扣。惟山荒之地土性硗薄,不能不酌量折扣,以示体恤。然亦只可租予通融,断不能折去过半,以致浮多过于正额。乃从前丈放东流围荒,在事人员往往句串领户,任意折扣,竟有折至一二扣者,未免漫无限制。此次奏明清丈概不折扣,系为力矫前弊起见。而各该垦户等终以山荒与平荒不同,且前次所领丈照上有注明折扣字样,凡遇丈出浮多山荒,率皆不肯交价,纷纷来省呈诉。臣等平情酌核,初次之折扣丈放漫无限制,固属无此办法。而此次清丈不问是否山荒,一概不准折扣,亦究非体恤民艰之道,自应酌中办理,以期上下交益。查,从前清丈西流围荒,以山荒拨补正段系按三七折放。此次拟援照前案,将东流山荒亦按三七折扣,每十亩作七亩交价。如原领十亩折为一扣者,再交六亩地价,原领二扣者,再交五亩地价,原领三四五六扣者,以次递推。原领七八九扣者,免再交价。其在此次重定章程以前,业经交价之浮多地亩未曾折扣,不免向隅,拟请宽予期限八年升科,以昭平允。未经交价之地既按三七折扣,其升科年限应仍照定章办理。　7539

　　又奏:援案变通招垦蒙荒,酌拟试办章程。略称,奉省前放札萨克图王旗蒙荒案,内剩有坐落靖安县未放沙碱余荒一万九千三百七十余晌,按一五折扣计,实荒二千九百晌。经前将军增祺饬交该管之靖安县经理招放,截至本年,据报仅放出荒地一千三百余晌,尚有实荒一千六百余晌无人承领。前据该县请将此项未放荒地免收地价招垦升科,并拟送章程呈经臣等查核。此项余荒系属蒙地,奉省历来丈放蒙荒定章,所收地价应以一半分归蒙旗。兹遵照准免收地价,深虑蒙旗或生阻力,当即批饬洮南府知府孙葆瑨就近向该蒙旗磋商去后。兹据该府以移准札萨克图王旗移覆,允将蒙旗一半地价一并免缴等情,呈覆前来。臣等覆查黑龙江省汤旺河荒地,前因收价丈放,久无成效。迭经变通办理,每晌只收经费钱四百文,不收押租,曾经奏准。有案。本年因江省兴东、爱珲、呼伦贝尔沿边招垦,亦经奏请免收地价,每晌仅收经费银四钱。奉旨:允准。亦在案。兹奉省靖安县余荒地亩原系前札萨克图蒙荒垦局放剩余荒,委因地多沙碱,垦局招放无人承领,是以交由该县经理。迄今数年,而放出之地尚不及半。则其地之硗薄,不堪垦种已可概见。若必照章收价,仍恐日久无人领垦。不特弃利于地,抑且居民寥落难期生聚,于实边之道亦有未宜。况现剩余荒仅一千六百余晌,照章应收地价银三千余两。除蒙旗应分一半外,计公家应得之款不过一千数百余两,为数甚微。该县请将此项余荒招户领垦,免缴荒价,限年升科,系为殖民实边振兴地利起见。现在该蒙旗应得一半地价,亦经洮南府商允免缴,所有前项未放余荒,自应援照黑龙江省奏准成案,免价招垦。仍照成案,每晌收经费银四钱以资办公。俟垦齐后,饬令升科。如此变通办理,实于裕课便民两有裨益。如果办有成效,将来奉省未放蒙荒,凡招放不易,无放价领者,并请援照办理,以免日久荒废。　7539－7540

　　又,东三省总督锡良、奉天巡抚程德全奏:大凌河牧厂升科地粮改归锦郡经征。略称,奉省、锦州、大凌河地方旧有牧厂一处,前将军增祺奏准,设局丈放交价升科,计共丈放地五十二万一千九百七十五亩零五厘六毫零三忽。每年额征正银一万三千二百三十二两八钱六分零六毫三丝九忽三微,耗银四千七百零六两零八分二厘四毫二丝三忽。此项地粮向由锦州副都统经征,按年汇入旗地,考成案内报部。前任督臣徐世昌等奏准,将锦州副都统裁撤,并将光绪三十四年分应征前项粮银,饬由旗务司暂行派员经征,当经该司派委科员前往征收。各在案。惟查,经征钱粮本系地方官之责,从无监司衙门委员征收钱粮之例,且大凌河牧厂升科地亩远在锦州,花户散处四乡。若由省城委员征收,鞭长莫及。所有此项地粮,应自宣统元年起改归锦州府知府就近经征,归入民地奏销,案内造报。并饬旗务司原派经征委员,迅将光绪三十四年分粮银催完解库,造册报部,一面移交锦州府接管,以专责成。　7541

　　又,吉林巡抚陈昭常奏:查明升科地亩由各衙门征租抵饷。略称,此次清赋委员由吉林府、新城府、伊通州、榆树县查出民买旗地原无钱粮应行升科地,二万三千六百四十六晌四亩四分。每晌应征大租银一钱八分,每年共应征大租银四千二百五十六两三钱五分九厘二毫。又,由延吉厅、绥芬厅、双城厅查出原无钱粮应行升科地,五千三百六十六晌九亩九分,每晌应征大租钱六百文,每年共应征大租钱三千二百二十千零一百九十四文。均自宣统元年起,由各该衙门征租抵饷报闻。　7542

又,东三省总督锡良、奉天巡抚程德全奏:豁免民欠钱粮先陈查办情形。略称,奉省自庚子以来迭遭兵燹,各属仓库旧存款项每多纠葛。近年改建行省添设州县,旧有各属地亩钱粮改隶画拨,纷赜殊甚,以致积年奏销未能依限造报。且近年各处开办垦务,并举办清赋新升地亩,岁有增加。其中熟地,照章均应于报领之年起科。无如连年灾歉,民力凋弊,或有地已报领而价尚未交,亦有价已缴清而粮未封纳。加以垦务一处报竣,动须数年而清赋,则陆续升科并无截止之日。其民欠钱粮多未能赶入奏销。若必以已入奏销之数为断,则同是民欠未能一律邀免,未免向隅。恳恩准:将光绪三十三年以前民欠各项钱粮,并因灾缓征、带征各款,无论已入奏销、未入奏销,悉予豁免,以广皇仁而纾民力。一面由臣等督饬各该旗民地方官查明民欠,实数造册加结,呈由度支司,覆核汇造总册,呈请奏咨。　7542－7543

又,东三省总督锡良、黑龙江巡抚周树模奏:变通沿边荒务办法,请仍照前议办理。略称,本省前因汤旺河一带荒务疲滞多年,奏明不收地价。每晌仅收经费四百,始将十数年两次招放无人承领之荒陆续放竣。然边地寥远,食货奇艰,将来能否如限垦齐,尚难预必。况如兴东、瑷珲、呼伦贝尔各荒段,更远在兴安岭外。向只二三猎户不时往来,居民望而裹足。虽地有高下,质有肥硗,大都极边荒寒,每岁农时得气最晚,早霜积雪,谷既难于成熟,人多不耐久居。每晌收费四钱,尚恐无人承领。若复量收地价,势必畏阻莫前。欲开转闭,审时度势,似应仍如前议办理,以速招徕。至所有地段既不再分等级,自毋庸遍事勘丈,转致虚糜。又,三城是否同时并举,抑或分段次第开放。查兴东一道,前已派员经营伦、瑷两城,近亦推广民治。是其辟地聚民,既有基础,自宜同时并举。又,每晌所收经费能否足敷总分各局之用,亦当预计。查原奏:声明、设治地方荒务,即责成地方官兼办,不另设局所,以省糜费。是其开支各款为费已轻,领户果多,出入当可相抵。如入不敷出,暨招待处经费不敷,届时再奏明办理。至奖励一节,原奏所定差等,均以实在招户垦地多少为考成。既立鼓舞之方,兼寓综核之意。应请一并照准,以便筹办。尤有进者,现今世界大通,各国于边境殖民,极为注意。英人经画非澳,日本开拓北海道,皆以不惜巨资用能恢张新地。即就江省边垦而论,若非先有重款遍设银行,先期筹办铁路、航业,则虽招民而货物不能购致,道路不能沟通,一时断难收效。此次规画不过预立基础以待实行,若复狙目前之近利,昧筹边之远图,斯则束手坐困之计,不敢不披沥上陈者也。　7544

(二年)　又,东三省总督锡良奏:办理清赋请分年减免地价,酌拟变通章程。略称,奉省清赋事宜,经前将军臣赵尔巽拟定章程,于光绪三十二年四月间奏明开办。截至宣统二年二月,仅清出荒熟各地八十余万亩,共收地价银六十余万两。奉省浮多地亩所在,皆是乃清赋三四年之久首报升科之地,仅止此数,自应另筹办法,以期便民易行。前经札交奉天谘议局筹议。据该局议决:分年免价之法自改章之日起,凡浮多地亩,限一年内令业主自行首报,免缴地价。如延至第二年首报者,照旧章缴价一半。延至第三年首报者,照旧章缴纳全价。如逾第三年不报,准由典户、佃户或他人缴价报领。呈请公布施行。论奉省面积之广,所有地亩较内地各省何啻倍蓰,而岁入钱粮不及内地远甚。虽因原定科则本轻,亦实由无课之地居其多数。近来用款浩繁，财政支绌，田赋一项恃为进款大宗。清赋本可以裕课，与其收取地价，于事转生阻力，而集款有限，曷若仅令升科，使民乐于报领，而国课可增。故臣以为清赋之举，宜专注重升科，不宜注重收价。盖收价之利不过一时，而升科之利可垂永久。且即以目前而论，在公家，虽少收地价一宗，而从此早报升科，所收钱粮足以相抵。　7545

又，吉林巡抚陈昭常奏：吉林投纳田房税契，以钱折银强定官价，总与市价不符。价落则病官，价涨则病民。拟准如谘议局所请，径将官价取消。凡民间投税，统按市价合算，银钱纸币均准交纳。官民一无偏倚，两剂于平。又，奏：请将指地借钱及大押小租等弊，一概禁革，以裕税课而除刁风。又，奏：查出民买旗产共地三十四晌六亩有奇，照例升科。　7546

又，东三省总督锡良等奏：丈放采哈新甸蒙荒完竣，照章变通办理。略称：此次丈放达尔汗王旗采哈新甸荒地，所有拟订章程，业由臣等奏咨在案。现届报竣。查核办理情形，按之原拟章程，有不能尽合者，亟应陈明以昭核实。一、原奏章程第二条内开：七成实荒地价银，可收二十九万二千七百余两。除还正款等项，尚余地价银二万九千八百余两。等语。查该局共收七成实荒地价银二十九万一千二百六十七两九钱，除抵还欠债，现余地价银二万八千四百一十九两六钱三分八厘。计短收银一千四百五十五两三钱，系由上等荒地内扣出七方，踩放镇基，声明无庸再由该王旗拨补。计，镇基占用上荒七方，照章应合地价银一千四百五十五两三钱，加入现余地价银二万八千四百余两，与原奏章程预算应余银数相符。一、原奏章程第六条内开：除山林庐墓等项，不敷之地均应提出自联段荒地补足。等语。查该局丈放荒地内，凡有台庄等项留界以及沙包不堪耕种之地，均行提出照数补足。惟镇基一项占去上荒七方，业经声明不再拨补，以符该王旗出放八万六千四百晌不增寸土之议。一、原奏章程第十二条内开：荒段地方空阔，应先在适中之地，酌定镇基两处。等语。查该局于荒段界内仅放镇基一处，实因该荒段界内别无适中地址，是以少放镇基一处，系属查照该荒段实在情形，变通办理。一、原奏章程第十三条内开：此次放荒应援蒙荒向章，发给各领户汉蒙文合璧大照。所有按章酌收照费，尽数拨归该王旗作为津贴。等语。查该局此次应用大照，该王旗坚不钤印，各领户守候日久，恐滋事端。当以从前开放蒙荒刊发大照兼用蒙文，系为领户内有蒙民起见。今领户全系汉人，自可不用蒙文。因将所刊大照内之蒙文截去，一律注销。并饬将所收照费统解度支司存储，另作别项开支。　7547

又，热河都统诚勋奏：巴林等旗报效蒙荒，偏居大漠，地瘠土寒。原定荒价钱粮既属过重，升课期限亦觉过迫，以致领户畏葸，裹足不前。谨拟变通旧章，将荒价钱粮分别酌减，设法招徕。并体察情形，将巴林三旗两垦局归并一局，另派专员总办其事。勒限二年一律竣事，以免糜费。　7547

又，东三省总督锡良等奏：派员查勘哈鲁拉西北一带山荒沙碱，又得可耕之地六百余方，核计应收荒价不敷，抵款甚巨。大清银行借款合同声明十年归还，札萨克郡王乌泰愿将该旗王府荒地二千余方一律开放，以抵偿借款。并恳按照原定条款，将向章所收地价以一半报效国家者，实予宽免。将地价银两全数赏给了债，及台庄倍价领地，永免租赋。其余悉照向章办理。　7548

又，东三省总督锡良等奏：调查蒙旗情形，筹议变通办法。略称：喀喇沁郡王贡桑诺尔布奏称，东省所属哲里木盟十旗，历年放荒，奏设地方官共三府四厅一州十县管辖。权限本无画一规定，现饬蒙务总局悉心筹议。查哲里木盟十旗地多未辟，与喀喇旗情形不同。昌图等府间有蒙丁居住，其余仍以游牧为重。若按地亩分管，反形不便，似宜仍旧。又，原奏所陈各旗台吉与箭丁出路分拨军队,免其分属各节。查各旗历年放荒各台吉,均有应得地租,其应需人役可随时佣顾,毋庸再受箭丁供给。应请将各旗箭丁,后不得再属台吉之下。下会议政务处议奏。寻奏。蒙古地亩向例不准私垦及私自典卖,即奏准开垦之地,并应报官记档,不得重复招佃。自无契税可收至催收租粮,若系蒙旗奏垦例准自行收租,亦未便遽行侵夺。如系蒙旗私放与人民私开并无奏咨案件,应饬地方官会同蒙旗逐一清丈,照章核办。各蒙旗自行清丈之例,自应删除。蒙民向以游牧为生,不便以地段分管,转形束缚。　7548

又,御史路士桓奏,略称,自日俄订立协约,东三省疆域彼已视为领土,著著进行,迨布置既定,一纸宣告,则数千里之疆土非复吾有。今日列强纵横之局,一机会均等之局也。故日俄分得东三省之日,即群雄割据吾土之日。然其失败之由有二:一则亘古穷荒未经开辟,是不啻有大仓广库,扃闭而漠置之。以致狐鼠穴居,盗贼攘据。一则中外通商以来,各国经济力未尝贯输于腹内,让俄人以单独进行。进行不已。日本乃起而与之争。争定而后订立协约,以支配吾土。有此二因,遂成今日之危局。今欲救危图安,惟有移腹省之人民,以实空虚之地,引列强之势力,以为牵掣之谋。质而言之,借款移民而已。借款利害,所关出入甚巨。今拟东三省之借款,即以东三省之财产为抵押,而尤当以东三省之名义借募。预计此项债额,当以二万万两为限。考今东三省未垦荒田,当有二万万余亩。以每夫授田百亩计之,约应移民二十万户。迨垦地成熟,田赋一项,按中则每亩征银四分,已可得余八百余万两。更以现在奉天田赋三千万亩,共收契税、烟、酒、出产牲畜四项税银三百余万为比例,则垦地二万万亩,应入各项税银二千万有奇。是赋税两项,可岁收银二千六七百余万。若每年以五成还债并息计之,不出二十年当可清偿。此皆预算有著之款,目前既可牵掣分割之危机,日后且无损失主权之贻患,救亡图存,转危为安,无愈于此。下部议寻度支部奏,借抵之说须从长计议,方可著手。现在借款过多,外人投资已不如从前踊跃。东省介处邻邦,环球注目。似宜计出万全,未易轻为一掷。应俟筹有办法,再行核酌办理。　7548

臣谨案:移民开垦诚为东省之政要,然国帑奇绌,而借外债以图之利与害,实参其半。夫日俄侵蚀疆圉日,非不移民无以实边,不开垦无以足食,此利之当兴者也。但害亦有当虑者,牵制日俄而向英美各国举债,各国未必乐从即投资矣。以三省之土地充质品,以三省之财产供息金,不幸天灾流行,收入锐减,则债权索取便为主权丧失之造端。是向犹为二国交征,可以诉诸公法,今变为各国共管,亦将绝我生机,利有限而害无穷。士桓所陈殆为孤注,正未可轻于一掷耳。　7548

三年　东三省总督锡良奏:派员丈放达尔汗王旗荒地及台庄,各项留界分别画清,酌拟办法二十二条,均遵蒙荒向章。至有稍事变通之处,如升科地租均归蒙旗,亦系援该旗借地殖民成案。此次放荒原为开通洮辽道路,筹设驿站起见,几经劝导,始获就范,不能以各处放荒办法相绳。　7549

又谕:都察院代奏,奉天旗务处总办金梁拟清地、筹款、迁旗、实边呈一件,著该衙门知道。　7549

又,吉林巡抚陈昭常奏:珲春勘拨贫苦旗丁荒地请免交价限年升科纳租,以示体恤。从之。　7549

又,东三省总督赵尔巽等奏:自三省设立财政局后,所有征收蒙地大租以及田房税契,均由度支司于长春、农安等处设清赋放荒总分局专理,并于长岭县设蒙荒招垦处,办理蒙旗垦荒。而省城蒙务处转同虚设,应将吉省蒙务处裁撤,由旗务处附设蒙务一科,赓续办理。

7549

又,东三省总督赵尔巽奏:整顿奉省旗民各地粮租,改征国币。拟嗣后无论旗地、民地原分三则者,上则每亩征国币一角二分,中则六分,下则三分,一律改归各衙门征收国币。未通行以前,按前数折成库平核算,每正银一两或国币一元加收办公金二成,不准再有补平。火耗解费等名目,请饬交资政院会议,以重租课而归统一,下阁议。　**7550**

又,度支部奏:遵议吉抚奏,审判经费无出援案,请收地租。略称,查宣统元年,该抚奏请照额征收蒙租,作为长春审判经费。经臣部核,与前将军达桂奏报,勘放郭尔罗斯前旗余荒照吉林新荒征租章程相符,会同理藩部奏允。在案。兹据奏,筹农安县审检各厅常年经费,原议截留三成营业税,暨五年车捐钱文,收数无多,不足以资久远。请将该县蒙地二十一万晌,仿照长春办法,每晌按额征收大小租钱六百六十文,以向收之四百二十文仍归蒙旗,拟收之二百四十文拨充审判经费。所拟按额征收及分拨数目均与历次奏案符合,自应照准。至所称长岭、德惠两县亦属蒙地,审判费用无出,并请援案办理。查,现在审判事宜,亟须筹款举办。该两县征收蒙地章程既与农安相同,应并准其自本年起一律按亩征收,存储备用。
7550

卷六　田赋六　田赋考六　八旗田制

臣谨案:国初设近畿官庄百三十二所。乾隆十六年,总计庄田五千七百四十八顷三十亩,征银三万八千九百二十四两。此见于皇朝通考者。光绪中续修会典,内务府会计司所载:畿辅之庄三百七十有三,共地七千五百八十七顷三十九亩有奇。盛京之庄六十有四,共地七千一百四十七顷十六亩。锦州之庄二百八十有四,共地一万二千二百六十八顷二十六亩。热河之庄百三十有二,共地五千二百七十五顷八十四亩有奇。归化城之庄十有三,共地一千十四顷。打牲乌拉之庄五,共一百四十七顷。驻马口外之庄十有五,共地二百七十顷。百余年间,田数悬殊。果得人清厘之,不特皇室之经费稍裕,且拯旗民于水火之中,失时不图,可为长太息者也。　**7553**

(乾隆)五十四年　覆准:盛京庄头嗣后呈报被灾七分者,蠲免粗粮二成。五六分者,蠲免一成。其不敷支给辛者库人口粮,及闰月加增口粮每石折银三钱,于盛京房租银两内放给。其蠲剩粮石,亦著按石折银三钱,分作二年带征归款。　**7553**

五十六年　奏准:锦州丈出余地,增出二等庄三十八所,每庄给地五十一顷。三等庄二十八所,每庄给地四十五顷。　**7553**

(嘉庆)十七年　题准:关内一等庄头六十三名,每名地三十六顷,应交粮二百五十石及杂粮、猪口,共折交银一百七十七两九钱四分三厘,豆草折交银一百七十七两四钱九分五厘。二等庄头十名,每名地三十二顷,应交粮二百五十石及杂粮、猪口,共折交银一百六十三两六钱二分一厘,豆草折交银一百六十一两八钱三分二厘。三等庄头二百十五名,每名地二十八顷,应交粮一百九十石及杂粮、猪口,共折交银一百二十四两五钱八分,豆草折交银一百三十一两九钱九分四厘。四等庄头二百十五名,每名地十八顷,应交粮一百二十石及杂粮、猪口,共折交银一百八两五钱五分四厘,豆草折交银九十五两六钱三分六厘半分。庄头二百十九名,每名地九顷,应交粮六十石及杂粮,共折交银三十七两五钱七分七厘,豆草折交银四十两一钱九分七厘,协济小差银六两五钱。一等至四等庄,每名应交协济差银十六两七钱。又,定锦州一等庄头六十六名,每名地五十四顷,应交余剩谷银五十八两五钱六分八厘,旗仓米银九两五钱五分八厘。二等庄头四十四名,每名地五十一顷,应交余剩谷银五十二两五钱六分八厘,旗仓米银九两二分七厘。三等庄头三十八名,每名地四十五顷,应交余剩谷银四十六两五钱六分八厘,旗仓米银七两九钱六分五厘。四等庄头一百十五名,每名地三十九顷,应交余剩谷银三十二两五钱六分八厘,旗仓米银六两九钱三厘外,一二三四等庄,每名应交苏子、红黏谷银四十一两二钱八分,减喂官马草束银十二两六钱五分四厘,茜草银三两五钱,小根菜、十瓣黄花菜十斤,柳蒿菜十斤,线麻十八斤。纳粮纳租庄头三十四名,每名各地九顷。纳粮庄头,每名应交粮谷银十二两八钱,地米银一两一钱六分五厘。纳租庄头,每名应交租谷银十四两,纳银庄头四名,每名地五十顷及三十余顷不等,内二名各应交差银二百二十八两八钱二分,一名应交差银二百一两九钱,一名应交差银一百四十两。又,定古北口、喜峰口外庄头一百三十四名,计成交差。每名应交额粮自二百五十石至七十五石不等,内杂粮折交银四千四百四十五两八钱五分六厘,抵除额粮外,每粮二石折米一石,共应征米一万一千六百七十八石九斗八升八合。又,定盛京粮庄一等庄头三十四名、二等庄头五名、三等庄头五名、四等庄头三十二名,共应征银一千二百四十五两六钱五分三厘、粮二万二千四百二十七石。棉花庄头四十五名,共交本色棉花一万二千斤,折色棉花银八百六两二钱,靛庄头十一名,共交本色靛一千九百五十斤,折色靛银二百两九钱四分六厘。盐庄头三名,共交本色盐一万二千斤,折色盐银六十六两五钱八分九厘。 7553 – 7554

魏源军储篇略称:列圣之厚,八旗者至矣。康熙三藩初定,诏发帑金六百四十余万,代偿八旗债负。每家获赏数百金,未置寸产,徒糜衣食一二载,荡然无余。其后又颁赏六百五十五万金,亦立时费尽。雍正初,屡赏兵丁,一月钱粮每次三十余万,亦不逾旬而罄。岂独八旗之不善节啬,亦其食指浩繁矣哉。世祖时,八旗定甲八万甲,岁饷银若干两,米若干石。当圣祖时,增为十二万甲,(额兵十万、养育兵二万。)一甲之丁,积久为数十丁、数百丁,非复一甲之粮所能赡计。八旗丁册,乾隆初已数十万,今则数百万。而所圈近京五百里之旗地,大半尽典于民。聚数百万不士、不农、不工、不商、不兵、不民之人于京师,而莫为之所。虽竭海内之正供,不足以赡。且八旗有蒙古、有汉军,不尽满洲,满洲又皆收服辽东诸部落,非宗室天潢也。汉唐有养兵之费,宋明有宗禄之费,未闻举龙兴之地丰、沛,晋阳、凤泗之民,而世世赡养之者。国初定鼎中原,居重驭轻,故圈近京五百里之地,重逃旗出外之禁,以固根本,而滋生聚。自乾隆中叶已有人满之患,于是诸臣条奏,有未准行,有准行而下未奉行。窃谓满蒙汉三者,宜因地、因人而徙。东三省,满洲旧地也,宜专以从满洲之余丁。开平、兴和国初平察哈尔蒙古之地也,宜专以徙在京蒙古之余丁。至外省驻防难以再增,而外任留寓占籍,本汉人之俗也,宜专以安置汉军之人。各因其地,各还其俗。或曰,近日盛京将军富俊,曾经理双城堡之屯田矣。每人愿移者,许给地二顷、房屋、牛种、器用、旅费毕具。初奏定每年移二百户,行之数年,每年仅五十户、七十户,无乃势不可行乎。(中略)国初近京五百里内圈给八旗,而别拨他州县之闲田,以为民地。计近畿凡宗室、王、贝勒、贝子、将军之庄园,共万有三千三百三十八顷有奇。凡勋戚、世爵、职官、军士庄田,十有四万百二十八顷有奇。共内府庄田,以待皇子分封、公主赠嫁者不在此数。而盛京东北及诸边口外,腴壤日辟,八旗滋生户口,咸取给焉。嘉庆十八年,户部尚书英和奏言,自乾隆年间以来,入官地亩甚多,他不具论。即如和珅、福长安两家入官地亩不下二三千顷,至今并未升科。屡次查催,地方官奉行不力,尽饱胥吏之橐,且有以碱瘠换膏腴者。请严饬直隶总督从速升科,无令隐匿侵蚀抵换,于国用亦有裨益。 7554 – 7555

卷七　　田赋七　田赋考七　八旗田制

宗室官员兵丁庄田

同治七年　臣请钦派廉干大员为屯田大臣，随带司员查照旧档，于奉天、吉林一带及独石口外、红城子、开平等处与张家口外之兴和、新平等城，昔年富俊、孙家淦诸臣所勘定旧地，岁计可开若干顷，并建造房屋城堡，添置农具、牛种及军装器械，酌定成规。宅中驻扎，始终经理其事。再由八旗都统剀切劝谕：旗户愿移口外者，照道光初移屯双城堡旧例，由户部当堂发给治装银三十两，沿途官给车马，到屯后，每户官给房屋四间，农具、牛、籽皆备。三时务农之隙，讲武、刑罚、教养之事，皆屯田大臣主之。十年以后，地亩照下则升科，征收之粮棻运于口内，而积银于屯所。每年即以屯粮所棻为次年京旗移屯与屯所各项之用，无事再动库帑。此移之边方，事极艰难，其资给不得不量从其优者也。然议者必谓口北寒冷不宜粟麦，饔飧无出，流离远徙，易伤臣仆依恋之心。不知昔年叠次移居双城堡及拉林地方旗户，至今长养子孙称为乐土。若非耕种，何以自存。况人气日聚，地气亦开。天气即为日暖，旗人不过一迁徙之劳，永可丰衣足食。较之株守在京，饥寒无策，告贷无门，相去远矣。所谓恤旗民者，此也。议者又谓，边屯太多，禁军单薄，恐非强干弱枝之道。不知圣朝开国之初，人心甫定，不得不藉资劲卒，镇抚京畿。今则薄海黔黎，胥归天籍。自军兴以来，收复郡县殄除渠魁，大都绿营兵勇及蒙古与东三省兵力居多，旗人生长京华，习于豢养，偶有调遣，未闻得力。若今移屯口外，练习风霜、耕种、牧营，生资劳苦，气体必见充实。再能督帅得人，训练有素无难，上复国初骁健之风，十数年后环边之地东西开辟，绵亘不断。北可震慑强邻，南亦以拱卫京邑。设有征调缓急，更为可恃。所谓足边防者，此也。特以移屯诸费，昔年犹以为难，今日帑藏空虚，更安得此闲款。臣尝私心计之，八旗现放兵饷除二成大钱外，实放银四成，人口嗷嗷，朝不谋夕。各省军务告藏，必应循例照八成旧章，以裕兵食。窃谓救八旗一时之穷困，其惠小，贻八旗无穷之赡养，其利长。当未减之时，而忽议减其势，逆而难行。迨已减之后，而量为增，其势顺而易节。请于定复兵饷之年，暂给六成，酌留二成，每年约可得银一百余万两。治装银两与房屋种具，每户以八十两计之，加以屯所修城堡、制器械及一切费用，每年至少亦可移数千余户。俟屯田升科后，移屯有资，京旗兵饷仍复八成之旧。如此则，目前经费毋庸另筹，日后正供永无不足，所谓舒国用者，此也。　　7559－7560

卷十四　　田赋十四　田赋考十四　水利田

（光绪三十四年）　东三省政略纪奉天河道工程　奉省水利不讲，自有汽车河道听其淤徙，是自弃舟楫之便，而予日人以专利也。同江口踞辽河上游为南北水路要冲。近日河流东徙，距商埠甚近，亟应改挑河道，裁湾收直，并于上游，添筑顺水坝，逼水西行。派员履勘属实，奏请立案。饬度支司先拨款二万两，即由同江厅设治委员承修。其占用西岸地址，并咨行达尔罕王旗筹款拨交业主。见已告竣，商民咸沾乐利。又，海城县属地皆洼，下三家子等处旧有河道顺流绕入辽河，年久淤塞，水无所泄，山水暴涨时，民居咸成泽国。以致东由虎獐屯，西至三家子，南由大官屯，北至青城子，绵亘七十余里，宽三十余里，约三十万亩可种之地尽皆废弃。爰拨款二万五千两，于三十四年四月奏明立案，派地方官承修。从此沮洳悉变膏腴，国计民生两有裨益。惟奉省水利最关重要者，莫如辽河。屡派工程家会勘，并饬营口道，历与中西商家核议，均愿赞成集款。嗣经议得两法，最少用款亦须数十万元。绘图贴说，志在必行。惟合公家商家同谋筹款，并拟集收船捐，预算尚未能足数。事关重要，非筹有的款，未敢轻于一试，盖恐半途而废，非徒无益也。　　7622

又，疏浚辽河计画　略曰：三省为濒海之区，而蒙旗僻处，转与海隔。欲为蒙旗谋交通，除筑铁道外，应以疏河流为要策，必使运输便利，以实行吾屯田垦边之政策。然而水道平衍，转运便宜，其源之远发于蒙地，其流之长入于辽海。关于蒙民之生计，根于蒙务之规画者，则为辽河。辽河上游舟楫少，通至辽源州三江口地方，三支汇流，水势乃大，始有估舶之利。三支者，东西辽河及新辽河也。东辽河发源吉林稍北，折而西南流，出边蜿蜒而来，经奉化、怀德之间科尔沁左翼中旗地而入大辽河。西辽河则发源直隶北境克什克腾旗西，东北流经巴林旗，又东经阿鲁、科尔沁、翁牛特、敖汉、奈曼、扎鲁特诸旗界，入科尔沁左翼中旗境，与老哈河合，直趋辽源，会新辽河而入大辽河。辽源以下运道早通，百余年来笈驿箪栉比，蒙地物产赖以入边转输他境。近者辽河淤矣，于蒙地及辽源货物之销售关系綦大。光绪三十四年，因营口绅商有疏浚辽河之请，乃派英工程师逐段查勘，筹议疏浚。欲为营口树后援，使商业不至尽为旅大所夺，则此举诚要图也。　　7623

（宣统元年）　又，东三省总督锡良等奏：浚治辽河工程浩大，碍难同时并举。应先从双台子河堤入手，为浚治全河之权舆。拟于双台子河口筑一滚水堤，添筑闸门，随时启闭，以资宣泄。此项工程核计需银七八万两，饬令锦、新等处兵备道与商会协商议定，筹办船捐。每船来营埠一次，捐小银元十角，费轻易举。当责成该道克日兴办，以副众望。　　7626

（二年）　又，东三省总督锡良奏：续筹辽河工程并加挖海口拦江沙暨集款情形。略称，辽河通塞，关系商务航业，至为重要。而营埠尤直受其影响，一节不畅，终无以利交通。即已经兴修之双台子河堤工程亦几同虚掷，综计全河工程，通共需洋七十万元。内外其拦江沙及鸭岛两项工程经费，已由洋商允于加抽税捐项下筹拨。至购船开办经费，应由公家先拨款二十万元，以资应用。奉省年来创办各项新政，罗掘俱穷，实属无可设法。因咨商度支部先由税关项下拨款二十万元，俾充开办经费。顷接度支部复准，照数动拨，陆续交付。臣当即饬锦、新、营口道，照会各国领事。妥拟抽捐章程，就近督工克日开办，其用人行政事权统归锦、新、营口道主持，仍由臣随时督饬经理，以重要工。　　7629

卷十五　　田赋十五　　田赋考十五　　屯田直省

臣谨案：三代兵农合一，其后兵农分。而兵出死力以卫民，民尽地力以养兵。从此民力重困，有时卫民者且以扰民，民益不堪矣。宇文周行府兵之法，唐与明皆法之，以立屯卫。明初养兵百万不费一钱，以卫所之屯政修也。自卫所既废坏，难以复用，明季至加三饷以养兵，兵之得饷既薄，乃惰不堪战，而民之元气已椎剥无余，明社亦随屋矣。世祖入关，即定垦荒兴屯之令，奉行者不力，卒以饷兵之，故国用不敷。岁计所费，兵饷居其八，以屯之寡效也。次第汰屯军而并其田于州县，所仍者漕运之卫所而已，绿营不足用，乃用团，乃用募。长此不改，兵无强时，饷无足时，大抵募勇易涣，民兵易扰。计惟以警察先清户口，乃沟募勇民兵二者，而通之，募土著材武之民以为兵。略如常备、续备、后备之制，庶几兵农合一之遗意欤。皇朝通考：同一旗屯于东三省者，列为盛京庄田，在新疆者，特立新疆屯田一门。（通典田制云：既列官庄不得专目屯政，分诠殊未尽晰。）今分直省、新疆两目，以示区别蒙地番地，悉附直省。　　7635

（嘉庆）二十一年　谕：富俊等奏，双城堡开垦地亩被霜一折。已明降谕旨：照所请施恩矣。双城堡地方本系生荒，经富俊奏请开垦，本年适被霜灾，已量为调剂。但该将军折内有屯兵报逃，另行补派之语。该处初经开垦，气候早寒，屯兵等一切均未熟悉。若试种二、三年，岁有收获，自可以渐垦辟。倘其地实不宜种植，徒劳无益，富俊即当据实奏明，另行筹画，不可固执己见，以准奏在前，意存回护也。　7636

二十三年　谕：前据富俊奏，筹议开垦屯田，并请查明伯都讷围场荒地备垦。当降旨：交松宁详查妥议，俟定议后再会同富俊办理。兹据松宁将议，开双城堡屯田章程开单具奏，并以试垦伯都讷围场地亩经费不敷，请俟双城堡屯地陆续升科后接办。富俊见已调任吉林将军，著将松宁所议章程再交富俊覆核，松宁所定银数是否丰俭合宜，屯丁是否即可养赡家口。尽力开垦，务期国帑不致多糜，于旗民生计实有裨益，方为经久良策。　7636

二十五年　谕：富俊奏，双城堡三屯应增各条款。双城堡中、左、右三屯，移驻屯丁三千户，兼有眷口帮丁，已成繁庶。所有前议未备之处，自应增定章程以利耕屯而安生聚。著照所请。　7636

同治元年　谕：前因蒋琦龄奏，请开屯田以恤旗仆。等语。当交八旗都统会同该部妥议。具奏。兹据户部会同八旗都统筹议覆奏，并请饬令吉林等处将军、都统、府尹等，将指查各件迅速覆奏一折。国家定鼎燕都，八旗兵丁生齿日繁。丁虽增而兵额有定，不能因之加广。自应开垦闲田豫筹移屯，以资生计。道光元年，吉林将军富俊奏，办双城堡屯田，移居京旗闲散，除陆续移居三百七十六户给田屯种外，余田尚多。上年，惇亲王奏请筹议八旗开垦生理。经户部奏请，饬令吉林将军查明前项余地可否推广，耕种及房屋牛具等项有无经费，据实奏明。曾经允行。在案。迄今未据该将军覆奏，实属任意颟顸。著景纶即行查明，迅速具奏。并著特普钦、玉明、和润、景霖，将该部议覆惇亲王原奏，并蒋琦龄此次所称东三省沃壤数千里可否移居八旗散丁，关东口外等处有无闲田可否移屯，及旗民之赎产入官之籍产可否授田，各条详细查勘，认真筹画，速行覆奏。务使事在可行，以期经久。至蒋琦龄所称独石口外之红城子、开平，张家口外之兴和、新平等四城及热河等处之闲田与旗民赎产入官籍产可否开垦若干顷，足资安插若干户及房屋、籽种、牛具等项，应如何筹画经费并酌定章程之处，均著春佑庆的并总管内务府大臣逐细详查，据实具奏。　7637 - 7638

二年　谕：光禄寺少卿郑锡瀛奏，请设屯田养兵以节经费一折。据称，各直省及东三省等处驻防绿营满汉兵丁七十一万九千余名，岁需饷银一千六七百万两。京城各旗营满汉额兵十五万一千余名，需饷五百余万两尚不在此数内。国家岁入之款约计四千数百万两，兵饷一项已用其半。请将被扰省分于克复后，查明业户已绝荒田圈为官地，募民屯种金以为兵。并酌给驻防满兵田亩，令其收取田租，抵作兵饷。计江、浙、皖、陕、甘等省兵饷，每岁可节省数百万两。并请将俸薪等项及马干银两一并酌给荒田，令其认垦招佃抵作领款。等语。国家岁出各款以兵饷为最巨，现在江、皖、苏、浙、陕、甘各省被扰较重，各区户口稀少，多有无主闲田。果能开设屯田，所节兵饷为数甚巨，于经费不无裨益。著两江、闽、浙、陕、甘各总督，并江苏、安徽、浙江、陕西各巡抚，各就地方情形，分别酌拟章程妥议。具奏。并将业经克复地方，先行办理。如实系无主荒田，即可募兵屯种，并须选派廉明委员认真清查，毋任朦混骚扰。至折内所陈山东、河南、湖北、湖南、江西及川、黔、两广等省各属被扰地方，有无闲田可以开屯之处，均著各该省督抚确切查明，各就地方情形分别酌度办理。不得以创始为难，藉词推诿。尤不可假手吏胥，强夺民间有主之田，致令纷纷扰害。　7638

（光绪三十二年）　又，练兵处、户部奏：遵议变通旗营旧制。略称，侍讲学士达寿奏谋生计一条。查东三省等处向办垦务成案，原有画拨旗屯之例，拟请饬下垦务大臣及各将军、都统等于未收荒价之可垦地段，酌留余地，作为将来备拨旗屯之用。见热河围场亦经臣处奏准开办屯垦，为将来京旗陆军退伍屯扎之区。业由臣世凯遵旨筹办，一俟办有端绪，再将资遣安插等事，妥为经画，次第举行。　7641

　　（三十四年）　又，东三省总督徐世昌等奏：筹办呼伦贝尔边垦情形。略称，黑龙江省毗连俄境边线延长三四千里，若非讲求拓殖慎固封守，则主权、利权皆将隐被侵夺，驯至无可挽回。臣等往复筹维，以为辟地首在聚民防边，必先置戍。惟设卡开荒势难并举，拟择定要区先行试办，然后徐图完密。查呼伦贝尔所辖境内，西北自达尔巴干达呼山起，东北至额尔古讷河口止，弥望荒凉，几同瓯脱。而隔江俄境则屯镇相望，俄民时时越界采矿、垦地、捕猎暨伐木、刈草等事，为所欲为，无人过问。审时度势，惟有于沿边一带安设卡伦，并酌立边垦总、分各局，以资提挈，迭据暂护。该城副都统宋小濂咨称：沿边属境见约每七十里设一卡伦，设长弁一名，卡兵三十名。又，每五卡设卡官一员，每十卡设总卡官一员。计沿边一千五百余里，共设二十一卡，所有卡兵应令每卡以十名巡查边境，以二十名开垦荒田，更番轮替，所得粮食作为该兵津贴。俟力能自存，再将垦田分给为业，升科停饷。留兵十名保护垦民，其余另招二十名再于中间隙地添设卡伦。并令就近兼收木植、羊草、皮毛等税，以免利源外溢。惟各卡散漫零星，拟于满洲里设一边垦分局，责令与吉拉林设治委员分段管理。并于伦城设一边垦总局综核全境卡伦边垦事宜，节制满洲里、吉拉林两处，以一事权。拟定章程，咨请奏明前来。臣等覆核，该城办理卡伦等事，系为整理边防，断难或缓，即经覆准照办。其瑷珲、兴东两边卡伦，见令预筹开办，应俟此次奏请拨款到日，再行妥筹，一律办理。　7642

　　东三省政略纪清丈屯站升科地　官屯之设　呼兰、黑龙江、墨尔根、齐齐哈尔等处六百六十所。其法按照屯地多寡安插壮丁，发给牛具，每丁岁交额粮二十二仓石，仍按岁收分数，酌量减免，分别接济口粮，以资生计。若驿站之设，则分东西两路。东路为墨尔根等站，西路为茂兴等站。每站设笔帖式、领催各一员，每路以总站官领之。此外由省至呼伦贝尔，又由茂兴至呼兰，均设台以代驿递。各站地亩向由站丁招民耕垦，历年既久，屯丁私卖地亩，站丁驿递稽迟，此署将军程德全所以有裁撤屯站之议也。其裁撤之法，盖以各城屯站一律裁撤，各丁改归民籍。所占之地清丈升科，设立文报以代驿递。而呼兰地称肥沃，私卖者尤夥。复另订办法，将各丁自种之地照章升科，转卖之地除升科外，令按响交纳押租。其后墨尔根、茂兴各站，黑龙江、齐齐哈尔、墨尔根各屯次第办竣，于近年内陆续起科，其弊遂革。　7642

　　又，纪兴办屯田　实边之策，首为屯垦。光绪三十三年，以陆军第三镇兵将应期退伍，乃饬黑龙江民政司使倪嗣冲筹移退伍各兵兴办屯田。其办法于应期退伍各兵，谕以屯田之利。益询其情愿赴江者，第一年酌拨一千名以为之倡，第二年仍以一千名为额，第三年稍见成效，增拨一千名共拨二千名，第四年拨三千名，第五年仍拨三千名，前后五年共得屯兵万人。每兵给开成之地一顷，第一年收获后，亩缴租费一元，第二年缴一元五角，第三年、第四年各缴二元，五年归其执业，照章升科交租。而受佃之初，牲畜、籽种之费，每兵给百元。又，各给住房一间，厂棚二间。五年而后化佃民为业户，坐享百亩之供，孰不趋前恐后耶。惟地既荒芜，垦辟匪易，人力马力均难为用。须购外国火犁机器，一律开成，分给各项经费，比抵递年所征田租。第一年须费十四万两，第二年已溢二万五千两，第三年溢八万五千两，第四年溢三十四万两，第五年溢五十二万五千两。屯兵已及万人，垦地已及万顷，而第三年后所屯之兵于第六、第七、第八三年之内共须缴租二百二十七万五千两，踵其后而行之，二十年间蒙边将成重镇矣。后拟指黑龙江畔哈达、逊必拉等地段开垦。而倪嗣冲谓与俄一江相望，备边殖民固属至计，惟创办时指地太远，界邻强俄，屯兵恐生疑畏，一切照料，恐亦难周。应择距省较近土地肥腴者先为试办，则屯兵之心安，后来者趋之若鹜。然后经营极边，亦易为力。似以指拨省西临江之扎赉特地方为宜，于是与扎赉特旗贝勒扎萨克商允，续放荒段之嫩江西岸哈拉火烧地方，先拨二万晌试办。派刘菊芳为屯田总经理，蒙员阜海为帮办。于购定火犁机器外，复购马力机犁开垦零星片段，以助火犁之不足。三十四年为第一年退伍屯兵之期，奏准试办，而措手已晚，改于下年为第一期。且火犁未到，马犁开地不多，复遭水患，房舍、牲畜、薪刍均受损害。水未涸而地已冻，火犁到而未能试验。又，以马多倒毙，改用牛犁，拨到兵二百零四名、官八员，现开地约三百顷，因变通定章，每兵给地一顷、授房一所，官给地五顷、授房一所。合四兵为一股，以应给资本，代其购犁一具、牛五头及农具爨器之属。又，恐一犁不及耕四顷之地，复由公家备犁一具、牛四头借给使用，逐渐扩张，必能达最初之目的也。
7642–7643

又，纪黑龙江铁山包、东兴镇屯田　铁山包、东兴镇两营旗丁屯田，系光绪十八、九年间，清丈呼兰等处地亩时奏准，北团林子所辖铁山包地方，安设屯田旗丁一千二百户，巴彦苏苏所辖之山林地方，安设屯田旗丁六百户，如尚有余，再安六百户。原定每户授地一方共四十五晌，以十五晌归各屯丁管业，免其纳租。以三十晌定限，六年起科，业于二十一、二年间安置就绪。旋值庚子乱后，转徙流离流亡殆尽。三十年，经署将军程德全奏明，俟招安齐楚，再定限升科，并以巴彦州、绥化府两处距屯田处所较远，将巴彦苏苏协领率属移扎东兴镇、北林子，协领率属移扎铁山包，俾资就近稽查，大兴屯垦。世昌莅任后，屡经饬催该协领等规画经营，善为安集，造送界图。事阅经年，铁山包始经毕事，画定界址。奏准，由三十四年起限，六年升科。其东兴镇以委员不识情形，措置未协，旗丁裹足，致误春耕。复经据实奏参，另设屯田局，拣派妥员以期整顿。计前后屯田一千二百八十户，每户四十五晌，每屯屯基七十五晌，均照定章办理。惟东兴镇属地以与大通县毗连，前因吉江界限尚未画分，致鱼鳞图册未据造送。今大通已画归江省，于宣统元年饬令该协领勒限画清，今已竣事。其东荒一带开垦较早，从前画留铁山包、东兴镇屯田地段，本极膏腴，第因俄兵蹂躏，均各逃亡失所。虽兵事息后设法招集，而遍野哀鸿，抚绥非易。今幸布置有成，旗屯复业。将来地尽垦熟，生齿日繁，富而后教，固东南旗丁一大转机也。　　7643

（宣统元年）　又，黑龙江巡抚周树模奏：开办瑷珲边境卡伦情形。略称：瑷城沿边属境上自额尔古讷河口起，下至逊河口止，计二千一百一十余里，拟设二十卡伦，每卡设卡官一员、卡副兼书记一员、卡目二名、卡兵二十名。令其半巡边境半垦荒田，更番轮替，期于劳逸平均，兵农并重。自卡官以次分别，酌予荒地，限令垦辟，所获食粮作为该兵弁等津贴，垦熟之后一并给为世业。查有力能自存，再行停饷升科，留兵数名保护。另于各卡适中之处设卡募兵，如前办理。其业经归农者仍以军法部勒，藉资守望，逐渐递增。庶塞民可期日盛，戍卒不嫌力单。并设马拨一所，置兵十名专递文报。各卡应管境内木植、羊草、皮毛等税，令随地经征。惟卡伦散处各边，必须有监督之人递加钤束，乃不至散漫无稽。凡隶黑河、瑷珲属境各卡，即由该管府厅就近节制。漠河、呼玛两处拟设厅治，尚未实行，暂行各设总卡分段管理。并于奇拉暨奇克勒两卡卡官予以稽查之权，统由瑷珲道主持办理预算。二十卡一拨应需，盖造房间，购办农具等项，开办费银二万六千六百八十八两，每年额支薪饷、军衣等项银

五万七千五百二十二两,常年活支,应请实用实销。 7643－7644

（二年） 又,东三省总督锡良奏:拟裁撤扎赉特荒务行局。略称,扎赉特蒙旗所属望海迤南,北及额勒河迤南荒地,前曾设局勘放,历经前任督抚臣奏明。在案。兹查该局画放各荒与屯垦地段毗连,原以招徕民户安插兵丁,性质各殊,不能不分别办理。见在屯垦改招民佃与该局筹办垦殖各事同一经营,拟将扎赉特荒务行局即行裁撤,该管一切事宜归并屯垦局就近接办。 7644

又奏:裁撤杜尔伯特设治委员归并屯垦局。略称,江省前因杜尔伯特荒务告竣,裁撤行局,接派设治委员经理,未尽事宜,曾经前任督抚臣奏明。在案。兹查该处所属旗民见尚不满千户,且从前放出各荒价款既多未缴,垦辟仍属难期。尚拟撤佃另放成都、成邑势必多需岁时。其隔岸哈拉火烧地方原有屯垦局,见已停拨兵丁,改招民佃,所办垦殖各事与该处性质无殊。拟将杜尔伯特设治委员即行裁撤,所管各事归并屯垦局赓续筹办,以节经费。

又奏:江省地广人稀,上年于扎赉特蒙旗所属之哈拉火烧地方试办屯垦,采用屯田之法,兼寓殖民之方,原为实边至计。乃开办逾年,殊鲜成效,固由择地不审,用人不当,亦以兵民分途已久,强置身戎行之人作躬耕陇亩之计,实为情所不便,习所难安。拟请停止兵丁,改招民佃,以变通为补苴,淘足以救前失而图后效,如果著有成绩,再行切实扩充,于实塞殖民均有裨益。 7644

又,度支部会奏:遵议东三省总督等奏,勘明五官屯荒地,拟请拨归学田,酌留牧场。略称,查原奏内称,吉省乌拉地方自康熙年间,于城北蜂蜜营等五屯,分拨壮丁一百四十名,每丁领地十五晌,并分给牛只以资耕种,遂为五百牧场。其地广袤数十里,除去沙岗、水泡外,零星段落,余荒尚多,附近旗民时有侵垦。嗣据打牲乌拉总管云生等呈请,前将军延茂批准放荒招垦,于是官民争领缠讼不休,至今未能开放。经升任督臣徐世昌、调任抚臣朱家宝查悉情形,批饬荒务总局,将此项地亩援照榆树县任克荷成案,悉数归公,拨作省城及乌拉等处各学堂经费。复饬勘明,共有毛荒三千一百余晌,除拨补各屯丁前报被淹废地三百三十晌,并民人等业已交价应领之荒四百晌外,实有可垦荒地二千三百七十二晌,分别高下定为三等,按段招垦,薄取租值。三年垦熟后,每年约得租价吉市钱一万九千余千,充作学务经费。其从前被淹地亩,系江水泛涨所致。见在水涸地平,草长甚盛,以之豢养牛只颇属相宜。业经画出一百一十晌,按屯分拨,作为各屯牧场。其余二百二十晌,均可耕种。近年乌拉地方创办公益,尚须补助,即拨归乌拉翼领衙门就近取租,以资办公。惟此项地亩并非大段闲荒,既经援案拨作学田,请免升科。等语。度支部查庚子变后,臣部旧档无存。当经咨查此项地亩是否全系康熙年间所拨,抑或别有闲荒。今请拨归学堂等项经费有无妨碍屯丁生计,并抄录各全案送部,以凭核办。旋据该督覆称,此次请拨归学堂及酌留牧场与充地方办公经费之地,均在牧场界内。非即康熙年间所拨各屯地亩,实与屯丁生计无碍。将各成案抄录咨部查核。等因。臣等查此项地亩既与屯丁生计无碍,该督拟请拨归学堂,酌留牧场拨归乌拉翼领衙门取租,以充办公经费,系为振兴学校起见,应请照准。惟各省学田均按亩纳赋,该省事同一律,未便办理两岐,应令与民人已领既拨归乌拉翼领之地,一并分别等则立限升科。至此项地亩拨作各学堂经费一节,学部查此项地亩既据度支部准其开垦,所称拨作省城及乌拉等处各学堂经费,应俟垦熟后究竟如何开支,由该督确切查明,分别咨部立案,以昭核实。
7644

卷十七　田赋十七　田赋考十七　　官田

（嘉庆五年）　又奏准:盛京查出各城旗可垦马厂地三十八万九千八百七十四亩,听各城旗开垦,不准另招旗民垦种。仍按开垦年分据实报部起科,每亩征银四分,嗣后该处地亩升科,如系自行首报者,均著每亩征银三分,系查出者,均著每亩征银四分。　7657

（十年）　又奏准:盛京养息游牧场,蒙古人等垦地二万四千四十六晌。除有碍游牧地九千四百四十六晌全行平毁外,其无碍游牧地一万四千六百晌。按蒙古户口三千五百三十名,每名给地四晌。此内翼长四员,每员再给地二十晌。牧长、牧丁四十员名,每员名再给地十晌,作为随缺地亩永远定额,不准多垦。仍令该将军饬翼长等随时查察,每年夏秋二季派协领查勘取具,并无增垦地亩,印甘各结送部。倘经查出再有私行多垦者,严行治罪。翼长等失察不报,被协领查出,从重究办。协领容隐不报,别经发觉,指名参办。　7658

十七年　谕:松筠等奏,续经会勘,彰武台边门外养息牧河牧厂闲地,可移驻旗人,并筹办大凌河西厂,先行试垦各缘由一折。盛京移驻旗人一事,见在经费不敷,实不能办理。前此松筠等奏到会勘大凌河牧厂地亩情形,已有旨详晰,指示松筠等仍遵照前旨,毋庸勘办,亦不必绘图呈览。其所称大凌河西厂东界一带于大道附近之处,酌垦田数十顷,于今冬雇夫翻犁,来春给以籽种先行试种一节,该处既有可垦之田,著该将军等即雇夫试种。如获有秋收,陆续开垦,其所交粮石即于附近存贮,亦可留为将来添赡旗人之用。　7658

十九年　谕:前据润祥等奏,请停止大凌河牧厂试垦地亩,将旗民人等撤回。此项厂地照旧分拨三营添补牧放,当交军机大臣等会议。兹据富俊奏称,此项试垦地亩与三营牧群无碍,若将已垦成熟之地全行废弃,领佃旗人、雇工等一千六七百人全行失业,于旗人生计大有关碍。等语。此项试垦厂地若有碍牧群,自应停止。如三营牧地本无不敷,新垦地亩原属闲荒,可裕旗人生计,一旦废弃亦觉可惜。所有润祥等前奏请勒令领佃旗人等进边,以及拆卸窝铺、平毁沟壕等事,著和宁等饬令暂行停止,无庸办理。晋昌即日到京陛见后,即令赴任。文宁于此事未经查办,无所回护。著派晋昌于到任后,会同文宁亲往该处覆加履勘,详悉妥议。具奏。候旨遵行。　7658－7659

二十三年　谕:富俊等奏,大凌河马厂旷地试垦期竣,酌拟章程一折。大凌河牧场余地试垦期竣,勘丈于原垦、续垦十一万余亩外,尚浮多地五千八百余亩,均地近海滨。其中硗薄、沙碱者多,不能按原议照直隶旗租之例升科,著加恩即照养息牧试垦地亩之例,每亩征租银四分作为定额。见存已征谷一千七百八十余石,准其减价十分之三,出粜价银,解交盛京户部存库备用。其起科年分催征考成及收成分数、查禁私典各章程,著照所议办理。　7659

（咸丰）六年　谕:户部奏,遵议大凌河马厂开垦地亩一折。奉天、锦州府属大凌河东西两岸,地面辽阔。前据书元奏,请准令附近旗民人等垦种输租,固为筹画经费起见。惟该处水草畅茂,为历年牧放官马之区,孳生蕃庶,利益无穷。若将附近厂地渐次开垦,势必侵占牧养,于马政大有妨碍。著照户部所议,恪遵旧制以重牧务。该侍郎请令开垦之处,著不准行。至锦县民人穆亭扬径自讨种地亩,辄敢私垦至八千亩之多,实属大干例禁。著承志会同书元、景霖确实查勘。倘在马厂界内,即将私垦地亩平毁,照例惩办。嗣后并著盛京将军、户部、奉天府府尹等随时认真查察,如该旗民人等尚有在厂内私种及吏胥包庇隐匿各情弊,一并从严究办。　7660

七年　谕:庆祺等奏,大凌河马厂开垦地亩,拟请升科绘图呈览一折。奉天、锦州府属大凌河东岸,原准试垦。既据该将军等查明,实系牧马不到之区,有界濠为界,旧制昭然,两无防碍，与其久旷地利，徒使奸民偷种，致启争斗之端，不如概行入官，一律升科。著照所请，准令锦州所属八旗五边、四路甲兵及牧群衙门牧丁，掣签分领。仍令原佃租种照例升科，责成地方官妥为经办。其大凌河西岸马厂正身，仍不准开垦，以示限制。　　7660

同治二年　谕：御史吴台寿奏，奉省闲旷之地未垦实多，锦州、广宁、义州一带官荒马厂尽可设法变通。该地方官总以畏难苟安，不肯推行尽利。直隶、山西等省，西口、北口外马厂荒地，均经陆续开垦，著有成效。奉天土厚泉甘，尤应培养国脉，以图久远，请饬实力履勘，以开利源。等语。并拟缮清单呈览。近来库款支绌，奉省饷需不敷，拨解仅借厘捐、日捐，权宜济饷。如果荒地可以开垦，各项可渐次裁撤，裕课便民，洵属妥善。惟所称锦州、广宁、义州一带官荒马厂，恩合前次核奏已革翼领乌云泰案折内，于旗民各户侵占地亩及所盖房间，有勒限令其拆退之语。该御史所陈开垦一事，是否可行，有无窒碍，该副都统向能实心任事，著按照单开，详细体察情形妥筹。具奏。至所陈东边一带地方千有余里，良田数百万顷，从前仅垦田三万余顷，其闲旷未垦者实多。恩合系盛京旗员，必能熟悉情形，有无闲旷地亩可以开垦，办理有无窒碍，并著该副都统悉心查访，一并奏闻。　　7661

又谕：前因御史吴台寿奏，奉省东边闲旷之地多未开垦，锦州、广宁、义州一带官荒、马厂尽可设法变通，请饬实力履勘，以开利源。当谕令恩合，悉心查奏。兹据奏称，锦州牧马之区名为西厂，水草丰茂足敷牧放。此外则广宁所属之闾阳驿、小黑山等界名为东厂，地势平坦，内有洼陷，于牧放不甚相宜。若将东厂裁撤一律开垦，可得田一百万亩。惟东边一带近有流民在彼私垦，聚集日众，查办甚难，请派封疆大员详酌筹办。等语。闾阳驿、小黑山等界旧设牧厂，既据恩合奏称，地势低湿，于牧马不甚相宜，而大凌河西岸地势宽广，即官马多至一万余匹亦足敷用。即著照该副都统所议，将东厂裁撤归并西厂牧放，遵照旧章妥为经理。其应垦厂地即照恩合所拟，令盛京六十六佐领下甲兵，按名分领招佃取租。除交升科租银外，余资津贴常差。其按年应征租银，即责成各该佐领催交造报，以收裕饷便民之效。该副都统本系盛京旗员，情形熟习，所陈垦田一百万亩之说，谅必确有把握。即著该副都统妥为经理，实力举行，不准稍存诿卸之心。至盛京东边一带闲旷山场林木稠密，奸民、流民聚众私垦。历年既久，人数过多。经理稍失，其宜即恐激成事端，利未兴而害立见，于根本重地殊有关系。著玉明会同恩合，将东边自暖阳边门以北，何处必应照常戍守、何处可以展垦地亩流民之屯聚者，何以化梗为良，隐患之未形者，何以潜消默化不动声色，严密访查，妥议。具奏。候旨遵行。此事朝廷早有所闻，利害攸关，固不能不消患未萌，亦不肯孟浪从事。玉明、恩合，务即密查，据实具奏。　　7661

四年　谕：广宁属界牧厂荒地，经恩合招佃认租，照依近年吉林章程，分则收取押荒银两拨给盛京等处兵丁分领津贴，并将牧厂地内泄水河道沟渠开挖完竣，办理均甚妥洽。所有动用押荒银两等款，著免其造册报销，并免由佃民名下著追归款。恩合见赴吉林新任庆春业已到锦。该处尚未招佃之荒地，即著庆春督率委员，依勒通阿等照章妥办。其牧厂东北隅，高山子地方接连牧厂旷闲荒甸一段约可开地数万亩。经恩合委员丈勘，附近居民声称内有旗民纳课田地。诘以何人承领，辄又不能指实，难免有影射情弊。著玉明、宝珣、德椿，转饬各该地方官认真清厘，画明地段。除实系旗民纳课田地外，余剩荒段均拨归牧厂，一律招佃征租。其义州教场旷闲处所，约可垦地万余亩，并著庆椿迅行查办，招佃起租，作为该城兵等伍田。如有侵占含混等弊，并著核实经理。　　7661

（光绪）三十年　盛京将军增祺等奏：全围事件办竣。所有奏定章程十条，谨分晰陈之。

一、定章以废镇闲荒山场，折补有照无地之户。查前局验收无地之照及此次补报验收者，共二百六十三张，计应拨地三百方有奇。当将各围丈出无主荒地及废镇山场，按照填亩数均匀搭配，缮签攒筒，当堂掣拨。派员领赴地所见地，即领者固多，而间有嫌地瘠薄不领，又不肯领回原价者亦不少。计先后掣签五次，始拨补完竣，放剩之地亦陆续丈放。一、私垦山荒贫民，见有准领章程，均各备价听候丈放。其无主山场，皆依次放竣。一、定章树川每亩作价四两，已收银三十一万两，需树川地三百余方始敷拨放。惟西流树川阅时已久，斩伐殆尽，恐有不敷，拟以东流树川移拨。据局呈报，已丈各围外尚余地一百四十四方零十九亩三分，查放剩树川地多在山脊，定价既昂，招领非易。拟饬西丰、西安两县严禁樵采，妥为看守。俟培养数年，再行勘办。其东流树川，应请勿庸移拨。一、西丰、西安两县城基，除已交荒价领有执照，及临丈报领，每亩收价二十两，均照章拨放外，计西丰尚余基地四百十三亩六分三厘。按：尚余城基地一百八十七亩零，或地稍荒僻，不近市廛，或地属下温，不堪建造，承领无人。拟请仍作两县官地，准其招佃议租，以为岁修城垣、衙署等项之费，年终册报。一、定章城镇基每亩收荒价银二十两。查考虎嘴子、炮手堆子、房木沟等镇基，除有指领执照，各户照章拨放外，所余基地无人报领。缘考虎嘴子即安空镇暨炮手堆子均隶西安县，距县较近。木沟隶西丰县，地非通衢，窃恐难成镇市，久且与正段无殊，但比寻常正段较为膏腴，自应变通损益，每亩酌收荒价银六两，见已一律招领完竣。一、定章珠珠湖围上等地亩收价四两、中等三两、不及中等二两。除原领二十七方外，余均遵章丈放。惟该围山荒按章上等、中等无甚区别，今量为变通。上等山荒实系膏腴者，提归正段分等收价。其余山荒一律作为中等，每亩收价一两。至下等难垦，留作樵采牧养之地，自应照章严禁私垦，以归画一。一、定章西丰、西安两县学田，由珠珠湖围租地内酌提。兹准原佃报领未便多留，仅由该围留上等正段地五方为西丰县学田，可垦山荒五分劈分两县学田各半。其西安县学田，由扎拉前阿林围拨给正段地五方分，饬各该县招佃议租，仍收租项用款年终册报。一、各围地户弊窦百出，竟有定章所未载者，不得不随时推广。如得地失照，有地无照之外，又有以彼围执照，私占此围地所之户。既系私占，自应撤地。而地已开垦，未便遽撤。于是酌定征价，接算之法，照每亩一两二钱章程。除已交荒价三钱三分外，每亩补交银八钱七分。仍准承办。既不没其开垦之劳，亦足杜其私占之弊。一、围地既经合放，领户益多，佃户亦众。当遵章别围之大小，各留义地。饬两县谕各围乡保、经理，俾寄籍之人，可资茔葬。一、全围地亩纠葛，新旧各案结牍一清，百姓得安本业。一、前将军依克唐阿奏请弛禁围场，称八十五围，仍可开田五百万余亩，盖兼指东西流水而言。今西流四十五围内，除不堪耕种山荒照章留作樵牧外，共得山场、城镇基、草甸等项地，二百九十八万五千余亩，核与开办约计之数，有盈无绌。一、各项地价经费，约共续收银一百万两有奇。自奴才廷杰上年开办日起，本年报竣日止，已收银八十七万四千四百九十两七钱五分四厘。经奴才增祺提用银四十九万九千三百八十九两七钱六分五厘，余款分存殷宝号商。未放之款，俟行局收竣，再行奏报。见在时局艰危，厘税来源已绝，幸赖此款挹注，拟请埽数截留。一、西丰、西安两县应征钱粮，以此次所丈各项亩数为定。除学田、义地、官舍等项免征外，其余统按正额二分耗羡一分计之。每岁又征正额银五万九千余两，耗羡银二万九千五百余两。惟围地有未经开垦之处，仍应照章三年升课。又有五年升课之草甸，是以应征钱粮，俟清册造齐，再行咨部立案。　7664－7665

三十一年　奉天将军赵尔巽奏：遵办奉天垦务。略称，奉省近年，内则办大凌河、东西流水诸荒，外则办科尔沁、札萨克图镇国公两蒙荒。非特荒租等项共救匮乏，且殖民实边尤固圈之长策。前垦务大臣廷杰拟办清理地亩及丈放锦州河淤等地二十二处,均经先后会同奏邀圣鉴,奴才见将奉省垦务通筹办法,一曰先办锦属官庄。奉省见垦各地有隶圈牧者,有系王、公勋旧庄厂者,有系八旗官地及民人产业者。见期一律清厘,官中文册已非齐全,民间契据更多散失。惟户部内务府庄头等地积弊日深,自应及早清厘,即先从此入手。俟该处官粮庄头等地办清,推及他处。一曰丈放锦属海退河淤及各处滋生地亩。前曾会同廷杰将该二十二处奏请全数丈放,以杜侵欺。数月以来,各委员绳丈所报不及十分之一。拟饬赶于明年春耕以前逐一丈清,以正经界,而浚饷源。此外如查有各处滋生荒熟之地,亦饬一律丈办。一曰勘办蒙荒。奉天蒙荒除已放各旗外,未放之地以科尔沁右翼图什业图旗为最巨,委员驰往该旗妥为劝办。见据报,该旗亲王率同全旗官员,愿将东界闲荒出放,北自茂改吐等山,南至德勒四台吉、巴冷西拉等处,南北长三百六十里,东西宽一百四十里,计得毛荒六十四万八千响。该蒙旗呈报,大段闲荒为各旗倡允,称忠于为国,已札行嘉勉,拟另行奏请奖励。其自辽源州至新设洮南府界中,更科尔沁右翼达尔汉王旗地二百余里,皆系荒地并无旅店民户。于接递文报,查缉盗贼,惠恤商旅,均多阻碍。拟饬该旗将此段荒地报放或酌放道旁站地,以收戢匪安民之效。札萨克图旗亦查有可放荒段,他若博多勒噶台各土旗,并饬查明闲荒,分别劝举,以浚利源。一曰振兴农政。奉省天府上腴,内地北省所不及,而治田无法,穰歉听天。坐拥东西辽河、大凌河诸川,竟无涓滴水利。如采用各国机器治田及内地引渠灌地诸法,总可使收获加丰,旱荒有备。见已派委员随同出洋考察政治大臣,于赴欧之便,详询农工、考察机器。以资试验。并饬各属先就小河枝水,试办凿渠诸法。统俟办理有效,再行上陈。见在时局日艰,民生重困,就奉事论农垦诸端,尤为当务之急。惟有详加体察,殚力经营,冀副重农利民之本意。　　7665

三十二年　署黑龙江将军程德全奏放蒙荒,略称,查郭尔罗斯后旗已经商允,出放荒地,上年勘丈完竣奏报。在案。惟该蒙幅员广阔,水陆交冲。其西南直接嫩江、松花江,延袤四百余里,为商船必由之路。沿江一带借安台站,其中余荒亦多。而该蒙及台站丁户素不讲求农务,遂置地利于不顾。近年哈尔滨开通商埠,俄人轮舟往来,几于反客为主。忧时者咸谓外人必于该处开拓商埠,扩张利权,当经咨商,该蒙旗迄今未准咨覆。兹饬裁缺署呼兰副都统都尔苏赴郭尔罗斯后旗勘放沿江荒地,饬令遍择沿江紧要处所丈放街基,创设商埠,并将该处余荒一律推放,仍照定章与蒙分租。如该蒙固执旧习,亦饬都尔苏会同见署札萨克阿敏萨克奇晓以时势迫切,并加价均沾利益各情,该蒙当无不乐从。应请饬下理蕃院转行该蒙遵照,不得稍事阻挠。　　7665－7666

又奏:墨尔根城附近有可垦荒地一段。派员履勘,土脉膏腴,约有毛荒六十万响之谱。业经示谕:在省收价,仍按向章以三七折扣,每实地一响,征收押租银一两四钱,随征经费一钱一。俟收有成数,即行前往设局开办。　　7666

(三十三年)　又,热河都统廷杰奏:勘丈巴林蒙荒可垦之地约二千顷,请饬部颁发执照二千张。允之。　　7666

又奏:勘丈昭乌达盟、阿鲁科沁、东西扎鲁特三旗蒙荒,计可耕之地八千余顷。请颁发空白地照五千张。允之。　　7666

三十四年　东三省总督徐世昌等奏:丈放郭尔罗斯沿江荒地。略称,郭尔罗斯后旗、松花江北岸一带与吉林仅隔一水,为商船必由之路,亟宜开拓商埠,垦辟余荒。经臣德全于三十二年春与该旗扎萨克反覆磋商,始允照办。当经奏派前署呼兰裁缺副都统都尔苏前往沿江地方,踩看冲要处所,以为开埠基础。并将余荒一律推放。又,附片奏明仍照向章,除每晌应收押租银二两一钱外,另加收银三两。一半分给该蒙,一半充作学堂经费。等因。在案。维时领户递呈请领者纷至沓来,不逾月,收进银二十余万两。是年秋间都尔苏旋省尚未到段,又复续收银三十余万两。计前后共收押租经费银六十余万两。当饬带同局员赴段勘丈。旋据报称,沿江一带如涝州信宿冈子,并肇州厅城南踩留基地三段,均堪留备开埠之用。其沿江附近地方,除上年奏报放给该旗莲花泡、老虎背等九井外,余无余荒可放。遂商蒙员于该段迤北、铁道迤西,前主事庆山所放荒界毗连处,踩出数十井掣签出放,众领户以并非沿江,纷纷呈请退价。当经反复开导,许以段内所有碱甸必于勘丈小界时分别办理,总以蒙民两得其平为宗旨。正核办间适有人奏参都尔苏放荒有渔利营私情弊,奉旨饬查。当经委员查明先行覆奏。并陈明,实不愿领之户,业经发还荒价二十余万两。等语。一面委员前往接办,并饬详查沿江一带是否有地可拨,并将前次踩留埠基址内应择要画留处所,禀明核办。兹据报称,紧逼沿江一带,除蒙旗前领莲花泡等处九井,其余皆系沙洼之地。众领户不知蒙旗价领在前,坚以沿江为请,不欲承领北段。该总理复于蒙旗村屯附近周历踩勘,众台吉垦留生计,未便强以所难。经该总理商之、领户开导、蒙员晓以大义,总宜另踩若干,俾资分配。磋商数月,如据该旗派办荒务之丹毕扎拉森商允,众蒙情愿将前次价领沿江之莲花泡、老虎背等处九井退出,俾资搭放。复于该旗扎萨克府附近三道冈子一带及西段河神口子等处,另拨九井以抵补蒙旗原领之数。彼时民间尚复观望。嗣据该蒙自愿另行价领荒地两万九千余晌,即于应劈荒价内扣算以为倡导,见均商妥画定。加以民户又复续领,统计前后共放毛荒十三万零一百七十九晌零一分零八毫。扣七成地九万一千一百二十五晌三亩零七厘五毫六丝,每晌按二两一钱,又每晌加收三两,共收银四十六万四千七百三十九两零六分八厘五毫五丝六忽。内除应劈给该蒙旗一半押租,并加收银亦照原奏劈分一半外,公家应得一半押租暨加收银共二十三万二千三百六十九两五钱三分四厘二毫七丝八忽。又,随征一五经费银六万九千七百一十两零八钱六分零二毫八丝三忽四微。又,由蒙旗应劈押租数内照章提取经费一万一千零六十五两二钱一分五厘九毫一丝八忽,统计公家收进押租经费等项银三十三万三千一百四十五两六钱一分零四毫七丝九忽四微。所放荒地,应请自光绪三十四年起限,至三十九年升科。其前留三处商埠基址,惟信宿冈子一处水陆交冲,且东距新设之肇州厅,东南距哈尔滨均可联为一气,余均一律出放。等情。呈请奏报前来。臣等覆核无异,惟查该旗原领之莲花泡等处九井,前经奏报于三十三年起限,三十八年起科。见在未经开垦,又复改拨民户,自应与新拨蒙旗之三道冈子等处九井,一律改自三十四年起限,至三十九年升科,以昭核实,而示体恤。　7666

又会奏:筹拟蒙务办法纲要。略称,筹画大局,必争形势,洮南一府既为哲里木北部陬区,而吉省之伯都讷亦当蒙边之重镇,运输要津。有松花江、嫩江两水所会流,东北交错,此为中权。至于奉省边门为蒙货入关要道,将来敷设铁路开拓蒙旗,则法库门为根据地。彩和、新甸及卧虎屯蒙荒必须开办,入手措施,当有依据,则辽源州为要点,均拟分设机关,互相策应。夫拓殖以交通为首要,蒙旗旧站废弛不修。今既以洮南、伯都讷、法库门、辽源州等处分驻局所,拟先于此数路分设驿站。每五十里置驿长一员,支配弁兵,假以警务治理之权。区画方域,建筑旅舍,站中之制。附以邮车、粮食转输、文报传递皆其职务,以次推广普及全蒙。斯筑路移民之要政有所依据,且移民之效在工筑不有室庐,何由安集。查吉林府、宁古塔、三姓、阿勒楚喀、五常堡等地方产木之区,凡数十处皆运自松花江,而萃于伯都纳。拟于该处设一工厂购机截锯,乘洮河水涨运入蒙地。各路之购造,铁路之兴修,价廉工省便于取携,诚振业实民之要著也。见放蒙荒仅顾收价之责成,并无垦植之计画,岂能易游牧之性变为膏腴。拟仿普鲁士之法,设开拓移民评议员会。收买大农地,分割为小农地。先择新荒一段,招致小农,计口授地。凡土质、艺事,悉教导之。牛犁、籽种、土木、工筑,均以官力维持。而转输征调,尤贵敏活。拟于各该处先行安设电报线路,所经悉循站道巡护之事,即以责之驿兵。蒙俗以货易货,本无钱币,内地所贩私铸几无价值,其受制于羌帖手票者,尤为把持商价,包揽债权。拟于南北交通之区,设立转运公司,为各站旅店、商栈之总部。对于银号有联合之机,对于各站有周转之责。他若分拨军队以防匪患,添设官吏以卫民居,敷设轻轨以便运输,开办实业以拓权利,皆须择要设施。然此第举大纲,就目前人力所能及者急起图之。若夫包举之略,拓殖之谋,则必以大支干路为起点,若由奉省贯蒙旗以达江省,指臂灵通,百事斯集。然而开办之费约需二百万,经常之费约需八十万。东省财力既不能支,库帑匮乏,内外一致。若以款绌姑置后图,是徒有经画之名,毫无实行之策。恐外人从而生心,其于筹办蒙务之事调查既清,进取逾力,藉煽惑而行强迫,因干涉而起龃龉。贫弱贪愚之蒙旗,不尽入外人之范围,不止时势相逼,有进无已。度支虽匮理无中辍,此固臣等应担之责任,而尤为中外应挟全力以图谋者也。奉朱批:著军机大臣、度支部会同东三省总督妥筹,议奏。
7667

东三省政略纪开放荒地　　自边禁渐弛,郭尔罗斯首旗首先招垦,科尔沁左翼诸旗继之,嗣后北部诸蒙或因近接铁路预防侵占,或因公私债项挹注偿还。先前由三省将军遣员丈放,各旗办法互有异同,综其大纲厥分二种:一曰蒙旗招垦,一曰官局丈放。蒙旗招垦者科尔沁左翼三旗、郭尔罗斯前旗是也。嘉庆五年,理藩院奏准,郭尔罗斯、长春堡地方民人开垦地亩,宜设通判以理民事。其收取租息,令蒙古自行收取,无庸官为经理。十七年,又定,科尔沁左翼后旗、昌图额尔克地方,准其招民开垦,每年征收租息赏给该郡王一半,余照郭尔罗斯种地之例,合计该旗台吉、官员、兵丁户口数目,均匀赏给。其官局丈放者,则始于扎赉特旗,踵而行之者科尔沁右翼三旗及杜尔伯特、后郭尔罗斯诸旗是也。收入押租银两,国家与蒙旗各分其半。将来垦熟升科,每晌例纳岁租中钱六百六十文,以二百四十文归国家,四百二十文归蒙旗。并于荒段适中之地,酌留镇基以为设立市镇之备。通计蒙境已放之地不下十万方里,近边一带暨沿铁道嫩江两旁大半开辟,其余各地多属荒芜。虽因土质不齐,交通梗塞,亦以历年放荒办理不善之故。嗣后宗旨愈歧视为利路,荒务收款列入岁计,各处荒局遂但顾收价之责成丈放之迅速,于拓殖事业毫不关怀。放毕撤局,领户之能垦与否均非所知。由是奸商承揽(龙)[垄]断,把持包领售卖,意为上下获利,动余倍蓰,所余硗瘠,弃而不顾。草莱遍地,盗贼资之,地即有主或且辗转易人,益无以善其后。且蒙民愚惰,动作无恒,饱暖之余,倦于再垦。故有一户所领,垦熟不及二三,或已垦复荒,甘自弃地。而沙漠之地,天时地利均有所限。间遇雨旸不时,一岁歉收,则逾年播种之资且有难给。是以负耜而来者,往往辍耕而去。前者辙覆后者裹足,荒务因无起色,实边之策事与心违,欲收实益非力剔从前积弊不可。而全盟之大,尤必得二、三大农极力维持,方可有济。盖大农资本既雄范围,斯大农业应兴之事,无不可以勇为营作得,宜趋尚以变,民生、边计均有裨补矣。　　7667－7668

又,纪清丈吉林六旗马厂官地　　开国之初,吉林八旗各给荒场一区,作牧养官马练习骑射之用。嘉庆间,将此项马匹陆续裁撤,其原拨荒场始准招佃开垦,按晌输租。所收租赋厥名有二:曰粮租,曰钱租。粮租者,为正红、厢红两旗地内所从出,即旧名二旗马厂也。按年输纳官仓,抵充文职廪粮,并在官人役工食之。用钱租者为厢黄、正黄、正白、厢白、正蓝、厢蓝各地内所从出,即旧名六旗马厂也。按年照额征收,抵充十旗制兵一切犒赏之用。综计此项马厂官地亩数,实有数倍于租额者,时隔多年从未议及清丈。见在时艰款绌,筹措维艰,各该佃丁受国厚恩,当知有所报称。是以将各该马厂旧有地亩,仍按原分等则,无论熟地、夹荒牧场、山林,一律派员勘丈,责实输租。拟定章程六条,先行出示,晓谕俾众周知。至将来能丈出浮多地亩若干,应否一律加租以及一切未尽事宜,自应随时斟酌办理,以清弊源而裕租赋。俟将此项地亩勘丈完竣,即行续勘二旗马厂地亩,以期无偏无倚。已饬旗务处核拟规例,实行试办矣。　　7668

又,纪吉林垦务　吉林膏腴沃壤,为东三省冠。惟地处极边,幅员辽阔,榛芜未辟,遗利尚多。从前旗民地亩原系自占,名之曰占山户。旗地向不升科,民地分上、中、下、新四则,按亩升科,银米并征。咸同以后迄于光绪初年,续放各处荒地,则又按晌征纳大小租赋,银钱两收赋制混淆,无从究诘。庚子乱后,帑项奇绌,于此而欲疏浚财源,自当以清赋放荒为第一要义。光绪二十八年春,前将军长顺奏请清赋升科,放荒招垦,盖欲兴地利、储饷源,并以廓清全省赋制,法至善也。先在省城设立清赋荒务总局,次及伯都纳、五常、宾州、双城、延吉、伊通、敦化、阿拉楚喀、退搏、拉法两站、拉林等处,各设分局一所,以专责成。他如蜂蜜山招垦局、濛江垦务局,亦皆陆续筹办。其三姓垦务归副都统衙门兼理,第头绪纷繁,开办未久,日俄构兵盗贼四起,战线以内及客军征进经过地方,民皆迁避,流离失所。是以前将军富顺奏请将清赋、升科两项暂行停办,专事放荒。旋经户部议驳。及前将军达桂接办荒务,又因银米兼征,地亩赋则过重,且二百年来从未清理,经界湮没,等则难分,奏请查照各属荒地征租章程,无论原则计亩、计晌征银征钱,概行改作按晌征纳大小租银一钱九分八厘,俾通省田赋咸归一律。吉省清赋放荒开办迄今,历任将军征返奏咨,道途梗阻,岁月迁延,未能速竟全功。自改设行省锐意实边,随将荒务总局并归新设劝业道管辖,以劝督开垦为宗旨,以振兴实业为要图。其有两造控争纠葛难结之地,或判归巡警,或画归学堂。既资以举办新政,复藉以消弭讼端。而于清赋、升科等事迭经出示,严催勒令勘办,以期速收效果。比年以来,业将办过旗民地亩分起奏报,各分局一律裁撤,总局荒赋等事亦将办竣。督催在事人员办理文卷册籍,钩稽核对,汇寄造报。惟沿边一带垦务尚须通盘筹画,如别兰、临江、大通、蜜山、濛江等处,既先后设有府州县,各缺应即改归地方衙门兼办。而蜂蜜山一带逼处强邻,因鉴于混同江东二千里之地,徒以不事开垦,终为俄人窃据,派专员筹办蜜山垦务。所拟办法均参照各国殖民政策,因地制宜。嗣后逐渐扩充,徐图进步。或移民以固边防,或募军以资屯垦,或官商分办以期易于集事。庶几生聚日繁,利源日辟矣。　　7668 - 7669

又,纪黑龙江垦务　黑龙江僻居北鄙,地广而腴。自西徂东数千里,处处与俄接壤,且辖蒙古扎赍特、杜尔伯特、郭尔罗斯诸部落。强邻迫其外,藩属介其闲,而荒芜弥望,榛荒未辟。雍正、乾隆间,始于黑龙江呼兰、墨尔根、齐齐哈尔等处设立官庄屯田,实为边境兴屯嚆矢,其余封禁如故。咸丰十一年,将军特普钦乃奏,仿吉林夹信沟章程,于今呼兰所属蒙古尔山等处建设旗丁屯田,是为弛禁放荒之始。未几通肯一段,旋弛旋禁。光绪二十一年,特简大臣延茂来江创办屯垦,其宗旨为安插旗屯起见,而旗丁不谙耕作,招民代垦,缪辖遂莫可究诘。二十九年,署齐齐哈尔副都统程德全办理荒务,乃会同将军达桂陈请变章,力主旗民兼放之策。于是荒务乃浡然兴起,不数年成效大著。惟各户领地以后,率以开荒费巨,仍付榛芜。自改设行省,乃与署江抚程德全,考其山川,按其图记。以为江省居东北屏蔽,非大兴屯垦不足以固边,圉矧俄人经营远东不遗余力,黑龙江左畔鳞塍绣壤,麻麦如云,且时有越境窃垦之事,失今不图噬齐,何及顾垦民易而筹款难,以经济困难之江省,财力必不能及。然舍是另无图强之理,则惟以节糜费,求实际为主义乎,虑农力之未逮也。则购置火犁以贷民力,恐旅行之不易也。则减免轮费以利遄行,而又患招户之维艰,收效之难速也。则酌复遣犯旧例,编入农籍拨地责垦,以为之倡。上年署巡抚周树模来江,益以推广屯田,为实行寓兵于农之计。其一在扎赉特境内选地段建置庐舍,就各省各镇退伍兵丁自愿为农者,给地认垦。凡种地牛粮、籽种各费,悉由官家垫办,分年缴还,一转移间上下交受其益。其一在呼伦贝尔沿边一千五百余里安设卡伦二十余处,每卡以十名巡查边境,二十名开垦荒田。庶讲武、务农有资而理。只以其地与瑷珲、兴东等处国界所系,广博无垠,非移无数人民,终难与邻封相雄长。故复另定派员招民办法,奏请变通办理。惟是江省垦务,其宗旨在于实边,故安插瑷珲难户及呼伦贝尔边垦,则归入边务编辑。扎赉特专以辟蒙疆,则归入蒙务编辑。铁山包专以置旗户,则归入旗务编辑。此编不复再述。 7669

又,纪郭尔罗斯前旗债务及开放余荒始末 东三省所辖哲里木盟属于吉林行省者,惟前郭尔罗斯一旗,其地当松花江伊通河流域,地势平坦,弥望膏腴。乾隆中,直隶、山东人出关就食,渐事垦种。五十六年,蒙公恭格拉布坦奏明开放荒地。嘉庆四年,吉林将军秀林奏准借地安民。嗣后,设民官置长春厅。光绪十五年,升厅治为府。析北境置农安县,该旗南部开辟殆尽。盖地当奉天、吉林、黑龙江中点,开放较他旗为先。商贾辐辏,遂成三省一大都会。然地当三省孔道供亿较各旗独多,故债累为各旗所未有。咸同之际用兵东南,征调黑龙江兵过境,连年供给本旗从征官兵置备饷械,复多耗费。悉以重利贷诸商人,而浪滥侵蚀。又,为蒙旗习惯,历年既久,本利环生,新旧重叠,竟无自脱之策。光绪二十八年,扎萨克公奇默特色木丕勒以积欠银三十余万两,市钱八十余万串,咨告吉林将军长顺,并述负债本末,请设法代还。将军允之。先谕令放债各商号停利候办,饬长春府、农安县权代征收该旗地租,并派员清查积欠确数计所,欠养正书院公议会及各商号等本利银三十八万九千余两,钱七十三万六千余吊,分别等次折扣成数,利轻者如数清还。近借利轻者,八成归还,远借利重者,五成归还。将农安县所收荒价钱五六十万串,长春府代征二十八年租赋钱二十万串,尽行抵欠。不敷钱八九十万吊,先由官帖局垫付。于代征租赋项下按年陆续扣偿,俟六年后官帖局垫付清还,租赋仍归本旗自征。所有各债清还之后,借券按名收回。其早年漏抽借券并无账目者,一概注销。该旗荒地既大半垦辟,除蒙众自留生计外,尚有余荒三处:一曰乌拉衙门隐匿之荒。附近长春府、沐德乡、沿松花江杨家湾、老道通等处荒地是也。一曰长岭子荒地。见在长岭县设治区域是也。一曰塔呼荒地。长春府界东北塔呼一带是也。光绪三十年,吉林将军达桂,以塔呼一带荒地为奉、吉、江三省往来通衢,幅员广阔,盗贼出没,扰害治安,非如数开放无以缓民蒙而兴地利,咨商该旗。而该旗以此处地段,业经蒙众开垦成熟咨复。另将农安县属境新安镇界外毗连达尔汉王旗长岭子一带,东西宽六十余里,南北长一百余里,荒地约毛荒三十万晌,指请开放,以抵补塔呼荒段。乃派员设局勘放,援照奉天成案办理,于三十三年四月奏准。是年八月,置设治委员于长岭县。三十四年二月,饬农安、长岭两县画定界址,于是该旗境内开辟荒地有一府二县之广博矣。所属松花江岸一带荒地,乌拉衙门私垦有年,当时亦有争执,时代既远,渐忘其事。该旗且不知为本有之地,乌拉衙门得专其利。然与衙门原有鱼丁及晾网官地并不联属,至是长春府绅民李守田等呈请,以乌拉衙门隐匿蒙荒招放收价办理长春阖属学堂,已饬提学司使查覆办理。 7669－7670

又，纪开放达尔汉旗地段及关于哲里木十旗之计划说略　科尔沁左翼中旗，即达尔汉和硕亲王旗牧地，跨东西辽河，东南至吉林边墙，西北尽内兴安岭，地势斜长，面积约六十万方里，占哲里木全盟十分之二。道光元年，援照长春之例，开放东辽河近边一带荒地，安插民垦。初隶昌图厅，设八家镇经历分治之。光绪三年，设怀德县治，移经历于康家屯，并设奉化县，治于梨树城。六年，以康家屯改设康平县，改经历为主簿，分防郑家屯。二十八年，以郑家屯改设辽源州治，移主簿于康平县属。后新秋地方共计放荒设治区域，宽广约仅二百余里。此外广漠无垠，荒旷不治。其地横梗中部，实为全盟交通之障碍。见拟开放由辽源州通兆南府站路一段，以资联贯。历经前任将军等商办，该王旗屡以有碍游牧为词。其实蒙户早经迁入西部及新辽河以南，是为王府附近蒙屯最多，拟开站荒于该旗无甚妨碍。　　7670

科尔沁左翼前旗即宾图多罗郡王旗牧地，当奉天法库边门外。其西境在国初时献为养息牧场，故本部幅员最狭。地近边墙，早经招垦。除王府迤北地多沙碛，留为蒙壮游牧外，其南境一律垦熟，隶奉天康平县法库厅辖境。科尔沁左翼后旗即博多勒噶台亲王游牧地，当威远堡边门外，跨辽河两岸，地质多属膏腴。自嘉庆、道光以来，奏明放荒，渐次开辟，民物殷富，风气早已开通，生计最饶，实为十旗之冠。初设昌图厅通判，寻改同知。光绪三年，前将军崇厚奏升为府，并设照磨于八面城。迨康平、辽源先后设治，析西北一带蒙境隶之。三十二年，增设同知于同江口，重河防也。科尔沁右翼中旗即图什业图和硕亲王旗牧地，东界扎萨克图旗，西界达尔汉旗。其西北境留为台壮游牧，东境于光绪三十一年，经前将军赵尔巽奏请放荒设局招垦。见因达尔汉旗站道未开，领户不前，尚未报竣。已放之地酌设体泉、开化二镇。体泉一带土脉腴润，渐次开辟，拟设体泉县治。经臣奏明，遴派设治委员，试办一切事宜。科尔沁右翼前旗即扎萨克图多斯郡王旗牧地，西界图什业图旗，东界镇国公旗。光绪二十八年，前将军增祺奏请放荒。三十年，于洮儿河南设洮南府，暨开通靖安二县，又设乾安镇分驻照磨。该府地当冲要，适扼中权，本为三省之奥区，亦即蒙疆之重镇，殖民经武在所必争。日俄均势之界线共视洮南，与长春遥遥相对，是以外人游历测绘络绎而来。该旗郡王乌泰欠积俄债，私立印据契约，以全旗土地矿产抵押。经臣等觉查奏明，代向大清银行息借款三十万两，派员与俄人磋议偿还，取销印据。并由该王旗指明展放北山荒地收价，抵补借款在案。科尔沁右翼后旗即镇国公旗牧地，东界扎赉特旗，西界扎萨克图旗。其洮儿河以南之地于光绪三十一年，经前将军增祺奏请放荒。三十一年，赵尔巽奏设安广县治，隶洮南府。三十四年，经臣等奏请续放河北荒一百余里，尚未报竣。公府由洮儿河南，移居北部。所留本旗台壮游牧之地，该公喇喜敏珠尔情殷报效，素明大体，又续请展放荒段，由洮南赴齐齐哈尔大道迤南一带，西北自哈沙图站起，东北至阿勒坦克呼苏特依站止，约长四十里、宽八十里。此处系驿站要道，开垦之后可与扎赉特地已垦地方联为一气。　　7670－7671

郭尔罗斯前旗为镇国公旗牧地，跨松花江两岸。乾隆年间始开边禁，借地养民。嘉庆五年，设长春理事通判，旋改同知，实为蒙疆移民之始。长春一属租赋，悉为该公旗岁入。历百余年民蒙相安，风化文物等于内地。光绪十四年，吉林将军希元以长春为吉奉孔道、省城西北门户，奏请升厅为府，并分设农安县治。移原设照磨于朱家城子，增设新安镇主簿。三十三年，展放长岭子荒。经臣等奏，设长岭县治，见荒务尚未告竣。该处地接达尔汉旗未放荒界，蒙匪越境窜扰，垦户行旅相率裹足。此项站荒不开，则蒙旗显分畛域。遇有剿捕事宜，三省巡防军队疲于奔驰，实不足以辑地方而清盗源也。

郭尔罗斯后旗为辅国公旗牧地，嫩江界其西，松花江绕其南，东清铁道经其东，实为水陆交通之地。与哈尔滨仅隔一江舟车,所至俄人踪迹甚密。从前敖汉旗喇嘛色丹巴勒珠尔,因索债押荒一案句结,俄商借款,擅立公司在旗开垦。经前黑龙江将军程德全严参查办,去年始将俄人交涉议结。经臣等设法偿还俄债十七万卢布,收回火犁,取销约据。该旗债务缪辖甚多,见在逐案清厘,俾得防微杜渐。其铁路两旁荒地及沿江各荒,均经先后开放报竣。并于光绪三十二年经程德全奏设肇州厅,又设肇东经历分驻昌五城,以资治理。　7671

卷十八　田赋十八　田赋考十八　官田

宣统元年　东三省总督徐世昌奏陈:筹办达尔汉旗开通道路情形。略称,蒙旗见状,外胁强邻,内安愚弱,生计绝矣。今该王犹以有关生计为词,曾亦思壮丁寥落,牛马不繁,即论游牧已无生计可言。朝廷所代为擘画者,何一非蒙民生计所关。远如西北各蒙,特派大臣设局开垦锡林果勒、昭乌达、卓索图等盟。经察哈尔、热河都统奏请垦放招佃征租,蒙旗早已安享其成。近如本盟各旗历经奏明开放者,十居其九。近来垦务渐兴,蒙地牛马之值岁有增益,而放荒各旗王公则有岁租之进项,台壮则除摊派之苛例,生计浡兴尤为明效大验。臣维三省经营蒙荒,招徕垦户,不惜岁縻国家帑项,安民设治,冀以固边圉,而杜觊觎。该旗荒境横断全盟,尤为交通障碍,是以历任将军督抚屡以开放为言。若以一隅阻塞,致堕前功,将治内防外之机关,益觉无从措手。谨将蒙旗危险情形,必须开通该旗之关系及该王阻挠、欺诬之处。撮要陈之。洮南一府为哲里木奥区,当东三省冲要。前奏设一府三县,原以外扞牧圉,内拊全盟。今道路不通,孤悬绝塞,工商裹足,俸饷虚糜,久之则居户逃亡。以鞄系之官、处瓯脱之地,其何能治蒙匪。白音大来陶克淘之乱,出没各旗。合三省兵力跟踪追剿,士卒伤亡,军实销耗,穷经年之力,仅得平定。良以道路梗滞,人烟寥落,贼有所资,我无所藉,而劳逸之势殊也。若听其隔绝,万一内孽潜滋,客匪拦入,进剿则艰于转运,分驻则无所据依,此治内之关系万难延缓者也。日俄两国辄以诱惑蒙旗手段,浸为干涉主义协谋,所及隐以洮儿河南北为界,东清、南满路线已包绕全盟东、南、北三面。日人之测绘队,遍科尔沁六旗,匿居蒙屯与之相狎。俄人则以铁路之势,力据郭尔罗斯、杜尔伯特、札赉特各旗之门户,市易牲蓄,揽放利债。而蒙旗于外人之利用,则倍结欢心。于朝廷之政令,则多方抗阻。况日人南满枝路之计画,适在我驿站界线之中,必将出辽源州而贯入该旗界内。今道路不辟,布置无从,领土之权瞬为外人所据,则事后更难措手。此防外之关系万难延缓者也。臣前设蒙务局,遣员分道实地调查,而于该旗设站置邮,尤为筹蒙之起点,因累次遣人绘图测量。臣前次原奏所谓辽源州以北至边昭止,共计二百数十里。并于沿路两旁各画十里从事垦放。等语。实已详细履勘,于该旗游牧生计,毫无窒碍。界内并无蒙民已垦之地,将来垦熟收租,应按照各旗蒙荒章程,毋庸另筹办法。到该蒙王谓派放道路,旗属下人在是道者,分为东西两段。天下岂有无路之地,分为两段遂不能聚处,无理阻挠,莫此为甚。该蒙王又谓闲散王、贝勒、贝子、公、台吉等属下看守坟墓人等,游牧之所均有关系。查达尔汉全旗牧地面积六十万方里,以所据地势而论,横断哲里木全盟。今所画站道,方广不过百五十分之一。自卧虎屯以北地多沙碱,委同弃地,既无水草,亦非游牧必需之地。又,查该旗有公主坟,在辽河之西北,路当辽河之东,既阻河流,毫无关碍。所画十里之中如果有台壮居处,自当照章酌予留界,以示体恤。且该地属于闲散多罗郡王分地居多,该闲散郡王尚明大义,自愿出荒。前派员往勘采哈新甸抵债一案时,曾以本府生计困难,有指该旗白寺荒段及此项站荒报效之意。因本旗札萨克协理等有意阻挠,不肯代出印文,无由上达,转恳设法出放前来。臣以仅据该员一面之词，未便遽行入奏。兹该札萨克亲王那木济勒色楞尚以有碍闲散王公等属下游牧为言，部臣将该旗地图详查询问，该王亦未能逐一指明，可见该王不察。闲散王公等艰苦，不办所管旗地方区域，始终惑于管旗蒙员锢蔽抵塞之计，肆意欺诬乃部。臣既无可如何奏请，仍由臣行知该王旗会同派员履勘，该王必藉口于部文之未准，率其协理、章京等百计阻挠，又何益哉。臣非谓开通该旗道路，即毕驭蒙之策也。第以外诱潜滋，内势隔绝，于治内防外之关系，必将以便利交通为入手办法。且以各旗荒地皆已陆续开放，独该王旗坐拥厚土，尚断断于二百余里有百利而无一害之驿站荒地，使全盟大利国家远猷，均束缚蒙混于有关生计之一语，阻挠大计，百喙难辞，惟有仰恳天恩俯允勘放。一面即由臣札行该旗派员勘办，期于蒙务有裨。　7673

又，东三省总督徐世昌、署理吉林巡抚陈昭常奏：勘放吉林府属零荒第二次奏报。略称，吉省勘放零荒，自光绪三十年起，至三十三年止。已于三十四年五月第一次奏报。在案。兹据退搏、拉法两站、双城厅、伊通州、敦化县、延吉厅等五处荒务分局先后呈报，勘明退搏、拉法两站、双城堡、伊通州、磐石县、敦化县、延吉厅、绥芬甸子各属界内，自光绪三十一年起，至三十四年止，共放生荒三万二千九百八十二晌九亩九分，共收荒价钱一十九万二千四百八十三千一百三十二文。又，放熟荒八千九百三十六晌五亩，共收荒价钱一十二万八千六百一十五千八百七十四文。统计放出生熟荒地四万一千九百一十九晌四亩九分，共收荒价钱三十二万一千零九十九千零零六文如数拨交司库收存。所放生荒一项，照章扣除三成，房园井道按照七成纳租，予限五年，扣至第六年一律升科。熟荒均系当年升科，照章每晌交纳大租钱六百文，归于各该民署征解抵饷，仍遵光绪三十年部咨开单报部，免再造册。　7673－7674

又奏：吉省清理田赋作为第四次升科。略称，吉省旗民放荒前于光绪三十二、三、四年，三次奏报。在案。兹据延吉厅、伊通州、敦化县各属荒务分局及绥芬厅同知、和龙峪经历先后呈报，清丈大租地亩，一律完竣。统计延吉厅、伊通州、磐石县、敦化县、绥芬厅、和龙峪六属民户封纳大租原地二十二万七千八百零三晌七亩二分五厘内，共清出浮多地八万三千五百八十晌零零四分四厘。均自清丈之年起，照章交纳租赋归于各该民署征解抵饷，仍遵部咨开单报部，免再造册。　7674

又，度支部会奏，议覆：热河都统奏，西札鲁特旗贝勒呈恳续拨荒地。略称，查原奏内称，西札鲁特贝勒多波齐以该镇国公罗勒玛扎布居住地方，在报效荒地界内，前经拨给荒地二顷，不敷鄂博庙宇办公等项之用，请由荒地内再拨给二百顷，所有应行归公五成荒价，即由该旗应分荒价内坐扣，并请免其升科。等语。伏查光绪三十三年热河都统廷杰奏，丈放昭乌达盟等三旗折内声称，统计三旗可种之地八千余顷，酌拟章程，上地每顷收荒价银七十两，中地五十两，下地三十两，每荒价一两另加一成五耗银，以为办公之用。统限二年升科，以给照之日起限。上地一顷岁征课银四两，中地三两，下地二两，每银一两加征耗银一成，请由部颁发空白照五千张，以凭转发填用。等因。经度支部照数发给。在案。今据奏称，西札鲁特旗前经拨给镇国公罗勒玛扎布荒地二顷，不敷办公，请由报效荒地内再拨二百顷，以为鄂博庙宇等项之用。度支部查，报效蒙荒本与征赋纳租之地不同，该贝勒呈恳于罗勒玛扎布居住地方，报效界内续拨二百顷，应行归公五成荒价，又于该贝勒应分全荒价内扣还，则是于公款并无亏短，而于该处鄂博庙宇暨办公等项均有裨益。自应准如所请，照数拨给，免其升科。其所请续拨之地，计上地一百二十顷，中地四十顷，下地四十顷。按原定章程，共合荒价银一万一千六百两，以五成计算，合银五千八百两。据称，由该旗应得荒价内扣还，俟扣还时专案报部。至前经拨给该公之地二顷，检查并无报部案据，应令抄录原案送部备查。理藩院查此案既经热河奏明核与垦务定章应得公款，并无违碍，又可资办公，自应准如所请，免其升科，以示体恤。所有前经拨给该公之地二顷，并未报部有案，亦应令抄录原案送部，以备查核。 7674

又，东三省总督徐世昌等奏：上年奏陈酌筹本省旗丁生计。折内声明，将嫩江迤西省属未经放出之荒酌留数段，作为本省无地官兵生业。在案。旋据委员报称，共勘得可垦地两万二千余响，若按原奏所定地数照拨，不敷其巨。所有报领未交荒价之地，如再逾限不交，拟即分别撤佃以补官兵生计之不足。 7674

又奏：续放札萨克镇国公旗河北荒务变通章程。 7674

又，热河都统廷杰奏：巴林旗报效各项蒙荒请酌减荒价，展限升科。略称，查巴林郡王札嘎尔、贝子包丹那木吉勒旺宝，前经报效及续行指拨枕头沟等处可耕地段，两共五千顷。当经遴员设局丈放。旋据该局先后呈报，共丈上、中、下等则正段荒地四千六百六十余顷。并勘留城镇地基六十九顷余，其与乌珠穆沁旗毗连之哈达和硕一段，虽已画清界限，尚未堆立。鄂博未经清丈之地约有二百顷之谱，是已丈、未丈正段荒地合之原报，顷数尚无出入。兹又据报，山沙各荒一律丈竣，共三千二百四十余顷。奴才覆核正段及山沙荒总共八千余顷合之原报，有增无减。惟据报，已放各则正段荒地、城基地仅一千五百余顷，实因领户择地择价致多观望。查奏定巴林垦章，上则地每顷荒价银八十两，中则六十两，下则四十两，较东三省、察哈尔及阿鲁科尔沁三旗荒价为数较多。拟请每则每顷均递减荒价十两，升科期限上则限一年，展为二年。中、下则限两年，展为三年，以广招徕。山沙各荒与酌留城镇地基应如何分别等第，定价招领，原定垦章尚未议及。兹拟城基分等，上等每亩收银四两，下等三两。镇基上等亩收三两，下等二两。山荒酌分三等，山坡平坦，提作正段为上。上则地每顷收荒价银二十两。其次作上等山荒，每顷收十六两，又次作下等山荒与沙荒，每顷各收银十二两，经费照收。惟所定各等山、沙荒地招领更难，除提作正段者限五年升科，每亩征银一两外，余请免其升科，给予执照受业，毋庸发给部照，以昭简便。 7674－7675

又，东三省总督锡良等奏：吉省乌拉地方自康熙年间于城北蜂蜜营等五屯，分拨壮丁一百四十名，每丁领地十五响，分给牛只以资耕种，遂称为五官牧场。其地广袤数十里，经前将军延茂准放荒招垦，于是官民争领缠讼，十有余年未能开放。经前督抚徐世昌、朱家宝批饬，荒务局将此项地亩援照榆树县任克荷成案，悉数归公，拨作省城及乌拉等处学堂经费，以息争端。臣等接准派员丈勘，共有毛荒三千一百余响，除拨各屯丁前报被淹废地三百三十响，并民人等业已交价应领之荒四百响外，实有可垦荒地二千三百七十二响。分为三等，按段招垦，薄取租值。俟三年垦熟后，每年约得租价吉市钱一万九千余吊，充作学务经费。其从前被淹地亩，查系江水泛涨，见在水涸地平，草长甚盛，以之荄养牛只颇宜。经画出一百一十响按屯分拨，作为各屯牧场。其余二百二十响均可耕种，一并拨归乌拉翼领衙门经管，就地取租以作公费。惟此项地亩并非大段闲荒，既拨作学田，应许免其升科。 7675

又奏：清丈东流山荒。拟援照西流围荒前案三七折放。每十亩作七亩交价，如原领十亩折为一扣者，再交六亩地价，原领二扣者，再交五亩地价，原领三、四、五、六扣者，以此递推，原七、八、九扣者，免再交价。在此次重定章程以前，业经交价之浮多地亩未曾折扣者，拟请宽予期限八年升科，以昭平允。未经交价之地既按三七折扣，其升科年限应仍照定章办理。似此酌量变通，实于国计民生两有裨益。 7675

又,直隶总督端方、热河都统廷杰奏:查明寄居巴林蒙民,委无强逼驱逐情事。略称,如原奏内称热河昭乌达盟凡二,曰巴林,曰克什克腾。两旗之间有地一段,约二万余顷,自咸丰、同治年间两旗互争,控于理藩院者,至再嗣奉朝旨:仍准克什克腾民五百余户居住。今巴林恃为盟长将地呈请放垦,驱逐此数百户蒙民,令徙居于黄冈梁、乌博洛等处。该处奇寒不毛,势难轻徙。是以前次丈荒滋事,经热河都统派人弹压,令发给每户银二十五两以为迁徙之资一节。查热河昭乌达盟十一旗内,巴林左右翼两旗、克什克腾一旗,均隶巴林西界甘珠庙地方,与克什克腾旗毗连,克旗蒙民遂有蕈越,至该处游牧者,日聚日众。于嘉庆、道光年间屡因争界互控。经理藩院咨行,热河都统督饬各该旗清查旗界。奏奉谕旨:该地仍归巴林寄居之克旗蒙民四百户,按户按年交租。等因。在案。光绪三十三年,巴林王札嘎尔、巴林贝子包丹那木吉勒旺宝奏请报效蒙荒数处,连甘珠庙地方报效在内。当派员勘丈之时,该克旗寄居蒙户聚众阻丈,殴伤员役。经奴才廷杰奏明委员会同昭乌达盟长阿鲁科尔沁、贝勒巴萨尔吉里迪所派蒙员切实查办。该三旗自行议定,克旗蒙民愿归本旗安插。巴林愿按四百户每户资助迁费银二十五两,共银一万两。由应得五成荒价项下拨给。等情。呈由奴才杰将一干人证提讯取结完案,奏结在案。查巴林王札嘎尔实非昭乌达盟长,其报效之地,实丈得可垦之地共七千九百余顷,均奏报有案。见在二万余顷乃谓巴林王依恃盟长强行驱逐,自系传闻之误。至于克旗地方较之巴林尤为沃衍,黄冈梁、乌博洛等处与巴林地面仅隔土梁一道,天时地利大致相同,亦不致奇寒不毛,难于迁徙。又,原奏内称,克旗蒙民生长巴林,房屋、什物俱在,岂易轻离故土。即云放垦,亦可稍留游牧之所,何必悉数驱逐。且蒙民亦可按户给田,令与汉民杂处,若巴林之苛虐如此,是未来之生计未筹,已有之生计已失一节。查克旗蒙民四百余户,自乾嘉以后寄居巴林阅年虽久,然俗安游牧至今不改,朝西暮东逐水草而居,并无一定处所。原奏谓房屋、什物俱在,难离故土,揆诸口外,游牧之风尚未尽合。况巴林旗地已经报效开垦招徕领户,民蒙杂处,言语不通,风俗殊异,既多不便。且垦牧并行一处,亦断难利益均沾。故凡报垦地内习于游牧之巴林蒙民,见尚有自行陆续他徙,画分片段,为各保生计之谋。克旗寄蒙情形相同,其本旗荒地甚多适于游牧,尚不致因巴林报效七千余顷之地失其生计。今复给资遣回,体恤寄蒙,亦极周至。若原奏按户给田之议,检查原卷,当寄蒙阻丈滋事之时,曾据该三旗自行议定,克民迁回本旗,则给迁费银一万两,不迁则拨给地二百五十顷,任其游牧。迨经奴才杰提讯,该克旗章京、乐山等均愿领银,而不愿留地。具有甘结。见复提传从前列案出结之章京、乐山等面询,情形亦属相同。巴林旗实无恃强驱逐苛虐情事,奴才等覆查巴林报效蒙荒丈放开垦,并资遣寄蒙安插本旗各节,迭经奴才杰奏明办理。见经委员会同查询,明确原为垦牧两裨,彼此各安生计起见。且系两造乐从,事极平允。应请仍照奏结原案办理,至迁费银一万两,应由巴林应得五成荒价项下拨给。因创办之初,该旗得价无多,当由奴才杰垫发银五千两,以体恤寄蒙。兹查克旗寄蒙四百八十二户,已领银迁回者四百三十户。尚有未迁五十二户,据称一律愿迁,惟恳将巴旗应续给迁费银五千两饬令发领。等情。查巴林垦务未竣,巴旗应得荒价不敷续给,见仍由奴才杰在于收存荒价内先行垫拨,发交林西县查收。一面饬令昭乌达盟长派员前往会同按户散放,俾得一律迁回,均沾实惠。　7675－7676

又,吉林巡抚陈昭常奏:勘放附近省垣教场官地,招商价领,开作街基。分晰奏报所收地价、包租钱项。又,查明吉林、新城、伊通、榆树四府州县应行升科地二万三千六百余晌,由各衙门征租抵饷。又,勘放吉林、新城、榆树、拉林、双城、五常各府厅县生熟零荒晌亩,征收钱

文数目,并分定升科,年限又续,勘新城、榆树、方正各府县民户原纳大租地内清出浮多地亩,请升科。以济饷需。　7676

又奏:续报第十次各属旗户地亩升科。略称,据拉林荒务分局暨各属旗户续行报出,原无钱粮,应行升科旗地七万零九百三十二晌八亩二分。遵照定章按七成核扣,共实纳租地四万九千六百五十二晌九亩七分四厘。自宣统元年起照章升科,每晌交纳大小租钱六百六十文,每年共应征大租钱二万九千七百九十一千七百八十四文,由各旗属经征报解抵饷,仍遵部咨据实开单报部。免再造册,俾省繁赜。综核先后十次奏报,吉林通省旗户原无钱粮报请升科扣实、纳租,共地五十八万六千二百零四晌八亩二分二厘,按年统共应征旗地大租钱三十五万一千七百二十二千二百九十二文。　7676

又奏:勘放教场官地所收地价包租钱项。略称,吉省操场旧地,经前任将军长顺奏定章程。按其附郭远近地势高下分为四等,勘放头等街基地四千三百零六丈方,每方收价钱八千、二等街基地四千六百丈方每丈方,收价钱五千、三等街基地三千二百七十四丈方,每丈方收价钱三千、四等街基地二千二百一十四丈方,每丈方收价钱一千。惟报领之户金谓地价昂贵尚所不惜,若定租价太昂,年深日久,市面不旺,不能保租,必为子孙之累,以故领户畏难不前。当经俯顺舆情,妥定随方分等,只收一项包租钱文,不征常额,既可多筹饷需。又省按年征纳,官民两便。爰议定头等街基地每丈方收包租钱三千,二等每丈方收包租钱二千,三等每丈方收包租钱一千,四等每丈方收包租钱五百文。已经勘放完竣,共丈放街基地一万四千三百九十四丈方,共收地价钱六万九千四百八十四千,共收包租钱二万六千四百九十九千,统计征收地价包租钱九万五千九百八十三千,均已由局解交度支司库兑收。　7676

又奏:酌收街基各价由局解司。略称,此次清赋勘荒委员,带便放出吉林府属境双阳河、额勒赫、敦化县属境兴隆堡三处乡村空隙街基。其地势冲僻不同,虽间有零星商民甫集之处,率皆小本营生,盖房、凿井每苦无资。故仅量地酌收其价,免其常年纳租。双阳河街基附近冲途稍有商贾,则分为五等收价出放。头等街基四百六十丈方,每丈方收价钱一千四百文、二等街基二千二百八十九丈方,每丈方收价钱一千文、三等街基二千一百八十九丈方,每丈方收价钱八百文、四等街基二千八百八十二丈方五尺,每丈方收价钱五百文、五等街基七千五百三十五丈方五尺,每丈方收价钱二百文。共计收钱七千六百三十三千零五十文。额勒赫街基山地瘠僻,分为三等收价出放。上等街基三千三百八十八丈方,每丈方收价钱八百文、中等街基七千三百零八丈方,每丈方收价钱六百文、下等街基一万三千四百五十二丈方八尺,每丈方收价钱四百文。共计收钱一万二千四百七十六千三百二十文。兴隆堡地尤僻远,且苦于井深无水,各户虽领作街基而商民至今未集。所放街基共八百八十四段,每段宽一丈,长二十丈,收价钱二千。共计收钱一千七百六十八千。三处统共收街基钱二万一千八百七十七千三百七十文,均已由局解交度支司库兑收。　7676－7677

又奏:勘放第三次吉林府等属生熟零荒晌亩,征收荒价分别升科。略称,自光绪三十年起至三十四年止,由吉林府、双城堡、双城厅、伊通州、磐县、敦化县、延吉厅、绥芬甸子等处共放出生荒四万一千九百三十七晌八亩六分六厘,又放出熟荒一万一千二百三十八晌九亩五分二厘。共收荒价钱四十六万八千七百二十一千四百五十六文。前于光绪三十四年五月、本年二月分作二次奏报。在案。兹据吉林府、拉林、伯都讷厅、双城厅、五常厅等五次荒务总分各局先后呈报,此次所放皆系各乡村夹段零荒,计自光绪三十二年至宣统元年,由各该属界内共放出生荒二万九千九百六十二晌一亩六分二厘,共收荒价钱二十七万四千七百七千六百六十六文。共放出熟荒四千二百九十八晌三亩四分,共收荒价钱八万零二百六十九千五百七十八文。统共放出生熟荒地三万四千二百六十晌零五亩零二厘,共计收荒价钱三十五万五千零四十六千二百四十四文。如数拨交度支使司库收存。所放生荒一项,照章扣除三成,房园井道,按照七成纳租。予限五年,一律升科。其熟荒均系当年升科,照章每晌交纳大租钱六百文,归于各该民署征解抵饷,仍遵部咨开单报部,免再造册。 7677

又奏:续勘第五次新城府等处,原纳大租浮多地亩升科。略称,先将吉林府属境舒兰、荒沟河、漂河、桦皮甸子、乌林沟围场、八牌,并续放三结夹荒,以宾州厅、五常厅、双城厅、长寿县、双城堡、延吉厅、伊通州、敦化县、绥芬厅、和龙峪、磐石县等处纳租地亩,按户查勘、统计。封纳大租原地共八十七万三千二百二十一晌四亩七分七厘九毫,内共清出浮多地二十五万零九百二十晌零五亩四分零一毫。前于光绪三十二、三、四年、宣统元年,分作四次奏报。在案。兹据依兰府呈报,查清方正县民户封纳大租地亩,并据伯都讷荒分局呈报,清理新城府、榆树县两属大租地亩一律完竣。统计勘得方正泡号荒珠尔山蒩梨厂、隆科城北下坎、新城局八里荒、凉水泉、哈当阿归公各项,封纳大租原地共三十万零九千八百九十一晌二亩三分二厘九毫内,共清出浮多地三万三千八百八十五晌一亩七分七厘一毫。其清出浮多地亩均自光绪三十四年起,随同原地归于新城府榆树县,并伯都讷副都统旗民各衙门,照章征租抵饷。仍遵照部咨开单报部,免再造册。 7677

(宣统二年) 又,度支部会奏:遵议东三省总督奏,援案变通招垦蒙荒,酌拟试办。略称,查原奏内,开奉省前放扎萨克图王旗蒙荒案内,剩有坐落靖安县未放沙碱余荒一万九千三百七十余晌,按一五折扣,计实荒二千九百余晌,交该管靖安县招放。截至本年仅放出荒地一千三百余晌,尚有实荒一千六百余晌无人承领。该县请将此项余荒,免收地价招垦升科。查奉省历来丈放蒙荒所收地价,应以一半分归蒙旗。若准免收,虑蒙旗或生阻力。即饬洮南府知府向该蒙旗商准,扎萨克王允将地价一并免补。覆查黑龙江省荒地因收价丈放,久无成效,变通办理,每晌只收经费四百文,不收押租。奏准有案。本年江省兴东、瑷珲沿边招垦,奏请免收地价,每晌仅收经费银四钱。奉旨:允准。亦在案。兹靖安县余荒,原系蒙荒放剩之地,委因招放无人承领,见剩余荒仅一千六百余晌,照章应收价三千余两,除蒙旗应分一半外,公家所得不过一千数百两。蒙旗应得一半地价既经商允免缴,所有未放余荒援照江省奏准成案,免价招垦。仍照成案每晌收经费银四钱以资办公,俟垦齐后,饬令升科。如果办有成效,将来奉省未放蒙荒,凡招放不易,无人价领者,并请援照办理。等因。度支部查扎萨克图王旗垦务自光绪二十八年起,至三十二年止,其间丈放亩数、收过押荒经费、开支数目,均经前将军等奏报。在案。兹据该督所奏各节,自系为殖民实边振兴地利起见,所称地多沙碱,亦系实在情形。臣等公同商酌,拟请旨准如所请办理。饬令迅速按照所送章程招垦升科,报部查核。至所称奉省未放蒙荒,凡无人价领者,并请援照办理一节。查奉省垦务,如东西流水围场、大凌河、牛庄苇塘、广宁、盘蛇驿、凤凰厅等处均有放剩余荒。即三十三年前将军赵尔巽奏,洮南府治尚有已丈放山荒地十一万七千五百余晌,若不论地之肥瘠而一律免价招领,不惟漫无限制,且恐领户日多,转开争讼之渐。应仍令分别等则,照章办理,以重垦务,而免弊端。 7678 - 7679

又,度支部会奏,议覆:吉林巡抚奏,拨荒安置赫哲旗丁,仍恳赏给恩饷。略称,查原奏内称,光绪三十三年,恭奉筹画旗丁生计之谕旨:著各省督抚会同将军都统等,查明驻防旗丁数目,计口授田。等因。当经前抚臣朱家宝钦遵办理。只以吉林全省旗丁人数众多,款项支细,惟有先就轻而易举者试办。查有临江州富克锦地方,原有赫哲四旗,向以渔猎为生,不事生产,近经该管官设法提倡,始知学习种植五谷,而生计之艰窘,尤为各旗丁之最。复查临江州属苏苏屯、富克锦州城、乌苏里等地,尚有未经放出余荒,与赫哲旗丁相近,拟每丁拨给十晌以资开垦。见据呈覆。厢黄等四旗计四百三十九户,共计一千二百丁,拨给实荒一万二千晌。填发大照,令其开垦,岁食饷糈,亦应停止。该丁等初习耕作,加以牛具、籽种所费甚巨,若不预为筹及,则坐守荒田,仍属资生无策。恳恩俯准,由宣统二年起,仍发给恩饷三年,以作农本。该处气候较冷,收获既少,拟请由开齐之日起,五年后一律升科。度支部查核该抚所奏,自为遵筹旗丁生计起见,应恳俯如所请,照数拨给截留,照根送部。并令该抚转饬该府县依限升科,造入奏销报查。至原奏请仍发给恩饷三年以作农本一节,应即一并照准,以示体恤。惟此项饷糈向归何案奏销,每月每名应支若干,每年额支若干,未据声叙,应令查明,专案报部备查。此项归农丁户,自应按照安置地界,分别拨归临江府富锦县管理,以一事权一节。民政部查该处渔猎旗民计口授田,自系实边至计,不仅裨益旗民。既经度支部议准,应即切实办理。惟授田之初,务先画定经界,所有苏苏屯、富克锦州城、乌苏里等处未放余荒,拨给该旗丁等田亩坐落,自应造具详细亩册连同户口表册咨部立案。再,原奏内称,临江州已改升临江府,富锦县亦将设治,尤应将该府县界址如何分画之处,先期厘订。请旨饬下该抚委员,测绘方里详图送部。　　7679

三年　东三省总督锡良电奏:奉省园地按照浮多熟地分年减免地价办法。概令原业首报升科,以裕课赋。　　7681

卷二十五　户口一　户口考一

(嘉庆)五年　议准:查出郭尔罗斯地方流寓内地民人二千三百三十户,均系节年租地垦种,难以驱逐,应画清地界。自本旗游牧之东穆什河,西至巴延吉鲁克山二百三十里,自吉林伊通边门,北至佳窝铺一百八十里定为规制,不准再有民人增居。每年令吉林将军造具户口花名细册,送部备查。仍设立通判,巡检各一员弹压,专理词讼。　　7757

(十五年)　又谕:赛冲阿等奏,查办吉林、长春两厅流民一折。据称,吉林厅查出新来流民一千四百五十九户,长春厅查出新来流民六千九百五十三户。等语。流民出口节经降旨查禁,各该管官总未实力奉行。以致每查办一次,辄增出新来流民数千户之多。总以该流民等业已聚族相安,骤难驱逐为词,仍予入册安插。再届查办,复然。是查办流民一节,竟成具文。试思此等流民多至数千户,岂一时所能聚集。该地方官果能于入境之始认真稽察,何难即时驱逐。且各省流民经过关隘处所,若守口员弁果能严密稽查,何能挈族偷渡。各该管官种种废弛,于此可见。除此次吉林、长春两厅查出流民姑照所请入册安置外,嗣后责成该将军等督率厅员实力查禁,毋许再增添流民一户。如再有续至流民,讯系从何关口经过者,将该守口官参处。至长春厅民人向系租种郭尔罗斯地亩,兼著理藩院饬知该盟长札萨克等,将见经开垦地亩及租地民人查明确数,报院存案。嗣后毋许扣致一人,增垦一亩。如有阳奉阴违,续招民人增垦地亩者,即交该将军咨明理藩院参奏办理。　　7758

十六年　谕:户部议覆,吉林将军赛冲阿查奏,伯都讷流民纳丁入册一折。已依议。行矣。其折内称,嗣后令该将军严饬各边门关隘,实力查禁。并饬该管官申明保甲之法,毋再容留滋弊。等语。内地流民出口私垦本干例禁,迨人数众多难以驱逐。阅数年查办仍恳请编丁入户。不过以此后申严例禁令,不得再有私垦为辞。该将军等亦视同具文,并不实力查办，殊非清源节流之道。著通谕直隶、山东、山西各督抚，转饬各关隘及登莱沿海一带地方，嗣后内地民人有私行出口者，各关门务遵例查禁。若官吏互相容隐，私行纵放，一经查出，即据实参处。如此后各省关禁一律申明，使出口之人渐少，则私垦之弊当不禁而自除。该将军仍督令该管官随时严查保甲，互相稽考，各专责成。　　7759

二十二年　户部议：驳吉林将军富俊奏吉林各属民户滋生人丁，请照阿勒楚喀、拉林之律一律征丁。核与例案不符，应毋庸议。上谕：部驳甚是。各直省续生人丁，康熙年间奉有永不加赋恩旨，所当永远遵行。其阿勒楚喀、拉林二处，专系为编查流民而设，岂能援以为例，将吉林阖属一律征丁。富俊不知政体，著传旨申饬所有该将军奏请将吉林、宁古塔、伯都讷三姓等处滋生人丁起科加赋之处，著毋庸议。　　7761

臣谨案：例载康熙五十年以后，谓之盛世滋生人丁永不加赋。普天之下同沐皇仁，乃今富俊欲于吉林各属仿照阿勒楚喀、拉林之例一律征丁，是徒然为朝廷树怨，而墨吏得操纵，以饱其囊橐，如之何其可也。　　7761

（道光）二十四年　会计天下民数四万一千九百四十四万一千三百三十六名口。咸丰元年，除江苏安徽、湖北、贵州未经册报外，奉天等直省民数，通共大小男妇二万九千三百七十四万二百八十二名口。　　7761

（宣统元年）　山海关驻防正户一千九百二十四户，成都驻防正户二千六百四十户、附户九百二十户，青州驻防正户二千三百九十七户，河南驻防正户六百九十七户、附户九十三户，察哈尔所属正户一万二千八百四十二户，科布多所属正户一万四千七百一十四户，热河所属正户四十三万零五百五十四户、附户七万二千四百零四户，京城内外巡警厅正户六万八千九百户、附户六万二千九百四十户，顺天府四厅所属正户六十六万九千一百八十三户、附户十三万四千二百零七户，奉天全省正户五十六万八千六百零三户、附户二十七万一千九百三十四户，吉林全省正户四十六万零一百七十户、附户二十七万六千三百一十户，陕西全省正户一百二十七万八千九百四十七户、附户二十六万五千四百三十五户，云南全省正户一百四十二万二千九百八十九户、附户二十一万七千九百五十三户，直隶各府所属正户一百六十三万五千二百零五户、附户二十五万零九百四十九户，安徽各府所属正户二百二十一万一千五百六十九户、附户五十七万一千五百八十四户，湖南各府所属正户一百八十四万二千三百一十五户、附户一百三十八万六千一百五十九户，河南各府所属正户一百二十四万九千八百零六户、附户二十四万六千七百四十四户，新疆各府所属正户二十二万九千三百八十九户、附户四万二千八百六十八户，江苏各府首县商埠正户三十二万九千八百五十七户、附户十二万六千一百十九户，福建各府首县商埠正户六十一万二千一百户、附户十六万八千四百五十七户，浙江各府首县商埠正户一百七十九万二千八百四十一户、附户九十五万二千八百九十九户，山东各府首县商埠正户八十三万九千零二十八户、附户七万零九百二十六户，湖北各府首县商埠正户九十六万三千七百八十户、附户三十二万零六百八十二户，广东各府首县商埠正户一百二十三万六千八百二十一户、附户十三万一千一百零四户，广西各府首县正户五十万九千一百八十二户、附户二万九千零四十六户，贵州首府首县正户一万零六百三十七户、附户三千九百一十五户。　　7764

（二年）　又，民政部奏：遵章调查第二次人户总数。略称，见据依限报部者，则有京师内外城，顺天府及奉天、吉林、黑龙江、直隶、江宁、江苏、安徽、山东、山西、河南、陕西、甘肃、新疆、福建、浙江、江西、湖北、湖南、四川、广东、广西、云南、贵州等省，京城八旗内务府，京营四郊左右翼、东陵、西陵、马兰、泰宁、两镇、热河、察哈尔、密云、山海关、福州、青州、绥远城、西安、凉州、伊犁、成都、广州、科布多、西宁、库伦、乌里雅苏台、塔尔巴哈台、川滇边务等处。其江宁、京口、杭州、宁夏、荆州各驻防尚未报到，业经臣部咨催赶办。至山东、安徽、浙江、新疆、湖北、广东、云南等省及右翼所管雄县驻防，经臣部驳回覆查更正，统俟造送到部。即汇造各省第二次查报户数清册，通咨京外各衙门备案，以符定章。其提前查口填表送部者，除吉林、黑龙江、直隶、江西、贵州等省及正蓝旗汉军内务府右翼五处，均驳回覆查更正外，其京师内外城、顺天府、山西、浙江、四川等处及镶黄旗汉军、镶白旗汉军、密云、山海关、广州、科布多各旗驻防均经臣部覆核无异。其上年未经造报人户总数各处，除杭州、京口两次均未查报外，如黑龙江、江宁、山西、甘肃、江西、四川等省，川滇边务所属及内务府左右翼、东陵、西陵、马兰、泰宁两镇、伊犁、绥远城、江宁、福州、广州、凉州、西宁、塔尔巴哈台等处驻防均经补报到部，或加入第一次汇造户数清册，或并归第二次查户办理，务其循名核实，不厌求详，一洗敷衍之风。　7764－7765

　　又，京外提前查报人口总数　京师内外城男子五十万零八千零一十九丁，女子二十五万六千六百三十八口，附查学童四万七千六百五十三名，壮丁二十万零四千八百九十九名。顺天府所属男子一百九十九万一千零九十六丁，女子一百七十四万三千六百二十口，附查学童三十二万七千八百九十五名，壮丁五十九万一千六百零八名。吉林全省男子二百六十八万五千零六十六丁，女子二百零九万六千七百口，附查学童五十六万七千五百二十一名，壮丁八十四万四千二百六十七名，黑龙江各府所属男子八十一万零零四十二丁，女子六十三万七千四百九十六口，附查学童一十万四千七百一十六名，壮丁四十六万八千一百零七名。直隶全省男子一千一百五十三万一千零六十七丁，女子九百六十二万四千六百四十七口，附查学童一百八十一万四千九百四十名，壮丁三百九十四万四千八百六十七名。山西八十九属男子四百五十二万八千四百四十五丁，女子三百四十零七百一十九口，附查学童四十九万三千七百零七名，壮丁一百五十八万七千一百九十一名。浙江各府所属男子七百万零四千零八十二丁，女子五百九十万零九千二百三十七口，附查学童一百零三万零三百三十六名，壮丁三百零五万七千九百一十二名。江西全省男子八百零三万三千七百五十二丁，女子六百一十四万六千三百九十一口，商埠男子一十三万八千零五十二丁，女子七万三千二百二十六口，本籍船户男女四万四千三百四十丁口，客籍船户男女三万六千九百一十八丁口，学童，壮丁漏未附查。四川一百二十五属男子七百一十二万一千三百五十九丁，女子五百二十九万九千一百七十四口，船户男子一万一千七百三十一丁，女子二千八百零六口，附查学童一百三十三万八千三百三十名，壮丁二百五十九万五千四百七十九名。贵州全省男子四百六十三万六千九百六十五丁，女子三百八十六万六千九百九十八口，附查学童八十六万二千九百五十一名，壮丁一百九十八万七千八百三十六名。镶黄旗汉军男子七千三百一十九丁，女子七千五百一十三口，附查学童一千八百七十二名，壮丁二千九百四十三名。镶白旗汉军男子六千零六丁，女子五千七百七十八口，学童，壮丁漏未附查。正蓝旗汉军男子五千五百三十二丁，女子五千一百二十一口，附查学童一千四百六十一名，壮丁二千三百一十一名。密云驻防男子四千一百七十丁，女子三千六百五十口，附查学童六百七十五名，壮丁一千零二十五名。山海关驻防男子三千六百九十一丁，女子三千二百三十三口，学童，壮丁漏未附查。广州驻防男子二万四千零三十三丁，女子二万四千零六十一口，附查学童二千八百三十七名，壮丁九千五百九十五名。科布多所属男子三万八千三百五十五丁，女子二万九千零七口，附

查学童五百六十九名，壮丁一万七千四百五十四名，喇嘛一千九百五十二名。　　7765

三年　民政部奏：遵章编定户籍法，参考东西各国良规，折衷讨论，厘为八章，计一百八十四条。请饬交宪政编查馆覆核，以利推行。得旨。宪政编查馆查核具奏。　　7765

又，民政部汇造京外第二次查报户数清册　京师内外城合计正户六万八千五百六十一户，附户七万零零零九户。顺天府四厅合计正户六十万零零七百九十七户，附户九万一千八百九十九户。奉天二十八属合计正户五十四万九千九百一十户，附户二十四万九千九百二十六户。吉林全省合计正户四十二万二千七百八十一户，附户三十一万六千六百八十户。黑龙江全省合计正户一十四万五千九百二十九户，附户九万五千零八十二户。直隶全省合计正户三百六十万零七千零六十七户，附户五十五万七千一百六十二户。江宁各属合计正户二百八十一万五千九百四十八户，附户三十九万七千五百三十五户。江苏各属合计正户一百六十九万七千四百九十九户，附户四十七万二千六百二十九户。安徽全省合计正户二百四十八万六千八百九十六户，附户六十五万四千二百八十八户。山东全省合计正户五百一十四万三千六百九十九户，附户二十三万四千一百七十三户。山西全省合计正户一百五十二万零零三十一户，附户四十七万零零零四户。河南全省合计正户三百九十六万九千三百零八户，附户六十九万二千二百五十八户。陕西全省合计正户一百三十一万九千二百一十户，附户二十八万二千二百三十四户。甘肃全省合计正户七十一万一千户，附户十九万五千六百三十九户。新疆全省合计正户三十八万五千八百四十五户，附户六万二千九百三十四户。福建全省合计正户一百六十九万九千零六十七户，附户六十七万七千七百八十八户。浙江全省合计正户二百五十二万四千六百三十五户，附户一百三十六万三千六百七十六户。江西全省合计正户二百三十二万四千六百五十户，附户一百一十一万五千二百二十三户。湖北全省合计正户四百一十八万三千一百七十九户，附户七十四万九千三百五十四户。湖南全省合计正户二百五十七万四千一百二十八户，附户一百七十一万四千零三十六户。四川五十五属合计正户二百三十四万零四百二十九户，附户九十三万七千九百九十二户。广东全省合计正户四百三十五万八千四百七十三户，附户六十八万三千三百零七户。广西全省合计正户一百零九万七千五百三十九户，附户七万七千零零五户。云南全省合计正户一百三十二万八千二百九十二户，附户二十一万九千七百二十二户。贵州全省合计正户一百六十三万四千七百八十二户，附户一十三万六千七百五十一户。京城二十四旗，合计正户十一万八千七百八十三户，附户无。内务府三旗，合计正户四千五百七十一户，附户无。京营四郊，合计正户五万六千五百三十六户，附户一万七千六百五十六户。左翼四处，合计正户四百八十六户，附户三百六十八户。右翼五处，合计正户五百三十六户，附户二百四十户。东陵所属各旗，营合计正户二千九百八十一户，附户一千二百二十五户。西陵所属各旗营，合计正户九百零八户，附户一百三十八户。马兰镇营，合计正户五百八十六户，附户三百四十户。泰宁镇各营，合计正户二千二百零九户，附户七百六十六户，热河各蒙旗，合计正户五万四千九百九十四户，附户二千七百六十四户。直隶提督所属驿站，合计正户五百三十二户，附户无。察哈尔所属，合计正户一万二千九百八十户，附户无。密云驻防，合计正户一千九百三十五户，附户无。山海关驻防，合计正户一千九百四十九户，附户无。江宁驻防，合计正户一千五百二十三户，附户二百九十三户。青州驻防，合计正户二千四百零五户，附户无。绥远城驻防，合计正户二千七百六十五户，附户无。西安驻防，合计正户二千五百二十五户，附户一千三百七十三户。宁夏驻防，合计正户六百零七户，附户无。凉州驻防，合计正户七百九十四户,附户无。伊犁驻防,合计正户一万三千二百一十四户,附户无。福州驻防,合计正户一千七百三十八户,附户五百四十六户。荆州驻防,合计正户六千零九十二户,附户无。成都驻防,合计正户二千五百一十六户,附户一千三百四十一户。广州驻防,合计正户六千八百八十五户,附户三千七百五十三户。乌里雅苏台所属,合计正户一万三千四百四十五户,附户无。塔尔巴哈台所属,合计正户三千八百八十七户,附户无。科布多所属,合计正户一万七千一百零八户,附户无。西宁所属,合计正户一千二百二十一户,附户八百一十一户。库伦所属,合计正户四万零一百零五户,附户无。川滇边务所属,合计正户四万六千三百六十二户,附户二千五百一十二户。　7765－7766

　　臣谨案:马考户口门,惟历代户口丁中赋役附以奴婢。皇朝通考于普通户口外,别列八旗户口一项。今民政部调查户口,以各旗汇入各省统计之,自应列于普通户口项下,其专属旗籍者,仍归入旗户口项下,不在此列。　7766

　　附载备考

　　一、奉天省户数前准该督咨称:奉天全省府厅州县共计五十五属,除奉天、锦州不辖地面外,承德县等二十三属户数已于上年咨报,此次概未列入。惟报昌图等二十八属户数,尚有醴泉一属蒙旗,未经调查。各等语。故清册内不列全省。

　　一、吉林省户数,前准该抚咨称:该省各厅州县办理行政事宜之直接机关与各省不同,各厅州县户数不得并入府与直隶州厅属。各等语。故清册内仍照原表开列。

　　一、江苏宁属户数,一为总督咨报,一为巡抚咨报,故清册内不必合省以便查阅。

　　一、河南驻防系归巡抚兼辖,故清册内该省户数将驻防列入。

　　一、四川省户数,前准该督咨到八十九属户数,已声明余有未经查报之五十五属,请归入第二次办理。等语。故清册内仅列五十五属户数。

　　一、马兰镇及福州、成都、西宁等处户数,仅咨总数,并未分晰列表,故清册内只照总数开列。

　　一、杭州乍浦京口驻防户数,两次均未查报。经本部叠催去后,于本年四月内始补咨到部。
(下略)　7767

　　兹就最近调查所得附录于后:

　　直隶三千零十七万二千零九十二人,北京四百零一万四千六百十九人,江苏二千八百二十三万五千八百六十四人,上海五百五十五万零一百人,安徽一千九百八十三万二千六百六十五人,江西二千四百四十六万六千八百人,浙江二千二百零四万三千三百人,福建二千三百十五万七千七百九十六人,奉天一千二百九十二万四千七百七十九人,吉林、黑龙江共九百二十五万八千六百五十五人,云南九百八十三万五千一百八十人,贵州一千一百二十一万六千四百人,山东二千零八十万三千二百四十五人,山西一千一百十一万四千九百五十一人,河南三千零八十三万一千九百零五人,湖北二千七百十六万七千二百五十四人,湖南二千八百四十四万三千二百七十七人,陕西九百四十六万五千五百五十八人,甘肃五百九十二万七千九百九十七人,新疆二百五十一万九千零七十九人,广东三千三百十七万八千七百零九人,广西一千二百二十五万八千三百三十九人,四川二千五百七十六万三千五百零七人。以上统计,四万八百十八万二千零七十一人。　7767－7768

　　内蒙六盟民数:东三盟、昭乌达盟十三旗二十万人,岳索图盟七旗二十二万人,哲里木盟十旗五十万人,西三盟、锡林郭勒盟五万人,伊克昭盟、乌兰察布盟连西土默特旗、阿拉善旗共十七旗，仅二十余万人，青海二十九旗，新旧土尔扈特共十余万人，新疆土尔扈特二十旗，二十万人，黑龙江有伊克明安旗约万人。又，达古拉内蒙古二十旗，共三十万人。皆同化满汉。又，索伦蒙古一旗，约千余人，呼伦贝尔十七旗，三万人，奉天彰武县有新苏鲁克、陈苏鲁克两旗，二万人，吉林新城扶余县有纳尔罕蒙古一旗，约万人，察哈尔十四旗，约三万人，以上内蒙人口约共一百七十万。外蒙四汗及科布多调查，共八十七万一千余人。唐努乌梁海仅三万九千余人，经俄画作自治联邦，已与外蒙无关矣。　7768

卷二十六　户口二　户口考二　八旗户口　奴婢附

（乾隆六十年）　又奏准：黑龙江之索伦达呼尔并额鲁特回子等家奴在西藏军营出力，奉旨作为另户。请将此项家奴准其本身入于丁册，与彼处兵丁一体当差。至其父及胞兄弟、子孙，仍不准入于丁册。嗣后凡遇军营，此项出力家奴作为另户之处，永行停止。　7769

又议准：黑龙江另户之祖父兄弟子嗣人等，既经奏准免其为奴，其无力回籍情愿在该处居住者，自不便仍令伊主管束，应准其归于民籍，交与各该旗营佐领下按名收管。如遇比丁之年，将伊等为民户口另造清册，送部备查。　7769

（嘉庆五年）　又奏准：凡另户旗人逃走，无论满洲、蒙古、汉军人等初次逃走被获者鞭一百，一年内投回者免罪，一年外投回者鞭六十。二次逃走被获者，枷号一月、鞭一百。六个月内投回者免罪，六个月外投回者，鞭八十。三次逃走被获者，发黑龙江等处。三个月内投回者，免罪，三个月外投回者，鞭一百。三次后复逃者，其投回不论年月均照初次逃走被获例，鞭一百，交该旗严行管束。如各省驻防及屯居旗人有犯逃走者，均照此分别次数办理。　7770

十三年　谕：兵部议，驳观明奏请于齐齐哈尔、黑龙江、墨尔根、呼兰四城添设步甲拨款生息一折。所议甚是。齐齐哈尔等处闲散壮丁增多，该将军即欲筹画生计，自应广辟地亩，饬令力田，方为本务。乃辄请添设步甲拨款生息，以资养赡。无论该四城壮丁共有一万五千余名，今即添步甲五百名，仍不能遍给。而海内生齿日繁，若各处驻防率皆以丁数增多纷纷奏请添设兵额，尤属不成政体。观明身系满州世仆，不揣事之窒碍难行，率为此奏，实属不晓事理，著照部驳不准行。仍传旨申饬。　7770－7771

（十七年）　又谕：八旗生齿日繁，京城各佐领下户口日增，生计拮据。虽经添设养育兵额，而养赡仍未能周。普朕宵旰筹思，无时或释。前日举行大阅典礼，各旗营队伍整齐，在南苑先期训练，只遵约束。朕嘉旗人服习教令，更念养先于教，为之谋衣食者益不可不周。国家经费有常，旧设甲额见已无可复增，各旗闲散人等，为缺额所限，不获挑食名粮。其中年轻可造之材或闲居坐废，甚或血气方刚游荡滋事，尤为可惜。因思东三省原系国家根本之地，而吉林土膏沃衍，地广人稀。闻近来柳条边外采参山场日渐移远，其间空旷之地不下千有余里，悉属膏腴之壤。内地流民，并有私侵耕植者。从前乾隆年间，我皇考高宗纯皇帝，轸念八旗人众，分拨拉林地方给与田亩，俾资垦种。迄今，该旗人等甚享其利，今若仰循成宪，斟酌办理，将在京闲散旗人，陆续咨送前往吉林，以闲旷地亩拨给管业，或自行耕种，或招佃取租，均足以资养赡。将来地利日兴，家计日裕，该旗人等在彼尽可练习骑射，其材艺优娴者，仍可备挑京中差使，于教养之道实为两得。著传谕：赛冲阿、松宁，即查明吉林地方自柳条边外至采参山场，其间道里共有若干。可将参场界址移近若干里，悉数开垦，自此以外所有闲旷之地，计可分赡旗人若干户，并相度地势如何，酌盖土锉、草房俾藉栖止。其应用牛具、籽种每户约需若干。再,该处见有闲散官员是否足资统束,抑或须增设佐领骁骑校之处,一并详细妥议章程,并绘图贴说具奏,候朕酌度。或先派旗人数百户前往试行,俟办有成效将来即可永资乐利。此事经营伊始,该将军等毋得畏难观望,尽心筹画以副委任。　7771 –7772

臣谨案:乾隆五年,御史范咸上八旗屯种疏。略谓,今日欲为满洲八旗立恒产,惟有沿边屯田一法。辽东边外原我国家发祥之地,兴京一处似宜建为都会,择可垦种之地,派旗人前往驻牧。其余如永吉州、宁古塔、黑龙江幅员不下四五千里,其间地亩或仅设为牧厂,或且废为闲田,亦甚可惜。然则吉林各属土膏沃衍,彼时依策而行,将使杏花、菖叶耕获不怨,岂特旗人生计之利,亦国家无疆之福也。　7772

(道光)五年　谕:京旗户口前往双城堡屯田,见届道光六年移驻之期,经户部查明,愿往者共一百八十九户,较之道光四、五年倍形踊跃,来年前往者自必更多。若照原议章程每年以二百户为率,稍逾奏额即令裁撤,该闲散等未免向隅。且上两届每年仅数十户,纵将来人数稍多,该处地亩房间亦可截长补短。嗣后著不必拘定二百户之数,该将军富俊即加意筹画,妥为经理,以期旗人生计日臻饶裕。其各旗咨报户口自明年为始,著于正月以后即将愿往者,陆续呈报,截至六月底为止。该部按照人数多寡先行咨照吉林将军豫为料理,至七月以后报出户口如人数不多,仍归入该年册内,倘人数过多即另入下年移驻,俾京外俱得从容布置。　7772

咸丰二年　谕:前据奕兴奏,奉天灾歉地方旗丁出外谋生,请变通章程办理一折。当交户部速议。具奏。兹据奏称,该旗丁实因本年金州、复州田禾灾歉,贫苦无资,暂驻双城堡就食,与平日无故前往,希图占居者,情事不同。等语。朕思该处旗丁偶遭荒歉,若将其外出谋生之路概行禁止,非所以示体恤。著照该将军等所请,将原定续往双城堡旗人照逃旗办理章程,暂予宽免。仍著该将军等转饬该管各员,挨户查明册报,俾有稽考,并著吉林将军妥为劝谕。俟年岁丰收,各归本旗,以安生业。倘查有流民潜往影射,即著饬属认真驱逐,毋任别滋事端。　7772

(光绪三十年)　又,内阁会议政务处议覆:直藩增韫奏推广旗丁生计。略称,据直隶布政使增韫奏推广旗丁生计,藉实边陲折。臣等覆核原奏,本移民实边之意,为屯垦久远之图。自开荒领地以及贷资本、立银行、设管理大员皆属相因之事,计虑亦甚周详。窃维迁民之策,自古为难。道远则转徙艰,人众则费用巨。东西各国殖民政策,首在航路、轨路之交通。如原奏调查边荒一节,黄河上游,若后套多可耕之地,迁民屯垦以西北驻防为便。若陕甘之与新疆,川省之与藏卫,名为接壤,而蛮山沙漠跋涉于数千里之外,非独人情不顺,抑亦事势难行。惟东三省水陆兼通,而人稀土沃,徙垦最宜。见据该省总督徐世昌等奏报筹备迁民一折,谓京汉一路与京奉轨线相接。海上航路由烟台而达营口,取道尤便。计赴江人民以直、豫、皖、鄂及山东数省为宜,刻正筹画安插经费。一俟妥商就绪,应即遣员绘图,遍赴各省设局办理,以广招徕。等因。是该藩司迁民开荒一策,若先从东三省办起,似亦因时制宜之法。应请饬下直隶、山东、河南、安徽、湖北各督抚将军、副都统等,查明驻防旗丁数目。除原有牧厂、庄田及附近州县有地可购,遵照八月二十日谕旨办理外,其或本省无地可授及闲散旗丁并无营业者,分别调查另编册籍。咨会东三省督抚详筹办法。至围场垦务,光绪三十一年,奉旨派臣袁世凯督办,当将委员勘丈设局招垦。等情。并豫筹退伍旗兵永远生计奏明。在案。是该处屯垦业经兴办,无庸再议。又,原奏分别业田、学田及每丁领地十顷一节。查垦荒十顷,恐非一夫之力所能周,招佃承种,又易启辗转典押之弊。且垦地有远近,田土有肥硗,似难一律而论。至筹贷成本,自是开荒要义。惟原奏谓领田一亩者,代给资本银一两。则如移屯万人,人领十顷,借本已需千万川资。一切尚不在内,如何筹集巨款,原奏亦未有办法。以上两端,应由驻防与招垦省分将军、督抚等会同商定议章,妥为经理。如其屯垦之事办有端倪,非有银行为之枢纽,则交通不便,而机关不灵。当如原奏,筹设劝农银行及分设支店,贷款购物,一切取给于斯。目前但为便民之计,异时即为储蓄银行之基。将来应需成本,除该省设法筹集外,或由公家量为补助,以冀渐次扩充。其指拨磅余及由旗丁举员承办,事多窒碍,应无庸议。以上各节清查资遣,责在驻防省分,经画安插,责在招垦省分。如由该管各地方官总其纲要,徐图布置,自能期底于成。所请设立管理大员,窃恐事权分属,无所裨益。又,另片请准旗丁出外谋生,删除旧例各节。查同治四年奉谕:八旗都统等,会同户部等奏,遵议沈桂芬条陈筹费移屯,恤旗民而实边防一折。据称旗人听往各省之法,道光年间曾经筹办有案。见拟量为推广,以裕旗人生计。嗣后旗人有愿出外营生者,无论降革休致文武官员及未食钱粮、本食钱粮举贡生监暨兵丁闲散人等,准由该都统给照前往。如愿在外省生业,准其呈明该州县编为旗籍。其服官外省之降革休致文武各员及病故人员之子孙亲族人等无力回京者,亦准一体办理。所有词讼案件统归该州县管理。如有不安本分滋生事端者,即由该地方官照民人一律惩治。其愿入民籍者即编入该地方民籍。各等语。所筹尚属周妥。即著八旗都统将此次推广办法逐节出示晓谕,俾众咸知,以裕生计而示体恤。钦此。是原奏所陈早经筹办,今应申明成例,通行各衙门遵照办理。又,片奏退伍汉兵,同时安插垦种。查各省募兵其经遣散者,大都逗遛外省,不回本籍。即使招垦,未必乐赴。将来征兵期满,其退伍者或以家无生产愿就屯垦,应由该省督抚酌量设法安插,以广皇仁,而固军志。

7777

三十四年　东三省总督徐世昌等奏陈:江省旗丁生计遵筹办法。略称,自三省练军而子弟习为窳惰。自庚子构乱而生计愈益艰难,然江省旗人情形实有较内地迥乎不同者。盖内省驻防类皆聚处省城一隅,既多限于谋生,遂相习为游惰。江省幅员广阔,从前汉民稀少,八旗子弟分驻各城。计除省城将军衙门及外城各署当差人员,率多旅进旅退,不事生业外,其各处散居旗丁从事农业耕凿,相安者亦不乏人。又,或恃牧猎以为生,或倚樵薪为度日,率皆各执一艺,足以自存。呼兰老圈地垦至十余万晌,东兴镇、铁山包两处,从前本系奏办屯田,此尤见丰镐赳桓,固无不能从事南亩者。然,此尚属其自营生业者也。近数年来,臣德全于通肯垦务变章一事,为旗丁筹出款项五十余万。东西布特哈则奏准酌提二成荒价,为办理新政、津贴官兵之需。于省城附郭荒地,凡旗丁已垦之地,皆奏明拨给,永远为业,所有余荒并减价,先尽旗丁承领,以劝农务。至通省旗兵向多窳败,又于变通善后折内将兵饷奏明改练巡防,见又拨官兵津贴之款创修齐昂枝路。凡此皆为八旗久远之谋,实已早体圣明,广筹生计之意。惟省城及各城当差人员暨无地旗户,非为广筹恒业,仍不足以期经久。查江省地面寥阔,类多未辟闲荒,应恳俯准按照各城情形酌拨地段,并免收荒价,以示体恤。见拟将嫩江迤西省属未经放出之荒,酌留数段作为省城无地官兵生业。计每官一员拨地二方,每兵一名拨地一方。如有余荒,仍均匀拨给无地散丁耕种。并责成各该协佐督令限期垦辟,以开地之多寡定协佐之功过,务收实效而后已。其瑷珲、墨尔根两地种地旗户甚夥,应令各该城副都统分别查明有地无地,各旗丁均照省城一律办理。又,东布特哈前已就荒价项下酌留二成,应令该处总管亦分别查明,实系无地丁户量与荒地,以兴农政。西布特哈仍应仿照办理,以归画一。惟呼伦贝尔各旗丁素以牧养为生，一时势难责令耕种。应请于该处宽留牧厂，画定房基责令筑室，并令于畜牧一事，讲求滋息之法，兼教以树艺之道。至东兴镇、铁山包两处本有屯田通肯，则荒务早经办竣。且旗丁半皆地户，腴壤尤多，呼兰则原有熟地，均无庸另为筹议。其瑷珲、墨尔根、呼伦贝尔各城将来放荒收价时，并请援照布特哈成案，由荒价酌提二成以为办理各项实业教育事宜之用。以上各节，均系查酌情形，或为从前所已办，或为见在所应筹，总期于江省事务适协其宜，于旗丁生计务求有济。不必多筹巨款，而实惠固已普沾矣。7778

又谕：设立变通旗制处一事，前降谕旨未尽宣示明白。见在朝廷一视同仁，勤求治理。兹特谕知，该处王大臣等其宗旨在于变通应改之制度，尽力妥筹教养之方及一切生计，总期自强自立之意。所有钱粮兵饷仍无意照常，毋使八旗人等妄生疑虑。特谕知之。 7778

东三省政略旗制篇 略称：奉天八旗驻防共四十一处，内分城十五：曰盛京、曰辽阳、曰岫岩、曰广宁、曰牛庄、曰铁岭、曰兴京、曰开源、曰凤凰城、曰金州、曰复州、曰盖州、曰熊岳、曰锦州、曰义州。路九：曰巨流河、曰白旗堡、曰小黑山、曰闾阳驿、曰抚顺、曰小凌河、曰宁远、曰中后所、曰中前所。边门十六：曰彰武台、曰法库、曰松岭子、曰新台、曰梨树沟、曰白石嘴、曰明水塘、曰白土厂、曰清河、曰九关台、曰威远堡、曰英额、曰旺清、曰碱厂、曰瑷阳、曰凤凰。围场一：曰海龙。旧制以城为纲，而路及边门属之，围场则别设总管，直隶于盛京将军。自设民官后，旗营既与府县同城，旗官并无专事可治旗丁。各户散处城厢内外，驻防久称虚设。既建行省，将军职掌并于总督，旗民官吏皆受治焉。因为分其权限，专其职司。其有驻防人数与辖地之较少者，则裁撤之，如彰武台、法库等边门是也。其驻防人数虽少，而辖地较多者，则归并之，如巨流河等路之于广宁、小凌河等路之于锦州是也。其驻防人数众，辖地广，而一时未便裁并者，则整顿之，如盛京、辽阳等处之各有专城者是也。以化散为整之法，作统一而治之。计事合则治易责专而政成。去岁之裁锦州副都统与抚顺防御，近日之请裁海龙总管，皆所以核名实而便措施也。奉省为吾朝丰镐旧帮，故八旗驻防制度独备，中以迭遭事变，渐就陵夷。额设之旗官、旗兵俸饷既微，生计又困，长此不变进而愈穷。筹生计以维目前，广教育以开智识，标本兼治效果自呈。然前法之不合于今，亦犹今法之不宜于后，递嬗之际与时变迁，乐利观成，是在来者。 7778－7779

又，纪奉天变通旧制 略称：奉省旗制，积弊相仍，欲融合满汉，必先化旗民之界限，欲广筹生计，必先去倚赖之性质。因先就裁撤旗民，添设民官之处，因势而利导之。锦州副都统事务太简奏准裁撤，将该管一切事宜变通核定，改并协领办理，以协署为各旗办事。总汇之所，分设旗务、仓务二处，即将都协两署原有各司处及各旗办事档房并旗仓等归并，改设。各旗旧有摊派兵饷地租等弊一律裁革，另筹办公经费津贴。其八旗官员暂存旧制。惟出缺不补，另定对品酌调之法。原有八旗佐骁以下各员，即派人协署分办诸务，旧设兵额亦出缺不补，并挑充陆军巡警等项。至于旗丁人数既繁，尤应设法安置，为推广学堂、创办工艺厂以广成就。锦旗辖地较广，每有浮多侵冒隐匿之弊，爰定分别清丈、清赋、增租、加捐、换照等法，整饬调查，以此事关系全局，未能执一隅以为准也。该署存款不足万金，嗣查出他款盈余等项，每年约一万余两，即留为学堂、工厂及筹办生计之用。副都统又辖有料理庄粮事务，衙门承办庄地、粮差、贡献等事。自官庄丈放，庄头裁撤，无事可办，久成虚设。今副都统既裁，应办贡差亦改由旗务司办理，因一并奏请裁撤，以节靡费。此变通锦州旗务之情形也。抚顺旧设八旗驻防离省较近，辖地无多，关于户口、租饷、地目之事，向由防御分管，而属于兴京副教统。嗣撤防御设县治，因责成该县就近料理，归旗务司直辖。并由该县选派原有领催等三名，专司其事。已裁之防御四员，奏请对品酌补。其四旗原设之领催、兵匠等二百余名，暂存旧额出缺不补。此项旗兵，可选充该县巡警。其应创立小学及兴农劝工办法，已饬该县速筹举办，应用款项即由原有充公地亩及催征各地租赋盈余款内尽数拨充。其旗署原管官兵随缺地一万数千亩，又代征内仓红册地三十二万余亩，随缺地租照章尽数散放。其中防御随缺地并以后陆续出缺应收地租，以及代征各地盈余等款，均由该县报明，专备兴学劝业之需，不得擅作他用。惟其地亩向有浮多失荒之弊，按照民地一律丈放，应详查地址，画清界限，以免旗民缪辖。此变通抚顺旗务之情形也。从前将军衙门有司务厅经理文牍，各地旗按月将收发文牍摘录事由，造册呈报。并于六月、十二月，两次派员至军署声明，何事已经遵办，何事尚未举行，按册核对逐一注销，奉行既久遂成故事。自改行省设旗务司，全省往还文牍均统归承宣厅稽核，各城旗造报注销既系空文，当通饬停止，以节繁缛，而旗署一切来往公文始归齐一。其各项变通之处，未克悉数，凡以求实际、祛积习、化畛域、筹生计，为唯一之办法，是在随时提倡无规规于目前之惰逸而已。　　7779

又，纪停止比丁改用转票　略称：奉省内外各城旗每届三年，例应查比户口造册送部，名曰比丁。向由各旗佐领派员分查，按丁征钱，作为册费，不免骚扰。前民政部奏请清查户口，曾声明，八旗比丁册，嗣后不必造送咨行。有案。行省立后，适值比丁年分，通饬各城一律停止。惟此项丁册，系备查袭缺、过继、关领赏项及宗室觉罗为婚等事。见在变通旗制章程，尚未颁定一切，仍照旧章办理。如果径行废去，遇有关于上列各事无凭查核，窒碍滋多。因改照从前转票办法，迳由各该管族长就近清查，各开单册，呈由本管佐领汇造清册，送旗务司存查，不得稍有需索。以期丁不受累，而册尚可存。各城旗无论乡屯等处均有族长，平时既有亲近之谊，临时自无扰累之虞，以办此事最为适当。当另议章程，刊发告示，通饬各城自本届起一体奉行。　　7779

（宣统元年）　又，吉林巡抚陈昭常奏：拨荒安置赫哲旗丁请赏恩饷。略称，临江州富克锦地方原有赫哲四旗，向以渔猎为业，不事生产。近经该管官设法提倡，始知学习种植五谷，而其生计艰窘，尤为各旗丁之最。复查临江州所属苏苏屯、富克锦州城、乌苏里等地方，尚有未经放出余荒与赫哲之旗丁相近。当饬试署临江州知州吴士澂查明，拟每丁拨给十晌，以资开垦。见据呈覆。镶黄旗在苏苏屯一带计七十三户，共一百七十丁，拨给实荒一千七百晌。正黄旗在州城一带计八十二户，共二百零七丁，拨给实荒二千零七十晌。正白旗在富克锦一带计一百五十六户，共四百五十四丁，拨给实荒四千五百四十晌。正红旗在乌苏里一带计一百二十八户，共三百六十九丁，拨给实荒三千六百九十晌。以上统共计四百三十九户，一千二百丁，拨给实荒一万二千晌，填发大照，令其赶速开垦。等情。前来。查该丁等原系收抚赫哲旧部，编入旗籍。今既拨地领种，自应责令归农，岁食饷糈，亦应停止。但该丁等初习耕作，事事需人先导，加以牛具、籽种所费甚巨，若不豫为筹及，则坐守荒田，仍属资生无策。恩恩准由宣统二年起，仍发给恩饷三年，以作农本，用示体恤。并请由开齐之日起，五年后一律升科，以重赋课。　　7780

又，东三省总督锡良奏：蒙旗债累困苦，恳求接济。拟由官银号借十五万两，以该旗应征长春府属地租作抵，由官银号派员监督经征，分作七年本利还清。拟立合同九条，互相商订。　　7780

二年　东三省总督锡良等奏：调查东三省各蒙旗情形，遵议喀喇沁郡王贡桑诺尔布所奏各节,筹拟变通办法。略称,查原奏所称变通权限一节,东省所属哲里木盟十旗历年放荒,奏设地方官共三府、四厅、一州、十县,管辖权限本无画一规定。见督饬蒙务总局,悉心筹议,一宜画清行政权限。拟请嗣后凡已经设治地方,统照洮南府等处章程一律办理。所有租粮均归地方官催收,按数移交。该旗无论汉满人民典卖田宅照章税契,倘有地亩浮多或争执界址情事,应由蒙旗商请地方官清丈,不得自往踏勘。至调查户口,禁种莺粟,如有蒙员阻挠,准地方官据实详参。其未经设治地方,各蒙旗原有草租车捐等局,应一律交由地方官查明,禀定章程,再行核办。各蒙旗自办学堂、巡警以及应办各项要政,亦统由地方官监督。一宜整顿司法权限,拟请申明旧章,凡民蒙交涉之案,如有应传人证应拘人犯,不在设治境内居住者,一经地方官知照,即由该旗迅速拘传解送。倘仍推延匿庇,准由地方官详请奏参。其单蒙案件,有已经蒙旗办结,冤抑未伸者,或经地方官访闻,或赴地方官控告,准由地方官提讯拟办。将来州县遍设,乃统属于有司衙门。又,原奏所称,各旗佐领下人丁错杂居住,拟照地方远近,以地所分管,并变通蒙官考成,薪俸升途,以期与京旗体制相协。等语。查哲里木盟十旗地多未辟,与喀喇沁旗情形不同。昌图等府间有蒙丁居住,其余仍以游牧为重,若按地段分管反形不便,似宜仍旧蒙官考成薪俸,暂可毋庸变通。至升途一节,应俟将来蒙学大兴,再议变通办法。又,原奏所陈各旗台吉与箭丁出路,分拨军队免其分属各节。查各旗历年放荒,各台吉均有应得地租,其应需人役,自可随时佣雇,毋庸再受箭丁供给。应请将各旗箭丁,以后永不得再属台吉之下,并由各旗箭丁内挑选年力精壮者,入小学堂肄业,三年考验成绩升送各学堂,毕业后悉照各学成例,予以出身,化除阶级,俾知自奋。以上各节核与该蒙王所陈同,为筹蒙至计,是宜内外合筹,亟图改进,下会议政务处妥议。具奏。寻奏。蒙古地亩向例不准私垦,亦不准私自典卖。即奏准开垦之地并应报官记档,不得重复招佃,自无契税可收。至催收租粮,若系蒙旗奏垦例准自行收租,亦未便遽加侵夺。如系蒙旗私放与人民私开,并无奏咨案件,应即饬令地方官会同蒙旗逐一清丈,照章核办。各蒙旗自行清丈之例,自应删除。其蒙汉典卖田房虽与旧例不符,若一概追夺迁移,亦非持平之道,应由该督等另行议奏。见办新政,如学堂、巡警以及查户禁烟等项,自当统由地方官监督施行。蒙旗词讼分别单蒙、民蒙案件审理办法,自应照办。蒙民向以游牧为生,自不便以地段分管,转形束缚。蒙官考成薪俸应如所陈,无庸变通办理。　7780－7781

又,东三省总督锡良奏:筹款招迁旗户拨地试垦。略称,东省为八旗根本,旗民杂居,均属土著。与各省驻防不同,内外城旗随缺伍田向有定额,本系计口授田之制。惟数百年来户口日增,地亩有限,赡养不给,博济为难,生计遂致日艰。为今之计,计口授田固属难于轻举,若拨地试种,则尚便利易行。查见在长白移民设治正待经营,招集无业之旗民迁赴新开之要地,一以为八旗资衣食,一以为长白固根本。事无便于此者。今拟先招旗丁百户,暂就安图县内试办,酌拨地亩分起迁移,牛具、房粮并由官备。合计先迁百户,约需银三万两。查有清理旗地收存照费可以动用,以移民实边之策,为迁旗谋生之计,诚今日之要务也。夫为旗丁广筹生路,当先去其待食于人之习,然后徐为人自为养之谋。今既予以土田,则自立务在于力农,而本业自定。且复迁之边境则左右骤失其依赖而志意自坚,如果办有成效当再逐渐推广,以为八旗生计之本图。奉,朱批:著先行试办,果有成效,再行奏陈。　7781

卷三十二　征榷四　征榷考四　征商关市

（光绪三十二年）　又,热河都统廷杰奏:热河常年入款,本少盈余,见在新政殷繁,经费益形支绌。奴才到任即以整顿税捐为入手办法，本年奏定刊行三联税票，并比较功过章程，一面委员查明各局卡陋规，如粮食正税外，向有斗用，粗粮五文，细粮十文，或不分粗细，取一合五勺，今则私加至三合矣。杂货、牲畜正税外向有票饭，多至三十文，少或数文十数文，本地税给票时取之，今则出进口验票时即婪索矣。各局税则参差，既启奸商绕越之端，兼授书役侵欺之渐，亟应重加厘订。查热河沿准藩院旧则，税则本轻，吏役相沿，勒索规费几与正税相埒。拟照原案，斗用仍限以一合五勺，票饭原限似欠分晰，拟请以上税十分之二为限，准取一次，余均验票放行。所有各局薪工、局用，皆取给于斗用，票饭，化私为公，不准动用正税分文。惟税则应分三品：曰必需品，如粮石、牲畜、布疋之类，皆民闲日用所必需，概予免加。曰奢华品，如绸缎、洋货之类，皆豪商富户争华斗靡之需，加重征收，亦以示崇俭抑奢之意。曰嗜好品，如土药、洋酒、水旱纸烟之类，或无关食用，或有害卫生，并应酌量加收，寓禁于征，即以征为禁。见拟税则，土药纸烟值百抽二，余均不及百分之一。核与部颁税则，尚无违逾。
　　7853

卷三十三　征榷五　征榷考五　征商关市

（宣统元年）　又，东三省总督锡良等奏：长春为日俄铁路之交点，日路北线实起于此。日之视长，犹俄之视哈。数年来，日人规画如俄，而阴谋过之。其车站界线以内商务勃兴，而附近地亩又以重价暗购，可为骇惧。至若吉林省城非日俄铁路所经，我有完全之权。三年前但有俄人，近渐有日人，吉长铁路一开，日人到者必多，我若无已成之商埠为彼归宿，势必杂居内地。哈埠其前辙矣。去年在城东北门外，吉长铁路建设车站之处，勘定左右四旁地址，实测绘图建标购地，以为开埠入手，再筹及筑马路、建屋宇、练巡警等事。见已包估工程，长春则本年三月设局经营。惟日人私购地亩已多见于其四围，悉行圈购，免再侵越。并豫备商埠成立后，开关收税。东三省米豆杂粮出口为必由之路，将来必有可观。惟两埠须有二百万之款始济，拟援照山东济南开埠成案，由度支部拨借两埠经费各一百万两，分三年领足。俟吉长设关后，收有税捐，如数归还。　7861

　　海关贸易进出差　元年分土货出口：东三省计银七千七百九十二万六千六百十三两，天津、秦皇岛计银三千一百八万九千八十二两，山东省计银三千二百九十七万九千七百两，粤省计银九千二百三十二万八千三百十两，长江一带计银一万五千二百二十九万一千三百六十二两。内除转运各口，其出口总数，实共计银三万三千八百九十九万二千八百十四两。洋货进口，共计银四万一千八百十五万八千六十七两。出入相抵，不敷八千万以外。而海关征税定例按值而抽，各国往往短缩其价以图少纳，虽曰四万万不啻五六万万，加以岁需赔款五千三百七十万两，正货之输出如此其多，年复一年，中国母财安得不竭。各海关并开设年分列后。（下略）　7862

卷四十一　征榷十三　征榷考十三　榷酤

光绪四年　直隶总督李鸿章奏：请暂禁烧锅。略称，直境粮价增昂，固由秋收歉薄，亦因耗费太甚。通省烧锅约计千余家，日需高粱两万余石，每月共六七十万石。即以每人日食一升而论，烧锅一日之费，已占二百数十万人之食。境内及外来之粮被其购用，遂致民食缺乏。虽招徕商贩运，籴价不能平。查永平、宣化、顺天各属烧锅最多，其在永遵者并用海船运赴奉省大宗采买。今直、晋灾区，皆指奉粮接济，势难任其争购。夫酒可终年不用，日不再食则饥,轻重原自有别。该烧锅等应交课银岁不过三万余两,所益于库款者有限,而占夺穷民口粮,贻害于闾阎者实深。自来荒政本有禁酒之条,山西已奉谕:禁烧锅。直省为畿疆重地,际此粮价日增,更宜舍缓就急。请除热河、承德府岁丰粮贱,毋庸置议。凡直顺各属烧锅自明年正月起暂行停烧,以济民食。俟秋成丰稔,仍准开烧,依旧纳税,并饬地方官查察,不准胥役得规包庇,违则从严参办。　7955

（十六年）　又,热河都统德福奏,略称,本年直隶灾区甚广,御史崇龄奏,奉谕:著严饬各属停止烧锅一年,以平粮价。兹据承德府知府启绍禀称,热河所属地方自入夏以来大雨时行,田禾畅茂,统计收成约在七分以上。口外地方兵民食计攸关,固应以粟谷为至要,而尤易丰收。民不常食者,惟黍、粱、杂豆、苦荞、油麦等项。每值秋稼登场,全赖烧户销售而资民用。兹禁停烧,亟宜遵办以济贫民。然口外与内地情形不同,若不因地制宜,则意在利民转以病民。若遽尔停烧,粮价则必日减。即令移粟灾区,而道路既遥转运惟艰,灾区无补救之益、口外有谷贱伤农之势。况各属开设烧锅二百余家,雇觅造酒之人,名曰糟腿,均系外来无业游民。每家少者十余名,多者三四十名,统计不下六七千名。遽尔停烧歇业一年,恐若辈糊口无资,必致流离失所,为匪为盗,其患不堪设想。且采办热河并古北口两处兵米历久章程,均系借资烧户之力。若遽停止,不特烧户坐失生计,且恐顾末失本,于地方诸多未便。查光绪三年,直属歉收,曾经督臣李鸿章奏请,饬禁顺直各属烧锅,并未言及承德府各厅州县,亦正为此也。此次顺直水灾事同一律,可否悬恩俯准,如蒙俞允烧锅免停,酒利必厚。拟令各烧户量力捐银,多则五六十两,少则三四十两。俟集成数,解归灾区助赈,则灾民可以济急,烧户亦不致失业。如所请行。　7957－7958

卷四十六卷　征榷十八　征杂榷考十八　杂征

（嘉庆）五年　议准:黑龙江所属各处征收牛马杂税,房租等银千四百八两六钱二分。吉林每年额征牛马杂税等银三千八百三两五钱三分有奇,烟酒税银千九百十四两五钱八分有奇。　8006

又议准:吉林果尔罗斯所属长春堡通判,经征牲畜烟酒等税,每年额征银三百六两,如有多收,尽收尽解。　8006

六年　谕:嗣后盛京牛马税差,届满应行更换时,著该部将盛京五部侍郎衔名开列,候朕简派一员管理。　8006

（十五年）　又谕:盛京、吉林、宁古塔一带环绕长白山,为本朝发祥之地,产毓人参,实惟瑞草。二百年来,附近山场刨采日多,必须远历深山,方能采获佳品,亦事理之所有。至种参一项,以伪乱真,殊干例禁。乃近年各该处办解官参竟有搀杂秧参形状,虽觉腴润而性味实薄。见据内务府参奏,此次验收官参系会同稽察御史,令各该解员眼同拆封,并添传经纪、铺户人等认看。盛京四十八斤十二两内,堪用参十三斤四两,泡丁十五斤八两外有秧参十八斤十二两及带铅泡丁一斤四两。吉林票参五十九斤七两五钱内,堪用参一斤十二两,泡丁十八斤十五两三钱外,有秧参三十七斤十三两二钱,带铅泡丁十五两。宁古塔票参十七斤十二两八钱内,堪用参八斤十二两,泡丁六斤十二两九钱外,有秧参一斤十四两九钱,带铅泡丁五两。等语。宁古塔秧参尚只一斤有余,盛京已十居其六,吉林至好参转不及一成。又,盛京四等以上参,六斤内亦有秧参二斤,吉林四等以上参三斤二两,大枝参十两,竟全系秧参。该将军等不能认真查察,均有应得之咎。其挑出之秧参及带铅泡丁,著交原解官发回,著落该

将军等照数更换补解。如不能足数，即著照两淮交价之例，分别四五等及泡丁定价，解银归库。　8007

道光元年　户部奏：驳黑龙江将军奕颢请兼收烟酒麻等物杂税一折。奉谕：部驳甚是。黑龙江专征牛马税务局课奉行已久，上年偶被水灾，短收税课。该处公费尽有备用银款，不至拮据。该将军所请兼收杂税之处，著不准行。如该地方官有私收扰累情弊，并著该将军严查惩办。　8007

四年　谕：吉林三姓地方额定参票，从前因每年收不足数，将额票十三张移拨珲春试放，以致宁古塔放票情形拮据，办理本未平允。嗣后富俊奏准，将前票仍归三姓散放后，复有议，给津贴名目，第各城票张不少，若纷纷效尤，成何政体。嗣后著责成承办参务之员将额票全数散放，不得藉词接济，希图津贴。　8007

又谕：三姓等处出产貂皮，各商先往承买，若在吉林完纳税银，程途较远，易滋偷漏。著准其就近在三姓副都统衙门纳税领票进关售卖，其税银即存贮副都统衙门库内，抵充该处官兵俸饷。该副都统仍严加稽察，尽收尽解。咨报该将军查核，俟试收三年，再以多收年分定为税额，如有任意勒掯浮收，即著严参惩办。　8007－8008

卷四十七　征榷十九　征榷考十九　杂征

萨音额　吉林税课记　吉林额征牲畜、菸麻、牙当、烧酒、木税银，共二千九百八十两，宁古塔额征牲畜、菸麻、牙当、烧酒、木税银共二千一百五十六两九钱，伯都讷额征牲畜、菸麻、牙当、烧酒、鱼网税银，共一千零四十九两三钱，三姓额征牲畜、菸麻、牙当、烧酒、貂皮税银，共四百四十三两二钱五分二厘，阿勒楚喀、拉林额征牲畜、菸麻、牙当、烧酒税银，共四百九十九两，长春厅额征牲畜、牙当税银，共四百三十三两九钱六分。　8011

（光绪）四年　奏准：东边外升科各地，准照各州县属地一律办理。听民间互买互卖，随时报税立契，以昭画一。　8011

卷四十八　征榷二十　征榷考二十　杂征

（宣统元年）　东三省政略纪税务　奉省旗饷练饷及各官津贴，向皆取资税款。顺治初年仅税牲畜牙行，咸丰军兴牛庄，开埠税务日趋于繁。光绪二年，奏税斗秤。十一年，奏捐土药，于是各税名目繁多。其隶于今度支司税务科者，虽裁革归并，已不悉仍其旧。而一时若牲畜、若斗秤、若河口粮货、若山货、若菸酒、若土药、若东边木税、若旗署木植、若边门车捐、若营口八厘、若厘捐、若旗署杂税、若船规凑挂、若煤窑税、若茧课、若山茧、若皮、若参、若加二茶糖、若苇、若杂货、若牙当各帖、若渔船、若烧锅参票、若土庄坐票、若中江等税，凡三四十种，纲举目张。彼时行政经费无多，京外协饷亦得应时接济，故一切财用尚不专倚税务。即征收办法仍循故事，岁收银两第求足于最初额数，综计全省岁入仅二、三十万而已。二十三年，将军依克唐阿尽取民署之税，委员设局，收额顿增。二十四年，奉省税捐收数至一百七十余万。然改章之始，税票由各局自印，多寡无从稽核。且税章不一，往往自为规则，一经更调，挟卷而行，几至无可究诘。三十一年，将军廷杰设税务处，行三联票税少畅旺而私用小票弊仍不绝。将军赵尔巽改章试办厘剔，综核税务乃有起色。取旗署经征之牛马及茧丝帖张等税，一律委员设局征收，至三百七十二万余两。但新章严密局员，无所取偿，于是设法搜（括）[刮]，间为苛罚，冀多得经费犒赏兵燹之余，商民苦之，乃取牲畜、茧丝、木植、菸酒、土药、参帖等税照常征收,其他斗秤及尺、及豆饼、及火车、及河口粮货、及陆路门捐、及粮船凑挂、及旗署杂税、及东边粮货山货、及营口八厘、及过路落地各项税捐一并裁撤,改办统捐。分括之曰,出产、销场。税则轻减,仿照海关估价。出产,则值百而一五其税,销场,则值百而二之。改行于三十二年十月,而税务大绌,至三十三年四月仅征收出产、销场税银七十万四千余两。世昌来此,第就原有各局严定章程,按日考较行之,期限年乃知向之逢局纳厘,取民虽多,而其数分,分之,则多者若少,而行所无事。今仅纳出产销场取民虽少,而其数合,合之,则少者若多,而转有所难。且既改统捐,则沿路不能不稽查,偶有留难需索之情形,转不如到局上捐为便,则商货或因而稀少。又以所估货物价值有轻重贵贱,今昔不同者,不无偏枯,是即统捐短收之原因。既未便规复旧捐计,惟有厘定税,则参用物价重量二主义比物规定,无或参差。并将输入税款无论铜圆、小洋银圆、见银东钱,均以折中价值作算,不准高低市价,则商务方可兴起,税款亦有盈余。当饬通盘筹议,尚未实行,仅就应行整顿者,严饬局员切实整理。而计划调查变通之处,如画一钱法。归并牛马税局,奏裁期粮捐,饬查安东黄麻、凤凰城乔布、尺布、套布、清水布等税,化私为公及改东边茧丝规制,改良沙河木植税。又,禁种罂粟,及税务处颁行海关专照,洋土货不重征。新章又举直、鲁、江淮之赈荒粮石、江鄂之机器面粉、鄂之制麻、江之玻璃、湘粤、粤汉、津浦各路之材料、江浙之枕木,一一援案,而免其税。虽消耗不下数十万两,然以三十四年各局征入计之,共二百四十七万九千余两,较之三十三年,尚溢征三十九万余两。是税务盛衰、商贾优劣系之,而吏治之良楛亦于斯可见。然此第就税务一方面言,若输入洋货日见其多,即使土货倍征收数畅旺,亦不啻重困吾民,为外人多一销售之方,影射之计。是非教农、教工无以增出产,五谷蓝靛之利不逮罂粟,非督课农桑无以为抵补。至辟地征粮、采矿征井,则蒙旗之旷地,群山之顽石皆税源也。经营而引导之,岂有患贫之虑哉。 8025-8026

又奏陈:吉林斗税情形。略称,吉林斗税于光绪七年三月奏明试办,抵放民官各署俸饷。凡城镇,每斗粗粮抽钱一十文,细粮二十文,小麦三十文。次,每斗粗粮八文,细粮十二文,小麦十六文,再次偏僻处,凡细粮小麦亦照粗粮完纳,并仿照厘捐章程提一成,为员役工食之用。斗税一项,另款汇存,积作添官建署之费。光绪二十八年,又奏明斗税一项向归吉林道经征抵放,各民署廉俸役食及捕盗营弁勇饷乾之需,见在入不敷出,从前厘订画一税章,于原额外增收税钱,补足俸工饷乾并经费外,余银即自二十六年始提归公用。后因俄兵入境,烧锅粮店半闭,捐不足额,复于二十七年奏明,请从二十八年正月起,再照新章征收提解。光绪三十三年,经奏明,吉林前设各民官廉俸办公役食,捕盗营弁勇饷乾,暨置备旗帜号、衣扎巾等项,并报部。归公银两向由吉林道经征斗税开支,综计每年净收中钱折银六万六千六百余两。此外,偏僻村镇斗税零星列入外结,交代备道署施衣药、粥厂、棺木之用。即如岁修衙署,祀物品杂项,藉此挹注。嗣银价日增,以额征之钱易银仅五万两。近又添设民官,廉俸勇饷有增无减。查三十二年,报销亏银一万六千六百余两。因派员将旧盈余和盘托出,综计是年冬三个月,共溢收中钱二万七千五百余吊,由光绪三十三年正月起,将新增一款仍照向章扣提工食,余归入正额。所有包征额解陋习,改为尽征尽解,综计三十四年收款,除正额三十三万余千外,增收税钱一十二万余千。统计是年收吉钱四十五万余千,折合银八万九千四百余两,比照叠次增数复有起色。请将溢收之款,全数归公。至向章扣提经征人役一成工食,仍请照案核扣,余均抵充民官俸饷及报部归公之用。 8028

卷五十五　征榷二十七　征榷考二十七　洋药禁烟附

（宣统元年）　又,黑龙江巡抚周树模奏:禁种鸦片,业经净尽。略称,江省东荒各属向来产烟最多,一旦禁止栽种,恐难遽绝根株。迭经严饬地方官,切实履勘,并令各属乡约屯长暨巡警等出具,不再种烟,切结交由地方官加具,印结呈送。见在勘查事竣,各员先后回省。据称,此次禁种鸦片,其先颇多观望。迨经勘查,再三申儆,间有于畦畔之中私行插种者,立时勒令拔除,甚者加以责罚。于是民间互相劝勉,懔然于功令难违,所有从前种烟地亩,均各视土性所宜,一律改种他种粮食,实无朦混隐匿之处。惟种植既绝,吸食如常,洋药乘虚运销,为害滋大。是必稽查吸户,限制商贩,以为禁种,后图,乃不至稍留余害。见已督饬所属严查入境土药,认真办理禁烟公所,但使吸烟之人日少,则贩烟之人自稀,拔本塞源,用副圣主除恶务尽之至意。　8099

卷五十六　市籴一　市籴考一　市

（乾隆五十七年）　又谕:据宜兴奏,奉天所属地方,七月至八月气候晴暖,禾稼收获登场,秋成约有七八分,市集米谷充盈,小民购买甚易。等语。而所开粮价单内,谷、粟、高粱、米豆等项价值,俱比上月贵至三钱五分及九分五六分不等。奉天各属今岁收成丰稔,粮价自应平减,何以转较上月加增。各省督抚每月所报粮价,往往多就轻减之价开报,本不尽实。即如顺天府凡遇内廷采买之项,均开贵价,而每月粮价率以平减奏报,其意不过欲图好看。今奉天府所报粮价单内,粟谷等项既比上月价值加增,则该处市价之昂,更当不止于所报之数。岂有收成丰稔,而粮价转增之理。或系市侩等见秋成刈获米谷充盈,将来米价必当减落,是以预将粮价抬高,为渐次减落仍可得有赢余地步。而该府尹等不加详查,遽即率行开报。人心贪利,日流日下。此等弊习,亦不独奉天一省为然,京师各省皆在所不免。该督抚等自应饬令地方官晓谕,各户市贩等以年岁丰啬不齐,总当随时按照市价粜卖,其丰收年分更应平价出售,岂得预留地步,转致丰岁价腾,民皆贵食。若因米谷丰登,惟恐价值渐落,预行抬高以图牟利居奇,是只知有增无减。伊于胡底,似此封殖病民,岂公平贸易之道,此后务宜各知悛改。若仍前故抬价值,必当查明,从重究办。如此明白晓谕,庶各铺户等知所顾忌,不敢任意居奇,小民共受食贱之利。但该督抚等仍不得因有此旨,辄将所开粮价,止就轻减价值开报,希图朦混塞责。总应据市集实价比较上月增减,详悉呈览。朕于民食攸关,无不细加披览,不厌精详。倘该督抚视为具文,虚开粉饰,亦断难逃朕鉴察也。　　8108

又谕:昨因宜兴奏,奉天所属秋成丰稔,而所开粮价转比上月加增。推原其故,或系市侩。等因。见秋成刈获米谷充盈,惟恐将来价值减落,预将粮价抬高,以为减价后仍可得有赢余地步。业经降旨,通饬各督抚令所属,明白晓谕各铺户、市贩等,务须按照时价粜卖,毋得牟利居奇,致干严究。本日据谭尚忠奏,滇省各属今岁雨旸时若,禾稼丰登,及阅所报粮价,亦多有较上月增昂者,可见此等弊习各省皆然。该督抚所奏粮价,亦俱不过视为具文,并不实心核办。朕之所以再三训饬者,并非以粮价不应增长,欲督抚止就轻减价值开报,以为粉饰之具。所恨人心不古,相习成风。在市侩等既专图牟利,每遇稔收之岁,即预防价值渐减先行抬高,以为将来获利地步。只图封殖不顾病民,致使丰岁价腾,有增无减,而地方州县又因虚开贵价,遇采买时即可照贵价报销,希图沾润。是以虽遇年谷丰登市价平减之时,亦复浮开呈报。督抚等又不加详察,率据所报之价开单,具奏。似此官民交相为弊,风气日趋日下,以致不能感召天和,时有水旱灾侵,其故未必不由于此。朕当先以为愧自责,嗣后各该督抚等务宜各加愧厉,留心查察。严饬所属州县,以谷价贵贱,民食攸关。每月粮价务须核实呈报,不得因有采买等事,先行浮开数目,以便任意侵肥。并将年岁丰啬不齐,粮价低昂,总当随时按照时价粜卖。其丰收年分,更应平价出售。若惟知利己抬价居奇,即使获利一时而封己病民,既官法所必究,亦天理所不容,断不能任其(龙)[垄]断之处,剀切晓谕各铺户市贩等,令其家喻户晓,各知悛改。若该州县及铺户等有仍前浮开抬价等弊,一经查出,即应随案重惩。而尤要于平日洁己化民,庶可肃清积习,转移风气,而小民等亦可共受贱食之利。若各督抚等误会朕意,辄将各属粮价任意抽减,虚词奏报,希图朦混塞责,更非封疆大吏实心教民之道。或因市侩有抬价居奇之事,地方州县办理不善,转任吏胥等借端骚扰,小民未受其益,而商贩先受其累,又何裨实政耶。各该督抚等惟当善体朕意,留心民瘼,使官民各知儆愧,风俗渐臻醇厚,庶共享绥丰之福。 8108

(道光)三十年 谕:奉天没沟营、田庄台等处为粮商屯聚之所,有匪徒把持行市,设立私斗,前经奉旨交该将军等查议裁汰,未据确实覆奏,实属延缓。著该将军等迅将如何缉私纳课之处,遵照前旨据实具奏。 8115

卷五十九 市籴四 市籴考四 市舶互市

又,纪开港计画 略称:奉天为三省之中枢,营口又奉天之门户。日俄未战以前,商务繁盛,出口土货每年约二千余万。上海商人营运各货,全恃东三省为销场,营口与上海有密切关系。日人经营大连后,奖励商人转运由彼国直达内地,输入品物络绎于途。三省销场之利,遂为所占。即美国运销东三省之纱布、面粉,向归华商经理者,日人恃其海道之便利起而承运,直由横滨而向大连。不独上海与营口商人失其所业,即旅寓横滨、神户之华商亦日渐衰落。若不设法整顿,不独三省商务受害无穷,其影响于全国者,实非浅鲜。夫以大连与营口较其失败之迹,实有不能自讳者。一曰冰期太长。营口自十一月下旬即已结冰,次年二月以后始能开河。其封河期内即市面萧索,而大连则终岁不冻。此其失败者一。二曰水量太浅。营口当潮涨时其入口处仅能容吃水十六尺以至十八尺之船舶。大连则当落潮时即吃水二十九尺之大船尚能横附码头,则水量之相去又甚远,此其失败者二。三曰起落货物不便。营口码头惟附近税关之河岸仅能泊船,于货物上落又无种种设备,水陆连络,绝不便利。一千吨之大豆积载,费三日之久。大连则分建三大码头,敷设铁路、建筑仓库,又有起重之机,积卸货物时速费省,此其失败者三。四曰距离车场太远。营口去关外铁路之车站尚隔一河,与东清铁路之停车场在三英里以外,运送货物不能得非常之便利,往往耗费稽时,此其失败者四。欲救四弊争回利权,诚非另辟合宜港口不可。去年秋间,特聘英国工程师秀思,巡视榆关一带测勘要港正为此也。据其调查,则以附近连山车站山海关牛庄段之葫芦岛,最合开作商港之用。按葫芦岛始见于全辽志,明天启中鹿忠节继善参孙文正承宗军,巡视边海各隘。尝至是岛,实为明季用武之地。以形势言:四面有山环绕,由西迤东,其地伸出海滨如三角形,约有六里之遥,则布置甚从容也。以气候言:较秦皇岛略为和暖,而该岛于冬令之时轮船进口络绎不绝,则葫芦岛开辟以后,虽至冬期亦能交通,可断言也。以道里言:由奉天至大连二百四十六九英里,至秦皇岛二百七十六四一英里,则大连较秦皇岛略近二十九五英里也。若由奉天至葫芦岛不过一百八十四一六英里,较大连略近六十二英里也。具此天然形胜,则人为之设备,皆可以人力致之。廓张东省商战之根据地,固非难焉。况旅顺租借以后,黄渤门户洞开,又必兼筹完善军港以为军防之用。距离葫芦岛北二十英里有菊花岛,即明史

之觉华岛,其地位占种种利益,若能开作军港,以壮声援,斯亦两得之道也。　8153－8154

卷六十　市籴五　市籴考五　籴

（嘉庆五年）　又谕:据禄康奏,调剂奉省仓储,仍照旧例出陈易新一折。向来各州县仓储米石俱于青黄不接之时发给纳户,以便民食。秋成后,照数交仓。自前任奉天府府尹岳起,因不肖州县额外加收,遂将此例禁止。殊不知出陈易新之例,各省奉行已久。如果地方大员严饬州县妥遵办理,焉有额外加收之弊。今奉省州县各仓不行出借,以致米石积久霉腐,未免因噎废食。著盛京将军会同户部并府尹等详悉妥筹,务使仓谷不至陈腐,而于民食亦有裨益。倘有不肖州县仍敢复蹈前辙,一经告发,必将该州县及该管上司一体治罪。8162

卷六十一　市籴六　市籴考六　籴

宣统元年　谕:前因陈夔龙电奏,派员赴直隶采购杂粮,当以直隶收获,未尽丰稔。谕令:于奉天一带酌量采买。兹据该督电奏称,业经电饬津员,先行购定玉米一万五千石,并请经过铁路货捐局,免验放行。等语。既经订购在前,著即照准沿途免征货捐,嗣后仍遵前旨,不得续在直隶购买。　8172

又,度支部奏:清理财政章程,赶造表册。略称,查臣部奏定,清理财政章程第四章第八条,各省应将光绪三十四年分各项收支存储银粮确数按款调查,编造报告册并盈亏比较表,限至宣统元年底咨送到部。诚以库款仓储均关重要,所有各项仓谷,一切本色粮石,亟应确切调查,依限报告。业经行令各省赶紧造报。在案。乃查此项仓粮、表册除川省外,见均未据造送到部。请饬各该督抚等遵照奏定清理财政章程。严饬所属迅将光绪三十四年分,各项仓谷管收,除在确数,逐一实行调查,编造表册送部查核。并令嗣后按年将仓谷表册提前造报,查照例限于每年十月内咨送到部。仍饬臣部派出监理各员随时稽察,以昭核实。其近三年未报谷数,应令按照臣部奏准,截清旧案期限,并案造送以凭核结。

各省册报光绪三十四年分谷数:奉天省实在谷数共十三万五千一百三十七石二斗八升二合七夕二秒六撮五圭,吉林省实在谷数共一千三百二十五石九斗六升九合八勺,山西省实在谷数共四十一万三千七百三十六石二斗八升六合,河南省实在谷数共二十五万四千七百六十七石九斗六升二合七勺,陕西省实在谷数共九万九千八百七十一石二斗五升二合一勺四秒,浙江省实在谷数共三万四千七百三石二斗四升一合,江西省实在谷数共一十六万九千二十九石七升六合七勺,湖南省实在谷数共七十万七百二十五石八斗七升八合,湖北省实在谷数共三万七千二百八十九石二斗二升二合一勺,四川省实在谷数共四十三万六千一百九十二石八斗七升五合一勺六秒,新疆省实在谷数共五十九万六千六百二石九斗七升四勺。以上十一省通共谷数二百八十七万九千三百八十二石一升六合七勺二秒六撮五圭。新疆、云南、贵州、四川等省补造各年谷数,新疆省光绪三十三年分实在谷数共五十八万八千三百三十八石五斗五升六合四勺五秒,云南省光绪三十三年分实在谷数共二十八万二千四百五十五石六升三合,贵州省自光绪三十年起至三十三年止实在谷数共四十三万六千六百八十九石五斗四升六合二勺七秒,以上四省通共谷数一百六十四万一千三百八十七石三斗五升八合六勺二秒。　8172

又,黑龙江巡抚周树模奏:江省筹办仓谷,拟于省城设常平仓。上丰之年购存谷一万石,中丰之年购存五千石,以足十万石为度。责成龙江府管理,于呼兰、绥化、海伦三府,肇州、大通、青冈、拜泉各厅县,分设社仓,按村镇之大小、户口之多寡,量为储蓄,由官督地方自治会经理。其余各府厅县垦植未久,烟户寥寥,暂从缓办。　8173

又,东三省总督锡良奏:查明奉省并无仓谷暨旗民地米折价情形。略称,奉省向无预备常平等仓,亦无社仓、义仓。至各城从前虽设有官仓存储,额征地米备充灾赈,并拨俸米、兵米暨各项口粮。无如历年积欠,旧制浸湮,各州县厅应征米石,皆系折征钱文。旗仓虽间有征存见米,然亦折色居多。相沿既久,民间完纳折色已成习惯。骤令完米,各花户散处四乡,远道运输又苦不便,未免强以所难。且各城旧有官仓,庚子乱后多已坍废,其新设州县并未建有仓厫。若将额征旗民地米仍征本色,则各属建仓需费甚巨,实属无从筹措。惟水旱偏灾不能保其必无图匦,于丰自应预计。查前项旗民地米折价,截至光绪三十四年止,共存银二十三万余两,拟悉数提省,以一半拨充饷需,以一半发商生息,专作荒年购粮备赈之需,嗣后岁征旗民各地米,仍拟将折价银两,按年酌提二成,一并发商生息,备荒需用。见在关内外,轮轨四达,交通便利。但使款项应手,似不难各处采运,正不必专恃积谷为也。至历年报部谷数,即系各州县折征民地米石。旗地之米向仅由旗仓按年奏销,而于报部谷数案内并不列入。所有旗民地米折征之数,均由各属自行定价,并无画一章程。其应存米价,民仓则每仓石折存库平银八钱,旗仓则每仓石折存库平银一两五钱。此项折价由来已久,不知始于何时,因乱后案卷毁失,无从查考。而历年奏销册内则仍虚存本色之名,究非正办,自应据实陈明。臣维额设官仓,既难规复旧制,与其有名无实,徒滋弊端,何如明定章程,庶垂久远。应请自宣统二年秋后起,将旗民地米一律折征银两,尽征尽解,不得存留属库,以杜亏挪。其折征定价,容臣督饬度支司通盘筹画,妥拟画一章程,另案奏明办理。其各旗仓,见存本色米一万四千余石,积储过久易致霉变,并请照数提粜充饷,以免折耗而资实用。至各属亏短米石,多系光绪三十年以前之项,迄今事隔多年,官非一任,且其中或因公动用,情尚可原,或经手物故,无处著追。应由臣察其尚有著落者,分饬追补,其确系无著者,再行吁恳天恩豁免。总期核实办理,不敢稍涉欺朦。　8173－8174

又,吉林巡抚陈昭常奏:长春农产公司曾与英商、德商,定购大豆五万吨,已有成约未订合同。而豆价日昂,商情瞬变,西南路道颜世清虑及亏折不免藉故推延,冀图消灭。迭由英德两使、向外务部提起交涉仍令该道速议,并特派员协同磋商,始允仍照去年所议价值吨数统于今年购交新豆,并不另索赔偿。但本年豆价踊贵异常,所亏已达三十万金以上。虽由该道一手议结,然已隐受巨亏,实属办理不善,请将西南路道颜世清,交部议处。臣于此事前既失于觉察,后又无策补苴,并请饬部一并议处。下吏部议。寻奏。吉林西南路道颜世清,照溺职革职私罪例,议以革职。该抚应照防范不严,降一级留任。公罪例议。以降一级留任,毋庸减议,系公罪例,可否准其抵销。得旨:吉林西南路道颜世清即行革职,陈昭常应得降一级留任处分,著准其抵销。　8174

卷六十八　国用六　国用考六　用额

宣统元年各省岁入总数　奉天银二千四十四万一千六百一两四钱七分八厘,吉林银六百七十二万三千二百二十六两四钱六分,黑龙江银四百三十七万九千五百三十三两一钱九分三厘。(下略)　8235

宣统元年各省岁出总数　奉天银一千九百八十二钱四千九百八十两九厘,吉林银五百

九十五万五千六百七十两六钱二分九厘,黑龙江银四百九十三万二千九百九十三两九钱六分八厘。(下略)　8235

宣统二年,度支部试办。

宣统三年,各省豫算总说明书:

奉天,岁入银一千六百十八万三千三百十一两有奇,岁出银一千五百五十二万一千九百二十七两,出入相抵,计盈银六十六万一千三百八十两有奇。豫备金六十万两在内。岁入以正杂各税捐为大宗,当全省入数之半,部款、协款、盐务官业、杂收次之,田赋最少。岁出以军饷、民政为大宗,行政、财政、教育次之,司法、实业等又次之,典礼最少。部核各册岁出有应增巨款者,若部拨练饷二四盐厘,并北洋协饷银一百四十一万两,照奏案,令该省自筹,则不敷当百数十万。岁入如税捐、局票、照罚款、杂费,皆应议增。岁出如巡警、审判各项,宜节。又,咨报岁入门内,官吏自筹新政经收之款,约余六十六万六千余两,应仍归地方办理,新政未便移充国家行政经费。惟国家税、地方税见未画分,该省地方行政凡警务、学务等已列开支,同为民财同归国用,自未容置诸豫算以外,蹈向日自收、自支旧习。再,原册有旗署豫算总表,以有自为收支之款,不在奉省总数之内,今附后备核。　8235－8236

吉林,岁入银八百四十八万八千六百两有奇,岁出银九百三十四万二千七百两有奇,相抵,不敷银八十五万四千一百两有奇。岁入以正杂各税、盐课厘税为大宗,几当全数三分之一,部款次之,官业、田赋、杂收又次之。岁出以军政、民政、财政为大宗,当全数之半,工程、行政等费次之,教育、实业又次之,典礼最少。本部详核岁入拟增者,五十一万七千余两,岁出拟减者,四十七万余两。该省向为受协省分,入款本少,近年内筹新政,外谋边卫,需财日亟,整顿征收之政备。举入款日益,用款亦日增,如工程等类,不免开支过巨。田矿、森林之已辟者不及未开之多。果能开拓利源以庚子前所收例,今所取财力扩充未可限量。所有议增议减各款,另咨核办。如全数允认,尚可减去不敷银八十五万余两,盈余十三万余两。此外尚有应行增减各款,须俟商准确定。此次造送表册总散各数多不相符,因限期已迫不及电询,先将误列各数注明表内,统俟咨查更正。　8235

黑龙江,岁入银五百四十万一百六十九两有奇,以官业正杂各捐为大宗,部款、协款、杂收等次之,田赋为少。岁出银五百五十一万三千四百五十一两有奇,以军政、官业支出、行政等费为大宗,财政、民政、司法次之,边务等又次之,典礼为少。除出款外,附列豫备金三十万两。出入相抵,不敷银十一万三千二百五十二两有奇。电商岁入可增者,如酒税、粮税、盐务等有三十余万。岁出可省者,移民费由鄂官绅认筹之二十万,收支尚合未准。该省电覆只列说明出入姑仍原册。该省著名边瘠,殖民固圉,出款多系必需,而入款宜求整顿。未垦之荒尚居大半,林渔矿产所在蕴藏,果能振兴,岁入必不止此。他如工艺局、电话局、库河金厂、火磨蚕业等公司,均宜亟图进步,至咨报官业,余利内有十九万应画归地方,不能提入民政司弥补亏欠。见在国家税、地方税未分,所取无非民财,所办无非官治,未容将此款置诸豫算外,亦电商加入,以重要需。　8236

卷七十一　国用九　国用考九　会计

(光绪三十三年)　又,东三省总督徐世昌等奏:请拨东北边防经费。略称,江省沿边一带应分三路。自临江州北岸至科尔芬河一带为一路,其东北之瑷珲、西北之呼伦贝尔又分为二路。计沿边上下三千余里,与俄境仅隔一江。咸丰八年定约以来,彼族极意经营,沿江一带,屯堡相望。近日俄人轮舶任意往来,其俄民越垦及关于伐木、割草、采矿各事,动辄牵涉外交。计自呼伦贝尔起至松花江口止,除瑷珲一城外,余皆荒落无人,兴安岭以外居然别一境界。非急图抵制,则人实我虚,人进我退,人强我弱。黑省为各蒙及奉吉尾闾,一受其害,东方大势阽危,根本动摇矣。查今日防边之策,惟有从交通、屯田二者著手,亟当组织吉江航业多造轮船,行驶乌苏、黑龙、松嫩各江,藉以抵制俄轮,挽回利权。至屯田一策,或招民来江,仿兵屯办法编伍受田,并沿边分设卡伦。计边线延长三千余里,以每四十里一卡约算,计已及百卡,并拟于每届五卡添设卡官一员,其扼要处所则酌设地方官,以资治理。必使本省边线左右,有人民以守其土地,有航业以便其交通。两岸边堡隐然对峙,则边围布置日形周密矣。臣等再四熟商,今日治江之策,边务更难再缓,除铁路、林矿各事,应另筹专款办理外,其专办本省边境一项,自应指请的款,以期经久。查光绪十六年,前将军依克唐阿因筹练防军,奏定岁拨常年饷需六十八万两,历经画拨。在案。二十六年兵燹以后,此款即未由部拨解。见在边务重要,恳恩饬下度支部,无论如何为难,照旧按年拨给以重边计。吉林常年经费六十万两,见拟如数拨给一次,允之。　8280

卷七十二　国用十　国用考十　会计

（宣统元年）　又,外务部度、支部会奏,议覆:东三省总督锡良拟借外债银二千万两,以一千万设立实业银行,五百万为移民开垦之需,五百万为开矿筑路之用。拟请照准,由东三省商借妥订合同。至设垦务局特简大员,俟借款定议,再行请旨。　8286

又,东三省总督锡良等奏:蒙旗债累困苦,恳求接济。议由官银号借十五万两,以该旗应征长春府属地租作抵,分作七年本利还清。　8286

又奏:查盛京内外城八旗驻防原设兵额约二万名,饷项约银四十余万两。迩岁饷糈照支,差操久废。又以库款支绌,旗饷仅照六成。而旗署办公复摊公费,每兵实领不及原饷之半,兵有空名饷无实惠。是以近年旗兵出缺,皆未挑补,积旷兵缺一千余名。如以此项旷饷改练旗兵,化无用为有用。拟挑选旗丁照陆军新制先练步兵一营,分驻三陵,藉资守卫。即以递积旷饷拨用,足敷一营经费。　8286

卷七十四　国用考十二　俸饷

又,黑龙江旗营俸饷　江省八旗俸饷原额岁支银三十七万两,悉由户部关领,岁无蒂欠。咸丰三年,户部始奏请改由各省协济,旋以发捻之乱扰于东南,回捻继之,各省财力胥苦困难,而协饷积欠至光绪九年已二百余万矣。维时将军文绪曾沥陈兵丁困苦,请仍由户部专款拨发。将军恭镗续以为请,格于部议,延至于今,积欠者既永无解期,未解者更日见减少。署巡抚程德全前在署将军任内,于通肯垦务变章一事,为旗丁筹款以开其源。又为裁缺归并,设法变通,汰省糜费,以节其流。世昌豫计饷源,知难持久,不得已而先其所急,将八旗官兵世职俸饷,自三十一年以后全行欠发。而每月旗务处之薪公、各城之津贴等费,暂仍照旧开支。惟江省饷额之数较奉吉为尤薄,而来源之涸较各省为甚,徒泥旧制,暂规目前,非所以惠旗丁也。前岁屡奉明谕,裁饷归农是诸旗丁与其仰食于官,每虞不给,何如各授恒产,自赡其家。江省地阔人稀,逐末者众,习气游惰,迫之归农事当创行,诚非所愿。然近来试办屯垦,风气渐开。撤佃各地及嫩江迤西闲荒分授官兵,俾谋耕作居之既习,成效渐彰。食饷为分利之大端,而垦荒为生利之效果,所愿抚斯邦者,推此改章之遗意,振其自立之精神,庶有豸乎。

8317

宣统元年　度支部奏,议覆:奉天、黑龙江的款。查原奏,称东三省旧章每年饷银历经户部奏拨,各省多未筹解足额。计自光绪元年起至三十三年止,共积欠银四百零三万五千一百七十余两。上年部拨奉天、黑龙江戊申年饷银三十八万九千两,仅据山东、两淮等处先后解到银十四万两。又,据临清关报解银二万两,尚短银二十二万九千两,迄今未准报解。东三省迭遭兵燹困苦情形,尤以八旗官兵为最。应领俸饷,本省例定抵放额款。仅有地丁余租、参票、杂税等数项,向来入不敷出。乱后元气未复,偏灾相承,租税收数不旺。又奏,改官制举行新政,支用浩繁,财力更属拮据,全赖各省协饷源源接济。且应供陵寝祭品,岁有定额,尤为刻不容缓。乃各省应拨饷需积年拖欠、本年指拨之饷,亦竟解未及半,以致奉省春秋两季八旗俸饷每年仅放九个月,其余应支之款无法应付。恳恩俯念东三省根本重地,俸饷为计授要需,严催各省关将所欠历年协饷迅速筹解,以应急需。至己酉年应请俸饷,除吉林咨明以通省岁入各款足抵该省,并打牲乌拉俸饷勿庸请拨外,请饬部照章拨给奉省己酉年的饷二十六万两。黑龙江的饷除应征作抵外,请拨三十一万八千两,仍分晰奉天、黑龙江款目以免牵混。等语。臣等查东三省官兵俸饷等银,每年除本省应征各款抵放外,不敷之款历由臣部于各省地丁、盐关项下指拨。今据总督徐世昌等奏请,拨给奉、黑的饷。查奉天年拨二十六万两,黑龙江向系除应征作抵外,报部请拨上三年拨款自十二万至十六万余两不等。此次请拨三十一万余两,比前骤增一倍有余。当经电询,旋据电称,从前俸饷每两向以大租钱二千五百抵算,见在改练巡防及陆军小学堂变通驿站等项发放实银,每两系照市行五吊,陆军学堂及中学堂并有加班补领在内,又值闰月之年。等语。查该省征收租钱折合向有例价,此次册报除钱款例抵外,约剩钱七十三万二千三百余吊,实应折合银二十九万二千九百余两。册内仅折合银十四万六千四百余两,即使钱价涨落无常,亦万不至悬殊若此。至该省陆军各学堂经费,向在裁撤官兵俸饷项下动用加班经费,亦应在该款内撙节动支,未便继长增高,漫无限制。近年财政困难,似此例拨之款循旧办理,仅可免为腾挪,若任意增加,各省亦实无可指拨。臣等公商,奉天额拨己酉年俸饷银二十六万两,应照历年数目拨给,黑龙江应照光绪三十二年有闰年,分拨给银十六万七千两,请饬各督抚按臣部指拨数目分批径解。至东三省支给俸饷向有折减章程,应令该督抚照章支放奏销,如有余剩即于下年请拨俸饷时声明列抵,毋得遗漏。各省积欠东三省俸饷,并请饬直隶、两江、闽、浙各总督,山东、河南、江苏、安徽各巡抚,迅速设法补解,以清积欠,而济要需。　8317－8318

又,吉林巡抚陈昭常奏:请将候挑兵丁酌给口粮。各旗挑选吉林陆军一协官兵未成军以前,职官每员曾日给中钱七百文,甲兵每名日给中钱五百文,又房租钱一百二十文,奏请作正开销。嗣经部奏:以小口粮等项数目,或比向章加多,或为向章所无,本难照准。惟念吉省迭经兵燹,物价腾涌,未便绳以成例,拟暂如所请办理,嗣后物价平减,仍当恪遵定章。见查物价虽较稍平,究仍米珠薪桂,拟请将此次征集候挑兵丁,自本年九月起,每名日给中钱三百五十文,房租一百二十文,庶于优恤军队之中,仍寓节省公款之意。　8318

卷七十六　国用十四　国用考十四　漕运
漕船

(道光四年)　又命奉天采买粟米二十万石,筹备京通各仓。　8344

(同治)二十年　兼管顺天府尹孙家鼐等奏:近年顺属屡被灾侵,用款以十六年为最巨,除棉衣及义赈不计外,银则八十五万五千余两钱,钱则五十万串,米粮则四十五万余石。上年灾赈亦用银七十二万数千两,米十五万二千余石。仰荷圣恩发帑截漕,并经各省官绅捐助尚能勉强支持,顾丰歉乃天行之常,水旱虽盛时不免,惟能先时图度,得余三余九之课,庶无临时张皇,致呼癸呼庚之虑。臣等窃计,赈款非请拨部库,即告籴邻封,见在库藏未充巨款,何堪屡动,民生日匮,振捐岂可常行。思每年漕运米粮储于仓场者,岁得百余万石,除发兵米俸米外尚可余数十万石。太仓之米陈陈相因,湿蒸霉变,自古已然。是以往年赏赈仓米率一石而仅得七八斗之用,其远道不便转运者,奏请变价率一石而仅得银一两数钱之用。考南粮由海运京每米一石,合计米价运费需银三四两有余,由河运米费不止此。国家岁时转漕费用若此之艰,小民领受国恩,折耗若此之巨。此等漏卮,诚为可惜,拟请于江苏、浙江每年河运漕米内各拨五万石,为顺天府备荒经费。自光绪二十一年起岁以为常,将此十万石米折价全轻赍运脚等项,并解顺天府由臣等随时采买。见在海运畅通,江南、山东、奉天等处米粮咄嗟可办,将来积谷存银,因时酌度,务使储粟不虞朽蠹,发仓不致稽迟。能得十年丰稔,银谷俱有赢余。虽有尧汤水旱之灾,办赈可免竭蹶。府尹陈彝奏,上冬奉懿旨,以欣逢大庆,赏各省银两,而直隶每年定为二万两。朝廷念畿甸民艰有加无已,臣欲援此例推广慈恩,可否再于抵通南粮内年给一二万石,以备不虞。先就旧有仓房修理存储,积有成数,再议推广。
8348－8349

卷七十八　国用十六　国用考十六　蠲贷

（嘉庆）四年　谕:热河承德府为每年太上皇考秋狝驻跸之地,该处民情素殷爱戴,朕心深为怜悯。著将承德府及所属州县并经过畿内之宛平、顺义、怀柔、密云、昌平等州县,本年应征钱粮全行蠲免。至陵寝一路,将来奉移时应先期修垫道路,该处百姓亦宜轸恤。著将大兴、三河、通州、蓟州、遵化等州县,本年应征钱粮一并暂行蠲免。　8365

又,免调派盛京、吉林、黑龙江兵丁经过州县额赋,直隶自山海关至磁州十分之三,河南至湖北十分之五。　8365

（嘉庆十年）　又谕:盛京户部庄头每年交纳粮石,豫备陵寝祭祀各项供应外,其余交收入仓以为拨给各处匠役口粮之用。今朕恭谒祖陵,亲诣盛京,轸念各庄头终岁勤苦,输将恐后所有嘉庆十年分应纳粮石,除备供应陵寝祭祀各项之五千石照例征收外,其应交仓粮八千余石,俱著加恩宽免。各匠役应得口粮另于旧存仓粮内照数拨给,以示优恤旗庄至意。
8366－8367

（二十三年）　又谕:朕此次再莅盛京恭谒祖陵,业经节次加恩,用昭敷锡。因念辽沈为我朝鸿业肇基之地,俗厚风淳,群黎百姓食旧德而服先畴者,久安乐利。兹朕周历旧疆,白叟黄童胪欢跸路,允宜优加恩赉。著再将奉天所属府厅州县应征嘉庆二十四年地丁正项钱粮,全行蠲免。　8367

又免盛京户部各庄头额赋。　8368

二十五年　谕:热河为每岁大行皇帝秋狝驻跸之地,该处民情素殷爱戴。本年龙驭在山庄升遐,百姓久沐恩膏,感恋悲哀如丧考妣。即日梓宫回京,修治桥道无不争先恐后。朕心深为怜悯,著将承德府及所属州县并经过畿内之宛平等州县明年应征钱粮,全行蠲免。
8368

卷七十九　国用十七　国用考十七 蠲贷

免科

（咸丰）六年　除吉林冲压地八百五十三亩额赋。　8379

卷八十　国用十八　国用考十八　蠲贷

（光绪）十一年　蠲免陕西被扰之咸宁等五十八厅州县旧欠额赋。山东被灾之历城。九州县本年额赋吉林被灾之伯都讷、宁古塔地方银谷。　8389

（三十一年）　又谕：赵尔巽奏，奉省民困未苏，请将民欠未完各项钱粮概予豁免一折。奉天频年兵燹，叠遇偏灾，前经降旨将被兵各路村屯，豁免粮租。兹据奏称，未经被兵之处，失业流亡辍耕迁避者，尚复不少。若将积年民欠一并催征，民力实有未逮，加恩，著照所请，所有盛京内务府并各旗界、各府厅州县，应征三十年以前民欠未完各项粮租，概予豁免。已征在官者，毋庸流抵本年，如花户流亡地亩未经播种者，均著查明豁免。至昌图府及所属州县各蒙旗，著理藩院转饬免征三十年以前地租，以苏民困。　8391

三十三年　蠲缓奉天、海龙等一府三县，山西阳曲等十二厅州县，山东青城等三十九州县，湖北松滋等厅州县钱粮。又，山东济宁等州县，浙江杭州等府，江西南昌等府被灾地方分别缓征。　8391

（宣统）二年　蠲免浙江杭州等属州县卫所四盐场，江苏松江府属二场，两淮泰海二州各场，吉林五常厅、桦甸及旗地与乌拉官庄仓谷，云南鲁甸安宁等厅州属，贵州龙里县，广西桂平等二十州县，陕西城固县钱粮。豁免甘肃河金等九厅州县，新疆迪化等十一厅县民欠银粮籽种，陕西榆林四州县，云南陆凉州银米，湖南苗疆佃欠租谷。　8391－8392

又，蠲缓奉天、新民等八府州厅暨官庄旗界，顺直武清等三十一厅州县，直隶开东明长垣三州县，江苏上元等三十五厅州县，淮安等四卫，长洲等二十八厅州县，江西新建等十二厅州县及九江同知所辖南九二卫，浙江仁和等二十九州县，并杭严卫衢严二所，绍兴等属钱清六场，江苏松江府属二场，湖北枝江等二十八厅州县，湖南巴陵等十厅州县，河南滑县等十四州县，山东济宁等州县暨裁并卫所并永利等场，山西阳曲等三十八厅州县，云南晋宁等四属，陕西渭南等二十一州县，绥远城、浑津、黑河地方官庄米石。　8392

三年　蠲缓吉林新城等四府、舒兰额穆二县，江苏长洲等二十八厅州县，苏太等五卫邳州等三十五厅州县，淮徐等五卫，安徽桐城等三十七州县暨嵌坐屯田，浙江富阳等二十九州县及嘉湖、卫湖、南武陵等十三州县及已归并之岳州卫屯田，云南蒙自等四州县，广西信都等十六州县，甘肃皋兰等八州县，新疆奇台、绥来二县钱粮。　8392

（道光）三年　贷浙江海盐长兴二县旱灾，陕西留坝等十一厅州县雹灾水灾，甘肃静宁等十七州县地震灾，两淮板浦等九场水灾口粮，河南武陟等三县，黑龙江、齐齐哈尔、墨尔根城旗丁水灾籽种粮石，江苏驻扎灾区之川沙等五营银米，并毗连灾区之孟河等九营饷银。8393

四年　贷江西上年被扰之建昌、德化、瑞昌、兴国、都昌、湖口、彭泽七县难民籽种口粮。又，贷盛京凤凰城被水旗民籽种口粮。又，贷山西平定等十八州县清水河等二厅，并陕西镇安等五县被灾地方籽种口粮。　8393

十一年　贷黑龙江歉收地方旗丁籽种口粮。又，贷山西上年被灾之萨拉、齐太平、临汾、洪洞、徐沟、榆次、汾阳、太原、太谷、文水、交城、灵邱、永和、怀仁、大宁、和顺十六厅县贫民仓

谷。　8393

同治元年　贷吉林三姓被水地方旗丁银暨官庄民丁谷价。又,贷黑龙江城歉收丁户米石。　8393

七年　贷黑龙江、齐齐哈尔两城被旱地方旗丁籽种口粮。又,贷河南荥泽、中牟、尉氏、郑鄢、陵淮、宁西、华扶沟、沈邱、项城、武陟、修武、河内十三州县被水灾民一月口粮。　8393

卷八十一　国用十九　国用考十九　赈恤

(嘉庆)十年　谕:朕此次展谒祖陵驻跸盛京,所有民田旗地蠲租赐复,业已丰沛恩施。惟本年奉天所属地方因夏秋间雨水稍多,沿河低洼地亩积水未能消涸,田禾间被偏灾。据实查勘。承德、辽阳、广宁、海城、铁岭等五州县沿河旗民地亩被灾,自五分至九分不等。又,盛京正红旗界内三家寨等五处村庄,因被雹损坏田禾成灾,自七分至九分不等。此等旗民地亩既经被有偏灾,生计不无拮据。所有各处被灾户口查明,赏给一月口粮。其有需赈济及应蠲免之处,并著查明于恩诏蠲免外,再按定例分别办理。　8398－8399

(嘉庆)十五年　谕:前因吉林地方猝被水灾,降旨令赛冲阿将应行赈恤蠲缓情形查勘速奏。兹据奏,查明旗民地亩成灾分数,分别请旨。著将被灾旗地加赈四个月,官庄义仓等地加赈五个月,站丁加赈九个月,自本年八月起按照大小口分别赈给。其淹毙旗妇一口,照例给米五石。义仓官庄各地被淹处所,著将十五年分租粮摘出,蠲免其下游之永智社旧站等四十七屯内被灾之种地民人,并输丁无地及无地无丁各土著民户等,并著自本年八月为始各按照灾地分数,分别极次贫民,照例加赈。所有请蠲之正耗银共五百八十七两零,著加恩蠲免。应缓之地粮,应行带征之丁银,被灾六七分者,著分作二年带征。被灾八九十分者,著分作三年带征。至各该坍塌旗房民房应给修费,亦著按数支给,务使旗民均沾实惠。　8399－8400

卷八十二　国用二十　国用考二十　赈恤

赈济

(咸丰)十一年　谕:玉明等奏,查看金州地震一折。奉天金州地方于本年六月间连次地震,以致城垣垛口有震裂段落,并震倒旗民住房多间,压毙人口。虽据奏称,各户住房系属散居,并未大有损伤。朕心实深矜悯,所有正黄等四旗界内震倒旗民各户住房六百四十间,加恩,著照例给与修费,其压毙人口各户,亦由该将军等量予抚恤。　8408

(同治十三年)　又谕:都兴阿等奏,核明奉省灾户确数,请饬续拨赈款并灾民聚众乞食,设法弹压、安抚各一折。奉省上年被灾各城既经都兴阿等派员核勘明确,实需赈款等项共银二十九万余两。除前经户部奏明由直隶、河南二省共拨银十万两外,所亏甚巨。灾黎嗷嗷待哺迫不及待,且各处已有聚众乞食分粮抢粮情事。虽经都兴阿等捐资助赈并派员各处劝捐,惟为数无多。而灾民户口至三十余万,深恐乘机生变,关系非轻。著户部按照该将军等续请十九万三千余两数目,赶紧筹拨委解,以济要需。并咨行直隶、河南二省速将前次奉拨之项埽数拨解,毋稍迟延。　8409

(光绪十二年)　又谕:庆裕等奏,奉天辽河巨流等河同时盛涨,田禾淹没,田庄台一带被灾尤甚。著将该省各州县存储仓谷酌量拨发,遴员会同地方官核实散放。奉懿旨:本年万寿节内务府应进银一万,拨为奉天赈济之用。　8411

三十一年　奉懿旨：拨内帑银三十万两抚恤东三省难民，三万两赈川沙宝山南汇崇明等处被水灾民。　8413

（宣统元年）　又，赈抚黑龙江、墨尔根、东西布特哈、黑水、大赉两厅被水灾民。　8414

（二年）　又，以水灾赈抚黑龙江各属及四川锦州等厅州县。　8414

卷九十三　选举十　选举考十　资选

（宣统二年）　又，吉林巡抚陈昭常奏：续办春赈，请开办赈捐及七项常捐。下部议奏。

又，度支部奏，议覆：吉林巡抚奏吉省续办春赈，请援案开办赈捐及七项常捐。略称，吉省被灾之重为百十年来所未有，办理赈恤亦非寻常，灾区可比其额赫穆新开河蛟河一带受灾尤重，不特田庐、牲畜漂没无遗，而土为水冲石骨显露，可耕之地尽变石田。哀此流亡永无生业之可望。故前奏所陈，首以移民就垦为先务。举凡迁时之路费、迁后之拊循，尤须筹集大宗之款，始能举办。至被灾户口，据各属汇报共大小丁口十六万余。自上年六月起，钱米兼放，以工代赈。冬闲复设立粥厂，制发棉衣。所有各处募捐之款及公仓积存之谷，除陆续散放外，所存无几。续办春赈，固虑不敷。然既难豫为宽筹，亦只好逐渐接济。一俟春熟可收，或尚易于从事。无如吉省气候过寒，植物发生较晚，必至夏秋之间始有杂粮可收。虽名春赈。而支持赈期实需四五月之久。重以去年粮食歉收，价值渐昂，即被灾较轻，各属亦多供不应求，库款既无可拨给，义捐又取数无多。欲筹接济之方，实少妥善之法。查光绪三十二年，江南北所属各州县大水为灾，由前两江总督臣端方奏请，开办衔封贡监、翎枝捐款及七项常捐。光绪三十四年，湖北霪潦为灾，由调任湖广督臣陈夔龙奏，请展办赈捐，并添收七项常捐。均奉先朝特旨，准行。吉省上年水灾之重，不减江鄂，而赈期之久，则视江鄂有加。恩恩俯念留都旧治，哀鸿嗷嗷，准照江鄂成案，开办赈捐及七项常捐，以一年为限，一切捐例改照新章。如有捐助赈款实银在万两以上，拟请专折奏请优奖，以示鼓励。臣等查宣统元年九月，臣部议覆，前直隶总督端方等电奏：整顿捐务，筹拟核实报销。折内陈明，拟将免保举留省二项暨十成贡监，即日改回部库收捐，仍以十成实银上兑。其常捐七项，酌以五成实银上兑赈捐衔封、贡监等项，以二成实银上兑。道员捐二品顶戴及贡监捐盐运使职衔，以三成实银上兑。又附陈三品以上报捐花翎者，照原章酌收一半。四品以下酌收银四百两，蓝翎半之。各等因。奏准通行。遵照在案。兹据吉林巡抚陈昭常奏称，吉省被灾之重，为百十年来所未有，办理赈恤，亦非寻常灾区可比。请援照江鄂成案开办赈捐及七项常捐，以一年为限，一切捐例概照新章。如有捐助赈款实银在万两以上，拟请专折奏请优奖。臣等查该抚原奏，所称各节系属实在情形。拟准援案开办衔封等项赈捐及七项常捐，以资接济。均以一年为限，届满停止。其请奖各员所捐银两，归大清分银行核实兑收。至各省绅商捐助赈款数在万两以上者，虽经各省奏请优奖有案，均系出自特恩允准，并无奏定优奖章程。此次该抚所请捐助赈款在万两以上者，奏请优奖一节，臣部未敢擅拟。8537

卷一百十二　学校十九　学校考十九　学堂

实业　财政附　交通附

（光绪三十四年）　又，东三省总督徐世昌奏：奉省设立农林学堂种树公所。

卷一百二十　职官六　职官考六　京文职
民政部

（宣统二年）　又，吉林巡抚陈昭常奏吉省办理警务情形，略称：吉林举办警务实较各省为难，全境七十万方里，幅员辽廓，往往百数十里旷无居民。即有一二繁盛村屯，亦复零星散漫，安能互相保卫。其难一。吉省开辟较晚设治未久，垦户商民或设联会以资守望，立法未尝不善。然日久弊生，不免私作威福。自改练乡巡，旧习稍除，而公举巡长仍多旧日兵练、会中绅董，未尽确守规章，且或时滋扰累。其难二。吉省林密箐深，易滋伏莽，且边外股匪时有流窜，陆军防队分布难周。充当警兵者，必须素娴技击，方胜搜捕之任。既具有军队性质，即不免越警察范围。其难三。困难如此，非就地方情势通盘筹画，无以定次第设备之方。一、实行考察，以资整顿。各属警务皆设专局，而以地方官为监督。臣于去岁饬试署民政司谢汝钦，亲赴各属实地考察，奖其已能，勉其未至。并将劣迹显著之员弁、长警分别斥革。此后仍由该司择要往查，务令从事者咸知尽职，冀有成绩可收。一、厘订通则，以归画一。各属巡警本就地方情形先后举办，然或仅安简陋，或稍事铺张，参差不齐，自为风气。饬司编定规则，以地方之繁简、民力之舒耗分为上中下三等。员额多寡、薪水厚薄，各依等次为衡。其余一切职权章制亦皆勒为通章，俾资遵守。一、注重教练，以培人才。吉省原有巡警学堂毕业各生，分派各警局效用，嗣于省城附设传习所，挑集各警兵分班传习。旋奉部文，将该堂改为高等巡警学堂，并于堂内附设教练所。节经遵办在案。惟全省二十二属，需才既众，如仅由省会教练所分委任使，未免缓不济急。爰遵部章，饬属各设教练所一处，以本地人民按格考选入所，肄业再令实地练习。俟尽义务一年，给发文凭，务使人具专门，不至用非所学。一、组织商埠巡警，以保主权。警察权限原为我所固有，臣前次督办边务，即经举办边务巡警。见在长春商埠业已创办，吉长线路行将开工，省城商埠一切正在筹办，事关交涉，尤当注意。已饬民政司、交涉司、西路道妥为组织，务使权限分明，藉保治安而免侵越。一、编练豫备巡警，以资补助。吉省地处边隅，盗风素炽。巡警职在防卫，实兼捕盗，重以各乡村屯户口星稀，距离窎远，仅恃额定巡警仍恐保卫难周。惟有寓警于农之意，于乡巡各区内另编豫备巡警。平时就各村壮丁挑选编册，分班调练，闻警则聚而捕盗，无事则散而归农，体验民情，佥以为便。其余卫生、消防、山林、水道各项警察，亦均照章设备，以期日臻完善。至各属见设警局之数，计城局二十三处、乡局二十四处、分区二百四十五处、分所三百十四处，均分设于旧有官治。其新设之缺，见始分别派员试署设治，自应饬令逐渐增设，以求周密。警政为内治根本，尤为吉省根本中之根本，无论如何为难，自当悉心筹办，力求推广。　　8805

卷一百二十六　职官十二　职官考十二　京文职
工部

（光绪）三十四年　又奏，议覆：东三省总督徐世昌奏请设立农官以兴地利。略称，农官之设始于周制，至汉则有农丞，魏则有典农，以及宋之劝农使、元之劝农官类，皆职有专司，官无虚设。东西各国凡农局、农会之成立，皆有专官以董理之。奉省幅员辽阔，地脉丰腴，实为农业天然隩区。特非董以专官，则乡愚罔资提倡，非因材器使，则气类莫由感乎。该督深维本计，援古证今，于奉省土地人民筹思至熟。此次请设农官专以宗室、觉罗、满蒙汉八旗子弟及在籍绅士充选，就地择人，学成致用，诚为握要之图，应准如拟办理。臣等详阅所拟章程，分为建设、编制、职任三节。条分缕析，均属简易可行。第一节内称府厅州县拟各建农政厅，农署内应设农务总会，四乡各设分会一所。等语。核与臣部奏定农会章程，第二条内开各省应于省城地方设立农务总会，于府厅州县酌设分会等语，微有不符，拟仍查照定章，各府厅州县作为农务分会，四乡作为农务分所。其农务总会应于省城设立，一并归劝业道管辖，以免纷歧。至此项农政厅遴派农官，应由该督将设立年月日及派出衔名随时咨部备案，并将任内每年所办成绩列表咨报，以资考核。　8863

第一百二十九　职官十五　职官考十五　京文职

内务府

（光绪三年）　又，盛京将军崇厚奏，略称：奉省北边外昌图厅，地大事繁，亟须添官增兵藉资治理。拟请将该厅升为府治，仿照热河承德府之例，仍管地面词讼各事。即康家屯地方亦可归其自理，移设八家镇经历，于康家屯分防。再移梨树城照磨，于八面城驻扎。均照旧请加六品衔，分司缉捕土匪并勘验命盗各案，并将照磨巡检一员，升为府司狱，训导一员，升为府教授。此见拟升设昌图府之情形也。八家镇、梨树城两处原设经历、照磨各一员，分防佐理。该两处均系扼要之区，政务殷繁，措理非易，该经历等，职小权轻，势难整顿。拟将梨树城改为厅治，添没通判一员，名曰奉化厅。另添巡检一员，管理监狱。八家镇改为县治，添设知县一员，名曰怀德县。另添典史一员，管理监狱。并均添设训导各一员，以兴学校。该厅县应照章请加理事同知衔，以便蒙、民兼理。此见拟添设厅县教佐各官之情形也。惟是该处地广民顽，盗风未息，东北直接吉林，边防尤难松缓。拟于该府厅县另添捕盗营马兵二百名，交昌图分拨调遣，以专责成。以上升设、添设各员，如蒙俞允，请旨饬部颁发印信关防，以昭信守。　8897

（四年）　又，吉林将军铭安奏，略称：吉林省自威远堡门东至俄界不下二千余里，北至黑龙江交界，南至鸭绿、土们两江源，又不下二千余里。司牧之官惟省城西北一隅设有三厅，三厅之理事同知、通判向由京秩旗员拣放，历练未深，往往茫无所措。至阿勒楚喀、三姓、宁古塔等处，命盗户婚就理于协、佐等官。但习骑射，不惟不谙吏治，且多不通汉文。历任将军止重武事，吏治多未讲求，民怨沸腾，铤而走险。近年以来，民愈穷而愈悍，贼愈剿而愈滋，峻法严刑，人无畏志，是皆不揣其本而齐其末也。拟请以所属尤为冲要之区，酌中设立厅县佐杂等官，并将吉林厅升为府治、长春厅通判改为同知，将来民地钱粮、旗民词讼专归该厅州县管理。其协、佐、防、校等官，止准管理旗务防剿盗贼，不准仍预地方词讼，以示限制而一事权。　8898

六年　吉林设宾州厅抚民同知一员、巡检二员，五常厅抚民同知一员、经历一员、巡检二员，于阿克敦城地方置敦化县，设知县等官。又于宾州厅、五常厅、敦化县设捕盗、外委各一员。　8898

又，奉天置康平县，裁康家屯经历，改设知县典史等官。　8898

又，盛京将军岐元等奏请：奉天添设围场总管一缺，应请作为满蒙汉公缺，并加副都统衔，兼练兵统带官。又添设通判巡检等官。得旨：围场设官、添兵等事系属创始，该将军等所奏自为因时制宜起见，均著照所议办理。　8898

又，奉天设围场地方抚民通判一员，加理事同知衔，并巡检兼司狱一员。　8898

七年　吉林将军铭安奏，略称：查双城堡地方距省四百余里，为省城东北之门户，商贾辐辏，事务殷繁。恩请仍照前奏设立抚民通判一员，名曰双城厅。另设巡检兼司狱事一员管理监狱,训导一员振兴学校。拉林分设巡检一员,归厅统属。其双城堡原设总管一缺,改设协领,专司缉捕及一切旗务。此双城堡、拉林拟设厅官教佐各员之情形也。又,查伊通距省二百余里,为省西最要咽喉,向归吉林厅管辖,地方辽阔,治理难周,请在伊通设立知州一员,名曰伊通州。该州旧有吉林分防巡检一员改为吏目,管理伊通监狱。添设训导一员,振兴学校。磨盘山分设巡检一员,即归伊通州统属。此伊通、磨盘山拟设正印教佐各官之情形也。旧设三厅亦应变通,尽利政教,庶免两歧。拟请将吉林厅理事同知一缺升为府治,改设知府名,曰吉林府,新设之伊通州归其统属。原设吉林巡检一缺升为府司狱,管司狱事,学正一缺升为府教授,以符体制。至伯都讷厅理事同知一缺,改为抚民同知加理事衔。长春厅理事通判一缺,请改为抚民通判加理事衔。农安地当冲要,生聚日繁,请添设分防照磨一员,归长春厅统属。靠山屯地方民户无多,该厅可以兼顾,毋庸另设分防经历。此吉林旧设三厅拟请升改各官之情形也。以上添设升改正印教佐各官如蒙俞允,请旨饬部铸造关防印信钤记,以昭信守。　8898

　　十五年　吏部议覆:吉林将军希元奏请裁长春厅抚民通判,设长春府知府一员,升厅训导为府教授,升巡检为府经历,添设府照磨一员。又,置农安县,设知县一员,并设训导、巡检各一员。　8899

　　三十年　政务处议准:设黑龙江分巡道一员,兼按察使衔,总司通省刑名驿传事务,管辖黑水、大赉两厅。又,设分守绥、兰、海兵备道一员,管辖呼兰、绥化、海伦三府厅,并设库大使一员,升呼兰厅为府,移治呼兰城,升绥化厅为府,仍治绥化。各设知府一员,不设首县,自理地方。原设巡检各升为府经历,兼司狱事。添置海伦直隶厅,设同知与经历兼司狱各一员。添置黑水厅,设抚民同知一员,添置大赉厅,设抚民通判一员,各设巡检兼司狱一员。添置巴彦州,设知州、吏目各一员。添置兰西县暨木兰县,均归呼兰府辖,各设知县一员、巡检兼典史一员。改绥化厅余庆街经历为余庆县,归绥化府辖,设知县一员、巡检兼典史一员。添置青冈县,设知县一员、巡检兼典史一员。以上添设同通州县等官,均加理事衔,满汉并用。8899

　　三十一年　谕:奉天府府尹兼巡抚事一缺,著即裁撤。所有府尹原管事务,均著责成赵尔巽经理。　8899

　　又,政务处议覆:盛京将军赵尔巽奏请裁奉天府军粮同知,改设奉天府知府一员,归驿巡道,兼辖金州一厅、辽阳、复州二州,承德、兴仁、海城、盖平、开原、铁岭六县悉归该府专辖,定为冲繁疲难,请旨拣调要缺。　8899

　　又议准:署黑龙江将军程德全奏请,裁撤黑龙江副都统七缺,曰齐齐哈尔、曰黑龙江、曰墨尔根、曰布特哈、曰呼兰、曰呼伦贝尔、曰通肯。　8899

卷一百三十七　职官二十三　职官考二十三　外武职

八旗驻防

　　(宣统二年)　又,东三省总督锡良奏:海龙总管本为管理围场而设,今既改设府县明定职守,总管已成虚设,应请裁撤。原设佐领以下各官,有管理兵丁之责,均请毋庸裁撤,并将兵丁随时选充地方巡警,以期逐渐裁改。该处应办旗务,应即责成佐领直接公署,仍归旗务处考核办理。笔帖式一员专司册档,自应一并裁撤。　8968

卷一百三十九　职官二十五　职官考二十五

东三省

（光绪三十三年）　又，度支部会奏，议覆：吉林巡抚奏拨荒安置赫哲旗丁折。略称：原奏称临江州、富克锦地方原有赫哲四旗，近经设法归农，临江州已改升临江府，富锦县亦将设治。此项赫哲丁户应照安置地界，分别拨归临江府、富锦县管理。该旗尚有佐领四员、防御二员、骁骑校四员、笔帖式二员，应请裁撤，并援照成案。等因。吏部查吉林等处笔帖式员缺，由将军、副都统挑取本处应用人员，坐名补授，咨明吏部注册，仍由该将军等以本处应升之缺，照例拣选升用。今富克锦笔帖式二缺既经奏请裁撤，应准其俟有相当，缺出酌量调补。如愿改外，即按照黑龙江裁缺章程，改以未入流等官，令其指定一项，呈请分发到省，归候补班补用。应俟该抚造具履历到部，再行办理。至该员未改就以前请给食原俸一节，系为体恤闲员起见，应准如所奏办理。陆军部查吉林富克锦地方于光绪八年间添设协领一员、佐领四员、防御二员、骁骑校四员。其协领一缺，已经会议政务处，于议覆前东三省总督徐世昌等奏吉省添设民官案内奏请裁撤。今富克锦地方旗丁，拨地归农，分拨府县管理，既据度支部议准，所有佐领、防御、骁骑校等官自应一体裁撤。裁缺各员，俟有各城相当缺出，酌量补用。其未经补用以前，照案仍食原俸。仍令该抚将裁缺人员衔名履历，造册咨部备查。三十四年，东三省总督徐世昌、吉林巡抚朱家宝奏，吉林开办各级审判检察厅，遴员试署。又，拟设检验学习所，改仵作为检验吏，给予出身。　8994

又，东三省总督徐世昌等奏，略称：从前江省民官过少，壤地辽廓，管理难周。是以吉林奏设汤原、大通两县，将江省之北岸画入该两县界内。见在江省新设之兴东道已与汤原、大通接壤，自应将江北地段仍归江省，为该道所属。请旨准将汤原、大通两县所属江北地段及依兰府插花地之在江省者，仍归江省管理。　8995

又奏请：添设州判要缺并酌移州县治所。略称：奉天复州地方西、南两面距海，海中各岛惟距该州一百四十里之长兴岛巍然独存。该岛四面临海，东西约七十里、南北约四十里，住户逾二千，男女丁口逾一万五千。虽物产不丰而盐产、森林、渔业尚可自给，地方官视同瓯脱，亟应设官镇抚。拟请添设州判一缺，即在该岛设治并将附近花椒岛所属兴社一社之地画归管辖，名曰长兴州判，慎选堪胜人员前往办理。至复州城治僻在西隅，控制诸多不便。查瓦房店地方近临车站，交涉日繁，实为复州全境之中权，拟请将该州移驻瓦房店，俾资策应而免贻误。又，距奉省九十里之抚顺地方，商旅增益，千金寨煤矿利源日扩。该处既无民官，亟应移治镇抚以资约束。查奉省分设承德、兴仁，两县同城设治，殊近复赘。拟请将兴仁县移驻抚顺，并拟改为抚顺县知县，以符名实。惟该县既经移驻抚顺，从前两县所定界址应另行勘明，咨部立案。至抚顺原设之路纪防御各员等，自应一并裁撤统归地方官办理，以专责成。　8995

又会奏：黑龙江增改道府州厅县办法。略称，黑龙江省南障奉吉，西控蒙藩，外接邻壤，经纬纵横几及万里。国初仅设驻防，未立郡县。咸丰以后，呼兰、绥化相继设官。近年又于省城及开垦三蒙旗并原设呼绥两厅，增改府厅州县一十三处，以为绥边抚民之计。然合计全省地面，民官所治仅及十之二三。方今瑷、呼商埠次第开通，墨、布两城垦荒开矿历有年所。黑龙江沿岸数千里皆与俄邻，彼则屯守相望，我则草莱未辟。是非增设郡县，完实内力，别无控制之方。见拟添设瑷珲、呼伦贝尔道员两缺，黑河、满珠、佛山、嫩江知府四缺，瑷珲、呼玛、漠河、呼伦、室韦、萝北、武兴、讷河、布西、甘南直隶厅同知十缺，舒都、乌云、车陆、春源直隶厅通判四缺,诺敏、鹤冈、林甸、通北、铁骊知县五缺,改设龙江、海伦知府二缺。拟就开辟商埠之区及人户较多、形势扼要者先行设立。此外,俟地辟民聚,经费有著,再行陆续筹设。至墨尔根、呼伦贝尔、瑷珲副都统之缺,应照原奏,即行裁撤。惟呼伦贝尔、瑷珲两处办理交涉关税事务责任较重,且有兼辖属部之责,今既改设道员,应请加参领衔,以资控制。其拟设之黑河、满珠、佛山等府缺,拟照原奏及吉林新设蜜山府奏案办理,不领属县。至于设治以后应如何明定廉费、酌设佐吏、添拨兵队、建置署所,届时续行具奏。下会议政务处议奏。寻议,准添设黑龙江省道府厅县员缺驻所,并分别先设、缓设办法。瑷珲兵备道,加参领衔治瑷珲,即拟添设。黑河府知府,治大河屯,即拟添设。瑷珲直隶厅同知,驻瑷珲,即拟添设。呼玛直隶厅同知,驻西尔根、卡伦,拟缓设。漠河直隶厅同知,驻漠河,拟缓设。以上归瑷珲道管辖。呼伦兵备道,加参领衔,治呼伦贝尔,即拟添设。满珠府知府,治满州里,即拟添设。呼伦直隶厅同知,治呼伦贝尔,即拟添设。室韦直隶厅同知,治吉拉林,即拟添设。舒都直隶厅通判,治免渡河,拟缓设。以上归呼伦道管辖。佛山府知府,治观音山,拟缓设。萝北直隶厅同知,治托萝山北,即拟添设。乌云直隶厅通判,治乌云河,拟缓设。车陆直隶厅通判,治车陆,拟缓设。春源直隶厅通判,治伊春呼兰河源,拟缓设。鹤岗县知县,治鹤立岗,即拟添设。以上归兴东道管辖。龙江府知府,以黑水厅同知改,即拟改设。林甸县知县,治大林家甸,即拟添设。嫩江府知府,治墨尔根,即拟添设。诺敏县知县,治诺敏河,拟缓设。海伦府知府,以海伦厅同知改,即拟改设。通北县知县,治通肯河北,拟缓设。铁骊县知县,治铁山包,拟缓设。讷河直隶厅同知、治东布特哈,拟缓设。布西直隶厅同知,治西布特哈,即拟添设。甘肃直隶厅同知,治富持尔基,即拟添设。武兴直隶厅同知,治多耐站,拟缓设。　8995－8996

又,吉林旗制篇　略称:吉林向以将军衙门为政治上最高之机关。内设兵、户、刑、工四司,以印务处冠首。额设管档主事一员,为将军之监印,因以印务名之。出纳财政虽归户司,而附属则有银库,额设主事一员,以专其责。四司关防均系协领兼衔,各司掌案笔帖式二员,刑司则多理刑笔帖式二员,额委笔帖式各司多寡不一,此外并无额缺。行走各员亦由各级旗员内拣派兼充,无定额亦无专责,仅附名随同画诺而已。省城内与将军同办旗务者,有副都统一员。外城副都统衙门凡五:曰宁古塔、曰伯都纳、曰三姓、曰阿勒楚喀、曰珲春。专城协领衙门五:曰乌拉、曰拉林、曰双城堡、曰五常堡、曰富克锦。翼领衙门一:曰乌拉,与协领同城,专司贡品。专城佐领二:曰伊通河、曰额穆赫索罗。边门防御四:曰布尔图库、曰伊通、曰赫尔苏、曰巴彦鄂佛罗。驿站四十九,其制与内地各省迥异,区分东西两路,于省城各设关防处。每处派协领一员为监督,额设总站官各一员副之,每站笔帖式一员,以领催委员副之。站各有丁,原由公家拨给官地,并给牛具籽种使之耕作,专任站中一切差徭递送公文等差,公家不另给口粮,亦无升阶。通省旗属皆受成于吉林将军,惟直接间接有不同焉。自改设行省,地方有司逐渐增设,而旗营与府县同城者,几同冗赘。吉林旗人本系土著,方面甚大,人丁较内省驻防为多,事务较内省驻防亦繁,惟有徐议变通,庶可收统一之效。其变通之策,凡秩崇而任轻者则裁撤之,若吉林并宁古塔等城副都统及富克锦协领是也。事本一致而政权歧出者则归并之,若两路驿站归入民政司改设文报总局,黑龙江水师营归入吉林水师营是也。积习相沿散漫无纪者则整顿之,若两翼官学蒙古官学改设满蒙文小学堂是也。如此循序渐进化裁通变,虽收效稍缓,尚无窒碍难行之患。　8997

(宣统元年)　又奏增改厅县分画疆界,略称:

一、海龙府析设厅治。海龙东南与吉省濛江毗接,森林丛密。从前本系鲜围,闲有山田,当光绪四年全行放垦。乃庚子变乱,民居焚掠殆尽,嗣厅升为府。西北设西丰、西安、东平等县。独东南一带犹多伏莽,逃户畏沮不归。臣拟于距府一百里之大肚川设一直隶厅,以资招抚。查海龙共三十六社,析其东南八社,而以窝集河、一统河为府厅之界。该厅全境在辉发江之南,拟名曰辉南直隶厅,即拟遴员试办。此辉南厅设治之实在情形也。

一、洮南府添设县治。洮南东北本科尔沁右翼图什业图王蒙旗,光绪三十二年始行丈放,圈放之地纵四百二十里,横四十里。曾于南北规定两城基,北曰醴泉,南曰开化。南段地瘠犹多未放,北段地沃垦户渐稠。醴泉镇在府东北一百八十里,蒙疆僻远,劫夺时闻,商民亟望设官以资卫护。臣拟先于该镇设一县治,名曰醴泉县,仍隶洮南统属,业已派员试办。此醴泉县设治之实在情形也。

一、营口改为直隶厅。奉省商埠以营口为最,轮轨四通,该埠分属海城、盖平,自开口岸以来只有海防同知藉资弹压。近年各国领事麇集,交涉益繁,亟应设立审判厅以为收回法权地步。惟该埠虽驻有海关一道,而与民未亲,又分隶海城、盖平两县而距营皆远。臣拟改海防厅为直隶厅,不但新政便于设施,且法官亦无虞孤立,司法行政相辅而行,裨益地方,良非浅鲜。惟该厅向无辖地,拟析海、盖附近营口之地画归厅治,海界自大石桥迤西北以达于盘山厅之大洼车站,盖界亦自大石桥迤西南以达淤泥河海口,海城全境共计十九乡,归厅治者三乡,盖平全境共计十七乡,归厅治者一乡。该厅重在商埠,辖地无取乎太多。此营口改厅之实在情形也。

一、鹿岛收隶庄河厅。查鹿岛在凤庄以南,孤悬海中,周围可三十里,土著约九十余户,多仰渔业为生。前明崇祯初年即有居民,曾属金州管辖。嗣后声教莫及,海盗蹂躏,靡所依归。旧年虽绘入凤属地图,从未编查户口,倘不收隶版图,深恐竟同化外。臣檄东边道就近查勘,据称该岛人民均由大孤山积年转徙。大孤山者,庄河厅所辖之巡检分司也。该岛距凤治二百里,距庄治一百四十里,而距大孤山仅二十五里,拟即收归庄辖并饬该厅加意保护。此鹿岛收隶庄河之实在情形也。

此外专为画界者则又有四:

一、先办设治而后清省界,长白增设府治。臣前已奏明。在案。该府为边防最要之地,绵蕝经营,西接临江割治长生、庆生二保,东南地滨鸭绿天然水道,界线皆易分明。惟北跨龙冈与吉林桦甸、濛江接壤。该地人烟稀少林莽丛深,界限自来未清,此时不厘正,封疆以后管理地段,转恐互相推诿。臣前后据试办各员禀报,复与吉林抚臣往返咨商,拟由红旗河经荒沟掌白河上下两江口,历循汤河宝马川抵三岔子之正岔,定为奉吉两省之界,南可据长白之后盾,北无碍濛桦之幅员。此长白府与吉林画界之实在情形也。

一、已经移治而更定县界。臣前奏准兴仁移驻抚顺并改县名,旋因距抚顺八里之千金寨向有日人开采煤矿,事多交涉,不能不设立审判厅。复移县驻千金寨,地与抚顺附近,似可无庸易名。惟抚顺路记防御各官已裁,其旧管之正红、厢蓝各一旗、厢红半旗地属兴京者,见距抚顺较近,拟画归抚顺,即以旗界为界。其承德县东从前析属兴仁者,见距抚顺较远以附省数屯仍画归承德,拟北自碾盘沟经白台子,南至杨木林子定为承抚两县新界。此抚、兴、承画界之实在情形也。

一、地势不足,画西界以补东界。临江县者,滨鸭绿江之要区,该县以东长生、庆生二保,既割属长白,左臂不足以展舒,且全境皆山,以之筹备边防深虞棘手。臣拟析通化以东德生一保画归临江,即以保界为界。该保民稠地沃,堪补临境之偏枯。此临、通画界之实在情形也。

一、地势不均,画东界以补西界。锦西厅者,本析锦县西境而设,地与热河之朝阳接壤,盗匪来去无常。故设治之初注重边防,地亩之多寡肥硗未遑计及。查锦县升科之地几二百万亩,而锦西厅升科之地才三十万亩,厅境大半硗确。近来创办新政,竭蹶异常。臣拟割锦县西偏一地方,纵约六十里,横约十五里画归锦西,北自女儿河中循铁路,南顺七里河以至海口定为厅县新界,所辖地段于锦县无大妨损,而裨益于锦西之处甚多。此锦西厅锦县画界之实在情形也。以上数端经臣督饬民政司张元奇或便道考查,或派员勘画,臣覆加核夺,莫不酌夫民情地势之宜,堪以正经界而垂永远。　　8998－8999

又,东三省总督徐世昌、署吉林巡抚陈昭常奏:吉林拟援案添民政官。略称:吉林府辖地最广,前虽分其西南增设濛江、桦甸二州县,其所属尚周环千余里,虽系省治所在,而民官仅一知府治理,实有难周。拟更画其东北各屯设一县缺,治舒兰站,名曰舒兰县。伊通州接壤奉省,亦属西南要区,拟升改为伊通直隶州。西北路逼近蒙界,素称繁要,已设有新城府,尚可控制。其原属之榆树县在吉省中最为富庶,亦系要缺,拟升改为直隶厅同知。就北路言之,双城厅旗屯居多,侨民亦众,铁轨通行日益繁富,殊非一抚民通判所能统辖,拟升改为双城府滨江厅。原奏设于哈尔滨商埠内,仿营口厅之例,专管该地交涉案件,名为江防同知。后因俄人不认,鲜能实行职务。见所辖不足十里,殊难成治,拟画双城沿江之地以益该厅,而改为双城府分防同知。宾州厅当吉黑两省交通之要冲,开化尚早,户口颇蕃,地面亦较双城为广,拟升改为宾州府。其南境之阿勒楚喀,商民繁盛为宾州冠,拟于其地增一县治名曰阿城县。依兰府原治三姓,辖地之广,几两倍于吉林府,虽人烟稀少求治尚难,然不预为措置,终难逐渐振兴。拟于其南境之桦皮川增设一县,名曰桦川县。于其东境古勃利州增设一县名曰勃利县。其原辖之大通县向治江北,今其地亦画归江省,拟移治于江南依兰府西之方正泡地方。临江州北界黑龙江,东界乌苏里江,居吉省之极东北,边防尤为重要。其地亦广于吉林府,仅设一州视等羁縻,颇非注重边界之道,拟升改为临江府。于其西境增设一县,以富克勤锦巡检升改,即名曰富锦县。于其东境乌苏里江附近增设一州,意在绥抚边境,因名曰绥远州。就东路言之,新设之蜜山府,地处极东,界乌苏里江,其地尤大于依兰,而户口则更较少。山野荒芜,伏莽潜滋。今虽力兴垦务而实边分治,断非一知府、数委员所能为功。因拟相度地势于其东北饶河之南设一县,名曰饶河县,于其北宝清河之西,设一州名曰宝清州,于其东南临兴凯湖设一县,名曰临湖县。而府治则专辖之西北各地方,其次位于省之正东者,则为绥芬厅。即宁古塔副都统辖境纵横约二千里,原设三岔口偏于极边,于行政殊多不便,拟升改为绥芬府,移治塔城。另于三岔口设一分防通判,以其地居宁古塔东境,因名曰东宁厅。其塔城东北原设有一穆棱河知事,并拟升改为穆棱县。就南路言之,西自长白山,东接珲春,长千余里,南北亦三四百里不等。仅设一延吉厅抚民同知,政教安能普及。且边界交涉纷起,因应尤难,拟升改为延吉府,仍治局子街。而于珲城设一抚民同知,分治密江站以东之地,名曰珲春厅。其原辖之和龙峪分防经历治图们江北一带越垦地方,关系尤要,允宜改设正印以重边地,即拟升改为和龙县。其延吉以北汪清河流域,荒原广漠,几为匪巢。因拟于汪清河沿岸设一县治,并分绥芬府南境之地,以附益之名,曰汪清县。就中路言之,五常厅广袤五百余里,实当全省中枢,而民户颇众,政事亦繁,与府制相宜,拟升改为五常府。由省城至塔城及至延吉沿站八百余里皆无官治,盗匪出没,极碍交通,拟于额穆索站设一县治,画分敦化北隅、绥芬西隅、五常东南隅之地以成该县区域,名曰额穆县。下会议政务处议奏。

寻覆,准如所请。　8999－9000

卷一百四十一　职官二十七　职官考二十七　禄秩

（光绪七年）　又,盛京将军岐元奏:查新设康平县地处边疆,本系蒙古地面,并无经征钱粮,是以定为烦难中缺,其为蒙古代催地租办理命盗各案,与怀奉无异。所请廉俸役食等项概发实银,原为养其廉隅。若令酌行删减,使其办公竭蹶,内顾多虞,何能勤求吏治。惟有仰恳天恩,俯念该县地方瘠苦,正佐各官应支廉俸、役食、办公等银,仍准援照怀德、奉新两县章程,概行给发实银,免其删减,实于吏治民情大有裨益。　9017

卷一百四十三　职官二十九　职官考二十九　禄秩

（宣统元年）　又奏:长春府审判各厅额支经费无闰之年,计共需吉市钱二十一万三千零四十八吊。开办之初,原议以禁烟局所收票照盈余提拨。见在吉省一律禁种,此项无著。统计该厅经常所入只有由省暂借发商生息、官帖龙圆两项。每月息钱六千五百吊,全年七万八千吊,此外别无的款。查内蒙哲木盟各旗新放荒地每晌岁征大租钱六百六十文,照章以四百二十文解归蒙旗,以二百四十文作地方衙门办公之费。长春本系郭尔罗斯前旗蒙地,因开垦较早,每晌仅征蒙租四百四十文,并未征公费,若照各旗办法一律征收六百六十文,仍以四百二十文解归蒙旗,以二百四十文拨充审判经费,长春一属计有蒙地四十一万九千余晌,岁可得钱十万吊有奇。以地方应纳之赏,办地方应办之事,既与蒙旗毫无亏损,亦非公家额外加征。拟自宣统二年起,计亩征收,拨给各厅核实动用,不敷之数再行饬府筹补。　9040

卷二百八　兵七　兵考七　驻防兵

（宣统）二年　东三省总督锡良奏:查盛京内外城八旗驻防原设兵额约二万名,饷项约银四十余万两。迩岁饷糈照支,差操久废,又以库款支绌,旗饷仅照六成并按每年三季折减发放。而旗署办公复摊公费,每兵实领不及原项之半,兵有空名,饷无实惠,是以近年旗兵出缺皆未挑补,积旷兵缺一千余名。如以此项旷饷改练旗兵,化无用为有用,拟挑选旗丁照陆军新制,先练步兵一营,分驻三陵,藉资守卫,即以递积旷饷拨用足敷一营经费为额。　9561

吉林驻防

乾隆五十二年　奏准:由吉林、伯都讷、阿尔楚喀、打牲乌拉满洲余丁内挑选三百名,移驻三姓地方,作为闲散余丁,以备挑取马甲。　9561

道光六年　谕:富俊奏,移驻京旗请再添设总、副屯达。等语。双城堡移驻京旗前经富俊奏准,分左、右翼,各设总、副屯达二名,以资约束。兹据奏称,京旗陆续移驻二百七十户,分拨中屯两翼四十屯居住,计一总屯达经管二十屯,道路纡远,势难兼顾。虽设有副屯达,并无顶带,难资差遣。著照所请,准照吉林中、左、右三屯之例,每一旗五屯再添总、副屯达各六名。总屯达著赏戴金顶,每名月给工食银一两,遇闰加增一月,由参余项下动支。其副屯达亦著赏给虚金顶,不必给予工食,与总屯达一体稽察户口,呈报事件,著即由京旗闲散内挑选充补。　9561

黑龙江驻防

嘉庆九年　覆准:齐齐哈尔等处承种官田马甲,撤归各本旗当差操演。所有开垦新田,改增养育兵耕种。齐齐哈尔增养育兵三百二十名,黑龙江增养育兵二百七十名,墨尔根城增

养育兵一百八十名。　9562

西清曰：黑龙江八旗士卒品类有五，曰前锋、曰领催、曰马甲、曰匠役、曰养育兵。统计全省额设前锋一百八十六名、领催七百五十二名、马甲八千四百一十三名、匠役一百五十二名、养育兵八百名，共一万三百余名。平时自应其役，军兴皆听调拨，往往以勇猛敢战，取翠翎珊顶及巴图鲁名号，如寄此海内所以称劲旅也。前锋，国语曰噶布什，先转为噶布先，俗呼噶吧什，齐齐哈尔八十名、墨尔根黑龙江各四十名、呼伦贝尔二十六名。其人例服白，比甲有顶则服白马褂，将军、副都统有事出入，佩橐鞬负旗帜为先导，遇决囚亦充刽子役，盖兵中号勇捷者。领催，国语曰博硕库，转为拨什户，佐领下会计、书写之兵也。齐齐哈尔一百六十名、墨尔根六十八名、黑龙江一百四名、呼伦贝尔二百名、布特哈一百八十四名、呼兰三十二名，例以识字者充补。凡马甲所在，率若辈长之。马甲，国语曰乌克申，俗称披甲，尤西堂诗八旗披甲聚如山是也。齐齐哈尔一千九百三十三名、墨尔根七百六十八名、黑龙江一千九百九十四名、呼伦贝尔二千二百六十六名、布特哈一千八百名、呼兰四百五十二名。其役至杂至苦，稍习书算者多给事诸司，或为亲随以取顶戴，所余以筋力任奔走之劳，人愈寡役愈繁，故俗于马甲有破披甲穷披甲之目。匠役，国语曰法克什，其名目曰鸟枪匠、曰工匠、曰铁匠、曰鞍匠，凡四项。齐齐哈尔六十一名、墨尔根三十一名、黑龙江四十四名、呼兰十六名。平时无事多在将军、副都统宅执洒埽役或击钟以传更点，在银库贴写，有逾三十年者。养育兵，国语曰华沙布勒绰哈，嘉庆九年新设。齐齐哈尔三百二十名、墨尔根一百八十名、黑龙江三百名。先是康熙五十五年，署将军玛喀礼请拨旗营兵三百五十名，在乌宁克尔、珠尔亨等处屯田，以偿积欠。雍正六年，欠项完结，将军富尔丹请留兵一百八十名屯田，余并撤还应役。乾隆三十九年，将军傅玉请将屯田改在齐齐哈尔附郭地方。至是将军观明请改屯田马甲一名为养育兵二，并墨尔根、黑龙江屯田者亦归画一，号曰公田。此养育兵所由来也。旗下未入伍者号西丹，遇有征伐不得与多充库图勒，因人自备以取功名，如公海兰察即由此起家，库图勒转为库特勒，译言控马奴也。　9562

（光绪）三十二年　署黑龙江将军程德全奏：统筹善后折。略称，通省八旗原设纳粮兵额名曰养育兵，计七百七十名，每名岁给饷银十二两，遇闰增加。丰年每兵纳粮二十二仓石，否则以次递减。岁收三成，则全行豁免并分别接济。原意寓兵于农，立法未尝不善，乃兵丁素昧农务，年丰则购粮以入官，岁歉则仰给于接济。虽曰由饷扣还，大抵奏请豁免，徒耗有用之款，而兵丁益形困惫，此应裁者一。各旗设有修理鸟枪、弓、鞍、铜、铁各匠计一百五十余名，每名岁领饷银十二两。无论见在工价腾踊百倍当时，非区区之饷所能雇用，即所谓匠者，亦恐并无其人，何必专设致多虚耗，此应裁者二。火器营设于康熙二十三年征罗刹之役，专为经理炮位，庚子而后荡然无存，该营即无所事事，此应裁者三。水师营自康熙二十二年勘定俄侵边界，经将军萨普素调吉林等处官丁水手驾船来江，额设总管一员及四品以下官，分扎黑龙江等城。共设兵船、粮船大小百余号，向章十年，新修五年，补修共约需银三万六千余两。以此巨款造有名无实之船，甚无谓也。况庚子后船只无存，正宜及时并罢，此应裁者四。制兵计全省领催、前锋、披甲共一万三千余名，分隶各旗，春秋例操，霜降后将军暨副都统行围校猎以观技勇。自校猎不行，加以先后奏调出征者四十余次，大都亡于战阵，其凯旋者又以功自矜，习于安逸，举精锐之士悉变为疲软，与内省绿营痼弊相同。见在环球角力皆以扩张军政为务，若犹故步自封，何异泥古方以疗今病。拟请照练兵处定章汰弱留强，编为常备军，以一兵食二兵之饷。择协、佐等为将领，并由湖北、直隶武备学堂中调取教习，认真训练。

至拟裁之水师营兵户查明向驻某城，即就近编入某城汉军旗佐一体当差升转，以免偏枯，此应变通者。按：原折应变通者七，此其一也。

又，黑龙江旗务官兵篇　略称：江省官兵武功丕著，我朝定鼎编列八旗，镇砻荒陋，屹然重镇。当时闭关自守为部落之政治，所以固我边陲者，固视设官开垦为末计也。运会所极，今昔迥别，昔之精强，今归凋弊。俸饷所人，不足自存。于是摊派之事起而贫弱之患成，不起而变通之，内治隳矣，遑言对外。前将军达桂、署将军程德全有鉴于此，于光绪三十年、三十一年间迭疏请裁理刑员外，并减副都统、协领为入手之办法。世昌莅东，正值改行省官制之际，程署将军改署巡抚，又与往复商榷，复裁主事、笔帖式、仓官、屯官等缺。裁缺各员，或以对品官阶奏请选补，或改为学员分送学堂肄业。武职则副都统原设七缺，除齐齐哈尔、呼兰、通肯、布特哈四缺先已奏裁外，其余若瑷珲、若呼伦贝尔、若墨尔根均请改为兵备道总管。原有八缺今存其七，副总管三十六缺今存其八。其余协领、佐领改为满汉蒙公缺者居多。满洲防御悉数裁撤，从前总管以下共一千五百数十员，今则仅存其半矣。此变通官制之大略也。江省旧编八旗，凡隶于旗者皆可为兵，计原设领催、前锋、披甲、养育兵、水手等共一万三百余名，分防戍边并供差徭，春秋皆有例操，霜降后将军暨各城副都统行围校猎以肄技勇。厥后协饷积欠，猎操久停，丰镐赵桓，狃于宴安。光绪三十一年程署将军筹办善后折内声明大加裁并，分饬各城照章编练马步各队。行省既设，重加整顿。故将巡防各军画归巡防营务处管理，嗣照部颁章程编伍加饷。惟以款项不敷，遂将巡防议裁，截饷加给官兵，并酌拨此项饷银津贴副都统以下各官，以资挹注，仍每佐留兵十二名以应差徭。旧驻之吉林水师奏请裁撤，拨入汉军。此变通兵制之大略也。夫江省八旗官兵编制之初，具有深意，何图法久弊生。世局递变，强邻抉我藩篱，已有反客为主之势。而我则旧制陵夷官兵之困惰庸弱，已无复昔时尚武之遗风，急起而变通之庶几稍自振拔而另辟新机，以为因应对待之策。此存心国防者所当次第组织也。　9563－9564

卷二百九　兵八　兵考八　蒙古兵

东三省政略蒙旗篇　蒙古编旗之制，每旗置扎萨克一人、协理台吉二人或四人、管旗章京一人、副章京一人或二人，每六佐领置一参领、每百丁或二百丁或二百五十丁置一佐领、每佐领下置一骁骑校。以旗分之大小，丁口之多寡为等差。扎萨克掌一旗之政，以世袭王、贝勒、贝子、公为之。其袭次未及岁，或以故离任、削职，则简台吉署印。自管旗章京以至骁骑校皆统其所属之众，以听于扎萨克。扎萨克职如都统，为朝廷敕任之官。协理及管旗章京秩二品，以本族台吉奏补。管旗章京以下则由扎萨克选拔任用，按年报明盟长咨部。其编制略如驻防八旗，特官制降内地一等。蒙民年十八为壮丁，人人有服兵义务，平时游牧以资生计，三年比丁辨其卒伍，并入尺籍。年及六十者退伍，废疾者除名。各旗以册申报，盟长汇报理藩院，每满若干丁，则增编一佐领。边疆有警控马即行，诚不啻资游牧为奇兵，列穹庐为坚壁也。康熙中，大兵平定罗刹，縻兵力于黑龙江者十余年。哲里木盟适当防御输运之冲，供亿烦重，民力渐殚，倔强之风因之少挫。乾嘉以降，四边大定，海宇乂安，蒙部涵濡麻泽，休养生息百余载。又以黄教之感召逸居无为，崇尚佛说，相与修寺观，重施舍，喇嘛之徒既可以左右王公托迹教门，又足以脱除力役。于是家有三丁，度其一为喇嘛，五丁则致其二，游惰众而赋役微，箭丁少而军籍敝，全旗兵制遂坏于宗教家言矣。甲午以后国家多事，三省边地马贼充斥。朝阳蒙匪王洛虎之党，窜扰蒙疆，土谢图亲王色旺诺尔布桑保，以苛虐不理于众籍，本旗练勇自卫。乱党花里亚苏等煽乱倡变,王遽出奔,练勇皆散。王被弑于途,喇嘛庙兵匪遂合。于是扎萨克图郡王乌泰同时亦为众台吉所攻,走避黑龙江。而各旗扎萨克且相率丐俄军剿匪,乱平,乌泰复留俄兵驻守府第,酿成交涉。推原其故,岂能尽归咎于愚昧之蒙人,盖原因递嬗有令人诧骇而怵惕者。蒙古诸扎萨克及闲散王公岁朝于京师,谓之年班。内蒙古合内属之土默特部各旗三班,每岁一班,三年而遍。不值年班,各旗仍派协理一人至京师贡献。扎萨克京邸之费虽有常贡,而出入交游动耗巨万,年班之礼遂致困累。扎萨克图郡王乌泰袭爵后,到京十四次,负债不可以数计,此其明证。至于世袭爵职统系所在本无出入,第宗族之闲言,部文之展转,又须以私财弥缝。若故王无嗣,继以疏支,此攘彼争,由诉讼而成仇杀事所恒有。土谢图王旗争袭案互控数年,全旗骚动,有此二因:其仆隶从而构煽,借出纳以侵渔,视多难为利路,危迫困难之下,则进借债之说以快目前,虽厚利盘剥而不顾。由是诸旗生计皆束缚于京债,旗政不修遂与债务为终古。此王公之困累也。蒙民本无租赋之责,然当兵则无粮,服役则无饩,有时兵事猝起,刍粮供给摊派于民。或关系典礼、藩政诸端,任意取求绝无定制,横征之苦远过内地。官吏又假公济私,民生益困,杂居汉户乘其疲敝,蛊惑其见闻,攘夺其衣食。当边禁初弛,内地游民麇,集近边开垦日众。蒙人以畜牧资生活,习见垦植之利,始招汉民为庸,任劳力供租佃,名为榜青。汉民勤苦耕作,彼乃高坐致富。为之经营者,渐出其智计以反客为主。蒙民愚而畏讼,一廛寸土之争,每致破家倾产,遂鳃鳃焉相戒,以招垦治生为大戚,此台壮之困累也。虽皆原于蒙人之易欺。及协理、章京、梅楞诸员之贪婪,然部吏文墨既疲于奔命,汉民欺侮又绝其生机,即力图振奋而千疮百孔,成功已难,况以语否塞之蒙旗哉。非急起干涉扩张政权苏其困苦,恐无以绝强邻之窥伺,三省边围因之愈虚,是则筹蒙者之责也。　9573

卷二百二十三　兵二十二　兵考二十二　巡防队

(宣统二年)　又,吉林巡抚陈昭常奏:吉省幅员辽阔,盗贼滋多,故地方有司必兼有缉捕责成,方足以资镇慑。向来各缺均额设捕盗营勇,惟吉林、长春、新城、榆树等处设治较早,尚付阙如。其新设之临江、密山等处则又另募招垦队,名额多寡不一,办法极为纷歧。见在新设、改设各缺又皆纷纷请设兵队,藉资防缉查治。吉以治盗为先,盗源未清,民治何由著手。虽四乡捕务均责成巡警分防,然非由官设立兵队彼此梭巡,何能声气灵通互相援助。惟各属见行捕盗办法,立名既异,设额互殊,正宜及时筹定,画一章程,俾得有所遵守。今拟无论旧有新设正印各缺,均定为游巡队,弁勇五十一员名。分防衙门定为游巡队三十一员名内,队官一员,月给薪水银二十四两。其应设五十名者内,什长五名,各月饷银五两。步勇四十五名,各月饷银四两。应设三十名者内,什长三名、步勇二十七名,饷银照上支给。均按实银核发,仍扣六分减平。其向有捕盗营者,均以宣统二年正月起,改照新章支给薪饷。其向无捕盗营以及新设之缺,均俟招募成营之日再行起支。所有军装等项每年更换一次,其开支数目即照向章变通办理。至从前捕盗营向由省中扣留兵额四名二名不等,此次改定新章以后,一律不得坐扣,以昭核实,而资整顿。　9695

卷二百二十八　兵二十七　兵考二十七　校阅

(同治)六年　谕:丁宝桢奏,遵议招募东省壮丁训练马队章程开单呈览一折。所筹俱臻妥协。见在捻逆恃马奔突,官军疲于追剿,非有得力马队无以制贼死命。而东三省劲旅,万难再行征调。丁宝桢因筹及招募壮丁三千名训练成军,实能洞中綮要。即著特普钦于黑龙江所属乌拉打牲人内多行招募,如募不足数,再于别处拣选。并着富明阿于吉林所属酌量招募,务取言貌拙朴,不得以内地客民充数,并须查明取保造册,咨送阎敬铭等稽核,不准稍涉冒滥。该两省曾经出师回旗之员,如副都统萨萨布等,打仗素称奋勇,此外谅不乏人,并著富明阿、特普钦调派管带分起训练入关,赴山东听候阎敬铭、丁宝桢调遣。丁宝桢即派妥员携带饷银赴吉林、黑龙江会同该将军派出之员,认真招募训练。所拟章程十四条,均著照所议办理。 9742

卷二百四十一 兵四十 兵考四十 测绘

宣统元年 东三省总督徐世昌等奏:近年各省测绘学堂次第兴起,奉吉两省亦于部章未颁之前,在省会分设测绘学堂一所,近将先后毕业。该堂学生程度虽有不齐之虑,而学成同为致用之材。窃惟东三省远在东陲,军事之计画、界务之纠纷,端赖有明晰舆图。余若屯田、置戍,何处为扼要之区,设治、垦荒何处为适宜之地,尤须实地测量,始可参酌情形切实筹办。查南洋测绘学堂毕业学生,业于上年奏准编成测量队从事实测。东省地域大于南洋,形势亦较为重要,亟应援案办理设局编队,举办测绘事业。臣等拟将奉吉两省毕业学生一百八十余人,暂编测量一队,略仿日本陆地测量部办法,设立陆地测量总局,统筹测绘一切事宜。只以人数无多,幅员式廓不敷分配。拟先由吉林入手,次江,次奉,斟酌缓急,次第测量,制成精密舆图。惟是事体烦重,统查三省面积约三百三十余万方里,当日本两倍有奇。然彼自明治十四年经营以至今日,历三十年之久,费数千万之多,已成之图仅及全国之半。东省虽兼程并进,亦非仓猝所能竣功。惟有严饬该局队员生等,勤奋将事,以仰副朝廷轸念边疆之至意。
9855－9856

卷二百四十九 刑八 刑考八 刑制

（宣统二年） 改纂宗室、觉罗见行律例

一、宗室犯罪分别实缓。凡宗室犯服制并情节重大及谋杀者,应按刑律定例请旨钦定。犯寻常命案问拟死罪者,应于判决确定交盛京监禁。秋审时,由盛京咨明本府,由法部核勘。俟该部出具勘语,核拟实缓,咨行盛京进呈黄册,因情实者,奉旨后即由盛京饬交宗室营,遵依奉行。觉罗犯死罪者,在法部监禁。秋审时,由法部咨明本府进呈黄册,分别照例办理。盛京宗室觉罗由盛京分别办理。

一、宗室、觉罗罪犯监候,分别减发。凡宗室犯死罪未经秋审遇赦减等,或缓决一二次者,均减发盛京加圈禁二年。三次以上者,减发盛京。

一、素不安分之宗室,圈禁后复滋生事端。凡宗室如素系不安分之人,或曾经圈禁有案后复滋生事端,应以再犯论,并查其所犯轻重加一等治罪,毋庸援移居之例办理。至情凶势恶者,不在此例。

一、世职宗室官员斥革后尚有余罪应分别减等治罪。凡世职宗室觉罗大小官员有因犯案斥革后尚有余罪,除奉旨从重发遣者分别发往盛京外,其按刑律科以遣流等罪者,应照例减一等办理。

一、宗室觉罗以不干己事具控,照例治罪。凡宗室觉罗同以不干己事具控诈骗者,如审明藉端讹诈属实,应援见行刑律新刑律办理。新刑律未实行以前,援见行刑律。毋庸援照违制律重科。

一、宗室犯罪分别应否摘顶跪审。凡宗室觉罗同如犯案到府,毋庸援照不问是否无干,俱摘顶跪审。至审明属实,不在此例。

一、盛京宗室、觉罗包庇棍徒者,应分别由盛京酌加圈禁。凡盛京宗室、觉罗如经外来棍徒投托知情为之护庇,或任令横河拦缏扰累肆行抢夺,或在河沟道口藉搭桥为名把持地方,向过往车辆任意讹索,如宗室、觉罗知情护庇主使棍徒不法,应由盛京照例惩办,加圈禁二年。

一、宗室控告地亩案件解京质讯。凡宗室告假出京,除宗室妇女无论指称何事俱不准告假出京外,其宗室内有采立坟茔及因采立坟茔之便,就近查办地亩具呈到府者,责令该族长等查明该宗室之地亩坐落何州县某村庄,共有若干段,见系何人承种,并取具该宗室不敢在外州县控告滋事甘结,一并出具切实图片呈报,始准给假。若庄头佃户人等有揹租、霸地、盗典、侵蚀,并有串通州县书吏人役舞弊各情事,宗室应在京控告,已告假外出者,应回京控告,不准在州县涉讼。案内有应讯人证由本府勒限饬提解京审办。有须眼同勘丈者,呈明四至,令家人前往勘丈。无家人,由本府行文令该州县官亲往代勘,不准任听庄头佃户迁延蒙混以致案久不结。如宗室内有令妇女出控,径赴他衙门呌渎者,无论所控曲直,均将伊夫男钱粮酌罚示惩。应行提审者,由府行文。该管地方官予限一月,即将要证饬提解京讯办。倘限满不到,由本府予限咨行该督,严饬地方官于限提集人证,解京审办。倘再逾限,本府行文该督查取职名,送府咨部先行议处,仍勒限赶紧提解人证。若逾三限仍复徇庇稽迟,即由本府奏交该督指明严参,以儆疲玩。光绪十六年奏准章程,由户部核办。见遵章改归大理院会办,其与旗民无涉者由府核办。

一、宗室发遣给与车辆。凡宗室有犯罪至遣戍者,奉旨后由府备文,解往法部。由法部给予大车一辆,勒令即日起解,速赴配所,到配无庸给与房间及房租银两钱文。

一、宗室、觉罗与汉人结亲。凡宗室觉罗同与汉人结亲者,已奉旨化除畛域,勿庸援违制律治罪。　9949－9950

卷二百五十　刑九　刑考九　徒流军遣附

(嘉庆十年)　又谕:近年来闽广等省案犯发吉林安插者有三百余名,闻黑龙江较此更多。此等人犯均系犷悍无赖之徒,到配后无人管束,又无口食,三五成群易于滋事。安插各犯自因其原犯罪案比之为奴各犯较轻,是以量为末减,但为奴之犯各有本主约束,给予口食转可相安。至安插各处之犯,若因其无人管束概令为奴,则竟与缘坐家属等项免死、减等重犯一律办理,未免太无区别。著刑部详查旧时例案,悉心筹酌,将此项人犯如何位置如何管束,俾糊口有资,共知畏法,可期行之永久,妥议章程。具奏。寻奏。议定,此项安插人犯,均系闽广添弟会匪案内听从被胁,并未转纠伙党,于首犯死罪上减等。拟流照叛案干连流徙乌喇地方例,发遣吉林之犯,不便与寻常军流人犯散置内地,而究非大逆,缘坐免死减等可比,亦不便概令为奴。向来安置外遣人犯,除吉林、黑龙江外,惟新疆各处幅员最为广阔,当差种地在在需人。莫若将从前酌拨新疆之积匪、猾贼、窃盗、临时拒捕伤非金刃伤轻平复者、抢夺伤人伤非金刃伤轻平复者、拨倔他人墓冢见棺椁为首及开棺见尸为从者、回民行窃结伙三人以上执持绳鞭器械者、抢夺金刃伤人及折伤下手为从者六项仍照旧例改发内地,将会匪一项,全行发往新疆安插。　9956－9957

卷二百五十一　刑十　刑考十　徒流军遣附

（光绪九年）　又,定例,凡应行发遣黑龙江、吉林等处人犯,除宗室、觉罗、太监并八旗零户正身、各省驻防正身、旗人及民人曾为职官暨举贡生员、监生或职官子弟等项,仍照原例发往。其前项内应发新疆乌鲁木齐等处者,亦发黑龙江、吉林等处,分别当差为奴,交该将军均匀配拨安插。其余应发黑龙江为奴条例内,如闽省不法棍徒私充客头,包揽过台引诱偷渡之人,中途谋害未死为从、同谋者、伙众将良人子弟抢去强行鸡奸,余犯拟遣者、开窑诱取妇人子女勒卖,为从者、伙众强抢犯奸妇女已成为首者、强奸犯奸妇女已成,致本妇羞愧自尽者、轮奸良人妇女已成,案内余犯同谋未经同奸者、因而致死本妇同谋,并未下手又未同奸者、致本妇自尽同谋,未经同奸者、轮奸良人妇女未成,为首者、因而杀死本妇为从,未经下手者、致本妇自尽为从者、轮奸犯奸妇女已成为首者、因而杀死本妇同奸,并未下手者、致本妇自尽为从,同奸者、轮奸犯奸妇女未成因而杀死本妇系殴杀帮同下手者、致本妇自尽,为首者、强奸十二岁以下幼女幼童未成者、奴及雇工人调奸家长之母与妻女未成者,共十八条,均改为实发云贵两广极边烟瘴充军。无庸以足四千里为限,面刺改发二字。如在配脱逃被获,用重枷枷号三个月,倘在配滋事及逃后行凶为匪并拿获时有拒捕者,俱照平常遣犯治罪。
9961–9962

臣谨案:此因近年黑龙江地方渐渐开辟繁盛,人口众多,安设州县,不似从前一片荒芜苦寒之象。故将旧例应发黑龙江一切凶恶匪犯十八项,改发极边烟瘴。其宗室、觉罗、旗人并民人曾为职官及曾有功名罪犯,复由新疆改发黑龙江,核其用意,一则宗室、觉罗、旗人均系长白旧族,与黑龙江习俗相近,易于谋生,不致脱逃。二则黑龙江生齿虽渐繁多,而文化僻陋急须开通,其职官举贡生监人等见虽犯罪,其中不无富有文学知识之人,发往于此,藉以提倡文明,于地方不无裨益。所有旧日应发此地之凶恶盗匪,一概屏诸烟瘴,不使新开化之人民受其薰染,于惩治罪犯之中仍隐寓转移风俗之意。此定例之微旨,并非因黑龙江人犯拥挤暂为疏通也。　9962

卷三百六　舆地二　舆地考二　奉天省

海龙府　在省治东北六百里,东界吉林濛江州,西界奉天府开原县,南及西南界兴京府通化县,北及西北界吉林伊通州,东南界辉南厅,东北界吉林磐石县。自府治至京师,二千一百里。明海西卫叶赫、哈达、辉发三部地,并于哈达置南关,于叶赫置北关,为互市之所。国初削平三部,天命间设盛京围场协领守之。光绪五年,以流民徙耕者众,置海龙厅,治海龙城,属奉天府。二十八年,升府,并增置东平、西丰、西安、柳河四县隶之。凡领县四:海龙府北纬四十二度四十分,东经九度二十二分。东平县在府西六十里,光绪二十八年析海龙厅之东围场增置,治大度川,北纬四十二度四十八分,东经九度二分。西丰县在府西二百二十里,光绪二十八年以海龙厅西围场西流水垦地之淘鹿地方增置,北纬四十二度五十二分,东经八度十五分、西安县在府西北百六十里,光绪二十八年析海龙厅之西围场地增置,治老虎嘴子,次年移大兴镇,北纬四十三度一分,东经九度。柳河县在府西南百二十里,光绪二十八年分通化县柳树河县丞地增置,北纬四十二度二十八分,东经九度五分。　10514

臣谨案:海龙非石田,三百年来规为禁地。山深林密,百兽孳生,伏莽亦视为窝藏之薮。辟治而后丛林去而粟菽增,转谷连辀输出辽河上游各城集者,岁值可数十万,是亦移垦之明

效也。　10514

卷三百七　舆地三　舆地考三　吉林省

长春府　在省治西二百四十里,东及东北界德惠县,西及西南界奉天昌图府怀德县,南及东南界双阳县与伊通州,北及西北界农安县。自府治至京师二千一百里,府境为渤海扶余县地,辽太祖破龙州,迁其民于此,侨置龙州,圣宗改名通州。故治在今府东北九十里朱家城子。金属隆州东南境,元属开元路,明初属伊屯河卫,寻为郭尔罗斯前旗。国初天命九年归顺。嘉庆五年,因垦民日众,置长春理事通判厅,治长春堡。即新立城,在今府治南五十里。道光五年徙今治,土名宽城子。同治四年筑木城,周二十里。光绪八年,改抚民通判。十五年,升府,领农安县。宣统元年,设西南路分巡兵备道,驻府,罢领县。北纬四十三度四十六分,东经八度三十八分。光绪三十一年,中日新订东三省条约,开为商埠。

吉长铁路自德惠县入境,至府城止。

俄罗斯筑东清铁路,自哈尔滨分支西南行,经双城府、新城府、德惠县至府,复西南入奉天省。日俄战后,府以南割隶于日,改称南满铁道。　10520

臣谨案:长春扼三路之交,当东蒙之首,且踞松花、辽水之间,实东三省之牖户也。东北两郊原田,每每垦殖已成农产丰裕,兼以互市,繁荣日增,非无故也。惜乎交通命脉操持由人,不能无隐忧耳。　10520

农安县　在省治西北三百六十里,东界德惠县,西界郭尔罗斯前旗,南及东南界长春府,北及东北界新城府,西北界长岭县。自县治至京师,二千二百四十里。汉晋为扶余国地。唐为渤海国大氏之扶余府。辽改黄龙府。金曰济州,又改隆州,升隆安府。其西北境,为辽之长春州。元初曾置开元万户府于黄龙。后改开元路,移治咸平。明属蒙古科尔沁部。国初入郭尔罗斯前旗。光绪八年,借蒙地设分防照磨。十五年,改县治。龙湾有旧土城,重修,周七里,仍隶长春。宣统元年,隶西南路道。北纬四十四度三十五分,东经八度四十八分。10520

臣谨案:农安位松花、伊通二水之右,平畴广野,宜牧宜耕,有谷仓之称。自吉林往蒙古,台站十有一所,此其咽喉。昔在辽金,常为四战之地有以也夫。　10520

桦甸县　在省治南少东二百七十里,东界敦化县,西界磐石县,南及东南界奉天长白府安图县,北及西北界吉林府,西南界濛江州,东北界额穆县。自县治至京师,二千三百里。汉元菟郡上殷台县地。唐属渤海显德府。金为赫舍哩部北境。明为法河卫东北境,后入长白山北之讷殷部。国初长白升祀,附近千里皆封禁,不得樵采。光绪三十四年,新置桦甸县,治桦皮甸子,次年移治桦树林子。宣统元年,隶西南路道。北纬四十三度七分,东经十度三十三分。

臣谨案:同治间,鲁人韩效忠始招流亡于县境之夹皮沟淘金采参,逐渐开拓。上自古洞、大沙二河,北至大鹰沟,西及松花江西之荒沟那尔轰,袤长约八百里,胥受约束,蓝缕胼胝,启此山林于边荒中别开世界,前勘界使者吴大澂巡边至此,亟赏其能,擢为军校,盖犹西国宏奖拓殖之意也夫。　10521

磐石县　在省治南少西三百里,东及东南界桦甸县,西及西南界奉天海龙府西安县,南界濛江州,北及东北界吉林府,西北界双阳县。自县治至京师,二千二百里。宋为定安国。辽属回霸部。女真、金隶咸州兵马司。明为扈伦部族之辉发国。国初属吉林城。光绪八年,设磨盘山巡检,属伊通州,十三年改设州同。二十八年,改设磐石县,隶吉林府。宣统元年,隶西南路道。北纬四十三度,东经十度。　10521

臣谨案:县境南接奉天之鲜围场,山深林密,涧水苦寒。惟开垦既久故臻繁庶。五金矿苗俱有发见,松嘴岭之铜矿成效尤著,宝藏其将兴乎。　10521

五常府　在省治北少东三百六十里,东界长寿县,西及西北界榆树厅,南及西南界舒兰县,北界双城府,东南界额穆县,东北界宁安府与长寿县。自府治至京师,二千六百里。北魏及隋为靺鞨安车骨之南境。唐时渤海国上京龙泉府西境。辽为涞流河女真。金有尤虎、裴满、加古诸部族。元隶开元路。明属毛怜卫。国初,为伯都讷边境。咸丰初,移民开垦。同治八年,设协领于五常堡。光绪六年,建城欢喜岭。土城周四里,在五常西南。八年设五常厅同知于新城。宣统元年,升府,隶西北路道。北纬四十五度,东经十度五十分。　10522

长寿县　在省治东北八百六十里,东北两面界方正县,西界阿城县,西南界双城府、五常府,南及东南界宁安府,西北界宾州府。自县治至京师三千一百六十里。金为同宾县,属上京会宁府乌济赫部女真所居。元合兰府西境。明属阿实卫。国朝为阿勒楚喀西南蚂蜒窝集。光绪八年,设玛延巡检,驻烧锅甸子,属宾州厅。二十八年,改县以长寿山为名,仍隶宾州厅。宣统二年,隶西北路道。北纬四十五度二十分,东经十二度。

东清铁路由双城入,迳县南境西南入宁安。　10523

臣谨案:县境山岭蟠结窝集,尚多存者,中流蚂蜒河沿岸,略有沃土,可供农耕而已。10523

和龙县　在省治东南八百里,东与东南界朝鲜,咸镜道北境钟城、会宁二县。西与西南界奉天长白府安图县,南界朝鲜茂山县,北与西北界延吉府,东北界朝鲜稳城县。自县治至京师,二千三百里。辽属女真统门部。金为曷懒路和㧢锡馨等地。明虞金河卫、吉朗吉卫。国朝隶珲春。光绪十年,开放和龙峪、光霁峪、西步江,为中韩互市地。二十八年,设和龙峪分防经历,属延吉厅。宣统二年,改和龙县。北纬四十二度三十二分,东经十三度三十分。　10523

臣谨案:和龙东枕图们江,接壤朝鲜,久隶藩封。其民越江流寓,吾以大事小未即驱除。迨朝鲜为日本所攘,顿成强邻,然华民尤众,主客昭然。适江中有洲,日人名之曰间岛,强指为两国瓯脱,且以间岛之号加诸西岸。复于华人垦荒之成聚落者,谓之独立小国,以便蚕食。光绪三十三年遣兵占守,吾政府及边帅据理以争,久之始返侵地,惩前毖后,允宜慎哉。10523 - 10524

宁安府　在省治东六百四十里,东及东南界东宁厅,西界五常府,南界汪清县延吉府,北界方正县依兰府,西南界额穆县,东北界穆棱县,西北界长寿县。自府治至京师,三千百里。古肃慎氏之故墟。汉晋属挹娄。南北朝为勿吉拂涅。唐渤海靺鞨大祚荣建国,始立忽汗州,后称上京龙泉府。辽改为东丹国天福城,旋移其民而墟其地。金属呼尔哈路南境女真。元为海兰路硕达勒达万户府及肇州屯田万户府。明奴儿干都指挥使司治此,统辖野人诸卫。沙兰、萨尔浒窝集、搭拉、海兰、呼尔哈、佛讷赫等二十余卫。国朝顺治十年,设昂邦章京及副都统镇守宁古塔,康熙初,改章京为宁古塔将军,旧城已圮,于东南五十里别筑新城,周三里,外郭周十里。十五年,移驻吉林,仍留副都统于此。雍正五年,置泰宁县,隶奉天府府尹,旋废。光绪三十三年,裁副都统,侨置绥芬厅。宣统元年,升府,移厅治还三岔口,二年,改今名。府治旧名宁古塔,土语称六为宁古,个为塔,即六部长之意。北纬四十四度四十六分,东

经十三度三十五分。　　10524

东宁厅　在省治东南一千四百里,东界俄罗斯东海滨省,东南自瑚布图河源山上帕字界牌起,北至与密山府交界处第二十一记号止,计帕、倭那、字界牌三、记号五。西及西北逾老松岭界宁安府,南至通肯山界珲春厅,北逾万鹿沟岭界穆棱县,东南界俄国昂邦必拉,西南至土门子山界汪清县,东北逾黄窝集界密山府及俄国兴凯湖。自厅治至京师,三千八百里。唐为渤海国率宾府西境故治在厅东双城子。辽因之皆女真所居。金率宾路一作苏滨、恤品、速平。明置率宾江、通肯山、双城三卫。国初,为宁古塔、珲春接壤地。光绪十五年,设招垦局于三岔口,西南有小瑚布图河会佛爷沟,入大瑚布图河,谓之三岔。二十八年,就招垦局设绥芬厅。三十三年,因地僻远,侨治宁古塔城。宣统元年,增置东宁厅,仍移治三岔口,隶东南路道。北纬四十四度三分,东经十四度四十分。　　10524

富锦县　在省治东北一千八百里,东与南及东南皆界临江府,西及西南界桦川县,北以松花江界黑龙江萝北县。自县治至京师,四千一百里。沿革略同依兰府。辽金为女真五国部。明奎玛窝集所富达里站。国初,赫哲人本部。光绪七年,始置协领于富克锦。三十三年,置巡司隶临江州。宣统元年,改富锦县,隶东北路道。北纬四十七度十五分,东经十五度五十分。　　10527

臣谨案:富锦地势惟西南隅为山岭,余多平衍可垦之地。依兰以东,此为最广,(已)〔以〕南带七星河,中有昂邦河,均可资为灌溉,农利之饶,可以预卜。　　10527

卷三百八　舆地四　舆地考四　黑龙江省

臣谨案:黑龙江幅员辽阔,其东南于古为肃慎氏之北境,战国之貉,汉之涉。魏晋为挹娄(肃慎别部)北境。后魏、北齐之豆莫娄勿吉。隋唐五代之黑水靺鞨,铁骊皆其所递禅者也。而金之蒲与路,元之孛苦桃温各万户府,明之羁属地萨哈连等五十八所仍之。其西北于古为山戎地。战国秦汉之东胡。汉之乌丸、匈奴左地。魏晋之乌桓、鲜卑。后魏北齐之乌洛侯。唐之室韦。辽金之东北生女真各部,皆其所递禅者也。而元之乃颜、兴都、合撒儿等分地,明之脱古思帖木儿牧地仍之。国初,有索伦、达呼尔、鄂伦春诸部散居黑龙江内外、额尔古纳河及精奇里河之地,天聪、崇德中,次第征服。康熙二十二年,始设镇守黑龙江等处将军及副都统驻瑷珲,二十九年以后,移驻墨尔根,三十八年又移驻齐齐哈尔。后增设墨尔根、黑龙江二副都统及呼兰呼伦贝尔、布特哈各正副总管。光绪二十五年,又增通肯副都统,视为边防之地,与吉林等自咸丰之初开放东荒,同治以还客民入籍者渐多,于二年奏设呼兰厅理事同知,是为建设郡县之始。光绪甲午而后,星使延茂将军恩泽叠议放垦,荒芜日辟,户口日蕃。三十年、三十一年,将军达桂、程德全皆请改设治民之官,乃裁齐齐哈尔、呼兰、通肯、布特哈四副都统,而添分巡道及绥兰海道,又增改府厅州县十四缺。三十三年,裁将军,设黑龙江巡抚,翌年裁墨尔根、呼伦贝尔、黑龙江三副都统及分巡道,寻复增呼伦贝尔、瑷珲两兵备道及府县数缺,于是乃具行省之规模焉。　　10529

省东西距二千八百余里,南北距一千五百余里。东及北与东北逾黑龙江接俄罗斯阿穆尔省界,西及西北逾额尔古讷河至俄罗斯萨拜喀勒省界,南至吉林方正县、滨江厅、双城、新城两府界,东南至吉林临江、依兰两府界,西南至奉天洮南府及蒙古科尔沁右翼后旗、外蒙古车臣汗部界。省治距京师,三千三百三十七里。凡领道一、府七、直隶厅六、州一、县七。

臣谨案:黑龙江诸部国初戡定时东至海,西至尼布楚,(杨宾柳边纪略云,艾浑将军所属东至海,西至你不褚俄罗斯界,你不褚即尼布楚,艾浑即黑龙江。杨氏,康熙时人,亲至黑龙江,所纪必有所本。又平定罗刹方略载,内大臣索额图奏言:尼布楚本系我茂明安游牧地。)北逾外兴安岭。(前考云,索伦达呼尔为东北最远之部。又云,鄂伦春一名奇勒尔,所居益远。使马鄂伦春在诸部之外,使鹿鄂伦春又在使马之外。平定罗刹方略载,康熙二十七年索额图奏云:雅克萨,系达呼尔总管勒倍儿故墟。然则鄂伦春所居,当远及外兴安岭以外荒寒之地矣。)太宗崇德四年,讨伐索伦之叛,堕雅克萨城,未置戍军。同时俄罗斯窥蒙古茂明安南徙空虚,窃取尼布楚城,壤地相接。顺治中复东取雅克萨。康熙初,益东南至呼麻拉,即瑚玛尔河下游,扰害索伦赫真。朝廷遣人谕戒不悛,二十一年,诏车臣汗,绝其互市。明年,命宁古塔副都统萨布素率舟师伐之,俄人退保雅克萨,吾兵修筑瑷珲城屯守焉。二十四年,命都统彭春等攻取雅克萨,宣谕皇仁,赦其众,弗诛。兵归,俄人复来修城。二十五年,命将军萨布素再伐之。俄主察罕汗遣使上疏引咎,乞罢兵画界,上允之。二十七年,命内大臣索额图等往色楞格会俄使商议,适准噶尔称兵道梗。明年,索额图等往尼布楚与俄使费耀多罗等会议。上谕:以尼布楚为界,彼如求得其地可以额尔古纳为界。俄使果争尼雅二城为彼所开拓,索额图谓旧皆我地,斥其窃踞之非,兼布皇上柔远好生之德,捐尼布楚与之俾贸易有所栖托。于是西以额尔古纳河,北以大兴安岭为界,立碑于格尔毕济河东,镌五种文垂示久远。墟雅克萨撤去俄国兵民,此役已割地七百余里。然雅城左右迤东逾精奇尼江,迤北抵外兴安岭及岭北乌提河犹内属也。嘉道以来俄人急欲得东南海口,时时蹜瑕抵隙。咸丰初,乘我中原变乱浮江而下,直越瑷珲入吉林边境,混同江下流肯被蚕食。八年,胁订瑷珲条约,于是画黑龙江中流为界,举江北江东三千七百余里之地,尽沦于俄,乃成今日之疆域。火轮钢轨水陆纵横,患在腹心,非仅肘腋矣。　　10529

绥化府　在省治东南七百六十里,东及东北界兴东道,南界巴彦州,西界青冈县,北及西北界海伦府,东南界木兰县,西南界呼兰府兰西县。自府治至京师,三千三百余里。北纬四十六度三十八分,东经十度十六分。沿革与呼兰同。国朝呼兰副都统辖地。光绪十一年,析呼兰厅北境五段荒地,增置绥化理事通判,治北团林子。是时副都统治所号中路,呼兰厅、巴彦苏苏号南路,绥化厅号北路,称为呼兰三城。三十年,升府,领县一:

余庆县　在府东百里。原名余庆街。光绪十一年,设分防经历,隶厅。三十年,改县,隶府。北纬四十六度四十分,东经十度五十六分。　　10530

臣谨案:绥化地势平坦土脉尚肥,讷敏河挟毕楞格尼二水,自东西流,横贯其中,便于灌溉。故垦拓事业继呼兰而兴,今亦日就繁盛矣。　　10530

海伦府　在省治东六百里,东及东北界兴东道,南及东南界绥化府余庆县,西界龙江府,北及西北界讷河厅,西南界安达厅。自府治至京师,三千九百余里。北纬四十七度二十分,东经十度三十二分。沿革与呼兰、绥化略同。元太祖分封东诸侯,此为乃颜封地。本朝为呼兰副都统所辖。光绪二十四年放垦,翌年设通肯副都统。初拟立城于克肯、纳敏二河间之四方台。三十年,以海伦河北新垦地置海伦厅,裁副都统。三十四年,升府,领县二:　　10530

青冈县　在府西南二百六十里,光绪三十年增置,隶厅,旋隶府治。柞树冈,柞树一名青冈柳,故名。北纬四十六度四十二分,东经九度二十五分。

拜泉县　在府西北百六十里,光绪三十二年增置,隶厅,旋隶府治。巴拜泉即那吉泊,土名大泡子,县西南有元乃颜故城。北纬四十七度三十八分,东经九度三十二分。　　10530

臣谨案:海伦东据丛山,西南滂沱而下颇多平衍。通肯河自东北内兴安岭发源,纵贯全境,东西诸水咸注入焉。天然沟渠便于农事,高粱豆麦之产甚丰。由通肯河顺呼兰河以达哈尔滨,运输颇便。　10530

兴东道　在省治东少北千一百余里,东及东北以黑龙江界俄罗斯阿穆尔省,西界嫩江府、讷河厅、海伦府,南界吉林伊兰府及方正县,北界瑷珲厅,东南界吉林临江府及富锦县,西南界绥化府之余庆县及呼兰府之木兰县。自道治至京师,四千四百余里。北纬四十七度五十八分,东经十三度三十分。唐黑水靺鞨。元桃温万户府之东北境。明屯河卫地。国初索伦部人牧地,为黑龙江副都统所辖。光绪三十二年,移绥兰海道原驻绥化,驻内兴安岭迤东,更名兴东道,专办垦务、林矿事宜。三十四年,建治托萝山北。领县二:　10532

大通县　在道治西南五百二十里,原为崇古尔库站,吉林江北五站之一。光绪三十一年增置,隶依兰府。三十四年,尽归江省。吉林别设方正县,移治江南方正泡。北纬四十六度,东经十一度三十分。　10532

汤原县　在道治西南三百五十里,原为吉林依兰插花地。光绪三十一年增置,隶依兰府。三十四年改隶。北纬四十六度三十分,东经十二度四十分。　10532

臣谨案:道区广漠,沿松花江一带其已经垦殖者也。沿黑龙江及内兴安岭地若再开拓,可增县十数,移民千万,无虞其不给。托萝山雄峙江右,与俄之索攸兹尼阔哩各站隔江相望。统观黑龙江水道中游形胜,在黑河府下游,在托萝山,而观音山前后,科尔芬南北又可相为犄角者也。　10532

肇州直隶厅　在省治东南六百里,东界呼兰府及兰西县,西界大赍厅,南界吉林新城府,北界安达厅及札赍特旗。自厅治至京师,三千一百余里。北纬四十五度三十分,东经八度二十五分。本内蒙古郭尔罗斯后旗。光绪二十七年,将军萨廉奏准,出放中东铁路两旁荒地。三十二年,将军程德全奏准,置厅。

中东铁路自安达入,通过东北境。　10532

臣谨案:厅境居嫩江与松花江会流之东北岸,嫩江环其西南者百八十余里,至三岔河(茂兴站)与松花江会,环其南者又百六十里。故土润而沃,开垦以还农产日饶。惟水患频仍,亟宜治之。　10532

大赍直隶厅　在省治西南三百十里,东界肇州厅,西界奉天洮南府之镇东、安广二县,南界郭尔罗斯前旗,北界札赍特旗。自厅治至京师,三千零五十里。北纬四十五度二十七分,东经七度十分。沿革略同龙江府。明末为科尔沁所据,后分与其弟为牧地,曰札赍特旗。国初内附。光绪二十五年,将军恩泽奏准,出放荒地。三十年,将军达桂奏准,置厅。治所俗称冈子。　10532

臣谨案:大赍位全省南端嫩江界,其东洮尔河横贯境内,北略有高山,余多平衍,宜农产之丰物也。且北走省会,西接洮南,南抵新城、农安、长春,东达滨江。夏则水运,冬则车运。冰上可以通车。轮帆交利,商旅咸趋矣。　10532

安达直隶厅　在省治东南二百八十里,东界海伦府之青冈县,西界杜尔伯特旗未垦牧地,南界肇州府,北及西北界黑龙江,东南界呼兰府之兰西县,东北界海伦府之拜泉县。自厅治至京师,三千二百余里。北纬四十六度三十三分,东经八度五十六分。辽长春州。金泰州北境。元为辽王分地。明为科尔沁所据,后分与其弟为牧地,曰杜尔伯特旗。国初内附。光绪三十年,将军达桂奏请,出放迤东一带荒地。三十二年,将军程德全奏请增设安达厅,以省

有垦地益之。安达即谙达,为蒙古语,无正译。　10532

臣谨案:杜尔伯特旗中央平原而乏河流,间有积潦,土含硷硷,不宜耕植。故当时放荒先迤东,次及迤西沿嫩江一带及南北边境,而独虚其中也。　10533

臣又案:黑龙江改省以后,奏拟增设府厅州县,有即设、缓设之分。大约垦有成效地当冲要者,为即设之所,虽已放荒而生聚未盛者为缓设之。所凡缓设者,先委员筹画垦务,而后试办,而后成立。(下略)　10533

卷三百三十一　四裔一　四裔考一

朝鲜　琉球

(道光)二十六年　谕:前据奕湘等奏,接朝鲜来咨,内地与朝鲜交界之处,近有夷人私越边境垦田构舍,查拿究办一折。当经降旨,将未能实心查办之将军禧恩等交部,严加议处。兹据部议,以降级调用,奸民越界本干例禁,开垦田亩尤属意在久居,宜如何查办,乃禧恩履任数年,于此等外藩交界,经朕特咨交办之件,漫不经心,实属大负委任。　10702

又谕:据奕湘奏,朝鲜来咨,严禁江边盖屋恳查究一折。内地与朝鲜交界之处,前已有旨,不准人民私越边界垦地构舍。果能认真查禁,何至甫越三四年,仍有民人潜往结舍垦田之事。可见从前办理各员,全未实心查察。所有禧恩及派往拨查之统巡、总巡并边卡各官,俱著先行交部严议。仍著奕湘等遴派明干之员,带同兵役分路前往,严密拨查,将各犯拿获严究。并将草舍田土全行平毁,不准仍留寸椽尺地。倘查明原定章程本未详尽,以致二十二年以后在事各员不能认真办理,再著严参,毋得稍有讳饰。至嗣后应如何设法查禁不致再有偷越之处,俱著筹议具奏。　10702-10703

二十七年　谕:奕湘奏,请钦派大臣查勘山场一折已有旨,派柏葰等会同奕湘前往履勘矣。此案流民越界潜往江边垦田构舍,叠经降旨,今奕湘等派员拨查,嗣据奏称:拿获各犯分别惩办,并经朝鲜差官眼同委员平毁田舍完结。惟原指瑷江西岸四十二处私垦田地若干亩,构舍若干间,居民男妇若干名口,经此次严行驱逐是否实无寸椽尺土,仍留该土。柏俊等接奉此旨,务当会同奕湘前往逐细详查,并明定章程,嗣后不致再有流民潜往构舍垦田之事,尤当悉心妥筹,务收实效。倘敢意存迁就,扶同讳饰,将来复经该国咨请查办,或别经发觉,定将该侍郎等一并治罪。　10703

(同治)七年　谕:前据侍郎延煦等奏,接见朝鲜委员并查勘凤凰、瑷云两边门外大概情形各折件。当谕:恭亲王会同大学士、六部、九卿公同商议,副都统奕榕一并会议。具奏。兹据奏:称查勘各处私垦地亩并屋宇、窝棚、铺户虽未全行开辟,已无大段闲荒,而朝鲜所虑专在民物混杂,欲除混杂之弊,在乎边禁之严。复经该亲王等会同延煦、奕榕详加审度,将展边一切事宜分别商酌,并请饬盛京将军会同原勘之延煦等悉心查办。等语。览悉仍派延煦、奕榕驰驿前往奉天,会同都兴阿出边查办。惟事当创始,且与外藩交涉,尤应禁令修明,方能垂诸久远。都兴阿前于入山查勘迹近推诿,此事系该将军专责,岂能置身事外。延煦、奕榕会同周历妥办,务当照该亲王等所奏各节,妥为筹办。倘仍意存观望,虚应故事,以致贻误将来,有坏大局,惟该将军是问。延煦、奕榕均经亲历其境,自必了然于心,此次奉命前往,尤当会同都兴阿逐一查勘以安边境而卫藩封,不得稍形疏漏。前次延煦接见朝鲜使臣所设问答均极详明,足见该国王深明大体,洵堪嘉尚。即著礼部传知朝鲜国王,俟报勘定议后,务须严饬该国边界官一体遵守,以副朝廷安民弭患之意。　10703

　　九年　朝鲜居民逃往珲春。奉谕：礼部奏，接准盛京送到朝鲜国王咨文内称，该国庆源府农圃社居民李东吉，逃往珲春地方盖屋垦田，啸聚无赖。该国民口时有犯越，皆李东吉招诱所致。珲春人与之惯熟，不肯举发。吁恳查拿该国匪徒窜入关隘，沿边官吏即应如数查拿。今李东吉潜往珲春，招引该国人民逃越内地，岂可任其混迹。著毓福饬珲春协领等确查购缉务获，解交该国惩治。

　　臣谨案：是岁，朝鲜大雨雹，国内荒饥，饿殍载道，民人冒犯重禁渡图们江，至珲春诸处乞食求生，是为朝鲜流民越垦之始。　10703－10704

　　又谕：总理衙门奏，朝鲜民人潜逃俄界，请饬该国自行办理一折。前有旨，谕：令礼部行知朝鲜国王，将逃赴俄界人民悉数领回约束，毋许再有逃越。并由总理衙门转咨该国，著该部按咨迅行朝鲜，自行设法招徕，使已逃者怀德复归。嗣后尤当严申禁令，不可复蹈前辙。　10704

卷三百三十六　四裔　四裔考六

俄罗斯

　　（咸丰）八年　谕：谭廷襄奏，俄人分界一节，已令奕山会勘海口通商。此次既为英佛说合而来，谅有把握。该二国并无非理，干求悔过，回帆是尔，此来实与中国有益。彼时奏请通商，大皇帝必能欢喜允准。喇嘛巴拉第及学生哈喇坡斐擦启在理藩院具呈，欲至海口相见，已由该衙门护送前往塔尔巴哈台，本已查办，该国商人舍之而去，案尚未结。其存留货物，中国尚为看守。此事因尔国杀害挖金之人积怨而成，并非中国有不是之处。黑龙江居民并非始自今日，岂能移于江右。至阔吞屯等处皆中国地面，近年俄人来盖屋居住。中国因与尔国多年和好，未肯驱逐，屡次行文尔国，未见秉公查办。此时在津言津，其余原可次第办理。米夷来见，嘉其不助英佛之忱，看其所求何事，妥为开导。　10768

　　又，谭廷襄奏：俄人于分界一层，又欲以黑龙江、乌苏哩河、绥芬河为界，不肯遵兴安岭旧约，拟少缓再为理喻，旨：是之。　10768

　　又谕：前因俄夷地界一节谕知奕山，与木里斐岳幅会勘查从前界牌，与之力〔辨〕，不可迁就了事。兹据该将军奏，所请黑龙江左岸旧居屯户之外所余空旷地方，给与居住，并江中准其行走。奕山因与屯户生计尚无妨碍，已悉允许。惟该处既给与俄人，又恐民夷杂处滋事，尚妥为弹压。其松花江、乌苏里、绥芬等河界属吉林，距兴安岭远近奕山亦不能悬揣。著景淳迅速查明，如系空旷地方，自可与黑龙江一律办理。倘该处本有居人，一旦为夷所占，与我国屯丁耕作均有妨碍，景淳当咨明奕山据理剖辨，不可一概允许。至黑龙江通商，即著奕山体察情形妥筹条约。　10768

卷三百四十一　外交五　外交考五　界务

俄罗斯

　　（咸丰）九年　又，奕山等奏：绥芬河、乌苏里江皆系吉林地方，不在借给之列。乃俄人潜在乌苏里口以下南岸旧居博力地方添建房间，并于古克达苏等处建房、牧放牛马，任意侵占。俄官奇萨罗幅复带同通事到卡，声称会勘乌苏里河源兴开湖分界，有自行去占之语。10827

　　又谕：该夷占地建房并欲会勘地界，总由奕山轻允黑龙江左岸地方以致肆意占踞。该将军既已贻误于前，并不思力图挽救，乃辄奏称，事属吉林应由吉林主稿，免致往返贻误，显系有心推诿。惟奕山既轻诺于前，此时碍难阻止，宜其一筹莫展。著特普钦督同三姓副都统富尼扬阿，晓谕木哩斐岳幅，黑龙江左岸空旷地方许其借住已属中国优待之意，吉林界内系中国采捕参珠之地，断不容尔侵占。若背约妄行必致有伤和好，兴开湖等处本不与俄国连界，无可会勘，岂得以曾在黑龙江具文为词，意图狡赖。著署将军等正言拒绝，不可含糊了事。嗣后奏，事关涉吉林，著即由吉林主稿，一面会衔，一面具奏，免致往返札商徒稽时日。至奕山吉拉明阿亦应力图补救，不得因地属吉林，希图委卸。　10827

又谕：特普钦等奏，俄夷由水陆分赴珲春，并强赴兴开湖查看地界及在乌苏里江建房垦地一折。俄酋伊格那提业幅到京以后声称，欲会议东西交界。本月复有俄人至天津北塘投递照会，称，有紧要书信须送给伊格那提业幅，自系为议勘地界起见。并闻木里斐岳幅亦即到津，将来以理开导。如该酋晓悟，其应如何办法，仍须该将军等定议，京中不能遥制。至乌苏里江等处地方，并无与俄人交界之处，已迭经谕令该将军等设法拦阻。该夷人船下驶必须先过黑龙江地面，奕山于木酋前来争论时既未能据理拒绝，而于人船下驶时亦未闻拦阻，实属咎无可辞。特普钦等虽迭次奏报，派员拦阻，亦毫无实际，岂得以奏明在前遂可塞责耶。景淳此时定已行抵吉林，著会同奕山等将人船下驶应如何妥为开导拒阻，其业经建房垦地之人如何驱逐，筹画办法奏明为要。　10827

卷三百四十三　外交七　外交考七　界务

俄罗斯

（光绪十二年）又复吉林将军希元书，略曰，接来缄并清折一、扣图一张，具见盖怀绵密，反覆推寻，尊意多据旧图旧约立论。查咸丰十年条约及十一年会勘记文，当日在事者疏悦荒谬之处，往咎难追。惟成侍郎琦会勘界址大书：顺珲春河及海中间之岭至图们江口以西为中界，以东为俄界云云，其词虽略，其迹可寻。据九年双寿袁大化确勘得沙草峰尚有土字头界牌遗址，查铭鼎臣将军吴清卿督办先后寄来详细图说，黑顶子确在沙草峰之迤西少北，俄界之横道河（卞）〔卡〕伦尚在其东相距二十里外，此黑顶子确在界线以西之证也。李守金镛等原勘强指距江口东六十里之库伦岛为海中间之岭，固属荒渺无稽。而九年，鼎臣清卿所绘开方地图，以罕奇海汊中间之小岭当之正当红线分界处，此海中间岭之语之证也。本处再四访查，黑顶子，中俄图内所不载，系因俄高两国人杂居于此，盖屋用黑垩涂顶得名。彼既占地安居自未便衅，自我开突下逐客之令，而其地既在沙草峰之北，长岭子之南，显系中国界线以内无疑。至海中岭一层，清卿本意以为珲城无险可扼，非得罕奇海口不足以通舟师限敌骑。然此口业已弃之界线之外，固不可以口舌争，且见管之界按之咸丰末旧约，已互有犬牙相人之处，所有勘界建牌之举，自宜从缓办理。今执事请另派妥员，会同俄官覆勘查明八年立约后侵占之地，本属应办之事，第兵法知己先贵知彼，行人执辞谋贵素定。倘不先由足下遴派熟精舆图员弁，往彼密勘旧界新约同异凿凿，彼所侵占共若干里数已了然于胸中，而遽请奏派大员草草一勘，希图塞责，则彼己情形开口茫然，成何事体。且细校尊图，于彼中城堡、屯卡、道里、距界远近情形，尚未分晰明白。查由珲春城而南二十里长岭子又折而东二十里横道河，此处有俄人卡伦。又迤南折而少西二十里罕奇小海口，此处产盐多盐房。又十里至对岸之摩阔崴俄人屯兵处，又二十里岩杵河俄守将吗勿里见方由双城子徙屯于此，驱逐华民迁移俄户，与黑省海兰泡之犁道开屯同一诡谋叵测。此则尊处所宜详探地势阴谋边情，早筹堵御杜其窥觊之心者也。总之,执事身膺重寄,当以整练防兵,为建威销萌之计,招徕垦户,为实边储粟之谋。先立根本而以侦探敌情,密勘界务辅之不此之图。而弛我边备军库空虚,则虽铸铜为柱冶铁成城,亦患耽耽者之蚕食,区区牌博胡足恃哉。至来函易以石碑之说,殊可不必。查西陲见立牌博,中俄以木约内声明,每届三年,彼此派员会勘重立,并不须伐石取材徒糜巨款也。一切机宜自应分别缓急,尚烦擘画精到,再行详覆。　10849-10850

卷三百四十四　外交　外交考八　界务

俄罗斯

光绪三十年　以俄约将次开议,饬唐绍仪勘中俄界。

东三省界务交涉篇　略称:黑龙江去京师,东北三千三百三十七里,三面邻俄。旧约西以额尔古讷河为界,河南属中国,河北属俄。东北两面以昂邦格尔毕齐河为界,沿河上流循大兴安岭以至于海,凡岭南一带流入黑龙江之溪河尽属中国,岭北一带之溪河尽属俄罗斯。咸丰八年,爱珲订约,始改为黑龙江左岸由额尔古讷河至松花江海口作为俄罗斯国属地,右岸顺江流至乌苏里河为中国属地,其精奇里河以南至霍尔莫勒屯原住之中国人准其永远在该处居住,仍归华官辖治,俄人不得侵犯。约既定,咸丰十年北京续约。因之自呼伦贝尔有俄人越垦一事,爱珲有俄人据江东六十四屯,界务交涉胚胎于此。旧制两国交界处所分驻戍卒,树立界碑,虽俄国边氓,间有越界打牲刈草者,随时驱之出境。庚子乱后边卡久虚,沿额尔古讷河北岸,俄人遂有越界开垦之举,五六年间,成熟地二万响,移户口数千家。光绪三十一年,前将军程德全乃下驱逐之令,俄国越垦流民大半出境,然迁延弗去者,尚余十数家。三十四年,护理呼伦贝尔副都统宋小濂始将此项俄人勒令迁出,而额尔古讷河南岸始无越畔之农,于是规复旧日卡伦。略参以屯田之法设边垦局于呼伦贝尔城,分置垦兵于沿边各要隘,以垦为戍,寓兵于农。额尔古讷河之右岸有山曰阿巴该依图,雍正五年,中俄分界处也。至是拟设卡伦,俄外部官阻之。适俄之驻京公使亦请于外务部,谓沿额尔古讷河在左岸岛屿多被中国侵占,请查明退还时,则秋潦涨发一片汪洋,额尔古讷河之正路支流一时固未能履勘也。宋护副都统乃商之俄外部官,以沿河岛屿类此者不仅一二处,应俟来年水退会同亲临一一确勘,方足永杜争端。若江东六十四屯本我疆土,即爱珲条约中所指留为中国人永远居住之地也。庚子之役,为俄所据囊之。服先畴而食旧德者,皆相率渡江。而西迤爱珲既经索还,全境商民先后归业,惟江东旗屯之地俄人仍久假不归,以至爱城流寓之民至今寄居弗去。虽疆吏力争于外,外务部主持于内,既引咸丰八年原约以诘责之,复引光绪二十八年交收东三省条约第一款内所载:俄国声明,允将东三省各地方,一如俄军未经占据以前,仍归中国版图之语,以质证之。阅时七八年,移牒数十次。俄人藉词狡展,固毕尔那托尔则诿之于阿穆尔省总督,阿穆尔省总督则诿之俄京政府。江省自爱珲以至呼伦贝尔鱼盐之利、林业矿产之饶所在多有,乃人烟寥落,大利未兴,天府之雄视同瓯脱,亦奚怪强邻之狡焉思逞哉。然沿边数千里,非五里一堠、十里一亭所能防也。卡伦虽边陲守望之旧章,痼习难除,久则玩懈。边垦一事,仅兵农合一之基础,而卒伍有限,势难遍布于冲区。欲保界防宜规久远,舍迁民实边而外,别无久安长治之方也。　10857

又,珲春篇　略称:珲春控扼东部,国初注重根本封禁綦严,无所谓建设也。康熙五十三年,始设珲春协领,隶于宁古塔副都统,并设旗兵六百名。迨中俄订立界约,吉林东部胥与俄境毗连,珲春边务渐为繁重。咸丰九年,乃晋协领讷穆锦副都统衔,以资镇摄,永为定制。光绪六年,将军铭安帮办吉林事宜。三品卿衔吴大澂复奏,请添练马步队七千人号为靖边军,分防宁古塔、珲春、三姓等处。其驻扎珲境者,凡九营。次年重定俄约,宜固封守,简派吴大澂督办珲春等处防务,是为设边务督办之始。维时珲春仍隶于宁古塔副都统,相距遥远。将军铭安等因请增设副都统,以治珲春。奏上,允行。铭将军等复于是年奏准:将吉省南荒围场援照奉省成例,一律招佃领种,如珲春、南岗及延吉东沟黑顶子均设有垦局,并将垦成熟地奏报,而韩民越垦日益加多,中韩交涉实伏于此。光绪八年,铭安、吴大澂合奏:请设珲春道府。部议。下吉省再议。将军希元以宁姓珲春不宜设道府等官覆,上事遂寝。十年十月,命副都统依克唐阿随同将军希元帮办吉林边务。先是,珲春副都统特管辖旗务,自有是命,副都统遂综握民政、戎政全权。后因俄、韩陆路通商,恐韩国受其愚弄,于是实行吉韩通商事宜,乃有和龙峪、光霁峪、西步江局卡之设。珲春交涉繁重,沿江私设桥渡,难于稽查,于是有图们江水师营之设。越垦地亩渐次清丈升科,于是有抚垦局之设。直至光绪二十八年,增设延吉厅、抚民同知和龙峪分防经历等官,于是珲延区别,而副都统管辖事宜视昔为简。自间岛问题发生,珲春虽不在界务问题之内,而地势为吉林东部之要塞,其西南横枕大江,每与韩界其东,如分水岭、长岭子等处,又皆密迩于俄,崇山环绕数百里,论吉边形势者,首及珲春、三岔口、黑河口,特其次耳日人之开温贵港也。于庆源、金华、隐城一带屯兵移民。比年,俄人亦复经营海口,横截铁道,其兵士之驻扎岩杵河者,计四十八队,约一万一千余人。世昌迭派干员赴珲延一带实地调查,得其概略。因念边事钩棘,奏请以前邮传部右丞陈昭常为督办陆军部监督,吴禄贞为会办,同驻延吉,用筹边防。会珲春副都统缺员,陈昭常遂兼权篆务,旋擢署吉林巡抚,而以道员郭宗熙继其任。两年以来,边务晏然,得免陨越,来日方长,涉渊履冰,未雨之谋,其可忽哉。　10858－10859

又,纪韩民入籍　略称:吉林省东南一带处处毗接朝鲜,韩民之无业者往往越境垦荒。初不之禁,设越垦局于烟集岗疆,理而抚辑之。其在绥芬境者,凡八十三户,男女三百四十四丁口,聚处成村,名高丽营子。光绪三十四年,韩侨安宗浩等因异言异服,时受华人歧视,联名呈请易装薙发,归化入籍。经署同知李达春详请批准,易高丽营子曰高安村,以安宗浩为村长,举办自治等事。随将村中子弟选送塔城高等小学堂肄业,学膳等费悉由官家资助,外人向化,襁负来归,正未有艾。　10859

又,爱珲篇　纪沿边卡伦　略称:爱珲沿边从前设有卡伦三十八处,庚子乱后尽毁。逊河以南现归兴东道管辖,而爱珲沿江尚二千余里,仅近城二百里内外,有驻防旗屯聚族耕种,其余上下游绝少人烟。而对岸俄境屯镇相望,近年徙民至二十万经营,不遗余力,所需羊、草、木、石皆取之我境。自呼伦贝尔创办边卡,爱令爱珲照办。光绪三十四年,署副都统姚福升,履勘沿边。上自额尔古讷河口起,下迄逊河口止,度地据险,约八十里设卡伦一处,沿江上下游共设卡伦二十处,每卡设卡弁一员,卡兵三十名,每五卡设一卡官,十卡设一总卡官,每卡卡兵以十名巡查,以二十名给荒垦种,更番轮替,所得粮石即作津贴。牛具、籽种初年由官借垫,秋收提还,地熟年丰给地停饷,准予管业。其沿江山多地少之处有不便屯垦者,拟令兼办木植矿务,所得租税留备各费之需。并设法开通右岸道路,使运赴金矿粮货及来往华工不必由俄站运行。则海兰泡华商不招自归,黑河屯市面可望发达。或仿俄站办法,冬则备快马冰辇传递公文,粮货、草木,由卡稽查督运。再能自开轮舶往来黑龙松花两江,使爱珲水路灵通,则沿边卡伦自不致于孤立矣。

又,纪交涉　略称:呼伦贝尔交涉之大者,满洲里边垦局收税一案是已。光绪三十四年,创设满洲里边垦局,派同知闽臣前往,专办招垦及收税事宜。暂在满站租赁俄房作为局所,开办月余,相安无事。乃俄巴厘司总管,突带兵百余围局,及闽臣暨局勇带往解送哈埠,经护副都统宋小濂电诘,未至哈埠旋释。彼外部官以中俄约章载明,两国边界百里内人民贸易均不纳税,见在边垦局向俄商收税,殊属不合。不知约章所谓百里内均不纳税者,系专指进口洋货而言。宋小濂派员在满站所收税课乃属土货,正系遵照条约办理,岂可围我局所,掳我委员。当即一再力争,不少退让,磋商两月,始就范围拟订办法六条,彼此互换,并由铁路公司备头等车,送闽臣回满,升挂国旗以谢。至边界百里内纳税,已归外务部与俄使另议。其余如海拉尔河渡船,从前准俄人纳租行驶。额尔古讷河右岸山沟,俄人渡河多筑水磨,均经次第收回。至于我界木植、羊草,向任俄人刈采,沿边各卡伦设后,皆使领票纳税。将来屯垦繁兴,民户滋多,一草、一木、一两、一铢,皆当自我经营,使彼无从侵越,是所望于后之规画边务者。　10859

又,呼伦贝尔篇　(上略)光绪七年,设副都统。江省旗制如齐齐哈尔、瑷珲、墨尔根各城,悉以满洲汉军诸部落编入旗佐之中,呼伦贝尔则就索伦巴尔虎额鲁特土著之种族分设总管,自为钤束。今日者强邻逼处,蒙性颛愚,彼乃多方以诱我,而我正在游牧时代。以地理阶级论,必由游牧时代,进而入耕稼时代,复更进而入工商时代。呼伦贝尔五翼蒙旗,去耕稼时代远,去工商时代尤远,若不急起直追,西边一隅尚可恃哉。故欲隐消外患,必先联结蒙情,充实内力,必亟增设民治。呼伦贝尔西南多平原,海拉尔河、根河沿岸以及额尔古讷河右岸各山连峰叠嶂,矿产尤夥,森林丰草一望无垠,其他如卓尔博特湖之盐,呼伦河贝尔河及各河流之鱼,实边徼极大利源也。至于畜牧为蒙古固有之产,当设模范牧场以改良其种类。交通为筹边急要之政,当设邮船、电线以转达其机关。本财政学之土地、资本、劳力,和三者以并行于未曾开化之地,又岂游牧、耕稼、工商之阶级所得而限制哉。昔俄人经营西伯利亚铁路以图东逞,今又议改其轨,循黑龙江北岸旧辙而东,异日要地必在瑷珲与兴东一带。然就目前而论,呼伦贝尔实为三省命脉所系,用揭大略以为杜渐防微者告。　10859-10860

又,纪边防　略称:珲春为吉林要塞,东距分水岭一百二十里,又东南三十里至长岭子,山脉绵延每与俄界。南距图们江约七十余里,又西南二十里或十余里不等;江流环绕每与韩界。距延吉厅二百四十里,距宁古塔六百余里,地势荒遐边防最重。光绪十二年,经吴、伊两大臣与俄官重定边界,自图们江边起,至白棱河入兴凯河口止,立界石牌十一处,有土、萨、玛、耶、亦、喀、那、倭、帕、啦等字样。于各界牌之间并立有二十六记号,亦以石为之。今则详细探索界牌记一无所存,其长岭上旧有铜柱以为分界标识,亦久为俄人移去。惟光绪三十三年,珲署派员查界尚有旧案可稽,世昌特派陆军员生前赴延珲各处详细履勘,绘成精图,并准外务部颁发中俄约章合要,中俄合璧地图,转交陈昭常,于沿界各处详加实测,绘具图说。拟俟延吉边事稍定,即与俄官提议界务按旧约所记之地,一律补立界牌、记号。其城西、城南、城东及黑顶子等处,自光绪十九年以来均有营兵分布,营址尚在,规模宏阔。自庚子一役,挫于强俄,一切废弃无复整理。比者,日人以弹压韩民为名,于对岸韩属各处驻扎宪兵及守备队。俄人亦于边界多设卡伦,卡地有兵,河岸有兵,而于岩杵河则添驻重兵约在万人以上。而我国边境,一枪一械荡然无存。光绪三十三年春间,曾因珲春兵力单弱,电拨吉宁军并旗兵一标归副都统调遣,以珲春各庙住一营,都署及民房借住一营,一营暂扎铜佛寺。嗣因全标到珲既难安插,令第二、第三两营驻珲,而以第一营留宁暂驻,其驻扎铜佛寺一节暂从缓议。陈昭常以该军绕道宁古塔必经额木索与敦化县,现将敦化一带画归前路,地广匪多兵力不敷分布。该处原有营房尚属整固，足容一营有余，于是第二、第三两营照旧赴珲，而第一营则赴敦化驻扎。又因城西凉水泉子一带正南图们江岸，日韩人民自此渡江，即可东入珲，西入延，北趋宁古塔，地极冲要，而城南之黑顶子一带地界，俄韩距岩杵河仅数十里，日人近开温贵海口去黑顶子亦仅百里，一旦边境有事，黑顶子必先受敌。而且自光绪十六年清丈升科，计安远一堡分属七社，曰：崇化、善化、上化、德化、山滨、白舍、白玉，其余皆系韩民开垦，近来生齿日繁，几成该国殖民地。故于沿江以上地方，暂令旗标二营择要驻扎。至珲春东路，如三道沟、哈达门、二道河等处，为俄人入珲之捷径，其西北如英安河、东冈子、版石沟等处，山深林密久为盗薮，亦经暂派巡防第一营分队驻扎。其珲城东北二百余里之珲春河，城北百余里之荒沟、槟榔沟等处，向属匪巢，亦调巡防营前往分扎。自是兵力稍厚，边境赖以绸安。厥后韩义兵、李范允等与日人叠次开战，因将珲春旗营调扎各处，深得其屯田之力。至于驻兵设防，必有完全炮台以巩固其形势。（下略）　10860

又，纪垦务交涉　略称：东三省田野腴沃，沿边一带土民之从事耕植者寥寥，天地自然之利恝然不加顾惜，而俄韩两国边民乘我不意，越畔垦辟源源而来。中国内地久已人满为患，欲为移民就垦之策，惟恃东省以为尾闾，其为我国将来之大殖民场，固可预决。藉非绸缪未雨以固边疆，恐地广而荒，其于内政外交动相牵制，不可不防微杜渐。且，韩，弱国也，俄，强国也。韩本藩服之邦，地瘠民贫，百姓困苦，流离转徙至于边境，相率垦荒自食其力，及其成熟则许以升科租赋，一视同仁未分轸域，数百年来韩民固安之若素矣。自日俄交战，韩人归日保护，日人以苛待属国政策束缚韩民之自由，故其民之思脱羁绊，入我国籍者往往而有。近岁来薙发易服甘心归化者益夥，类能遵守法纪受我约束。而日人窃窥边围空虚，妄思侵略，遂藉口保护韩民，设官调兵，为反客为主之计。若不早定防闲，严其限制，恐韩侨托足之地即为日人窃据之区矣。至于俄人得尺得寸久蓄野心，铁道通后，贫民来东者，以千万计。多一越境之民即增一失地之惧，蔓延日久遗害无穷，尤当援据约章坚拒侵越。若夫内政之措施，则清丈以定界，招垦以辟荒，迁民以实边要，皆属刻不容缓。又或选拨驻防旗民编为屯军，既以靖雀苻，亦以防侵侮，且于交涉之争辩，固可消弭无形也。　10861

卷三百四十七　外交十一　外交考十一　界务
日本　韩

边务述要　略称：东三省屏蔽京畿，控驭蒙部，其山川之厚、地产之丰、天时之宜、平原之广，固天府之陬区，而为宜农、宜商、宜战之国也。当国家多故尼布楚之约、穆克登之碑，稍不注意遂弃华离盖，自宁古塔省治移驻于吉林，爰珲省治移驻于墨尔根，复移驻于齐齐哈尔，已失控制之势。咸同以还，边患在俄东清铁路成而俄势益张。然其时奉吉之间竞争少息者，以朝鲜为之屏蔽也。自韩为日保护而边事一变，日俄之役南北分权而边事再变，协约既定相竞相师而边事又变。爰分路调查，凡于彼之图我者，军队所驻，铁路所通，事实所发见，心目所经营，靡不详讨，冥拨相机策应。两年以来，筹备之迹仅有数端。图们江岸，国界攸分。日人藉保护韩侨为词，强立间岛名目，突驻宪兵，扰我政令，侵我主权。于是乎有延吉边务之设，广集图证以折其狡辩，分设宪警以绥我人民。封天宝山之矿，阻图们江之桥，抵制图谋。惟力是视，延吉事起，而奉吉之交韩民越垦者众，时复利用一进党到处煽动，咸镜、会宁日人设兵安轨，韩之义兵时相窜扰，于是有长白设治之举，画吉林长白山险要之区，增设府治，抚驭韩侨，以通临江之路。又于鸭绿江沿岸地方调查韩民户口、生业选择，有司约以政教。俄于黑龙江沿岸设兵、置屯、通商、开路,航路江权归其掌握,木植、羊草任其取携,于是有分设卡伦之议。由呼伦贝尔、爱珲以达兴东分布卡屯,以为实边之基。蜂蜜山与俄相接仅隔兴凯一湖,私垦所集,盗匪以丛。于是有开办屯垦之令,于穆棱河一带区画疆域,分别荒熟以次经营,设密山府以资绥集,立垦务局以辟荒芜。江省土沃民稀,弃利于地,将欲移民必资巨款,轮车免价既格于部议,而房舍、耕具、籽种之属尤苦不资。于是有屯防营之设,先于嫩江沿岸择地为屯,于延吉边防置退伍兵从事屯垦,果使更番迭代,逐渐扩充大利,所归可以臆计。满洲里与俄接壤,鄂博尽失侵占界里,则为之调查证据,详测舆图。日人以界务为名,欲修会宁铁路以达吉林,包括南部,横揽主权,则为之反覆利害。(下略) 10899

东三省政略纪交涉 (上略)光绪七年,北洋帮办大臣吴大澂、吉林将军铭安,命知府李金镛开办招垦事宜。是时,韩民多越江租种,后经铭安等奏请,将垦民查明户籍,分归珲春、敦化县管辖。旋经朝鲜国王垦请刷还本国,咨由礼部,呈请转奏,交由铭安确查妥议后,经铭安奏请展限一年,由该国王转饬地方官悉数将该垦民收回。奉旨:允准。是为韩王确认图们江北为中国领土之证,后以图们江南岸韩民多仰给北岸,若尽行驱逐恐伤慈惠。十一年,北洋大臣李鸿章奏请设立吉韩通商局,兼理开垦事宜。于朝鲜会宁府对岸设和龙峪通商局,于朝鲜钟城对岸设光霁峪分卡,于朝鲜稳城对岸设西步江分卡,并立通商章程十六条,是为图们江北岸设立局卡之始。十五年,吉林将军长顺奏请设立图们江水师营三板船,以防越垦漏税之弊,是为图们设立水师之始。二十九年,越垦韩民倡乱,经统领胡殿甲、同知陈作彦拿获在案,后与朝鲜交界官订立草约十条。此证之历史及国朝界务交涉,而图们江为天然之国界者一也。考女真语及国语,图们二字为众水聚汇之意,虽有统门、徒门、土门、豆门诸译音,皆系此意。康熙年间,长白山分水岭立一石碑,曰:审视西为鸭绿,东为土门。此土门即图们译音之变,非图们江北支流之土门河也。若图们江北之土门河,因其发源处有土门,故名。此为图们江一支流,何克当众水聚汇之义,此证之女真语及国语,而图们江为天然之国界者又一也。至和龙峪地方俗称为大磊子,光霁峪地方俗称为钟城崴子,并无间岛之称。至谓和龙峪为东间岛,光霁峪为西间岛,不惟载记所无,吉省士夫亦多不知,实为日人捏造,此证之士民舆论而图们江为天然之国界者又一也。即征诸日人载记:日俄未开战以前,日本参谋本部所著之满洲地志,皆云朝鲜东以图们江与吉林界,西以鸭绿江与奉天界,所绘地图界线亦仍图们鸭绿之旧。一、二年来遂指图们江北为间岛,拓入朝鲜境内,则其前数年所著之地志,所绘之地图,谓图们江为吉韩之疆界者,果系何说耶?此证之日人前数年之载记,而图们江为天然之国界者又一也。总之,图们江与海兰河之间土地肥沃,韩民越垦既久,乐土忘归。长白左右,金矿森林日人垂涎虽甚,攫取无从。因韩民越垦者多欲为进寸思尺之谋,妄称图们江北为间岛,妄指土门河为图们江,且并欲以长白山北相距八百里之夹皮沟地面混为间岛区域,此争论所由来也。至夹皮沟地方之韩登举,亦非日人所指之情状。该员曾受朝廷武职,屡为国家效力,每年纳租税钱二千余串于吉林府,且奉吉省长官之命令甚谨,是何得妄呼为草王而并称为独立国乎。惟以长白山一带马贼猖獗,前吉林将军命其办理团练,守望相助,颇有自治团体,而日人指为化外区域,妄思染指,不亦重可笑乎。因将吴禄贞所绘地图抄送外部,该地图系按吉林旧图及十年内日俄所出地图,并证之中国旧书与外人记载士大夫游历其地者之谈论参考而成。七月,接外部电,谓阿部代使照称:间岛为中国领土抑为韩国领土久未解决,该处韩民十万余受马贼及无赖凌虐,见在并无此等情事。日人诡造间岛谬说淆惑闻听,外部交涉,必先明图们江北向无间岛名称,始可藉资论据。复电致外部:历引诸证,请其严行拒绝，以保主权。旋接外部电覆：谓间岛系日人强立名目，其地既为延吉厅所属，在图们江北，确为中国领土，断无任日人派员保护之理，业经据以驳复。是月，吴禄贞抵延吉，日人斋藤季治郎即于是日率兵越境。嗣吴禄贞函称：日本军队见驻扎于会宁、钟城两府，沿江一带约有步兵二三千人之多，扬言不日过江，以致边民恐惧，迁避不遑。日本统监府派出所长斋藤季治郎、宪兵少佐境野竹之，渡江者约四十人，均带武器。朝鲜巡警二十余人外，快枪四十余枝，牛车约五十辆，所载皆军需品。十二日晚，驻和龙峪，已越界六十里。距延吉厅仅七十里。其蛮强无礼，不顾邦交有如此者。盖一、二年以来，日人窥伺延吉厅一带多有韩民居住，遂将哈尔巴岭以南，图们江以北之地，东西近千里，南北三百余里，拓入朝鲜界内。继又捏造谣言，著书立说，妄指与图们江相距千里之夹皮沟地方为间岛。今年四月，有日人探险队五人，不知会地方官，不受中国官吏保护，深入马贼巢穴以致毙命，故生事端，图挑边衅。五月，日本测量部派测绘队陆续测绘吉林南部地图，络绎不绝，今竟公然派兵渡江，此不惟延吉厅一隅得失之关系已也。禄贞游历吉林南部考求地势，知延吉厅壤接俄韩，关系至为重要，有万不可许日人越江驻兵之故。查延吉厅为珲春、吉林、宁古塔各处交通之孔道，系吉林南部保障。若日人驻兵，则咽喉梗塞。而由吉林至哈尔巴岭之间，山岭丛错，无可为进战退守之地。即珲春据图们江之口固称要塞，然此处既失，珲春孤立，万难久存，而吉林东南之门户去矣，此万不可许者一。延吉厅区域，西界白头山，西北界敦化，周围一带森林之富、矿产之饶，为地球各国所罕见。日人若占有延吉，则西据白头，北出敦化，且藉口于夹皮沟一带指为无主之物，必将森林、矿产之权，尽入日人之掌握，此万不可许者二。就东三省今日大局而论，黑龙江多受俄人干涉，奉天多受日人干涉，而日人在奉之侵权谋利尤无微不至，铁路、森林、矿产等半落于日人之手。惟吉林界于两国竞争之间，大有鹬蚌相持之势。日人在奉虽有特别权力，吉林尚未入其势力范围。若占有延吉，则东由图们以达鸭绿江利源皆非我有，且据有长白，以取高屋建瓴之势，而奉吉二省之大局危矣，此万不可许者三。日俄战后，两国之对于东三省俱享同等之权利，甲国若有非分之举动，乙国必有意外之要求。日人前在珲春测图树有国旗，俄人即向中国责问，大有进兵之势，经日人撤去旗帜始罢。若许日人越江驻兵，俄人于乌苏里江以东之军队必将向珲春、宁古塔、三姓各处分驻，以为均势之举，此万不可许者四。请速致电政府，询问斋藤越境是否由中国政府允许，且驻兵、派巡警两事须以全力拒绝。一、速电致日本驻京公使，详述斋藤无理取闹，必命速行撤回。一、请多派测绘生来延，将图们江一带地图测明宣告日本政府，以免日人之干涉。一、延吉地处极边，时有马贼出没，宜厚兵力以保治安，免致藉口保护，引虎入室。且筹备边防须有相当兵力，日人见沿图们约有混成一协，我亦应设法筹备以防意外。即或骤移重兵恐起交涉，可藉剿匪为名驻额木索铜佛寺一带，以资镇压。一、由吉林至珲春及延吉之电线急宜修理。此间原有电线，自二十六年为匪折断，沿途废杆尚多，若派员修理不日可告竣，否则若出重要事件，非十日以上不能达也。一、筹边以兵备为先。珲春设副都统，用意极美，乃法久弊生致成虚设。拟请恢复成法，改副都统为武备人才，深知兵事熟悉外交之员为副都统。仿日本师管之制，以延吉珲春两处之地为师管区域。凡地方与军事相关者，均归处理。至有事时，一切均归管辖。照陆军部奏定章程，副都统即为一镇之统制，此处军队将来至少非一镇不可。副都统即任，筹防训练、征调等事。直隶于东三省之下，其驻扎处所仍以珲春为镇本部，延吉驻一协为协本部，以成犄角之势。又称，此次日人未奉中国政府之明文，未经我帅之许可公然入境，有可虑者三事，务请据理力争。速电外务部：请日政府撤回斋藤，至日本能否派员于延吉地方，应俟两国政府勘界以后订立条约,始可遵照办理。此吴禄贞来函所陈日人越境及暂时抵制之大概情形也。遂电达外部,请严诘日使,令速将斋藤及兵队撤回,韩民由我自行保护。至吉韩界务,可由两国派员会勘。旋接外部覆电,略谓,前已照会日使撤回日兵,昨阿部代使来照日政府训开康熙十一年白头山分水岭界碑,自土门江以南至豆满江之间,即韩国所称之间岛,前年中国向韩政府提议勘界,今未解决。是以豆满江为中韩国土,韩尚未认,中国在争议之时,自设延吉厅。近在六七年,韩亦未认,并以该厅对于韩民行为曾经抗议,更自设间岛管理官,配置兵丁以保护韩民。嗣该地为俄所占,俄兵退后秩序大紊,韩民来请保护,决派斋藤中佐前往,乃省抚谓地方平静,与事实相反。日人在该处被马贼虏杀且近十人,斋藤携带少数宪兵专为保卫巡察,地方官勿生误会。等语。于是知日人狡谋,应亟筹地方之治安,以免藉口。遂电吴禄贞相机办理,妥为布置。并电吉抚朱家宝派道员余浚酌带兵队前往,为暂时抵制之计。复令督帮办竭力经营内政,为自立地步。而于交涉之复杂,每生一事,争持动至十数次,每出一案,辩驳动至千万言。日人见我之图谋布置,于是乃有维持见状之约,解决界务之议。寻阿部代使与外部开议,彼亦知延吉为我领土,证据罗列,难强置喙,乃于派员会勘之说,故从延缓。而始则要我通商口岸凡六处,分设领事,继则认我领土,而要我以天宝山矿产及由会宁至吉林敷设铁路之权,终乃以保护为词,欲尽攘我裁判权。夫延吉非通商口岸,何能分设领事,且所指六处地点,皆为我派办处之区域,是名为领事,实则安置官吏干预政权。爰直揭其狡谋,更为之多设限制以相辩难。若天宝山地点与延吉相隔甚远,会宁铁路尤非界务问题所应有,且会宁至吉林铁路一通,则隐括吉林之南部而专为军事之便利。亦经据理力驳,以绝觊觎。至争所有裁判权,彼若为韩侨而设,讵知行政司法相需而成,断未有裁判权授诸他人,而可为完全之领土者。屡与外部力争,函电交驰外部,亦据此以与阿部代使相难,谈判多次不得要领。我以为仍应从界务入手,若彼此各执一词,可付海牙和平会公议。而日使又称不愿磋磨累月,卒至停议。然维持见状,则仍应彼此遵守。是在后之筹边者相机抵御,终始坚持,毋使两年之绸缪,失败于俄顷,而为三省边患之起点也。 10901－10904

又,限制二道江、娘娘库等处韩民越垦之交涉 略称:奉吉二省南部,多因韩民越垦酿成意外交涉。吉省敦化县所属之二道江、娘娘库等处,在长白山北麓,踞松花江上游,为由朝鲜茂山、甲山等处至夹皮沟之要道。日人前虽混指夹皮沟为间岛,而此地实为延吉与夹皮沟交通之枢纽。因与该处添设派办处一所,分拨防兵在彼驻扎,以断日韩人交通之路。并密札敦化县严饬华民,以后不许雇用韩人。已雇用者,设法遣散出境。有产业者,则沿光绪十六年成案,令其薙发入籍。三十四年,日使忽照会外部谓:伊藤电称,近有韩民到头道沟日宪兵分遣所诉称,中国派兵往九道墟、娘娘库等处勒令韩民一律薙发易服,如违,驱逐并取其甘结。伊等不愿薙发,逃来诉明。等情。此举与条约公理均有不合,速电匡正。等语。旋据陈昭常等电云:前月接到二道江事务员报告,谓其地有韩民二百八十余户同时到派办处,情愿自具甘结,薙发归服,已一律照办。此举于边务不无利益,而为彼所深忌。其实该处并非越垦地界,即使实行驱遣,日人亦不能过问,况入籍者乃出自愿,决无勒逼情事。当以限制二道江等处韩民越垦为我国内地主权,日使不得藉词干涉,转达外部,请其拒绝。旋斋藤又至边务公署交涉,经陈昭常力拒而罢。 10904

卷三百七十八　实业一　实业考一

（光绪三十三年） 又,吉林将军达桂奏:吉省土地肥沃、物产丰饶,天然一农工商场。

拟就机器局旧址,画拨一区为农工商实业局,派农工商部主事胡宗瀛为局长。凡农政如何振兴,工艺如何启迪,商界如何发达,未辟之基如何倡导,已成之业如何改良,务令切实考察。所有开办经费及常年额支银两,饬令妥拟开报,另行奏办。　11241

（宣统二年）又,东三省总督锡良奏:办理农工大概情形。略称,本年各属清赋项下,计共丈放十二万余亩。蒙旗所放垦者,尚不在此例。并筹办长白府迁移旗民垦荒各事,均俟事竣另行列报。又,本省低洼宜稻之区极多,遇有淤废湖滩河荒,即饬地方官设法开浚,化荒为腴,便民种植。故上年创立官办水利局一,本年创立商办种稻公司二。民间既知效法,稻田自当日增,荒地自然日少。至各属农会半已设立,当可陆续遍设。又,奉省柞蚕为出产大宗,见饬各属农桑会,组织柞丝公会研究改良扩充事宜。并饬地方官于新添山场严加保护,不准增收捐项阻其进步,故各属柞蚕日见推广。牧畜亦与农业相辅,奉天农业试验场试验美利坚羊毛成绩,经南洋劝业会审查给与头等奖励,见又向美国续购此项羊只及猪、牛共五百余头,将来分给民间挈配蕃殖,所剪羊毛足以供给织呢之需,并在镇安官牧场增购传种洋马广为挈配,以期改良军马,均系挽回利权之计。林业一项,奉省天然森林多,在鸭浑沿江一带,徒以历年采伐无节,渐失旧观。见已将该处森林区域详悉调查,并立保护章程、轮伐方法,严饬地方官实力奉行。又饬劝业道编纂森林警察讲义,加入乡镇巡警课程之内,俾将来分派各学均有保护森林知识。此外则人造森林甚少,见由种树公所采取东西各国籽种造林一千六百余亩,作全省模范,民间闻风颇相仿效。本年森林学堂速成班毕业,拟即派赴各属办理林业,已有者,实行保护,未有者,极力扩充。不独谋地方公共之利,亦系拓国家财政之源。至于工艺一项,省城则有官办奉天八旗工艺厂、八旗女工传习所、奉天第一女工厂、贫民习艺所、罪犯习艺所、造砖厂、官纸局、官商合办之惠工公司、商办之军装制造局,共九处。查八旗工厂所出之各色毡毯,惠工公司所出之地毯及花绒木器、布匹,罪犯习艺所所出各种酱品、面粉、皮件,皆为特色。至贫民习艺所所出之皮靴、军刀及丝绒毯为东西国人所乐购,尤足示人步趋省外。各属工厂逐年增设,如商办之锦县第一工厂、镇安集义公司、彰武东升碱业工司、义州实业工厂、营口等处之机器榨油厂及官办之锦县八旗工艺分厂,皆成效卓著。而出品尤以锦县民立工厂所织爱国布,最受社会欢迎。前由官绅合议在安东、盖平两处各设一缫丝厂,以塞漏卮。安东厂集股二十万,商力不足,见由官代借十万补助之,明年即可开办。盖平亦议有端绪。又因奉省游民众多,易为盗贼,饬由民政司劝业道拟定简易筹款办法,饬各属筹办贫民习艺工厂各一所,以消纳游民,振兴土货。将来此项工厂若能一律成立,或于奉省工业前途不无起色,此办理农工之大概情形也。　11245－11246

又,农工商部奏:汇核各省农林工艺情形。略称,统计各省历年办理情形,惟直隶、奉天、黑龙江、山东、四川、广东等省为最,吉林、江苏、湖北、湖南、福建、江西、陕西、浙江、安徽、河南、广西、山西、云南、甘肃等省次之,新疆、贵州等省又次之。全国荒地业经报部有案者,约计已垦七千三百七十三万一千四百二十五亩。又,一百二十四处未垦二千二百四十五万亩。又,一百一十五处种植树木,已成活者约计二千五百八十万零八千株。又,一千六百九十二区,其归入农林项下者,各学堂、公司、局厂等,计一千一百一十五处。处经济竞争之会,值帑藏奇绌之时,非振兴实业无以辟利源而塞漏卮。　11246

臣谨案:中国以农立国,农业兴而工商因之以起,于是有农工商部之设。乃设立数年毫无裨益,弊且日滋,其所报各省已办农林实业清单空文而已,岂不重可伤哉。

又奏:各省见办农林工艺大概情形,据湖南、湖北、江西、新疆四省咨送官民荒地图册,奉天、黑龙江、陕西三省咨送造林区域图册，均随时咨覆，务期迅速筹办。惟直隶、江苏、安徽、山东、山西、陕西、福建、浙江、四川、广东、云南、贵州十二省，尚未造送到部。至各省办理情形，如设立农业学堂、农林试验场暨垦牧树艺，凡关农林各项公司及工艺厂，工业学堂、纺织制造，除上年奏陈外，其续报到部者，农林项下，黑龙江奏：准变通沿边荒务。安徽奏：设安阜农务公司。四川奏：开办乐山、汶川、卬州、雷波等处林垦公司。广西奏：设桂林、平乐、梧州、柳州、浔州、南宁、太平各属垦牧公司二十五处，新开水利二百九十处，修浚旧有水利三百六十余处。新疆奏：设农林试验场讲习所、研究所、水利公司。其林业分南北西路，计栽活之树数百万株。此外如江苏、江西则有绅办方麓裕农垦牧公司、树德垦牧公司，并于庐山东林寺筹办造林区域。工艺项下，密云驻防奏：设工厂。奉天奏：设八旗工艺厂并锦州八旗工艺分厂。吉林奏：设实业工厂工艺教养所。黑龙江奏：设工艺制造局。福州奏：设工艺局。两江、湖北均奏：设刷印局厂。陕西奏：设西安驻防传习所。伊犁奏：设皮毛制革各公司。两江奏：设实业学堂。湖南奏：设工业学堂。广西奏：设模范学堂、艺徒学堂、简易工艺教员讲习所。浙江奏：设织造局艺徒学堂并于各属分设工艺局厂。奉天、安徽均奏：设电灯厂。四川奏：各属设劝工局七十余处。此外，各省报部及绅商禀办电灯、火柴、烛、皂、面粉、纺织各项实业局厂、公司尚有四十余处，此各省续办农工之大概情形也。得旨：著该部按照奏定章程通行各省，切实筹办，毋任延玩。　11246－11247

卷三百七十九　实业二　实业考二　农务

（光绪二十四年）　又，户部奏：工部郎中唐浩镇请令各省自辟利源以赡国用一折。钞交到部。据原呈称，中国膏腴至广，生产最繁，诚量各省土性之所宜，广植物产。其已备者，扩而充之，未备者，购种给之。务使无旷土，无游民而止。一曰、蚕桑。中国产丝之区以江浙为最。江浙以近太湖为最，盖湖水澄清性肥而暖，故以水灌桑则叶茂，以桑饲蚕则丝韧。以太湖例之，鄱阳、巢湖、洞庭、大明、金明、滇池、昆明各省之湖诚能推广，此意遍兴蚕桑，则丝茧皆光白柔韧，远胜于日本、意大利诸邦，而收大利。二曰：葡萄。外国葡萄酒为货物之大宗，其酒税为国库之大宗。考察奉天、吉林土性皆宜葡萄，苟能广植购机以酿，复能推而行之。直隶西山北山、山西太行、陕西华山、山东泰山、河南嵩山，泉甘土沃之区，则酒产日丰，酒销日旺，而酒税可以赡国用矣。三曰：种棉。中国棉花向推顺天、平谷，丝长色白足与美国南海岛种相匹。洋棉价贵，每百斤需洋三十三元，华绵价贱，至十七八元，故华棉行销外洋，以之纺纱织布，转运中国销售，尚有巨利。今江苏、两湖产棉亦旺，宜令各省凡土脉松厚山陆高燥之地，广为播种，岁入不可胜计。四曰：种蔗。甘蔗为中国独有之利，西人试种爱尔兰之地而不合土宜且枯瘦无糖。故中国丝茶而外，蔗糖为西人最嗜。（下略）　11254

（三十一年）　又命赵尔巽办奉天垦务事宜。　11256

三十二年　商部奏：准拨乐善园官地开办农事试验场。　11256

又，盛京将军赵尔巽奏：前准商部咨以该部顾问官修撰张謇呈请创设七省渔业总公司，先于浙江购办渔轮试办，行令奉省酌核统〔筹〕。查奉省海岸袤延千有余里，其流域较江浙为长，水产素号富饶，鱼类亦极繁赜。当即派员前往盖平、海城、营口、熊岳一带设法筹办。惟渔学向未讲求，骤语高深，难期领略。见值客军在境，沿海居民时虞失业，自以保护为入手要著。应饬雇备小轮二只，配装快炮，募集水勇数十名，濒海港岸分扎陆军以资联络。三四月间，盖平之鲅鱼圈地方向有黄花鱼汛，先行保安政策，本年得鱼较盛，渔户极为欢慰。

爰令发给旗帜编入号籍，一律注册，作为公司分股，业经刊发关防设立局所，标明奉省渔业公司。仍令调查水产、觅购海轮，以期逐渐举行，并俟七省总公司成立定有通章，再当查照遵办。又，准：商部咨以渔业公司应附设水产学校，拟于沿江十一省合筹银十万两就吴淞建设，奉省应竭力筹维，拟于开办经费内拨银一万两汇交备用，俟该学开办，由奉省选派学生送往肄业。　11256

又奏：在奉天省城东郊设立农事试验场，延聘日本农学博士为场师，招集近郊农民广购籽种，试行栽种，并就试验场附设学堂一所，即以该博士兼充教习。学生定百名，限一年毕业，派赴各府厅州县设立试验分场，以期全省农业一致。所需用款，应请作正开销。　11256

（三十三年）又，东三省总督徐世昌会奏：三省、内蒙垦务情形。略称，三省垦务次第开辟垂四十年，较其面积尚不及十分之四，只内地官庄、苇塘、山荒等处，继乃推及蒙旗。如奉天所属科尔沁六旗有札萨克图旗、镇国公旗。近来达尔汉图、什业图两旗亦先后开放。吉林则有郭尔罗斯前旗，黑龙江则有郭尔罗斯后旗、杜尔伯特旗。扎赉特旗，凡历年开垦或已及全旗，或量为设治，但经理者第以筹款为主，一经清丈放价便无余事，甚或欺虐蒙民，侵吞款项。绳丈则多寡不均，放荒则肥硗任意，缠讼互控轇轕纷纭。而于垦务兴衰、蒙情向背、地势险夷从未考究。今欲经营蒙地，必以垦荒为始基。查内蒙东西盟地除在直隶、热河界内及土默特各旗早经开辟外，其自潢河以北，索岳尔济山以南，南北八九百里，东西千余里，寸土未垦。其隶于热河者，为昭乌达盟之巴林二旗，阿鲁科尔沁一旗，扎鲁特二旗。隶于察哈尔者，为锡林郭勒盟之乌珠穆沁二旗，浩齐特左翼一旗。允宜一气招垦，次第开通。以形势论，南为京畿屏蔽，东北为奉黑后援。弃此不图，一旦有事，日人渡辽河而西包围山海关谷口，俄人从海拉尔而南，东省腹背受敌。且俄如不得逞志于奉天，必将从海拉尔筑一铁路以达蒙古进张家口而入腹地，是不独江省西北之边防可虑，即北京之锁钥亦尽失矣。以土质论，巴林左右两旗及阿鲁科尔沁一旗最为腴美，河流纵横、气候和暖，东西札鲁特两旗间有沙碛，然可耕之地十之七八。乌珠穆沁两旗地势稍高，气候较寒，产马最盛。浩齐特左翼一旗沙土过多，较难种植。至图什业图、达尔汉二旗则逼近奉省，与内地无异。至浩齐特与乌珠穆沁交界处有盐池一区，周围三十余里，每年产盐二十万车，向销俄蒙。矿则到处皆有。以办法论，西南宜从巴林、东北宜从图什业图办起。因巴林与赤峰相近，黄河以南之民可由此而北，图什业图与洮南相近，辽河以东之民可由此而南。垦务宗旨在殖民固边，不在筹款。经营之始，视人民所集，设局以督理之。绘其山川，区其道路，编其户民，施建筑以安其居，给籽种以谋其业，联守望以卫财产，设公司以通有无。每距数十里筑庐浚井，以便行旅。蒙民一律相待，俾可自存。暇则立学堂，先使蒙汉言语相通而后渐近于教育。果能次第推广，十余年后屹然重镇矣。特以整赖之方需款太巨，转运艰阻，人力难施，必须联合组织，坚固不摇，而又济以财赋之权，委以经画之任。如日本之北海道，美之西亚路，往事可鉴，期以必成。近来，日本多以游历为名，从事测绘山川、险夷、矿产，显伏莫不周知。从前将军且有给护照以为之先导者，不数年间必将殖其人民，恢其权利。若不早争先著，则蒙民被诱，土地渐成租借。根据既定，我将无所藉手。此开垦蒙荒为今日筹边殖民之至计，不可稍缓者也。但开办以前必应通盘合筹议定的款，以期久远，拟先派员分勘妥筹。

臣谨案：三省为京师之根柢，蒙古又为三省之屏翰，殖民巩边，舍农曷特，其膏腴者可营阡陌，其骁瘠者宜辟泉源，即荒榛灌莽之区寥落人烟，尤当导以畜牧内容充牣，外患何至乘隙而生。朝廷分职授官，原薪民瘼，是求俾境内得臻富庶，乃堂高廉远习于朦蔽，农桑规画鲜能为藩属力谋生计。甚且藉端乾没以饱宦囊，考绩虽严不过一纸空文，丈放招垦，敷衍了事，安得实心行政之疆臣，力矫从前之积弊哉。　11257－11258

卷三百八十　实业三　实业考三　农务

（光绪三十四年）又，东三省总督徐世昌奏：奉省渔业公司改归商办，另设官局专办保护事宜，以清权限。又，奏：立森林学堂种树公所。又，奏：黑龙江省绥化府朝阳陂一带柞树繁多，饲养山蚕最属相宜。见经派员设立蚕业公所，练习饲养缫丝之法，并于柞树多处画出地段，专为放养山蚕区域，仍由公家拨款以资提倡。

臣谨案：野蚕丝为各国所无，欧美丝织商需要，非他物能代，可目为中国天然丝之专利品。今则安东、大连，凡日人势力所及，灰丝（即野蚕丝）输出由其操纵，反客为主。且朝鲜边境与我接壤，彼又利用我农民为之种柞树，采野蚕灰丝，经产额大增。运归日本、售诸欧美，美销最巨，特将朝鲜新出品廉价竞争我华专利品，几为侵夺殆尽，可慨也。　11265

又，外务部奏：光绪三十一年，中日条约第十款，内载：中国政府允许设一中日木植公司，在鸭绿江右岸。三十二年，日本使臣林权助拟订鸭绿江木植公司要目函送臣部，当以木植一项关系商民生计，应由奉天将军、北洋大臣详查，再行核议，照覆。该使令赴津与北洋大臣就近晤商，旋准奉天将军赵尔巽派员往勘。禀称：东边木植鸭浑两江并称繁茂，鸭江产地较宽，木植比浑江为逊，近水森林频年斩伐殆尽。至浑江一带，自十八沟至二十四沟，方圆约五百里，距江较远，斧斤罕到，存蓄甚多。若画作公司界限，可供二十年采伐。浑江与鸭江系属两事，不在股东合办之列。讵日使到津与臣世凯会议，坚指鸭绿江右岸指该地全段言之，连浑同江流域均包在内。逐条辨驳，迄未就范。未几，林使回国，代使阿部守太郎送交臣部节略，将前拟提案略加改易，于地段一层仍包括鸭浑两江流域及支流在内。臣那桐与议扼定量扩鸭江木界，而不牵及浑江之宗旨，竭力与争，拟改由帽儿山至二十四道沟沿江木植，归公司采伐，以距江六十华里为界，为最后办法。该代使则仍谓鸭江流域须择帽儿山以上，浑江流域须择通化以上，均以分水岭为界，惟白头山一带自山顶五十里以内概不采伐，此系本国政府深愿公司从速成立，让步已到极处。彼此相持，几至无可再议。迨林使回任，复申前议。臣等仍与剖辩，该使虽无驳而卒未照允。本年奉天巡抚唐绍仪奉命来京，与林使接商前案。此事悬宕，经年不能就绪者，只该使欲将浑江包括。若径行照允，则该处木把生业全失，地方市面大受影响。浑江原设之江浙铁路木植公司曾系奏准之案，尤不能禁其采买。惟有明定浑江森林仍归中国旧业，木把采伐所需款项向公司贷借，所采木料归公司照市价收买，庶公司不至（龙）〔垄〕断而商业仍得保全。遂由该抚另拟提案，与林使磋商。臣等复与争持，至月余之久始行定议。所订章程大纲十三条，名为：中日合办鸭绿江采木公司。其地段仍照前议画定，鸭绿江右岸自帽儿山起至二十四道沟止，距江面干流六十里为界，中日两国各出资本一百五十万元，以二十五年为限。该总公司设在安东，以东边道为督办，中日两国各派理事长一员，所有进款以余利百分之五报效国家，应纳木料税项可商准地方官照章酌减。俟大纲议定，即由奉天督抚及日本驻奉总领事派员商订细章，三个月内开办。日政府允将见在鸭绿江之木植厂一概撤去，以昭信守。是于利益均摊之中，尚不失保守主权之义。　11265－11266

臣谨案：中外交涉以来，凡更一次条约即丧一次权利，亦即丧一次土宇。欧西各国无论已，日本乘甲午战胜之余威，挟诈逞强，不得不休。虽曰：老大之邦公法失其效力，要亦遇事颟顸不慎于初,终授人以瑕隙耳。鸭绿江右岸即属浑江,悬订一中日木植公司名称,虽限于一隅,而右岸之界址不先声明,事后审查方以侵占该处木把生计为言,并虑及江浙铁铁路木植之影响,不几唇焦笔秃乎。日人狡狯,政府方略为彼觑破已久,纵未能尽偿奢愿。调停一出,帽儿山等距江六十华里之材木早已利益瓜分,一子之差全枰受挫,外交至此,感慨系之矣。　11266

又,科布多帮办大臣锡恒奏:拟将克木奇官屯拨归民办,仓廒房舍暂许借用,牛马农具备价缴官,量借籽种,所收粮石悉数售归营中,既可藉裕军糈,亦可化民成俗。　11266

又,东三省总督徐世昌等奏:勘放郭尔罗斯后旗荒地,加收饷费留备开垦甘讷两段学田。又,奏:甘井子段续放夹荒,并推放西布特哈荒地。又,奏:奉省市面维艰,款项奇紧,领户日稀,所有垫用押租银两恳饬准销。又,奏:呼兰、铁山包屯田见已安插竣事,所有应纳租地,自应照章升科。　11266

又奏:黑龙江、嫩江迤西省属未经放出之荒,酌留数段作为省城无地官兵生业。其爱珲、墨尔根种地旗户,应令各该城副都统查明,有地无地各旗丁,照省城一律办理。惟呼伦贝尔各旗丁素事牧养,请于该处宽留牧厂,讲求畜牧之事。爱珲、墨尔根、呼伦贝尔亦应援照布特哈威成案,由荒价酌提二成,为办实业教育之用。　11266

又谕:有人奏,三姓及黑龙江一带荒地甚多,似可改为招佃开垦收租,不取荒价。又,河套地方边墙外通有种地佃户,地土肥沃,请饬勘放。等语。著徐世昌、陈昭常、信勤会同妥议。具奏。　11266-11267

又,农工商部议准:东三省设立农官。略称,农官之设始于周制,汉、魏、宋、元皆有专师。此次奉省请设农官,专以宗室觉罗、满蒙汉八旗子弟及在籍绅士充选,就地择人,学成致用,诚为握要之图。应准。如拟办理,仍照定章,各府、厅、州、县,作为农务分会,四乡作为分所,其总会应于省城设立,归劝业道管辖。至农务厅遴派农官随时咨部备案,并将每年成绩列表咨报。　11268

东三省政略纪垦务　奉省地大物博,旷土甚多,国初以来未暇计及放荒招垦者,一因边内之围地牧场名义所系,一因边外之蒙荒草地游牧所赖也。迨世变起而内地之民相率东徙,生聚既繁,私占私垦所在多有,不能不创议辟荒。为固圉实边之计,其初仅责其垦种升科,未收荒价。自开放东西两流围荒及各处牧养差地,哲里木各旗蒙荒始定放领收价之法,俾得世守其业。惟奉省迭遭兵燹,案卷荡然。初办试垦、续垦及开放东边凤、岫、通、怀各属山荒、海龙围场,其办法缘起无从稽考。光绪二十二年,前将军依克唐阿奏准放西流水养息牧荒,以侍郎良弼勘西流水围荒,侍郎溥颋勘养息牧厂荒。庚子之乱,章程毁尽。今综其概略,放竣之荒,曰西流,曰大凌河牧厂荒,曰养息牧厂荒,曰内务府都虞司牧厂荒,曰海龙鸭绿山冈荒,曰东流水围荒,曰盘蛇驿牧厂荒,曰扎萨克图王旗蒙荒,曰扎萨克镇国公旗蒙荒,曰锦属归公地,曰锦属官庄,曰图什业图王旗蒙荒,曰清丈彰武地亩,曰凤岫、安宽、四属、苇塘山荒,曰续放扎萨克图王旗蒙荒,曰牛庄、苇塘,曰清丈东流水围荒,曰续放扎萨克镇国公蒙荒,曰开放达尔罕王旗、采哈新甸荒地,其经营本意不在筹款而在开疆。第奉地至多,从前办垦皆就各府州县一部分,而通省旗民地亩经界未清,民间隐占私垦尤所不免,非普行清丈不足以正经界。又虑操切从事,民间扰累。且各项官产其坐落锦州、新民、辽阳等处者,如官庄,如余租,如王公勋旧,如随缺伍田等项,皆与旗民粮地犬牙相错,易生包套侵占诸弊。二十九年,垦务大臣廷杰先将辽西一带锦州所属大粮庄地奏明,丈放其辽东各属庄地并王公庄地。奏明,俟锦属丈清再行照办。至北路昌图府所属各州县均借蒙旗地面建官设治,安插汉民。其民间垦地皆向蒙旗租种,由蒙旗自行设局收租,汉官概不过问。比因蒙旗勒索,京控、省控词讼日繁。于是有人条议,将昌图各属旗地,照开放蒙荒成案,收价丈放。事虽未行,势不能寝。又,查彰武县属有牛羊排子抚恤等项地亩,原系丈放养息牧厂时,留出额地以备牧放,并因该处牧丁贫苦,按名拨地作为抚恤。前据彰武清丈局查明,此项积弊滋多,呈请一律丈放,经前财政局核准,迄今尚未实行。至全省旗民额地浮多,以及苇塘、山荒、海退、河淤,各府州县无地无之,见既有清赋新章,听民首报,将来亦须覆丈,以昭核实。他若各旗蒙荒地多未辟,移民招垦后事方殷,尤为奉省垦务之最关紧要者。若仅为丈地收价急于筹款,而不问领地之纠葛,不计开垦之迟缓,则尚非根本之计也。 11268－11269

纪奉天农业 一国之盛衰,恒视其生殖之强弱以为标准。近百年来各国皆注重农政,于立法,有农业法制、于行政,有农部专官、于学理,严定农学教育、于技术,注意农事试验。奉天种植向称薄弱,未垦之地十居二三。即已治之地亦或溉粪无术,择种未良。收获丰歉,悉委诸天,绝无考究。持此不变,势必物产日窳,财力日绌。故经营实业,必以整理农业为第一关键。整理方法以开通知识,改良种植为始。然农事智识非研究物质分合之理,逐期生合之功,土壤成分之偏全,植物养料之盈歉,生造肥料之性质,远近艺获之方法,植物种性之正变,虫病诸害之有无,不足为开通之具,则试验与教育尚焉。农事改良非周知土壤性质之大略,气象测候之差异,农事向来之习惯,农产大宗之种类,市场销路之远近,产品价值之高下,无以为改良之方针,则调查尚焉。要之国家无农政,庠序无农学,地方无农会,则其国为不农之国,其人为不农之人,立于农战之世必不足以图存。况吾国治本于农,奉省又为根本重地,今豆麦之饶输于外域,田原之沃诿于列邦,所以图富厚殖货财,固舍是莫由矣。 11269

又,纪奉天农业试验 奉省农业试验场,光绪三十二年将军赵尔巽奏请开办,以大东门外内务府官地一百余亩及户部官地二百余亩为基础,试办之。初约分六科,延聘日本技师,雇用本地农工就地试种。嗣改隶农工商局,修章程,添学堂,分设六课。三十三年,始设劝业道,仍以此场隶之。是年,留学美国农科毕业生陈振先回国委充该场主任,扩充地址至一千三百余亩,布置稍宽,试验加密。就见有地基更别为八:一试验区,二普通耕作区,三蔬菜园,四果树园,五苗圃,六桑园,七牧草地,八树林地。因奉省农事习惯,取普通种类为之栽植,如小麦、大麦、燕麦、高粱、玉蜀黍、粟黍、大豆、小豆、马铃薯等属普通试验,目的有三:一曰种子。以外省及外国输入种子与本地习用种子两两比较,而验其生育状况与收获之结果。二曰肥料。以奉省用惯肥料与加用磷酸质肥料比较其收获量。三曰播种。以奉省习惯耕作法与外洋新式耕作法比较其收获量。属特用种类试验目的,亦有三种类:在明土性与生育及品质之关系,肥料在因其用量比较其生育而观其所及之影响,播种以奉天习惯法与外洋所行法比较其产额及品质。三十四年,推广分场于新民、锦州、昌图三府。宣统元年,推广于海龙、绥中、辽阳、辽源、复州、盖平、海城、广宁、安东等属,前后共十二处。而异日之设立农官、组织农会,即以是为基础焉。森林为农业一大部分,而各国试验制度在西历一千八百四十年后,恒别立专场,组织愈精,收入愈厚。奉省林学绝无讲求,试验场内虽有林地,栽植尚少。三十三年,筹办种树公所,先勘得城东正白旗界内闲荒一段,毗界地两段,共计一千二百四十二亩,编作第一官林。又,续勘得城南正红、镶红两旗界内官荒地二段,共一百零一亩,编作第二官林。又,城南正红旗界内一段,共计二千六百七十三亩,编作第三官林。延聘德国技师一人,前后由青岛及外洋选购树秧二百余万株,分别栽种,以为森林模范。将来即将树秧移植各属官荒，或售与民间广为试种，以期振兴全省林业。至若搜罗佳种从事种植，专以标识名目，纵人游观，为益智之助，不专属农业生产范围。则各国之植物园办法是也。乃于西门外铁道之东辟地一区，开办植物研究所，试种棉、蔬、麻、果、花、木等类，考其长养培护之方，任民游览，藉资考校。夫劝导之法愈备，则收效愈宏，文明之机日辟，则民力日富，后之论者或将以余为知言乎。　11269－11270

奉天南路农业情形　沈阳至新民屯地势平坦，东连浑河西接辽水，其土多属黏壤。惟近河数英里处渐多沙质，时见迁徙无定之大沙堆。沈阳四边地低下，大雨时多被淹没。大宗种植为豆、黍、高粱，河东西岸所种各物微有差异，东岸比西岸早收十日，因地势较高也。沈阳与辽河物产多用车运城，或运船装营口。新民屯在沈阳城西约四十英里，在辽河西约五英里，该处四周泄水颇难，大雨时常淹没，城北与西南地多种树，城西有洼地一区，从未垦种。见在新民屯车站附近设一农业试验分场，有地一百余亩，因开办稍晚，成绩尚少。新民屯至白旗堡沿铁路一带地皆洼下，该境之水向系泄入多数小溪，复由溪流入辽河，遇大雨水不易泻，每至停积。该处之土属黏壤，且有沙质参杂，系由辽河冲积。白旗堡至小三家子，小三家子在京奉铁路西北约九十里，在新民屯西亦约九十里。该处地平泻水不易，土带沙质黏壤，每获丰收。大宗农产为高粱、豆、粟三种及棉花少许，并无果、木、蔬菜，间有零星树木，杨柳、木棉为多。在铁路北四十里之人和堡西边地势卑下，见供放牧，有大群牛马。小三家子有地一大段，见辟作官牧场，在蒙古大山谷之内。经始于三十年前，面积六万余亩，中多低洼不能种植，见归知县管理。全场分六区，共约牛五百头，马六十五头，羊四十头。近又从蒙古购得牝马五十头。所畜之牛，牝者居半，滋生甚繁，养至七八岁始行售卖。冬后天气严寒，牧草缺乏，须预为设备。该场每年割取干草甚多，积为小堆，如今大堆则占地与耗坏均少，草质亦佳。其割草向用人工，颇形迟缓。如以外洋四尺宽之刈草器刈之，以马耙耙之，则工值可省，草质复佳，从蒙古购来牧马与平常内地之马体格相同，其腿脚均劣，易致颠蹶，用作军马必多缺憾。欲救此弊，须择良好牡马配以此项牝马，牝马须择腿脚完全举步高敏者，改良之效多视乎牡种佳健交配合法与产驹时料理妥当。所畜牡牛系蒙古种，其重量体格远不如欧美。盖牛性耐寒，体格虽大而长成之期甚晚。如从英美等国输入数头牡牛与蒙古种交配，大可改良。能将良种牡牛输入蒙古，则蒙人牧业亦必大有起色。该场绵羊一小群，本地羊为多，有美利奴种绵羊数头，皆奉天农业试验场所送者。惟本土绵羊与美利奴种相配未尽合宜，因此项绵羊肉本不丰，其毛又不如本地羊毛之长，或不合中国人所好，不若阿客士佛与士罗步雪肉用种羊较妥。镇安县在小三家子南约一百里，距铁路约二十里。由小三家子至镇南地势平坦，仅近山一带有地少许，略为起伏。其土为带沙质黏壤，几于全行垦种，大宗为高粱、豆、粟、菜蔬。唯棉花以节令太短，不能足期成熟，盖天寒较早，其热度不足以发育也。此地所产棉花多用车装新民屯，或由铁路运营口。锦州在本省南部小凌河流域，界于山岭之间。光绪三十四年，曾设农业试验场，地约二百亩，俱从民间租来。种有大豆、高粱、烟草、玉蜀黍、粟及菜蔬等，另果树少数，生质尚佳。此处地质系属水积土，雨量如常，出产甚丰，所产粮食多入关销售。锦州至沟帮子地势甚低，铁路南荒地甚多，从未耕植。因其地滨海斥卤太多，铁路北及沟帮子北土多沙质。广宁在沟帮子铁路西北约六十里，此地多属水积土，出产极丰。有小溪多条，便于泄水。大宗种植为豆、粟、高粱、棉花、蔬菜、果子等。居民稠密，田畴甚少，农事外无甚工作。其物产用车运沟帮子铁路，或运青堆子转营口。据商会报告，光绪三十三年，该处出境谷物约有四万五千吨。所产果子为外销大宗，每年运出约有五万担，以梨及葡萄为大宗,其销场则北满洲与西伯利亚也。果木俱种山谷间,地势最宜。因北面有山可障寒风,夏令热度甚高,果易成熟。梨树种类颇多,惟俱属硬梨,香味不及美国之改良梨种。该处种果者,每历二年即将果树外皮刮去,据云可以减免虫灾。其实树大须剪枝,如依法行之,所出必更大而多。葡萄硕大如球,尝有重三四磅者,质味颇佳,产量亦盛。土人用一支架橡藤之法,甚属新式,可称合用。种果之家多居田间,便于看护及时摘取。其运果之法系用秆篓装裹车运铁路,以青堆子上车者为多。该处种果甚为注意,极欲得良好之梨种与葡萄种,以改良果园,更欲输入苹果树以扩张果业。一带童山其四面皆年受水冲,深坑甚多,欲救此患,惟有遍植树木于四旁,高处不能栽种,山石之上尚有土壤可种林木,且此山于栽种必宜,因近山顶处有大松树甚多,此其明证。沟帮子至营口地洼下不堪耕种,因离海太近,潮长时铁路南一带全被水淹。营口位于辽河之口,为东三省农产出口要区。历年辽河流域所产粮食皆从内地用车船运营口,再运各处。近年东三省农产多有由日本铁路运往大连出口者,营口商家大受影响。该处为东三省豆油、豆饼之大制造场,有机器榨油厂三,另有本地油榨。调查太古永榨油厂每日能出重五十磅之豆饼四千枚,豆每百斤能出油十斤。该厂上下三层机器皆新式,所用之豆从船上或囤仓由工人用袋运到空厂,卸于用秫秸筑成之平台上量过,再行入袋。由梯桥负上顶楼卸于漏槽中,流入二层楼之大碾辘中将豆碾烂,重行入袋。约重五十磅置于池中,用水汽蒸热,蒸约片时卸于环形之钢模内,上下共置五层。然后用二工人将螺纹压榨推转,将油榨出用桶装接,倒于滤格器内,流入大钢桶复流入多数小桶,以俟澄清数日后,其油即贮于圆钢桶内,听候运载,或径装入木桶运售。其豆饼则贮于大囤栈,随时用船载往销售。按,豆饼之销路首推日本。该处将豆饼制为肥料。或用作牲畜饲料,其豆油多运往中国各处港口,转运内地作食品之用。营口至海城沿日本铁路一带,地势平坦,土黑而腴。所种高粱、大豆出产极丰。至大石桥东铁路附近地势渐不平整,沙质渐多,由此迤北直至海城,土壤皆属一律。海城以西直至辽河地均平坦,土属黏壤。种植大宗亦系高粱、大豆。因营口、大连等处豆价颇高,故均运往销售。据商会报告,海城东南方山产丝颇多。海城、辽阳至沈阳为南满洲最肥美地,其土属松浮黏壤,地势微有起伏。据该处居民云,此地历年丰收,少受水旱。辽阳附近所种以高粱、豆、粟三项为大宗,迤东约二十里产丝、果与玉蜀黍等不少。 11270－11271

北路农业情形　沈阳至铁岭地势高下起伏间有平原,其土质与南满同。将近铁岭,地多平坦土色带黑,系属淤积。土类中含腐植物质甚多,惟其地不免水患。大宗农产为高粱、豆、粟,与南边同。铁岭为小麦与面粉业之中心点,见势蒸蒸日上。光绪之季,别处小麦运至铁岭者,岁约九万担。三十四年,该处磨房向农夫购买小麦每斗三十二斤价洋一元一角五分。据业磨房者云,铁岭附近小麦售于磨房者,仅居小份,其大份则为庄家销用。产麦之区在铁岭城西约三十里,及北境接近怀德与东北角海龙府山谷之间,而海龙小麦为铁岭最大来源。日本采买家预于夏间订购,冬季则用车装运。据铁岭老于农事者核算,该处山谷平均每亩约产小麦一百二十斤,所磨之麦每百成可得面粉五六十成。其法系先用石磨碾磨一次,次用粗筛筛之,筛剩之麸杂有未成粉碎麦,即售与人饲牛。调查本地面粉上者,每十斤售小洋五角五分,次则减五分。铁岭日本面房所用皆美国上等磨机,每日能出四百大桶,其粉多半运大连,麦麸则由大连运日本以供日人食品。据日本面厂司理人告称,华人所种小麦最习见者,为一种带须麦,当取该麦厂所存小麦观之,见其与坎拿大之短穗麦及普里士顿种麦相类。日人所设机器面厂内地已多,将来所种小麦定必增多。又,谓华人种麦者其售与该面厂麦价,皆抬至四成之多云。铁岭至昌图其铁路皆沿辽河流域,为极膏腴之淤积土。种植大宗仍系高粱、大豆。迨铁路出流域之外,地势渐高,汗泽极多,其山谷被水冲者,一望荒芜,地形与美国之西大扣挞及满滩拿省相似。满洲以此一部分为牧羊天然美地,其山(邱)〔丘〕可牧放大群绵羊,如在美国依大河及客利夫尼亚省之山麓。然昌图附近多系山地,其土壤系由山冲刷而下,质不一律。该处几类一半旱域,询诸土人,据称,雨水比铁岭及南面山谷为少,故时患亢旱,不宜小麦,种者极罕。大宗农产系高粱、大豆。北部放豚甚多,收获后辄食其所遗之品。其田畴较沈阳、铁岭为广,而居民则较寥落。戊申春,该处山阴设农业试验分场,地约一百五十亩。土质肥美,即播种美国苜蓿草种,生育甚良,美国秋麦亦于八月间试种。如欲保存湿气新法,该场实为绝佳地点。如试行秋耕耙地及中耕等法,以与土法比较必成绝好征验。山谷间并可种苹果、梅子等树。环昌图四周皆山地,童山之巅与幽谷之中被水冲刮者多属废地,其高原土属黏质,间有数处纯系硬性红黏土结成,庄家田畴比南边较广。据该处华人云,各庄地亩平均,每家约占百亩,间有至六百亩者,地主为蒙旗诸王公,画分小段租人耕种。如得王公赞助,童山开植森林当必不难,且地广人稀,试演省工机器亦能见效。昌图至宽城子,由昌图至双庙子,其铁路蜿蜒于童山及岩谷间,此处农业田既参差,秆亦稀弱。过双庙子景象忽变,铁路所经皆辽阔高原,高低起落大有海浪翻腾之势。其外象肥沃,美国靡西西皮河流域之大草源亦不是过。穷目所及,惟见膏腴黄壤。农夫土室,棋布星罗。经铁路开凿及水流冲蚀处露出一、二十英尺之松浮黏壤,盖不知由若干年代石质朽壤所积而成也。但须犁地一周,播种于年前,陇沟之内,皆可畅茂丰收。若以此种植之法施诸靡西西皮河流域中最美之区,必无成熟,乃天然腴壤程功拙而获利丰,地利使然钦。惟土户凋零,其高粱、豆粟等田,常有一百余亩至四五百亩,雇南人耕作工值较奉天加倍,每日给小洋五角至八角不等。设使种法翻然改图,参用西洋农学农器,出产之富,又当若何。其所产小麦输出,可于全世界小麦商务内独占一筹,所产大豆若饲养牲畜,其畜产之大,足成第二芝加高。则引导农家利用机器,中国二十二行省宜莫如此地矣。　　11271－11272

纪珲春春垦务　珲春,滨海之地,气候平和,又有江河流域纵横灌注,五谷之植,随在皆宜。光绪七年,吉省废禁山围场之制,珲城、南冈、东沟、黑顶子等处均设垦局。珲城设春和、春云、春华、春明、春融、春阳等社,垦成熟地五千六百二十晌零一亩六分。南冈设志仁、尚义、崇礼、勇知、守信、明新等社,垦成熟地一万八千九百三十九晌九亩三分。东沟设春仁、春义、春礼、春智、春信等社,垦成熟地二千零七十三晌九亩六分。均经奏报,有案,是为珲春筹办垦务之始。二十年,复收还朝鲜流民越垦地亩,并将垦民立社编甲,照则升科,设抚垦局以管理之。丈报熟地一万五千四百余晌,岁征大租银二千七百七十九两。弛禁以来,虽垦熟之地无多,而小麦、大麦、米粮、豆谷之类,岁输出俄韩各属者,不可数计。况未开各处,如汪清、哈玛塘、绥芬甸子以及二道沟、三道沟等处,尚有数十万晌。日人屡遣农业专家潜往调查。珲城东北一带至老黑山绥芬厅分界止,正北至大垫子、宁古塔界止,绵延数百里,除森林外,多系沃壤,尚未开垦,致匪徒据为窟穴。即本城之南以至与俄韩交界一带,熟地亦复无多。本地旗户每欲据有荒地而无开垦之资,异方流寓者欲集资领垦而又未敢陈请。此时欲内清匪患,外固国维,均以放荒为第一要义。陈昭常议,将所有荒地悉行放垦,即以所得荒价兴办要政。徐世昌电覆,照准。即令派员查勘定章办理,并嘱开放荒地当以实能垦地为主。惟城北一带地势荒僻,向称盗薮,又无军队长驻,领荒之民未敢冒险。拟从城南、城东等处先行试办,于碾子山前、火龙沟、二道河子、石灰窑等处标定放荒地界。凡农民有愿领地开垦者,于所立放荒标识之区,指定地段晌数,每晌先缴钱八吊,即可领种。一俟派员勘丈分别等第,以地质之肥硗定荒价之多寡,照吉省定章分上、中、下三等,上等荒价每晌收钱十九吊八百文,中等收钱十三吊二百文,下等收钱八吊二百五十文。每收荒价一串,随收经费钱二百文。丈明后应令领荒农民缴足,然后换给凭照,其未能缴足者,领地仍归公,另放交价。承领后予限五年,无论开齐与否,一律升科纳租。至无业旗民,原议以前此丈出荒地三千八百余晌,计口分授。经昭常调查,珲境贫户并清丈旗地有无浮匿,查出极贫之户共四百八十余户,旗地丈出浮多熟地五千八百七十余晌。本应归公另放,特为体恤起见,将浮多地亩提出五分之一归学堂,以八旗田亩培养八旗子弟,议亦公允。又,以无业旗户能力田者甚少,即计口授田仍属于事无济,议令该管旗员并户长出具,实系贫户愿地垦种不敢荒芜,切结无论何段荒地,令该户自认承领,概可免缴荒价。每口以两晌为限,其余散放平民。此外,如东北之珲春河荒地,距城二百余里,崔苻盘据,民皆裹足。城北百余里之荒沟、槟榔沟二处地尽膏腴,亦属匪巢,绝少居户。初拟招募屯田一营,以财力未逮,乃调巡防营前往分扎,一面放荒招垦以期兵民相卫,于是领垦之户纷至沓来。在珲市则有江浙华商设立务本公司筹资领地,期于己酉春间实行开垦,各处零户闻风兴起者亦复不少。惟珲春本少平原平阔之区,开放将竣,所余山沟荒地需费较多,且山深林密盗氛未除,非募兵屯田无所着手。拟就珲属之东沟北山及两炮台,至碾子山、长岭子一带先行开办。但三处地面辽远,同时开办,断非二三营所能集事,拟先从东沟创办。东沟地凡二百余里,又多极大森林,木叶委落皆腐烂于山沟中,水土之性最称饶沃,是以私垦韩民辄思盘踞。倘画地配亩,分给屯兵耕之,必可收事半功倍之效。然后推行于北山、两炮台等处,则实边之基础立矣。　11272 – 11273

纪黑龙江农业　黑龙江系驻防省分,向习游牧,不讲农桑。土地膏腴,荒旷者多,种植者少。近年始将从前封禁官荒一律开放,而一苦于边地之辽远,一限于天气之严寒,兼之人户稀简,财政困难,官屯则国力不逮,民垦则客户难招。世昌两次赴江巡视郊野,接见僚吏,互相研究。因思江省地利积荒,由于民情之观望,而民情之观望,由于开垦之艰难,急求化难为易之法。仿泰西参用火犁机器等件以资提倡,如省南之农林试验场,省北之瑞丰农务公司,其耕垦皆用火犁,购置悉由官费,两载经营,差著成效。惟延袤二千余里,除东南若呼兰、绥化、海伦各府节经开成熟地外,余皆荒凉弥望,绝少居民。火犁无多,既不能全垦而悉收沃壤之利,经费有限,不能普购而遍给垦户之求顾。或谓江省北自讷谟尔河、墨尔根以至黑漠两河,西自毗连蒙古以至呼伦贝尔,天时尤寒,地亦硗确,似乎农业之利可兴于东南不能兴于西北,不知天时地利皆藉人力为转移。近日如北美之坎拿大,日本之北海道,其纬度尤居极北,而政府累载经营,渐归沃衍。矧江省西北为黑龙江、嫩江、额尔古讷河流域,众流萦回,天然水利。至兴安岭一带虽丁户较稀而树木蔽天,足以供农业器械之用,西南蒙古风俗虽异,而牲畜被野,尤便于农户耕种之需。大利何常,要在因时因地通变扩充而已。夫江省以膏流蜜滴之地,埋藏于平沙蔓草之中,不知几何年代矣。有人出任艰巨,兴地利,阜民财,国计以裕,边防以固,直反掌间耳。虽未能手创其成,尤愿目睹其盛。故举事之关于农业录告来者,亦以志有志未逮之憾云。　　11273

纪兴东垦务公司　兴东垦务公司始于光绪三十三年,创办者为广东新会县职商陈国圻。该商向在美国旧金山经营开垦、种植、牧畜等业,至是招集股本十五六万元,禀请领地设立公司,以为之倡,其购地在汤原县治下,北靠烟筒山金矿之地,东临都鲁河,西接梧桐河,南通松花江,背山面水,土沃膏流。三五里间,即有古树一丛,婆娑成列,棋布星罗,实为天然殖民佳地。该公司东北距观音山金厂仅二百里，每年往来金厂采金者约十余万人，均以该公司为逆旅，公司兼设行店。向来金厂工人之粮食、器用专藉吉林省三姓城接济。见可径由公司购买转运，既便价值亦廉。而制成面粉，收获粮食并可由梧桐河口运入松花江，上以销三姓、伯力，下以销哈尔滨等处。据呈预算，开办利益种植项下，计买火力开荒耕割机器全副，连犁耙、收割、车床并耕场、房屋、买马、助耕农具、货物、工食、机器、柴火、杂用、麦种等共银五万七千八百元。以五厘计息，十年可得利银一百三十万元。磨面项下，计买磨面火力机器全副，共银四万元，十年可得利银百余万元。畜牧项下，计买牛马羊若干头，共银一万五千元。以五年为一届，至第三届可得三十六万元。该商等资本较固，可操券者所望各省富商大贾闻风兴起，公司愈多，荒地愈辟，举向之寒沙衰草一变而为绣壤平畴，岂非实边之助乎。11273

纪火犁公司　器械之利用与否与实业发达迟速有至切关系，农业为江省要端，顾土人领地垦辟，率用木犁架牛行之。夫以木犁与火犁较，利钝显见，乃竟以难与图始之锢习，非官中提倡，终不敢轻于尝试。第库储如洗焉，有如此闲款，乃用官商合力振兴之计。于光绪三十三年，订购火犁数具，由公款发给价银转交农务公司招集股本，在讷谟尔河南段收价代垦，并檄东布特哈总管就近督饬。俟有成效，再将官本，分年拨还，陆续购置，俾达营业实边之目的。以江省面积之广，荒芜之多，岂官力所能普及，所期试用尽利。俾农民知其利用，或筹巨款，或立公司，多购火犁，变榛芜而为壤庶有豸乎。　11273－11274

纪森林交涉　东三省林木之茂甲于天下。中俄合办铁路之约成，俄员始以伐木请于前吉林将军延茂将军，不许。乃设木植公司，征其票费，又指定伐木段落，以二道江色勒萨木溪河、辉发河沿江一带为限。而华俄奸商勾串贿嘱，私砍盗卖，弊端不可缕计，交涉之繁，俶落于此。无何铁路公司又商订护养山林草约，部议，以山林多逼铁路，当自筹护养以保利权，若授外人以柄，难免无厌之求。且各地森林与官田、民产、旗属、公田多有毗连，办理不善必致蟉辕丛生，严词驳之。光绪二十九年，俄员复与黑龙江交涉道员周冕私定合同，画界砍木。周冕不察，几堕彀中，幸萨将军拒之于前，程将军驳之于后，不至据为口实。卒之，伐木合同迁延数岁，内烦外务部之磋商，外经数疆吏之争辩，始克就我范围，未始非前车之已覆矣。日俄构衅，两国兵民藉干戈扰攘之际，恣意采伐。日本军队又复设立厂所，抽收军用木材、木把，生计多为攘夺。日员小岛甚至派遣日人沿鸭绿江滨要截木筏，几酿事端。三十一年，中日协约既成，遂有合办鸭绿江右岸采木之议。三十二年，日公使林权助以草案牒外务部，部咨奉天将军派员详勘，复由北洋大臣就近晤商，而日人坚执浑江流域必欲并入界内，所订年限为期尤多，往复争持，终无成议。其后，奉天巡抚唐绍仪奉会同外部与林使集议，世昌协力筹商，函电交驰，阅时数月，始订定合办大纲十三条。复与驻奉日总领事商立详细章程，虽利益为两国平均，而监察之权、巡警之责、课税之征固仍操之自我也。要之三省森林之利久为日俄所交争，惟组织林业公司以绝窥伺之萌，考求栽培善法，以冀滋生之盛，上有好者，下必甚焉，是在乎亟为提倡者。　11274

纪中日合办鸭绿江木植公司。事见外务部奏。此文冗长不录。　11274

纪吉林设立木植公司　将军延茂守吉林时，俄人以构造铁路材木为急，既侦知南山一带佳木葱茏，请于将军，听其沿江刊木，将军以非合同所有拒之。继思吉省木税俸饷攸关，若彼按照市价购诸商人，则合同内固有所需料件免纳各项税厘之语，奸商倘（句）〔勾〕结洋人藉端影射，流弊滋多。于是片陈酌设公司代为经理，以期本省厘饷，藉以维持两国邦交无损睦谊。疏入报可,遂择地吉林省城设立木植公司,抽收票费。所有华俄各商承办铁路料件,皆须先赴公司报明领票,以原价售钱一吊,抽收票费八十文为率。若俄员自行砍伐官山,则视其木之圆径尺寸议值。如俄员佣人伐砍,亦必指明木把何人,包价若干,援照定章纳费领票。此外,无论旗民、商人,凡入山砍木,均按章征费。又,以吉省辽阔兼顾綦难,酌令各城副都统衙门承办处及交涉分局代收,俾臻完密,用意至深远也。然吉省材木不可胜用,无森林专门之学以讲求利用之方,仅于区区厘费间求补救于万一,抑亦末耳。厥后改建行省,各分局悉行裁撤,惟留四合川一处,其木植票费胥报诸税务处直接稽征,亦以省烦苛而归画一也。
11274

纪东清铁路伐木合同　自东清铁路之役兴,凡铁轨所设枕木、汽炉所用木桦,以至为屋宇、为桥梁、为樵薪,莫不取资于材木。而吉江两省冈峦绵渺,林壑阴森,俨然有用之不竭之势,维时两省商民始有经营林业者。铁道所需,率购诸华商之手,俄人固未能把持也。光绪二十九年,铁路俄员请于总办黑龙江铁路交涉事宜道员周冕,拟给陆路,自成吉思汗站至亚克山站铁路两旁长至六百里宽至六十里,水路两段,一为呼兰、纳敏两河各至水源为止,长三百余里、宽一百余里,一为枚林、浓浓两河各至水源为止,长一百七十里、宽七十里。所有界内山林统归铁路公司砍伐,华人不得过问。揣俄员之意,欲尽绝华人生计以餍其(龙)〔垄〕断之谋。周冕辄与公司擅立合同,签押后始告前将军,萨保不许,然亦未能力争也。速程德全莅任,俄员屡拿周冕私订合同来请加印,德全却之,并牒告公司以合同未经将军认可为无效,应作废更议。时值日俄战事未息,俄人方恃强凌轹,未有就议。三十二年,经外务部宣告俄使璞科第,谓从前所订合同,未经中国政府核定,不能执以为据,须由吉江两省将军派员与公司会商,咨部核办。璞使允诺。遂吉吉省遴员前往,会同江省所派道员宋小濂与该公司开议。前吉林将军达桂,令滨江关道杜学瀛往,乃公司视前立合同为已得之权利,不少退让。迭次磋议,未能解决。世昌受事以来,以森林为东省自然之利,岂容拱手让人。况其时将与日人商订木植合同,若不一意坚持,尤虑日人有所藉口。爰令宋林两道竭力与争,多方辩论磋磨,匝岁至三十四年始获就绪。吉江两省先后约立合同十四条,吉省地段曰石头河子,曰高岭子,长八十五里,曰一面坡,宽广均不过二十五里。江省地段曰火燎沟,曰皮洛以,各长不过三十里,宽不过十里,曰沿权林河,由该河汇入松花江之河口溯流而上,长五十里,右岸宽二十里,左岸宽十五里,视木之巨细酌收票费。声明前订合同并所发照票全行作废,案始结。　11274－11275

纪奉天筹办牧养　奉省漠野广阔,(士)〔土〕沃泉甘,水草丰茂,古称游牧最善之地,附近蒙古诸部落尤多恃牧养为生。故虽地居寒带,而皮毛骨角之利向为本省土产大宗。近年垦地日辟,牧地渐少,民间营业畜牧者,鲜有所闻。又,向来畜牧之家于种类遗传绝无考究,任令自为生殖,以故种类愈劣,产额减少,牧业日就衰败。前将军为振兴牧养计,于光绪三十二年,特饬财政局妥议公司章程,招商开办。因商股不能骤集,权发官本以为之倡。经财政局派员勘定镇安县属吴家屯等处地段,计共六万六千余亩以为公司牧地,辟地垦荒,浚河泄水,草创经营,措置匪易,一切办法仅具规模。惟思欧美各国科学日进,于牧政一门,其中管理饲养诸法靡不研究尽善,而于选择佳种、混血改良等事,尤为剖析精微。日本近师其法,成效大著。牧政关系,各国咸视为要图,非商家营业性质汲汲于求利者所能负其责任。况奉省风气未开,商股难集,与其徒有公司之虚名无切实之办法,诚不若改归官办之,易于著手。爰于光绪三十四年,奏请改归官办,添发资本,实力整顿,更定名称为奉天官牧场。先后在侯家垞、独一处、曹家窝铺、王家冈、马家垞、达理岗等处设立分场六所,并在高丽及蒙古哗噜各处陆续采购牛马佳种支配孳生。本年购入欧洲马种六匹,是为该场淘汰马种之始。传种之牛则计高丽种八,蒙古种十四。传种之羊计美利浓种、蒙古种六十二,蒙古山羊种四。此外尚有役用马骡八十七,肉用役用牛二百八十,羊十七,计共有牲畜五百五十九头。见正筹议访购各善良马种,以求繁殖。并于场中附设牧徒传习所,招取各处高等小学毕业生四十名,入所授课,轮流放牧,为实地习练。所有教科即由本场兽医官担任,以为扩充牧政之设备。场中荒地除自行试种各项牧草外,复由关内招募佃户百余人播种各农产,俟成效稍著,即可推行各省,为移民实边之要策也。　11275

纪奉天渔业公司　奉天扼渤海黄海咽喉,渔界海权关系甚大。前将军赵尔巽饬属筹办,诚以奉有沿海岸线自绥中县而东以达旅顺口,北折而至安东县之鸭绿江口止,几及千里。沿海居民以鱼为生者,不可胜数。自旅大二口租借后,海权已与人共,若不力求整顿,必至鱼界被侵,海权日蹙。光绪三十二年,派员往沿海一带妥筹保卫。旋从商人之请,设渔业公司。由公家先出官本五千元为之倡,该商等纠约同志醵股本三万元,附从官本买船置网,先行开办。一面分赴沿海一带调查渔业,邀集渔户、渔船广宣谕告,招徕入股。即以所派之员总理公司,奏准开办。遵照商律,定名为官商合办奉天渔业有限公司。交涉事起,总理去差。继其后者,以案悬未结,颇形观望。佐理商人复以舞弊,为众所讦。三十三、四年间,先后改派委员前往接办,增订章程,续招股份,并请改名为官督商办渔业有限公司。区别营业、保护为两事,凡属捕鱼售鱼一切营业之事归公司办理,官家只任监督保护之责,并奏明改设渔业总局,改定之后,公司纯为商办性质。招集股本三十万元,除购置渔运轮船、机网、电灯,并拟仿行捕鱼新法外,注意于筹设销场、讲求制造、建设学校三大端。盖捕鱼必筹销路,而后渔业可期扩充。奉省各处向有牙纪开设鱼行,苛索特甚,此外各衙门之陋规,各关卡之需索,实为渔业障碍。见准公司于各处分设销售场,核实征收秤用,以七成为兴办水产商船各学校之用。试办年余,渔界亦尚安谧。见正筹设渔业初等小学,招募渔民子弟入学讲求。俟款项稍充即筹设水产讲习所,以研究各项水产之制造。提倡之事公司任之,保护之事官家任之。证之滨海诸国,经营渔业未有不如此者,司其事者,慎勿徒榷其利,而置渔业于不讲也。　11275－11276

纪日人侵扰鲅鱼圈等处渔业　奉省盖平、复州所属之鲅鱼圈、西河套、望海寨、熊岳等处,皆为沿海产鱼之所。每年渔汛夏季最盛,有黄花鱼汛、鲅鱼汛、快鱼汛之分。渔船则以山东烟台、威海一带至者为大宗,土著渔户次之。往者海氛不靖,鱼船恒患海盗。光绪三十二年,始于盖平创设鱼业公司,增置各分局,派镇辽、开海两兵轮巡护之,定章征税,各渔户皆乐输将。讵是年,日人设立清利公司,托辞保护,意在侵利,其时日兵未撤,彼遂借口军用。三十三年,渔业公司总办电告:日人森崎前会、本间锭吉等员,自称远洋渔业团事务员,率领兵轮两艘,兵士数十人,随带渔船驶至鲅鱼圈、西河套、望海寨一带,张贴文告,号召渔户广悬日旗,按船纳捐。渔人慑其威,有向其领旗纳税者。将军赵尔巽以鲅鱼圈等处均系我国领海,日人恃强越境征收渔捐,实属背约妄行。电商前北洋大臣袁世凯,复檄令交涉局,严牒驻奉日吉田总领事禁阻,并要求赔偿一切损害。旋得复文,谓已转奉。伊国外务大臣电覆,亦以该渔业团行为不正,已饬驻金州日员查明办理。赵将军乃檄交涉局再牒日领事,要其克日勒令该日人等一律退出我国领海,并将所收船费如数偿还。无何日领事以渔业公司格杀高景贤一案犹未议结,延宕不覆。始谓此事尚待调查,继复藉口于我公司员弁,对于该渔业团亦有种种暴行，以为抵抗之计。往复争持久而不决，后偕巡抚唐绍怡与日总领事面商办法，反覆辩争。复移牒要其将日人所设关东州远洋渔业团，先行撤退，然后再由两国派员将此案与高景贤等案一并议决。日领事覆文，谓：该渔业团业经一律解散。爰饬交涉司与日领事迭次开议。次年，始将此案暨高景贤案订立条款，和平议结声明。嗣后各渔船、渔牌费由我定章征收，并声明日人所立远洋渔业团自此次解散后，不得再有征收渔税情形。议既定，乃令渔业总局另行厘订章程，将船网费改为牌费，依照旧章，按八成抽收。一面饬交涉司牒告日领事，所有金州租借地内各渔户亦令一律遵章办理。未几，日领事以文致交涉司，谓：所定征收渔税章程尚须减轻，否则租借地内各渔户均在公海内捕鱼，不愿入我国领海。交涉司覆以允将船牌费照章再减二成，倘租借地内各渔户犹不满意，则当禁阻其在我国领海内业渔。四月，据渔业总局报称：见届黄花渔汛，日人突乘船侵入鲅鱼圈一带海面，散放旗照，已经查获其旗上印文仍有远洋团字样，请速向日人查究。复饬交涉司牒日领事严辞诘问，并将所获旗照随文送去。讵日领事先后复文饰词抵赖，坚不承认。七月，以此案紧要关（健）〔键〕全在公海、领海两问题，若不将海线界限确切规定，则领海之内他人亦将指为公海，任意侵越。不独于渔利上受种种障害，其关系我国海权者非浅。其时日人已有定海界三英里以外作为公海之说，因饬渔业总办将沿海渔业情形调查据报。鲅鱼圈一带产鱼之区及网线所经之处，距潮退处均三四十里至四五十里不等。若照三英里核计，则奉天所有渔区均当画归公海，渔业之利既失，领海之权亦隳。况营川左近均属内洋，并非与他国接壤，决无许他人公共之理。考国际公法，两国均有海岸，则海界大率以十海里为衡。亦有仅领三海里者，乃甲国与乙国为邻，中隔一海，海岸相距不宽，通融商定者亦有之。若奉省所属各海西岸为直隶，西南、正南为山东，营口、盖复一带在奉省、直隶、山东以内，四周皆中国口岸，并无他国海岸，今于奉省所属称为公海，是何异在民间墙垣以内寻公行之路乎。且渤海以直隶、山东、奉天为陆岸，南面有旅顺、山东二海股，遥为对峙，为最狭之门户。两间岛屿为我所领，即以潮退三海里为领海而论，四边俱以三海里为我之属，亦与我之内海无异，自当与日人据理力争以保我国领海权限。遂令交涉司与日领事集议磋商，声明公海一层，我国万难承认，并令交涉司暨劝业道与日领事会同商定，将渔业税章公减二成，按照旧章以六成征收，先行试办。嗣后按年考察，酌量增减，惟租借地内之各渔船，须实系华民方准乘汛捕鱼，照章缴税。若非华民，仍不得侵越，以明限制而保主权。　11276－11277

卷三百八十一　实业四　实业考四　农务

宣统元年　东三省总督徐世昌、署黑龙江巡抚周树模奏：江省延边荒务，酌拟变通办法。略称：垦地殖民为筹边第一要义，古人移民塞下，近日东西各国注意荒区。如美于西路，俄于西伯利亚，日于北海道，皆由国家筹拨巨款，设法招徕。既收土广民众之效，兼为开疆拓境之图。江省地广而荒，从前收价放荒多在苏兰、林庆一带。以其地属上腴，道非绝远，因而直东人满之区，奉吉有力之户频年麇集，以东荒为陬区，视迁地为乐土。近则荒段愈远边境愈寒，小民负耒出疆，道路之费倍增，居止之地无著。举凡任荤车牛，庐舍田器之属，繁费滋多，若复照章收价，势必领户裹足，垦辟无期。自非酌量变通，不足招致远人，发挥地利。查江省自呼伦贝尔西境起，越瑷珲、兴东辖境，皆与俄界毗连，除见筹卡伦办法及汤旺河开放外，其余旷地弥望榛芜，无人过问。臣世昌上年奏陈迁民实边，请免输路各费。先从招民入手，即为拓殖边荒之计。又奏陈屯垦，亦声明沿边招垦办法。盖创办兵屯，筹款维艰，开地有限，自应另行遣员招民兼营并进。见在审量情势,非改收费以广招徕,恐民户无由远致。非另定奖章,以示鼓励,恐员司不易激扬。此外,如减路费以利遄行,严限制以杜包揽,选良农以慎安插,速升科以促垦种,均经详细酌核,务期切实可行。谨拟延边招民垦荒五章,共二十四条,缮单呈览。恩饬该省督抚尊办,其派往各省招待员司一切经费,拟由本省各荒段剩存经费项下开支,如有不敷,由正款动用,按年报部列销。 11279

又,料布多参赞大臣溥鋼奏:筹议蒙旗垦务。略称,查前大臣连魁原奏,以设学堂、办屯垦、练巡警、添巡防为四端。会议政务处复奏,内称,科属新疆北部虽称沙漠,沿河处所不无可耕之田。果能化导有方,则兴垦即所以实边,自当切实兴办。奴才到任后,体察乌兰古木、巴雅特二处均为杜尔伯特牧地,已经前大臣连魁派员查明,似宜分别屯垦。此外,如扎哈沁明阿特、额鲁特,尚须详查酌办。惟是蒙古惑于宗教,向以牧养为生,于农政素不讲求。方今时移势殊,兴屯实边事在必行,是以奴才每于接见各蒙官时,即将朝廷怜恤蒙古办垦,实边有裨蒙藩情形,详切化导,容俟蒙众了然于心,胸无疑惧,咸知放弃地利为可惜。彼时或拟照科城旧有之十屯田办法,或另筹变通善策,切实兴办。如此行之以渐,庶无阻滞。否则操之过蹙,恐又蹈绥远办垦群起抗阻之故辙。其办理垦务用人尤须得当,届时应否特派专员,或由科城派人驻办,再行察酌。请旨遵行。照所请行。 11279

又,农工商部等会奏,略称,江省地广人稀,自呼伦贝尔西越爱珲、兴东辖境,边线绵长,计四千余里,弥望榛芜。该督等所请招垦各节,自是为兴利实边起见。应准如拟办理。核阅章程。如慎选良农,严定限止,以及设立招垦处各节,应一并照准。其荒价经费以及升科各节,度支部查汤旺河荒地每晌收经费钱四百文,不收押租。今爱、珲、呼三城沿边招垦,自非一隅之地可比。当经臣部电查,据复,道远费艰,未能先事勘丈,经费尚难预计,是于此项荒地第撮其大略而言。若无论瘠壤腴田,概不收价,只收经费,似未平允,碍难照准。将来是否三城同时并举,抑或分段次第开放,应派员覆勘,示以区别。其每晌所收经费能否足敷各局之用,亦当核实预计,应令该督抚等通盘筹画,详晰奏咨。又,招待处经费,准由该省各荒段剩存项下开支。如有不敷,即以新收经费弥补,不得另动正款。至升科限以三年,系为勤求耕种起见,自应照准。 11279－11280

又,东三省总督徐世昌奏:沥陈东省危迫情形。略称,自日俄以东省为拓殖之地,竭力经营,岁糜巨款。我拥领土之虚名,彼攘主权之实利。臣焦心思虑,勉担巨任,及时稍稍布置。韩俄接壤,水陆交冲,移民数十万。日以保韩为名,咸镜屯营,会宁设轨。我则沿边荒漠,无人民,无道路。爰于呼伦贝尔、爱珲、兴东所属,拟添设民官,安设卡伦,联络国防,护卫行旅。蜂蜜山与俄相隔仅兴凯一湖,盗匪所丛,私垦所集。既奏设蜜山府,以资抚集。而沃野千里,宜招屯垦。复设垦局,招集壮丁,编绳地亩,以为实边之基。欲移民必先筹款,轮车免价,既格于部议。犯罪徒属,又准而未行。因先于嫩江沿岸拨退伍兵丁从事开垦,预算所需更筹推广以期地利日辟。鸭绿江与韩为界,奉之临江,地处极边,韩侨杂错。爰奏设长白府,驻塔甸以相策应。塔甸与惠山隔江而治,阻俄兵窜扰之路,开商民贸易之场,日人乃知我有备也。哲里木盟旗为东省之藩篱,握全局之形势,乃为外人诱惑,假之资财,资其利器。于游历测绘则倍极欢迎,于开放交通,则百端抗阻。因设蒙务局以督理之,还扎萨克图通负之财,而干涉内政。结达尔罕王纠缠之案,而开放闲荒。阻日人之私绘,而时施监督之策。禁俄债之雄心,而代筹治生之款。然两雄逼处。已隐以洮儿河为南北势力之所区分。俄借同教之说,欲以联络盟长者压制全旗。日倡平等之说,欲以噭使愚蒙者自联社会。是非有大支干路,开拓全盟,乌足以破吞并之野心,保屏藩与世守。因拟设洮南道,专为治蒙之计画。并饬蒙务局分往调查,将全旗形势、风俗及外人之所注意,详列图说,以备实地之设施。东省沃野平原,素称农国,乃民间不知发明种殖,又以禁止出口,农失其利,不愿勤获。北地多空而不产麦,以致美国面粉入口甚多,仰给于人甚非计也。臣多方劝导,请求种植。近始知种小麦,收获丰稔,各国多请运售。因弛小麦各粮粟出口之禁,民间获利甚丰。从前黄豆及豆饼仅销日本,去年运售英国者甚多,其他粟、帛、瓜、菽、树株,皆饬改良种植。凡内地外洋所有者,逐渐皆可布种,是农业已立基础,效果昭然。不但富民且可富国,他日大利之兴,必基于此。得旨。原折著钞给锡良阅看。　11280

臣谨案:高明之家,鬼瞰其室,何者。歔歔潭府,栋宇空虚,鬼蜮因而窥伺。况今日之东三省日俄交错,前门拒虎,后门进狼。明目张胆而出之,有不第精气游魂之为变者。推原其故,大抵抚有广土荒凉之域畴,昔视同瓯脱,一旦强邻环逼,亟起抵制,屯田积粟寓兵于农晚矣。然及今不图,后患弥剧。观夫疆臣入告,情辞惶恐,刺人心魄。处百孔千疮之时代,虽有和缓,亦不过收效于万一而已殆哉。　11280

又奏:续放扎萨克蒙荒,援案变通,酌拟章程十三条,一订价,一镇基,一丈法,一放法,一熟户,一留价,一订租,一升科,一税契,一兵饷,一支款,一闲荒,一津贴,试办数月,尚无窒碍,已据报共丈生荒十九万四千余响。　11280

又奏:上年奏陈,酌筹本省旗丁生计,将嫩江迤西省属未经放出之荒,酌留数段作为本省无地官兵生业。旋据委员报称,共勘得可垦地二万二千余响。若按原奏所定地数照拨,不敷甚巨。所有报领未交荒价之地,如再逾限不交,拟即分别撤佃以补官兵生计之不足。11280

又,农工商部奏:酌拟振兴林业办法。略称,林业为实业大端,东西各国皆极力经营。其森林种类,有所谓帝室林,国有林,公有林,私有林,社寺林,部分林者,名目甚繁。而究其为用,不过供用林,保安林二者而已。不禁采伐者,谓之供用,所以供国家与人民之用,而为森林直接之利益。禁采伐者谓之保安。大概于可防风灾飞砂之处则禁之,可防湍流潮水则禁之,可防砂土崩壤雪石颓坠则禁之,可养水源则禁之,可为航路目标则禁之,可供公众卫生则禁之,可为名区风景则禁之,皆所以保国家与人民之安而为森林之间接利益也。各国为此利益,不仅设官立局,又为特布森林法律,特设森林警察,其重视林业也如此。我国古无林业之称,然山虞林衡载在周礼,稽其职掌禁令,与各国大略相同。特自阡陌制开,山泽禁弛,取之无节,养之不时,于是场圃之师仅谈瓜果,田舍之妇但话桑麻,而濯濯童山,遂无复过问者矣。顾其时制作简陋,工艺未兴,材木之用苟焉取给而已。至今日则不然,就臣部最近调查而论,以言供用,则东三省多松、桦、榆、柞,湖南、江西多松、杉、樟、楠,安徽、江南、浙江多松、杉、榉,陕西、四川、云南、贵州多杉、樟、桐、漆,广西多樟、桂、花梨、紫檀,直隶、承德多松,而浙江、安徽、江西又多楮,湖南更多竹。天然之产,不可谓不富。近年各处铁路所需枕木,建屋所需洋松,大都取之外洋。据海关洋木进口税则计之,五六年来递有增加。以税计值,一、二年内洋木输入每岁必在千万以上,则森林之不足供用可见矣。以言保安,则全国中森林较盛者惟东三省,而历来未有水旱疫疠之奇灾亦惟东三省。自中日木植公司之约成,已有旦旦而伐之势。其余各省皆无茂林丛薮,以宣地气、养水源、消炭气,故北方多旱多河患,而南方多疫。近年江北湖南水患尤多,皆于森林关系甚巨,则森林之不足保安又可见矣。臣部于光绪三十一年,曾通咨各省一律讲求种植,并派员前往长白山一带调查森林。复于会同邮传部,遵议铁路条陈折内奏明通行各省,饬属课种,各在案。见在报部有案者,如奉天设森林学堂、种树公所,吉林设木植公司,黑龙江设试办木植局,热河奏筹办林业,喀喇沁设林业公司,直隶、江苏、福建等省设树艺公司,山西设农林学堂。要皆造端伊始,未能遍及。此外,未经咨报省分尚复不少。盖林业为利甚溥,而收效甚迟。若国家无整齐画一之章程,官府无切实营办之责任,而全恃民人自为之能力,则森林之成立必永永无期。臣等公商,拟一面分咨出使大臣,调取各国森林专章,一面由部遴选熟习农务之员,就近派往日本考查造林之法。并拟请旨饬各省将军督抚,将辖境内适于造林之区域与固有天产之森林限期详细查明,备具图说,咨报臣部,再由部订专章,请旨颁行,俾资遵守。　11281

(宣统元年)　又奏:御史赵炳麟奏请推广农林。奉谕:交臣部详定奏办。参阅原奏所陈,自应先从查荒入手,俟各省造齐图册报部,再由臣等定章通咨各将军督抚遵办。嗣因限期将届,未据声覆。奏请,饬各省迅速清查。见在又届年余,除奉天、吉林、黑龙江、河南、广西、甘肃六省造送外,其余各省仍未查覆。臣等筹议,以农林为天地自然之利,富国裕民动关至计,亟应及时推广。而各省地方辽阔,头绪纷繁,调查履勘致稽时日,自亦实在情形。如俟造报完竣再行订章,未免需时过久,兹就业经送部图册,悉心考核。于该省查荒情形,既已略知梗概。举此例,彼余省可约度大凡,自应参酌时宜,于提纲挈领之中,筹执简御繁之计,先订专章,俾资遵守。谨拟推广农林简章二十二条呈览。至于振兴森林造端宏大,当另订办法,合并声明。　11281

又奏:筹办农林要政。略称,臣部开办以来,首以整顿农业广辟利源为要义。光绪二十九年,即有请旨通饬各省振兴农务之奏,嗣后迭经区别土性,调查物产,遴员分往各省考察土货,履勘林业,并令各省商务议员统筹办法,先后奏办农事试验场以资研究,奏订农会章程以示标准,而于各省绅商之禀办农业公司者,莫不优加奖励,量予维持。比年,各省所办农林报部有案者,奉天有农事试验场、农业讲习所、天一垦务公司、森林学堂,吉林、黑龙江有农事试验场、实业学堂、瑞丰农务公司,直隶有高等农业学堂、农事试验场、营田垦务。(下略)11282

又,东三省总督锡良等奏:吉林蜜山府垦务办法。略称,重要者五条:一曰度地。查蜜山东界乌苏里江,南滨兴凯湖,西接绥芬,北通依兰、临江,东南密迩强俄,西阻青沟岭,其间以穆棱河横贯全境。江南起青沟岭所、正定林业公所迄呢吗口,东西长约五百里,南北或百里,或五六十里。河北界挠力河、老岭而接临江、依兰。南北约宽百三四十里,由东北至西南长约七百余里。北段有净荒三四十万晌,垦者约二万。南段有净荒六七十万晌,垦者约四五千。今宜先办其地质、土性,画分区段,何者可置都邑,设屯村,开市场,一一勘定。至地之最腴者,大户多领而未垦。此外混淆冒占亦多,尤宜实行清丈。垦而未领者,令补领,领而未垦者,令即垦。一曰移民。在内地招农民,助以路费画地居之,每名给地四五晌,借以庐舍、籽种、牛马费,由屯而社、而乡。给以防御之器,教以团练之法。三年后补缴荒价,偿还借款,六年后升科。一曰设治。地处边荒,久为官治所不及,户口既繁,须有统属,临湖镜河亟须设治。而呢吗一口,地当冲要,尤须速设专官。一曰分防。积匪聚散无常,必驻兵乃可招垦,且呢吗口对岸见驻俄军逾万人,殊为叵测。故青沟领、呢吗口万不可不厚积兵力。其他沿边及屯垦各区,皆应择要分防。一曰通道。蜜山二千余里在群山之中,若由东南路入境,经途多俄屯留难,西路则贼巢久踞。且沿途山险水阻,所有伐木平道、疏通沟渠、修筑桥梁、开设店舍,皆不容缓。至于滴道山煤矿,久为俄日人觊觎,我不及早经营,丧失将大,此则兴垦务尤

当并筹者也。得旨:著即尽力妥筹,次第兴办,期收实效,毋失事机。度支部知道。　11282
－11283

又,法部尚书戴鸿慈奏,略称,奉命使俄,道经东三省,目击日俄二国之经营,其殖民拓土 实有深思远虑者。若不急为筹备,则后此之措置将穷。今日补救之方要,不外务农讲武。而 已东省兵备粗具,饷需奇绌,度支仰屋,指拨为难,与其罗掘有限之资财,曷若发启无穷之利 赖。愚虑所及厥有二端:一曰垦植之利。查三省垦务业已次第开垦,由各属官荒推及蒙旗, 如奉天之哲里木六旗,吉林之鄂尔罗斯前旗,黑龙江之鄂尔罗斯后旗及杜尔伯特旗等处,均 经先后开放。顾垦务迄无起色者,以放荒者只计荒价多寡,不问垦植兴衰。揽荒者只求 (龙)〔垄〕断居奇,不恤领户艰窘,垦务废弛。职此之由,宜取泰西小农地、大农地之法,变通 而并行之。小农地,就本地蒙民编列户籍,愿为农者计口授地,贷给籽种资粮,宽免赋税徭 役,变榛莽之区为沃饶之壤,数年之间成效可睹,此变通小农地之说也。大农地,直省大资本 家鸠集股本组织移民开垦公司,画给大段生荒徙民往垦,官任保护,明示十年之后始议升科, 办有成效由督抚奏请破格奖励,此变通大农地之说也。由前之说足以格蒙,由后之说足以实 边。是在审地势,察蒙情,区画疆理,明立定章,庶垦务可收实效。东省地大物博,仿古屯田 之法最为适宜,垦务既盛,寓兵于农,移民即以集兵力田,即以供饷可操券也。一曰森林之 利。此次赴俄自入西伯利亚路线以后,沿途森林弥望无际,绵亘数千里,其中以桦木松柏为 多。俄车用薪代煤,轨道两旁积薪如墉。此外若垫路造车驿场庐舍,就地取材用之不竭。我 满洲里以内之境,林木顿疏,凡有制造,转资洋木。利源外溢,所失尤多。宜及时振兴林业, 设森林局遴选贤员督理。其入手办法应先周历履勘,察其地利、辨其土宜。其不宜谷麦者, 即画为森林区域,并绘图贴说,咨会各省督抚明定奖格,劝谕绅商兴办林业公司。凡一切保 护之法,经营之方,皆严立规则,以资遵守。循此办理,可为边境辟一大利源。查内外蒙疆, 除业已开放外,其未经垦辟者,当不下数千余里。土壤膏腴,可耕之地十之六七,其土质较逊 者,亦可区画森林或畜牧之用。若果办理得人,实事求是,立疆圉富强之本,即以杜邻邦窥伺 之谋,所关非细。将来财力稍裕,兴学以迪蒙智,开矿以辟利源,广铁路以利交通,筹兵屯以 资捍卫。凡兹数事皆关要图,应请饬东三省督抚、农工商部、邮传部筹议施行。奉谕:著度支 部、农工商部、邮传部、锡良、程德全、陈昭常、周树模按照所陈各节悉心会商,妥筹具奏,原折 均著钞给阅看。寻农工商部等会奏:东省与内省不同,蒙民与平民尤异,民习于玩,地广而 荒。惟内外合力,先其所急,于垦植、森林二事,查照原奏悉心筹画,随时奏明办理。至垦植 边荒须先灌输资本,银行为资财枢纽,奉天、长春等分银行业经先后奏设,再饬银行监督极力 推广以便流通。又,开辟升科向以成熟与否为断,凡报垦者由督抚等体察情形,宽予升科年 限,用资提倡。东三省派员招民之处,如在轮路交通各地,当饬一律减收半价,发给执照,查 验放行。其移民时期,约以正月至四月为度,每年由该省将执照送部查验,以杜冒滥。
11284

卷三百八十二　实业五　实业考五　农务

(宣统二年) 又,东三省总督锡良等奏:江省地广人稀,上年于扎赉特蒙旗所属之哈拉 火烧地方试办屯垦,采用屯田之法,兼用殖民之方。原为殖边至计,乃开办逾年殊鲜成效。 固由择地不审,用人不当,亦以兵民分途已久,强置身戎行之人作躬耕陇亩之计,实为情所不 便。拟请停止兵丁,改招民佃,以变通为补苴。如果著有成绩,再行扩充,于实塞、殖民两有

裨益。　11287

又，东三省总督锡良奏：奉省筹款招迁旗户，拨地试垦，拟先招百户，暂就安图县内试办。得旨：著先行试办，果有成效，再行奏陈。　11288

又，民政部会奏，议覆：御史赵炳麟奏请移民兴垦。略称，原奏内开，东三省土广人稀，可兴垦牧。请饬京外诸臣筹拨款项，详议移民之法。务使少壮有地可迁，藉收实边大利。等语。民政部查，徙民实边自古已著成效，惟时代不同，情形各异。溯光绪三十二年江北水灾，御史王步瀛、史履晋等奏请，迁民实边。经度支部及两江总督、奉天将军先后议驳。在案。此次所请移民，与前事略近。惟民困愈深则待苏愈急，见就湘鄂等省而论，饥民不下数十百万。若非急筹安插，饥寒所迫流为盗贼，其患不可胜言。但移小数则无裨灾黎，移多数则急需巨款。计由湘鄂至东三省，舟车有费。食宿有费。到地以后，给授牛粮籽种，设置茅棚农具又有费。以程途之远近，日期之多寡，均匀计算，大约移民百万，需银二千万两。况南北气候之差，饥民室家之累，其如何体察民情酌量迁移，应由各督抚详细妥筹，奏明办理。至筹拨款项一节，度支部查东三省地广田沃，烟户过少，自奉天外，吉江两省见在已垦之地实未及十之三四，如能移民兴垦，未始非富庶之原。近年，该督抚屡请招民开垦而不言移民者，诚以招之而至，出于本心，移之而来恐多勉强。即如吉林之双城堡，黑龙江之呼兰迭议移驻京旗屯垦，而或未满原议移驻之数，或将已至之户资遣而归。京中风土之距吉江已较湘鄂为近，情形尚复如此，鄂湘迁民之难，不问可知。臣部悉心酌核，该两省饥民如有愿往东省者，该督抚应仍按招民屯田办法，指明应垦地段，令其前往。如有须用官款之处，准酌量拨借。俟开垦成熟后，酌予年限，令其归还。暂不征收押荒地粮，以示体恤。至客民到边后，亦宜妥筹保护，加意拊循，则内地无业之人，不待招徕而民户自集。　11288

又，东三省总督锡良奏，略称，东三省久成日俄分据之势，近两国协约成立，大局益危。一则合并朝鲜，一则侵占蒙古，均在意中。今虽补救稍迟，然以三省壤地之广，物产之饶，锐意振兴未始无转弱为强之日。伏维积弱之故，首在土旷人稀，吉江两省荒凉尤甚。东南、东北沿边数千里毗连俄、韩，有土地无人民犹自弃也。俄于沿边岁移民数十万，分屯开垦，以荒废之区经营十余年，遂成繁盛。一入我境，荒芜满目，弱肉强食，何以图存。近者日俄两国皆设拓殖司，以大臣领之，权重力宏，实逼处此。亟应设立垦务局，特简大员督办，派员前往内地招垦移民，岁以若干万人为率，分段垦辟，按年进行，内力渐充，乃可制外。无款可筹，惟有议借外债之一法。彼以全力逼我疆土，我亦当以全力经营。如责令东省担任筹借，亦不敢辞。臣拟借外债二千万两，以一半设实业银行，一半移民开垦、开矿、筑路，惟必经政府承认，于合同内声明，始得见信。得旨：外务部，度支部妥议。具奏。　11289

又，东三省总督锡良等奏，略称，江省移民垦荒，惟有因灾移民，令被灾省分就赈抚项下拨给川资，到江以后，一切垦荒费用均由江省垫给，酌分年限收还。本年六月，有湘鄂灾民三千余名飘流至此，当经商定分途遣送。将不愿就垦者分别资遣回籍，其实系农丁携有眷口者，先令其在奉具结，派员向南满东清铁路公司商令减收半价，分起遣送一千三百余名来江。就讷谟尔河官站一带设立招垦行局，以垦务局总其成，并分途雇募匠丁采伐木植，盖房凿井，拟订章程，画清权限。以一千户为限，过一千户另定章程办理，并饬江省民政司指拨金砂变价银四万两，息借官银、号银六万两以资开办。见计编成三百户，预算借款期限须至来年秋成，此款仅能敷用。复与湖广督臣瑞澂迭次电商，移民千户经费共需银三十万两，除东省允垫十万外，余不敷二十万两，应由鄂省官绅各认一半。但期人安其业，乐不思归，则他省人民不待招集，亦肯自来，实于地利、边防均有关系。所有派员设局额定常年经费暨沿途车价、招待用款与在省发给口粮，拟请饬部立案，作正开销。得旨：该督抚等认真筹办。

臣谨案：黑江流域素饶矿产，五谷纵不能及时大稔，而五金之属随在可开，乃二百年来视为石田土人敝屣而弃之，外人肤箧而盗之。以迄于今，日俄侵越岩疆协以谋我，满族既侧身无所，汉民亦裹足不前。尚幸湘鄂督鸿遮集于此，招徕安插，俾得披榛剪棘，共辟穷荒。惜乎，寥寥丁口，一篑之细，难障江河。然从兹他省人民不招自至，并力御侮，犹可以为善国乎。

又，黑龙江巡抚周树模奏：江省各项要政已兴办者不过十之一二，重以强邻逼处，彼此竞争，主权、利权岌岌不保。臣通盘筹画，惟有别筹的款，大兴实业，将垦牧、林矿各政切实兴办，倾全国之力以注重经营，使地利日辟，财用日饶，人民日富，然后推行税法，厚积边储，庶几新政可望推行，财政不虞匮竭。　11290

又，吉林巡抚陈昭常奏：查明水灾冲失林业局木植暨窑厂钱文数目。略称，吉省林业向为商品大宗，本地木商资本微末，不能办此巨业，致弃天然之厚利。升任督臣徐世昌、调任抚臣朱家宝有见及此，特派记名道宋春鳌由官帖局提款二百万千创办林业局，入山砍伐，运省销售。嗣经该道请于省城设总局，于土山、四合川两处设分局。购买火锯机器，修造房屋，雇用工匠入山伐木，计砍巨料五万五千余根，悉存山内未能运出，共需过木本一百余万千。迨设劝业道缺将该局归道管辖，前任道徐鼎康详请将存山之木运出设法售销，间有商帮木植无力运销者，由局酌量收买。将各项木料板片运至省城沿河两岸停泊，并至长春、陶赖昭站等处分销。另由珲春采木，雇轮运销津沽。不料宣统元年六月，霪雨成灾，江水陡发，江边存积官商木植悉数冲没。林业总分各局并火锯厂房屋、绳索、器具同付洪流。当饬劝业道及该局员等添雇人夫，分报寻觅。其时灾民露宿风餐，饥寒交迫，就近将冲来木料板片搭棚栖身，作柴供爨，并有售价以供衣食者。虽经出示禁止，四出搜寻，给价收赎，业已毁失过半，见在找寻清楚收回约在五成五分以上。所有总分三局冲毁大号木植两万七千二百余根，核计木本及火锯厂房屋、器具等项，查照购造原价共合吉钱七十万零七千零四十八千五百零四文。又，该局附设官窑一处，系光绪三十四年，前抚臣朱家宝由官帖局提钱十万千，在林业局附近接兑商窑旧厂，添筑新窑。两年以来，货本周转尚有盈无亏。此次雨水浸灌，坍塌激碎，零落漂没，全厂荡然。事后核计，实值钱七万四千三百零七千二百二十一文，实系被灾损失。据劝业道造册呈请奏咨：查吉省上届奇灾，为百十年来所未有。恳恩俯准，将林业局被水毁失木植、房屋、器具等项价值钱文，以及收赎木料各项费用，官窑厂冲失资本，均准作正开销。　11291

（三年）　又，东三省总督赵尔巽奏：筹办实业，拟从移民垦荒入手。见就奉天省城暂设屯垦总局，为三省移民开垦机关。　11292

又，热河都统溥颋奏：巴林三旗垦务，拟仍责成林西、开鲁两县就近兼办，撤回前派局员，以免纷歧，而资撙节。　11292

吴承洛调查农产志略

（上略）

大豆之产量　吾国为世界产大豆最多之国，全世界之产品百分之七十来自中国，而以东三省为中心。全国之豆产品，几百分之六十五来自东三省。每年输出之大豆、大豆油、大豆饼三项，总有二千七百万担之多，值海关银七千三百万两。兹将近年就日人所作我全国大豆产量表列左：

省别	面积（亩）	收获量（担）	每亩收获量（担）
京兆	九一三．四二一	二六五．八九五	〇．四〇〇
直隶	三．七二五．四三〇	一．七七八．一一五	〇．四七七
奉天	一〇．四八八．五〇七	六．五二五．一四四	〇．六二〇
吉林	一〇．一〇二．二七三	四．七一〇．〇四九	〇．四六六
黑龙江	七．七四〇．一三三	二．七九一．〇〇四	〇．三六六

11293

糖之产量　（上略）　光绪三十二年，东三省总督赵尔巽，因闻日本玉儿大将所谓满洲气候宜于甜菜，拨地试种，是为北方糖业之先河。今山东、山西等省亦种之。最近东三省甜菜之收获量，每年为七十五万担。　11294

烟草之产量　各省均有巨额，就中尤以漳州、兰州、吉林、成都平原、山东潍县一带、江西、广东等处之品质为最著名。漳兰烟草多制皮丝，吉林多制旱烟，成都多制雪茄，潍县一带则均为卷烟之原料，兹将近年各省烟草之耕作面积及收获量列表如左：

省别	耕作面积（亩）	收获量（斤）
京兆	一三．一八三	六五五．〇七五
直隶	一二二．八三七	一七．三八三．一九二
奉天	一一三．九八一	九．四七九．三八四
吉林	四六九．四七九	三八．一三五．一一七
黑龙江	一三八．八八九	二一．八六二．〇九六

（下略）　11294－11295

卷三百八十三　实业六　实业考六　工务

东三省政略纪造纸工业　江省纸料丰富，为工业上最大利源，惜未谙制纸新法，以致有用之材委弃于地。原料可采者若省城东九十里之九道沟，东南三十里之哈拉乌苏迤南之苇子沟，省城北四百余里之北山，西三百里之碾子山等处所产榆皮，省城东北四百余里之哈拉扒山所产椴皮，东南七十里之大小推扒所产乌拉草，皆关造纸原料。光绪三十三年，设北路工业小学堂，分别造纸造碱两科，实地练习。其原料则取材于当地，其制造则取法于东西洋，择材料中成色较优者，制成佳良之纸，而汰其不良之品质为粗用纸。逐渐改良力求进步，就地取材化无用为有用，以本地产出最廉之纸抵抗东西洋，杜外人〔龙〕〔垄〕断之谋，图江省漏卮之塞，利权既不外溢，而人民工业知识亦藉此渐可开通矣。

臣谨案：吾国造纸之法自折竹梢至炙毕，凡更七十二手而始成。详载杨钟义雪桥诗话续集。人工繁琐,售价昂贵,又不能两面印字。外人制以机器既速且精,乘机输入,十余年间,由三百万而增至二千余万,殊足骇人。(海关洋纸进口货表,宣统元年己酉,三百零二万八千四百八十六两,迨丙寅二千七百六十七万八千六百七十五两。)考欧美造纸材料始以棉,继以麻,一千八百六十年发明木料,普通者为桧,为白杨、松树,大都性质松脆,不合建筑之需,其厂胥设在产林之区。美洲全国有七百余家多自造木浆,以供纸料,其出数之多寡视纸质之优劣、厚薄而定。厂之小者约日出二十五吨,(合中国十六担,七十斤。)大者三百五十吨。原料既充,兼利用天然水力,所费尤省。此种木浆造成之纸,每磅成本不过美金二三分耳,中国欲与竞争,材木虽不可胜用,而东三省最为丰富,非开辟森林、利用水力、创大规模之机厂,未易言也。按,中国购用洋纸,当在通商之后。自戊戌变政刷印事业发达,国产供不敷求,于是洋纸用途日增月盛。华纸由内地运各口岸者,每年仅九百六十五万余两,因国人写字向用毛笔,非此不称挥洒,赖以行销耳。尚有一部分消耗于祭祀、敬神所用之黄表白纸纸之用度最繁者,首推报纸及包皮纸。二十年前包装商品均用毛边,今则大小商铺莫不用洋牛皮纸,非无爱国心也,价廉物美不免趋之若鹜。毛边每磅大洋二角六分,牛皮一角五分。目前机制之东洋连史毛边,对于挥毫虽逊,施于刷印则优,倘加研究不难与国产媲美。手工纸业若不从速改良,十年后恐将绝迹,愿国人亟起而图之也。　11305－11306

又,纪富华制糖公司　萝卜制糖之法始于法兰西,近二十年来所产甚盛,占世界糖货十分之六。甘蔗制糖之利,大半为萝卜所夺。江省天时多寒,而萝卜最宜冷地,植于江省为宜。光绪三十四年,奉吉官绅集华股八十万元,在肇州厅、五站地、肇东分防经历所辖之昌五城,土质膏腴最宜种植。其附近月字三井地亩,向尝佃种萝卜,每枚约重四五斤,皮光质脆味极甘芳,以之制糖可抵洋糖之内灌。见已买熟地三千六百四十五晌,盖房二十四间,购机器,聘工师,咨农工商部立案,并准在江省境内专利十年,以为振兴实业者劝。夫糖之为物甚微,而销路甚广。即以东三省中外人民所食之糖计算,每岁需银四百余万两,此皆俄日两国久享利权。该公司所造之糖,就使仅在三省行销,已足挽回利益。若能逐渐推广,内以销天津、上海诸埠,外以销俄国之海参崴、伯力、黑河,其获利之多,当可预决,振兴实业,即所以杜塞漏卮也。　11306

宣统三年　吉林巡抚陈昭常奏:珲春筹办工艺,试放零荒,拨充经费。　11313

卷三百八十五　实业八　实业考八　工务

吴承洛调查各业志略节录

面粉业　光绪二十二年,上海始有英商增裕面粉公司,阜丰继之不久,无锡之保兴,杭州之利用,芜湖之益新,南通之大兴等厂踵起。今国内计有一百三十余所,资本约一千五百万元。东三省小麦之供给,以北满沿中东铁路一带为最盛,南满则出产较稀。哈尔滨为东三省面粉业之中心,其开拓则为俄人。当日俄战争时,哈尔滨及北满各厂所制麦粉都输入俄境,营业遂盛。迨战后,俄国失极东贸易自由制,北满之小麦输入俄境者,一律征税。于是一落千丈,遂渐移于南满,但原料缺乏仍不免仰给于北满。江苏次于东三省,上海见有厂三十余所,为扬子江面粉业之中心,在海外输出实占重要位置。直隶、山东、湖北三省次之。11319

新式制油业　始于光绪二十一年,英商太古洋行于营口设厂,渐及各地。东三省自日俄战后发展尤速,见今新式制油工厂盛行地方为奉天之大连、营口、安东,吉林之哈尔滨,山东之青岛、烟台、济南，直隶之天津，河南之清化镇、周家口，江苏之上海、无锡、镇江、常州、海州、淮安，安徽之阜阳，广东之汕头等处。东三省制油工厂之产品多为大豆油、大豆饼。北满以哈尔滨为中心，附近有旧式油坊一千以上，英德式之新式油厂二十五所。南满以大连为中心，有日人经营之大规模新式制油工厂四五所，国人小规模新式油厂五十所。营口制油业素盛，今为大连取而代之矣。此外青岛、汉口、上海、无锡亦称重要。罂子桐油，我国罕有，用新法制造者，惟洋商之营罂子桐油输出业者，多设有精制厂，将原油设法去其渣滓则成精油。此种厂咸集中于汉口，以该埠为全国最大之罂子桐油聚散中心故也。落花生出产莫多于山东，故油之输出亦以山东为最，每年约占全国总输出四分之一，以青岛为主要输出港，该港新式制油工厂，亦多从事于此项油类之制造。棉子油业多集中于上海、汉口、南通、宁波四处。上海约占全国总额百分之九十五，多为新式制油工厂之产品。　11320

甜菜糖　甘蔗含糖最富，然只宜温暖气候。甜菜含糖富，而性耐寒，故气候寒冷之地可植此以为制砂糖之用。欧美自十九世纪以来，甜菜糖业日重，而我国则成立颇后，沈阳试办成绩良好。我国之有甜菜糖厂，以宣统元年波兰人所设阿什河糖厂及华商之富华公司为滥觞。惟规模均不及日人在沈阳城外所设之南满制糖会社远甚。兹将日人所作南满与欧洲甜菜业国之每亩收获量比较表录之如左：

国别	每亩平均收获量（贯）	国别	每亩平均收获量（贯）
比	八〇.二六	法	六六.五一
瑞典	六九.三六	俄	三七.九五
奥匈	六四.五二	中国	七八.〇〇
德	七八.九六		

附注：每贯约合吾国百两强。　11321

日本南满铁道会社所设之南满制糖株式会社，资本为一千万日元，工场设于奉天车站之西南，出糖十余万担。旋复于铁岭车站附近设分工场，所用甜菜皆中国农民所植。其法由公司先借与耕作资金及种子肥料，至秋收由甜菜价中扣除。见南自鞍山，北至开源南满铁路附属地内栽培甜菜，至五百余村之多，耕作农夫约三千五百余人，栽培面积约广六万亩。新岭新工场成后，又增加面积。此外有该公司自营农场一万一千余亩，种子自德国购入。近年该公司试植满洲本地所产甜菜种，成绩优于德产菜种，已能自供，不复仰给于外国矣。　11321

其他制糖厂　一、呼兰制糖厂成立于宣统元年初，名富华公司，后归官办，改称今名。初以资本未足，未设工场已耗大半，由德商借款五十万卢布，机器费五十万卢布，始设厂开工，以工场作抵。后由奉、吉、黑三省出资赎回，改为官办，因经营不善停工，最近又复开业。该厂面积广二百九十亩，有农场三所，每日可消甜菜根三百五十吨。（下略）高粱酒产在东三省及北京中部诸省，以奉天之牛庄为最著名，故输出亦盛。酿造原料为糯高粱为主要，凡烧酒、烧酎、火酒等均为高粱酒之别名，种类甚多。如汾酒、潞酒均其中之重要者，汾酒原产山西之汾州府，潞酒产潞州府，二者每年输出为额颇巨。高粱酒虽为糯高粱蒸溜而成，有时亦用他种谷类品。以远年为贵，埋在地下二三年者味尤芳冽。自牛庄输出者，不尽为牛庄酿造，不过南满所产以牛庄为聚散中心。南满高粱酒之产额，据美人估计，每年约在一百六十万加仑左右。（下略）　11322

酿造业

（上略）

酒精　凡含糖物均可制酒精，如米、大麦、小麦、玉蜀黍、高粱、马铃薯各种果实皆可为原料。惟我国普通多用谷类，以马铃薯者颇罕，因此非国内丰富之产，东三省产高粱、玉蜀黍，多以二者为原料。其炼糖厂，有以炼糖之渣滓为制酒精之原料者。除东三省、山东外，北京、汉口等处均有酒精厂，制造用新法，有蒸溜机等装置。　11323

新旧丝织业　山东著名茧绸产地为昌邑、栖霞、牟平等县。约共有织机六七千具，每年织茧绸一百余万疋，合全省计算约达一百五十余万疋，占全国总产额百分之八十。惟所用原料，则三分之二来自东三省南部。　11329

麻织业　麻之种类　一、苎麻，产区甚广，湖北、江西、湖南、四川、贵州为最重要。二、火麻，又称大麻，产以西部、北部为主，四川东半部，山西南部，直隶南部，山东济南、衮州，河南南部及东部均多。广西、东三省亦盛。三、茼麻，主要产地为北部诸省及湖北、四川。日本之桐麻，欧洲市场中之美洲黄麻，或中国黄麻均指茼麻而言。四、黄麻，日本名为网麻或金引绪，我国以四川、直隶、广东为最盛。五、亚麻，产以山西、蒙古、湖北、四川、东三省为重要，又称鸦麻，日本为滑胡麻。（下略）　11331

卷三百九十二　实业十五　实业考十五　商务

（宣统二年）　又，东三省总督锡良等奏：东省出产土货以粮豆为大宗，自日俄战后，各国洋行群集采购，尤以日本三井、正金各商为最巨。每值夏秋之交辄以贱值向农民预先订买，并取民人地契作押。冬间粮食涨价不能交货，该洋商等或收没地契，或赴乡追索，纠葛纷纭，屡滋交涉。日久积重，各属田地势将悉归掌握。其用意实与英人设立东印度公司办法相似，贻害大局，实非浅鲜。臣等公商在长春设立农产公司，并会同东三省官银号及吉林官帖局筹集资本，由官付给农民，订明收获时交还粮豆，俾免受洋商预购之害。至各国洋商来东三省购买粮食，即由公司及官银号间接订卖，藉广招徕，并于交涉实多裨益。仍劝导华商集合公司，一俟成立，官府即行停办。

臣谨案：日人之操术狡矣哉。向闻江浙产棉区之老农言，每岁夏秋之交，木棉将登，辄有三井、正金两洋行所雇内地牙商挈金下乡，以贱值向村民预购棉花，订期交货，命曰买空。届时棉值高昂，货不能交，民间有典田产鬻子息以偿欠项者。今观锡督所述，日本在东三省购豆情形，大约即用买空惯技。惟南方都由华商代庖，虽扰闾阎，未酿交涉。北方则迳由日商直接玩弄资户，以契券为质，负款不了，便将田宅没收，是非垂涎我粮豆也，直垂涎我土地耳。民愚则易罹缯缴，民困则甘饵酖毒，厚生正德，有国家者可不于此加之意耶。　11413

清经世文编

《清经世文编》，原名《皇朝经世文编》，清贺长龄、魏源等编，120卷。辑清代顺治至道光以前官方文书、官员奏疏、学者论著、书札等而成，包括学术、治体、吏政、户政、礼政、兵政、刑政和工政八类，下分13个小目。收入654位作者的2236篇文章。所摘录重要史料，足资参考。本书选录的史料选自中华书局1992年版《清经世文编》。

卷二六　户政一　理财上

理财三策疏　乾隆十年

御史　柴潮生

窃惟治天下之要务，惟用人理财两大事。用人者，进君子退小人而已。理财者，使所入足供所出而已。我皇上旰食宵衣，旁求吁俊，用人之际，圣心自有权衡。惟是理财一道，则承平日久，供亿浩繁。损上益下之念，无日不廑于宸衷，而量入为出之规，尚似未筹乎至计。礼曰，财用足，故百志成。若少有窘乏，则蠲征平赋、恤灾厚下之大政，俱不得施。迟之又久，则一切苟且之法随之以起，此非天下之小故也。大学之言理财，曰生、曰食、曰为、曰用，夫生与为，事属乎下者也。今天下之人，皆知致力，上不过董其纲纪而已，食与用权操乎上者也。非通各直省为计，合三十年之通，俾宽然有余不可。顷见台臣请定会计疏内，称每年所入三千六百万，出亦三千六百万，食不可谓寡矣。又，直隶修水利，部臣至请捐道府大员，用不可谓舒矣。臣观往古承平之余，每以乏财为患，其时之议不过曰汰冗兵、省冗员、行节俭。今行伍无虚籍，廪给无枝官，宫府无妄费，是节之无不至也。过此则刻核啬啬矣。唐宋之税粮有上供、有送使、有留州，催科有破分。即明万历以前，征追亦止以八九分为准，至张居正当国，乃以十分考成。今直省钱粮俸饷之外存留至少，而且地丁有耗羡，关税有盈余，盐课有溢额，是取之亦无不至也。过此则为横征暴敛矣。然就今日计之，则所入仅供所出。就异日计之，则所入殆不足供所出。以皇上之仁明，国家之休暇，而不筹一开源节流之法，为万世无弊之方，是为失时。以臣等荷叨厚恩，备官台省，而不能少竭涓埃，协赞远谟，是为负国。虽其事至重，断非矜昧之见所能周悉。然事无有要于此者，固不能默而息也。以臣之计，一曰开边外之屯田以养闲散，一曰给数年之俸饷散遣汉军，一曰改捐监之款项以充公费。三者行，而后良法美意可得而举也。何也，臣闻宋太祖之有天下也，举中国之兵只十六万。至英宗治平年间，至百二十万，国力为之耗竭。神宗思革其弊，于是王安石行保马之法以汰兵，行市易免役之法以生财，而国事已去。明之宗枝不仕不农，仰给宗禄。至中叶以后，乃共篷而居，分饼而食，男四十不得娶，女三十不得嫁。何也，力不足以给之也。今满洲蒙古汉军各有八旗，其丁口之蕃昌，视顺治之时，盖一衍为十，而生计之艰难，视康熙之时，已十不及五。而且仰给于官而不已，局于五百里之内而不使出，则将来上之弊，必如北宋之养兵，下之弊，亦必如有明之宗室。此不可不筹通变者也。臣窃以满洲闲散及汉军八旗，皆宜设法安顿。查沿边一带至奉天等处，多水泉肥美之地。近日廷臣如顾琮等，俱曾请开垦，请遣有干略之大臣前往分道经理。果有可屯之处,特发帑金为之建堡墩、起屋庐,置耕牛农具。令各旗满洲除正身披甲在京当差外,其家之次丁、余丁,力能耕种者,令前往居住。其所耕之田即付为永业,分年扣完工本,此外更不升科。惟令其农隙操演,则数年之后,皆成劲卒,复可资满洲之生计。其逐年发往军台之人,养赡蒙古,徒资糜费,莫若令其分地捐资效力,此后有愿往者,令其陆续前往。此安顿满洲闲散之法也。至汉军八旗,已奉有听其出旗之旨,以定例太拘,有力愿出者,为例所格,例许出者,多无力之人,恐出旗后无以为生,以故散遣寥寥。今请不论其家之出仕与否,概许出旗。其家现任居官者,各给以三年之俸饷,其无居官者,统给以六年之饷银。其家产许之随带,任其自便。盖彼在旗百年,势难徒手而去,若许带家产,又有并给三年、六年之俸饷,将此一项经营,亦可敌每年所给之饷,则贫富各不失所。而五年以后,国帑之节省无穷。即一时不能尽给,分作数年以次散遣,帑藏亦不至大绌。其都统以下、章京以上等官,各按品级,陆续改补绿旗提镇将弁。此安顿汉军之法也。臣又按,耗羡归公者,天下之大利,其在今日,亦天下之大弊也。往者康熙年间,法制宽略,州县于地丁之外,私征火耗,其陋规匿税,亦未尽剔厘,上司于此分肥,京官于此勒索,游客于此染指。分肥则与为蒙蔽,勒索则与为游扬,染指则与交通关说,致贪风未泯,帑庾多亏。自耗羡归公之后,一切弊窦悉涤而清之,是为大利。然向者本出私征,非同经费,其端介有司不肯妄取,上司亦不敢强。其贤且能者,则能以地方之财,办地方之事。故康熙年间之循吏多实绩可纪,而财用亦得流通。自归公之后,民间之输纳比于正供,而丝毫之出纳悉操内部。地丁之公费,除官吏养廉之外,既无余剩。官吏之养廉,除分给幕客家丁之脩脯工资、事上接下之应酬、舆马蔬薪之繁费,此外无余剩。每地方有应行之事、应兴之役,捐己资既苦贫窭,请公帑实非容易。于是督抚止题调属员,便为整顿地方矣,不问其兴利除弊也。州县止料理案牍,便为才具兼优矣,不问农桑教养也。臣不敢泛引,请以近事之确凿有据者言之。足民莫大于垦荒,而广东一省荒田至二万顷,无有过而问也。足民莫大于水利,而西北各省水道,从无疏浚。陕西郑白二渠,昔人云溉田六万顷,今湮塞不及溉百余顷。湖广出米接济东南,而湖岸之堤工,派官派民,究无长策。足民莫大于平粜,而贵粜则时价不得平,贱粜则采买无所出,纷纭议论究无定局也。而他可知矣。此皆由于一丝一忽悉取公帑,有司每办一事,上畏户工二部之驳诘,下畏身家之赔累。但取其事之美观而无实济者,日奔走之以为勤。故曰:此天下之大弊也。夫生民之利有穷,故圣人之法必改。今耗羡归公之法势无可改,惟有为地方别立一公项,俾任事者无财用窘乏之患,而后可课以治效之成。臣请将常平仓储仍照旧例办理,其捐监一项,留充各省之公用。除官俸兵饷之类,照常动用正项。其余若灾伤之有拯恤,孤贫之当养赡,河渠水利之当兴修,贫民开垦之当借给工本,坛庙、祠宇、桥梁、公廨之当修治,采买仓谷之价值不敷,皆于此项动给。以本地之财,供本地之用。如有大役大费则督抚合全省之项而通融之,又有不足,则移邻省之项而协济之。其稽察之权,属之司道,其核减之权,操之督抚,内部不必重加切核。则经费充裕,节目疏阔而地方之实政皆可举行。或疑复采买则谷贵,不知常平之行二千年矣,最为良法。前者采买与收捐并行,又值各省俱有荒歉,赈贷告籴杂然并举,故谷贵。非一常平之买补,可致谷贵也。且捐监一项或银粟兼收,或丰收本色,歉收折色,皆可以调剂常平之不逮也。或疑此项不归正供,有司必多侵蚀浮冒。不知巧黠之夫,虽正供亦能耗蠹,廉谨之士,虽暗昧不敢自欺。设官分职付以人民,只可立法以惩贪,不可因噎而废食。唐人减刘晏之船料而漕运不继,明人以周忱之耗米归为正项,致逋负百出,路多饿莩。大国不可以小道治,善理财者,固不如此也。此捐监之宜充公费也。三法既行,则度支有定。他如关税盐课之溢额，皆可量加裁减，以裕民力。经费有资，则如好善乐施之类，皆可永行停止，以清仕路。民力裕，则教化行，仕路清，则风俗正，教化行，而风俗正。皇上以敬勤之身，总其纲纪，巩固灵长之业，犹泰山而四维之也。臣日夜思维，以为当今之要务，无急于此者。伏乞皇上深留睿虑，并敕公忠有识之大臣详议可否，以渐施行。臣无任激切待命之至。
638－640

卷三五　户政一〇　八旗生计
全地利重根本疏　顺治十四年

吏科给事中　王益朋

　　臣惟时诎举赢难与虑始，然事关重大，贵在开先。始之规模不立，则无以垂奕世而示来兹。臣有一得之愚，可以厚功臣、收地利、明官守、宣教化、重根本、备海防者，敢不为皇上陈之。臣稽载籍，历代建都不一，明洪武都金陵，永乐迁北平，以金陵为南京。虽各功臣随迁于燕，而所赐田产，皆委家人庄头在彼耕种，收获租粮供送本主，原非罄国而迁，置旧都于偏废也。我朝定鼎燕京，则辽阳发祥之地，实犹昔之南京也。自墨勒根王苟且补苴，而陪京规制，阙焉未举。幸皇上亲政，加意根本，悬爵招民，权宜鼓舞。究竟所招不多，生聚无几，开垦未广，名器徒轻。顷见辽阳知府张尚贤招徕不继一疏，有云：去岁自春徂秋，招头绝迹，请敕部设法招徕。或此法难行，更有彼法可通。等语。而部覆以为招民之例，原经会议题定，已属破格鼓舞，无庸再议。臣愚以为，与其悬爵招民应之者少，不如仿明初之制，将辽阳等处田地，酌量分给功臣之家，令其委托家人庄头耕种，收获供送本主。彼之地利既熟而办种必饶，又无烦司农之筹画者。况八旗兵丁，加以连年水患，户部议给涝粮，公私两受亏耗，孰得孰失，明白易见。至于近畿之地圈给八旗，朝廷虽有拨偿，恐难以尽如原数。以臣愚计，莫如即将辽阳所属余地，查数拨补，有力之家，不妨多给。在畿，民无失业之虞，不独无地而有地。在朝廷，鲜抛荒之患，亦可因地而得民。较之今日悬爵招徕，其间容易繁难相去径庭矣。且旗下旧人常言关东土地肥饶，可惜抛荒无人耕种。由此观之，谅亦臣民之所乐行者。此所谓厚功臣、收地利之一也。其陪京旧制，在明朝南京设有文武诸司，而科道纠参之责，部司权关之差，咸得与焉。查洪熙宣德在储位时，亦曾南京监国，不止勋臣留守。今辽既称盛京，则应查照会典，量设部院科道，满汉官员按时修举诸大典礼。至于旧时衙宇似未尽坏，略加修葺，所费不多，所关实大。又，知府张尚贤全辽文运已开一疏内云：辽阳士子遵旨出关，携妻挈子，千里播迁，情尤可悯。较之寄籍在辽之永平生员，视严纶为故纸，畏出关如虎穴，不啻云泥。等语。臣愚以为，士为四民之首，自当遵旨奉法，争先恐后，以风小民。何得藐视法纪，如府臣所云者。伏请皇上严敕，尽令出关，各还故土，勤学力农，一劳永逸。则其亲友相依，携带人口，正自不少。如有直省俊秀人等，愿赴辽试者，许其全家移住，即与田产，入籍应试，每五名一为互结。立法之初，暂宽冒籍之禁，大抵不在本地开科，则人情不肯争相趋赴。于作养士子之中，寓招徕人民之计，此所谓明官守、宣教化之一也。至于辽阳等处，历代以来皆为郡县，明初尽改置卫，止于辽阳开元设安乐、自在二州。我朝初设一府两县，其余各城，俱未建置。见今海贼未歼，风候莫测，有备无患，机要宜详。臣思祖宗陵寝所在，王气攸钟，实为重地。若不预为防维，则滨海地方一旦贼艘飘忽而至，其何以应之。臣愚以为自山海关以东，凡大小卫所城池，俱当建置郡县，设立防守，拱护联属，生聚教养，在此一举。此谓重根本、备海防之一也。抑臣更有请者，前代大小臣工怙过不悛，或调南京，使之砥砺修省，果能悔过仍复调回。今以衙蠹罪犯徙发辽阳，虽亦填实畿辅之一端，然而非法之善也。夫宁古塔、尚阳堡尚可比之前代边远之处，而辽阳左右既属盛京，当如明之应天等处，商贾辐辏，士民乐居，佳丽富饶，斯称天府，岂可使罪人杂处其间哉。且此辈舞文狡猾，其心必异，子孙习染，种类不端，败坏风俗。尤其小者，酿乱思逞，势所必然，更不可不早为区别也。　862 -
863

<h2 style="text-align:center">八旗屯种疏　乾隆五年</h2>

御史　范咸

　　窃惟人生所赖以生者衣食，衣食所恃以足者农桑。故曰：一夫不耕，天下必有受其饥者，一妇不织，天下必有受其寒者。舍农桑而谋生计，其不可以持久也审矣。我国家休养生息，于今百年，户口日繁，生计恒患其绌。而目前所尤宜急筹者，莫若满洲八旗之恒产。盖民生有四，各执厥业，士农工商，皆得以自食其力。而旗人所藉以生计者，上则服官，下则披甲，二者皆取给于大官之钱粮。夫国家之经费有定，户口之滋息无涯，于此而欲博施济众，虽尧舜犹有所不能也。我皇上御极以来，仁恩普遍，欲使天下无一夫不得其所。满洲八旗生计，久已上廑宸衷，而恒产至今未定，盖以内地已乏闲田，而满汉总归一视，其间经画固有甚难者。考之前代，辽之上京、中京，金之北京，元之上都，并在边外。其地郡县甚多，建有城郭宫室，遗迹可考。臣夙夜思维，以今日欲为满洲八旗立恒产，惟有沿边屯田一法。昔赵充国屯兵缘边九郡，后至金城上屯田奏，谓有十二利，其大要在张掖、酒泉等郡边外缮亭障、浚沟渠。春时人予田二十亩，至四月草生，令游兵护田作，于以收肥饶之利，资捍卫之功，广积贮之益，省屯兵之费。其初举朝皆疑之，后竟获其效，此往事甚著者。臣窃思近日甘肃等处，开垦已有成效，而安西一镇孤悬关外，自镇以东，应不乏可耕之地，且闻其处多汉时故城遗址。臣愚昧之见，以为宜特遣能任事不畏难之大臣往行，周视相度，如果有可以经画垦种之处，似宜移在京无业旗人往行屯田。官为给道里籽种之费，俾设法开垦，缓其升科。且令三时务农，一时讲武，将来西北军营不惟可省转运，抑寓兵于农，边防抽调亦甚便也。如以迤西为远，则辽东边外原我国家发祥之地，兴京一处，似宜建为都会，择可垦种之地，派旗人前往驻牧。其余如永吉州、宁古塔、黑龙江幅员不下四五千里，其间地亩或仅设为牧场，或且废为闲田，亦甚可惜。当此全盛之日，正宜不惜一时之劳，以维亿万年之固。至应如何经画如何善后之处，统祈敕下该部及八旗督统详细妥议，具奏。务使旗人之生计有余，而边圉之苞桑永固。此诚因天地自然之利，可为万年不拔之基也。　866 - 867

<h2 style="text-align:center">八旗屯种疏　乾隆六年</h2>

户部侍郎　梁诗正

　　窃惟度支经费，莫大于兵饷之供，惠养深仁，当豫为长久之计。臣奉恩命，简佐农部，详查每年经费出入之数，伏见每岁春秋二拨解部银两，多不过七八百万，少则四五百万不等。而京中各项支销合计一千一二百万，所入不敷所出，比岁皆然。盖因八旗兵饷浩繁，故所出者每多，各省绿旗兵饷日增，故所入者渐少。是兵饷一项，居国用十分之六七。此各项寻常支给，仅免不敷，而设有额外费用，即不免左支右绌也。夫经制有常，固无可裁之额，而养给太众，渐成难继之形。臣管窥之见，有不可不及时斟酌变通者，为我皇上陈之。查八旗人，除各省驻防与近京五百里听其屯种外，余并随旗居住，群聚京师，以示居重驭轻之势。而百年休养,户口众多,无农工商贾之业可执,类皆仰食于官。我皇上至仁如天,虑其资生之不赡,特于正赋俸饷外添设佐领之额,优给养育之粮,免其借扣之银,假以生息之利。且为分置公产,听令认买,拨给地亩,劝谕下屯,凡可为旗人资生计者,无不委曲备至。而旗人之穷乏自若者,不使之自为养,而常欲以官养之,此势有不能者也。臣比年以来,再四为旗人思久远之计。窃谓内地已无闲旷之田,而边塞尚有可耕之土。兴、盛二京实为根本之地,王气所钟,其附近地方,膏腴未尽开辟。钦惟世宗宪皇帝运独见之明,计万世之利,念旗人生齿日繁,而国帑不足以给也,欲于黑龙江、宁古塔等处分拨旗人居住耕种,俾得自为生养。雍正十二、三年间,闻查办已有定议,未及举行。我皇上御极以来,廷臣亦屡有以此条奏者。惟是人情可与乐成,难与虑始在旗人生长辇下,一旦迁至边地,多以为不便。即中外臣工,见事体重大,亦未敢轻主其说,此所以常扞格而不行也。夫人为一身一家之谋,或只顾目前不存远虑,皇上统一宇宙,涵育群生,自当全局运量,筹及万年,岂得因循姑息之计。且国家根本之地,既非诸边塞可与比。而为旗人开乐利之休,亦并未尝使受谪戍之苦。此犹盘庚之诰,可独断于君心,而终以共喻于民心也。若虑事有难行,不及时早为之所,虽现在尚可支给,而数十百年之后,旗户更十倍于今。以有数之钱粮,赡无穷之生齿,使仅取给于额饷之内,则兵弁之关支,不足供闲散之坐食,旗人生计日蹙。而民赋断不可加,国用无可减缩,即竭度支之所入以资养赡,而终苦不敷,不且上下交困乎。且不独此也,待养者众,故无余财以给之。分户者繁,即京师亦无余地以处之。惟有酌派户口,散列边屯,使世享耕牧之利。而以时讲武,兼以充实边防,则蕃衍之余,尽成精锐,陪京增拱卫之势,外藩仰震叠之威。旗人既各有生聚之谋,国帑自无匮乏之虑矣。至沿边地方何处宽衍肥饶,屯田事宜作何经理开垦,与旗人当作何抽拨安顿之法,臣不能悬空详度。伏乞皇上密查旧档,熟计情形,断自宸衷,特敕定议施行。 867 – 868

复原产筹新垦疏 乾隆十年

御史 赫 泰

奏为敬筹复还八旗之原产,试开未垦之闲田,以资兵民万世无穷之业,仰乞睿鉴事。臣窃思,我朝创业东土,统一区夏,以八旗为根本,以四海为室家。四海之众,民也,而八旗之众则兵也。民之所以求安,与兵之所以待养,二者常相需而要之,卫民必先以养兵。国家定鼎以来,布列八旗,分编参佐领为之管辖,犹天下之省郡县为之阶第。八旗之设参佐领亦隐然以一旗为一省,一参领为一府,一佐领为一县矣。每一佐领下所辖不下数十家,每家约计,自数口以至数十口人丁不等。因徒有人丁而无可耕之土,是以一马甲每月给银三两,护军每月给银四两,皆每年给米四十八斛。核其数,则数口之家可以充足。且于京城内外,按其旗分地方赏给房屋,又于近京五百里内拨给地亩,良法美意,何以加兹。但考从前八旗至京之始,以及今日,百有余年,祖孙相继或有六七辈。试取各家谱牒征之,当顺治初年到京之一人,此时几成一族。以彼时所给之房地,养现今之人口,是一分之产而养数倍之人矣。皇上洞悉其故,多方筹画,添设马甲、护军、领催,以及养育兵丁,饷项所须,每年不下数百万。国家恩养八旗,至优至渥,而旗人生计,犹未见充足。故前曾谕八旗大臣各抒己见,为之筹度经营。乃八旗大臣止不过取目前之事,为之渎请。皇上因事关重大,料理诚难,将从容办理,以期尽善,此诚慎终自始之至意。臣愚尝谓八旗恒产之立,必圣天子在位,尽心尽力持之二三十年之久,其事之首尾始可收功。方今宇内清平,四海无事。又值我皇上仁明天纵,且英年践祚。

际此从容闲暇之时，正可次第举行此等经年累月之事。不然，日愈久而人愈增，人愈增而事愈难。以数十万之众，生齿日繁，聚积京师，不农不贾，皆束手待养，岂常策耶。臣再四思维，则清查旗人户籍为先务矣。旗人散处京城内外，皆有档案可稽。先宜查出人口数目实有若干，除现在官员兵丁支领俸项钱粮足资养赡外，其余不能尽养之人，必须立有恒产，始可以为长计。然恒产之立，莫出房地二者而已。查旗人从前原有老圈地亩，与京城内外所有房屋以资养赡者，相沿日久。如房屋一项，或本家遇有急需，措费无所，从而售出者，有之。或因拖欠钱粮，赔偿无力，从而入官者，有之。夫彼此交易，其业犹在旗人。一经入官之后，则由内务府取租，入充公用。即间有将住房卖给旗人者，亦殊寥寥。况又有每旗生息十万帑银，该管之人以为借给旗人恐致拖累，乃多扣分半二分钱典卖房店，以为子息。故京城内外可以取租之房屋，现今为官产者甚多。臣请将八旗之官，现在各旗内务府取租之房屋，彻底清查，酌定官价，或扣俸饷，或定限交银，卖与旗人，则旗房可复原业也。至于在旗地亩，向例不许卖于民间，俱有明禁。因旗人时有急需，称贷无门，不敢显然契卖，乃变名曰老典，其实与卖无二。至今而旗地之在民者，十之五、六矣。故前蒙皇上天恩，交直督清查议赎。去年查明，霸州等五十六州县卫民典老圈旗地仅九千余顷。但在各州县畏事，惟恐赎地一事，纷繁拖累，故奉行不无草率。而民间又未有不欲隐瞒旗地为己恒产者，臣恐八旗老圈地亩典在民间者，未必止于九千余顷。何则，近京五百里之内，大概多系旗地。自康熙二、三十年间，以至今日，陆续典出者多，赎回者少，数十年来，断不止于此数。此次清查即系定案，若少有隐匿，则旗人之产即永为民人之业矣。臣请特派大臣，将户部圈占地亩原册及陆续给旗地亩档案逐一查出。令各该旗按册查封，分交各佐领传唤原业主，询问此项田亩曾否典卖，及已经典卖者，在旗在民共若干亩。其在旗者，令原业主辗转查明现在何旗何人名下为业。其在民者，从前于何年月日典与何人为业。如或年代久远，无从查考及原业主无人，俱照部册开明咨送，以便查核。除在旗地亩毋庸置议外，其在民者，奏派八旗谙练之参佐领前往，会同各该州县将民典旗地逐案查对。如部册之内有坐落该州县地亩，而该州县所造查出旗地数目竟无此项地亩者，即于本州县地丁红串内查对，如系国初以来即在民人名下交纳钱粮者，方系民地。若从前并无红串，忽于康熙年间托故起有红串，而其地亩段又与部册仿佛者，即系隐瞒之旗地无疑矣。如此清查之后，再令八旗大臣会同户部直隶总督详议动项陆续官赎，而令原业主取赎于官，或按限交银，或俸饷分扣。如原业主无人及无项指赎者，即令在旗之人认买。在旗人得地可以取租，在民间出租即仍种地，两无所损。以后，将民典旗地之弊，永行严禁，则从前旗人原有之房地尽归旗人矣。至于八旗生息银两，系世宗宪皇帝为赏给兵丁红白事件之用，故每旗发帑金十万两，交该旗王、大臣酌量经营，一分起息，并非令典买房地，占旗人之恒产，为滋生之策也。查康熙年间宗人府即有生息银两一项，数十年来，滋生者多，拖欠者少，而且利息微薄，便于旗人。嗣后各旗料理生息银两之法，未有善于此者。臣愚以为今日各旗生息银两，俱宜照宗人府之例，亦改为一分起息，借给旗人。所得微息，自足以充赏给之用矣。夫国家之为八旗计长久者，房地两项。今既尽数赎还，而又有历年增添之饷项，所以养赡旗人之策固已无遗议。然而在京之房与近京之地不过止有此数，即使人丁滋生倍众，断不能倍增恒产于前数之外。诚欲为旗人万年之恒计，则莫如开垦沿边地方，使民有可耕之田，为八旗无穷之业。一地两养，尤国家第一之良法也。臣近接阅邸抄，见大学士伯张廷玉等，议覆御史柴潮生奏请开垦奉天等处屯田一折。内称，查沿边一带，先据调任直督孙嘉淦奏称，独石口气候甚寒，不宜五谷，惟独石口外红城子、开平城及张家口外兴和城、北城子可耕之田甚多，约计可驻满兵一万。经特简王公大臣前往彼处详勘妥议，具奏。嗣据奏称，口外地方寒冷，霜降且早，所耕大半皆系穈黍荞麦，耕种五谷者少。即使尽力耕种，不能保其必获。且每年所获，可否足供兵食之处，亦不能预知，其开垦驻兵之处，应请停止。在案。臣查从前孙嘉淦所奏，惟独石口一处气候寒冷不宜五谷，而独石口外北行三十余里即系平原旷野，再五十余里为红城子墙垣，犹在襟山带河，平畴沃衍，再百余里为开平，即元之上都，其间可耕之田，不下数万顷。再，张家口外，西行七十里为兴和城，北行百余里为北城子，川原甚广，一望无际，土脉之肥过于开平，其间可耕之田亦不下数万顷。又云，或疑口外聚集多人，恐于蒙古滋扰。诸城左右，皆各旗王公大臣牧马之厂。今垦为田，恐旗人有所不便。又或疑天寒霜早，恐其难于收获，山少林木，恐其难于柴薪。凡此疑难之处，臣皆遍观而细访之。口外之山，绵亘千余里，名曰大坝，凡坝内之田皆已招民垦种，现在征钱粮。此诸城之地逼近大坝，皆系旗人牧场，于蒙古无涉。旗厂之外乃太仆寺游牧之地，游牧之外乃察哈尔居住之处，察哈尔外乃为扎萨克地方，彼此隔远，无由滋扰。八旗牧场，所占甚大，多有余闲，可以并省。又，游牧之地方数千里，割其一隅即可兑给。至柴薪稍远，未尝缺乏，且坝内诸山，多有产煤之所，若招民开采，自可足用。臣于三月在独石口，草芽未青，十四日在红城子，青草长及一寸，气候可以春耕。开平城外陇亩犹存，碾碓尚在，若非种植，何以有此。兴和气较暖于开平，其为可以耕种无疑也。等语。是孙嘉淦从前所奏开平、兴和等处可耕之地，乃伊巡阅边关亲行相度，不但地方之寒暖、降霜之早晚、谷种之相宜，一一筹画详尽，而且将日用之水火煤薪、旗民之相安、蒙古旗厂之无扰，以及山场之可牧、平原之可猎，皆无不悉心区别而声明矣。而原任大学士伯鄂尔泰等，议谓口外地方寒冷，耕种五谷不能保其必获，请停止。乃系约略慎重之辞，惟恐其见功不易，而耗费殊多，固是利不十不变法之意。然旗人之滋生无穷，国家之帑金有数，沿边既有天地自然之利，与其使之就芜，何若垦之为田。若虑其不能见功，何不聊而小试。如其无益则请停止，如其有益自当另为筹画。惟孙嘉淦从前所奏，料理区别公田民田之法，有不可行者。其曰兴和、开平等处地亩令民人垦种，择其近城之地平方广远者，画为公田，其余皆为民田。每垦民田二顷者，必令垦公田一顷。民田以为世业，公田分给旗人。酌定租粟，加之月给钱粮，则旗人之衣食自益宽裕。等语。盖旗人原不善于陇田，欲开荒地，必得招民佃种。若三顷之中取二顷为民人世业，一顷为旗人公田，不但养旗人之田地无多，且此地既有民业，而旗人又不善于耕种，界址相连易于朦混，不一、二十年之间，民典旗地之风，又与京师五百里之内者无异矣。至于月给钱粮一说，尤不可行。盖钱粮乃国家之经费，自有定额，理宜统天下之所入，通盘而合计之。断无随无限滋生之人数，屡屡增添之理。有此二不可行，则其料理之法，自当别筹。臣请我皇上暂派干略之臣，带领善于稼穑之民，于兴和、开平诸城境内，每处分发数十人，量为开地数顷。如彼处天气之寒暖、地脉之肥沃，相宜种植，实如孙嘉淦从前所奏。行之一年，果有成效，明年将彼处但凡可兴稼穑之地逐一清查。官备牛具籽种，招关内附近居民有愿往彼处耕种者，令其每丁拨给上地五十亩，中地与下地酌量拨给。每一丁作为一牌，每十牌作为一甲，甲编名号，牌编次第，令其相度土脉相宜之谷粟籽种，即兴东作与之分粮。如一年得效，明年可以推广地方，加倍行之。明年又复得效，三年更复广开地亩十倍行之。推而远之，其利无穷。所得之粮，运至关内，平粜于直省歉收之地。所得米价，抵充牛具籽种之公项。行之既久，公项抵清之后，每年所得粮石，平粜于关内，而量积于关外。其粜出粮价，亦存贮彼地。积之数年，可足分拨旗人之后，即动此项银两，在彼地盖造房屋。量彼地之大小，出产之数目，酌定拨兵之多寡。将京师旗人内无恒产之人,陆续拨往驻防,即将彼处地亩,酌量拨给。其愿自行耕种者,听其自便,其不能种植之人,令其佃种于民,分粮食租,以资养赡。如此行之,既有成效,然后将奉天一带可耕之处,亦照此陆续开辟,拨兵居住。使其三时力田,岁晚讲武,散则为农,聚则为兵,不但八旗可图久远生计,而民人赖以资养者亦不可胜数。不一二百年之间,自西至东绵亘数千里,势如长蛇,可以南视九省,北镇诸狄,威扬西陲,势连东土,实天下之屏藩,神京之保障。此亿万斯年之计,千载一时也。　868－871

会筹旗人疏通劝惩四条疏　道光五年

协办大学士　英和

臣等仰邀恩遇,分任八旗,各有教养之责。伏见我朝豢养旗人之恩,至优极渥矣。我皇上御极以来,轸念旗人生计,普加赏赍。复经诸臣节次条奏,如准令屯居种地,添盖官地官房,清查入官地亩,移住双城堡屯田,外官准带族亲随任,诸大政陆续举行。凡可以利益旗人者,无微不至。兹臣等公同悉心筹议,本朝定制,已极完善,但历年久远,后人不能深悉旗人立法之意,往往奉行不善,或苛求过当,应宽而反严,以致束缚而不得疏通。或日久懈弛,应严而反宽,以致姑息而无所惩创。或应画一而反歧视,或应推广而反牵拘。臣等以为师其迹,不若师其意。或立复旧制,或酌合时宜,总期与前人立法之意,相辅相成。庶几可行可久,传之万万世,永无流弊。谨就臣等智虑所及,胪列四条,为我皇上陈之:

一、旗人告假,闲散与兵丁、官员定例原有区别,不应一概严禁也。(中略)

一、犯窃刺字,寡廉鲜耻甘心下贱,销除旗档,宜遵例实力奉行也。(中略)

一、汉军有考职捐职之例,满洲蒙古宜画一办理也。(中略)

一、双城堡屯田经始维艰,宜推广以竟成功也。查双城堡移驻京旗,自将军富俊条奏,经理数年,糜帑数十万两,良非易易。原定每年移驻二百户,查上年移驻五十三户,本年移驻三十六户,总未及一百户。诚恐此后愿往者少,又不便勒派,虚费以前经始之力,致善政无成功,实属可惜。况伯都讷等处亦多可垦之地,如能源源而往,则京师贫苦旗人,既可得有产业资生,而该处以荒僻之区渐成巨镇,实属法良意美。查各旗满洲蒙古原有屯居之例,在数百里外居住百余年、数十年者。道光元年,臣等议覆原任大学士伯麟条奏案内,准令旗人屯居种地,数年以来呈请者尚少。总原有地者,先须自往清查,而告假甚难,回京甚紧,以致如前条所陈,刁奴恶佃藉端挟制,不得自种。今告假之例限既宽,则往查得以自由,嗣后呈请者必众。臣等各饬所属,再将前例剀切申明,如近京并盛京等处有地可种者,准其告假自往清查。如愿自种,准其呈明,迁徙居住,或与原佃之人伙种分粮,或撤出一半自行耕种,仍留一半与原佃种。如此,则旗产可获实利,而民人亦不致失业,以示公平而杜讼端。其地亩久经典卖,力不能赎,无地可种者,臣即饬所属参佐将领,将移住双城堡之利详细开示,谕以尔等贫苦,难以度日,皇上施恩,将双城堡处地亩赏给耕种,尔等并无产业,今得地二顷,又有房屋家具牛种,临行路费,沿途供应,此系何等厚恩。尔等到彼安分种地,可丰衣足食。两年移驻者,现俱有信来京,称为乐土,尔等何尚犹疑。况现在奏准一切不安本分之人将来滋事,俱照乾隆年间例,销除旗档。尔等若有不安分者,傥被参佐领查出送部销档,岂不后悔。今将利害明白宣示,刊成谕单,将家无产业,年已成丁之闲散,并三两以下钱粮实在贫苦之人逐户谕知。嗣后每年移驻,务期足敷原奏二百户之数,如有多者,陆续分年移驻。仍令每年将移驻数目,先期行知,该将军预为办理。如此,则善政可告成功,旗人永叨乐利之福。而双城堡地亩房间帑项,均归实用,藉人以尽地利,即藉地利以养人。我国家亿万斯年,户口日增,土地亦日辟。此则旧例之必应推广,而两有益者也。

以上四条俱系遵循旧例之意,将后人奉行不当之处,或力复旧制,或酌合时宜,实于旗人大有裨益。缕悉敷陈,如蒙俞允,由值年旗移咨各该衙门,遵照实力奉行,以仰副我皇上惠爱旗仆,有加无已之至意。　877—880

卷三十五　户政　八旗生计
上奉天府尹论逃人书

御史　郝浴

自公祖先生历事以来,开济于满汉衙门,权衡于官民经制,有体有裁,中情中理,故上下贴服。如改民一事,旧任张佟诸公,为民力请而朝议未允。今得谐于福曜之一日,是斯民获更生于仁人之手也。从此广学官、开乡选以蓄其经术,资其进取;旌孝行、锡耆爵以睦其宗邻,厚其风俗。民将不招不徙而自致,此真贤人君子之心,而公祖先生之任也。比闻有以勾逃之说进者,欲严立科条以待之。窃恐传闻之误,而公祖先生未必肯创向来未有之例,以加于今日既宽之人也。且招民之中去者尽多,未闻勾摄,何独至于新民而及之乎。况中有至情,有补于法而无碍于国,不敢不委屈以相告。念此属罪徙天外,辖以佐领,或有一二只身无赖之民,官不能谋其生聚,己不能救其饥寒,不逃则坐以待毙,名为逃法其实逃死。虽就食他方,实难回本籍。即以其名贯报督捕勾之,徒骚扰其州县而已矣,剥销其乡里而已矣,系累其亲戚而已矣,顾安所得其人乎。一有片纸之投,便贻一路之害。至于托身有籍之人,偶或探亲变产,自求生理,则不旋踵而返,既不忍于此弃其家室,又不敢于被累其父母。非惟情不忍逃,亦势不容逃。在民情之可原。如此以言夫官于从前之逃不加少,在将军佐领未尝以此受过,而向后之逃不加多,在有司佐贰,何至以此引咎,而官职之无碍又如此。总之,以民情论,无赖之人虽勾之而莫得,有籍之家虽不勾而自来,是科条不必立也。无赖必逃之人,虽勾之而终不能禁其不逃,而有籍不逃之人,乃一勾之而反迫之以不得不逃。何也,守此则无以资生,控彼则难以入里,又坐成待毙之局,非迫之以不顾一切而逃乎。是立科条,不如不立科条之为愈也。以官职论,不立科条则尚可如佐领养晦,一立科条反立刻来有司之责成。即以朝廷论,赦之改民,本所以宽恤之也。痛念待罪于身,犹感宁家归狱之恩。而解网之后,反生画地为牢之怨。是不立科条不但下不病民,而且上不病官。一立科条,不但下以病民,而且上至病官,而又病国也。何所利而为之乎。况公祖先生,中朝雅望,在处为霖,不过赞守留京。不久当高跻崇班,或申明部务,或厘剔宪纲,为国家争大是大非,以造万方之福,区区劳民,何足以烦硕画。　882—883

卷八〇　兵政一一　塞防上
根本形势疏　顺治十八年

奉天府尹　张尚贤

窃惟天下大势,京都者,犹人之腹心。盛京者,犹木之根本也。今腹心久已壮实,根本尚然空虚。臣绘图进呈,为国家久远之计,若及时料理,民虽稀少尚可招聚,地虽荒敝尚可垦辟,各处城池虽已倾毁尚可经营。如迁延岁月,民不抚绥则愈少,地不料理则愈荒,城池不照管则愈毁,非所以壮根本而图长久也。臣叨任奉天,在辽言辽,请备陈盛京之形势。自兴京至于山海关,东西千余里,开原至金州,南北亦千余里,又有河东、河西之分。以外而言,河东北起开原,由西南至黄泥洼、牛庄,乃明季昔日边防。自牛庄由三岔河南至盖州、复州、金州、旅顺转而东至红嘴、归复、黄骨岛、凤凰城、镇江、鸭绿江口,皆明季昔日海防,此河东边海之大略也。河西自山海关以东,至中前所、前卫、后所、沙河、宁远、连山、塔山、杏山、松山、锦州、大凌河,北面皆边,南面皆海,所谓一条边耳。独广宁一城,南至闾阳驿、拾山站、右屯卫海口,相去百余里。北至我朝新插之边,相去数十里。东至盘山驿、高平沙岭以至三岔河之马圈。此河西边海之大略也。合河东河西之边海以观之,黄沙满目,一望荒凉。傥有奸贼暴发,海寇突至,猝难捍御,此外患之可虑者也。以内而言,河东城堡虽多,皆成荒土。独奉天、辽阳、海城三处,稍成府县之规。而辽、海两县仍无城池。如盖州、凤凰城、金州不过数百人。铁岭、抚顺唯有流徒诸人,不能耕种,又无生聚,只身者逃去大半,略有家口者仅老死此地,实无益于地方。此河东腹里之大略也。河西城堡更多,人民稀少。独宁远、锦州、广宁人民辏集。仅有佐领一员,不知料理地方何如,此河西腹里之大略也。合河东河西之腹里以观之,荒城废堡,败瓦颓垣,沃野千里,有土无人,全无可恃,此内忧之甚者也。臣朝夕思忖,欲弭外患,必当筹画堤防,欲消内忧,必当充实根本,万年长策不可不早为之图。是以敬陈愚虑,伏祈睿鉴。　1965

卷九三　刑政四　治狱上

请省释难民疏　嘉庆四年

御史　马履泰

窃照逆匪聚众不法,假息游魂已逾三载。自叠奏凯音,扫穴藏功,事在指顾。恭绎圣训:尚以剿抚并用为机宜,以绥辑难民为切要。仰见仁恩普被,中外臣民,不胜钦服之至。惟查向来办理教匪章程,凡习教传徒从贼助逆之犯,立予骈诛。其习教而未传徒,从贼而未助逆,发黑龙江给索伦达呼尔为奴。各在案。臣愚以为邪教人犯,皆能诵习经咒,虽未传徒,终虞煽惑,允宜远遣,以杜事端。至于教匪焚掠之处,无不驱迫平民,供其役使。间有不甘从逆,乘空逃出者,未及自首已被官役拿获。迨经讯明,既非邪教又非助贼抗拒官兵,亦发往黑龙江为奴。二、三年来,皆如此办理。臣曾任刑部郎中承办此案,查阅有出门探亲被掳者,有避难不及裹去者,有贸易遇贼胁从者,有妇人夫被贼戕身因躲避得脱者,均一经盘获,发遣为奴。伏思该犯等既未习教,即是良民。家被焚荡,身遭驱掠,即是难民。幸而挺身走归,获睹天日。不蒙轸恤,乃与逆案缘坐及身习邪教等犯,一概同罹重罪,核其情节,深可悯怜。可否仰恩敕下该省之督抚,自后凡遇拿获逆犯,果审讯明确,并无习教助逆情事,无庸拘泥章程,一概停其发遣,妥为安插。其从前已经发遣者,并望饬令刑部详晰查明,准其释免。并请即将胁从罔治之实政,颁发谕旨,刊刷誊黄,在贼附近处所,广为晓示。俾知从贼人犯业已发遣,如廖瑄甫等男妇若干名,且得蒙恩追回释放,安居复业,尚复何畏何疑,不早投出,坐待歼戮,玉石俱焚。窃以人心莫不欲去危就安,贼党闻风,必能革面洗心,争先效顺,似亦散解羽翼之法。　2302-2303

皇清奏议

《皇清奏议》不分卷，系清魏裔介等奏议，《中国古籍善本书目》史部诏令奏议类著录，为孤本。全书共收奏议220余条，时间分为两个阶段：康熙元年至五十六年、嘉庆十一年至二十三年。内容涉及：修章立典，文武兼制，用人之道；表扬忠义，崇尚节俭；兴修水利，疏浚河湖，抚绥灾黎；清吏治，彰公道，重民生，严惩贪虐官吏，严禁额外苛征，严禁漕务积弊，清理刑狱等。反映了清朝初期、中期的时政、时弊及社会发展状况，可为研究清史提供宝贵的资料。本书选录的资料均取自罗振玉等编辑由全国图书馆古籍文献缩微复制中心2004年3月出版的《皇清奏议》。

陈时政疏　嘉庆十二年

牟昌裕

掌云南道监察御史臣牟昌裕跪奏：为敬陈管见仰祈圣鉴事。窃臣仰窥皇上御极以来，敬天法祖，宵旰勤劳，一日万（几）〔机〕，庶政修举。百官万民，无不感激深仁，沾被厚泽矣。迩者畿辅近地，偶愆雨泽。圣心焦劳，尤倍常时。现今特奉谕旨，著于五城地方减粜平价。仰见我皇上痌瘝念切，实欲使天下无一夫不得其所。大小臣工共见共闻，理应上体圣主忧劳之意，下竭臣子愚昧之私，期裨高深，冀襄盛治。臣备职言官，敬就管见所及，于时政有关系者，胪陈四条，敬呈御览。

一、请弛盛京闭粜之禁以裕民食也。查关东一带地方土厚水深，所出各色粮石，不但直隶、山东仰其接济，并河南、山西、陕西等省，均资流通，借裕食用。上年秋冬，东省偶逢歉收，经该省将军奏请暂行禁粜，俟今年秋收丰稔为止。奉旨。准行。查彼时直隶年景尚属中，岁留该省之粮，养育本处百姓，诚维持邦本之道。惟直隶各府县，自上年秋后，经冬历春，雨雪稀少，近值雨泽未沾，麦收歉薄，青黄不接之时，与上年秋冬情形迥不相同。臣闻天津一县，向来以商贩东省粮石营生者，每岁约船六百余只，每船往返各四五次或五六次不等。不但船户借以养生，沿海贫民以搬运粮石生活者不下数万人。天津地非膏沃，岁出粮石原不足以供地方之用。况上年收成单薄，本年又乏麦秋，刻下京内米价，每石比春间已昂至十分之五。现在米禁綦严，仓米不能流转民间。闻通州米价，春初每石制钱二千五百余文，目下昂至五千四五百文至六千余文不等。直隶各处情形，可以想见。而关东禁粜如故。现距秋收尚远，臣恐直省百姓望岁之殷，数倍于东省也。且天津粮船于东省贩买米石，向在锦、盖、复、宁等州，而边外之粟得以展转出卖，获有善价，亦大便利。上岁东省收成虽逊常年，而边外积粟蓄贮尚多，一经闭粜，其出卖于东省有限，而积存于关外者，求售不得致成朽腐。不惟无以济接直隶等省，甚不便于关外也。应请旨饬下直隶总督会同盛京将军，就两省现在情形详细酌筹，暂弛禁粜，以平粮价，以裕民食，则直隶各处之至便也。（下略）　823－829

禁关外流民私垦疏　嘉庆十五年

文　干　松　筷　赛冲阿

大理寺少卿文干、内阁侍读学士松筷、吉林将军赛冲阿跪奏：为遵旨会同查勘流民并酌拟章程仰祈圣鉴事。窃臣文干、松筷于七月十九日，接准军机大臣字寄，钦奉上谕：赛冲阿奏，查明阿勒楚喀、拉林等处流民数目，恳请入丁一折。据称，流民于初到之时，驱之甚易，于住定后，逐之甚难，此言竟成套语。流民初到若果易于驱逐，何至近来各该处又复聚集多人。可见驱逐亦系具文，不过此散彼聚。一经驻足人数众多，租种地亩衣食相安，不肯迁移势所必致。与其事后查逐纷纷滋扰，莫若杜其来源，使口内之民不复踵至为妥。著文干、松筷于参务办竣后，会同赛冲阿亲往该处查勘。现在流民户口究有若干，应否入名纳丁就近安插，并将各关隘如何，具奏，候旨遵行。至另片奏，伯都讷流民陆续奏报，共约有数千户之多，并著文干、松筷会同赛冲阿再行确查，具奏。臣等遵于查办宁古塔多收参余银两案结后，驰抵伯都讷、阿勒楚喀、拉林适中之孤榆林地方，会同臣赛冲阿查办。臣等伏查定例，各该处流民聚集，该管官处分綦严。诚以伯都讷等处皆属旗地，若任听流民私垦，将来旗人孳生蕃衍转致无地可种，何以为养赡之资。此流民之不可不严禁者一也。关外旗人风俗素称淳朴，而所谓流民者，率皆游荡失业之人，若任听出关逼处，则习染必多庞杂，此流民之不可不严禁者二也。阿勒楚喀、拉林地方，乾隆年间将在京闲散满洲旗人移住该处，屯种地亩，令其务农。良法美意，洵宜永远遵守。若任听流民聚集，则旗人势必雇人种地不复习勤，渐且将地亩租给民人，典给民人，不惟不能务农并失资生之恒产。此流民之不可不严禁者三也。再，伯都讷西北一带与蒙古地界相连，流民等始而承种蒙古地亩，继因蒙古租重，此地租轻，遂相率而舍彼就此。若蒙古田租不稍减，此地且不稍增，年复一年，将来蒙古地亩且虑无人承种，殊非所以，上副我皇上体恤蒙古准其开垦地亩之至意。此流民不可不严禁者四也。伯都讷等处附近山场，多系采办蜂蜜、松子之所。若任听流民居住，势必偷砍木植，架屋作薪，斧斤侵夺于禁山，亦有关系。此流民之不可不严禁者五也。或谓民种旗地不分畛域，所以示大公，不知民人既可贸易营利于四方，又可占种地亩于关外，而旗人限于地界，断不能往各省占种民田。二者相形，亦不免偏枯之虑。此流民之不可不从容筹办，设法严禁者六也。臣文干、松筷窃谓流民聚集，自以驱逐为正办。乃历年来该管将军、副都统等不以为事，漫无觉察，致流民聚集共有数千户之多。臣赛冲阿所以有驱逐甚难之议，而为入册纳丁之请。如蒙皇上恩格外俯允臣赛冲阿所奏，安插流民，则区别之法不可不详，约束之法不可不密，而杜绝流民踵至之法尤不可不严。臣文干、松筷勉竭笲窥，酌议应办各事宜，与臣赛冲阿再四熟商，分条胪列进呈，伏候钦定。

一、安插流民宜详加区别以昭公允也。查伯都讷新集流民人数甚众，而应行安插与否情形亦有不同。如该民老弱相依，聚族而处，业以开垦地亩，藉资糊口，若遽绳之以法，情殊可悯，似宜邀法外之仁。如该民父母妻孥尚在本籍并未同来，则是有家可归，自宜谕令旋里。又如该民原系商贾，在此贸易，一家数人内，分身占种地亩，两利兼收。此等冒为流民，实非贫乏，应著落该管官严行查办，不准混入丁册。又如该民本不安分，迁移到此，恃强多占地亩，迹涉兼并。是为莠民，岂容姑息，亟宜从严惩治驱逐出境，毋任停留，致贻善良之累。如此区别处置，庶逐者不生怨望，而纳丁入册者，亦可永获安居矣。至从前入册陈民生齿日繁，另户居住固所不禁，但既有旧垦地面，应不准复占新地，致滋影射之弊。

一、伯都讷流民户口日众，宜添设理事同知以资治理也。查阿勒楚喀、拉林新旧民人为数无几，该管副都统等易于约束。惟伯都讷地方辽阔，流民最多，征收钱粮、管理词讼，非专设地方官，不能办理妥协。应请仿照吉林之例，添设理事同知一员，驻扎伯都讷。将向设理藩院委署主事裁撤，其原住公厅即可作为同知衙署。凡刑钱税务及旗民交涉事件，均责成该厅管理。至监狱捕务亦关紧要，并添设巡检一员与该厅同驻本城，各专职守。其新设同知一缺，事务殷繁，且当查办流民，必须（暗）〔谙〕习吏治明白晓事人员，始堪胜任。应请敕下吏部，或于满洲蒙古现在州县，曾膺保荐应升人员内，论俸升转，或行取到部，带领引见，补放一员于初设要缺，可期有益。

一、民人占种地亩宜随时裁撤以示严惩也。查直隶、山东民人流集伯都讷等处，原图占种地亩，尺寸必争，每致彼此相侵，经手涉讼。应令该管官秉公判断，理直者，准其照常管业，理曲者，除按其情节轻重，照例治罪驱逐，并追地亩入官。又，如业经安插之人，或复归本籍，或迁徙他往，别营生理，将此处垦熟地亩私行典卖，亦应查追地亩入官。其私行置卖地亩者，既折价本，已足示惩，不必治罪。若恃有资本，私行置买他人地亩，雇人耕种牟利者，一经查出，地亩入官，并将私行典卖之人驱逐示惩。此外，民人田产如本户已绝，不准同族同乡人等私自承种，概行入官。凡入官地亩，应查实在贫乏旗人，情愿亲身种地者，约拨承种。每年有无如此办理之案，应由将军衙门于年终汇题，并造具清单报部。

一、民人新开地亩宜照例加征以符科则也。查例载，吉林等处陈民，按上、中、下三则，银米各半征收。上则征银地每亩征银三分、中地征银二分、下地征银一分。征米地，上地每亩六升六合、中地四升四合、下地二升二合。后因流民愈积愈多，又议新民私垦地亩，不分上、中、下，一律增额，银米并征。每亩征银八分，征米四合四勺二抄五撮，米俱折银交纳。诚以小民趋利若鹜，俾知新地租赋增重，无利可图，亦杜绝流民占种之一法。今经查出伯都讷流民集众又有数千户，傥准纳丁入册，其新垦地亩应由将军、副都统督率官属逐细勘丈，册报户部，并比照成例加增定额之处，应请敕交户部核议办理。

一、附近禁山地方议酌量添设卡伦，以防私垦也。查伯都讷东南一带山林，系采办蜂蜜、松塔处所，例应禁止旗民人等开垦地亩。近年稽查疏懈，致有流民私行占垦，侵越旧设封堆。经秀林奏明，将旧设封堆向内那移，复新设封堆于山麓。若再任民侵占，于禁山殊有关碍，并恐采办蜂蜜、松塔官课有亏。应由将军、副都统等，酌量形势添设卡伦，每座派官一员、兵十名，严查民人侵种地亩及偷砍木植等事，犯者立即拿送究办。将该民封堆外垦熟之地，赏给坐卡官兵承种，俾资贴补口粮，并将犯民驱逐，毋稍宽贷。

一、阿勒楚喀、拉林旗地宜严禁蒙民代种，以敦风俗也。查阿勒楚喀、拉林二处，于乾隆九年、十年并二十一、三、四等年，将在京闲散满洲，陆续移驻该处习劳务农，例不准将地亩招民代种。原欲旗人身亲劳吮，俾知稼穑艰难，不忘本业。近来流民渐集，旗人中勤苦力穑亲身耕种者固多，而藉词力薄雇民承佃者亦复不少。若不及时整顿，将来年复一年，势必群起效尤，于满洲淳朴风俗大有关系。除现在查出流民，照例令其入丁不准占地外，嗣后应责成将军、副都统等，于每岁春耕伊始按户详查，如有民人代种，甚或私典地亩与民人，管业一经查出，将该民人治罪驱逐，并将私典地亩之旗人严惩示儆，追出地亩，交还旗人本身耕种。庶旗人学农之地，不致民人占据，而良法美意，嘉惠无穷矣。

一、禁绝流民宜严查关隘，以杜私越也。查民人携眷出关与商贾形迹原自不同，易于觉察。诚如圣谕，与其事后查逐，纷纷滋扰，莫若杜其来源，使口内之民不复踵至为妥。则各关隘之查禁最为紧要，不可不严。现在吉林、伯都讷等处流民籍隶直隶、山东等省，其来路必从奉天所属各关及直隶所属八沟、塔子沟等处经过。应请敕交该管将军、督抚，严饬各管关口之地方官等，凡遇携眷流民，不准放出一名。其吉林所属布尔图库、赫尔苏、伊通、巴彦鄂佛洛四边门，俱应一体严查。又，蒙古种地民人，每因蒙古租重此地租轻，越界来集。所有吉林所属长春堡及伯都讷西北界、阿勒楚喀北界，均与蒙古地毗连，亦应严密稽察，毋任潜越。再，流民籍隶山东者，每多航海至奉天所属金、复、海、盖四州县，登岸绕走，出威远堡，至吉林等地方。应令奉天、山东各海口地方官，严行查禁。庶来踪杜绝，可免流民踵至之弊。傥经此次饬禁之后，各关口仍视为具文，将来再有流民讯明自何处放过，即将该管官严定处分，请旨，交部核议。

一、管界官员与新设理事厅，宜实力稽察流民，以防渐集也。查，流民出口以前，责在关隘查禁之密，流民聚集之处，责在地方查逐之严。即如伯都讷等处数千户之流民，断无一拥而至之理。当其陆续入界，或数人或数十人，如果界官实力严查何难，督率兵丁立行逐去，纵使潜入界内，若无乡约人等得贿容留，岂惟无地可耕，抑且势难驻足。嗣后乡约应归同知管束，自应责成该厅严饬巡防，并力行保甲之法。一有流民新到，即陈民新族亦不能任其栖止。傥仍前疏懈，以致聚集多人，一经查出，即将该管界官禀明上司参处，乡约分别有无贿纵，责革治罪。并将容留栖止之陈民递解回籍，交官严管，不准再出。如界官及理事厅均漫无觉察，经该管上司查出，将界官同知一并参处，请旨交部，从严定议。　1087－1110

清理蒙民地亩疏　嘉庆十六年

毓　秀

热河都统臣毓秀跪奏：为清理地亩以期蒙民相安仰祈圣鉴事。窃臣蒙皇上天恩，补授热河都统，专理蒙民交涉事件。所有应行查办事宜，业经钞录原议章程，通行所属理事司员州县等遵照办理。在案。惟查蒙民争讼案件，多有地亩起衅，缘出口贫民见有平衍之地可以耕种，遂与蒙古等私商，略出租钱立约开垦，秋收得有籽粒，微可糊口，因而年复一年开垦渐多。历年久远，出口之民闻风而至，愈集愈众。在蒙古等，争先出写得受押荒银钱，希图渔利。间有租地民人或认少垦多，欺隐顷亩，或抗租不交，影射私种。该蒙古等，或先租荒厂，及民人垦种承熟，复又反悔退租呈报撵逐，情节多端。其争讼之由，多出于此。内有敖汉一旗牧厂，周围六百余里，俱系公中之地，蒙古台吉等各未分受。有出口流民情愿租垦者，该蒙古等因系公中牧厂，均各有分，是以狡猾者争先出写得受押荒银钱，希图利己。更有刁黠者，因思此系公厂，均可出名利与民人，以致一地两写，重复立约。而本分蒙古，亦间有未将牧厂出写者。民户既多良莠不一，本分之民以耕种为业，每年情愿照约交租。有奸猾刁民总揽总写，蒙古地亩又复自行转给散户分种，所得散户押租几倍，一经得利远飏而去。散户与众蒙古未经觌面言明地界四至以及地租多寡，不无争执。是以敖汉旗之争讼，较甚于别旗也。臣悉心体访，敖汉蒙古地已租出，生计日薄。若令蒙古将所得民人押租银钱全行退还，收回地亩，仍为牧厂，蒙古无力，断难归楚。且有写地得租之蒙古早经身故，若必辗转查追又无着落，徒多纷扰，兼恐别滋事端。在民人垦种有年，聚处已久。今蒙古既无力退还押租，民人穷苦眷口众多，一时委难迁移。此时欲期蒙民相安，必须妥为筹酌。臣愚昧之见所及，惟有饬交各理事司员及各州县先行出示晓谕，令租地民人，自执原立租约向蒙古换立印照，呈明地方官登记档册,并令饬知蒙古不得揑勒刁难妄请驱逐,庶免民人影射私垦及蒙古重复租当等弊,永杜争端。如有民人抗不换约强行占种者,即令报明地方官,押令退地驱逐回籍。若有不法之徒潜匿境内,滋生事端,著地方官严拿,按例治罪。仍饬令理事司员州县各该盟长扎萨克等遵照原议章程,将所有租给民人开垦之地,实计顷亩若干,并民人姓名,造册呈送臣衙门查核,永远存案。并咨送理藩院一分,以备稽查。如此次匿不报出,将来查出即照私垦治罪。但查此项民人自开垦以来,已历多年,间有未给过蒙古等地租者,请将以先出过押荒银钱概抵此项地租,两免追还,照旧按亩纳租各不偏枯,以昭公允。至蒙古赊欠民人银钱,新陈相因多历年所,今既蒙民相安,听其自行清理。嗣后每届三年,该蒙古等自向民人等清查地亩一次。如有原写四至认垦荒地内续开成熟者,令民人等照依多出顷亩加租。如有水冲沙压者,亦令民人等报官查明注册,照数豁除。再,敖汉旗地租若仍令原写之蒙古等收取,则未经出名写荒之人,仍属向隅,亦非公允之道。应请嗣后所有地租银钱等项,均令交纳本旗公仓。饬令该扎萨克会同协理台吉官员,秉公均匀分给地亩有分之蒙古台吉等,以昭公允。庶该旗蒙古等均沾实惠,而私写重租之弊不禁自止。如有狡狯民人影射私种及逐而复回者,报明地方官,立即分别惩处。递籍各蒙古等亦不得私招私垦,无故呈报撵逐、增租、夺佃等弊。倘有空闲牧厂情愿招垦者,亦照原议章程,必须报明臣衙门查勘奏明,方准施行。至别旗开垦之地既已分给各蒙古名下经管,令其自行收租,仍循其旧不必更张,以滋繁扰。其民人租地执照亦应钤用该扎萨克印信,报官注册一体备查。如此办理,庶蒙民相安,俾息争讼,仰副皇上安辑中外,一视同仁之至意。如蒙俞允,命下之日,臣即严饬各理事司员会同地方官及该盟长扎萨克等,一体遵照办理,以归画一。谨将清理民人租种蒙古地亩换给印照备查,以杜争端缘由缮折。具奏。伏祈皇上睿鉴。训示遵行。　1217－1226

清理蒙民地亩疏　嘉庆二十年

和　瑛

　　热河都统臣和瑛跪奏:为口外民人租典蒙古地亩分别酌定章程,俾安本业而息讼端各缘由恭折奏闻,仰祈圣明训示事。窃据卓索图盟长喀喇沁王满珠巴咱尔等呈称,喀喇沁王公他布囊,并土默特贝子等四旗蒙古,租典与民人开种地亩列款,恳请查照定例,分别办理。等情。查此案自嘉庆十六年,经前任都统毓秀,分饬各该理事司员及蒙古扎萨克等,将该处民人租种蒙古地亩数目若干,查明造册,以凭核办。复经臣勒限严催,本年三月,该盟长等开报民人租典蒙古地亩,每旗自八九千顷至一万二千余顷不等,并据理事司员开列清单,具报前来。臣伏查蒙古驻牧地方,自雍正年间准其招聚民人种地收租。原为养赡蒙古,安辑民人,立法本属至善。迄今八十余年,聚集人户日增,开垦地亩益广,村屯市集,旗民杂处。除民人现租蒙古地亩,按年交租,日久相安不计外,其中或有蒙古向民人赊取货物,借贷银钱,本利折算,坐价典当地亩者,或有民人开垦生田,向蒙古写立押契,银到取赎者,又有民人初用轻价典当蒙古地亩,嗣又图得重价转典他人者。以致民人多索赎价,蒙古执定原价回赎。此经年累月构讼不已,所由来也。今该盟长满珠巴咱尔等呈诉,该管四旗蒙古苦穷情形,恳请将民人租典地亩筹画办理。臣惟有仰体我皇上一视同仁至意,酌定章程,为蒙古民人长久相安之计,谨拟五条,伏候钦定。

　　一、蒙古向民人赊物借钱俱有利息。有将地亩抵算者,三年之后,已利浮于本,应令此后停止。利息,限五年归还。原本,按一律应交租粮之数扣算,限于五年内完结。将地归还蒙古租种,听其自便。

一、民人典当蒙古地亩本属违例,未便据为己产。其承种已过三年者,蒙古无力回赎,应令民人再种四年,销其地价,地归蒙古,仍令该民人承种交租。

一、民人初用轻价典当蒙古地亩,后图重价私行转典与他人,而初典之人回籍他往,若令原业蒙古用重价回赎,殊非情理。应令后出重价典地之民人再租五年,将地撤归蒙古,免治其私典旗地之罪,仍令该民人承种交租。

一、民人既在蒙古地方建盖房屋聚处多年,未便押令迁移,致滋纷扰。仍令其按年议给蒙古地基租价,不准再招民人添盖房间。

一、民人历年积欠蒙古地租,自系收成丰歉不一,致有拖累。应令其作五年之限,陆赎带销,以纾民力。其现年租粮仍按年交纳,倘有抗租霸地棍徒,交地方官秉公惩办。

以上各条因臣遍历翁牛特贝勒、喀喇沁王、扎萨克公所属地方,往返一千数百里,沿途访察舆情,悉心筹画。如此明立章程,俾蒙古驻牧(不)失恒产,民人安居不失农业,而买卖人既不亏其生本亦无从盘剥矣。至该盟长等所称,蒙古原租民人地内撤出十分之五,令其自租,并禁止砍(代)〔伐〕柴薪及山沟村庄禁止宰牛等款,均属滞碍难行,应毋庸议。除将节次原文译钞咨送理藩院查核外,所有臣酌拟缘由,理合恭折奏闻,伏乞皇上圣鉴。 1877 – 1884

盛京屯政章程疏　嘉庆二十三年

富　俊

盛京将军臣富俊等跪奏:为大凌河马厂旷地四年试垦完竣酌拟章程恭折奏闻仰祈圣鉴事。窃查大凌河西厂,东界旷地,前经臣富俊与前任将军和瑛遵旨划定界址,玄立封堆。招集附近居住之锦州旗丁,自备牛粮籽种布种,每年每亩征谷一升,交锦州旗仓收贮。于嘉庆十八年起,分作四年加垦,得熟地一千顷。俟开垦全完,丈量顷亩实数,照直隶旗租之例升科。奏奉谕旨:遵照办理。嗣后于嘉庆二十年钦奉上谕:内开,庆惠奏称,大凌河西厂东岸一带原定试垦十万亩,界址之外尚有东南一隅,堪垦之田约可得一万余亩。其地向系牧放不到之区,请令一律试垦。即分定界址,拨给锦州所属兵丁、牧丁、闲散等领种。应交仓谷等事,俱照前定章程办理。著勘议。具奏。等因。钦此。当经前任将军晋昌派员查明,共有堪垦闲荒一百顷三十亩,分定界址,拨给锦属旗人、牧丁分领试种。自嘉庆二十一年起,分作二年开垦成熟。所有征谷各事,俱照前定章程画一办理。具奏。奉旨。依议。钦此。钦遵。各在案。查大凌河原定试垦地十万亩,已于嘉庆二十一年秋后试垦全完,四年期满。前因地亩被雪朦漫,垅迹不辨,未行查丈。其续垦之田,今秋亦届期满。随经扎据锦州协(领)爱明阿报称,勘得大凌河厂荒东至庄头官地,西至大凌河,南至海滨,北至孙家山,照册按段履亩查丈,除原约垦十万亩之外,仍浮多地三千八百三十八亩一分。又,勘得续垦原额地一万三十亩外,仍有浮多地一百八十亩八分。复在试垦原定四至内,坐落大洼、小榆树、满井子等处,共查出堪垦夹荒一千八百七亩二分,连原垦续垦地内,滋开浮多共地五千八百二十六亩一分,一并招佃领种输租。惟是此顷地亩硗薄沙(减)〔碱〕者多,且系久旷。马厂滨临大海,虽已垦熟,产粮无多。若照直隶旗租升科,恐旗丁力形拮据,转致苦累与生计无益等情造册呈报。臣等恐有不实不尽,随选派广宁防守尉吉勒占会同锦州协领复加详查,与协领爱明阿前报地数并地亩情形,均属相符。臣等覆核无异。伏思大凌河此项试垦地亩与养息牧试垦地亩事同一体，既已查明地脉多系沙（减）〔碱〕硗薄，并非膏腴之田，若照直隶旗租之例升科，则所获余资不敷交租之用，丁力势必拮据，实于生计有碍。合无仰恳天恩，请将大凌河试垦地亩照依奏准养息牧试垦荒地，每亩租银四分，以舒丁力。以仰副皇上惠爱旗仆之至意。再，自试垦之年起，其原垦续垦各地亩，除未完谷石外，现已征收谷一千七百八十余石，并无用项。在仓存贮年久，潮湿薰蒸，难免不无霉变，应请责令锦州协领照依奉天出粜仓谷之例，按时价酌减十分之三出粜。此项银两解交盛京户部银库，另款存贮，以备应用。至历年应征谷石，均系旗丁之各该管官催征交纳，造报考成，今届年满，改征租银。其原垦之地应于二十二年起科，续垦之地应于二十三年起科，续行查出浮多滋生并堪垦夹荒各地，应请勿庸征谷，即于二十三年起科，一律征银，以归画一。所有征收租银，仍请责令各该管官作为承催，锦州协领拟为督催，分别完欠，议叙议处，汇总造报。考成所收租银，应由该协领解送盛京户部银库收贮，以昭慎重。再，此项试垦地亩遇有水旱等灾，即照养息牧试垦地亩之例，查明分数，分别蠲缓不赈。如有水冲沙压不能垦复者，或翻起沙石不堪耕种者，令该佃户呈明，该管官亲往查验据实结报，覆查销租，将地亩封禁，以杜影射重开之弊。成熟地亩，傥有奸滑旗佃希图微利私自典兑出卖者，照盗卖官田例治罪撤地，另佃追价入官。臣等除将委员所呈地册分送户部、盛京户部备查外，理合将试垦地亩完竣酌拟章程各缘由，恭折奏闻，伏祈皇上睿鉴。训示遵行。　2121－2130

皇清道咸同光奏议

　　《皇清道咸同光奏议》为清人王树敏、王延熙所辑录,有关道咸同
光四朝大臣条陈时政的奏议的合集。《奏议》分为治法类、变法类、财
务类、洋务类、吏政类、户政类、礼政类、兵政类、行政类以及工政类等
10 大类别,总计 64 卷,内容涉及财务、矿物、屯垦、养民、农政、理财、仓
储、八旗生计、马政等诸多方面,因为是奏章,故而叙事较详,给人以清
晰的线索,这一点为其它史料所不及,是清史研究难得的宝贵资料。
但《皇清道咸同光奏议》大多收录自民间私藏的近代名臣奏章,因人力
所不及,搜罗未广,一些重要的奏章未能加以收录。尽管如此,仍不失
为清史研究的重要参考资料。本书所选用的《皇清道咸同光奏议》是
据台湾文海出版社 1969 出版由沈云龙主编的近代中国史料丛刊第 34
辑所收录的版本选编而成。

卷一　治法类　通论
应诏上中兴十二策疏　同治元年

前顺天府府尹　蒋琦龄

　　窃臣蒙恩准,令回籍终养,适大河南北逆匪出没,道路通塞不时,未克起程,留滞泽州。
伏见去年十月上谕:以时势艰危,命中外臣工有奏事之责者,于用人行政一切事宜据实直陈。
封章密奏,务期各抒所见。等因。钦此。臣伏读再四,钦感莫名。窃惟自古国家安危治乱,
但视言路通塞。欣逢皇太后、皇上圣明,沈机立断,翦剔权奸,一切与天下更始,海隅苍生方
共额手拭目,以俟太平。涣汗之初,首以求言为务。诏书恺恻,读者莫不感动。臣虽休闲乞
养之员,无当官奏事之责,伏念累世食禄受恩及臣之身,复蒙先帝自翰林擢任京堂,涓埃未
报。幸逢朝政维新,求言诏下,臣虽愚昧而备员中外,遇事亦尝留心,重以比年颠踬于兵戈道
路,阅历颇多。念古人江湖魏阙之言,欲副今日竭忱抒悃之谕,勉陈刍荛,妄希采择。谨就目
前情势敬拟十二策,曰:端政本、除粉饰、任贤能、开言路、恤民隐、整吏治、筹军实、诘戎行、慎
名器、恤旗仆、挽颓风、崇正学。效愚者之一得,冀山海之少裨,语多触犯,不胜悚惶,伏祈皇
太后、皇上俯鉴愚忱,垂赐听览,微臣幸甚,天下幸甚。(中略)
　　国家之厚旗仆者至矣,而八旗生计日益困乏。原其始,合计中外禁旅驻防二十余万,而
居京者半之。圈近京五百里之地,重逃旗出外之禁,居重驭轻,非仅为谋生聚,所以固根本而
资环卫也。已而丁口日增,定为十二万。甲丁虽增而兵额不增,是在康熙朝已逆料饷糈之难
继矣,特未预筹安置散丁之法耳。乾隆朝八旗丁册已数十万,约计今日又当数倍,而粮与地
不加多,安得而不困乏哉。重以国用日绌,圈法屡变。南粮近又大缺,丁口日增一日,廪给日
少一日,岌岌之势犹不亟为之计,可乎。夫生齿日繁,一甲之丁,积为数十丁、数百丁,非复一
甲之粮所能赡,此人所易知也。以一甲之粮,兼支数十丁、数百丁,则此一甲之粮,虽有若无。
而饥寒困苦,救死不赡,国家养此一甲之兵,亦虽有若无,此人所未及思也。此庚申之变竟不

能背城借一,而圆明园官兵望风即溃,环卫遂无寸功,禁旅几同虚设。推原其故,非尽由于承平废弛,乃未能及早为之计也,岂不重可叹哉。见在当务之急,无过讲武,讲武宜先练兵,练兵而饿其体肤,困其父母妻子,虽孙吴不能以从事,况其为旗民世仆根本至计耶。考先朝诸臣,尝有以此条奏者矣。舒赫德谓东三省沃壤数千里,仅为牧场闲田,请移八旗散丁数万以实旧都。孙嘉淦谓独石口外之红城子、开平,张家口外之兴和城、新平城,川原膏沃,可耕之地各数万顷,请于四城驻防满兵若干,令其屯垦牧猎。又旗人愿下乡耕种者,给旗产,许其自种。汉军罢仕愿在外者,允其择乐土以长子孙。近人魏源著圣武记,载之颇详。又臣闻大学士祁寯藻言:道光末年,枢廷亦尝筹议及此,谓口外热河等处亦有闲田,足可屯垦,特苦于经营之不易。夫从前既已见及,终于踌躇未办者,盖承平之世变法为难,又事未至于已极,则法犹可以不变。夫物穷则变,变则通。以今日情形言之,则诚穷而宜变,以求通之时矣。宜令廷臣集议,周咨博采,并取从前诸臣奏议,参以时势而酌其可行。如关东口外之闲田可否移屯,清旗民之赎产与入官之籍产可否授田任其自耕,宽汉军出外之禁,可否任其自谋。务在分布安插,勿拘一格。俾闲散自谋衣食,斯甲兵无所牵累,从而认真训练,以成劲旅。济八旗生计之艰难,复国家禁军之强盛,一举而两善备焉。盖非常之功,每待非常之人,是诚有待于今日也。臣之所谓恤旗仆者,此也。(下略)84－98

卷三　治法类　政本
富强切要首重本源疏

陈雄藩

　　恭读光绪二十六年十二月初十日上谕:令内外臣工各就现在情形,参酌中西政要,各举所知,各抒所见,详悉条议以闻。等因。钦此。仰见皇上宵旰焦劳,力图富强之至意。窃谓物有本末,事有终始。今欲变法维新,以图富强,而政务万端因仍已久,若不探本穷源,择尤握要,徒艳西法而争袭其皮毛,庞杂竞进,纷乱益难为理。经曰:欲治其国者,先齐其家;欲齐其家者,先修其身。诚以国之本在家,家之本在身,为千古不易之论。举凡内政、外交、植养、民生、学校、科举、军政、财政、培材、用人各事,其能探本源以复古为维新者,原任詹事府中允臣冯桂芬校邠庐抗议一书,言之尽详。能参酌中西政要,不迷本而达事情者,湖广督臣张之洞劝学篇一书暨乙未、丙申、丁酉等年先后奉旨通饬颁发内外臣工各奏议,已包括无遗。此次正要似应仰恳饬下阁臣,先将冯桂芬之〔校〕邠庐抗议、张之洞之劝学篇以及乙未、丙申、丁酉等年各臣奏疏之纯正切当者,缮写进呈,以备甄择,次第推行。矢坚忍持久之志,凛上下交儆之心,无欲速,无终怠,固不难渐致于富强。　　(中略)

　　皇上睿照无遗,视之、观之、察之岂能终遁。然此三事皆为圣学而言,实则转移时俗之欺塞,培养将来之人材,考察臣工之贤否,胥于是基之矣。齐家维何,八旗生计而已。我朝隆恩茂育,为八旗筹生计备极周详。惟以官爵为周给,以称贷为长策,未善。其后,乾嘉间尝有臣工条议,或请推广驻防,易绿营以为养,或请屯边置戍,就垦荒以为食。种种嘉谟,频频入告。迨咸同迄来,外交日繁,朝廷固无暇及此,而忠尽之臣亦不见论及于此。抑知八旗之生齿日繁,而甲粮之额数有定。盖一甲之粮昔足以赡十家者,必不足以赡数十家、数百家者势也。将欲议增甲额,窃恐罄各行省之正供,以养此不能为士、不能为农、不能为工、不能为商、不能为兵、不能为民之旗人,亦不足以给之。且国家深仁厚德,恤民之诏无月不下,又何忍朘民之膏以济旗人之生计者。虽尧舜,犹病。然以尧舜犹病而遂不为之计,非也。臣窃谓筹八旗生计,其道有三:一曰平视满汉,二曰简练旗兵,三曰闲丁归农。夫我朝之满洲,即舜之诸冯、汤之亳、文之岐、汉高之丰沛也。其发祥之始在是,不闻一统后,举发祥之地之人民,悉授之食,以长养其子孙也。语曰:爱之能勿劳乎。未闻爱惜子弟者,但豢养而不教其自立也。今之八旗则不然,官阶易进,甲粮可食,似倍优于汉人矣,讵知其误实在此也。有圈地而不习耕,久之乾没无著矣。有资财而不生发,久之坐食一空矣。以陶朱、倚顿之才而不商,以离娄公输之巧而不工,囿于近畿数百里,限于驻防数十处,爱之欤,抑恶之欤;厚之欤,抑薄之欤。利害轻重,判然若揭,岂不思为变计乎。拟请敕下,此后不分满汉,一视同仁。内外各缺裁去满汉名色,以贤否为用舍,不以满汉分畛域。弛出旗、逃旗之禁,任旗人各省治产营生。则人自为谋,俾符生众食寡之道,不背于为疾用舒之理,断未有不生计日裕者。所谓平视满汉者此也。满蒙劲旅,国初艳称,何至今独不然也。岂今昔之强弱关乎禀赋,实劳逸之分数绌于当年。盖自发捻回之乱,易绿营为招募,竟置满蒙各兵于不问。使尔时经战阵、临大敌之忠亲王臣僧格林沁、西安将军臣多隆阿,如不战死,则削平大难后,必力陈简练旗兵之策,决不致废弛积弱至斯也。然亡羊补牢今不为晚,拟恳饬下,内而禁旅等营,责成步军统领、各都统、总兵,外而各处驻防,责成各将军、都统,胥将原额兵数并二为一。以旧日二兵之饷养一兵,简拔精壮二十五岁以下、十五岁以上编排成行,列营而居,访延教习。按照西法,于京之八旗、外之驻防,各设武备学堂,妥立章程,分别培养训练。其简为兵者,届五年,凡年满三十岁者,留名于籍,遣令归农。作为备调兵,遇事征调,按籍传营,立起口粮。再五年,届三十五岁为后备兵。再五年,届四十则销其兵籍,永为农矣。挑补行伍之额,先尽学堂之人,次及闲丁。行之十五年后,则养一兵常得三兵之用。此外未及十五岁者,或令入学堂,或俾入工商,胥与妥筹自立之计。其已逾二十五岁者,分别归农经商。则人无弃材,各勤其业。即各励其志,要使无所希冀,则父诏其子、兄勉其弟,自能预筹生计矣。所希简练旗兵者此也。归农一法,议者或谓畿辅数百里内原有旗人圈地,以及旗退余存入官等地,不难清厘分拨,而各处驻防安得若许闲田。抑知各省正供,自发捻回乱后,至今迄未复额,安见无可垦之荒。况东三省以及新疆、甘肃、陕西各边境可屯之田尤难更仆,诚得其人将辟之不可复辟,何患无土哉。查乾隆二年御史臣舒赫德密陈:愚虑六年,户部侍郎臣梁诗正,军国大甲不敷,敬陈变通之法,十年,御史臣赫泰复原产筹新垦等疏,言之精详。拟请敕下八旗都统,于此次简拔旗兵时认真选择,除如式足额以及现在为官披甲当差之外,其余一概饬令归农。先行简派明干王大臣,专司清厘旗地官产、安插分拨之事。或有典于民间者,公家代为赎回,按口授田。凡已入简练之选者,亦就此拨定,饬其家属收领,预为退伍归农地步。其牛、粮、籽种、农具、房屋,即以八旗原存生息银两提出充用。查每旗原旧各赏银十万两,如尚有著落,以之为此,谅无不足。至各处驻防,即责令将军、都统,会同各督抚酌提外销闲歇款,或直以裁汰绿兵之饷充用,先行定议奏闻,分别办理。严旨督催,势在必行,筹旗人生计莫良于此。认真不懈,期月可以就绪,三年必能有成。事属平易近情,又不别筹巨款,夫何惮而不为哉。所谓闲丁归农者此也。时势艰难于此为烈,非力图自强,何以为国。非与民维新,何以能强。然治国必先于齐家,筹八旗生计,即所以齐家也。富强之术,莫要于兵农练兵。讲农先于八旗,乃以一身一家为天下先也。况一人典学于深宫,群材兴起于草野,合修身齐家以为治国平天下之本。能自新者,民必新。能自强者,国必强。断断然矣。　234－237

卷六上　变法类　通论

筹议变法整顿中法疏

刘坤一　张之洞

窃臣等筹拟兴学育才四条,业经会同奏陈在案。窃惟治国如治疾,然阴阳之能,为患者内有所不足也。七情不节,然后六气感之。此因内政不修而致外患之说也。疗创者,必先调其服食,安其藏府,行其气血,去其腐败,然后施以药物针石而有功。此欲行新法,必先除旧弊之说也。盖立国之道,大要有三:一曰治,二曰富,三曰强。国既治,则贫弱者,可以力求富强,国不治,则富强者,亦必转为贫弱。整顿中法者,所以为治之具也。采用西法者,所以为富强之谋也。

谨将中法之必应整顿变通者,酌拟十二条:一曰崇节俭,二曰破常格,三曰停捐纳,四曰课官重禄,五曰去书吏,六曰去差役,七曰恤刑狱,八曰改选法,九曰筹八旗生计,十曰裁屯卫,十一曰裁绿营,十二曰简文法。敬备朝廷采择,胪陈于左:(中略)

一、筹八旗生计。京外八旗生齿日繁,饷额有定且银价渐低、物价渐贵。国家虽岁费巨款而旗兵旗丁等不免拮据之忧,殊鲜饱腾之乐。自咸丰军兴以来,江宁、杭州、镇江、乍浦、沧州等处驻防受祸甚巨。去年联军之变,则京旗受害亦深。此不可不急思变计者也。伏思中国涵濡圣化二百余年,九州四海同为食毛践土之人,满蒙汉民久已互通婚育,情同一家。考荡平发捻以来,南北各省文武军民团练,其竭忠戮力效命行间者,旗民皆同,并无区别。况方今中外大通,乃天子守在四裔之时,无论旗民皆有同患难共安乐之谊。然则,两京二十一省,凡有血气者,皆是拱卫国家之人。干城腹心,原不必专恃禁旅。况八旗近来文才日盛而武勇渐逊于前,迥非国初之旧。若犹令丰镐子弟沿袭旧制,坐困都城,外省驻防株守一隅,局于兵额,非所以昭同仁而规久远也。溯查乾隆以至光绪年间,满汉大臣言官,屡有上疏筹及旗人生计者,大率皆以出外屯垦为言。特是荒地,惟关东口北为多,内地罕有。且宦家兵籍亦未必皆习于农,故屯垦一说迄未能大加推行。窃谓朝廷养人不必指定何项生计,但宜使之有自谋生计之才。拟请将京外八旗饷项仍照旧额开支,惟将旧法略为变通,宽其拘束。凡京城及驻防旗人有愿至各省随宦游幕,投亲访友,以及农工商贾各业,悉听其便。侨寓地方愿寄籍应小考乡试者,亦听其便。准附入所寄居地方之籍,一律取中,但注明寄居某旗人而已。有驻防省分,或即入驻防之额,其自愿归入民卷者,必其自揣文艺可与众人争衡,即不必为之区别。寄籍者即归地方官,与民人一体约束看待。惟出京寄籍自谋生理之人,其钱粮即行开除,不必另补,但将马步甲兵预定一年少减至若干之额,省出饷银、饷米,即以专充八旗广设学堂之费,士、农、工、商、兵五门,随所愿习。惟习武备,须择年在二十岁以下者。如本系当兵者,既入学堂,则寻常旧例操演勿庸再到,以免分其学堂之日力。其习武备者,留以供禁旅之用。习他项者,令其为谋生之资。所学未成不能营生之时,饷项照旧给发。五年以后,省饷日巨,学堂日增。十年以后,充兵者可以御侮,则不患弱。改业者,各有所长,则亦不患贫矣。(下略)　308－323

筹议变法采用西法疏

刘坤一　张之洞

窃臣等筹拟兴学育才四条及整顿中法十二条,业经两次会同奏陈在案。窃惟取诸人以为善,舜之圣也。多闻择其善者而从之,多见而识之,孔子之圣也。是故舜称大知,孔集大成。方今环球各国日新月盛,大者兼擅富强,次者亦不至贫弱。究其政体学术,大率皆累数百年之研究,经数千百人之修改,成效既彰,转相仿效。美洲则采之欧洲,东洋复采之西洋。此如药有经验之方剂,路有熟游之图经,正可相我病证,以为服药之重轻,度我筋力,以为行程之迟速,盖无有便于此者。今蒙特颁明诏,鉴前事之光,破迂谬之谈,将采西法以补中法之不足。虚已之衷,恢宏之度,薄海内外,无不钦仰。翘首拭目以观,自强之政,顾西法纲要更仆难终,情形固自有异,同行之亦必有次第。臣等谨将切要易行者,胪举十一条:一曰广派游历,二曰练外国操,三曰广军实,四曰修农政,五曰劝工艺,六曰定矿律、路律、商律、交涉刑律,七曰用银元,八曰行印花税,九曰推行邮政,十曰官收洋药,十一曰多译东西各国书,大要皆以变而不失其正为主。谨为我皇上胪陈之:(中略)

一、修农政。中国以农立国,盖以中国土地广大,气候温和,远胜欧洲,于农最宜。故汉人有天下大利必归农之说。夫富民足国之道,以多出土货为要义。无农以为之本,则工无所施,商无可运。近年工商皆间有进益,惟农事最疲,有退无进。大凡农家率皆谨愿愚拙不读书识字之人,其所种之物、种植之法止系本乡所见,故老所传,断不能考究物产,别悟新理、新法,惰陋自甘,积成贫困。今日欲图本富,首在修农政。欲修农政,必先兴农学。查外国讲求农学者,以法美为优,然译本尚少。近年译出日本农务诸书数十种,明白易晓,且其土宜风俗与中国相近,可仿行者最多。其间即有转译西国农书,一切物性土宜之利弊,推广肥料之新法,劝道奖励之功效,皆备其中。查光绪二十四年九月曾奉旨:令各省设农务局,拟请再降明谕,切饬各省认真举办。查汉唐以来,皆有司农专官,并请在京专设一农政大臣,掌考求督课农务之事。宜立衙门、颁印信、作额缺,不宜令他官兼之,以昭示国家敦本重农之意。责成既专,方有成效。即如我朝官制于礼部外另设乐部,其意可师。京师农务大学校即附设农政衙门之内,其衙门宜建于空旷处所,令其旁有隙地,以资考验农务实事之用。劝道之法有四:一曰劝农学。学生有愿赴日本农务学堂学习,学成领有凭照者,视其学业等差,分别奖给官职。赴欧洲美洲农务学堂者,路远日久,给奖较优。自备资斧者,又加优焉。令其充各省农务局办事人员。一曰劝官绅。各省先将农学诸书广为译刻,分发通省州县,由省城农务总局将农务书所载各法、本省所宜何物,择要指出。令州县体察本地情形,劝谕绅董,依法试种。年终按照饬办门目填注一册,土俗何种相宜,何法已能仿行,何项收成最旺,通禀上司,刊布周知。有效者奖,捏报者黜。每县设一劝农局,邀集各乡绅董来局讲求,凡谷、果、桑、棉、林木、畜牧等事,择其与本地相宜者,种之、养之,向来不得法者,改易之,贫民无力者,助之资本,种养得法者,官赏以酒肉花红。数年之后,行之有效,绅董给奖。中者,奖以督抚匾额,上者,奖以衔封,出力兼捐资者,奖以御书匾额。地方官有效,得奖者,加级,准其随带,公罪可从宽免。最优者,奖实在升阶。地方官不举办农政者,照溺职例参革。一曰导乡愚。各项嘉种、新器,乡民固无从闻知,僻县亦难于购致,宜由各省总局多方访求,筹款购办、仿制。昔齐桓公献戎菽,宋仁宗求占城早稻,汉武帝令大司农从赵过造便巧田器,皆农务。宜求嘉种、新器之明证。应先于省城设农务学校,选中学校普通学毕业者,肄业其中。并择地为试验场,先行考验实事,以备分发各县为教习。并将各种各器发给通省,令民间试办。先则概不取价,有效则略取价值,务令极廉。其试办之法,先其通用者,后其专门者。如请求各种肥料,仿造各种风车、水车,去害稼各虫,每年换种各物以助地力之类。先其易者,后其难者。如山乡劝种番薯、羊芋,水泽种苇,斥卤种稗之类。先其本轻者,后其巨费者。如种树先榆柳、果实,后松杉,畜牧先鸡、鸭、牛、羊,后骡马之类。先其保已有之利者,后其开未见之利者,如察病蚕、讲制茶、求棉种之类。先其获利速者,后其见效迟者。如种蒲桃取酒、桐柚取油、种樟取脑为先,求蜂种、求鱼种为后之类。一曰垦荒缓赋税。今日筹度支者,多以垦荒为言。夫垦荒而责以升科,此荒之所以不垦也。计发捻平定以后,已四十年,晋豫大祲以后,已二十年,生齿之蕃已复其故。夫平原沃壤、江岸沙洲,大率皆已垦种无遗。其因亏本争讼而荒废者,仅千百中之一二。所谓荒者,不过官吏捏饰,豪民匿报。实系未垦者,深山之岩谷,沿海之斥卤而已。垦山地者,人劳地薄,又以村孤人少,时有不虞,故开辟有限。垦海滩者,捍潮变硗,费多效迟,人烟稀少,守望不易,故听其废荒。然而材木之利,必资于山。统计中国全局,仍是山岭多于平地。至沿海北起榆关,南迄通海,延袤二千余里,若山岭听其为榛莽,海滨听其为斥卤,实为可惜。今日欲兴农务,惟有将垦荒升科之期格外从缓,而又设法以鼓舞之能开山地者,报官给照,宽期升科。多开者,种杂粮至十石种以上,种树至一千株以上,酌予奖赏。查各省高山无论多土多石,皆能种树,真系不毛者甚少。故欧美各国,从无无树之童山。而考课林木之实在有效与否,尤为显易。此事宜责成州县,由总局委员,依限往查。其山上有无树木,一览而知,不能掩饰。如此,则山地之利开矣。垦海滩者亦报官给照,资本较巨,升科之期尤须从宽。种杂粮、种草木,俱听其便,亦不必强令开作稻田。并拟采用徐贞明之说,一人能开若干顷者,奖以职衔封典,如此,则海滩地之利开矣。至于沿江沿河沙洲皆系沃壤,私垦者尺寸无遗,随时增长。贫民畏坍涨之无常而不敢报,势豪贪无粮之腴壤而不尽报。往往争讼胶葛,械斗繁滋。今宜查明实数,除已报垦纳粮者不计外,亦造册给照,宽期升科。即以此田作为试验农学新法之地,即责成原垦之人自愿照新法试行者,呈明愿种何物。或种美国肥大之棉,或种代蔗造糖之西国萝卜、美国之芦粟等类,或仿照美洲牧牛牧豕、机器耕田之法以及各种相宜之种植畜牧。因洲田皆系水滨大地,故于西法农务相宜。数年以后,官督绅董查明有成效者,即给予管业,且予奖赏。苟且欺饰并不遵行者,其地本系官地,罚令入官。如此,则洲地之利开矣。所有种植畜牧各物,无论山地、海滩地、洲地,凡系新增名目运往各处,十年之内概免厘税。地利既辟,农之学效既见,风气一开,仿行必众,其为益于国家者,宏且远矣,岂在目前征粮纳税之微末乎!此外则沿海有种蚝、种蚬之法,内海有捕海鱼、采海味之利,本多而利厚,外国最为讲求注意。近年反仰给东洋,坐失己利。应责成该处州县劝集公司举办,绅富助资借本与该公司者,分别旌奖。至东三省地方广阔,土脉最厚,荒地尤多,然必须力强赀饶才能率众者,方能前往开垦,非零垦农民所能济事。拟请特定章程,一人能开田若干顷者,从优奖以实官,绅富助资借本者,分别旌奖,以期鼓舞。此亦实根本、息盗贼之计也。再,蒙古生计,以游牧为主。近数十年来,蒙部日贫,藩篱疏薄。亦请敕下蒙古各部落王公暨该处将军大臣,酌拟有益牧政事宜奏明办理。至向章每年内地各省出口买马者,须在兵部请领马票,进口后,仍须赴部烙验,章程甚密,道路亦多周折。购马之费既多,则马价必求减省,故口马之销路不旺。(下略)　323－337

卷二十三　吏政类　官治

变通奉省吏治章程疏　光绪元年

奉天将军　崇实

窃奴才自署任以来，屡奉谕旨，谆谆以奉省积弊太深，急宜变通，以期整顿。复于七月初四日接到军机大臣字寄，奉上谕：该省事权不一，从前将军府尹往往各存意见，以致政令歧出，遇事抵牾。该处公事究竟因何不能彼此联络，势成掣肘，著崇实将实在情形久酌定章程妥议具奏。等因。钦此。奴才虑兹艰巨，兢惕难名，诚恐稍有疏虞，无补万一。故于初到奉省时，虽查办事件头绪纷繁，而地方情形业经随时入告，不敢略避嫌怨，致涉欺朦。凡所敷陈，久邀圣鉴。现又督饬司员，会同本城满汉首领各官，互相讨论。复于其间博采众议，不厌精详。在深明大义者，急愿更张，而瞻顾私情者，未免疑阻。奴才统筹全局，体验再三，与其筑室道谋，不如临几立断，实事求是，渐有端倪。窃以兴利不难，难于除弊。弊之习于下者易除，而弊之倡于上者难除。故整饬官常，必由大吏而始。伏查奉省将军之设，迄于地方各员，国初至今屡有增易。在朝廷，因时制宜，原无历久不变之法。惟是陪都重地，根本所关，若使建置规模不同各省，殊不足以重维系而示尊崇。目下习染所趋，未便再拘成格，奴才辗转思维，惟有仍存五部之名，以隆体制。兼仿督抚之例，以一事权，救弊补偏。大纲已立，然后筹经费以资办公，则贿赂之风可息。专责任以防推诿，则盗贼之源可清。谨将现议章程条分缕晰，敬为皇太后、皇上详陈之：

一、将军事权宜变通也。奉省积弊由于旗民不和，而推其本原，实缘大吏之先存意见，将军于地方各官向不兼辖，遇有会办公件，呼应往往不灵。溯其建基之初，原与五部隐相兼摄，故至今公牍多半会衔。厥后，将军威望渐轻而五部权力遂重，其中兼尹归于户部，与将军更易抗衡。旗民两途各不相下，虽有会稿，等于虚文。近年舆论且谓奉省大员既非京而非外，将军名位虽有权而无权，因此风气所开，僚属亦各立门户。有为者转多顾忌，无能者不免瞻徇，而公事遂不堪设想矣。夫将军镇守地方，何如郑重，即朝廷饬议所在，无不首专责成。今则畛域各分，何以统持全局。且既督办军务，于兵刑粮饷皆当并筹，而将军向仿京员，印信亦存公署，每办一事，经手多人，往复兼钤，断难机密。奴才近发紧要文移，因奉使出京，带有刑部预印空白，得以亲加封递，方免窥探之私。若拘定章，必多误事。拟请旨，将盛京将军一缺，改为管理兵、刑两部，兼管奉天府府尹事务。即仿各省总督体制，例加兵部尚书衔。另颁总督奉天旗民地方军务关防一颗，并兼理粮饷字样，以便管带金银库印钥，且可稽核户部出入。其余公事，悉仍其旧。如此则旗民文武全归统辖，机密重件亦易防闲。即粮饷兵刑，悉有总理之责。而三陵内务府，原系本职所司，惟永陵离省较远，今既添设副都统，则责有攸归。其余各部事务，皆令与将军和衷商办。此维持通省之苦衷，实挈领提纲之先务也。

一、府尹事权宜变通也。察吏安民，府尹最重。本与兼尹相助为理，惟兼尹向属户部，而旗民交涉之狱，又须由刑部会办定案。近年民多于旗，轇轕最甚。府尹虽设有谳局审断，每不得自专。往往一事，而上制于户部之兼尹，旁牵于刑部之会讯，稽留往复，清理良难。各州县申详此等案情，亦遂纷而无主，甚至苞苴争纳，径窦互开。多一兼管衙门，即多一需索地步，此弊之在上者。健讼成风，意存拖累。原告方控于府尹，被告又控于刑部，而部中司员复不遵定章，任意收呈，随处提案。问官亦有偏袒，胥吏因而作奸，审结无期，互传不到。期中命盗重案,竟使待质囹圄,多至一二十年,微论(瘦)〔瘐〕死纷纷无从呼诉,而挟仇勒贿,被害尤深。至于会验尸伤,每以索费久稽,动辄数月,此弊之在民者也。拟请旨,将奉天府府尹一缺加二品衔兼右副都御史行巡抚事,旗民各务悉归专理,便与将军相承一气,不致两歧。以此安民先免株累,以此察吏方有禀承,通省纪纲斯为枢纽。

一、五部事权宜变通也。奉天及吉、黑两省饷需汇于户部,其任匪轻,不宜再兼府尹,反增枝节。而三陵典礼、大内工程,礼、工两部各有专司,皆于民间无涉。至将军虽管理兵、刑,而该部堂官责无旁贷,五部侍郎应仍其旧,无须移动,俾免纷更。夫刑部之弊,前已略陈,相应请旨,申明定例,亦如京中刑部体制。嗣后惟旗民交涉罪,在犯徒以上者,方准该部按律定拟,其余一概不得干预。该司官等如再有违例收呈提案及相验逾限等事,经由将军指名严参,以杜侵官而纾民困。至兵部仅管驿丁事,原简易。惟文书任意私拆,漏泄太多。一言未上,而通国皆知,一令未颁,而浮议先起。甚且机密钉封,往往破损。此外,寻常公牍积压遗失,不可胜言。窃思陈奏机宜,军、尹两处多于各部,今以将军管理,即可一手整齐。更拟请旨,将地方同通州县各员兼理驿务,所有向设驿丁,准其会同兵部所派之驿站监督,随时察核沿途逐站,皆得其人。文报攸关,亟宜并议。

一、奉天府治中一缺宜变通也。奉省大吏太多而下僚太少,未免足轻首重,是以政令不齐。查兼尹、府以次少一承上启下之员,为之关捩。仅有承德县知县联属之际,太觉不伦。治中究系京员,外官势不相洽。而通省清查亏空、督办案情,须有专司,方资表率。拟于奉省中,添设首道一缺,名曰奉天驿巡道。阖省驿站及新设捕盗营之同通州县悉隶其下,俾得稽巡。惟增修衙署、招募胥役,繁费殊多,猝无所出。拟即治中一缺,加一道衔,兼行首道事务。另颁奉天驿巡道关防一颗,余仍其旧。如蒙议准,则廉俸亦须随后另筹。事权既不参差,体制较为完备。查治中本系汉缺,向归捐选,嗣后应将正途出身人员改为请旨简放,以昭慎重。

一、旗民地方各官宜变通也。旗民交涉之案,各州县与城守尉等官会同办理。查其列衔之处,禀将军,则尉、县并书;禀府尹,则有县无尉。同一公牍任意纷歧,遂致守尉目中几无府尹,营私挟诈,何所不为。且于地方尤有数弊,旗界同居,非亲即友,官中公事,但论私情,其弊一也。会办各员,未能和衷,彼此留难,案久悬搁,其弊二也。命盗重件,遇有旗人,则借强宗为护符,托本管为说情之地,抗拒容隐,不服查拿,其弊三也。捕盗不力,州县官处分綦严,而城守尉、佐领等官尤有专责,乃尽委罪于骁骑校之身及领催微末诸员,指名搪塞,劫掠横行,致无忌惮,其弊四也。上分其肥,下受其毒,曲直无从申理,州县亦遂因循。是以奴才前次请照热河定例,将地方同通以下全加理事等衔,片奏在案。今更拟请旨:嗣后奉省地方一切案件,无论旗民,专归同通州县等官管理。其旗界大小各员,只准经理旗租,缉捕盗贼,此外不得丝毫干预。其缉捕处分,自城守尉至路记佐领,必与州县等官一律轻重,不得以属弁随时塞责。而本城旗人尤须再申定例,不许做本界武职。如此划清限制,自无包庇、牵制之虞。至各处城守尉,本系宗室专缺,官阶同于道府,责任亦遂不轻。嗣后请旨简放时,拟择宗室中谙练政事之员,方能称职。如其才力不胜,应由将军随时甄别,方不至贻误地方。其余民界各官,升途太隘,虽有京察计典,奉省均属具文,是以吏治毫无振作。拟并请将奉省道府同通州县由吏部推广升途,力加鼓励。庶几有所激劝,百废可兴,是亦为根本储才急务也。

一、各大吏养廉宜变通也。奉省贿赂公行已非一日,原情而论,出于贪黩者犹少,迫于穷困者实多。查将军养廉虽名八成,而官票每两折银,只以二钱五分入算,此外一成停止,一成实折,廉额二千两,实数仅五百余金。推之府尹、府丞,又当四成,递折实数不过二百余金矣。

借此从公，万难敷衍，不得已设为名目，取给下僚。有节寿之贺仪，有月费之摊款。自兼尹、刑部迄于府尹、府丞，凡涉词讼之官无不馈送，变本加厉，习为故常。甚至民间讹传，委缺必酬，到任必谢，而营求嘱托又无论矣。即有清洁自好之员，迫于时势，亦姑择受一二，不敢矫异鸣高。夫上官既资于下僚，下僚必敛于百姓。追呼掊克，激成事端。是以官习为不廉而极之于纵役分赃，民亦习为不廉而极之于杀人放火。典章罔顾，教化不兴，此陋规相沿，实奉都第一大弊也。窃思兴善不难，在于善养。若以竭蹶办公之力，复有衣食内顾之忧，不惟厄塞人材，亦觉有伤政体。国家原情之法，本不苦以所难。拟请嗣后奉都各大吏养廉，与其递折，但立虚名，不如另减，归于实济。将军既照总督例，即以至少省分计之，养廉当一万八千金。府尹既照巡抚例，养廉至少当一万二千金。然值此时艰，必须力求节省，因核各处用度，将军养廉至少非实银八千两不可，府尹养廉至少非实银六千两不可。而府尹内有幕修，外有役食，六千之数仍属难敷。查各地方官向有摊派之款，奴才细加分别，凡涉私规悉行汰去，尚留公用三四千金。拟即令其汇解府尹衙门，以补公用之不足。府丞既兼学政，亦系外官，今既裁撤陋规，其养廉非实银二千亦难有济。以上各款，可否即由海关道征收赢余及新增赢余两项下，按年支解，作正开销。并恳天恩格外俯恤，所有奉省督抚学政养廉，均给实银外，余如副都统、五部侍郎，廉俸原额本少，皆准八成实放，不必迭为折扣。而将军兼辖事繁，支用尤巨，虽议养廉八千，仍恐不敷，所以奴才另有津贴公费之筹，具详此下条款。亦知国用未充，可减则减，岂容别生枝节，徒事虚靡。惟关外情形迥殊各省，既欲力除积弊，便当筹及通盘。况乎宅镐留丰，自古不嫌优异，力培根本，分所当然。外省养廉岂容并论。在帑项所支无几，而大局所全已多，苟可补苴，何敢迁就。自经此次议定章程后，凡奉省向来各大吏，一切全分半分陋规概行禁革，倘蹈前辙，立予严惩。在小民，可稍免苛求，而墨吏亦无所藉口。清源正本，莫切于斯。

一、仓差陋规宜变通也。奉省各旗草豆自折色，以至实征最不画一，数则任意增减，田则任人归并。宗室未完之款，或征取于平民；富绅应纳之粮，反强派之贫户。浮收包揽，百弊丛生。而正供之外尚有赢余，谓之仓差规费。每年收租，例由将军专派督催协领一员，由各部分派正副监督司官二员。其奉派之员，每年纳规费于本管上司。始而每人不过三四千金，继则五六千金，近来增至八九千金。本属私供，遂无定数。往往承办各员借贷垫赔，致招物议，甚或藉此讹索，其患仍受于民。奴才洞悉其弊，现将各旗草豆章程改为一律。无论宗室、平民、上、中、下户，酌一适中之数，按亩交收，以此贫民同声感戴。所不便者，惟包粮之土棍及不法之豪强耳。如此力加核减，仍有赢余，约在一万五六千金。窃思此项虽非正供，尚于地方无碍，必欲概行裁撤，未免竭泽而渔。与其任作私规，茫无限制，不如改充公费，免再株求。惟五部向系轮派司员，计必递推三年始受规费一节，任有久暂，事必不均。拟于赢余中先提一万金，作为五部侍郎公费，每岁各分二千，以资贴补。而派员督办仍循旧章，余数千金即充军署公费，所取有定，事较光明。查前任将军都兴阿最称清介，始则力却此款，后亦藉以资生。及其身后，仍复萧条，仰蒙恩赏千金，始得扶柩归里，亦可慨廉吏之难为矣。奴才此次与岐元出差，幸荷恩施，准给口分，从公半载，方可支持，故于地方毫不沾染。一俟养廉增定，即请停支。是知规费润余，各员万非得已，若再多方隐饰，终有玷于官箴。惟以臣子苦衷，上求谅于君父，冒渎至此，悚仄难安。然既化私而为官，即非损下以益上，或亦因利乘便之一端也。以上章程，均系奉省紧要关键，奴才审时度势，倍极焦劳，既不敢稍事弥缝，尤未便过于操切。欲兴一利，必预计其能行，欲剔一弊，必先去其太甚。总期上维国体，下顺民情，诸臣具有天良,敢不力图补救。其余文武各属,上行下效,势易劝惩。但须举劾得宜,便可随时观感。已往之愆,姑请免究;后来之咎,必予严参。至其职所当为,皆有成宪可守,无庸纷扰。上渎宸聪,大局挽回略具于此。伏思,古有治人,原无治法。况奉天重地,屡经列圣贻谋,犹不惜增改再三,经权互济。如学愚识昧,何敢谓变通之计,即可裕久远之图。惟是事以穷而始通,法必求其可继。此则目前之整饬固难,而日后之防闲尤宜慎者也。夫国家勤求上理,专为民生,政不出于多门乃实受抚循之惠,贿不行于上,下始无伤衣食之原,用恩于立威之中,施教于既富之后,庶几盗风可绝,元气渐培。今则建议之初,最宜详审。而根本所系,久廑圣怀。奴才一得之愚,未敢自信。惟有仰恳皇太后、皇上俯念事体重大,饬下军机王大臣、六部九卿迅速会议,以便请旨遵行,实于奉省地方大有裨益。　　1162－1166

卷二十五　吏政类　建置
奉省南北路设官分治疏　光绪三年

盛京将军　崇厚

　　窃查奉省东边外南北延袤千有余里,东西相距亦数百里至数十里不等。上年凤凰边门外东沟一带丈清地亩之后,随经前署将军尚书崇实奏明设立安东一县,委员试办。迄今一年之久,地方公事渐经办有条理,民心尚为帖服。上年经征钱粮俱已扫数完纳,其安东以北暨云阳、碱厂、旺清三边门外,并凤阳城沿边以及通沟各处地亩,续经总办边务候补道陈本植、知府恒泰、提督左宝贵督饬各委员,分路设局,逐段清查。现据旗民各户赴局投报者,约可增至七十余万亩。合之安东县上年升科五十三万余亩及前数年已报升科之五十余万亩,通计熟地不下一百七十余万亩。此外,尚有未经清丈之地甚多。所有安东一县元年已收押荒者,二年起征钱粮。其前此已经升科之地,则照章纳粮,势难再办押荒。此次续行丈出之地,则先收押荒,再行起征钱粮。以每亩征银三分计之,以一分津贴各州县办公。统俟一律丈完升科之后,每年酌可征收正款三万数千余两。此外,苇塘为数无几,山货、杂货、粮石、斗租、烧锅各税,甫经试办,亦难约计成数。至木税一项,元年因东沟贼匪甫经荡平,其多年堆积木植均行下运,商贾云集,征收较旺,共收东钱九十余万吊。二年则木植下运渐少,商贩亦稀,仅收东钱五十万吊有零。查此项木植来源,现离水路较远,下运渐难,税自渐少,岁入确数势难豫定。臣崇厚、臣恩福到任后,节据陈本植等禀报前情,正在核办间。臣崇厚承准军机大臣字寄,奉上谕:恩合奏东边新垦地亩,请添设旗署,招佃旗丁,无庸添练勇营各折片。著崇厚体察情形,妥议具奏。等因。钦此。臣等公同商酌,该副都统原奏不为无见,除所陈添练勇营一条,另行附片覆奏外,查前署将军尚书崇实,以边外结庐耕种业已多年,不特各处流民托以为业,即各旗闲散亦不免藉地营生。因而推广皇仁,奏办升科纳税等事,以为私化为官之计。而边氓甫经向化,若必区分旗民畸轻畸重,又恐不足压服人心。所以奏请:但凡认地开垦者,一律编入户口册籍,以示旗民一体之意。仰蒙圣明洞鉴,恩准在案。而所编册籍,复经前署将军尚书崇实饬各委员等,于本户名下分别注明旗民字样,以杜改旗为民之弊。是该副都统所虑旗人隐名于民,圈报地者,前署将军尚书崇实固已早筹及此也。至此次投报升科各户,或数十亩或数百亩不等,且皆各管各业,尚无套报情事。该副都统所称,一人任意指报极多,可以分段出兑,招佃旗人。此事或指从前而言,与现在情形又不相同。其所称边外添设旗署一节,查奉省边内,前此本系旗多于民,嗣则旗民聚处,所以各城设立城守尉、协佐等官,又设州县官,以便旗民分治。边外民多于旗,且旗人不过民人十分之一二。奉省州县各官业经奏准,不论满汉一律请补,均加理事同知通判衔。现在设立州县,照旧加衔请补,即可旗民兼理。臣等察看边务所最要者,上年试设之安东县,仅管迤南一隅之地。迤北一带幅员辽阔,现经清查,地亩业有成数,若不即行添设州县委员试办,散而无纪,不足维系人心。当经札调陈本植来省面加询问,逐细筹商。目下亟应择地设官,修筑营堡,建置衙署、兵房,以为经久之计。因拟于六甸之宽甸添设一县,名曰宽甸县。六道河添设一县,名曰怀仁县。头道江添设一县,名曰通化县。分疆画界,委员试署,并于每县各设巡检一员,管典史事。但此三县所辖地面较广,尚须蹦择地势,添设分防佐杂各官,以资襄理。其宽甸县即与已设之安东县及边内所设之岫岩州统归凤凰厅管辖,怀仁、通化两县则归兴京厅管辖。庶几地方有所责成,既免人心涣散之虞,尚有未经丈完之地,亦可由各该县会同委员就近查勘。所有各处分局,当即酌量裁撤归并,以节经费。惟先后既经改设二厅一州四县,则前署将军尚书崇实,原拟于凤凰城添设边关兵备道一员,亦应及时设立,派员试署,俾令提纲挈领,巡视东边。第边外地方南北相距迢遥,臣等体察情形公同商酌。夏初江海之交,南路帆樯云集,该道应驻东沟一带,稽查木税,慎重海防。秋后水涸冰凝,北路边防紧要,又应驰赴头道江以上,弹压督催,征收一切。迨至冬末再回凤凰城,清厘公件。一年之间南北分巡周历,始能彼此兼顾。至于边外扼要之地甚多,且北接吉林,防务尤关紧要。现时东边驻扎本省并客兵各队,已有两千数百名之多,将来边外非留重兵不能镇摄。臣等再四思维,惟有将奉省议准满汉练军,酌拨数营换防驻守,若无统领之员,实不足以资控制。查兴京副都统系驻旺清门内,离边较近,所有边外各军统归节制。现任副都统色楞额、道员陈本植,本系奏派练军翼长,应即仿照各省镇道体制,派兴京副都统及边关道,会同办理东边防务,仍兼充练军翼长,至边关道,南北分巡。若无亲兵不足以备缓急,拟将前设大孤山步队及边外新添各兵设立道标,马兵二百名、步兵五百名作为两营,以便该道亲统。所有该副都统节制之兵亦准该道调遣,庶文武和衷共济,始足以绥靖地方。除绘具边外地图贴说,咨呈军机处备查外,其余未尽事宜,臣等当随时体察情形,悉心筹画,妥议具奏,请旨遵行。　1185－1187

围场事宜办理完楚拟请设官分治疏　光绪五年

盛京将军　岐元

窃照奉天围场与东边毗连,前据总办边务东边陈本植以该道行绳所至,私垦围地流民,环求一体行绳。禀经前署将军侍郎崇厚,遴派委员周历履查。实因围地辽阔,防范难周,流民潜入私垦,为时既久,人户众多。如那丹伯、土口子、梅河等处,以及大沙河一带,垦地居民,阡陌相连,并有直东难民陆续前来搭盖窝棚者。概行驱逐,铤而走险,所关甚重,不得不急思安插。是以奏恩皇仁,宽其既往。已垦者概予查丈升科,未垦者划清界限,应拨迁者拨迁。零星散户择地安插,归并办理。宽留大围场,以便讲武照旧举行。业蒙恩准。并因东边道督办南路事务繁重,未能兼顾。复派记名副都统兵司协领文绪,总办围场事务,带领满汉各员、旗绿练军前往妥为办理,奏明在案。嗣据该协领文绪禀报,查看围场山水形势,划分界限,体恤民情艰苦,相地拨迁,应留大围。依山者挑挖长壕,就河者设立封堆。计留大围地亩,周围千有余里。拟将那丹伯等四台所管围段,私垦人户均全迁出,在柳河南北两岸现挖大围壕外,择地安插。鲜围场原有私垦流民,就地升科。统计开垦地亩,自土力子起入东大沟,斜向东北至色力河旧封堆止,长三百五六十里,南北宽一百余里至四五十里不等,南与新设通化县接壤,北界以现挑围壕及五石封堆、辉(庆)〔发〕河南为界。禀经前署将军侍郎崇厚批准,亦在案。兹复据禀称:大围内流民概已迁出,鲜围内流民就地升科。除山河树木外,共计拨领荒熟各地一百零二万余亩,经总、分各局委员查丈完竣,收押荒东钱一百二万余千。照东边章程,每岁征正额银二分,耗羡银一分,拟于本年秋后起征,按年纳课。绘具围场图说,禀请酌议善后事宜。前来。奴才等伏思,鲜围每岁摘鲜大围以备讲武,均系封禁之地,从前防范不严,以致流民私垦。仰蒙圣恩浩荡,俯准升课,万户欢呼,穷黎得所。既经委员拨地安插,查丈完竣,若不教养生聚,难期长治久安。且大围地面千有余里,尤当妥为保护。如仍专赖各台兵看守,地远山深,日久生懈,恐不免仍蹈故辙。而现准升科地亩,纵横数百里,处处与大围接壤,流民又系甫经安插,良莠不齐,亟应设官添兵加意抚绥,严守围山,藉杜侵垦。奴才等再四会商悉心核议,设官事易,筹饷为难。按升科围地百万余亩计,岁收正课银二万余两,耗羡银一万余两。以耗羡设官,计可敷衍,以正课添兵,断断不敷。边地民情粗野,桀骜难驯,尤非重兵难资镇摄。惟有抽调开原、义州等处额兵二百名,由省挑选苏拉三百名,拨往巡防。分别酌加口分,训练经费始堪敷用,即可不必另行筹款。并拟添设总管一员,督办全围事宜。设佐领二员,分为左右翼长,防御四员、骁骑校四员、笔帖式一员,分司其事。设抚民通判一员,管理词讼,巡检一员,专管监狱。围内开禁地方,以海龙城地居上游最为扼要,总管通判即于该处驻扎,以资控制。两佐领分驻朝阳镇、西山城子,亦能策应。并以东边大致而论,南有东边道,北有兴京副都统,东有围场总管,星罗棋布,互相联络。仍复分疆画界,各有责成。若能任用得人,可期渐臻上理。即大围果能认真保护,于数年后孳生蕃息,冬围亦可以照旧举行。奴才等力图整顿,实事求是,总期流民安业,围地肃清,以仰副圣主绥靖边陲、惠爱群黎之至意。谨将围地分界绘图贴说,并定官缺,额支廉俸、建城、设署、调官、增饷以及设马拨、盖兵房、封禁围场、严惩匪犯,善后一切事宜详议,缮具清单,恭呈御览,伏祈饬下部臣,核议施行。　1187－1188

谨拟变通官制改设郡县章程疏　光绪四年

吉林将军　铭安

窃维弭盗之方固在整军讲武,而端本之治尤在察吏安民。诚以吏治与军务相为表里,未有不讲吏治而能清盗源者也。吉林盗贼充斥,师久无功。夫岂贼势难平,而兵威未振哉?盖流贼之蔓延,此拿而彼窜,愚民之濡染,习惯而性成。不端其本而仅治其标,徒恃武功未可以言胜,残去杀也。奴才自前岁冬间查案来吉,回奉后,会同前署盛京将军崇厚议奏办马贼、禁赌博、设民官、查荒地四条。迭奉谕旨:谆谆以吉林地方积弊甚深,亟宜力图整顿。命奴才署理吉林将军,将所奏各节与崇厚妥慎筹商,奏明办理。仰见我皇上宏谟广远,圣虑周详。奴才具有天良,敢不竭尽愚忱以副励精图治之意。到任后,遵将地方情形细心体察,博访周谘。查吉林省西自威远堡门,东至俄界不下二千余里,北至黑龙江交界,南至鸭绿、土们两江源,又不下二千余里。溯维国初,宁古塔所属各城,惟我旗人聚族而居。自道光初年,将军富俊屡议开荒,内地迁流,如水归壑。数十年来,吉林人民之多,不啻数倍旗人。良莠本自不齐,梗顽因以成俗。甚有穷乡僻壤声教不通,土棍强豪自为家长,其间强弱相并、大小相陵、杀人放火既视为故常,拒捕抗官遂成为积习。盖以司牧之官,惟省城西北一隅设有三厅,三厅之理事、同知、通判向由京秩旗员拣放,虽间有长材而初膺外任,历练未深往往艰巨,乍投茫然,无所措理。但假手于幕友丁胥之手,继或刁生劣监要挟把持而莫能制。至阿勒楚喀、三姓、宁古塔等处,命、盗、户、婚,则就理于协佐衙门。协佐等官但习骑射,不惟不谙吏治,且多不通汉文,悉凭委笔帖式、司达等任意轩轾。历任将军止以武事为重,吏治多未讲求,所以民怨沸腾,铤而走险。近年以来,民愈穷而愈悍,贼愈剿而愈滋。峻法严刑,人无畏志。是皆不揣其本而齐其末,不清其源而塞其流也。现在大股贼匪已平,金厂渠魁授首,逋逃余孽尚多潜伏深藏。而垦地、采药、捕牲各项游民,非内地迁流之民,即亡命不逞之徒。若不亟设民官划疆分治,政刑以化其顽梗,教养以遂其生成,专恃武功,抚驭失宜。不惟重烦兵力,且恐若火燎原,益难扑灭。又况宁、姓所属密迩边陲,更宜安集拊循。查奉省官制,经前署将军崇实奏请增改旧章后,吏治民风大有起色,是因时立制,原无历久不变之规,而正本清源乃见俗美化行之效。奴才与崇厚体察情形,迭经往返函商,意见相同。并集所属文武绅耆,悉心讨论,皆以为地旷人多,非有地方亲民之官,不足以资治理。奴才再四思维,与其拘守成规,循途而覆辙,曷若权宜时事,改弦而更张。拟请以所属尤为冲要之区,酌中设立厅县佐杂等官,并将吉林厅升为府治,长春厅通判改为同知,俾资治理。将来民地钱粮、旗民词讼,专归该厅州县管理。其协佐、防校等官,止准管理旗务、防剿盗贼,不准仍预地方词讼,以示限制,而一事权。惟添设厅县,则创葺城垣、建修衙署、仓库、监狱等项及官员廉俸、书役工食,所费不资。当此库储支绌之时,断不能另请拨款,只有就地兴利,以本地所筹供本地所需。但吉林地瘠天寒,庶物本不丰阜,商贾亦甚萧疏。松花一江不通海舶,既无船税可收,复无盐厘可办,较之奉省尤为枯窘。且当凋敝之日,正宜与民休养,若操之太急,只图迁就于目前,或致贻弊于日后。是以生财之道,必须因地以制宜,不敢朘民以敛怨。现已派员前往葳梨厂、马延河、阿克敦城一带查勘荒地,照章改收押荒,并饬各属仿照奉天章程试办斗税。拟以斗税、荒价二款,作为添官一切用度。将来廉俸、工食并各项用款,亦由斗税荒租项下动支。惟试办斗税、查丈荒地,必须明干廉洁之员,方能有利无弊。现在吉省办理军务及地方各事,奴才前调之员不敷分遣,亦不敢多调人员,致縻经费。荒务、税务只可由近及远以次兴办,所有拟添之官须俟款项筹有端倪,方能陆续添设,一二年内恐难设齐。谨先拟定大概章程,另缮清单,恭呈御览,伏候圣裁。至旗民衙门应办事宜,并府厅州县应定界址及各官廉俸、书役工食、添设绿营兵额口分,一切详细章程,俟奉到俞允后,奴才选派通晓政体之员,前往各省查明户口、地亩数目,相度地方形势,详慎斟酌,奏明办理。其各厅州县员缺应俟何处地亩斗税办有成效,即先奏派委员前往该处试署,并撰拟城□随时奏请饬部颁发印信以昭官守。再,吉林三厅向因专管旗人户婚各事,皆用理事人员。今既民户众多、政务殷繁,与从前情形不同,应请与新设之同通州县均照奉天新章加理事衔,满汉兼用,以广材路。其宁古塔、珲春二城距省较远,应否设官分治及吉林将军应否仿照奉天将军加兼文衔,并省城地方应否添设巡道之处,容奴才随时体察情形再行奏明,请旨遵办。　1188－1190

通筹吉林全局请添设民官疏　光绪六年

吉林将军　铭安

伏查吉省马贼肆扰,皆由地阔官稀,非有地方亲民之官,不足以讲求吏治而清盗源。业于光绪四年九月间,将变通官制、增设州县大概章程、月缮清单,恭折沥陈声明。创葺城垣、建修衙署、仓库、监狱等项需费浩繁,拟以斗税、荒价二款作为添官一切用度,须俟款项筹有端倪方能陆续添设,一二年内恐难设齐。均经奏明,仰邀圣鉴在案。嗣经部议覆奏,吉林添设各缺,自系因时制宜,整顿吏治起见,应请旨饬令该将军体察情形,通筹全局,详细分别,奏明办理。等因。奉旨:依议。钦此。钦遵。恭录咨照。前来。臣闻命之下,钦感难名。伏思法贵因时,庶足补偏。而救弊事由,创始尤宜虑远而思深。除遴委妥员□□□□,查办荒地,抽收斗税,以筹设官建署经费外,查吉林属界东西二千余里,南北亦二千余里,惟省城西北一隅设有三厅办理地方之事。至宁古塔、三姓、阿勒楚喀等处,命、盗、户、婚,则就理于协领衙门。而协佐等官但习骑射,不谙吏治,是以民怨沸腾,铤而走险。臣详查情形,通盘筹画,吉林应设民官之处甚多,第筹款维艰,势难一齐举办。惟先择有紧要之区,如阿勒楚喀、五常堡、阿克敦城三处,放荒已著成效,生聚日繁,商贾辐辏,亟应添设民官,委员试办。臣前奏原单拟添设各官,均系略举大概,并未派员履勘。今当创立之初,必须相度形势,体察舆情,斟酌不厌其详,历久可期无弊。查阿勒楚喀地方距省五百里,距三姓六百余里,为东北最要咽喉。臣札派知府衔升用同知候选通判王绍元前往查勘,何处可以修城建署,饬令绘图禀覆。去后,旋据该通判王绍元禀称,遵查阿勒楚喀副都统衙门城池在全境西南一隅,而西南管界仅四十余里,东南、东北管界则三四百里不等。缘早年安设旗屯俱在蜚克图站迤西,距城皆不出六十里外。其蜚克图河东原系围场禁山,其间旷边荒,南北二百余里,东西三百余里,渺无人烟,无须治理。咸丰十一年奏准:开放蜚克图河东等处荒地,远近民人领种谋生,日聚日众。二十年来生齿蕃盛,商贾渐烦,命盗词讼愈增愈多,俨有既庶且富景象。查有韦子沟地方,西距与拉林接界之古城店一百七十里,东距与三姓接界之玛珽河二百四十里,南距与五常堡接界之帽儿山二百里,北距与黑龙江属呼兰接界之松花江六十里。实为合境适中之地,且系东北赴三姓、东南赴甬子沟、玛珽河三路通衢。蜚克图与色勒佛特库两站中正腰站,原设东西大街一道,计长三里。街南北有开设大中铺户二十余座,小铺户七十余座,土著居民三百余家。人烟稠密,商贩殷繁。于此设立同知衙署、监狱及巡检捕衙,实足以制治理。周围土冈可以建造城垣,形势壮阔。城中多留隙地,以备分设祠庙、学署、仓廒、武廨等用。至玛珽河地方既已就地安官,亦应统归此缺同知管辖。第该处东西二百余里,东北长一百五十六里,界面辽阔。诚恐同知兼顾难周,应请仿照奉天昌图前设同知时,于八家镇添设分防经历一员,今拟在玛珽河适中之烧锅甸子可否添设经历一员,抑或添设照磨一员,以辅其治。均祈查核等语,并绘地图禀复。前来。臣前请在阿勒楚喀属界添设抚民同知一员,巡检兼司狱事一员。今核该通判王绍元查勘情形,既称苇子沟系阿界适中之所,拟仿照伯都讷同知驻孤榆树屯例,即请在苇子沟仍照原奏设立抚民同知一员,名曰宾州厅。并设巡检兼司狱事一员,管理监狱。教谕一员,振兴学校。玛珽河之烧锅甸子分设巡检一员,即归宾州厅统属。此苇子沟、玛珽河拟设正印教佐各官之情形也。又查五常堡地方,距省五百里,为东南冲要之地。臣札派四品衔委用通判陈治、同知衔委用知县毓斌前往查勘何处可以修城建署,饬绘图禀覆。去后,旋据该通判陈治等禀称:遵札驰赴五常堡城,勘得该处原筑四方土垣,中立井字街,协领衙署居中。规模狭隘,人烟希少,户不满百,铺居十余家,生意萧索。缘该城池处北隅,不当冲要,皮、木、山料、油靛、烟麻诸货非贩运必经之途,故开荒垂二十年尚无起色。勘验毕,即赴堡城迤南三十里之欢喜岭地方。勘得该处有东西大街一道,长七里,宽三里,商贾萃集,人烟较密,东、南门各一,贸易四季繁盛,为五常堡山河屯适中之区。今欲建立郡县城池,该西北地势高阔,可以设立衙署、仓库、监狱。外建城垣,东西长可八里,南北宽可四里,祠宇学署均可择地修举。相度毕,遂至欢喜岭迤南六十里之山河屯地方,勘得该处商贾富厚,有东西大街一道,长四里,宽四里,四围环以长沟,东、西、北门各一。贸易冬季为最盛,余三季平平。人烟尚多,诚丰盈之地。以建立城池,东西长须五里,南北宽须四里,官廨、祠宇、仓库、监狱、考棚、公所均可择地建立。该处西方偏北地颇旷朗,可以建造有司、衙署。勘验毕，综核堡界，东西宽百余里，南北长二百余里，惟东南一隅长及四五百里，地方窵远。现在莠民虽震于兵威不敢公然出犯，而深山密林潜踪，扰匿闾阎，劫掠仍所不免，地方官吏诚有鞭长莫及之势。目下拟在欢喜岭、山河屯二处，设立正佐各官，兰彩桥、小山子二处，亦当冲要，宜分设汛官，长年巡缉演练。各队仍须驻扎，以资镇抚等语，并具地图禀覆。前来。臣前请在五常堡设立州治，仿照热河章程以同知管知州事一员，巡检管吏目事一员。详核该通判陈治等查勘情形，及称欢喜岭系堡界适中之所，该堡原有协领一员，自毋庸再在该处设立民官，亦毋庸改作州治。即请在欢喜岭设立抚民同知一员，名曰五常厅。另设巡检兼司狱事一员，管理监狱。教谕一员，振兴学校。山河屯分设经历一员，即归五常厅统属。至称兰彩桥、小山子二处，地尚冲要，宜分设汛官一节。查兰彩桥在小山子西南，相距二十里，由兰彩桥至五常堡九十余里，洵系扼要之区，自应添官驻守，以资镇抚。惟吉省尚无汛官，碍难设立。兹拟在兰彩桥地方设立巡检一员，亦归五常厅统属。小山子既距兰彩桥二十里，即毋庸添设分防。此欢喜岭、山河屯、兰彩桥拟设正印教佐各官之情形也。又查阿克敦城地方，距省五百里，为南山门户。臣札派四品衔委用通判陈治、同知衔委用知县毓斌前往查勘，何处可以修城建署，饬令绘图禀覆。去后，嗣据该通判陈治等禀称，遵勘阿克敦城地方，地势平坦，宽阔高爽，东南系珲春大道，东北系宁古塔大道，西系吉林大道，实为扼要之区。周围山环水抱，而四面去山皆远，可以设城建署。查阿克敦城地方本系生荒，现经查地委员分省补用知县赵敦诚招集地户开垦，开诚布公，许以立城设官保卫。地方百姓恃以无恐，源源而来，城内街市地基佃写殆遍，已有成效。因时制宜，正印自应设于阿克敦城，以副民望。查南岗地方东西三百余里，南北二百余里，沃壤十数万晌，天气和暖，地土肥润，东通珲春、海参崴，东北通宁古塔，西南可通奉天，亦系冲要之区。但现在居民只有四百余户，新就委员赵敦诚招抚，初放荒地尚无成效。只宜设一巡检或一县丞分司其事，仍隶阿克敦城管辖。俟数年后，荒地齐放，商贾云集，居民辐辏，再为体察情形，改设正印，以哈勒巴岭分界，以资治理。再查张广才岭之东额穆赫罗地名，系属旗地，向隶吉林厅管辖。去吉林厅窵远，且隔大岭，声叫不通。该地去阿克敦城甚近，现在该处有争讼之事，多赴阿克敦城，向委员赵敦诚告诉。赵敦诚代为剖析，民皆悦服。可否将额穆赫索罗地名划归阿克敦城管辖。将来设立知县，请加理事通判衔，知县可以就近料理。以张广才岭一带连山分水为界，岭西属吉林厅管辖，岭东属阿克敦城管辖，似为妥便。其阿克敦城所辖四至界址，东至马鹿沟一百一十里，马鹿沟应归阿克敦城管辖。迤东系宁古塔界，东北至都林河一百二十里，应以河为界，河东北归宁古塔管辖。河西南归阿克敦城管辖。北至大洋白山一百七十里，应以山之分水为界，分水之北归五常堡管辖，分水之南归阿克敦城管辖。西北至张广才岭一百八十里，应以岭之分水为界，分水西北归吉林厅管辖，分水东南归阿克敦城管辖。西至威呼岭一百里，应以岭之分水为界，分水之西归吉林厅管辖，分水之东归阿克敦城管辖。西南至帽儿山一百三十里，应以山为界，山东北归阿克敦城管辖，山西南系南荒大山，直接长白山一千余里。南至古洞河二百三十里，应以河为界，河北归阿克敦城管辖，河南系南荒大山，八百里直接高丽江界。东南至高丽江五百里，江内属阿克敦城管辖，江外系朝鲜国界。又东南至高丽岭四百里，应以岭之分水为界，分水迤东归珲春管辖，分水迤西归阿克敦城管辖。如此划明疆界，各专责成，以免互相推诿通语，并绘具地图禀覆。前来。臣前请在阿克敦城设立县治，以通判管知县事一员，巡检管典史事一员。详核该通判陈治等查勘情形，既称阿克敦城可以设立民官，即请在阿克敦城设立知县一员，名曰敦化县。臣此次于清单内请加理事通判衔，自可毋庸以通判管知县事。

另添设巡检管典史事一员，管理监狱，训导一员，振兴学校。南冈分设县丞一员，即归敦化县统属。至额穆赫索罗地名，既距吉林厅窎远，自应准如所禀，将来划归敦化县管辖。其余分界各处，应令接办之员详细覆勘，再行定界。此阿克敦城、南冈拟设正印教佐各官之情形也。现在吉省收取荒价、劝办斗税已历年余，积有成数，以上请设各官，亟应委员试办。但草昧经营之始，事务艰巨，头绪纷繁。况各处流民甫经向化，良莠不齐，必须上下交孚，始能纲目毕举，纤悉不遗。若试办一人，试署一人，事权既分，民情益隔，势必散而无纪，不足以一政令而系人心。今拟某处派某员试办，即以其员试署，将该处地方应办一切要件，责成经理，则情形熟悉，办理自能裕如。如此划疆分治，责有攸归，但使慎选得人，不难从容就理。庶几大法小廉，民安物阜，则盗风可靖，元气可培，以仰副圣主惠保黎元，绥靖边陲之至意。　　1191 － 1195

请续设民官升改各缺疏　光绪七年

吉林将军　铭安

窃臣前以吉省应设民官甚多，因本地筹款维艰，势难一律举办，先请添设宾州厅、五常厅、敦化县三处正印教佐等官，当于光绪六年十二月初八日专折具奏。奉旨：饬部核准并由臣委员试署在案。现在收取荒价、劝办斗税，又历一年，积有成数。所有应行添设升改各缺，自当及时拟议，请旨遵行。查双城堡地方距省四百余里，为省城东北之门户，界外均有民官治理，惟该堡与拉林地方公事仍系旗员经管，未免向隅。臣札派差委道顾肇熙前往查勘，何处可以添官建署，饬令绘图禀覆。去后，旋据该道禀称，遵查双城堡在省城东北四百八十里，本属拉林旧地，自嘉庆年间转拨京旗，设立村屯，画归堡者。东西相距一百三十里，南北相距七十里，四面仍皆拉林界。现在堡城商贾云集，户口繁多，较拉林为盛，自应在该堡城内添设民官，以资抚辑。拉林但设分防，足以佐治。惟地界则当并拉林所属，统归双城管辖，方觉整齐。东面本与阿勒楚喀以古城店分界，古城店之东今属宾州厅界，店西应属双城。东南本与五常堡以莫勒恩河分界，河南今属五常厅界，河北应属双城。南面、西面均与伯都讷以拉林河分界，河南、河西为伯都讷厅界，河东、河北应属双城。北面本与黑龙江以松花江分界，江北为呼兰厅界，江南应属双城。如此画分，双城地势实居拉林之适中，为省北之屏障。形势宏敞，庶务殷繁。将来建立衙署、监狱以及巡检捕衙，修造城垣、祠庙，均有隙地，足敷布置。第东南距拉林一隅，有远在百里以外者，尚恐鞭长莫及，兼顾难周。应请于拉林地方设立分防衙署，缉捕之余，籍资佐理等语。并绘具地图禀覆。前来。臣前请在双城堡、拉林地方添设抚民通判、分防、巡检等官，并拟将堡城总管一缺裁撤，改设协领一员。业经附片沥陈，仰蒙俞允。在案。既据该道覆勘，明确禀称，双城堡商贾辐辏，事务殷繁，亟须添设民官，以资治理。请仍照前奏，在双城堡设立抚民通判一员，名曰双城厅。另设巡检兼司狱事一员，管理监狱，训导一员，振兴学校。拉林分设巡检一员，即归双城厅统属。其双城堡原设总管一缺，即请裁撤，改设协领一员，专司缉捕及一切旗务。除双城、拉林土税一项，照新设宾州、五常各厅均归旗署征解之例，仍由双城、拉林旗署征解外，其余一切租税均归新设民官征收，词讼命盗案件均归民官审理，以一事权。此双城堡、拉林拟设厅官教佐各员之情形也。又查伊通距省二百余里，为省西最要咽喉。向归吉林厅管辖，地方辽阔，治理难周，必须添设民官，画疆分治，方能通声教而辑人民。臣札派差委道顾肇熙、本任吉林厅同知善庆前往查勘，何处可以添官建署，饬令绘图禀覆。去后，旋据该道等禀称，勘得伊通河在省西二百八十里，至威远堡门二百七十里,系奉天界。北至长春厅一百余里,南至围场荒地二百余里,为长吉两厅之门户,吉黑两省之通衢。前山后河,中有大道,势极扼要当冲。商贾云集,居民栉比。履勘周围,东西五里,南北三里,能于此修城建署并设仓库、监狱、学署、祠庙,确于地理相宜,民情协洽。至于勘分界址,正南为小伊通河七十里,河南属奉天界,河北属伊通。正西至威远堡门二百七十里,门西属奉天界,门东属伊通。东南至那尔叫岭三百四十里,岭南属吉林界,岭北属伊通。西南至黑瞎子背岭三十里,岭南属奉天府,岭北属伊通。西北至二十家子边壕,壕北属奉天界,壕南属伊通。正南自距伊通五十里之石头河子分界,河东属吉林,河西属伊通。东北自距伊通一百三十里之小河台边壕分界,壕东属吉林,壕西属伊通。如此画分,似属整齐。惟伊通河设立有司衙门,距围荒二三百里,难期兼顾。今勘得迤南一百六十里之磨盘山,东西宽三里,南北长五里,前通当石河至辉发河入大江,后靠椅子等山,局势宽平,居围荒之适中,亦宜添设分防,以辅其治。伊通既拟添设正印官,则所分界内旧有租赋,自应均归新设之员经征。除俟围荒放竣后,照例升科报部,归伊通征租外,所有石头河子、小河台迤西、迤南,现拟与吉林府分界之处,应征地丁银米约数在二万零五百两有奇,均画归伊通经征。以期抚字催科,责成并重。惟吉林厅原征赋额不过五万两有奇,今据画出少半,亦应设法筹补。查围场边荒,前于咸丰、同治年间,先后放荒地十牌,共地六万七千三百余响。现在该处正勘丈,并浮多计之约在十万响。此项地亩,每响向收大租钱六百文,小租钱六十文,由户司经征。而地属吉林厅管辖,遇有佃民词讼事件,均归厅官管理。如将大小租拨归吉林府征收,实属官民两便等语,并绘具地图禀覆。前来。臣详核该道等所禀各节,均尚妥协。即请在伊通设立知州一员,名曰伊通州。该州旧有吉林分防巡检一员,改为吏目,管理伊通监狱,添设训导一员,振兴学校。磨盘山分设巡检一员,即归伊通州统属。至勘分界址及经征租赋、审理词讼,自应悉如所禀办理。此伊通、磨盘山拟设正印教佐各官之情形也。夫新设各缺,既已措置咸宜,治理可期一律。而旧设三厅亦应变通,尽利政教,庶免两歧。溯查臣前奏变通官制、增设府厅州县一折,奉到部咨。内开,该将军请将吉林厅理事同知升为府治,改设知府,原设吉林厅巡检改为府司狱,管司狱事。伯都讷原设理事同知,改为抚民同知,原设孤榆树巡检兼管司狱事。长春厅原设理事通判改为抚民同知,原设巡检兼管司狱事。农安添设照磨一员,靠山屯添设分防经历一员。并据奏称,吉林三厅向因专管旗人户婚各事,皆用理事人员。今民户众多,政务殷繁,与从前情形不同,请与新设之同通州县均加理事衔,满汉兼用等语。臣等查该将军所奏添设各缺改请加理事衔,满汉兼用之处,自系因地制宜、整顿吏治起见。惟添设、改设各缺,总期官民相安,方臻妥善。请旨饬令该将军体察情形,通筹全局,详细分别,奏明办理。等因。奏奉谕旨:依议。钦此。钦遵。咨行前来。伏思吉林厅理事同知驻守省垣,幅员辽阔,管辖本属难周,且迩来荒地日辟,民居日密,户婚词讼、命盗之案,倍多于前。只以同知独任其事,权轻责重,地广事繁,难免有顾此失彼之虞。拟请将吉林厅理事同知一缺升为府治,改设知府,名曰吉林府。仍照热河承德府、奉天昌图府之例,仍管地面词讼钱粮各事。新设之伊通州,归其统属,并将原设吉林巡检一缺升为府司狱,管司狱事,学正一缺升为府教授,以符体制。其吉林府应分界址,东至张广才岭为界,计二百里,外至敦化县。东南至树林子荒为界,外至官山。西南至太阳川为界,计二百余里,外至伊通州。西至石头河子为界,计二百三十里,外至伊通州。西北至小河台为界,计二百一十里,外至长春厅。北至法特哈边门为界,计二百一十里,外至伯都讷。(南)〔东〕北至舒兰荒耘字四牌为界,外至五常厅。如此画明疆界,各专责成,庶免互相推诿。至伯都讷厅理事同知一缺,照原奏改为抚民同知加理事衔。长春厅理事通判一缺,毋庸升为抚民同知,请改为抚民通判加理事衔。农安地当冲要,生聚日繁,请照原奏,添设分防照磨一员,归长春厅统属。靠山屯地方民户无多,该厅可以兼顾,毋庸另设分防经历。此吉林旧设三厅,拟请升改各官之情形也。惟本年十月十一日接准吏部咨开:以奉天现无理事同知通判员缺,准用拣发曾任实缺正途,不分满汉补用。明文该将军,请将吉林理事同通三厅仿照奉天章程,由拣发曾任实缺正途,不分满汉,酌量补用之处应无庸议。等因。维时吉林旧设三厅,尚未奏请升改,均系理事同知通判,格于成例,是以吏部奏驳。查奉天昌图厅同知改为知府,请由外拣员升补。兴京理事通判改为抚民同知,亦请不论满汉兼用,均加理事衔。照例将拣发人员请补,均经部议奏准在案,现在吉林厅理事同知升为知府,应请仿照奉天昌图府之例,由外拣员升补。伯都讷厅改为抚民同知,长春厅改为抚民通判,亦请仿照奉天兴京抚民同知之例,请仍由拣发曾任实缺各员,不论满汉酌量补用。庶与新设各厅县统归一律,实于政体有裨。以上添设升改正印教佐各官,如蒙俞允,应请旨饬部铸造关防印信、钤记,迅即颁发,以昭信守。其实缺分筹廉俸、修城垣、建衙署、立学校、设弁兵,应行详议章程,谨另缮清单,恭呈御览。并绘具双城堡、伊通各处地图贴说,咨呈军机处备查。合无仰恳天恩,饬部迅速议覆,以便臣奉到部文,即行遴选妥员奏明试办、试署。俟二三年后,如果办理裕如,再请实授各官。应发廉俸、役食、勇粮,及修建各项工程,仍请照臣前奏,照数概发实银,以重地方而求实济。其余未尽事宜,臣当随时体察情形,悉心筹画,妥议具奏,恭候圣裁。除宁古塔、三姓、珲春等处应设民官,由臣致函督办,宁古塔等处事宜太仆寺卿吴大澂就近体察情形,妥商定拟,再行另折奏闻外,所有遵旨续设民官暨升改各缺缘由,是否有当,谨会同奉天府府尹暂管提督学政事务臣松林合词恭折具陈。　1195－1198

卷二十七上　户政类　赋役
请行钱粮民欠征信册疏　光绪十一年

户部

(上略)

谨将酌拟清厘民欠章程十条恭呈御览:

一、征收照例截限也。查例载征收地丁钱粮,奉天、直隶、山东、山西、河南、安徽、江西、浙江、湖北、湖南、甘肃、广西、江苏、陕西、四川各省,限十二月底全完解司,广东省限次年正月全完解司,云南、贵州二省,限次年三月全完解司等语。此即下忙期限,各该厅州县即按限截数,将征信册底本造送藩司查核,盐场卫所亦依此限核定。

一、申送底本酌定限期也。奉天、直隶、山东、山西、河南、安徽、江西、浙江、湖北、湖南、甘肃、广西、江苏、陕西、四川各省,下忙既以十二月为限,州县陆续造送征信册底本,限于次年三月底止,通省全送到司。广东下忙既以次年正月为限,州县陆续造送征信册底本,限于次年四月底到司。云南、贵州二省下忙既以次年三月为限,州县陆续造送征信册底本,限于次年六月底到司,毋庸另扣程限。如逾限未到,由藩司照交代例,指名揭参。逾限两个月,罚俸一年,逾限四个月革职。至盐场经征灶课,折价丘折,卫所经征漕项,帮津余租,凡有征收钱粮衙门,概造欠户花名底册,申送运司。盐粮道一律照造征信册。各粮道自行征粮,发票不由州县经征者,即由粮道自造征信册,限期、处分,均与州县一律。核计其扫数全完并无民欠者,亦按限期专详报明,毋庸造册。

一、刷印工本应作正开销也。刷印征信册，由藩司盐粮道预为购办活字板，全分招募匠役，酌给工食，以及纸张笔墨各项，准令作正开销。所有前项费用，如耗羡有余省分，准于耗羡项下动支。如耗羡无余，应准动用杂项及外销之款，惟不可无限制。应令估计每年额支若干，报部核定，估定之后不得有逾。定额如有余剩，专款存储。傥下届不敷，即于余存款内动用。该上司概不得摊派州县丝毫，州县尤不得派累百姓丝毫，违者照例，分别参处治罪。

一、册到司道应认真查核也。各厅州县场卫申送征信册底本，应令于册面注明本数，各本内注明页数，由司道详查。如有不分晰明白、故意舛错遗漏者，司道即将厅州县场卫揭参，照钱粮造册不分晰明白例，议处。

一、刷印款册应认真核对也。刷印征信册，应由藩运司盐粮道责令所属理问、都事、经历、照磨、运同、运副、监制、同知、提举、知事、仓库、大使等官，拣派一二三员专办。摆印订册，必逐篇核对，不准错误。每二篇用该属员骑缝印铃，册末印明某官某人核造戳记。惟该属员难保不需索各厅州县，稍不如意即将数目移易，设法陷害。民间或因数目不符，纷纷上控，滋生事端。如有上项情弊，查实应行治罪。傥无别项情弊，查系办事草率以致数目少有舛错，该上司即将造册草率各官揭参。

一、发给州县场卫册数、页数应印明也。灾缓带征不必各属皆有所发，征信册数彼此不同，滑吏舞弊或少发一册，或册少一二页，故意抽短，俾无可考。册内各加印一戳，写明册共几页。并于各册面大字加戳，写明某州县场卫、光绪某年、钱粮各样、征信册共几本。无论何款，册面皆加此戳，彼此互证以防弊窦。

一、发册限期应行酌定也。查各厅州县场卫申送征信册底本，奉天、直隶、山东、山西、河南、安徽、江西、浙江、湖北、湖南、甘肃、广西、江苏、陕西、四川各省，既限以次年三月底，到司到道，该司道早为派员陆续刷印，赶紧办理。勒限于六月底，发交该地方如甲年钱粮所属征信册，于乙年三月底到司，上司即于乙年六月底发交该地方。广东既限于次年四月底，到司到道，该司道即将刷印册，于七月底，发交该地方。云南、贵州二省既限于次年六月底，到司到道，该司道即将刷印册于九月底，发交该地方。傥逾限未发，系由藩运司盐粮道所属理问、经历、照磨等官迟误者，即由该上司将理问、经历、照磨等官揭参，照易结不结例，议处。傥上司不行揭参，显系上司迟误，由督抚查出，即将该上司奏参，照易结不结例，议处。奉天等省督抚应于次年八月即乙年下仿此，广东督抚应于次年九月、云贵二省督抚于次年十一月，汇奏一次，声明除某州、某县、某场、某卫皆扫数全完，无庸查造欠户征信册外，其有民欠蠲缓各厅州县场卫征信册，是否依限全数到司到道，是否依限发交该地方。完竣之处，逐一声明。并将逾限之各厅州县场卫理问、经历、照磨，各上司曾否参处，分晰开报。仍将全省各厅州县征信册一分，随奏送部备查，一分散省阅，应令民共见也。各上司既将各厅州县场卫征信册刷印完竣，盖用印信，除随奏送部一分，申送督抚各一分，发给臬司及该厅州县场卫各一分，存案备查外，繁缺另备五十分，中缺备四十分，简缺备三十分，以一半发交该管道员，以一半发交该管知府直隶州，各于册面加印，于下乡、过境、月课、考试及随时接见该州县绅民时，迅速设法转交本地公正绅民，确实分给各乡民公同查阅，不许该州县场卫官吏经手。该管道府州傥匿册不散或迟延月日者，照徇庇例，加等严参。有压搁沉匿需索一钱者，严究。绅民有藉端撞骗招摇，需索各乡使费一钱者，一经告发审实，计赃科罪。此条至为紧要关键，道府州亲临，上司若不扶同隐匿，州县何敢奸欺分散征信册，定惟该管道府州是问。如督抚藩司自愿出资，另行刷印多册，设法确发民间公阅，或廉正州县场卫各官，将经征钱粮于截数造底册后,自愿另写出征信册数本,令本境绅民公阅者,均听其便。惟由该衙门发册,必册面盖用该衙门印信,以示分别。总之,此项征信册专为稽查官吏中饱起见。百姓践土食毛,非遇十分灾歉,岂敢玩视国课。州县积弊,以百姓为可欺,捏报灾荒,指完为欠,任意侵蚀,实堪共愤。此册遍行,则完欠显然,可以杜官吏中饱之弊,即可以见良民乐输之沈,实于闾阎大有裨益。

一、侵欺官吏应按律治罪也。查钱粮中饱例,许完户执持串票控告。今刊发民欠征信册,所以力杜中饱。各该绅民详细查阅,如有已完银粮,在该年下忙截数限内,册内仍列未完者,许完户执持该年已完纳钱粮串票,赴各该上司衙门具控。审实系该地方官吏侵欺捏作民欠,将该官吏照监守自盗律治罪。若百姓具控而藩司、臬司及道府、直隶州通同地方官设法弥缝不行揭参者,由督抚将徇庇之该管上司参处。若系督抚徇庇属员不行揭参,将督抚议处。如有刁生地棍并无串票,或非该年已完钱粮串票,或日期不符妄行控告者,仍按律严惩。该管各上司于巡阅或因公过境之便,仍不时访查有无前项情弊,以昭周密。

一、收到钱粮必给串票也。交纳钱粮,例付串票为据。间有朴愿地方,向只交纳,不知领取串票,官遂不给者。亦有书吏勒索钱文,民间忿不领取者。更有串票宽仅及寸,长不三四寸者,字迹印信模糊。仿佛种种刁难含混,故令无可查考,致有重征重纳各弊,滋生事端。此后无论绅士、军民、大小各粮户、各衙门,收到钱粮,必登时截取串票。纸必宽长、字必清楚、印必明显。通谕粮户,必皆领串票,为征信册对证凭据。严禁书吏勒索,违者,即将经征之员撤参。　1365－1369

卷二十七下　户政类　赋役

官庄应交各款遵旨厘定章程疏

绵宜

窃奴才于光绪十六年二月二十五日,接准署将军定安咨开,光绪十六年二月初八日,内阁奉上谕:前据御史爱兴阿奏参盛京户部六品官松寿等浮收勒索各情。等因。钦此。钦遵。咨行前来。奴才随即督率司员详加查核,庄头等每年额征稗九千九百余仓石,内实入仓稗五千八百余石,外应存留官庄稗一千七百石,以备供应三陵祭祀需用鸡、鹅、鸭、蛋、瓢、笤、刷、帚等项。查庄头每年实交稗仅七千六百余石,照依额征之数尚短交稗二千三百八十石。斟讯各领催并札据官庄六品官均称,庄头等短交稗石,系拆给入祭麦银,每庄十两零八钱,苏麦银十二两五钱七分,杂粮银三两五钱以外,并无浮冒。奴才诚恐内有掩饰情弊,传讯各庄头折对,所供短交稗石与该领催声称数目相符。究讯短交始于何年,庄头等不知底细,而官庄亦无案据可稽。历年已久,从未申明,因此庄头始生疑窦。奴才详加核计入祭麦银、苏麦、杂粮三款,每庄共折二十六两八钱七分。若以应交稗石以市价折核,不过多折二三两。拟以嗣后无论稗价低昂,三项每庄共交银二十四两。再查车价,每庄折银一两五钱,系运送盛京粟米以及凤凰城应付朝鲜粳米库伦喇嘛车脚。此项毫无浮冒,仍拟照旧折核。查回缴牛皮银一两六钱四分,系交工部入库银两、稗折银八两五钱、库银二十五两,此二款系交银库加平足银,亦无浮冒,拟亦照旧折核。纸碎银五钱、工食银一两一钱、公用银十六两,系官庄衙门办公之项。查公用一项乃修理官庄衙署以及贴补各项差徭,此皆因与正款有间,是以庄头疑为浮冒。然官庄署内办公向无别项正款开销,非此不敷应用,拟以十二两为率,以照平允。查羊草折银二十四两二钱,应交礼部乳牛馆喂牛、工部秫秸厂喂牛、礼部送祭垫车、户部车夫喂牛等项。羊草所折数目虽较市价稍差,而应付殷繁,无多余润。且据各庄金称,有交东钱二百千与一百二三四五十千不等,又有交银二十四两二钱,更有自行应付羊草者,苦乐既属不均,杂差又未截止,殊属毫无限制。况各路领催贤愚不等,从中藉词需索,固所不免。拟以每庄折东钱一百四十千,其自行应付者,悉听其便。如此一律均平,各庄头庶无疑窦。以上各款名目虽多,均系供应三陵祭祀之需以及库款并各项差徭。虽其中不无稍有盈余,而事非一年,官非一任,若必于正供而外概行裁撤,未免竭泽而渔,办公无从而出,势必枝节横生。奴才再四思维,如此厘定,庄头等有所遵循,事归一致,而胥役等无权勒索,讼免再兴。至厘定后,各路领催此外不得再立名目,稍涉参差,而庄头等应交各款亦不准丝毫蒂欠。窃思厘定之始,恐日久弊生,仍蹈故习。查官庄六品官向系两员,今拟由奴才衙门郎中、员外郎内择其老成可靠、办事精详者,暂遴派一员监办官庄事宜。此虽一时权变之计,实奴才慎重公务起见,似相周密。经奴才派员监办后,官庄一切果均能循规蹈矩,久远可期。仍责成六品官妥为经理,俾符向章而归简易。

再,庄头等所称,官地近因河水涨发有被水冲沙压者,虽呈请拨补究无闲荒可筹,一俟有封禁地亩再行指领。至庄头中近闻有将官地私压盗典情事,倘被查出或别经发觉,若不将庄头从严惩办,势必纷纷效尤,至官田归于无。著今由奴才衙门遴派监办官庄之员,饬令详加查看,如有私典私压情弊,拟觉时惩办。再,运通米豆一差,向系官庄,凡十七名粮庄供应豆石,每庄额交豆一百零一斛,由奴才衙门派员经理。自开征后庄头有交随色,有折给钱文,随市价低昂,从中拟定。由经征委员代为预备豆石,运赴牛庄,挑检齐楚,方行装运。缘庄头从前近附牛庄,皆交本色。本近省城庄头恳求折色,以免运赴牛庄,往返车脚盘费亦不易办,是以求委员代办,两有裨益。办理已久,从无他议。近有无知庄头拖附累累,以折色为把持,反究心于挟制。查庄头所交豆石,乃运赴牛庄之项,至改归轮船后,由牛庄复行囤积营口,一俟轮船到日,刻即装兑,无容稍缓。而庄头有延至六月、七月之久,尚不能交纳完竣。委员若不预为齐备,轮船到口不能久候,例限綦严,该委员责无旁贷。虽严办庄头,无济于事。此款乃天庾正供,所关匪,奴才再四思维,事历已久,庄头等或交本色或折给钱文,从前办理有年,悉听其便,嗣后不得以折色为把持,有误要需。　1460－1462

卷二十九　户政类　屯垦

筹办开垦呼兰所属封禁荒田疏　光绪十三年

恭镗

窃查黑龙江省,边漠之区,初无民垦。咸丰七年,将军奕山查勘呼兰所属蒙古尔山等处荒地一百二十万晌,堪以试垦,惟恐外人慕膻潜越,不能预操把握,当经奏请封禁。十年,将军特普钦因俸饷不继,防范维艰,奏请招民试垦,藉裕度支。奉旨允准。在案。此为呼兰乡民垦开办之始。同治七年已放毛荒二十余万晌。将军德英以新荒续领未能踊跃,拟请暂行停放。厥后屡停屡放,叠经御史英俊、光熙、内阁学士尚贤等条奏开垦,俱经历任将军定安、文绪等筹议,呼兰所属克普通肯地方荒场有碍边围,仍请照旧封禁。各在案。臣等伏查,黑龙江精华全在呼兰一隅,地气和暖,土脉膏腴,为关外所艳称。然详稽所以封禁之故,略有五端。论地脉则恐碍参山珠河,论牧场则恐妨旗民生计,而且垦民杂则盗贼潜入,揽头出则贩卖架空。更恐奸民易集勾结堪虞。臣等反覆推求,知其中情节,万无一可虑者。溯查原案,呼兰参山自乾隆时试采一次，稍见参苗，久经停采。布雅淖罗等河自嘉庆二十二年试采一次，亦未得珠，具见奕山奏中。况稼穑之与珠宝孰轻孰重，圣朝取舍自有权衡，不待预计。通肯地段，介居莽鼐布特哈、墨尔根、呼兰、北团林子之间，纵横量核计约有三十余万晌，较之前吉林将军奏开伊通围场十余万晌，广狭大有不同。计将通肯应开地亩之内，酌留围场、牧地，宽然有余。即使生齿日繁，断不至稍有窒碍。若虑民揽转售，应仿照吉林章程，革去揽头名目，每民止准放一二十晌至六七十晌为止，不患不均。至于盗贼有无，则视守令勤惰、官兵勇怯，不在田亩之垦与不垦，此又理势无待深辨者也。且吉林兴凯湖等处最美沃区，徒以土旷人稀不能自守，向使人民繁庶、村堡相连，彼固不能无故觊觎，此亦不能甘心退让。历代备边以开屯为上策者，职此之由。即使双城堡、伯都讷经松筠、富俊条奏开垦，当时或议其难。奉天东边开垦，崇实亦力排众议而行。不二十年，鸭绿江、凤凰城等处廛栉田连，蔚为沃壤，此尤近今之明效大验矣。臣恭镗在都窃尝考论，东省根本大计首在兴农。莅任之初，曾于沥陈本省积困情形折内声明，地旷而利不能兴各节，微陈其端。近更博访周咨，并查考梁诗正、舒赫德、福明安等条奏及特普钦所筹与臣禄彭详细参酌开垦之举，实黑龙江第一大利，敬为我圣主备细陈之。本省额饷三十七万，呼兰租赋已抵至十余万。若再扩充，饷可渐节，此利国帑者一也。齐齐哈尔、墨尔根、黑龙江各城皆恃呼兰转运接济，收获愈广，储积愈丰，此利民食者二也。盗贼之恣，皆由守备之疏，若于放荒时酌定村户修筑堡寨，严行保甲缉捕之法，盗贼自难容足，此利保卫者三也。关内外失业闲民，麇聚东省或之他邦，一定土著庶免流移，富者力田，贫者佣工，各安其业，此利绥辑者四也。押租缴价，或仿旧章，或仿吉林章程，酌量增加，以补公项，此利经费者五也。开垦既广，俟升科后查照奉天章程，每亩酌定征银额赋，以济俸饷，此利征收者六也。呼兰粮食除接济本省，广行东南，将来收获丰盈，转输益众，此利商贾者七也。斗税、烧锅税捐亦资小补，积谷日多，收捐必有起色，此利税务者八也。通肯地段与齐齐哈尔等城相连，户口渐增，人烟日盛，贫瘠荒漠之区可变殷实，此利生聚者（八）〔九〕也。人有恒产，地有村砦，内守既固，外患不生，此利边备者十也。惟是十利之说，人所共知，而臣等切念封禁五端内，旗民生计一条关系最重，尚须详查细考。因先饬派委协领常德等驰赴通肯，查勘地方围牧情形。顷据常德等绘图贴说并禀称，通肯荒田南北约长一百四十余里，东西约宽七八十里，距北团林子五十余里，呼兰、巴彦苏苏二百余里，且隔呼兰一河，于旗人原有牧场毫无关碍，将来垦成立埠，应留牧场余地亦多等情。前来。并据总办呼兰税务道员陈宝善就近访查，开垦一切利弊，大致相同。事关黑龙江省兵民大计，臣等职分所在，不敢拘泥成案，坐视膏腴之产久弃荒芜。而前准户部咨称，奏准黑龙江省筹办事宜折内，亦有开放荒地、体察时势举行等语，用敢据实上陈，仰求圣明俯加采纳。如蒙俞允，臣当慎简能员，妥定规条，务期利兴弊绝，以仰副圣主富民足边之至意。　1501－1502

筹办大东沟善后事宜疏　光绪元年

奉天将军　崇实

窃奴才崇实于光绪元年六月初九日，奉到军机大臣字寄，六月初五日奉上谕：大东沟一带，自流民屯聚以后，抽木、斫苇、垦荒诸利，全为各匪任意收厘。等因。钦此。仰见我皇太后、皇上洞悉地方情形，无微不至，奴才等跪读之下钦佩莫名。查大东沟一带各股贼匪，虽经大兵剿除净尽，而流民私垦多年，不无疑惧，抚绥经画，更赖得人。兹查有直隶候补道陈本植，精明强干，勇于任事、在籍知府恒泰，老成稳练，熟谙民情、候补知县张云祥，耐劳勤干。

因于一律肃清之后,即派该委员等前往会办一切事宜。现据迭次禀报,民情均已大定,业经在鞍子山各处设局,开办升科纳税等事。所有木税一项,适值秋令商贾云集之时,数月以来税征颇旺,现经抽收木税,小数钱七十万串有零。地亩一项亦经该委员等妥议章程,先办压租,颁给执照。一俟秋后,再行丈量。如与所报相符,即自明年为始,按亩征赋,令其永远承种。出示晓谕,民甚乐从。间有希图包揽之徒,从旁煽或暗中阻挠,随即访拿,亦遂敛迹。现在呈报升科,只就压租而论,业有六千余户,已收小数钱二十余万串。尚今已垦未报之家,十之六七。奴才等,初亦不料边外流民如此之多,所以此次用兵只有剿抚兼施,冀以化暴为良,仰副朝廷俯恤边氓之至意。现经大兵惩创之后,该处流民亦思乐业安居,共享太平之福。业有商民人等,请在沙河子地方,选择地基盖造铺屋,以为经久之计。可见民情向化,尚易抚循。惟凤凰边门之外,朝鲜往来贡道,最关紧要。原定宽阔应留十里,乃历年以来流民逐渐占垦,几无旷土。且已耕种多年,均成熟地。若拘定旧章概行驱逐,反恐小民失所,意外堪虞。现拟宽留十丈,立定限制,不准稍有侵越,以便往来。至苇塘一宗,现在尚未查清,应俟刈割之后,再行估价科征,另筹办法。查前数年屡议展迟,究未认真查办,因循迁就迄至于今。此次奴才等檄饬该委员等妥筹办理,既不可搪塞了事,徒顾目前,亦不可竭泽而渔,不留余地。现虽试办之始,未能预定数目,而约略计算地亩、木税、苇塘三项,每年所入当在十万两以上,实属不无小补。但恐日久弊生,若不设官驻兵,籍资镇慑,难保失教之民,嗣后不再啸聚为奸,仍循故辙。奴才等体察情形,相度地势,大东沟及六甸一带,似应添设同通或州县官二三员,清理词讼,征收钱粮。再于凤凰边门添设监司一员并加兵备字样,以为控制。另选精兵分段安插,庶足以垂久远而靖边陲。查奉省内地旗民分界,所有钱粮归地方官征收者,不过十之二三,归旗员征收者,反居十之七八。每县地面管辖数百里而岁入钱粮无几,所以地方虽甚辽阔,势难再议添官。至大东沟一带,本系边外荒土,并非旗员驻扎之区,现在所办升科,无论旗民,但凡任地开垦者,一律编入户口册籍,将来此项额征,尽可统归地方衙门管理。以地方征收之款,为地方建置之资,既足以清盗源,亦可藉弭边患。庶几一劳永逸,不至别滋事端。奴才等为因时制宜起见,如蒙俞允,只候命下,奴才等即当督饬该委员详细熟筹,将何处应行设官,何处应行驻兵,妥议章程,绘图贴说,恭呈御览,请旨遵行。　　1508 – 1509

酌拟勘办西流水围荒情形疏

钟灵

窃奴才钟灵赴围勘办荒务,当于恭报回省日期折内声明,勘荒情形另行具奏在案。奴才等查西流水围荒,良弼勘办,未能核实,百弊丛生,几于不可究诘。奴才钟灵抵围后,亲赴各围履勘地亩,督饬四分局认真清丈,头绪极乱,枝节甚多。良弼任内,一地放给两户者,层见迭出。两户各有执照,共争一地,数年来聚讼不休,从无结案之日。此次各围地亩,均经四分局丈出浮多,因于浮多项下为两户各拨地段,而以所争之地另放他人,俾得息讼。其余浮多地亩,先尽有照无地之民安插,按执照上年月日先后,次第拨放,以安民业而杜争端。共计勘丈八围,以大雪封地难再行绳,遂饬各委员暂行停丈。谨将奴才等随时酌拟办法六条缮具清单,恭呈御览,恳请敕部立案。所有奴才等勘办西流水围荒情形并随时酌拟办法,谨会同缮折开单具陈。

谨将勘办西流水围荒随时酌拟办法六条,具清单,恭呈御览:

一、有照无地之户此次补放地亩,如系熟田,是该领户并无开垦之劳,坐享菑畬之利,应令每地一亩,补交库平银三钱三分。如补放生荒,毋庸补交。

一、有地无照之户大率以经乱失照为辞,勾串地邻,捏造四至,以为冒认地步。种种诈伪,均难据以为凭,况案卷均已遗失,更属无从查考。此次清丈凡有地无照者,概令照奏定浮多荒价章程,每亩补交库平银一两二钱,始准归其执业。

一、此次收验各项执照杂乱太甚,并有添注涂改等情。半由前任办理未能一律,半由刁民乘此取巧。如一概注销,未免向隅。拟查明,如果添改情形不甚支离,则从宽比照无舛错之照办理。如添改过多,则按其原照之亩数,每亩令补交库平银三钱三分,已种之地始准归其执业。其未得地者,如补放生荒,每亩亦令补交库平银三钱三分。如补放熟地,每亩则令补交库平银六钱六分,以示区别而昭平允。

一、各围山场半多开成熟田,报领者络绎而来。小民得地情殷,似未便令其久候,应与正段一律清丈。查前任办理山场,按里收价,并不计亩,殊失政体。此次清丈,山场一律按亩丈放。惟山场与正段地亩肥瘠悬殊,荒价亦应酌减。如系熟田,每亩收荒价库平银六钱,生荒,每亩收荒价库平银三钱。至已有执照之户,无论已未得地,里数多寡,一律按里计亩。念其报领在先,每地一亩,作为荒价库平银三钱,以该领户照上之银数,核算应得地若干,随时截清。其余地亩,即照此次山场荒价办理,仍准原户领回,不愿者听。

一、前任勘定各围镇基,除留一城四镇外,其余一概作废。查此项废镇基,间有上等膏腴,与别项余荒不同。前任未曾丈放,历年经民私垦。此次清丈,一律拨放。如地堪列上等者,应照浮多荒价酌加一倍,每地一亩,收荒价库平银二两四钱,中下等者,分别核减,仍准原垦户领回,不愿者撤地另放。

一、各领户所执之照,有一照而地在两围,或在一围而地分数段,甚且一照数方,分地数围,殊不足以清眉目。此次清丈,无论亩数多寡,一律分围分段发给大照,以清界址而便稽核。 1512－1513

丈放大凌河牧厂地亩章程疏

增祺

窃承准军机大臣字寄,光绪二十七年七月二十四日奉上谕:增祺奏奉省需款孔亟,拟将大凌河牧厂招垦收价,以裕饷糈一折。据称奉省兵燹之后,用项纷繁,奏请协拨,缓不济急。锦州大凌河牧厂一律招垦,可得银数十万两,于目前急需不无裨益。马匹变价及草豆节省银两,解供要差,亦可无误。请将牧群官丁改为经制官兵,一体交价报领升科,将牧地准予弛禁等语。所奏尚属实在情形,著照所请,由该将军遴委妥员,详慎开办,并将未尽事宜酌定章程奏明办理。将此谕令知之。钦此。钦遵。当即恭录分咨查照,并遴委花翎候选知府李淦为总办,带同各员役前往设局丈放,察勘土地肥瘠,分别酌定荒价。旋据禀称,大凌河牧厂地段,东西斜长约六七十里,南北约二三十里不等,其中膏腴沃壤固多,而滨海碱滩及硗确之地均令不少。兹既一律丈放,自非量地之高下,定价之等差,不足以昭公允。现将该厂平地分为四等,山荒另分为三等。其附近牧厂私自展垦之地,均令从实报出,覆加勘丈,仍准原户按照上地,交价报领。至牧群官丁,前折业经声明,于此次招垦地内准其一体交价报领,不愿承领者,听其自便。通计该牧厂已丈地约四十六七万亩之谱,其私垦熟地暨山荒尚不在内。现经丈放过半,收价已逾五十余万两,颇济目前之急。而报领者,仍复接踵而至。惟承办各员当此萑苻未靖之时，奔走于冰天雪地之中，勘办甚为妥速，不无劳勚足录。应俟拨放完竣，再为请旨，择尤从优给予保奖，以示鼓励。除牧丁改为制兵及马匹变价，另行妥酌奏明办理，并分咨查照外，谨将现定章程缮单，恭呈御览，恳请饬部立案。谨此恭折具陈。

谨将丈放大凌河牧厂地亩酌定章程缮具清单，恭呈御览。

一、酌定地价。查该牧厂地势北高南下，其近北者多膏腴，近南者多咸卤。现定上地每亩收库平银二两一钱，中地每亩收库平银一两四钱，下地每亩收库平银七钱，最下如咸卤之地，每亩收库平银二钱八分。至于山荒，地非平衍，且多零畸硗瘠，非有力者之所愿承领，其报领者半皆贫民，自非分别减价，不足以广招徕而示体恤。现将山荒亦分为三等，上等每亩收库平银二钱五分，中等每亩收库平银一钱七分，下等每亩收库平银八分四厘。务使地无弃土，藉以养育贫民，免致私相展占。

一、设局派员。查该处比东西流地段较小，自无须多设分局，现只在省城设立总局一处，派员兼办，以节糜费。于该处设立行局一处，因待款孔亟，不得不多派员弁从速开办。所有行局总帮办以及各员弁夫役，应支薪水、车价、办公、心红纸张一切杂费，另行开单，咨部立案。

一、酌留镇基。查东西流水丈放围荒，均预留城镇基址。该牧厂南滨大海，西北距锦州府城甚近，东北有大凌河，北有双场甸，西有杏山。皆集镇市易之所，间闾相望，自毋庸另留城基。其集镇只酌留一二处，便可与各处联络。

一、私垦各地，非止一年，现令从实报出，复加勘丈，仍准原户报领。按照上地，每亩交库平二两一钱，均请免追从前花利。倘敢隐匿抗违不报，或以多报少，行撤地另放，以剔宿弊而昭核实。

一、绘造图册。查，丈放地亩必须绘造图册，方有考查，免滋弊窦。现饬该局，均经按户绘造鱼鳞图册，将来以之稽征，可无隐漏，且可杜影射争讼之弊。

一、酌收办公经费。现当变乱之余，诸物昂贵。所有设局派员以及役食、车马、薪饷，繁费百端，拟援照东流水围荒收价章程，于各荒地正价之外，统收取一成五厘经费，仍须核实开支，余悉归公。　1513－1514

派员查丈荒地缘由片　光绪四年

吉林将军　铭安

吉林地方辽阔，管辖难周，各处隙地均经流民私垦。奴才铭安于前议奏四条内，拟请查放荒地。嗣复奏明，俟马贼稍平，次第兴办，均已仰蒙俞允在案。查阿勒楚喀所属马延川地方，两面大山横宽数十里，自北面山口直达南山，亘长二三百里。其中土地沃饶，开垦几遍。从前以险峻难通，在官兵役，从未查禁驱逐，致民人愈聚愈多。近年公举头目，名宋士信，议立条款，众民受其约束，均以垦地捕牲为业，无敢为匪，各处逃贼亦无能入其边境。但该民目等，虽未扰害地方，而声教不通，竟同化外，若不妥筹安抚，养痈成患，甚属可虞。自奴才等派兵搜山，该民目恐干查究，颇有畏心。曾赴统带吉胜营勇队副将哈广和军前，呈请丈地升科。彼时奴才以该处民人犷野性成，必须示以兵威，方能服其心志。谕令随同剿匪，赎罪自效。前据署阿勒楚喀副都统富和咨，该民目屡立战功，复请委员查丈地亩，按则升科等情。前来。查马延川民目宋士信等，既无扰害地方情事，亦无为匪案据，自应一视同仁，乘机化导。又阿克敦城一带，亦有私垦地亩，前经派员履查，据该旗民各户呈垦领业升科并愿补交荒价等情。

现在贼氛渐息,亦应将私垦地亩查丈升科,妥筹善后事宜。奴才等现派候选知州书瑞,总办马延川地亩军务,督同各员将荒熟各地逐段勘丈,熟地给原垦认领,荒地招民承垦。均即编造户口清册,以凭查核。并派副将哈广和,督率吉胜营练勇前赴该处,会同书瑞相机抚驭,妥为办理。如有抗违不遵者,立即严拿惩办。另派分省补用知县赵敦诚等,前往阿克敦城一带,亦将旗民私垦地亩查明造册,均令分别荒熟,限年升科。领地之户,自赴各委员按人名给照,不准览头包领,以杜把持而免争竞。先于各该地方张示晓谕,俾令各安生业,听候委员设局查丈。其应收荒价,俟该委员等察看情形,禀明酌定,再行奏明,出示遵办。至莜梨厂展拓之地,前已奏奉谕旨,准民认领。现在委员不敷分遣,应俟查办号荒之候选通判王绍元,将号荒换照收损各事办竣,即饬就近带同各员,前赴莜梨厂,会旗勘立封堆,再将所展之地,勘丈给照。一切章程亦按此次定章办理,以期画一。再,奴才铭安另折请设厅县各官,以资治理,如蒙圣裁允准,将来创葺城池、建立衙署及一切未尽事宜,应设善后局。所有各项经费并查地委员薪水、车价、地局费用,需项浩繁,尚须另筹巨款。此次放地所收押荒,请专归善后局动用,统俟善后办竣,由奴才等专案奏销,以免缪轕。　1514－1515

查明朝鲜贫民占种边地拟请一律领照纳租疏　光绪七年

铭安　吴大澂

　　窃臣等前经奏派三品衔调吉林差委知府李金镛办理珲春招垦事宜。兹据李金镛禀称,前禀四十八处间荒清折内,有土门江北岸由下嘎牙河至高丽镇约二百里。此次前往查勘,由下嘎牙河起攀跻巇岩,度越数岭,查至高丽镇北岸止,计有间荒八处。前临江水,后拥群山,荒僻深奥,向为人迹不到之区。即本地农民,亦从未深入。该处与朝鲜一江之隔,该国边民屡遭荒歉,或被江水淹没无地耕种,陆续渡江开垦。现查已熟之地不下数千响,该国穷民数千人赖以糊口。有朝鲜咸镜道刺史发给执照,分段注册。并据该国稳城府兵官赵秉稷面称,沿江之民,半多仰给于北岸。彼民自知越界垦种,但求格外施仁等语。事关边界出入,不敢不据实上禀,应如何清查安插之处,禀请核办。前来。臣等查吉省与朝鲜毗连之处,向以土门江为界。今朝鲜贫民所垦闲荒在土门江北岸,其为吉林辖地无疑。边界旷土,岂容外藩任意侵占。该国咸镜道刺史发给执照,殊属错误。现今李金镛查明该处实系丛山阻隔,为中国官民所不到。该处寄居之户,垦种有年,并有数千人之多,薄海穷黎,莫非天朝赤子。若照例严行驱逐出界,恐数千无告穷民同时失所,殊堪悯怜。臣等仰体圣明,绥来藩服一视同仁之意。拟请饬下礼部,咨明朝鲜国王,由该国派员会同吉林委员查勘明确,画清界址。所有该国民人寄居户口已垦荒地,合无仰恳天恩,俯念穷民无所依归,准其查照吉林向章,每响缴押荒钱二千一百文,每年每响完佃地租钱六百六十文,由臣铭安饬司给领执照,限令每年季冬,将应交租钱就近交至珲春,由放荒委员照数收纳,或由该国派员代收一并汇交,以归简易。或该国铸钱不能出境,议令以牛抵租亦可,备吉省垦荒之用。其咸镜道刺史所给执照,应即收回销毁,免致两歧。如蒙谕旨,后由臣派员会同朝鲜委员秉公核办,详议章程,妥为安插,以清界址而示怀柔。　1515－1516

请开讷汉尔河闲荒疏

恩泽

　　窃准布特哈副都统业普春咨,据八旗协佐等官呈称,城地皆山场,所属旗丁向以牧猎为生,岁有贡貂之役。近因各城开荒开矿,接界之山多有居人。人众则牲稀,牲稀则所获渐薄,糊口无计。东西百余里,南北八十余里,其间山兽已少,荒旷无益。除去沟洼,约可垦地四十万晌,若能相继推广,日后尚可加多。应即分段丈量,画并分区,放给本属旗人承领。惟时值边防紧急,旗人差务殷繁,领地自垦,力殊未逮。拟请援照通肯克音章程,招民代佃。民纳课粮,旗供正赋,仍由官为立契,永不增租夺佃,使旗民互有恒产。又丁户失业,已甚贫苦不堪,若须交纳押租,亦恐未逮。并请参仿光绪二十年间,前护将军增祺勘丈山荒,拨安巴彦苏苏、北团林子两营旗屯章程,免交押租,但缴经费,以期轻而易举。放竣之后,编定保甲,即归本处官兵分界管辖,并无庸另设衙署等情,绘具图说,咨转前来。伏查该城生计之艰,近已日甚一日,加以历年灾歉,粮价奇昂,困迫情形,殆难言状。奴才等叠次设法调剂,告以坐食之不可,劝以地利之宜兴,顾习俗狃于便安,未遽悟也。兹竟翻然变计,自请开荒,实属穷变通久之会。至请招民代垦,核与通肯克音成案相符。其仅纳经费,免交押租,亦与巴彦苏苏、北团林子两营所办无异。朝廷体恤旗仆,似不妨优予恩施。而该处屯垦一兴,民有定居,保甲团练之法,自可以次举办。五年以后,能如一律开垦成熟,计此毛荒四十万晌,折合七成,实地二十八万晌,即应岁征入租中钱十六万八千吊。是边防与饷糈两者均有裨益,尤为因时制宜之道。如蒙俞允,当即饬局将出放通肯各荒章程暨光绪二十年间拨安巴彦苏苏等营旗屯章程,抄行该副都统领衙门,酌拟办法咨由奴才等覆核妥协,再行咨部办理。除照该城寄到原图摹绘,进呈御览外,所有据情请开布特哈属讷汉尔河闲荒缘由,谨具折恭陈。　　1530－1531

珲春三岔口招垦总分各局拟难遽议裁并疏

延茂

窃准户部咨开该部奏请将吉林招垦各局委员人等酌量裁留及生熟地亩速行招垦一片,光绪二十三年十一月初二日奉旨:依议。钦此。钦遵。查原奏内称吉林三岔口、珲春等处招垦各总局,穆(梭)〔棱〕河、五道沟、南冈招垦各分局委员、司事、书役、猎户、听差等,岁支银七千六百余两,用款多而成效少,请旨饬(卜)〔下〕该将军赶紧切实整顿,酌量裁并,分别去留。一面速行勘丈招垦,其如何办理情形,专案奏咨,以凭查该。等因。咨行遵照。前来。伏查吉林招垦各局创设二年有余,原实边之中,兼寓筹饷之意。奴才于二十二年六月到任后,因设局处所均在沿边一带,距省窵远,稽察难周。当经于是年十月因奏请开办蓛犁厂、方正泡等处荒场,于省城设立垦办总局。案内声明,体察情形,酌量归并去留在案。嗣将该局总理各员陆续撤回,另委妥实可靠之员分往接办,谕令清查已垦之地,续丈未放之荒。俟经理一年后,察看办理情形如何再行核夺。兹于二十三年一年之中,叠据该员等禀报各情,详加查核,办理尚属认真,额设员司书役,仅敷驱策,并无冗闲。奴才仍恐有不实不尽,复于年终饬令该员等来省面加询问,详晰讨论,通盘筹画。并就现在情形兼权熟计,所有招垦各局实有毋庸裁撤及万难裁撤者,请为我皇上切实陈之。珲春地方在吉林东南一千二百余里,地当边徼。原设总局一处,南冈、五道沟分局各一处,均相距或数十里或二三百里不等。盖地面防属辽阔,稽察私垦,催收租赋,专恃总局一处,精力实难周密。每岁薪工各项,共需银二千余两,例由边饷项下开支。所增租赋,自光绪十二年,由敦化县拨归原熟地三千余晌,每岁征银七百余两。迨十六、七、八、九等年,计招垦地亩及由敦化县原拨已放荒地陆续升科,已征至二千及五千两不等,至二十、二十一两年,如征至七千余两,均经列抵俸饷,报部有案。

该部谓二十年以后,始报珲春南冈岁征七百余两,系专指(教)〔敦〕化所拨而言,似未汇总计算。查该经征大租遂渐加增至七千余两,扣抵应支薪饷,尚余五千余两,已于公家大有裨益。且现在续放地亩将次完竣,一俟届年升科,租款当更起色,未便责为毫无成效。若必强为裁撤,恐徒博节费虚名,转受废弛实害。此珲春招垦各局毋庸裁撤之实在情形也。三岔口原设招垦总局一处,穆(梭)〔棱〕河分局一处,向来每年额征大租银一千余两,历经列抵俸饷,报部有案,该处员应酌量裁并。惟该处孤悬东边,距宁古塔城六百里,至省一千四百里。不但垦民租赋必须设有专局经征,即寻常词讼亦须由该局就近收理转报(搭)〔塔〕城核办。现在铁路兴工,经由该处入吉林东境,占用民地,雇用民夫,亦兼资该处屯丁猎户之力。倘将该局裁撤,势必另设交涉分局,派委专员,筹添兵勇,以资保护。修工事宜未免所费更多,实不如仍归该局兼理较为协妥。并可将所有间荒勘丈招垦,以期补经费之不足。此三岔口招垦各局万难裁撤之实在情形也。奴才再四筹思,惟有仰恳天恩,准免裁撤,实于实边筹饷两有裨益。至该两处续丈余荒,业由奴才饬令赶紧勘放完竣,即将招垦数目、升科年限,造册呈报,咨部立案。并饬随时体察该各分局,如有可以裁撤之处,仍当禀请酌量裁并,以节虚糜。
1531 – 1532

卷三十一　户政类　八旗生计
请清查民人冒入旗籍疏

嵩洵

恭查会典事例,雍正十三年奏准:民人冒入旗籍者,照过继民(大)〔人〕为嗣例,入于另记档案内。嗣后,永不许民人冒入旗籍。违者,除本人治罪外,报保之该管官一并交部议处等语。厥后屡经奉旨议行。道光初年,复经立限清查,并定另册章程,通饬遵办。当时查出官兵以民人而冒入旗籍者,已有二千三四百员名之多,俱蒙宽免治罪,另册注明,及身而止。迄今又越多年,成规渐邈,奸伪日以滋厉,清厘几若不行。议者至谓,八旗官兵半系民人,语虽近激非过论也。查各旗丁册原有编审之例,本为杜绝假冒,今则厮与之,卒皆蚀钱粮,勋旧之家,亦多乞养。叩以清语而不晓,询以姓氏而不知,始犹窜民间散,渐至报捐送考矣。初谨承嗣孤嫠,继且荫官袭爵矣。迨其一旦得志,竟俨然以阀阅世家,自托名种。初不计识者之议,其后此种弊端,外旗固所不免,内务府利之所在,蒙混尤多。该管参佐管领各官视为故常,从不举发,致成积重难返之势。虽有稽察御史,久等滥竽,各该都统及内务府大臣职务殷繁,并皆未能兼顾旗务之坏殆,已非一朝一夕之故矣。近日被革员庆宽一案,积久始发,其幸未败露者,尚不知有凡几。若不亟行清查,任令良贱混淆,屡乱旗族,何以别流品而除宿弊。合无请旨,饬下各旗都统、内务府大臣确切查明,据实具奏。各该冒入旗籍官兵如系自行呈首,另册注明,其所得官职钱粮,仍准存支及身而止。曾经出兵立功者,本身及子孙俱改入各该旗汉军,以示区别。倘不自首,经该管官查出,或别经发觉,即行斥革销档。并查取道光元年都统英程等曾议章程,参酌办理。至积弊已久,并非始自近年,所有历任都统、内务府大臣以次该管各官应得处分,部恳天恩,概予免议,以示激厉,庶隐匿自少,察治无难矣。或谓旗务纷纷,整顿不易,欲期廓清锢弊,诚恐窒碍难行。不知所窒碍者,但不利于假旗人耳。删一闲冗,即少一冒支,于国家经费、旗人生计均属有益。既有所见,即当专达上闻,况以奴才累世受恩,尤不敢曲徇时宜,稍存欺饰。　1555

招放旗荒大半就绪拟请建设旗官疏

恩泽

窃通肯、克音、柞树冈、巴拜等处荒段广（衣）〔袤〕逾千余里。十年，叠次奏请安置旗屯、纳租助饷，均奉旨允准开办。在案。奴才遵即随时遴派委员分赴各处荒段，勘丈出放，相继盘有头绪。复派官兵弹压开耕，暂设界官藉资管束。惟该处幅员辽阔，马贼出没无常，抢劫频闻，难安东作。加以招民代垦，四方认垦之户势如云集，其中良莠又属难齐，若非早议设官建治，分别镇抚，奸民盗匪乘隙扰害，关系赋课，实非浅鲜。但此四段荒地既奉恩准，专放旗人承领，且经奏明永作旗产，自应建设旗员坐镇，方足治理。伏查通肯居此数段之中，环绕各数百里之遥，核与呼兰辖境相等，似应仿照呼兰衙门体制分别道里，变通安设。拟请于通肯设副都统一员，居中坐镇，并设左右翼协领四员，每员管理二旗，设防御八员，分隶八旗。至佐骁等官，该处地面既宽，烟户繁重，若不广为添设，尤恐日后分布为难。拟于每旗各设佐骁各一员，计设佐领、骁骑校各二十四员。每佐拟设甲兵四十名，前锋二名，领催四名。在于前锋、领催之内，每旗设委官二员，八旗通共拟设甲兵九百六十名，前锋四十八名，领催九十六名，此内共设委官十六员。所有旗兵丁户，若由通省各减分拨，弃旧迁新，搭盖房间、置办牛具诸多不易，且道途遥远，转兹苦累。拟就近于苏林一带汉三旗丁户之内，先行酌拨，省属各城丁有愿往投者，听其自便。通肯既有副都统衙门，似应设印务、左、右三司，每司拟设笔帖式四员，专以经理案牍。旗属衙门，满蒙公事繁多，拟设满汉翻译笔帖式二员，专司翻译往来公文。且荒地千百万响，将来征纳地丁租赋綦重，拟设银库一处，司库笔帖式一员，委笔帖式二员，专以操持银钱植算帐目。并拟添设仓官一员，设注仓务笔帖式一员，经理纳粮。并设教习一员，俾资训迪旗庶子弟。又，通肯等段既已开垦建官，往来文报日益繁多，运解车差亦不能无。该处距省约有五六百里之遥，拟共安设十站，每站设笔帖式一员，委官领催一名，壮丁十五名，并拟设总司驿务六品站官一员，随关防笔帖式一员，委官一名。其丁壮户口拟（田）〔由〕上下两路二十七站台内分别酌拨，各予津贴。仿照驿站章程，每丁给官牛一条，马一匹，按年拨给草豆，照例核销。其管站笔帖式十缺，拟以四缺就近由通肯副都统衙门拣放，其余均由省城选拔，以昭公允。再，恒升堡六屯纳粮壮丁一百一十五名，现在柞树冈界内，若仍归于省城屯官管辖，诚有鞭长莫及之势。且与通肯辖境隔绝，拟在通肯设屯领，设随员一，官催四名，将恒升堡原设壮丁人户画归该屯官管理，以昭整齐。至（肯通）〔通肯〕等段所设各官，惟副都统系属专城二品大员，宜请旨拣放其协领、佐领以及（饶）〔骁〕骑校、仓屯站官、教习等缺，均应作为满蒙汉公缺，防御仍为满洲专缺，分由左右两翼，翼各项部落一体拔补，以归旧制。所设各项笔帖式，初设暂可由省拣选，嗣后仍为该城专缺。所有官兵俸饷，初年估需银四万五千五百余两，常年约需银四万一千余两。初设暂由押租项下开支，届至二十年起纳大租之期，再行由正项开销。核计每年除销俸饷外，每年尚可余银十万余两之谱，用作通省饷糈。奴才等为治理得宜并寓兵于农起见，是否有当，伏侯圣裁。如蒙谕旨允行，应候部履到日，即行安设。饬令各员，驰赴荒段，建置城署，画分疆界，候诸事妥协，再行陆续给咨送部，带领引见。一切未尽事宜，容奴才等随时奏咨办理。**1555－1557**

筹议调剂双城堡京旗章程疏

经额布

本年五月初七日准户部咨。以会旗议奏钦差侍郎斌良上年会同臣经额布、署副都统倭什讷具奏调剂双城堡京旗一折。于道光二十四年三月初七日奉上谕：前据斌良等奏筹调剂双城堡移驻京旗一折，当交该部会同各该称妥议具奏。兹据将筹议章程分晰核议，该处大封堆外圈存荒地，该侍郎等请拨三万晌，令附近纳丁陈民来春开种。惟念此项地亩，雇民代垦或私行租佃，将来必致悉为流民所据，移驻旗人转致无地可耕。见在该处附近纳丁陈民，有无外来流民错杂其间，应如何设法布置之处，亦未据切实声明。著经额布悉心体察，再行妥议，勿使膏腴沃壤，任民佃稍有侵欺，尤不可敷衍一时，致京旗仍虞贫穷。所有抽拨甲兵、添设义学及一切未尽事宜，著俟奏到时另行核议。钦此。钦遵。咨行前来。臣经额布、萨炳阿恭读上谕，仰见圣谟广远，至虑周详，实深钦服之至。当即遴派协领亮德乌永额、佐领保庆、骁骑校色普征额、笔帖式全安、岱琳等前往双城堡，逐细确查，访采舆论，一面咨行阿勒楚喀副都统臣果升阿就近体察情形，各抒所见，以凭参酌办理。旋据该委员等查访禀覆，并经臣果升阿亲往查勘，酌议数条，咨报到省。臣经额布等悉心筹画，详晰计议，谨将上谕指示并部议各条及原奏阙略暨应变通各款，逐细酌拟，胪列于左，敬为皇上陈之：

一、奉上谕内，此项地亩雇民代垦或私行租佃，将来必致悉为流民所据，移驻旗人转致无地可耕等谕。查议立双城堡拨丁三千名，开地九万晌。次设新城局招民三千六百户，开地十万八千晌，均按每佃垦荒三十晌奏明。俟移驻京旗时撤出二十晌，留给十晌。此次该堡大封堆外之荒，亦宜照每户三十晌饬垦，将来亦撤地二十晌，留给十晌，即于认佃执照内载明。是旗得三分之二，佃得三分之一，不致悉为民占。如该堡续到京旗，自有原留征租之热地给领，且请垦三万晌之外，尚有三万余晌之荒封禁。若双城堡移足一千户之后，另有新城局之地可以移驻，并有八里荒地二万八千余晌毗连新城局，亦资安置京旗，通盘筹画，似不致京旗无地可耕。至私行租佃，或所不免，第一经查出，照例追地入官，民亦不能占据。臣等以现在情形而论，惟患京旗之不肯种地，不患无地可耕，并无虑流民之占地也。

一、奉上谕内，该处附近纳丁陈民有无外省流民错杂其间，应如何设法布置之处，未据切实声明等谕。谨查双城堡有无流民潜往，按年奏报。近年以来认真挨查，民知禁令，不敢容留。见复委员往查，实无外省流民错杂其间。其大封堆外，居住纳丁陈民五百六十五户中，亦仅止二户雇有本地陈民各一名，此外均无雇工，并无错杂。

一、奉上谕内，勿使膏腴沃壤，任民佃稍有侵欺，尤不可敷衍一时，致京旗仍虞贫穷等谕。谨查招佃开荒，地有定数，民佃官地，势难侵欺。如或侵欺邻地，自有地主不容，若或盗典偷卖，亦有入官之例，是侵欺之弊，似无足虑。至开地收租，接济京旗，原救一时之急，若论经久之道，则在京旗种地自食其力，别无他法。该处本系沃壤，一晌之地，丰年获粮八九市石。即以八石而论，每石至贱亦值银三钱，计三十五晌，得银八九十两，八口之家用度，绰有余裕。臣上年会奏后，日夜思维，总以京旗力田务本为至要。当即拟立告示，劝谕京旗，务习农业。今年正月，缮写多张，送交副都统会印张贴，并严饬该管各官，逐户勤加劝导，谨录示稿，恭呈御览。京旗能听从力田，数年之后，不但可无贫穷，且宜岁有盈余。若仍溺于怠逸，是自弃生成，惟有绳之以法而已。

一、如部议，开地三万晌，即设一丁可种十余亩，附近陈民安得二三万人通力合作，实难保无流民影射，久而占据一节。查双城堡新城局屯田，每佃垦地三十晌，此次照办不过用佃千户，一户四五丁，不过四五千人，无须二三万人之多。如八里荒共地三万三千余晌，查止民佃五百九十八户，是为明证，其佃不议多者，为将来撤地故也。见查大封堆外纳丁陈民，虽止五百六十五户，壮丁一千五百余名，以男妇大小而论，不下三四千人。且拉林、阿勒楚喀附近陈民生齿日繁，皆少地种，一经招佃，不患无人。佃须的保，又须资本，外来流民，无保无资，并无房井器具，不能未能领地。且本处陈民，亦势不能相让，影射占据之渐，实亦无自而开。即有闻风而至者，亦唯佣工而已。故定例不准流民携眷潜往，实良法也。

一、如部议，散给京旗，每年每户制钱十五千，在衣食不缺之户自应宽裕，其贫苦极甚者二百三十余户，即以每户五口而论，专藉此项添补薪菜，制备衣履，又须修理住房，揆其事势，断不能敷一岁之用。是所设调剂者，仍恐有名无实一节。查京旗自种地者固可温饱，若将地全行租佃与人者，每晌收粮五斗，共得粮十七八石，除留食米，尚有余粮粜钱用度。若仅租出一二十晌者，收租仅敷食米，即至衣履不能兼顾。此等贪逸惮劳之辈，不事勤力于田畴，仍欲仰资于接济，若多予之，不特无所底止，且更益其骄惰之心。如虑其十五千不敷一岁之用，譬如甲兵岁得饷银二十四两，仰事俯育未见其贫。又，上冬制给极贫京旗棉衣袴各一套，藉以御寒，即可生活。且衣服非年年须制，房屋非岁岁应修，接济以补其不足，非给其有余。岁给制钱十五千，裨益良多，似非有名无实之事。若论久远生计，家给户足，必在自食其力，已月议于前。

一、如部议，近屯荒地八千余晌，前年据该将军咨称，若概令官兵子弟承种，实恐不能开辟，必致无力输租。今复将此地给三屯屯丁及官兵子弟愿种，既与前咨不符，又未将如何设法布置，可令分种输租之处，切实陈明一节。查此八千余晌之地，前因该副都统议租参差，且非急须调剂，何必轻开此地。盖时有不同，非官兵屯丁子弟不能承种也。今则既议调剂京旗，必须京旗自行种地。其无力者之农具资本，急宜济助，以鼓作其气。应将此荒作为官租地，不作恒产，听堡内官兵子弟、屯丁子弟量力认垦，不必拘以户数、晌数。见据该管协领查报，愿领此地认种者，已有余丁并官兵屯丁各子弟四百二十五名，尽可饬令开垦。其租照随缺地每晌征京钱五百文，不必加增。此系从前开种禁抛之地，较生荒之工力稍省。起租年分，请照原奏，初年交京钱一百文，次年三百文，第三年交全租五百文，共全租京钱四千三百余吊，由双城堡协领征收储库。如有京旗能自种地而无农具工本者，即以此项租钱按种地之多寡，酌价赏给，以后农具有残破者，随时验补，不必作为年例。俟种地二三年，不致竭蹶，即行停止。

一、如部议，征租科则及支销款项，更应详察例案，逐一整顿，毋仅据该管官以收支章程禀报，遽准照办一节。查奏开屯田，原为京旗不（暗）〔谙〕农务，故借佃力开垦，俾京旗得种热地，工力较轻。该佃开荒工本实重，是以从前每晌议征大租京钱六百文，小租京钱六十文，系为体恤佃户起见。此次开荒需用房屋、井眼、牛条、器具，悉令佃户自备，一概不动官项，佃户工本较前更重。若议加租，佃力不堪，必将畏缩。体察情形，应请仍照旧章，按每晌京钱六百六十文征租，毋庸更张，免致办理掣肘。至支销各款，惟有严饬承办各员力加搏节，并令该管副都统随时严查，实用实销，不准稍有浮冒，此时殊难豫议定数。

一、如部议，京旗到屯二十年，不能讲求农事，固由该旗人习侻恶劳所致，而该管佐领等官，如果实心劝导，示以利害，岂无力图振作，闻风兴起者。若有养无教，虽曰予以调剂，亦必立见匮乏等因一节。查到屯京旗,上年查明力田饶裕衣食不缺者,有三百七十户。此外二百二十余户有食无衣,皆由不自种地。且租与人地较少之故。当其初到时,前任将军富俊亲劝力田,并饬该管佐领等官逐年勤加劝导。缘京旗内有习气未驯者,以力田为不足务,官长为不足畏,屡训不悛,未愿种地,且视佃户如奴隶,呼喝使令,求索借贷,稍不遂意,即夺地另佃。于是佃户寒心退地而不敢种。臣前经饬该管各官认真劝化,并令协领加意整顿,以期挽颓风而劝良善。如此教养兼施,则人心可正,人心正而务农讲武自日见起色。其佐领以下等官,视劝耕户数之多寡,分别量予奖拨,以示功赏。其不实力劝导者,亦即惩处。

一、京旗未种地亩,宜官为招佃征租也。查上年原奏,京旗未种熟荒地亩,议令京旗自行补种,或与余丁、屯丁伙种分粮。兹据该管协领查报,京旗未种热地,除见已自种外,其有老弱孤寡未能自种者,亦已劝令屯丁认佃代种齐全。其原分荒地,实共未开二千九百一十晌,今已招令屯丁认垦二千二百一十三晌,有未认垦荒地六百九十七晌,仍招令屯丁秋后开齐,来春一律承种等情。应令将此官为招佃之熟荒地亩,造册存查。熟地次年起租,荒地第三年起租,均按每晌五斗交粮,官为催收,按户给领。仍俟地主能以自种,呈明撤回。

一、到屯京旗应一体调剂也。上年查明该堡京旗五百九十八户,其中衣食可兼顾者,三百七十户。然亦仅可敷衍,并非一概宽裕。若仅调剂贫穷之二百二十八户,彼三百七十户者,同一京旗,同一到屯年久。若不与于调剂之列,彼必谓伊等勤俭力田,反不如游手好闲者之坐受其福。可否将此三百七十户同贫穷之二百二十八户,一律全行调剂,以昭一视同仁之意,或分别减半给予之处,恭候钦定。

一、开荒起租年分应变通改议也。查原奏因京旗待济孔急,故议令开荒佃户,初年每晌交租钱二百二十文,次年加倍,第三年征全租六百六十文。第查旧章,开荒均至第六年始行起租,且一户三十晌,丁少之家须二三年方得开全。是当年起租,恐阻认佃之心。此次开地,察理揆情,虽不能照旧章之旷远,亦未便如初议之急遽。兹改议来春开地,初二两年,每晌仅收小租京钱六十文,以为查地、催租、饭食、纸张之费。至第三年起始,并征大小租钱六百六十文,俾众佃不致竭蹶。

一、调剂之项宜先筹备也。查三万晌荒地,大租京钱一万八千吊,上条既议第三年起租,应俟道光二十七年始收租钱。京旗待济孔殷,今岁即应调剂,自应先行筹款散给。查,自本年起,有应征八里荒大租钱一万六千余吊,应勒限新城局于十月内收齐,陆续运送双城堡协领衙门交收,报明该副都统亲临按户放给,藉可劝谕京旗安分种地。不敷若干,应由五万两生息备用调剂京旗项下补足。仍俟三万晌地起租,再将八里荒租钱易银,报拨兵饷。其近屯八千余晌,未起租以前,如有京旗肯自种地,应行资给农具工本者,亦先于备用息银内支给。俟八千余晌地起租起征,再动租项。如此转移支放,庶无迟误窒碍。

一、调剂京旗应以年限也。查,此次调剂京旗,系因不尽力田,衣食有缺之故。此后责成协领、佐领等官实力劝导,资以农具工本,京旗自当感发务农,将来习惯,自然可期宽裕。此项调剂,请以五年为止,以示限制,而昭激劝。

一、调剂之钱应分两次给领也。查京旗习气未必全能俭约,钱一到手,不免妄费。今议将每户京钱三十吊,本年十月内放给一半,俾及时添补衣履。其余一半,来年三月再行放给,使种地之户可资种地之用,即不种地之户,亦备青黄不接之需。如此钱归实用,不致妄费,以后四年,亦宜照办。

一、佃户离家远者,应准搭盖窝棚居住也。查大封堆外,本处陈民均有房屋,其拉林、阿勒楚喀陈民,有至彼垦地者,应令自盖窝棚栖止,可省官给房价。

一、弹压稽查宜专责成也。查该处大封堆外六万余响之荒,由拉林协领专派佐领逐年往查,有无流民,年终奏报。今请开三万响荒地,弹压稽查更宜周密。该处原有乡约三名,应再添设乡约数名,责令分段稽查,不准外来流民携眷潜往,仍责成拉林各佐领按月轮流亲往确查,藉资弹压。该佐领往查后,按季结报,将军衙门查核,归入年终汇奏一次。该处寻常斗殴词讼案件,即由拉林协领就近审理完结。命盗等案,仍由阿勒楚喀副都统核转办理。如此弹压稽查,断不致地为流民占据,且查察亦较周密。

以上十六条,臣等访察情形,悉心酌议,似于调剂之中,仍寓劝惩之道。总之,我皇上爱育旗人,移驻为万年长策。京旗不事农业,势难饱食暖衣。臣等惟当尽心教导,随时查察,务使京旗能自种地,渐可家给户足。果有不率教者,自当量予惩戒。庶几安居乐业,不失当初移驻之本意。臣果升阿亲往双城堡察看情形,臣经额布等参酌议拟各条,往返札商,意见相同。所议是否有当,理合会衔,恭折具奏。　1565－1569

会筹旗人疏通劝惩四条疏　道光五年

协办大学士　英和

臣等仰邀恩遇,分任八旗,各有教养之责,伏见我朝豢养旗人之恩,至优极渥矣。我皇上御极以来,轸念旗人生计,普加赏赍。复经诸臣节次条奏,如准令屯居种地,添盖官地官房,清查入官地亩,移住双城堡屯田,外官准带族亲随任,诸大政陆续举行,凡可以利益旗人者,无微不至。兹臣等公同悉心筹议,本朝定制已极完善,但历年久远,后人不能深悉旗人立法之意,往往奉行不善。或苛求过当,应宽而反严,以致束缚而不得疏通。或日久懈弛,应严而反宽,以致姑息而无所惩创。或应画一而反歧视,或应推广而反牵拘。臣等以为师其迹,不若师其意。或立复旧制,或酌合时宜,总期与前人立法之意相辅相成,庶几可行可久,传之万万世,永无流弊。谨就臣等智虑所及,胪列四条,为我皇上陈之:

一、旗人告假,闲散与兵丁、官员定例原有区别,不应一概严禁也。查兵部处分则例载,旗人有事告假,前往顺天府。所属地方兵丁由参领呈明都统存案,给与参领关防。闲散由佐领告知参领,佐领给与图记。是兵丁与闲散本有区别也。如往外省者,咨部给与路行。因旗人不应迳达外省,是以由部给引,并非不准往外省也。其告假但云有事,并未如官员之指明修坟、省亲等事也。其限期但云去来,并未如官员之指明勒限也。如告假往外省,承办官不报部请引,例止罚俸三月,处分甚轻,可见并无关系也。又旗人私自出境,该管官分别知情失察,定有处分,闲散轻于官兵,取债探亲轻于挟诈挠害,可见并未滋事。其有故而去者,情节更轻也。又各省驻防,止有官兵私自出境之例,并无闲散私自出境之例。又护军逃走等事,该管官例止罚俸,兵丁、闲散逃走并无处分。私自出境与逃走无异,何以兵丁闲散逃走俱无处分,而私自出境处分甚重,例文殊属矛盾。臣等查,官员兵丁各有职守,原不应听其任意告假外出,自应勒限回旗。其私出者,处分亦应从重。至闲散并无差使,亦无粮饷,岂有与官兵一例严禁之理。该旗承办之员,因不谙例意,但见私自出境滋事,例有处分,遂并未滋事者而禁之。每于旗人告假,无论官员、兵丁、闲散一味刁难勒掯,遂致无钱粮之闲散株守京城,仰给父兄。臣等每于挑缺时,见一缺常有数十人。国家经费有常,无可调剂。因而原任大学士伯麟有令近京五百里谋生之奏,殊不知纲纪例意,原未尝禁其外出,但欲告知佐领,给与图记耳。臣等伏思,闲散与兵丁不同,既无钱粮,安能禁其自食其力。况我国家百八十余年,旗民久已联为一体,毫无畛域。汉人游学游幕、外出经商,并无限制,驻防闲散又无例禁,何独于京城而禁之。若虑其外出滋事,何妨严办。夫旗人所以易于滋事者,其故有二:因回京定有例禁,外人明知其不能久留,虽以家奴佃户应交地租,亦往往迁延挟制,以致旗人虽有产业不能得租,及经告理又不能久待,仍属无益。今若宽其例禁,不限回京日期,则收租者得以从容坐索。遇有霸佃抗租,得以收回自种。则恶佃刁奴无可挟制,旗人有地者,得获实利。又旗民交涉案件,例由理事厅审理,军、流、徒俱折枷、笞、杖、鞭责。旗人自恃地方官不能办理,因而骄纵,地方官亦难以约束,是于滋事常见其多。查屯居原有照民人问拟之例,今外出者,既已不在京城,所有笞、杖、徒、流、军各例,自应与民人一体办理。如此则地方官易于管束,与蒋攸铦前奏革除屯领催守堡名目,因交地方官一体管束之例相符。并使旗人绝其所恃,则滋事者必少,名为严办实乃保全。应请嗣后除官员、兵丁告假及私自出境均照旧例办理外,所有闲散告假,无论前往何处,但令照例报明佐领,告知参领注册,由佐领给与图记,即准外省营生。该参领随呈明都统存案,年终会咨户、兵二部。倘该参佐领有勒掯情事,或经控告,或经查出,即行参处。其回京不必勒定限期,如在外有事逗留,准其报明地方官行文该旗,回京之日仍准挑差。倘出京已逾一年,并无地方官展限文书到京,即行销除该档。或在外滋事,即照民人例问拟。或报往亲族任所,自恃学长挟诈需索,准外任各官呈明上司究办。或在外年久愿改民籍者,照汉军例呈明该地方官处,准其改入民籍。其私自出境者,即照逃走例。所有分别挟诈、扰害、取债、探亲,该管官知情失察,各处分均与删除。其降革休致之官员,已退钱粮之兵丁,未食钱粮之举贡生监,均照闲散例一体办理,各省驻防亦一律办理。如此严所当严,宽所当宽,该管官既无可刁难散闲,自不致困守。材能可用者,习文习武仍不碍其上进,庸碌无能者,农工商贾亦可以听其谋生。虽使亿万年生齿日繁,而额兵不增,资生有路。则旧例之宜讲求例意,而不当一概徒严者也。

一、犯窃刺字,寡廉鲜耻甘心下贱销除旗档,宜遵例实力奉行也。国初定例,旗人犯罪,军、流、徒俱折枷,不惟正身,即满洲蒙古家奴犯徒亦折枷者,其意可想而知也。乾隆年间定例,犯窃销档,凡刺字者销档,寡廉鲜耻有玷旗籍者销档,诬告讹诈行同无赖者发遣,赌博生事匪类者发遣。又乾隆十八年定例,旗人初次逃走一月后,不论投回、拿获,即销档发往黑龙江。又乾隆三十九年定例,无差使旗人徒、流,不准折枷,此其意可想而知也。国初旗人尚少,欲其团聚京师,虽有罪不肯轻弃。乾隆年间,生齿日繁,虑其败坏风气,将不肖逐渐汰除。此在乾隆年间为因时变通,而在今日则为遵循旧例,无如后来诸臣,往往以姑息为慈祥。自嘉庆二三年间,刑部将逃走发遣之例,改为投回免罪,仍准挑差,嗣后诸例渐次废弛。犯窃者,则作百检十,一切例应刺字者俱为之曲法开脱。以致旗人肆无顾忌,窝窃、窝娼、窝赌或棍徒无故扰害,或教诱宗室为匪。而种种不法皆由水懦易玩,犯者愈众。甚至托言谋生,廉耻尽丧,登台唱戏及十锦杂耍,习为优伶下贱之役,接受赏赐,请安叩头,上玷祖父,下辱子孙,实系旗人败类,有伤体制。虽于嘉庆十一年一经查办发遣,而其事只将本身销档,子孙仍在旗食粮。此等人家子弟耳濡目染,少成若性,安能亢宗干蛊,改务正业。近年沾染恶习者更复不少。臣等以为稂莠不除,嘉禾不生,与其姑容以长浇风,何如渐汰以安良善。应请嗣后旗人犯窃,即行销除旗档。如罪止笞杖,姑念初犯免其刺字,仍许复为良民。若改入民籍之后再犯及罪止徒、流以上者,再行刺字。逃走初次或实由病迷,仍准投回挑差。如逾限一月后,无论投回、拿获,及二次逃走者,均即行销档。若官员有心逃走,一次即行革职销档。旗人登台卖艺寡廉丧耻者,免其发遣治罪,连子孙一并销档。该管参佐领限三月内据实报出,所有以前失察处分,概予宽免。如逾限不报,仍照例分别议处。至窝窃、窝盗及一切诓骗之类,俱销除旗档,照民人例一体问拟,不准折枷。则旧例之应实力奉行,而不当有意从宽者也。

一、汉军有考职捐职之例,满洲、蒙古宜画一办理也。恭照道光元年五月谕旨:佐杂之职虽微,亦由佐理民事而设,与其兼容并进而听其壅塞,何如严核均邀而俾就疏通。直省督抚详加甄别,其实在庸猥陋劣,不堪造就者,概行沙汰,则才真出众之员,自可及时自效。钦此。伏查佐杂一官,职分虽卑而亲民最近,向例并无正途,非书吏即捐班。书吏例禁虽熟,舞弊实为长技,捐班流品尤杂,谋利是其本心。一县之地即古诸侯之国,知县一人耳目难周,不得不寄之此辈,民生何以日裕,吏治何以日淳。查各省佐贰杂职,除教职三千余缺不计外,尚有三千八百余缺。盐课、漕运、河工均关紧要,而无一满洲、蒙古人员。推原其故,当年八旗人少,即文职州县、绿营武职亦系渐次增添。今八旗人多,马兵步甲尚准挑充,何妨先予小官,试之民事。汉军本有考职捐职之例,行之百有余年,并无格碍。官小易就,出京者多,于生计大有裨益。满洲、蒙古外官甚少,道府不过十之二三。丞倅缘有理事旗缺,合计尚及四分之一,州县不及十分之一。今满洲、蒙古举贡生监中,不乏品学谙练之士。应请即照汉军之例,一体准其考职捐职。其班次无庸另议,应请即于捐班、应选班内,相间轮用。如此,则于别项班次并无妨碍。而满洲、蒙古登进之途渐广,逐加历练,胥成有用之材。佐杂中得正途出身之旗人渐挽捐班书吏之积习,于吏治民生均有裨益。此则旧例之必应画一,而毋庸别立章程者也。

一、双城堡屯田经始维艰,宜推广以竟成功也。查双城堡移驻京旗,自将军富俊条奏,经理数年,糜帑数十万两,良非易易。原定每年移驻二百户,查上年移驻五十三户,本年移驻七十六户,总未及(一)〔二〕百户。诚恐此后愿往者少,又不便勒派,虚费以前经始之力,致善政无成功,实属可惜。况伯都讷等处亦多可垦之地,如能源源而往,则京师贫苦旗人既可得有产业资生,而该处以荒僻之区渐成巨镇,实属法良美意。查各旗满洲、蒙古原有屯居之例,在数百里外居住百余年、数十年者。道光元年,臣等议覆原任大学士伯麟条奏案内,准令旗人屯居种地。数年以来,呈请者尚少,总原有地者,先须自往清查,而告假甚难,回京甚紧,以致如前条所陈,刁奴恶佃,藉端挟制,不得自种。今告假之例限既宽,则往查得以自由,嗣后呈请者必众。臣等各饬所属,再将前例剀切申明。如近京并盛京等处有地可种者,准其告假自往清查。如愿自种,准其呈明迁徙居住,或与原佃之人伙种分粮,或撤出一半自行耕种,仍留一半与原佃种。如此则旗产可获实利,而民人亦不致失业,以示公平而杜讼端。其地亩久经典卖,力不能赎,无地可种者,臣即饬所属参佐领,将移驻双城堡之利详细开示,谕以尔等贫苦难以度日,皇上施恩将双城堡处地亩赏给耕种,尔等并无产业,今得地二顷,又有房屋、家具、牛种,临行路费,沿途供应,此系何等厚恩。尔等到彼,安分种地,可丰衣足食。两年移驻者,现俱有信来京,称为乐土,尔等何尚犹疑。况现在奏准,一切不安本分之人,将来滋事,俱照乾隆年间例销除旗档。尔等若有不安分者,倘被参佐领查出送部销档,岂不后悔。今将利害明白宣示,刊成谕单,将家无产业年已成丁之闲散,并三两以下钱粮实在贫苦之人,逐户谕知。嗣后,每年移驻,务期足敷原奏二百户之数。如有多者,陆续分年移驻,仍令每年将移驻数目先期行知该将军,预为办理。如此则善政可告成功,旗人永叨乐利之福。而双城堡地亩房间帑项,均归实用,藉人以尽地利,即藉地利以养人。我国家亿万斯年,户口日增,土地亦日辟,此则旧例之必应推广而两有益者也。

以上四条俱系遵循旧例之意,将后人奉行不当之处,或力复旧制,或酌合时宜,实于旗人大有裨益。缕悉敷陈,如蒙俞允,由值年旗移咨各该衙门,遵照实力奉行,以仰副我皇上惠爱旗仆,有加无已之至意。　1569－1573

条陈恤旗民足边防舒国用疏　同治七年

山西巡抚　沈桂芬

窃惟我朝定鼎燕都,居重驭轻,八旗禁旅,悉入环卫。每岁糜金钱数百万两,以赡其身家,计至深也。无如二百余年来户口日烦,纵使军旅不兴,岁入如故,隐销坐耗,上与下均岌岌有不可终日之势。历朝谋国诸臣,已逆知经费之难继与旗人生计之日艰,屡次条奏。实已准行者,如清查入官地亩,分拨拉林地方,移驻双城堡屯田,外官准带亲族随任,所以调剂之者至矣。而屯边之(以)〔法〕,旋以安土重迁,事寝不行。近复准出外谋生,而去者寥寥。固由人情惮于跋涉,亦以各旗兵丁之愿去者,欲贸易则无本,欲耕种则无具,欲迁徙则无资也。臣官京师时,亲见旗民生齿繁庶,不农不商,除仰食钱粮外别无生生之策。自圈法变更,南漕不继,一丁所领之粮,不敷供一丁之食。其强者悍然为非,每陷刑网,弱者坐以待毙,转于沟壑。我皇上视民如伤,四海之内,一夫失所,犹深轸恤。矧以八旗世仆,勋旧子孙,近在辇毂,忍令饥寒颠覆,不为之计乎。从来以一人养天下,恒苦其不足,使天下自为养,常觉其有余。臣窃以为今日安插旗人,其上策无过移屯边方,中策则听往各省而已。夫移屯于丰盈坐享之日,人情孰不好逸而恶劳。移屯于冻馁交迫之秋,人情又莫不辞饥而就饱。此今日移屯一议,较之昔人事半而功倍也。臣请先言听往各省之法,即就从前武隆阿、英和诸臣所奏而推广之,无论马甲、养育兵闲散,其愿出外谋生赴各厅州县者,准其径呈本旗都统前往。照商籍、军籍例,编为旗籍,户婚、田土、命盗案件归地方官管理。生子随时呈报督抚,俟汇案咨部。旗绿守战马粮及各营将弁,亦令一体考拔。并许用旗籍,应府州县文武试及乡会试。欲应翻译试者,照各省驻防例。凡降革休致官弁及举贡生监与各省驻防愿移者,均听之。此移之内地,人所乐从,其资给概从其省也。至若移屯边方之法,臣请钦派廉干大员为屯田大臣,随带司员,查照旧档,于奉天、吉林一带及独石口外红城子、开平等处与张家口外之兴和、新平等城,昔年富俊、孙家淦诸臣所勘定旧地,岁计可开若干顷,并建造房屋城堡,添置农具牛种及军装器械。酌定成规,宅中驻扎,始终经理其事。再由八旗都统剀切劝谕,旗户愿移口外者,照道光初移屯双城堡旧例,由户部当堂发给治装银三十两,沿途官给车马。到屯后,每户官给房屋四间,农具、牛(好)〔籽〕皆备者。而务农之隙,讲武、刑罚、教养之事,皆屯田大臣主之。十年以后,地亩照下则升科。征收之粮,粜运于口内,而积银于屯所。以年即以屯粮所粜,为次年京旗移屯与屯所各项之用,无事再动库帑。此移之边方事极艰难,其资给不得不量从其优者也。然议者必谓口北寒冷,不宜粟麦,饔飧无出,流离远徙,易伤臣仆依恋之心。不知昔年叠次移居双城堡及拉林地方旗户,至今长养子孙,称为乐土。若非耕种,何以自存。至孙家淦勘地,原奏亦将地方之寒暖,谷种之所宜,与日用之水火煤薪,旗民之相安,蒙古旗厂之无扰,以及山场之可牧,平原之可猎,条分缕晰,非徒托诸空言。况人气日聚,地气亦开,天气即为日暖,旗人不过一迁徙之劳,永可丰衣足食。较之株守在京,饥寒无策,告贷无门,相去远矣。臣所谓恤旗民者,此也。议者又必谓边屯太多,禁军单薄,恐非强干弱枝之道。不知圣朝开国之初,人心甫定,不得不藉资劲卒镇抚京畿,今则薄海黔黎,胥归天籍。自军兴以来,收复郡县,珍除渠魁,大都绿营兵勇及蒙古与东三省兵力居多。旗人生长京华,习于豢养，偶有调遣，未闻得力。若令移屯口外，练习风霜，耕种牧营，生资劳苦，气体必见充实。再能督帅得人，训练有素，无难上复国初骁健之风。十数年后，环边之地，东西开辟，绵亘不断。北可震慑强邻，南亦以拱卫京邑。设有征调缓急，更为可恃。臣所谓足边防者，此也。特以移屯诸费，昔年犹以为难，今日帑藏空虚，更安得此闲款。臣尝私心计之，八旗现放兵饷，除二成大钱外，实放银四成，人口嗷嗷，朝不谋夕。各省军务告藏，必应循例照八成旧章以裕兵食。窃谓救八旗一时之穷困，其惠小，贻八旗无穷之赡养，其利长。当未减之时，而忽议减，其势逆而难行。迨已减之后，而量为增，其势顺而易节。请于定复八成兵饷之年，暂给六成，酌留二成，每年约可得银一百余万两。治装银两与房屋种具，每户以八十两计之，加以屯所修城堡、制器械及一切费用，每年至少亦可移数千余户。俟屯田升科后，移屯有资，京旗兵饷仍复八成之旧。如此，则目前经费毋庸另筹，日后正供永无不足。臣所谓舒国用者，此也。昔臣佐理度支，筹之至再，而军旅方殷，未暇上陈。今虽出为疆吏，不敢缄默自安。所幸僭伪削平，东南渐臻底定，寰宇民生，皆蒙休息。似宜及时预筹本计，勿责旦夕之效，冀开乐利之源，国家亿万载之丕基，可于是而益固矣。是否有当，伏乞皇上训示，敕部核议施行。

1574—1576

援照成案拟请拨给旗员随缺地亩片　光绪八年

吉林将军　铭安

吉林为我朝根本重地，协佐以下各官皆满蒙世仆，或为勋劳后裔，袭职当差，或曾效力军营，回旗拣补。溯自咸丰二年，征调频仍，官弁兵丁效命疆场者十居七八，生还故里者十仅二三。其户口之凋零，室家之穷苦，有不忍形诸奏牍者。若以昕夕奔驰之苦，复有衣食内顾之忧，不惟政体有亏，抑且廉隅难饬。即如协领应领俸银一百三十两，扣成折放，每年仅得实银六十五两。佐防以次递减，一切公私费用均在其中，实系入不敷出，难免赔累。奴才曾任盛京刑部侍郎时，询知奉天旗员兵丁均有随缺地亩，分防协佐尚有优缺，足资养赡。即在省当差，轮派河仓，亦可均沾余润。而吉省地处边陲，异常瘠苦。既无优异之缺，亦乏调剂之差。是以从前派令旗员等查丈荒地，征收钱粮及一切杂差，无不扰累地方，藉端需索，追呼掊克，习为故常，以致民怨沸腾，累累控告。光绪二年，奴才奉命来吉查办事件，半由于此。然原情而论，出于贪婪者总少，迫于穷困者实多。自奴才抵任后，凡有差委，办拨闲款，酌给川资，不准藉差科派。若蹈前辙，立予严参。近来旗员等尚知奉公守法，较前已觉改观。但每月仅得俸银数两，该员生长斯地，各有室家，一身之用度尚属不敷，数口之饥寒更难兼顾。困穷所迫，难保不见利忘义，故态复萌。现在吉省添设民官，划疆分治，廉俸办公，均已奏准开支。而旗员等除俸银外，毫无别项津贴，与民官进项大相悬殊，以致办公竭蹶，未免向隅。第当库款支绌之时，万难筹给公费。惟查嘉庆、咸丰年间，经前将军富俊、固庆等先后奏准，双城堡自总管以下官兵，拨给随缺地亩。道光年间，经前将军倭什讷奏准，伯都讷自副都统以下官兵，拨给随缺地亩。其三姓地方，奴才会同督办宁古塔等处事宜太仆寺卿吴大澂，于光绪六年十月间奏请，自该副都统以下官兵，拨给随缺地亩，业经仰蒙圣鉴在案。其余省城各旗员，均未奏请拨给。同一当差苦累，而随缺田亩或有或无，殊觉苦乐不均。现在伊通等处奏明派员开放生荒，上中之田，人皆呈领，下余近山硗薄之地，恐难保租，一时难以招佃。若将此项地亩拨作随缺官田，虽收三成歉薄，亦可略资办公。除各城副都统等，前经奴才奏准，蒙恩赏给津贴，足敷应用及伯都讷、双城堡、三姓等处旗员，已有随缺地亩，均毋庸议拨外，所有吉林十旗,乌拉、伊通、额穆赫索罗、宁古塔、珲春、阿勒楚喀、拉林、五常堡等处旗员,拟请援照双城堡成案,拨给协领随缺地亩每员八十晌,佐领每员五十晌,防御每员四十晌,骁骑校每员三十晌,笔帖式每员五十晌,领催前锋每名二十晌。合无仰恳天恩,俯念吉省旗员办公费绌,准其一律拨给随缺地亩,以示体恤而资养赡之处,出自圣主逾格鸿慈。如蒙俞允,请俟各处放荒事竣,查明未垦地亩共余若干,应如何分拨,再当妥议章程,奏明办理。至额设甲兵应领钱粮,照章折放,本属无多,而各项差徭向系摊派,苦累情形尤属可悯。若一律请给荒地,兵数太多,恐不敷拨,容俟荒地放竣,再由奴才设法矜恤,以舒兵困。　1580－1581

请厘剔八旗积弊疏　光绪九年

大理寺卿　英煦

窃维八旗之设二百余年,其始人心朴厚,立法周详,该管大臣亦皆实心任事,不容丝毫弊端,所以乾隆、嘉庆之时,八旗兵丁夙称劲旅。至今日而坏法乱纪,其弊不可胜言。谨就奴才见闻所及,胪列四条,为我皇太后、皇上陈之:

一、混入旗籍宜清查也。八旗年终编立户口册档,原以杜虚开人口、冒食钱粮之弊,尚未虑及有民人混入者。兹则八旗兵丁半属民人充数,询以姓氏而不知,叩以清语而不晓,推原其故,皆由各旗民役编立户口册档,将其子弟渐渐混入,捏称某媚妇之子,或某媚妇之孙,其后遂报捐报考,俨然以八旗世仆自居。闻有其父尚为某民役,其子即为某旗官兵,若不澈底清查,势必至无业游民冒充功勋之后,将来或受恩封,或袭官爵,流弊伊于胡底。拟请该管大臣认真清查,并责成八旗族长按月呈报有无混入情事。倘所报不实,官则严参,兵则重惩,并将混入之人咨部治罪,庶旗籍自清矣。

一、侵扣俸饷宜稽核也。自库款支绌,俸饷减成,官员兵丁已形拮据,而俸饷房承办人等又复假库亏以为名,层层剥削,甚至俸银一分短少数两,饷银一分短少数钱。即有一二整顿旗务大臣,逢支领俸饷之日,进署回平,而承办人等诡谲多端,预行按应领数目实足平,每另备一分以为回平地步。迨至官员兵丁支领入手,仍是亏短甚多。该管大臣亦无从知其底蕴,八旗官员兵丁几何而不困苦耶。拟请该管大臣认真稽核,遇有本旗支领饷俸之日,亲身进署抽查,并令参佐领等官监放,倘有前项弊端,即行参办,则俸饷自然实领实发矣。

一、顶替挑缺宜惩办也。八旗挑补兵缺向章,领催以识字为上,马甲以中箭为优。非逾十六岁均不得入选,乃近来应挑人等,多因年岁不符,以及文理不明,弓马不熟之故,遂觅他人顶替。一经补缺,即将应领库银作为酬谢之费,参佐领等亦扶同应匿,瞻徇私情。若不从严惩办,恐相沿已久,八旗兵丁无一成材,岂不虚糜帑饷乎。拟请该管大臣每遇挑补兵缺,令参佐领出具并无顶替印结,先行呈递,仍亲身向本兵盘诘。倘年岁三代与牌册不符,即将顶替人等咨部治罪,参佐领等官指名严参,庶兵皆适用,饷不虚靡矣。

一、私卖甲米宜禁止也。八旗兵丁按季支领甲米,原为养家口计。乃近日赴仓参领等官,先向该仓花户串通舞弊,任令搀杂土块,不堪食用。米局商人亦得高下其手,互相争买,致使领米石各兵甘心售卖,无可如何。参领花户等遂从中渔利,彼此均分,俗呼之谓成事。夫成事之弊,八旗皆然,右翼尤甚。若不严行禁止,恐朝廷豢养兵丁之意转属有名无实。拟请该管大臣亲身赴仓督饬参领等,向该仓支领洁净之米分放各兵,毋任私自变价。倘有搀杂土块、不堪食用等情,即将该仓花户、赴仓参领等,从严参办,似于兵食不为无益矣。以上四条,皆八旗积久之弊,奴才平日确有见闻,可否请旨饬下都统认真厘剔,妥议具奏。　1581－1582

请饬会同筹议疏

黑龙江将军　文绪

窃京城八旗人丁,生齿日繁,家计日窘,诸臣屡有条奏。曾经前任将军特普钦,于招民开垦之初,在所属濠河北、呼兰河南留勘平坦荒场一段,约可酌拨京旗人丁三百户。嗣因附近居民渐有侵占,复经调任绥远城将军丰绅奏请,由该处旗营有力兵丁内先拨三百户代垦,建房置具,为数不资。拟请俟地成熟,京旗丁到,再请领款安插。每户拨地五十晌,以三十五晌,限七年后开齐,交京旗管业。倘时不到,即令各该代垦之户升科,以三十五晌归代垦地户管业。至五年后,以二十晌,照章每晌交纳官租钱六百六十(交)〔文〕,其余十五晌,作为代垦之户已产。于光绪四年,派员按照留圈内,分安二十五屯,编为镶白、镶红、正蓝、镶蓝四旗。每旗安设五屯,每屯拨驻京旗十五户。代垦十五户。所有京旗与代垦旗丁共六百户,均归北团林子委协管束。等因。奏明在案。今前项留拨京旗人丁之地,经代垦之户已经开齐,明年即到交领年限。其代垦之户地亩,本年已届升科之期,自应先期奏明核办。查原议从减每户盖房、穿井、置备牛具银二百五十两有零,以三百户计之,当需六万一千五百余两,其由京起身,沿途资斧尚不在内。查江省素鲜出产,仅有租税两款,为数无多,全数抵充官兵俸饷,每岁不敷,尚须外省协拨,实系无款可筹。地届征租之年,又未便延缓,奴才等再四筹思,惟有请旨饬下户部与八旗都统从长合议。如能筹款酌拨旗丁前来领地安插,应将银两先行发给,以便购料建房,置办一切,再行详细据实陈奏,以免临时贻误。如事属窒碍难行,亦即知照奴才等,以便将前项酌留之地照章起租,庶免有空地赋。　1582

续陈安插移拨旗丁并请加兵额疏

文绪

窃奴才等前因呼兰代垦京旗地亩届限,曾经奏请移拨。嗣准户部咨称,会同八旗都统议奏,仅镶黄等四旗十户愿往。行令建盖房屋、置备牛具等项,应需银二千余两,由该将军筹款给发,作正开销。等因。咨行前来。当经委员会同北团林子委协领赶紧办理,俟该京旗到时无误安插,格外优待。等因。报明在案。兹据呼兰副都统咨报,原拨京旗十户内,镶黄旗护军保兴一户二口,据称在京未来外,其余九户用车接替,于十月初五日已来。北团林子旗营,距地所不远,时值隆冬,新盖房间寒冷,经该委协领代为租房暂寓,由官筹发价值,俟明春天气和暖再移新屯。等因。奴才等体察该旗丁等均系寒苦,初到地所,一切购办无资,自应宽为筹备,使新到者相安,续来者踊跃。即于每户并筹给小米一石,高粱米一石,粳米五斗,秫秸一千捆,足供半年之用。俟开春到屯后,即令代垦之户,将熟地三十五晌交其查收,自行耕种,不准出卖,以基永业,归入该处旗档管辖。第垦种之事,究非该丁素尚,必须日将月引,使之渐习操作,兼不废弓马骑射,方为妥善。若移屯后任由闲散,自图安逸,不求上进,势必仍属困穷,殊非仰副圣慈矜恤旗仆之意。奴才等再四思维,该丁等既享耕牧之利,而以时讲武,归旗当差,庶可奋其心志。将来蕃衍之余,尽成精锐,以实边防。现已咨覆该副都统转行委协领查明,此项旗丁内,有成丁子弟,遇有该营甲缺,即行挑补。其在京曾充骁骑校护军,年力尚壮,堪以当差者,迅速呈报,拟即以该营相当缺出,按照旗分挨次改补,则生计益觉宽裕。惟北团林子仅有兵缺二百分,该处旗丁甚夥,升途本窄,将来三百户到齐,更觉丁多甲少。若不因时制宜,稍为增益,势必壅滞。拟请在该营加添甲兵一百名,归公一体挑放,庶期两有裨益。第管辖既重,职分须崇,并拟将该处委协领改为三品协领,原有镶白等四旗防御委佐领四员,改为正任佐领,原有骁骑校四员,再加添佐领四员,加添骁骑校四员,分为八旗。所有新添佐领四员,骁骑校四员,作为该处满蒙汉分缺,应需俸饷为数无多,即由地租项下动用,毋庸另行筹款。惟代垦成熟之地,尚有一万零一百八十五晌。该旗丁前来,沿途既有地方供应,仅不过一往之劳,较之在京已得永远恒产,又有进身之路,自必有乐愿续来者。合无仰恳天恩,饬下户部与八旗都统,再行妥议,移拟若干户,先行知照,以便预筹备办,免致有误。
1582－1583

卷三十二　户政类　仓储

筹备京仓疏　同治二年

监察御史　丁寿昌

窃惟农为政首,食为民天。国家建都北方,仰食东南。自江渐沦陷,漕无来源。计本年起运,仅有山东、奉天二省,不过粟米三十余万石,其各海口采买捐输,尚无把握。直隶连岁丰稔,尚可支持。设有水旱之灾,风尘之警,近畿之米商不至,都门之粮店皆空,京师百万生灵束手枵腹,岂不为之寒心。议者谓,在京捐米,有妨民食,在外采买,有碍京饷。臣前任户部司员,深知其难,不得不豫为之计。况南漕起运,全赖江浙二省。即使苏杭收复,尚须招集流亡。朝廷轸念穷黎,必有蠲恤之举。是此二三年间,南漕必难畅行,京仓岂容无备。当此时势艰难,库储支绌,兴利除弊,本不易言。然行以实心,必收实效,敬陈管见四条,以备采择。

一、京师之水利宜兴也。自元明以来,言畿辅水利者甚多,而见诸施行者盖寡。我朝雍正年间曾修畿辅水利,设京东、京西、京东南、京西南四局。怡贤亲王总其成,大学士朱轼为之辅。经理三载,得田七千余顷。至今玉田、丰润一带粳稻盈畴,皆蒙其泽,是畿辅水利确有明征。然当时设局既广,经费必多,此时筹费不易,宜仿其成法,先于京师试行。查西直门外,长河一带,直至山西,处处有水,可种稻田,内务府所管稻田厂,皆资以灌溉。京师民惰,不知水田之利,多种杂粮。若令改种稻田,听挑渠引水,获利必多。即派内务府经管稻田厂熟悉农务之司员,专司其事,先行试办以为民倡。择稻田厂左右可耕闲田及园亭附近之旷土广为开垦,引昆明湖、玉泉山之水疏成沟渠,因势利导,如有必需之费,自应奏明酌给。俟办有成效,优加奖叙,以示鼓励。其旗官员兵丁有情愿自备资斧开垦水田者,量力授以闲田,准其自行开垦。二年之后再行升科,酌中定税,征收本色,以裕仓储。并劝谕左近有田之农民,有情愿改旱田为水田者,许其挑渠引水,教以蓄泄之法。计水田一亩,较之旱田有三倍之利,民情见利必趋,必相率而改水田。一人得利,众共趋之,再加以劝奖之途,能耕水田至一顷以上者,予以从九品顶戴,耕至十顷以上者,另外给以优奖,即汉时举孝弟力田之法。如此数年之后,稻田必多。不加钱粮,止征本色。其丰收之年,由户部发价籴买,以实京仓。遇有灾荒,发仓平粜。兼用当平之法,永无饥馑之虞。京师行之有效,再明定章程,推行于京东西有水之州县,使北方丰歉有备,不全仰给于南漕,实为万世之利。窃恐议者必以为迂远难行,然多得一亩水田,即可得数石稻米。初虽寡效,久则有功,是否可行,应请饬下内务府大臣会同户部酌核办理。

一、奉天之旱稻宜捐埝也。奉天为我朝发祥之地,土脉膏润,五谷丰收,而稻米一项处处皆有。臣前次随差奉天,遍历海口,每日所食俱系稻米。询其所产,旱稻为多,不必藉水而生,实与水稻无异。因本处土人不常食用,是以所种不多。现在奉天捐输俱系粟米,色嫩质松,不堪久积。若令其兼捐旱稻,以谷而不以米,以稻谷一石抵粟米二石,由海运津,最为便捷。且此项旱稻可为谷种,若于京城设局,令农民赴局买种,每人不过一斗,以资种植。近畿本有旱稻,得此更可盛行,将来畿辅有水之地可种水稻,无水之地可种旱稻,较之粟米、高粱其利数倍。应请饬下户部酌定章程,知照盛京将军、奉天府府尹,酌量搭成收捐,于京仓不无裨益。(下略)　1593－1595

卷三十三　户政类　荒政
请免饬禁口外烧锅疏

德福

查本年直隶灾区甚广,御史崇龄奏奉上谕:着直隶总督、顺天府府尹严饬各属,停止烧锅一年,以平粮价。等因。钦此。钦遵。并经户部行知当经转饬。钦遵。在案。兹据承德府知府启绍禀称,查热河所属地方,自入夏以来大雨时行,田禾畅茂,虽近河地亩间被冲刷,不过十之一二,统计收约在七分以上。伏思口外地方,兵民食计攸关,固应以粟谷为至要。而其尤易丰收民不常食者,惟黍、粱、杂豆、苦荞、油麦等项。每值秋稼登场,全赖烧户销售而资民用。兹禁停烧,亟宜谨遵办理,以济贫民。然口外殊与内地情形不同,若不因地制宜,则意在利民,转以病民。若遽尔停烧,粮价必日减,即令移粟于灾区,而道里甚遥,转运维艰。则灾区无补救之益,口外竟有谷贱伤农之势。况各属开设烧锅二百余家,雇觅造酒之人名曰糟腿,外来无业游民,每家口少者十余名,多者三四十名,统共计约不下六七千名。此历来已久,烧锅之实在情形。遽尔停烧歇业一年,恐因停荒闭,若辈糊口无资,必致流离失所,为贼为盗,其患实有不堪设想者。且采办热河并古北口两处兵米,历久章程均系借资烧户之力。若遽尔停止,不特烧户坐失生计,是以逐末而失本,并于地方一切情形诸多未便。溯查光绪三年,直属歉收,曾经直隶总督李鸿章奏请饬禁顺天各属烧锅,并未言及各厅州县,亦正为此也。此次顺直水灾,自应援照光绪三年,直属停烧,未及口外,事同一律,可否仰恳天恩俯准,免其停烧,以安贫民。如蒙俞允,烧锅免停,而酒利必厚。拟令各烧户量力捐输,多则捐银五六十两,少则捐银三四十两,一俟集有成数,解归顺直灾区助赈,以资接济。此如办理,则灾民可以济急,烧户亦不致失业矣。　　1664－1665

卷五十二上　兵政类　防务上
遵议东三省边务大略情形疏

王大臣

光绪十一年六月十八日,钦奉慈禧端佑康颐庄诚皇太后懿旨:东三省边防事宜,著军机大臣总理各国事务衙门会同神机营王大臣妥议具奏。钦此。仰见圣心,廑念边陲,防微虑远,钦佩莫名。臣等窃惟防边之要,首在审地势,察敌情。形势既得,选将为先。将得其人,军储宜亟。而练兵、制器、招垦、兴屯,则其节目也。东三省统辖至广,盛京十四城为边门者二十余,吉林八城门为边者四,黑龙江六城旧设卡伦之区七十一。承平时东际大海,北限混同,獉狉之民多我属部。历朝奉敕编入八旗,凡居近吉林之巴尔呼人、锡伯人,居近伯都讷之卦勒察人,居近珲春之库尔喀人,居近额尔古讷河之索伦部、达呼尔部,其最远者为鄂伦春部,皆审户比丁,隶入军伍,擢彼材勇,效我扞掫。而八旗猛将、吉林兵丹常率诸部四出征剿,以精锐闻天下。其时中俄立界于尼布楚,开市于恰克图,斥堠之设多在中路北徼,而东方则晏然无事也。自咸丰以来,中原多事,东三省精兵征调四方,腹内虚耗,饷减差烦,势成积弱。参、佐领以下又不恤兵丁,层层克扣,以致生计日蹙,土地日荒,风气日敝。彼时国家方治内盗,无暇东略。溃一隙之堤,成数世之患。牧圉之吏任非其人,遂使邻国挝隙蹈瑕,蚕食东徼,侵踞我黑龙江以北,乌苏里江、兴凯湖以东数千里之地。于是吉、江二省遂无师船出海之口,腹背受敌,如处瓮中,而边事因之日亟矣。今虽明订条约,暂事羁縻。然边情反覆,理难久恃。疆场之权以公法论,亦彼此各自主之。查江省与彼之阿穆尔省一江之隔,其省城在海兰泡,与我黑龙江副都统所治之城相望,沿江上下皆夷屯也。昔日跨江为守,今则江流之险与我共之。额设水师船只,又皆糟朽狭小,不足以资战守。吉省与彼之东海滨省毗连,其新设酋长驻海参崴双城子,又别屯兵于岩杵河、摩阔崴诸处,而以驻扎伯力之重酋联络其间。其两省额兵通计不过万人,常招徕屯垦客户编为民兵,以辅其不足。又收买麦粮,煮罕奇之盐贩入内地,以为储蓄之资。近且逼(春珲)〔珲春〕为垒,开通图们江东岸以窥朝鲜北境,行船松花江以窥三姓上游,势亟亟矣。彼处处通海,便于转输。我陆运迂远,易致疲敝。似彼常处其逸,而我常处其劳。然以天时地势揆之,冬春二时,江海冰坚,船不能驶,彼若深入,接济维艰。夏秋二时,彼挽饷虽利,然宁古塔以东有无人之地六百里,群山纠纷,溪涧深淖,为之厄塞。三姓迤东至黑河口八百里内,江路多涌,陆路多潦,天然险阻,可以限长驱之足。然则,我固不可漫然布置,致备多力分也。吉省所最要者,珲春一城,与彼逼壤,其西壤接连朝鲜之庆源、庆兴两府,一苇可航,前无障隔,后可包抄。三姓一城,水路上距伯都讷之三岔口一千余里,中间历阿勒楚喀、拉林诸城。其三岔口西南陆路,则由蒙古郭尔罗斯界,径从草地直抵奉天之法库边门,才八百九十里,最为便捷。彼国地图惟于此数处画一曲线,他处则否,其久蓄窥伺之心,已有明验。然则,该两处最宜注意,庶一以保护朝鲜北境,一以屏蔽我松花江上游伯都讷腹地。此吉省大略情形也。江省为吉林唇辅,上游有内兴安岭一带为之阻隔,设防宜在下游。旧设卡伦,今存四十七处,多在呼伦贝尔以西。夫昔日之界,在尼布楚,故卡伦在西。今日画江为界,江北旗屯沦入异域,则卡伦宜改设东北。又将军远驻齐齐哈尔,北距黑龙江城尚八百里,今昔异宜控制非便。似宜借行围为名,时至沿江巡阅,以壮声威。邻柝相闻,而我犹晏然寝于室中可乎。此江省大略情形也。奉吉二省皆界朝鲜,吉以图们江为界,奉以鸭绿江为界。辽阳迤东旧设凤皇、暖阳、碱厂、旺清四边门,为扼要之地。今水路则趋重旅顺口、大连湾一带,陆路则自同治六年奏明勘荒开垦以后,边门而外耕廛栉比,设官置戍,直抵鸭绿西岸。非厚集兵力,水陆掎角,不足以顾根本而护藩邦,而腹地防营似可酌量并省,以节饷力。此奉省大略情形也。臣等查光绪六年,经户部总理衙门奏定,请饬下各省每年协拨东北边防经费二百万两,虽往往解不足额,然部垫部拨之款数实相当。今试以东三省兵数计之,历据该将军等先后奏报,奉天经制额兵二万二千八百余名,练军马步队及缉捕勇丁又一万三千一百余名,而雷正绾、宋庆等军之食江浙河南饷者,犹不与焉。吉林额兵现据册报一万一千余名,乌拉牲丁四千余名,铭安、吴大澂等新练巩、卫、绥、安四军又靖边防军二十营零三哨,除绥字等营由吴大澂挑选奉调移防滦乐外,尚有万六千人。黑龙江额兵现据册报一万零九百余名外,马步练军四千五百余名。以三省通计之共有土客兵籍几及九万人,兵力不可谓尚单。以饷数计之,奉省地丁、地租、货厘、洋税、船规岁入银一百三十一万四千余两,吉省岁入之款约银四十五万六千余两,江省岁入之款约银三十六万六千一百余两,三省通计共有入款银二百一十三万六千余两，尽充俸饷之用，外由部库每年拨银一百四十八万两，又外省协拨六十八万九千余两，实解到银二十七八万两不等，是东三省岁需饷银三百七十三万。客军之费犹不在内，较之承平时新疆岁饷之数已有过之，饷力不可谓不厚。当此艰难支柱之秋，任兵事者自宜加意撙节，兵归实用，饷戒虚糜。若犹防务废弛，营伍空虚，无事则虚报冒销，有事则情见势绌，岂该将军等所宜出此乎。又查总理衙门上年正月间，行文通查外省练军火器。先后据盛京将军咨报，捷胜、长胜等营练军及调驻客军，计练习前后膛洋枪者四千余名，炮兵一千一百余名。吉林将军咨报册开，边防马步各营练洋枪、洋炮者，共五千二百余员名，练军马步各营则练洋枪者，约三千人。黑龙江将军咨报，所有练军西丹，前经奏调洋枪、洋炮教习常川操演五千名，是三省大吏于近日操演要义，风气日开，不至拘守成法。惟是三方布置固建，率然之势首击尾应，使之互相掎角。然不思所以联络其气脉，整齐其规制，恐将来局势散漫，彼此不相策应。臣等酌度情形，思所以通变持久之方，相应请旨。特简知兵大员，会同三省将军，筹议训练章程大要。首筹大枝劲旅，合兵万人驻扎要害，为东西策应游击雕剿之师。现在议设电线，如有警报，相机因应，呼吸可通。次则每省练精兵五千，为分防之用，以佐汛地额兵之不足。凡锡伯、索伦、鄂伦春诸部，择其材勇者，一体编入。又次则练闲散旗丁作养育兵，以备随时拔补，汰弱留强。三者相辅而行，饷有差等，一律操演新法，冀收实效。其每年练饷加拨若干，需用火器、子药，应由天津机器等局拨解若干，应归督兵大臣酌核定章，奏明办理。再请饬下户部、北洋大臣筹拨。此外，若招客民屯垦，则可就近买粮，以充军实。兴畜牧之利，则可收其饶课，以助边储。招商开矿，则驱淘金之徒，编集而为矿丁。伐木通道，则开商贩之路，量榷以益厘税。且奉省沿海产盐，市价最贱，诚能远采金、元时征收肇州、辽阳盐课之法，近用各省盐斤加价之例，官为收买，量加课厘，就场征银，以鬻于商，使转贩于关东诸路、蒙古各盟，亦筹饷之一端也。又，从前伊犁养兵之费，半资屯田，其法以旗汉兵每年分拨，四成屯田，六成差操，更番为之，故可持久。吉林及呼兰一带荒地极多，借使于经制兵内，仿伊犁成法，抽调若干成授地垦荒，凿渠灌溉，以资生计，双城堡非其明验耶。凡此，皆边务之要图也。同一土地，敌人所至，则为兴利之腴区，自我处之，则为耗财之瘠土，有是理乎。夫为将之道，日讨其部曲而申儆之，非家喻而户说之也，贵精神折冲耳。果能发奋有为，则羸者可变而为罴，若仍委靡因循，则强者亦日趋于弱。宋臣李纲有言，精气变痰，痰变精气，非二物也，视乎元气之强弱耳。圣朝二百年来良将劲卒多出东三省，边臣果得其人，岂有终于骬骸不振者哉。所有一切事宜，臣等第能略引其端，至详细章程，应俟简派大臣会同该将军等因地制宜，与时通变，破除积习，力求整顿，察酌情弊，然后奏请次第开办。务使三方隐然，树长城之势，以伐敌国之谋，及今为之，犹可表里经营，完缮自立。

2598－2601

拟设法保护屯民片　光绪八年

吴大澂

再据统领绥字军奏调直隶候补直隶州知州戴宗骞禀称：迭次出历江北诸山，周览形势，博访舆情，知食力穷民奔走山中者，不外捕貂、砍木、拣菜三宗。未抵汤汪河，北逾西北河数百里间，山径错杂，每岁不下千人所居，有菜营、木营、碓房等名目。多于正月间里带盐粮、雇马驮负约敷一年之食。节逾小雪，始将皮张收齐，陆续出山。各起伐木之人，则于冬令给伴前往，砍足木料柴薪，趁春夏水长时，始行下放。拣菜生计，亦在夏秋。三者皆流寓之民，践历荒岩绝巇,与鹿豕木石为群,既不便概绝其生路,又无从究诘其由来。虽非有窝匪,而积年马贼倚险滋蔓,暗恃此三项人之为接济盐粮、买办衣装食物,甚至子药、军器亦能以重价为饵,辗转致之贼中。在各项流民生业在山,力不能与之抵抗,稍有拂意即为所戕。所得各种兽皮搜索过半,欲易他业,又无所资,其谋生窘蹙,情状亦可矜矣。姓界既面面皆山,易于薮贼,官兵所驻,势不能于岭阻林荒之地处处分布,若不设法于入口要隘处所酌拨哨队,分段填扎,以资巡防而便稽察,则目下即获肃清,难保异日兵撤不再萌茸。兹拟于江北之永聚屯、四块石、红石砬、大小胡同、西北河、石头嘴等处,江南之大小罗拉、密花、公鸡等处,各驻队十余人,不占民屯,专择山内距口数十里必由之路,暂借窝棚栖止。传谕各山沟捕兽、砍树、拣菜人等,各按所住山沟分起编号,写明年岁、籍贯及所置碓房、木营、菜营地段,十人为一连环保,如有外来游匪即挨号传报,不准窝留。庶人迹罕到之深山穷谷,亦各条分缕晰,若网在纲,如内地保甲之制,俾异种不能搀入。另缮名册一分,送三姓副都统衙门备案。由营中遴派妥细员弁,春秋两季酌带队伍挨号清厘一次,自携口粮盐菜,不需各户供给分毫。庶山中食力之民,既得所保护,复互相纠察,蓄盗藏奸之弊可不复滋。等因。禀请核办。前来。臣查各山匪股甫经殄尽,亟应筹办善后事宜。该统领所禀均系实情,自应饬令派队入山分布各口,与三姓练军驻扎之地互相联络,保护屯民,于边要地方不无裨益。　2615－2616

边疆紧妥请添设道府厅县以资治理疏　光绪八年附片

吉林将军　铭安

窃奴才于前岁奏准,添设宾州厅、五常厅、敦化县三处,复于上年请在省城添设道府及双城厅、伊通州各缺,均已奏邀,圣鉴在案。夫腹地分职设官,布置可期周密。而边疆内修外攘,治理尤赖贤能。查宁古塔、珲春地当冲要,为省城东南门户,安辑抚循,尤不可缓。其三姓地方地广民顽,盗风未息,而且宁、珲两处招抚沟民办理屯垦,三姓亦放闲荒,人烟日密,政务较繁。命盗户婚仍就理于各城副都统衙门,诚恐协佐各官,吏治未谙,难期整顿。窃维自强之计,固在讲武整军,而求治之原,要在安民察吏,诚以吏治与防务相为表里者也。今拟在宁古塔城内添设巡道一缺,名曰分巡宁、姓、珲地方兵备道,俾令提纲挈领,南北边要周历分巡,彼此兼顾以期绥靖地方。惟查奉天东边道充当将军翼长,管理营务,并设有道标马兵二百名,步兵五百名作为两营,均归巡道亲统。现在吉省饷项支绌,若援照奉天章程,设立额兵,应发饷乾,为款甚巨,经费难筹。现拟作权宜之计,饬令该道兼充防营翼长,酌拨防军数百名作为该道亲兵,以备缓急。如此办理,既可节省饷需,亦可联络声气,实于地方防务均有裨益。俟将来裁撤防军,再行奏请添设巡道制兵。再,宁古塔城内应请添设直隶抚民同知一缺,加理事衔,管理地方各事。查元代名该处为合兰路,现在新设同知,即名曰合兰厅。珲春添设知府一缺,名曰珲春府。仿照热河承德府、奉天昌图府之例,仍管地面词讼钱粮各事。三姓添设抚民同知一缺,加理事衔,名曰三姓厅。均归分巡宁古塔地方兵备道管辖。又查塔城东南五百四十余里之万鹿沟地方,距三岔口仅四十里,该处地当要冲,必须添设县治以资佐理。当即札派差委知府李金镛前往查勘,何处可以修城建署,饬令绘图禀复。去后兹据禀称,勘得万鹿沟地方北山下,有平坡一处,周围约八九里,中含阔大,山水环抱,当海参崴赴塔冲途。前临绥芬河,后当万鹿沟口。于此处修城建署,分设市廛,不但可辖该处人民,而可进可退,战守亦足兼资。至与珲春如何分界之处,则三岔口以南有分水大岭为限,水归绥芬北属县,水归洪溪河北属珲,界址分明,无须再划等语,并绘地图禀复。前来。奴才等详核该府所禀各节,均尚妥协。应请在万鹿沟设立知县一缺,加理事通判衔,名曰绥芬县,即归合兰直隶抚民厅统属。惟珲春府现无属县,查敦化县分防之南冈地方,距珲较近,亦系冲要之区。前岁奏请设立县丞时曾声明,该处居民仅有四百余户,只宜设一县丞分司其事,俟数年后体察情形改设正印,即以哈勒巴岭分界。等因。一俟将来该处荒地放齐,商贾辐辏,民户繁多,再行奏请改设县治,即归珲春统属,以符体制。现拟在珲春府另设照磨管司狱事一缺,合兰厅、三姓厅各设巡检管司狱事一缺,绥芬县另设巡检管典史事一缺,均系管理监狱。惟边地荒寒,村屯较少,各该处有一民官足资治理,嗣后生聚日繁,再行踡择地势,设立分防。至教谕、训导各缺,亦可毋庸添设。各该处文武生童,仍照旧赴省考取,如将来文风日盛,请另设学额。以上添设各缺,如蒙俞允,应请旨铸造关防印信钤记,迅即颁发,以昭信守。其定缺分、筹俸廉、修城垣、建衙署、募弁勇、设马拨,应行详议章程,谨另缮清单,恭呈御览。并绘具绥芬县地图贴说,咨呈军机处备查。合无仰恳天恩,俯念边疆紧要,亟应设立民官,饬部迅速议覆,以便奴才奉到部文,即行遴选妥员,奏明援办试署。俟一二年后,如果办理裕如,再请实授。各官应发俸廉、役食、勇粮、马拨及建修各项工程,仍请照奴才前奏,照数概拨实银,以重地方而求实济。其余未尽事宜,奴才当再与督办宁古塔等处事宜太仆寺卿吴大澂,随时体察情形,悉心筹画,妥议具奏。再,前岁新设之敦化县,拟划归珲春府统属。现查该县距珲春府六百余里,若请隶于该府属下,不准递送一切公牍,殊觉纡折,且审办重案往返派差解送,路远山多,并无旅店,难免疏虞,尤非慎重之道。该处本系吉林厅旧地,仍请将敦化县归吉林府统属较为简便。至此次拟设之三姓厅,系属边疆要缺,原拟议归分巡宁、姓、珲地方兵备道管辖。惟由姓至塔一路本非通衢,崇山叠障,渺无人烟,此次虽请添设马拨,一时恐难齐备,文报不通,不得不为权宜之计。请将三姓厅,暂归分巡吉伯阿地方道兼辖,俟一二年后,该处马拨设齐,民居渐密,彼时再请归分巡宁、姓、珲地方兵备道管辖,以符体制。　　2616－2617

卷二十五下　兵政类　防务下
会勘奉吉两省围场荒地界址疏　光绪七年

岐元　铭安

　　窃查奉天所辖之东北,吉林所辖之西南围场荒地,前于光绪四五年间,两次派员会勘,因吉林所有界图既被火无存,委员皆不悉旧址。该处耕种之民,奉天围场业经奏准放荒,吉林荒界仍在例禁,故私改地名,潜移界石,紊乱旧址,以遂其耕种之私,而免受迁移之苦。致两省委员,循山沿海无从分辨。惟有按照册案所载地名,划定疆界。考其名,则如旧;核其实,则吉林西界之地,变为奉省东界之地者,亦已多矣。前两次勘丈后,以所绘界图尚多互异,终恐有不实不尽。兹于本年三月,由奴才铭安等咨商奴才岐元等,遴派办事精详、不避劳怨之员,复加履勘。当经奴才岐元等,遴派海龙城总管马有利、协领讷钦,奴才铭安等,遴派差委知府李金镛、协领全福,会同勘验。去后,旋据禀称,该荒地山重水复,实无旧址之可寻,草密林深,或为人迹所不到。初亦但凭村民指点,补立之石界,几为实据可凭。该委员等会议,如不竟委穷源,终难水落石出。遂裹粮分投交界附近各山,细心踏勘,费十余日之力,始寻得一二未尽就淹之界石。复盘诘三五朴拙无业之老民,细询其旧日之地名、山名,互证旁参,略得故址,往复勘验,始具端倪。然后会同议定,除光绪五年原勘腰水泡子、沙河口两处曾立石碣,无庸更易外,自五石封堆而南,应由其东西山头向南至大泉眼,再至西亮子河,流入当石河,汇入辉发河作为准界。西南为奉天,东北为吉林。至辉发河之南,参山界址以色力河西,报马川之西南冈为限，冈山旧有封堆，拟以冈西为奉天，冈东为吉林。其小伊通河，系两省入围要道，河北营房一所，作为吉林卡伦，河南再建一所，为奉天卡伦。从此两省界址可复旧日规模，质之居民无不折服。拟请由小河口至横头山，又五石封堆至太泉眼，又报马川西南冈三处挖立封堆，重竖界石，以垂永久。由奉拨回吉林荒地，居民垦种有年，应由吉林另行派员查明给契，以安民业等语。绘图禀请核办。前来。奴才等伏查两省围场界址，在昔本无民人，何至私相更改。一自山禁废弛，偷垦渐多，无业流民难尽驱逐，因势利导，惟有开荒，而两省又未同时举行，以至移地取名，滋生流弊。在圣朝天下一家，又何分于地之属奉、属吉，而查办各员并不详考界址，道听途说，人云亦云，因卡伦之倾圮，致地界之混淆。且非一年，官非一任，未便过事追求。经此委员所勘，寻流溯源，澈底根究，于从前之所以侵占旧址，之所以就淹本末，根由昭然若揭。自应即时划定，立为案据。后之守斯土者，庶可稽已往而信将来。奴才等往返咨商，意见相同，批饬委员挖立封堆，重竖界石，各将卡伦官房赶紧兴造，绘图立案，以备稽察。其奉省划还吉林之荒地，应由奴才铭安等另行奏明办理。除另绘界图咨送军机处备查外，所有派员会勘奉、吉两省围场荒地交界，议定界址各缘由，谨会同恭折具陈。　2657－2658

卷五十四　兵政类　马政
请开垦闲荒马厂疏

书元

　　奏：为经费支绌，因时制宜，请将大凌河马厂之闲荒开垦输租，并通盘筹画，仍期无碍牧放，以裕度支而重马政事。窃查奉天锦州府所属之大小凌河东西两岸，地面辽阔，四方绵亘不下数十百里，内有额设官马厂一处，向来不准垦种。自嘉庆年间，曾经钦差大臣松筠，勘得大凌河西厂东界，于大道附近牧马不到之处，招募锦属旗丁酌量试垦，奏奉部议覆准试垦征租，共开地十二万三千八百余亩。因风涛沙压，将不堪垦种之地，报部销除额租，现在仅剩地三万余亩。道光五年，旗丁达凌阿、德寿等呈讨昆连试垦地亩之大索子等六处闲荒八千亩。当经派员会同管庄衙门查明，并无关碍牧厂，报经前任将军晋昌咨奉部覆，准其认领输租。等因。各在案。溯查嘉庆十七、二十一等年及道光三年，经前任大学士松筠、锦州副都统庆惠、吉林将军富俊、锦州副都统宗室东明等，先后奏请开垦牧厂荒地及将马匹分拨盛京、吉林、黑龙江三省兵丁拴养等情，均经奉旨饬驳在案。道光九年九月初五日奉有严旨，不准再议此事。嗣后，凡有讨垦者，俱经将军衙门援案饬驳，不准在案。惟此项荒地甚属旷阔，虽名为马厂，而牧马不到之处尚多。案查嘉庆十七年奏准，官马厂以凌河为界，河西仍作牧厂，河东荒厂东至老壕，西至大凌河，南至海，北至九花山，招令旗佃，择其高阜者，认领试垦升科。其间所遗水洼、碱片、夹荒数处，当即抛弃。续于嘉庆二十年间准令旗人阿克达春等，在试垦以东认领苇塘一处。此外夹荒、水洼，于道光七年因大凌河河水涨发，淤积平坦，堪以耕种。数十年来，虽属久经封禁，而奸民任意偷垦，兵丁牧丁私收租课，为之包庇隐匿，种种弊端，难保其必无，是徒有封禁之虚文。而以牧厂千百顷之荒田，留作兵役营私、奸民渔利之薮，殊为可惜。臣于上年八月十四日接奉部文，渥荷天恩，调补盛京户部侍郎兼管奉天府府尹。自到任后，检查案卷，见有前任户部侍郎庆祺，会同将军府尹等，于道光二十八年奏，查已开、未开荒熟各地二十四万余亩，咨报户部查核，覆准起科征租。历年以来，详加查核，仅止十八万余亩，按照原奏之数亏短五万余亩。查，奉天通省空阔，闲荒地亩未有如大凌河马厂之多者，其所短之数，未必不在此中牵混。前据锦州协领文裕详称，大凌河迤东、苇塘迤西，经委员义州城守尉那扬阿等查勘，所有马道口等处，坐落可开荒地一万二千余亩，均与从前已准试垦续垦各地昆连，不与马厂相关，请归该城及小凌河等处试垦输租等情，亦经将军衙门检案饬驳。等因。各在案。十月十二日按据锦县知县详报，锦县民人穆亭扬等，径赴户部讨垦古龙湾等处荒地八千亩，并控民人赵亭侯等，串书吏舞弊、隐匿租赋、阻止伊等呈报等情，曾经户部准行，饬令该县会同旗界查丈。当经该县声明，系在封禁之内。一面详履户部，一面呈报臣衙门在案。嗣于正月二十一日，接准户部行知，从前穆亭扬控领古龙湾等处闲荒八千亩，径催锦县，勒限一月会界查清，指交穆亭扬等收种，并令锦州府派员守催，依限办完，造册呈送户部。并令出示晓谕该处居民。等因。移咨查核。前来。臣伏思盛京户部之设，原为办理通省钱粮。地亩总汇之区，若任奸民越诉讨垦地亩，不独启愚氓营私之心，而于体制亦属不合。当经叙明原委，咨明户部，仍照旧制办理，并覆饬该县会同该界查明私开地亩者为谁，私收租钱者为谁，详细呈报以凭究辨。等因。在案。至民人穆亭扬等，虽属渔利越诉，但其所控私开私征情形未必尽虚。从前各案辄以封禁为辞，未尝皆实。与其任由私开致启弊窦，何若奏请垦种，按亩升科，有裨帑项。臣再四思维，本欲据实直陈，因累奉严旨，是以不敢形诸奏牍，自蹈莠言乱政之愆。今户部不查旧案，径准民人穆亭扬等越诉讨垦。经锦县知县声明，古龙湾等处荒地系在封禁之内，而户部犹复札饬该县勒限查清，交穆亭扬等收种。并未奉有准开马厂之旨，竟敢擅准民讨，实属轻改旧章。臣原应参奏，惟现值帑项支绌之时，该部亦系急于筹画经费起见，事出为公，况今昔情形不同，似宜量为变通。且奉省当累次捐输之后，民力拮据，至各省历年欠解兵饷积至数十万两之多。纵使严催，而军务未竣，各省均系库款支绌，亦恐难如期解到。而奉省春秋二季，支放兵饷尤关紧要，筹款维艰。查大凌河以东，虽在马厂之内，而闲荒甚属辽阔，为牧马不到之区。若将此荒择其高阜，不致被水冲沙压堪保久远者，准令附近旗民人等垦种，则不但前任侍郎庆祺等奏请升科地地内所短之五万余亩可以有著，必当尚有所余。私开者本应补追前租，但不知开自何年，亦不知更易几户，无从查核。且系小民无知，以前历年租银应免补追。自此次查丈为始，于认领各户名下按亩征租。其未开者，俟试种一二年后，一律升科。如此变通，似于奉省兵饷不无小补，且小民有地可耕，亦不至妄生他念。至于牧马亦应通盘筹画，或河西之地足敷牧养，抑或另筹水草丰旺之区，分群牧放，总期无碍马政。窃思此项牧厂屡奉谕旨，严行封禁，自应仍遵旧章办理。惟地面甚宽，即使开垦亦无碍于牧放，且数十百里空旷闲荒，查察本不易周，难保无奸民私垦，徒起争端，实属有名无实。况现值经费支绌，自应因时制宜。今户部既准民人讨垦闲荒，臣复有所见，何敢稍涉拘泥，知而不言。但事属创始，办理甚为不易，且地方辽阔，即使准开查核，尚需时日。臣前折所欲陈者，此其一事也。伏思前任大学士富俊、松筠等先后具奏请开马厂，虽不为无见，然所以累奉严旨饬驳者，原恐有碍马政，是以未准。至今既通盘筹画，开垦闲荒仍可无碍马政，而试种成熟之后按亩征租，可以上裕国赋，下济民生，且免偷垦私种，争讼自息。诚于帑项、地方，在在均有裨益。臣管见所及，不揣冒昧，谨陈大概。如蒙俞允，当由盛京户部会同将军府尹及锦州副都统等，先将额设马厂图册调齐，详加查核，遴选妥实可靠之员，会同该处旗民地方官认真查丈。除马厂试垦、续垦，苇塘各地及风淘沙压不堪耕种之外，所有已开、未开荒熟各地，究有若干亩，据实禀报。并令该员等详细妥议章程，令附近兵丁、牧丁、民人等，应如何认领输租，每亩每年应征银若干，逐层分晰，会衔加具切实印结呈报，再由臣等覆核。以便复行奏闻，并造册咨送户部查核。谨恭折奏闻。　　2806－2808

图书在版编目(CIP)数据

东北农业经济史料集成(二)/郑毅主编. —长春:吉林文史出版社,2005.3
ISBN 7—80702—143—8

Ⅰ.东...　Ⅱ.郑...　Ⅲ.农业经济—史料—东北地区　Ⅳ.E327.3

中国版本图书馆 CIP 数据核字(2005)第 011122 号

Dongbei Nongye Jingji Shiliao Jicheng

东 北 农 业 经 济 史 料 集 成(二)

郑　毅　主编

责任编辑:徐　潜

封面设计:李岩冰

吉 林 文 史 出 版 社 出 版
(长春市人民大街4646号)
长春市华艺印刷厂印刷
吉 林 文 史 出 版 社 发 行

787 毫米×1092 毫米 16 开本　24.25 印张　600 千字
2005 年 3 月第 1 版　　2005 年 3 月第 1 次印刷
印数:1—1 000 册　　　　定价:49.00 元
ISBN 7—80702—143—8/K·7